本书系国家社科基金青年项目（11CZW010）和中国博士后科学基金特别资助项目（2012T50602）的结项成果，并受山东大学青年学者未来计划和教育部人文社会科学重点研究基地山东大学文艺美学研究中心基金资助。

文艺美学研究丛书（第三辑）

马克思主义与形式主义关系史

A History of the Relations Between Marxism and Formalism

杨建刚　著

人民出版社

目　录

序 一

好久没有读到如此畅快淋漓、动人心弦的长篇大论了。尽管多年前我已经看到了它的雏形，尽管多年来我已经不再关注这一话题，尽管多年来我对师生之间相互"站台"而不屑，更枉谈"举贤不避亲"……等等"尽管"，我还是不吝誉美之辞为这一小序开篇。

建刚2006—2010年在南京大学攻读博士学位，是我最喜欢、最在意的学生之一。我喜欢他从三秦大地带来的泥土芬芳，喜欢他对学业、学术的执着和专一，喜欢他行事爽快、处事干练的品格；在意他选择这一高难度问题作为博士学位论文的选题，在意他由此起步能否衍生出自己的新路，在意他面对种种诱惑如何保持自省、能否有足够的定力我行我素……

之所以说"马克思主义与形式主义"是一个"高难度问题"，在于以往对它的理解一般定格在二者的"对抗关系"，无论是学术史描述还是理论话语本身，该论题似乎都在表征如此不言自明之理，就像"内容与形式""道与器"那样明确两分。建刚所挑战的就是这一早已存在着的、几近成了共识的学术成见。他的方法是"用事实说话"，避免了"空对空"泛论，即撷取学术史上最有代表性、最典型的个案，在总体性把握的同时侧重深度学理辨析，揭示二者既对抗又对话，对抗中有对话、对话中有对抗的复杂关系。就此而言，我非常赞同乔纳森·卡勒的那句话："理论是对常识的批评！"这是因为，由此反观我们的许多所谓"理论"，其实并非如此，诸如"文学是生活的反映""文学是审美意识形态"之流，实则是常识的重复和宣讲。于是，我在建刚对既往成说和"常识"的挑战中，似乎看到了卡勒所说的真正"理论"，以及"文学理论"在新一代青年学人那里的重塑和希望。

"功夫不负有心人"，十年的旅程一路走来，"马克思主义与形式主义"研究已为建刚赢得了许多肯定和赞誉，此乃实至名归。与此同时，也有一种不甚赞同甚或完全相反的声音，据说这种声音还是来自"老牌马克思主义者"——当然是自封、自诩的。在这位自封、自诩的"老牌"和"权威"看来，马克思主义就是马克思主义，形式主义就是形式主义，二者风马牛不相及，怎么能把本来对峙的东西扯在一起呢？讨论这样的问题有什么意义呢？这些疑问足以证明这位"老牌"实乃"不读书不看报"者，属于不接受任何新事物的"权威"。新中国文艺理论的实践证明，马克思主义美学的基本原则和活的灵魂，恰恰是在这些自诩的"老牌马克思主义者"那里丧失了生命力。我当年之所以坚定支持建刚的这一选题，并非自己有什么先见之明，而是许多偶然因素使然。这需要回溯十年前我和他的多次交流和讨论。

我支持建刚的这一选题，首先基于自己对这一问题的理解。而我对这一问题的理解，又缘自当时我的学术兴趣已经发生了转移，即从马克思主义入门文艺理论、后来转向形式美学的经历，其间积累了这两个方面的研究经验，同时也有长期存疑的问题挥之不去，包括"马克思主义与形式主义"的关系。其中一个偶然的因素是，早在 20 世纪 90 年代我就收到一本寄自美国的英文书——弗雷德里克·詹姆逊教授的《马克思主义与形式》。尽管我不能读懂其中大部分内容，但是，仅就书名就足以让我眼前一亮，感觉到这是一个非常有创意的话题。于是，我立马跟中国艺术研究院程代熙先生联系，建议他组织翻译和推荐出版，后因各种困难未果。于是，在和建刚讨论他的博士论文选题时，往日的心结被再次勾起，推荐他读一读这本书，尝试是否可能再次面对这一挑战。我想，他最终确定自己的博士论文选题，首先是受到詹姆逊教授的启发，由此萌发了重新挑战这一难题的冲动。他在此基础上扩写与完善的《马克思主义与形式主义关系史》，也就成了第一部由我国学者涉足这一重要问题的专著；与詹姆逊的那部论著相比，建刚所秉持的中国立场和中国问题显而易见，其开拓性和前沿性不言而喻。

当然，我在意建刚的这一研究还不仅在论题本身，更在于这一论题背后的现实意义，即对于"非此即彼"、非"内容"即"形式"之类的二元对立，同样是一种警示和挑战。此类"二元对立"长期控制我们的思维模式，除此之外我们似乎很难找到另外的方法论参照；而脱胎于这一模式的"理论"大多贻害无穷，因为它类似"普洛克路斯忒斯之床"，使鲜活的文学失去了血肉之躯，理论的对象已经不是在场的文学，理论的自说自话已成为公认且可悲的事实。既然如此，文学也就无须倾听理论的喧嚣，"理论"和"文学"的分道扬镳也就在所难免，前者的意义仅限于"职场填表"和"圈内打赏"。当然，建刚的研究并不是直接讨论这一问题，只是以"用事实说话"的方式，演示了历史上对于二元对立的超越，表征了这一超越的可能性及其愿景。如是，中国文学理论之大幸矣！

建刚在向我索序的信中表示，自己希望尽快结束这一专题。他产生这一想法并非全出于"厌战"，而是想要开辟新的问题域。我理解他的意思，我也有过多次这样的经历，在此不妨唠叨几句，无论建言或帮腔：

一个学者在几十年的学术生涯中，难免会面临多次阶段性选择，而怎样选择和选择怎样的问题却大有讲究。参照我的经验，其中最重要、最基本的原则，莫过于处理好"顺手"和"应该"的关系：所谓"顺手"，就是更多地参照既往学术积累，延续自己比较熟悉的论域；所谓"应该"，就是更多地考虑学术价值，选择自己虽不熟悉却更有意义的问题。毫无疑问，大凡有责任心、有远大抱负的学者，肯定会选择后者，即便已经预测到后者会遭遇多少困难、面临多大风险。当然，克服这些困难、直面这些风险，需要有超越自己的勇气；而只有勇于超越自己，才能超越昨天、超越"常识"而进入真"理论"。这就是我一直倡导的"登高山"而非"走平路"的治学路径，"著作等身""以量取胜"不是最佳选择。我想，这也应该是所有青年学人成长的正途，尽管这路途非常艰辛，而又非常、非常不合时宜。

谨此结束这篇小序。姑妄言之，权且听之。

赵宪章
2017 年酷暑于南京草场门寓所

序　二

杨建刚博士的国家社科基金项目结项成果《马克思主义与形式主义关系史》即将付梓出版，嘱我写一个序言。有关本书的评价已经有国家社科项目鉴定为优秀的结论，以及本书有关章节已经在《文学评论》《文艺研究》和《文艺理论研究》等重要期刊刊发，多篇被人大复印资料转载，充分说明本书的水平和质量。我想着重围绕本书及马克思主义与形式主义研究的有关问题谈几点感想。

其一，本课题是一个非常重要的论题，关系到文学理论与文学研究的走向。为什么要讲这样的问题呢？因为学术界在这个问题上还有不同的看法。有人认为研究这个课题有将马克思主义引向形式主义的危险。我想这种担心是没有必要的，马克思主义是科学的战斗的开放的理论体系，它与任何学术传统的关系研究都无法动摇它的立场、观点与方法。而且，特别重要的是，马克思主义与形式主义的关系实际上早就发生于现实之中，关系到文学理论与文学研究的走向。我本人有限的学术经历就说明了这一点。我从 20 世纪 50 年代后期进入高校学习文学开始就面对着文学与政治以及内容与形式的关系之争，也就是所谓向内与向外之争。直到今天，所谓外转与内转、文学的政治研究与文学的美学研究仍然是学术界的热点问题。记得1959 年我刚入校不久文艺界就批判巴人的人性论，当时认为巴人最主要的错误就是将人性问题形式化抽象化，割裂了人性的阶级性内容。我帮助高年级的师哥师姐们整理批判资料，真的给我上了入校后的生动一课，从此知道，形式主义是一个不能触动的敏感问题。以后的历史发展建刚在书中已经有所叙述，大家也都明白，直到新时期改革开放以后，政治与文学以及形式与内容仍然是最敏感的问题。20 世纪 80 年代初期，我参加了激动人心的庐山会议，会议的议题就是讨论政治与文学以及内容与形式等学术问题。此次会议成为几派政治观点交锋的战场，其激烈程度不是亲历者都难以想象。上海的《文艺理论研究》杂志发表了部分会议论文，徐中玉先生选择的其中十余篇也是观点纷呈，各不相让。此后，文学界讨论的中心就是大家熟悉的内转与外转、文化研究与意识形态研究等问题。这些讨论没有一次离开过文学与政治、内容与形式的关系问题。这充分说明内容与形式问题是文学界，尤其是文学理论界最重要的基本问题。对于这么重要的文学基本问题我们为什么不能作为学术问题加以研究呢？杨建刚博士在本书中详尽地描述了马克思主义与形式主义这两个流派在整个国际学术界的发展历程及其关系史，这也更加说明这个论题是一个最基本的论题。

其二，本课题是几代学者接力研究的重要成果。有关文学形式问题的研究早在改革开放初期就已经开始，许多老一代学者都有研究成果，其中南京大学中文系的包忠文先生及其弟子赵宪章先生等就已经在文学形式研究方面努力开拓，成果累累。赵宪章的论著《西方形式美学》我最早还是听到复旦大学章培恒先生的推荐。在复旦大学的一次学术会议上章先生向我推荐赵宪章的这本书，他认为写得不错。大家都知道，章培恒先生是古代文学领域非常重视理论并较好运用理论的著名学者，他的中国文学史研究就成功地运用了人性的观点分析古代小说与戏剧人物。章先生的推荐是经过他自己的研究的，非常有眼光。赵宪章的学生汪正龙，还有本书的作者杨建刚，继承前辈学者，继续文学形式问题的研究。因此，可以说，杨建刚的研究是几代学人在本领域持续努力的成果。

其三，本书的一个非常重要的特色是将论题放到历史的视野中加以研究，使之具有科学性与可信性。从俄国形式主义、布拉格学派、法国结构主义、符号学、英美新批评到解构主义等形式论学派都是历史的形态，其产生都有历史的原因，它们与马克思主义的关系也都是在历史中展开的。建刚对二者关系的研究史论结合、论从史出、避免空谈。因此，本书的论述具有历史的说服力，研究的历史感也使本书具有其自身的科学价值。

由于本书涉及的论题过于广泛，不可能都论述得详尽周密，加之论题自身的繁难，因此不足之处难以避免。建刚正值壮年，学术的生命还很长很长，每一本书的出版与每一个课题的完成都是学术道路上的重要一步。希望建刚走得更远更好。

曾繁仁

2017 年仲夏于济南六里山下

导　言

　　在 20 世纪西方文学理论史上,持续时间最久、影响力最大、关系也最复杂的理论流派无疑莫过于马克思主义和形式主义。二者是两种完全异质的理论思潮,在问题意识、研究方法和价值立场等方面都有所不同。从它们在 20 世纪的发展来看,从苏联到西方,二者之间经历了一个从对抗到对话的发展过程。在这个过程中,对抗只是一个短暂的时期,而对话与融通才是二者关系史的主导形态。

　　苏联马克思主义和俄国形式主义之间的对抗使俄国形式主义最终消亡。过早的终结让俄国形式主义失去了调整和完善自己的机会。同时,缺乏与形式主义的有效对话也使苏联的马克思主义文学研究中的庸俗社会学盛行,并导致了马克思主义的教条化。卢卡奇认为:"正统的马克思主义者并不意味着无批判地接受马克思的研究成果。它不是对这个或那个论点的'信仰',又不是对某本'圣'书的注释。恰恰相反,马克思主义问题中的正统仅仅是指方法。它是这样一种科学的信念,即辩证的马克思主义是正确的研究方法,这种方法只能按照其创始人奠定的方向发展、扩大和深化。而且,任何想要克服它或者'改善'它的企图已经而且必将只能导致肤浅化、平庸化和折中主义。"[①] 也就是说,马克思主义不是一种教条,对马克思主义的发展不能恪守在马克思所提出的概念和范畴之中,马克思主义作为一种辩证方法永远是开放的和未完成的。苏联马克思主义以"正统"自居,却恰恰是教条地固守马克思的个别论断并将其极端化和庸俗化。相反,巴赫金虽然不被视为一个真正的马克思主义者,但辩证思维却是他最基本的思维方式。西方马克思主义也摆脱了苏联马克思主义的教条化倾向而继承了马克思的辩证思维方法,适时调整自己的理论方向以适应变化了的社会生活和文化现实,从而使马克思主义与形式主义在西方的对话成为可能。事实正是如此。巴赫金虽然生活在苏联的政治语境中,但却在苏联马克思主义

---

① [匈]卢卡奇:《历史与阶级意识》,杜章智等译,商务印书馆 2004 年版,第 48 页。

和俄国形式主义之间持一种中间立场,并把在二者之间进行对话作为自己毕生的研究方向,也正是这种有效对话使他成为一个伟大的理论家。同样,西方马克思主义和形式主义的对话也使双方都取得了丰硕的成果,并成为二者进一步发展的理论生长点。正如英国马克思主义理论家托尼·本尼特(Tony Bennett)所言:"无需'寻求'或'发明'一种形式主义和马克思主义之间的对话。如果我们的分析是正确的,可以说,这种对话已经发生,并且是一种特别富有成效的对话。"①

中国现代文学理论的建构深受西方话语的影响。就马克思主义批评来说,20世纪的前70年主要采用的是苏联模式,而后30年则主要是在欧美话语的影响下前进的。在中国古典文论中,注重"文以载道"与注重艺术形式的审美分析是两个并行不悖的传统,二者之间并没有出现严重对抗的情况,而是在相互补充中协调发展。但是在20世纪上半叶"启蒙与救亡"的历史使命面前,"文以载道"模式被推向前台,于是,马克思主义的批评模式被中国知识分子广为接受。苏联的"庸俗马克思主义"批评模式使中国马克思主义排斥"为艺术而艺术"的形式批评传统,并最终导致了文学艺术的工具化。在苏联模式的影响下,中国马克思主义文学理论变成了一种意识形态,而非批评方法。这种把文学简单等同于政治宣传的工具和"时代精神的传声筒"而忽视文学自身的本体特征的倾向,正是新时期以来学术界反思"苏联模式"的重要原因之一。

对文学语言和形式进行深入的文本分析是形式批评的专长。中国古代的形式批评传统是一个丰富的宝藏,但是与传统文化的断裂使这一传统并没有得到继承。虽然新批评派的代表人物瑞恰兹和燕卜逊早在20年代初就已经来中国讲学,并产生了重大影响,很多学者也将新批评的文本分析方法用于对中国文学的研究,但是在轰轰烈烈的社会革命面前,形式批评并没有成为批评界的主流。新时期以来,西方形式主义文论(包括俄国形式主义、布拉格学派、结构主义和英美新批评)的著作被大量翻译成中文,但是对其研究仍然更多停留在基本理论观念层面,并没有融会贯通,更谈不上

---

① Tony Bennett, *Formalism and Marxism*, London: Methuem & Co. Ltd., 1979, p.96. 本书作者中文名称有托尼·本尼特、托尼·本内特、托尼·贝内特等多种译法,全书正文中统一采用托尼·本尼特这一通用译法。

在文学批评中的实际应用。① 而且,中国学者已经习惯于对文学进行内容研究,挖掘文学中的哲理、思想和意识形态,而对文学形式不甚重视,以至于长期以来在文学研究中出现了"思想史"代替"文学史"的趋势。②

可以说,中国的马克思主义文学理论和文学形式研究基本上还处于相对割裂的状态。在二者之间进行对话,相互吸收和借鉴,从而把马克思主义的内容(意识形态)批评与形式主义的形式批评结合起来,可以成为中国文学理论走向繁荣的一条有效途径。马克思主义与形式主义的对话在西方已经取得了重要成果,相较而言,在中国,二者之间的有效对话虽已开始,也取得了一定的成绩,但具有重大影响的学术成果仍然尚未出现。因此,研究马克思主义与形式主义从苏联到西方所经历的从对抗到对话的发展过程,探究这一发展的内在原因,并考察他们之间对话的方式和问题,对探索中国马克思主义与形式主义之间对话的可能性,促进中国文学理论的未来发展,具有一定的启示意义。

俄国形式主义的研究者大都注意到了苏联马克思主义与俄国形式主义之间所发生的论争,因此对二者之间的对抗学界已经不再陌生。③ 相反,

① 俄国形式主义和英美新批评在中国的接受过程已经引起了学界的重视,近几年来这类文章也已经发表了很多。汪正龙在《西方形式美学问题研究》和胡燕春在《"英、美新批评派"研究》中均列专章讨论了这个问题。《学习与探索》2009年第5期对这个问题也进行了专题讨论,陈建华和耿海英的《俄国形式主义文论在中国30年》、赵毅衡和姜飞的《英美"新批评"在中国"新时期"——历史、研究和影响回顾》,以及支宇的《雷纳·韦勒克对中国新时期文论的影响及其话语变异》等文章,都清楚地描述了这一过程,但对其利弊得失还缺乏更深入的探讨。
② 我国当代文学研究领域内出现的"思想史"代替"文学史"的趋势引起了学界的注意和担忧。温儒敏在《思想史能否取替文学史》(载《中华读书报》2001年10月31日)中认为当下盛行的"思想史"方法可能把文学研究引入歧途,从而造成文学研究的自我消解。这篇文章成为这一讨论的开端。紧接着赵宪章发表了《也谈思想史与文学史》(载《中华读书报》2001年11月28日),提出了建立"形式美学方法"的可能性问题。这种方法不是在文学研究中"绕开形式直奔主题",而是要"通过形式阐发意义",从而试图解决当前文学研究中"思想史"代替"文学史"的问题。随后,华侨大学召开了以"思想史与文学史"为主题的学术研讨会。对这一问题的思考一直在延续,几年之后,《天津社会科学》(2006年第1期)还开辟专栏对此进行了深入讨论。目前,文学史与思想史的关系问题仍旧颇受关注,成为文艺学和现当代文学研究领域的一个重要问题。
③ 俄国形式主义研究专家厄尔里希(Victor Erlich)在其著作《俄国形式主义:历史与学说》(*Russian Formalism: History and Doctrine*)(1955年)中对马克思主义与形式主义的这场论争过程进行了清晰的描述,克里斯道夫·皮克(Christopher Pike)主编的《未来主义、形

虽然二者之间的对话实践已经持续了近一个世纪,并且已经成为西方学术研究中的一个重要方向,但是西方学界对这个问题却重视不够,对它的研究寥寥无几。托尼·本尼特是英语世界中第一个注意到这种对话的理论家,他的《形式主义和马克思主义》(*Formalism and Marxism*, 1979) 也是截至目前研究二者之间关系问题的最重要的文献。除托尼·本尼特之外,西方学界对这个问题鲜有论及。虽然托尼·本尼特的这部著作提出了马克思主义与形式主义之间的对话问题,并且对巴赫金和晚期马克思主义者阿尔都塞、伊格尔顿和詹姆逊与形式主义的关系进行了分析,但是仍然不够全面、深入和透彻。比如,在对巴赫金的研究中,托尼·本尼特侧重于巴赫金的狂欢化问题,而忽视了巴赫金在马克思主义与形式主义对话中的其他方面。他也没有注意到法兰克福学派与形式主义之间的关系问题,并忽视了形式主义,尤其是结构主义对马克思主义的吸收、借鉴和批判,对马克思主义与符号学和语言学之间的关系根本没有论及。因此,在这个问题上,托尼·本尼特的研究还有待进一步深入、丰富和完善。

虽然巴赫金的《文艺学中的形式主义方法》和詹姆逊的《语言的牢笼》早已有了中译本,托尼·本尼特的《形式主义和马克思主义》中的核心章节也早在 1992 年就被翻译发表,① 但是马克思主义与形式主义之间的对话问题并没有进入中国学者的视野。直到近几年,这个问题才被中国学者所关注。汪正龙对这个问题关注较早并进行了初步研究。他在《西方形式美学问题研究》一书中列专章讨论了马克思主义与形式主义的关系问题,② 并发文讨论了二者对话的可能性。③ 目前,马克思主义与形式主义文论的关系问题已经受到一定的关注,相关研究日益增多。④ 托尼·本尼特的《形式主

式主义和马克思主义批评》(*The Futurists*, *the Formalists*, *and the Marxist Critique*) 是西方有关这场论争的比较完备的文献资料。在中国,托洛茨基和卢那察尔斯基批判形式主义的文章,以及苏联学者谢·马申斯基和阿·梅特钦科等论述这场论争的文章也都早已译成中文。

① [英] 托尼·贝内特:《形式主义与马克思主义文学批评》,张来民译,《黄淮学刊》1992 年第 2 期;[英] 托尼·贝内特:《西方马克思主义文学批评与美学遗产》,张来民译,《黄淮学刊》1993 年第 3 期。

② 汪正龙:《西方形式美学问题研究》,黑龙江人民出版社 2007 年版。

③ 汪正龙:《马克思主义与形式主义对话的可能性》,《文艺理论研究》2008 年第 3 期。

④ 这方面的研究除了笔者的系列文章外,主要还有:段吉方的《重建"对话"思维——形式主义与马克思主义的理论对话及其意义》(《文学评论》2015 年第 6 期)和《托尼·本尼特

义和马克思主义》的中文全译本已经在国内出版,[①] 托尼本人的思想也受到了中国学界的普遍关注。但是,相对于这个问题的复杂性而言,这些研究还只是初步的。可以说,马克思主义与形式主义之间的关系问题,尤其是二者之间是如何对话的,是一个需要继续深入研究并付诸批评实践的重要问题。

这个问题正是本书的研究对象所在,即考察马克思主义与形式主义从苏联到西方所经历的从对抗到对话的发展过程,分析这一发展的内在逻辑,着重研究二者在苏联、欧洲和英美的不同的政治、历史、地域和文化语境中进行对话的不同方式,以及所关注的不同问题,探讨其中的利弊得失,从而寻求对中国当前的文学理论建设的借鉴和启示意义。

马克思主义和形式主义在问题意识、研究方法和价值立场等方面具有根本差异,加之革命时期外界政治力量的干预,二者之间发生了一场长达十多年的论争。这种对抗状态给文学研究带来了重大影响,造成了俄国形式主义在苏联的消亡,马克思主义也染上了庸俗社会学的色彩。但是,在西方,当政治、思想和文化语境发生变化之后,这种对话就成为可能。

从时间和空间的双重角度来看,马克思主义与形式主义之间的对话可以宏观地区分为二十世纪早期的苏联、二十世纪中期的欧洲和六十年代至今的英美三个阶段和相应的三种理论形态。巴赫金是二者对话在苏联的主要代表,因此文中以巴赫金的思想为个案来研究二者对话在二十世纪早期的苏联的主要特征。20 世纪中期,这种对话主要发生在以法兰克福学派为代表的西方马克思主义与形式主义之间。60 年代之后,以阿尔都塞、马歇雷、伊格尔顿、詹姆逊、霍尔、鲍德里亚等为代表的晚期马克思主义与结构主义之间的对话是马克思主义与形式主义对话的主要形态。

从理论的性质和特点来看,马克思主义与形式主义是两种异质的理论思潮;从二者在 20 世纪的复杂关系来看,它们经历了从对抗到对话的发展

对形式主义的马克思主义批评》(《学术研究》2015 年第 3 期)、杨向荣的《俄国形式主义之后:西方马克思主义的反思与批判》(《江苏社会科学》2014 年第 4 期)、张朋的博士学位论文《托尼·本内特文化理论研究》(山东大学文艺美学研究中心 2013 年)和文章《对话语境的建立——论托尼·本内特在马克思主义文论与形式主义之间的探索》(《现代语文》2013 年第 1 期)、朱述超的《俄国形式主义文论与马克思主义文论关系初探》(《海南大学学报》2010 年第 4 期)、高志明的《形式和形态的碰撞与融合——形式派文论与马克思主义文论在当代的和合之路》(《襄樊学院学报》2010 年第 1 期) 等。

① 　[英] 托尼·本尼特:《形式主义和马克思主义》,曾军译,河南大学出版社 2011 年版。

过程;而从地域和文化特征来看,这一对话又可以划分为苏联、欧洲和英美三大传统。这就决定了本研究必然采用历史与逻辑、历时研究与共时研究相结合的方式,以马克思主义与形式主义的不同的方法论特点为逻辑起点,以二者之间在 20 世纪的关系史为经,以不同的时间阶段和地域空间上这种对话的不同方式为纬,来展开具体分析和深入阐发。

通过对马克思主义和形式主义文论在 20 世纪的关系史的分析,我们可以清楚地看到,对话思维应该成为理论创新的基础。马克思主义之所以取得了重大成就,除了它所具有的实践性品格之外,非常重要的一点就是它的开放性和包容性。它可以在对话和融通中将其他甚至异质的理论和思潮中有价值的观念和方法吸收进来,从而使自身保持理论的活力,提高对社会现实的解释力。

第一章 马克思主义与形式主义：历史与方法

第一节 形式主义

一、形式主义的发展脉络

这里所说的"形式主义"包括俄国形式主义、布拉格学派、法国结构主义和英美新批评等关注文学艺术的形式方面的理论流派。正如俄国形式主义者埃亨鲍姆所说的，他们并不是"形式主义者"，而是"特异论者"，"形式主义"只是其反对者强加给他们的具有贬义的头衔而已。称他们为"形式论者"，称其理论为"形式文论"或"形式美学"也许更为合适。但是，"形式主义"这个名称已经为学界所接受，且被广泛使用，西方学术界在统称这几个流派时也通用"形式主义"(Formalism)这一术语，因此，为了论述的方便，我们姑且沿用学界的习惯说法，将其冠以"形式主义"的名称，其中并不带有贬抑的意味。而且，我们之所以将这几个学派统称为"形式主义"，不仅仅因为它们之间的传承关系，更重要的是它们具有相同或类似的学术观念和研究方法，也正是这些观念和方法把它们与 20 世纪林林总总的各种文学理论和研究方法区别开来，成为一个独具特色的理论思潮。尽管它们之间也存在很大差异，但总体而言，其共性远远大于差异，这一点可以从形式主义的发展脉络中得以彰显。

伊格尔顿在他的《二十世纪西方文学理论》的序言中指出，如果要为 20 世纪西方文学理论确定一个起点，最好是定在 1917 年。因为在这一年，年轻的俄国形式主义者维克托·什克洛夫斯基发表了他的拓荒性的论文《艺术即手法》。① 尽管早在 1914 年的《词语的复活》一文中，什克洛夫斯基

---

① ［英］特里·伊格尔顿：《二十世纪西方文学理论》，伍晓明译，北京大学出版社 2007 年版，第 1 页。

就已经提出了类似的观念,但是真正具有影响力的还是《艺术即手法》。因此,俄国形式主义者也认为《艺术即手法》才是俄国形式主义的真正开端。正如托马舍夫斯基所言:"在什克洛夫斯基的宣言中,曾暗示其方法论的意义,从此时开始,形式主义才有其正式的历史。"① 由此可见,这篇文章不仅标志着俄国形式主义的肇始,也标志着 20 世纪文学理论的开端。② 自此,西方文学理论的发展进入了它的现代阶段,艾布拉姆斯将这个阶段称为文学理论发展的"客观说"阶段。③

俄国形式主义一经出现,便获得了蓬勃发展,迅速成为俄国文学研究的主流话语。革命后的头几年,布尔什维克党忙于政治和经济领域内的事务,无暇顾及文化和意识形态问题,这为形式主义在这一阶段的蓬勃发展留下了空间。形式主义方法在 20 年代成为俄苏文学研究领域内最有影响力的方法,"当一个形式主义者,一时成为文学界高雅格调的起码而必须的标志"④,以至于当时"在俄罗斯几乎没有一个小镇没有至少一个诗歌研究会的成员"⑤。但是,好景不长,党的工作一旦转向意识形态和文化领域,作为国家意识形态的马克思主义便很快嗅出了俄国形式主义所具有的反叛气息。于是,以托洛茨基和卢那察尔斯基等为代表的马克思主义者和政府官员发动了对形式主义的大力批判,甚至政治迫害。在这种外部压力之下,除了雅各布森这样已经移居国外并在不同的环境中开拓新的学术版图的形式主义者之外,什克洛夫斯基等留在国内的形式主义者大都被迫放弃了自己早年的学术志向,不再研究文学中的敏感话题,转向历史编撰学等政治不敏感的研究领域。实际上,及至 1930 年,俄国形式主义作为流派已经消亡。1934 年日丹诺夫依旧对形式主义者予以批判,并提出社会主义现实主义的创作原则。自此,在苏联境内再无形式主义的

---

① [俄] 托马舍夫斯基:《形式主义方法(代悼词)》,载 [艾尔尼亚] 扎娜·明茨等著《俄国形式主义文论选》,王薇生编译,郑州大学出版社 2005 年版,第 141 页。

② 安纳·杰弗森持不同意见,认为俄国形式主义发端于什克洛夫斯基 1914 年的《词语的复活》。([英] 安纳·杰弗森、戴维·罗比等:《西方现代文学理论概述与比较》,陈昭全等译,湖南文艺出版社 1986 年版,第 1 页。)

③ [美] M. H. 艾布拉姆斯:《镜与灯》,郦稚牛等译,北京大学出版社 1989 年版,第 31 页。

④ 《巴赫金全集》(第二卷),钱中文主编,河北教育出版社 1998 年版,第 1 页。

⑤ Victor Erlich, *Russian Formalism: History and Doctrine*, New York: Mouton Publishers, 1980, p.100.

存在空间。

1926 年，移居布拉格的雅各布森与捷克学者穆卡洛夫斯基在捷克建立了布拉格结构主义语言学派。布拉格学派继承了俄国形式主义的衣钵，尤其是在结构语言学和符号学领域对俄国形式主义的语言学说进行了极大的发展。英美新批评的代表人物韦勒克在捷克期间也与雅各布森交往甚密，并受到了雅各布森的很大影响。这对英美新批评的发展和成熟都具有重要的推动作用。于是，韦勒克也就成为俄国形式主义、布拉格学派与英美新批评之间的桥梁。

新批评产生于 20 年代的英国和美国。不同于俄国形式主义在苏联所遭受的意识形态上的压迫，新批评派的学术环境是非常宽松的。新批评在英美世界并没有政治上的压力，因为英美当时的马克思主义与新批评派虽然有所对抗和对话，但总体而言，二者是并行不悖，各自独立发展的。而且，美国马克思主义的兴盛期要早于新批评，这种时间上的错位也为二者的发展留下了相对自由的空间。不同于马克思主义在社会主义阵营中的统治地位，在英美的政治和学术界，马克思主义在二三十年代兴盛一时，但并不是美国批评界的主流话语。相反，较少意识形态性、注重文本分析的新批评却更适合这种宽松的学术环境。并且，新批评的批评方式正好适合战后美国教育的需要。因此，在庞大的教育体制的推动下，新批评派便快速获得了空前的发展，从而成为四五十年代美国学术界的统治性学术话语，其方法渗透到了美国文学研究的各个角落。

与俄国形式主义产生的同时，在 1911 年左右，波兰也已经出现了形式研究的倾向，但一直没有发展起来。当俄国形式主义在 20 年代末逐渐消亡之后，却对波兰的文学理论研究产生了重大影响。波兰的形式主义学派真正产生于 30 年代中期，这是在俄国形式主义活动的顶峰时期（1921—1926）之后的差不多十年左右，也是他们遭受斯大林主义压迫之后的五年左右。波兰形式主义者深受俄国形式主义的影响，其大多数观念都是俄国形式主义的延续，比如文学作品的声音结构、诗歌语言与实用语言的差别、文学的特殊性、陌生化以及技巧的重要性等等。但是有一点值得注意：俄国形式主义者对以未来主义诗歌为代表的先锋派文学很感兴趣，将其作为诗歌语言和韵律研究的模型；而波兰的形式主义者，尤其是谢德莱茨基（Siedlecki），却以非先锋的和传统的诗歌为研究对象，并且获得了引人注目的成就。① 遗憾的是,截至目前,我们对波兰的形式主义还知之甚少。

在索绪尔语言学理论的影响下,法国的人文社会科学研究中已经出现了结构主义的萌芽,尤其是当深受雅各布森影响的斯特劳斯从美国回到法国之后,其结构人类学方法使结构主义开始风靡法国学术界。之后,托多罗夫编选的俄国形式主义文选法文版的出版,再一次极大地推动了法国结构主义的发展。可以说,结构主义在法国的兴盛是法国学术的内在需求和形式主义的外来影响相互作用的结果。正如布洛克曼所言:"结构主义应当被看作是受挫的法国左翼知识分子的哲学。虚无主义是这一挫折的经常伴侣,而且在结构主义者的主要思想中得到了极好的表现。这一主要思想归结为三个主题:否认历史、否认主体和否认个人,以及由列维—斯特劳斯、福柯、巴尔特和其他人所发展的对西方社会前途的悲观看法。这一系列结构主义思想的结果,可以从结构主义者对马克思主义的态度中,从它们对那种非意识形态现象的意识形态的解释中,并且从他们接受目前无处不在的技术统治中,推论出来。"② 因此可以说,结构主义的出现从内在学理方面来看是自俄国形式主义以来关注文学艺术形式的研究方法的延续和发展,而从外在的政治文化的影响角度来看则同样延续了俄国形式主义所带有的对政治的漠视和虚无主义倾向。正因为如此,布洛克曼认为结构主义是知识界,尤其是左翼知识分子受挫的结果。

但是,在整个欧洲学术界,虽然布莱希特在 20 世纪 30 年代中期就已经接触到了俄国形式主义,并受其启发而提出了他那著名的"史诗剧"和"陌生化"理论,然而,由于战争原因,俄国形式主义的思想在欧洲并没有受到重视。直到厄尔里希(Victor Erlich)的《俄国形式主义:历史与学说》(*Russian Formalism: History-Doctrine*)(1955 年) 和托多罗夫主编的《俄苏形式主义文论选》(1965 年) 在欧洲出版之后,俄国形式主义才在西方学界产生广泛影响。③ 也正是这部《选集》为法国文学专业的学生介绍了俄国形式主义的著作和思想,从而使俄国形式主义在法国得以流行。也由于结构主义的反

---

① Andrzej Karcz, *The Polish Formalist and Russian Formalism*, Rochester: University of Rochester Press, 2002.

② [比利时]布洛克曼:《结构主义:莫斯科—布拉格—巴黎》,李幼蒸译,中国人民大学出版社 2003 年版,第 17 页。

③ Tony Bennett, *Formalism and Marxism*, London: Methuem & Co. Ltd., 1979, p.27.

作用力,自此之后,西方的文学批评再也无法忽视俄国形式主义的影响。①

此时的欧洲乃至英美学者之所以关注俄国形式主义,是把它作为在当时已经风靡法国的结构主义的前奏来看待的。正如罗伯特·休斯所言:"对形式主义重新燃起的这种兴趣,与当前结构主义的盛行有很大关系,因为结构主义的一些组成部分显然是形式主义的思想和方法的直接的和历史的发展。但我认为,这种兴趣不仅仅是历史性的。形式主义之所以终于开始在英国,特别是在美国得到欣赏,是因为——特别是因为——形式主义的小说诗学已证实具有持久的正确性和可用性。"② 如果说致力于文本的形式和结构分析的学者从俄国形式主义和布拉格学派那里找到了学术研究的新启发,那么西方的马克思主义者和其他流派对俄国形式主义的关注,则是因为"这是一种属于新马克思主义和结构主义运动之一部分的西方知识分子的重新发现",因此,"从这个意义上说,俄国形式主义'属于'后来运动对它的再生产,是由新左派批评家发动起来的,其目的是攻击在英美文化中以新批评和利维斯主义为代表的已经确立的文学批评"③。

可以说,俄国形式主义、布拉格学派和法国结构主义是一脉相承的。结构主义研究者布洛克曼的《结构主义——莫斯科、布拉格、巴黎》和霍克斯的《结构主义和符号学》都把俄国形式主义和布拉格学派看作法国结构主义的开端和前奏,从而将他们统称为结构主义。而米歇尔·里法泰尔(Michael Riffaterre)认为法国结构主义的方法依然是形式主义的,作为俄国形式主义文学理论在法国的延续,称其为"法国形式主义"更为合理。他认为,"这一群体(指的是以罗兰·巴特为代表的法国结构主义——引者注)的理论观点深受俄国形式主义的影响,有时是从后者那里借用而来,而更多的时候则是在后者的帮助下的理性化。正因为这些原因,我们称他们为'法国形式主义者'。"④

---

① Christopher Pike, *The Futurists, the Formalists, and the Marxist Critique*, London: Ink Links Ltd., 1979, p.33.

② [美] 罗伯特·休斯:《文学结构主义》,刘豫译,三联书店 1988 年版,第 116 页。

③ [英] 拉曼·塞尔登等:《当代文学理论导读》,刘象愚译,北京大学出版社 2006 年版,第 4 页。

④ Michael Riffaterre, "French Formalism", *The Frontiers of Literary Criticism*, David H. Malone, ed., Los Angeles: Hennessey & Ingalls, Inc., 1974, p.93.

我们将俄国形式主义、布拉格学派、法国结构主义和英美新批评统称为"形式主义",除了它们的历史联系之外,更主要的还是它们在学术观念和研究方法上具有明显的共同性。这几个学派都不是有组织的团体,而是类似的学术观念的联合,因此各自内部也存在很大差异。就拿俄国形式主义来说,莫斯科语言研究会和彼得堡小组之间在研究重心上就有所不同,一个侧重于语言学研究,而另一个侧重于诗学。彼得·斯蒂纳(Peter Steiner)将俄国形式主义区分为三个部分:以埃亨鲍姆和日尔蒙斯基为代表的从总体上将诗歌(poetry)与实践(praxis)区分开来的极端的右翼;以雅各布森和什克洛夫斯基为代表的坚持所谓的"语言诗学理论"(linguo-poetic theory)的中间分子;以及以勃里克(Brik)和库斯纳(Kusner)为代表的坚持社会学和技巧方法的极端左翼。① 而俄国形式主义和英美新批评更是成长于不同的政治、文化和学术环境,它们之间的差异也极为明显。"俄国形式主义者所强调的形式和技巧与后来新批评派所强调的形式的特点是不同的。形式主义者的分析是非常理论化的,试图从总体上理解文学的性质和文学技巧(devices)以及文学技术(techniques)的发展,新批评派则更多集中于实践(而不是理论)层面,即对个体文本的细读。"② 埃娃·汤普逊(Ewa M. Thompson)对俄国形式主义和英美新批评之间在理论渊源、基本理念和研究方法等方面的共同点和差异性已经进行了深入的比较研究,在此恕不赘述。③ 正因为这些共同点的存在,新批评派代表人物布鲁克斯在对新批评的辩护文章《形式主义批评家》一文中也径直把新批评的学术活动称为"形式主义批评"④。

但是,这几个流派之间的共性也非常突出,学界将其统称为形式主义的根本原因就在于这些共性的存在。这些共性恰恰都是每一个流派的理论和方法中的主导因素。雅各布森认为"主导"是"俄国形式主义中最重

---

① Peter Steiner, *Russian Formalism: A Metapoetics*, Ithaca and Landon: Cornell University Press, 1984, pp.20-1.

② M.A.R.Habib, *Modern Literary Criticism and Theory: A History*, Malden: Blackwell Publishing Ltd., 2008, p.19.

③ Ewa M. Thompson, *Russian Formalism and Anglo-American New Criticism: A Comparative Study*, Mouton: The Hague, 1971.

④ [美] 克林斯·布鲁克斯:《形式主义批评家》,载《"新批评"文集》,赵毅衡编译,百花文艺出版社 2001 年版,第 486 页。

要、最精确、最具生产性的概念之一。可以将'主导'定义为：一部艺术作品中的核心成分，它支配、决定和转换其他成分。正是主导成分保证了作品结构的完整性。主导成分规定作品。……它规定某种语言体的因素主导整个结构，从而充当了整个结构强制性的不可分割的要素，这要素主导着其余要素并直接影响它们。"①在一部具体的文学作品中，主导因素决定了这部作品的特点和风貌。同样，"不仅在个别艺术家的诗作中，不仅在诗的法则中，在某个诗派的一套标准中，我们可以找到一种主导，而且在某个时代的艺术中，我们也可以找到一种主导成分。"②推而广之，就一个理论流派而言，也有体现其主要特征的主导因素。在一件艺术作品中，主导因素决定了这件作品的主要特点；对不同主导因素的强调也突出了不同诗歌流派的特点；在一个时代，艺术作品的主导因素决定了这个时代的艺术特征。同理，如果我们将雅各布森的主导理论运用于理论流派的研究，就可以发现，每一个流派之所以不同于其他流派，正在于他们的主导因素的不同。

俄国形式主义、布拉格学派、法国结构主义和英美新批评之间虽然存在诸多差异，但是其主导因素是相同或类似的。我们可以从以下几个方面对这些主导因素加以分析。

二、本体论与内部研究

新批评派的代表人物兰瑟姆提倡建立一种"本体论"的文学批评。这种批评将焦点集中在文本自身，以区别于传统的社会学和心理学批评等关注文本之外的社会、历史、文化、政治和作家心理等外在因素的批评模式。这种本体论批评正是韦勒克所倡导的"内部研究"，而其他批评模式则被新批评看作"外部研究"而予以排斥。这样，新批评派就把艺术的本体论和作为文学内部的艺术形式等同起来，认为艺术的本体（或本质）就是艺术的形

---

① Roman Jakobson, "The Dominant", *Readings in Russian Poetics：Formalist and Structuralist Views*, Ladislav Matejka and Krystyna Pomorska, eds., Massachusetts：The MIT Press, 1971, p.82.

② Roman Jakobson, "The Dominant", *Readings in Russian Poetics：Formalist and Structuralist Views*, Ladislav Matejka and Krystyna Pomorska, eds., Massachusetts：The MIT Press, 1971, p.83.

式因素,而非外在的社会、历史、文化等等。虽然和其他学派一样,新批评派并没有统一的纲领和宣言,也不是一个严密的组织和团体,但是这种本体论式的内部研究模式则是新批评派的共识,这不仅体现在他们的理论建构,也体现在他们的批评实践之中。而且,对文学的这种理解并不是新批评的专利,而是整个形式主义文学批评的主导倾向。因此,我们在此用新批评的这个观点来概括整个形式主义对文学本质的基本理解也是恰切的。也正是在这个意义上,拉曼·塞尔登在其《当代文学理论导读》一书中将新批评作为20世纪文学理论的开端也不无道理。①

　　这种本体论批评和内部研究是通过割裂文本与作家、读者和社会文化的联系来实现的。作为新批评派创始人之一的艾略特在其《传统与个人才能》一文中对作家个性的否定已经开启了新批评否定作者功能的传统。福楼拜早有所言:“我的原则是,艺术家的主题绝对不能是他自己。艺术家在其作品中必须像上帝创世纪那样,隐而不现却无所不能:他无处不在却从不现身。”② 在创作过程中,艺术家个人的情感、意志等不能表露于作品之中,这是对浪漫主义突出作者主体情感的重要反拨。而艾略特则是在作者个性与创作传统的关系上消灭作者。他认为在伟大的传统面前诗人是渺小的,即使其最伟大的创作和最具个性的部分也已经早早地包蕴在这个由已故诗人所构成的伟大传统之中,因此作家的个性和独创性是不可能的。“一个艺术家的进步意味着继续不断的自我牺牲,继续不断的个性消灭。……正是在个性消灭这一点上才可以说艺术接近了科学。”③ 但这并不是说作者就不能具有个人的情感和个性,相反他也很重视这种情感和个性。他把诗人区分为日常和创作两种状态,诗人的艺术愈完美,这两个方面也就愈分离。在创作过程中诗人的个性与情感并不参与其中,只是起一种催化剂或媒介的作用。诗人用不着去寻找新的感情,只是去运用普通的感情并把其综合加工成诗歌。因此,“诗歌不是感情的放纵,而是感情的脱离;诗歌不是个性

---

① [英]拉曼·塞尔登等:《当代文学理论导读》,刘象愚译,北京大学出版社2006年版,第17页。

② Francis Steegmüller, *The Letters of Gustave Flaubert, 1830—1857*, Cambridge: Harvard University Press, 1980, p.230.

③ [英]托·斯·艾略特:《艾略特文学论文集》,李赋宁译,百花洲文艺出版社1994年版,第5页。

的表现,而是个性的脱离"①。诗人的日常情感和个性并不必然表露于诗作中,但是只有这种具有强烈个性和感情的人们才懂得在创作过程中想要脱离个性和情感的意义。这只是诗人个人的情感,艺术的感情却是非个人的。在诗歌创作过程中这种个人化的个性和感情不应该发扬,相反应该脱离和消灭。通过对传统与个人才能之间关系的剖析,以及对"非个人化"的强调,艾略特奠定了新批评派回归文本而消解作者个性的基础。

维姆萨特和比尔兹利提出的"意图谬见"和"感受谬见"是新批评的纲领,也是"消灭作者"的宣言。他们认为就衡量一部文学作品成功与否来说,作者的构思或意图既不是一个适用的,也不是一个理想的标准。过分关注作者的创作意图会导致意图谬见,从而将诗和诗的产生过程相混淆。这种批评方法其始是从写诗的心理原因中推演出批评标准,其终则是传记式批评和相对主义。作者的创作意图对批评效果并没有多大意义,因为"如果诗人成功地做到了他所要做的事,那么他的诗本身就表明了他要做的是什么。如果他没成功,那么他的诗也就不足为凭了。"② 因此,真正的文学批评与作者无关,只关涉文本自身。同理,文学研究也应该摆脱对读者的关注,不能以读者的感受为参照,因为这样会将诗和诗的结果相混淆。"不管是意图谬见还是感受谬见,这种似是而非的理论,结果都会使诗本身作为批评判断的具体对象趋于消失。"③ 因此,要保持文学研究的独立自主性就必须抛开对作者和读者的研究而只关注文本自身,即文本内部,研究文本中所表露出来的语言、修辞、含混、朦胧和张力等。这也就决定了"细读法"必然成为新批评派最主要、也最具价值的文学研究方法。

新批评通过否定作者和读者的地位,把研究焦点集中于文本自身来反对浪漫主义式的主观批评,追求文学批评的客观化。这也正是俄国形式主义所追求的科学化道路。正如埃亨鲍姆所言,形式主义的任务就是"向象征主义者开战,从他们手中夺回诗学,使诗学从他们主观的哲学和美学理论

---

① [英]托·斯·艾略特:《艾略特文学论文集》,李赋宁译,百花洲文艺出版社1994年版,第11页。
② [美]维姆萨特、比尔兹利:《意图谬见》,载《新批评文集》,赵毅衡编译,百花文艺出版社2001年版,第234页。
③ [美]维姆萨特、比尔兹利:《意图谬见》,载《新批评文集》,赵毅衡编译,百花文艺出版社2001年版,第257页。

中解放出来,并使诗学朝着科学地研究事实的方向发展"①。在这种建立科学的文艺学的思想意识的推动下,俄国形式主义反对文学研究中侧重于外在因素的几种方法,即从作者的生平角度来解释文本的传记方法,将作品简单还原为对其得以产生的社会现实的镜子般的反映的社会历史方法,以及将文学看作对阐释者的哲学观念系统的证实的哲学方法等等。② 在他们看来,"任何一门科学皆具有其特定的对象,我们的文学史家却漫不经心地将这个公理置诸脑后。他们把自己的学科变成了各种'文化史'、'心理学'、'传记'、'社会学'和某类学科堆积废料的垃圾场;最近几年,人们几乎经常想起这个公理,许多诗学'学派'的理论家不断催促我们注意这个公理:声称要废除农奴制以前的文学科学的许多代表人物,到了老年又重新开始领会这个公理。一句话,诗学、文学史亦复如此,当前正全力以赴地寻找自己所失去的对象。……文学科学乃研究文学本身,而不是研究某种别的东西;文学作品研究者以该作品的结构为对象,而不是以创造该作品在时间或心理学方面同时产生的因素为自己的对象,唯有如此,该研究范围才渐渐缩小了。"③ 每一个成熟的学科都应该有自己独立的研究对象,传统的文学研究却忽视了这一问题,将文学研究与诸如社会学、历史学、政治学和哲学等混为一谈,从而仅仅使文学沦为这些学科的注解。正是在这个意义上,什克洛夫斯基提出了他著名的"纺纱"理论。"在文学理论中我从事的是内部规律的研究。如以工厂生产来类比的话,则我关心的不是世界棉布市场的形势,不是各托拉斯的政策,而是棉纱的标号及其纺织方法。"④ 只有将研究对象限定在文本自身之内,建立科学的文学理论才成为可能。因此,"'诗语研究会'认为,没有诗人和文学家,——只有诗歌和文学。"⑤ 这是对一个学科之存在可能性的自我反思的结果,而面对当时盛行的外部研究方法,什克洛

---

① Lee T. Lemon and Marion J. Reis, eds., *Russian Formalist Criticism*: *Four Essays*, Lincoln: University of Nebraska Press, 1965, p.106.

② Peter Steiner, *Russian Formalism*: *A Metapoetics*, Ithaca and Landon: Cornell University Press, 1984, p.27.

③ [俄] O.M. 勃里克:《诗学、语言学、社会学》,载 [艾尔尼亚] 扎娜·明茨等:《俄国形式主义文论选》,王薇生编译,郑州大学出版社 2005 年版,第 60 页。

④ [俄] 什克洛夫斯基:《散文理论》,刘宗次译,百花洲文艺出版社 1994 年版,第 3 页。

⑤ [俄] O.M. 勃里克:《所谓的"形式主义方法"》,载 [艾尔尼亚] 扎娜·明茨等:《俄国形式主义文论选》,王薇生编译,郑州大学出版社 2005 年版,第 3 页。

夫斯基矫枉过正地指出，"艺术永远是独立于社会生活的，它的颜色并不反映飘扬在城堡上空的旗帜的颜色。"① 这样的论断可谓极端片面，但又极为深刻。在文学史问题上，他们认为艺术的发展是形式自我演化的历史，与社会和读者等都没有关系，甚至认为就像没有哥伦布美洲大陆也能被发现一样，没有普希金，《叶甫根尼·奥涅金》也会被写成，② 这样的论断就过于偏激了。好在这样的偏激论断都是宣言性和理论上的。他在 1923 年所写的《感伤的旅行》中说的就没有那么极端，并没有完全否定内容的存在。如其所言："究其根本而言，形式主义方法非常简单。即回归到技巧上来。其中最值得注意的是，它并不否定艺术的思想内容，但是认为所谓的内容也是一种形式现象。"③ 事实上，俄国形式主义者，包括什克洛夫斯基本人的批评实践并没有完全抛开社会、历史和文化等外在因素而不顾。

结构主义同样如此，正如霍克斯所言，"当我们把注意力直接转向文学的时候，就可以看到，对形式的关注是'结构主义者'的首要任务。"④ 这在结构主义的文本理论中表现得尤为突出，我们将在后文中进行详细论述。

三、文学与语言学

回归文学自身，提倡内部研究，无非就是关注文学形式问题，而"文学形式"说到底是语言的艺术形式。"文学是语言的艺术"是形式主义者不争的共识，因此，从语言学的角度来研究文学就成为他们的必然选择。现代语言学，尤其是索绪尔的结构主义语言学所带来的人文社会科学领域内的"语言学转向"为从语言的视角研究文学创造了条件，而文学（诗学）研究则又成为现代语言学的有益补充。语言学与文学的这种双向互动致使"语言学与文学之间的关系成为现代文学理论中讨论得最广泛的问题之一"⑤。这也是文学实践与语言研究都取得重大发展的结果。一方面，正如戴维·罗

---

① ［俄］什克洛夫斯基：《俄国形式主义文论选》，方珊等译，三联书店 1989 年版，第 11 页。

② ［俄］O.M. 勃里克：《所谓的"形式主义方法"》，载［艾尔尼亚］扎娜·明茨等：《俄国形式主义文论选》，王薇生编译，郑州大学出版社 2005 年版，第 4 页。

③ ［俄］什克洛夫斯基：《感伤的旅行》，杨玉波译，敦煌文艺出版社 2015 年版，第 255 页。

④ ［英］特伦斯·霍克斯：《结构主义和符号学》，瞿铁鹏译，上海译文出版社 1987 年版，第 58 页。

⑤ ［英］安纳·杰弗森、戴维·罗比等：《西方现代文学理论概述与比较》，陈昭全等译，湖南文艺出版社 1986 年版，第 31 页。

比所看到的,以未来主义为代表的"'现代主义'作品的语言,是难以理解和富有挑战性的。它对读者提出很高的要求,对批评家的要求则更高。因此,自十九世纪后期起,对当代文学感兴趣的批评家想要忽视语言形式问题已越来越不可能了。与此同时,语言学的发展方向大大开拓了语言对于文学研究的解释能力。"① 现代主义突出的是形式的奇崛怪异,尤其是语言的反常化。传统的社会学和传记批评更适合于现实主义,对现代主义却无能为力。在这种情况下,形式主义者认为,"诗学惟有通过语言学才能建立,因为语言学向诗学指出语言本身何处终止而说话何处开始。"② 事实上,文学理论的现代发展正是借助语言学才取得了如此辉煌的成就。而对于语言学研究来说,在语言的诸多用途中,"文学比语言的其他用途都重要,因为只有文学(依靠自身的非参照性)使我们明白语言的真正(即索绪尔式)本质"③。于是,文学与语言学的联姻就成为20世纪文学研究的必然趋势。

　　形式主义与语言学关系密切,其代表人物大都是语言学家,他们的诗歌研究也都导源于语言学,或者说是语言学向诗歌领域的拓展。以雅各布森为代表的莫斯科语言学派本来就是语言学家的组织,而以什克洛夫斯基为代表的彼得堡的"奥波亚兹"小组的全名就是"诗歌语言理论研究会"(The Society for the Study of Poetic Language)。布拉格学派的代表人物穆卡洛夫斯基也是一个著名的语言学家,而结构主义更是对索绪尔语言学情有独钟。对现代语言学的发展状况了如指掌,同时又致力于诗歌研究的形式主义者以语言学为工具来研究文学就是顺理成章的事情。这一趋势自俄国形式主义始,一直持续到结构主义,乃至后结构主义和解构主义。语言学在文学研究中的凸显带来了20世纪文学理论研究的一次重要的范式转换,从而形成了文学研究中的"语言学模式"。因此,詹姆逊在其研究形式主义的著作《语言的牢笼》中一开篇就发出了这样的感慨:"以语言为模式! 按

---

① [英] 安纳·杰弗森、戴维·罗比等:《西方现代文学理论概述与比较》,陈昭全等译,湖南文艺出版社1986年版,第31页。

② [俄] O.M.勃里克:《诗学、语言学、社会学》,载 [艾尔尼亚] 扎娜·明茨等:《俄国形式主义文论选》,王薇生编译,郑州大学出版社2005年版,第66页。

③ [英] 安纳·杰弗森、戴维·罗比等:《西方现代文学理论概述与比较》,陈昭全等译,湖南文艺出版社1986年版,第96页。

语言学的逻辑把一切从头再思考一遍！"① 而他的这本书的"指导思想和自始至终的任务就是澄清索绪尔的语言学提出的共时方法和时间与历史现实之间可能发生的各种关系。这种关系在任何地方都没有象在文学分析领域中那样不合情理,而形式主义和结构主义正是在这一领域取得了最有实质性和最持久的成就。"②

　　事实上,在持续近一个世纪的发展中,形式主义从头至尾都是以索绪尔语言学为参照来对文学艺术中的诸多问题进行重新思考和再阐释的。早在 1914 年的《词语的复活》中,什克洛夫斯基就对传统文学提出了批评,认为"过去的作家写的太滑溜,太柔美。他们的作品突出修饰的表面,用柯罗连科(Krolenko)的话说就是'在其中翱翔的是思想的飞机,毫无阻拦'。极有必要创造一种新的、'硬朗的'的语言,它的目的是看,而不是认知。很多人都无意识地感受到了这种必要性。"③ 过去的这种文学突出的是语言的交际功能,文学成为作家传达信息的工具;以未来主义为代表的现代主义则并不关注语言所传达的信息,突出的是语言自身。在未来主义的诗歌中,词语再次"复活"了。正是在这个意义上,什克洛夫斯基写了《艺术即手法》一文,对《词语的复活》的结尾提出的技巧问题作了进一步阐发,并提出了著名的陌生化理论。

　　俄国形式主义的音位批评将语言学在诗歌批评中的具体应用推向深入,并取得了丰硕的成果。雅各布森将语言活动区分为六个要素,即信息的发送者(addresser)、语境(context)、信息(message)、接触(contact)、信码(code)和接收者(addressee)。在语言交流过程中,对不同要素的关注决定了语言活动的不同性质和功能。如果说文学活动也是一种语言活动的话,那么,侧重于作者的思想传达的文学批评把信息的发送者作为研究的对象,注重读者感受的接受理论侧重于对信息接收者的研究,传统的社会学批评

---

① [美]弗雷德里克·詹姆逊:《语言的牢笼》,钱佼汝译,百花洲文艺出版社 1997 年版,第 2 页。

② [美]弗雷德里克·詹姆逊:《语言的牢笼》,钱佼汝译,百花洲文艺出版社 1997 年版,第 7 页。

③ Viktor Shklovsky, "The Resurrection of the Word", *Russian Formalism: A collection of articles and texts in translation*, Stephen Bann and John E. Bowlt, eds., Harper & Row Publishers, Inc., 1973, p.47.

关注于语境和信息等,而形式主义则把信码作为研究对象,即研究语言自身。在此基础上,穆卡洛夫斯基提出了标准语言与诗歌语言的区分。标准语言是一种实用的规范语言,突出的是语言的交际功能,语言中包含的信息是标准语言的核心内容。诗歌语言则是一种诗性的审美语言,语言本身所包含的朦胧、歧义、张力和音乐效果等才是研究的中心。在二者的关系上,穆卡洛夫斯基认为,诗歌语言是对标准语言的规范的突破,打破日常交流的自动化,在语言的反常应用中将语言自身"前推"或"突出"(foregrounding)。违反标准的方式越多,该语言中诗歌的可能性就越大,也就越具有审美效果。这和什克洛夫斯基的"陌生化"理论一脉相承,相得益彰。

　　与语言学关系最紧密,在具体的研究过程中语言学的作用最突出的当属结构主义。索绪尔对语言和言语、能指与所指的区分,以及所运用的二元对立的思维模式,成为结构主义文学理论,乃至人类学和文化研究的基本模式。雅各布森的隐喻和转喻的区分正是索绪尔语言和言语区分的变体,而罗兰·巴特对服饰的研究、斯特劳斯的人类学中对婚姻关系的研究、格雷马斯的符号矩阵(或叫语义四边形)、普罗普的叙事结构模式等都是这种二元对立的语言模式在文学和文化研究中的具体应用。比如像斯特劳斯这样的"人类学家的工作就是制订这样一种系统,通过语言学分析这一工具,为他们接触的各种文化写出一部语法书"①。正因为结构主义与语言学的这种密切关系,巴特认为"结构主义本身是从语言范例中发展起来的,却在文学这个语言的作品中找到一个亲密无间的对象:两者是同质的"②。因此,在20世纪的文学理论史上,结构主义、语言学和符号学几乎是同义语。结构主义赋予语言以重要意义,"语言不仅是结构主义者最关心的问题,而且语言本身还被当作其他所有非语言性学科的模式"。安纳·杰弗森认为这是"结构主义最具有革命性的一个特点"③。

　　但是,受索绪尔影响,结构主义关注语言而忽视言语,关注能指而忽视

---

①　[英]安纳·杰弗森、戴维·罗比等:《西方现代文学理论概述与比较》,陈昭全等译,湖南文艺出版社1986年版,第94页。

②　转引自[英]特伦斯·霍克斯:《结构主义和符号学》,瞿铁鹏译,上海译文出版社1987年版,第87页。

③　[英]安纳·杰弗森、戴维·罗比等:《西方现代文学理论概述与比较》,陈昭全等译,湖南文艺出版社1986年版,第92页。

所指,关注意义产生的方式而忽视意义本身,这构成了结构主义文学研究的基本特征,同时也是它的缺陷所在。正因为如此,詹姆逊认为,包括俄国形式主义、布拉格学派和法国结构主义在内的形式主义批评陷入了一种“语言的牢笼”,而马歇雷则干脆认为这是一种“结构的坟墓”。语言学成为他们理论创新的利器,同时也是他们故步自封、裹足不前的桎梏。文学和语言学结合起来的文学研究有助于建立科学的文学批评,但是二者毕竟分属于不同的学科,具有不同的特点,因此不能简单地移植和挪用。要打破这种桎梏,走出语言的牢笼,就必须将语言与言语、能指与所指、共时研究与历时研究、语言与意义等重新整合起来。巴赫金对俄国形式主义、马歇雷和詹姆逊对结构主义的批评都是从这个角度进行的。

四、形式分析与审美价值

形式主义回归文学本体、倡导内部研究、注重文学与语言学的关系,落实到具体的文学批评过程中,就是对文学的语言形式进行深入的“细读”和剖析,从而揭示文本的审美价值。这才是形式主义文学研究的最终价值指向。从这个角度来看,形式主义从头至尾都是“一个文学和美学运动”,其方法“不是直接从数学或哲学的思考中,而首先是从美学中产生的”①。

因此,对形式主义所关注的艺术的审美价值的研究还是要从其理论的渊源说起。将文学艺术从社会的其他部类中分离出来,把它专门作为一种审美的对象,突出其审美价值,是近代以来,尤其是自康德以来人类知识走向分化的必然结果。而 19 世纪末 20 世纪初,在艺术创作领域内,各种现代主义的先锋艺术都把形式作为艺术的核心要素,试图通过形式的创新来突破传统的现实主义艺术模式,形式在现代主义艺术中具有了比在以往历史上的所有艺术中都重要的意义。因此,关注艺术形式的审美价值并不是形式主义的首创,而是近代以来的艺术和美学理论的发展和现代主义艺术实践共同作用的结果。

虽然亚里士多德早已强调了语言媒介对于艺术的重要性,也将形式而非质料作为决定事物“是其所是”(海德格尔语)的决定因素,但是在美学方

---

① ［比利时］布洛克曼:《结构主义:莫斯科—布拉格—巴黎》,李幼蒸译,中国人民大学出版社 2003 年版,第 27 页。

面将形式和美真正联系起来的当属康德。形式主义者大都把康德作为精神导师，认为自己在美学思想上是康德的后裔。如日尔蒙斯基所言："康德的美学公式是众所周知的：'美是那种不依赖概念而令人愉快的东西'，这句话表达了形式主义学说关于艺术的看法。"①康德所坚持的"美是不关涉对象的内容的纯形式"这一观念也成为了俄国形式主义和新批评等形式论者的理论资源。俄国形式主义者对艺术的审美形式，尤其是诗歌的音乐美的关注是这一观念在文学批评中的具体体现，而什克洛夫斯基的"旗帜"和"纺纱"比喻则是这一观念的极端化。在形式主义这里，文学艺术的审美效果也就变成了与诗歌的内容无关的东西，美仅仅存在于其语言形式之中。因此，俄国形式主义和新批评都把诗的语言、韵律、结构和张力等形式因素作为主要研究对象。

对艺术形式的关注和审美价值的追求决定了形式主义的基本理念的形成。克罗齐在确定是什么因素使艺术作品成为艺术或诗的时候指出："如果拿出任何一篇诗来作考虑，以求确定究竟是什么东西使人判断它之所以为诗，那么首先就会从中得出两个经常存在的、必不可少的因素：即一系列形象和使这些形象得以变得栩栩如生的情感。"②作为对这种理论的反拨，雅各布森认为决定一首诗之所以为诗的"文学性"不是形象和情感，而是诗歌的陌生化了的语言。什克洛夫斯基认为，诗歌语言的陌生化的目的并不是为了使实际的交际活动变得顺畅，反而是为了增加读者理解的难度和延长感知的时间长度，从而将读者的注意力集中于诗歌的语言自身，而非诗歌中所传达的内容和情感，以此来增强诗歌的审美效果。因此，语言在诗歌中所承担的并不是交际功能，而是审美功能。但这并不是说审美功能是语言的唯一功能，它也并不排斥其他功能的存在。只能说审美功能在诗歌语言的所有功能中居于主导位置，是最主要和最突出的功能。作为诗学研究对象的"文学性"正是由诗歌语言所体现的诗的审美功能。雅各布森所倡导的就是用诗歌的审美功能来反对非文学作品的指称和影响功能。在他看来，诗学侧重研究的是语言的能指层面，更多关注的是诗歌语言的形式问

---

① [俄]什克洛夫斯基：《俄国形式主义文论选》，方珊等译，三联书店1989年版，第305页。
② [意]贝内代托·克罗齐：《美学或艺术和语言哲学》，黄文捷译，中国社会科学出版社1992年版，第1页。

题，即声音、节奏和结构等所形成的审美效果；而政治教材、新闻稿等非文学文本关注的才是语言的所指层面，突出的是语言中所传达的思想内容，以及对读者可能产生的影响，传达信息和影响读者才是其主要目的。正如雅各布森所言："诗歌是体现审美功能的语言，审美功能既不是唯一的功能，也不是和其它功能并列的功能；诗歌作品被界定为一种语言信息，审美功能是它的主导。"[1]诗歌的审美功能的实现，在什克洛夫斯基看来就是陌生化，而在穆卡洛夫斯基看来，就是通过对语言的扭曲和变形，从而将诗歌语言自身从标准语言中"前推"和"突出"出来，从而增强诗歌的审美效果。诗歌就是对日常语言和标准语言的有意破坏。在诗歌中，语言的指称功能被削弱，而审美功能被增强了。因此，在形式主义的文学研究中，语言的所指被忽略了，而能指则得到了空前的重视。

　　总之，形式主义提倡一种本体论的文学批评，使文学研究回归文学语言形式自身，把现代语言学的优秀成果作为文学研究的方法论，并把揭示文学的审美价值作为文学研究的最终价值指向。形式主义的这种与众不同的特点使其在 20 世纪的文论史上独树一帜且经久不衰，并对当前的文学理论依然发挥着持续的影响。

第二节　马克思主义

一、马克思主义的发展脉络

　　近两个世纪以来，马克思主义无疑是人文社会科学领域中最具影响力的理论流派，这种影响已经渗透到了整个人文社会科学的各个角落。但是，自马克思和恩格斯开始，马克思主义本身就不是一种纯粹的理论，而是一种具有强烈的实践品格、与人类的革命和解放紧密相连的理论和思想。它对现代人类社会的重大影响自不待言，我们在此不必赘述。我们将重心放在马克思主义的文学理论方面，考察马克思主义文学理论的发展脉络，并试图探求马克思主义文学理论的主导观念，从而与形式主义形成对照。

　　不同于黑格尔所试图建立的完整而封闭的理论体系，马克思主义是一

---

[1]　John Frow, *Marxism and Literary History*, Boston: Harvard University Press, 1986, p.94.

种与时俱进、适时而变、因地制宜的开放理论,它的实践品格使它可以随着具体的社会环境的变化而产生适合这种环境的马克思主义。因此,卢卡奇认为"正统"的马克思主义是一种辩证的方法,而不是一套僵死的概念、范畴和命题。正是马克思主义的开放性和未完成性使它能够根据不同的社会历史环境和文化状况的变化而不断改变和调整自己的理论方向,并始终保持其理论的先进性和前沿性。也正是因为这样,历史上出现了不同的马克思主义。这不仅是必然的,而且是应该的。正如詹姆逊所言:"在今天的世界上,应该存在着几种不同的马克思主义,这同马克思主义的精神,同思想反映其具体社会情况的原则完全一致,其中每一种马克思主义都满足了其自身社会、经济体系的特定需要和问题。"[1]

事实上,在马克思和恩格斯之后,伴随着世界上大多数国家的民族解放运动,马克思主义在全世界取得了空前的发展,而由于不同的国家和民族具有不同的历史文化环境,也就使马克思主义在民族化过程中形成了不同的理论形态,表现出不同的理论特征。就马克思主义在 20 世纪的发展而言,从时间和空间的双重角度来看,马克思主义在西方的发展经历了三个阶段和三种理论形态,即 20 世纪初的苏联马克思主义、20 世纪中期以法兰克福学派为代表的西方马克思主义和 60 年代之后至今仍活跃于英美的晚期马克思主义。[2] 这也正是 20 世纪马克思主义的主流形态。

苏联马克思主义和社会主义革命紧密相连,其实践品格尤为突出。正是由于革命的需要,苏联的马克思主义文学理论强调文学的革命性,要求文学为党和革命服务,文学的社会功用性被无限放大。但是,冠以"马克思主义"的庸俗社会学模式最终导致了文学的工具化,文学的丰富性也被单一的无产阶级文学,尤其是社会主义现实主义所取代。这种文学理论对苏联的社会主义革命起到了很大的推动作用,促进了革命的发展,但是就文学自

---

① [美] 弗雷德里克·詹姆逊:《马克思主义与形式》,李自修译,百花洲文艺出版社 1997 年版,序言,第 9 页。

② 佩里·安德森所说的"西方马克思主义"是一个地域概念,是相对于东方,尤其是东欧(苏联)马克思主义而言的。为了把 60 年代之前和之后的"西方马克思主义"区分开来,在本书中,笔者也用"西方马克思主义"特指欧洲 60 年代之前以法兰克福学派为主要代表,并包括卢卡奇和布莱希特等人的马克思主义,而 60 年代之后以阿尔都塞、马歇雷、伊格尔顿和詹姆逊等为代表的马克思主义在本书中则被称为"晚期马克思主义"。

身而言，其单一化倾向无疑最终成为文学发展的桎梏，其缺陷明显地遮蔽了优越性。不同于苏联马克思主义，佩里·安德森认为，西方马克思主义是第一次世界大战之后欧洲发达资本主义地区社会主义革命失败的产物。如果说苏联马克思主义的主要特征是马克思主义理论与社会主义革命实践的结合，那么西方马克思主义的主要特征则在于理论与实践的脱离。苏联马克思主义者多是革命家，而西方的马克思主义者则大多是学者和教授。因此，不同于苏联马克思主义者所从事的轰轰烈烈的血与火的武装革命，欧洲社会主义革命的不可能性使西方的马克思主义者退却学院和书斋，从事一种书斋里的"革命"，即对西方资本主义社会进行文化批判。因此，西方马克思主义者较少论述经典马克思主义和苏联马克思主义所关注的理论与革命实践之间的关系问题，不讨论资本主义生产方式、国家和阶级斗争等经典马克思主义所强调的对社会革命具有推动作用的问题，而倾向于研究青年马克思所讨论的哲学、美学和意识形态问题，批判性和否定性成为以法兰克福学派为代表的西方马克思主义的主要特征。①60年代之后，伴随着1968年5月法国学生运动的失败，以及苏联共产党内部反斯大林主义倾向的出现，西方的马克思主义者对社会革命和苏联马克思主义彻底失望，而此时结构主义在人文社会科学领域正方兴未艾，这就为马克思主义的结构主义转型奠定了基础。自此，马克思主义进入了晚期马克思主义的发展阶段，追求理论的科学化成为晚期马克思主义的主要特征。

　　马克思主义文学理论在20世纪的发展与它的这几次转型紧密相关，这也致使苏联、欧洲和英美的马克思主义文学理论表现出不同的形态。然而，尽管这几种理论形态之间存在很大差异，甚至在很多方面相互矛盾，但是作为马克思主义的现代发展，其主导观念则是一脉相承的。和我们对形式主义的理论特征的总结类似，如果抛开这些形态之间的差异而关注其共性，我们就可以看到，马克思主义在文学本质、研究方法和价值指向等方面的看法是具有一致性的，也正是这些特点形成了马克思主义文学理论的基本特征。

　　哈比布（M.A.R.Habib）在对马克思和恩格斯的著作进行精读的基础上，将马克思主义文学批评的特点总结为五点：(1)拒绝"身份"（identity）观念，认为包括文学在内的任何对象都不可能独立的存在。这必然得出，

---

① ［英］佩里·安德森：《西方马克思主义探讨》，高铦等译，人民出版社1981年版，第100页。

文学只能在与意识形态、阶级和经济结构的关系的整体中才能够得到理解。(2) 所谓的"客观"世界实际上是一种在集体的人类主体之外的建构。(3) 将艺术理解为一种商品，它和其他商品在物质生产方面是相同的，艺术生产只是社会总体生产的一个分支。(4) 集中讨论文学与阶级斗争之间的关联。阶级斗争是历史发展的内在动力，而文学则是这种斗争在意识形态方面的折射。这也就必然得出，文学是实现政治斗争的目标和结构的意识形态上的辅助。(5) 坚持认为语言不是一种自我封闭的关系系统，而是一种社会实践，和其他实践活动一样，它深深地植根于物质条件之中。① 这几个方面可以压缩为三点，即文学研究是总体性的，把文学置入整体社会生活之中，在与其他部类的关联中来研究文学的性质和功能；文学是社会政治的一部分，介入社会政治和阶级斗争是文学的价值指向；意识形态批评是文学批评中最主要的方法，尽管在马克思主义阵营中，对意识形态的理解千差万别，但是意识形态从头至尾都是马克思主义批评的核心范畴。

二、总体性与外部研究

唯物主义辩证法是马克思主义理论的基石，而总体性（整体性）则是辩证法的核心要素之一。黑格尔早已详细论述过整体与部分之间的辩证关系，认为部分只有在整体中进行理解才有意义，整体是理解任何事物的参照系。可惜的是，黑格尔的体系与方法之间的矛盾使得他的辩证法并不彻底，也导致他的整体性思想的价值大打折扣。马克思主义的唯物辩证法在抛弃黑格尔的唯心主义体系的同时继承了黑格尔的整体性思想，从而使整体性具有了革命性，并成为批判资本主义的有力武器。正如卢卡奇所言："马克思有句名言，'每一个社会中的生产关系都成为一个统一的整体'，这是历史地认识社会关系的方法论起点和钥匙。"② "无产阶级的科学是革命的，这并不是依靠它与资产阶级社会相对立的革命观念，而首先是由于它的方法。总体性范畴的首要性是科学里的革命原则的承担者。"③ 由此可见，马克思主义之所以具有革命性，其根本原因就在于它强调且始终不移地坚持了整

---

① M. A. R. Habib, *Modern Literary Criticism and Theory：A History*, Malden：Blackwell Publishing Ltd., 2008, p.39.

② [匈] 卢卡奇：《历史与阶级意识》，王伟光、张峰译，华夏出版社 1989 年版，第 10 页。

③ [匈] 卢卡奇：《历史与阶级意识》，王伟光、张峰译，华夏出版社 1989 年版，第 27 页。

体的方法。社会生活中的所有问题构成了一个相互联系的统一整体，根本不存在孤立的个体和问题。"不管是研究一个时代或一个专门的课题，有关历史过程的统一性观点都是不可避免的。辩证整体观的重要性正是在这里表现出来的。因为一个人完全有可能描述一个历史事件的基本概貌，却无法抓住该事件的真正本质，亦即它在历史整体中的作用，也就是说，不懂得这个历史事件是统一历史过程的一个部分。"① 因此，只有以整体的视角，把社会中的各种现象和问题置于整体之中，通过其与整体中各个部分的关系来进行分析和研究，才能揭示出对象的本质。任何孤立地研究单个问题都是非辩证的，只会得出片面的结论。整体完全优于各个部分，且大于各个部分之和，这是马克思从黑格尔那里得到的观念，但是马克思不仅把它作为科学研究的方法论，而且还看作是任何研究都必须遵守的科学基础。"只要抛弃了总体观点，也就一定会抛弃辩证方法的出发点和目标、设想和要求。这样的话，就不会把革命理解成一个过程的部分，而理解成脱离总的事件过程的一个孤立的行动。"② 因此，马克思主义对任何问题的研究都必须遵守整体化的方法论原则，反对对对象进行孤立的研究。也正因为如此，马克思主义才能够成为自马克思之后的一个多世纪以来最具革命性和生命力的思想与方法。

马克思主义"把社会理解成一个整体"，反对把客体分裂为各个部分来加以理解，因为马克思主义认为"在资本主义生产体系中所具有的表面的独立和自主不过是一种假象"③。因此，马克思主义根本就不承认存在独立的法律科学、经济科学和历史科学等等，存在的只是一种单一而统一的关于整个社会的革命科学。在具体的研究过程中，"不论争论的主题是什么，辩证方法总是有关同一个问题：对整个历史过程的认识。这意味着'观念的'和'经济的'问题失去了它们的相互排外性，彼此融合起来。一个特定问题的历史变成了诸问题的历史。对一个问题的文学的或科学的说明显现为对社会整体，对它的各种可能性、界线和问题的表达。文学史的方式是一种最适合历史问题的方式。哲学史成了历史哲学。"④ 因而，对人类社会中的任

---

① [匈]卢卡奇：《历史与阶级意识》，王伟光、张峰译，华夏出版社 1989 年版，第 13 页。
② [匈]卢卡奇：《历史与阶级意识》，王伟光、张峰译，华夏出版社 1989 年版，第 29 页。
③ [匈]卢卡奇：《历史与阶级意识》，王伟光、张峰译，华夏出版社 1989 年版，第 14 页。
④ [匈]卢卡奇：《历史与阶级意识》，王伟光、张峰译，华夏出版社 1989 年版，第 35 页。

何问题,包括经济、政治、宗教和文化等等的理解都不能孤立地进行,而必须将其作为社会整体结构的一部分,在与其他部类的联系中加以理解。只有把个别对象置于整体之中,作为整体的一个部分,在与整体的关联中加以审视和研究,才能够把握这个对象的本质和历史作用。

对文学艺术的理解同样如此。马克思把人类社会结构区分为经济基础和上层建筑两大部分,政治、法律、宗教和文学等都属于上层建筑中的部类,且依次离经济基础越来越远,所以文学就成为一种恩格斯所说的"更高地悬浮于空中的意识形态领域"①。尽管如此,马克思主义认为根本不存在完全自律的文学。文学虽然远离经济基础,具有自身的相对独立性,但是最终依然被经济基础所决定。文学与政治、宗教和文化等上层建筑关系更为密切,它们都是文学与经济之间相互作用的中介。因此,理解文学不可脱离整体的社会结构,只有把文学置入其赖以存在的社会政治和经济环境中,文学的本质和功能才能得到很好的理解和阐发。正如戴维·福加克斯所言:"马克思主义的几种文学理论尽管各不相同,但都有一个简单的共同前提:只有把文学放在社会现实这一较大的框架里才能真正地理解文学。马克思主义者认为,任何一种文学理论如果孤立地看待文学(如视之为纯结构或作家个人的智性过程的产物)以及将它置于孤立的境地使之与社会和历史相脱离,那就不足以解释文学究竟是什么。"②也就是说,马克思主义文学理论与其他理论方法的区别就在于它的社会学方法。马克思主义把文学看作更为广阔的社会历史文化的一个部类,并把文学和整个社会文化联系起来加以研究。所以,在马克思主义者看来,不存在完全自律的文学,也不存在完全自律的文学研究。文学史实质上也是一种社会史,谈论文学问题事实上就是在谈论社会问题。马克思认为巴尔扎克的小说中所揭示的资本主义社会现实比当时所有的历史书的总和还要多,因此,文学也就成为马克思主义讨论社会和历史问题的最佳方式。这不仅表现在文学的内容方面,文学形式的变化和文学史的演进也是如此。从表面上看文学变革是文学自身的演化,而实际上是文学与整个社会现实相互作用的结果。

---

① 《马克思恩格斯选集》第 4 卷,人民出版社 2012 年版,第 611 页。
② [英] 安纳·杰弗森、戴维·罗比等:《西方现代文学理论概述与比较》,陈昭全等译,湖南文艺出版社 1986 年版,第 163 页。

正因为马克思主义将整体性作为一切研究的方法论基础,因此,在马克思主义的文学批评中,像形式主义那样强调文学的自律自足性,割裂文学与社会、作家和读者的联系而回归文学自身,就是完全不可能的。这样的文学研究只能是片面的和非辩证的,并不能揭示文学的真正本质,也无法体现文学的革命功能。对文学与社会的天然联系的强调使马克思主义的文学研究必然成为韦勒克所极力排斥的"外部研究"。马克思对艺术起源的研究、恩格斯对"典型环境中的典型人物"的论述都是如此。尽管马克思和恩格斯也反对"席勒式"的把文学作为思想的传声筒,强调"莎士比亚化",但是总体而言也都是一种社会学的"外部研究"方法。尽管苏联的庸俗社会学方法极为片面,而西方马克思主义也注意到了艺术的自主性,认为艺术有自身特有的规律,但是他们都遵循马克思主义的整体化原则,从来没有忽视文学与社会结构的其他部类的密切关系。这些都体现在他们对文学与意识形态之间关系的论述之中。

三、文学与意识形态

如果我们要给马克思主义文学批评寻找一个使用频率最高的关键词的话,这个词无疑就是"意识形态"。正如詹姆逊在论述马克思主义意识形态理论在 19 世纪思想史上的地位时所指出的,"意识形态理论是马克思主义对异化的认识中的一个不可缺少的组成部分,同时也是马克思主义对意识分析和文化分析最有独创性的贡献之一。这一理论属于 19 世纪所特有的对意识形态的复杂性的研究成果,它也许首先可以看成是弗洛伊德而后所称的思想界的'哥白尼式革命'的一个阶段。"[①]马克思将特拉西的意识形态这一符码转换成一个马克思主义的理论术语,使其成为用来批判资本主义异化现实的有力武器。在 20 世纪的马克思主义理论中,意识形态理论得到了诸多马克思主义理论家的继承和发展,他们对意识形态的不同界定和使用也使"意识形态"一词成为马克思主义理论中最难理解的术语之一。也正是这种内涵的张力使其具有了强大的生产能力,成为马克思主义理论不断发展和创新的理论基点和突破口。可以看出,苏联马克思主义、法兰克

---

① [美]杰姆逊:《后现代主义与文化理论》,唐小兵译,北京大学出版社 2005 年版,第 223 页。本书作者还有詹姆逊、詹明信等多种译法,全书正文中统一采用詹姆逊这一通用译法。

福学派,以及晚期马克思主义的代表人物阿尔都塞、马歇雷、伊格尔顿和詹姆逊等人都对意识形态提出了不同的理解和阐发,使意识形态不再仅仅限于马克思用于批判资本主义的虚假意识的层面上,而且成为一种科学化的马克思主义理论建设的重要术语。意识形态在马克思主义理论中的核心地位使其已经成为马克思主义与非马克思主义相区分的标志性术语。

　　要对马克思主义的意识形态概念做出一个清晰的界定是非常困难的,因为理论家们对意识形态的使用不尽相同,即使马克思本人在不同的著作中对意识形态的界定也是不同的。正如伊格尔顿所看到的,有多少理论家就有多少意识形态概念。但是这种内涵的不确定性不但没有妨碍对意识形态的使用,反而促进了马克思主义理论的丰富,这在理论史上是不可想象的。在西方的哲学和美学史上还很难发现哪一个术语能比意识形态更具生产性和复杂性。詹姆逊从宏观上将意识形态区分为七种类型,即错误意识、领导权或阶级合法化、物化、日常生活的意识形态、阿尔都塞的意识形态国家机器理论、支配权的意识形态,以及语言上的异化。① 威廉斯在《马克思主义与文学》中以专节讨论意识形态的内涵及其演变。他将马克思主义的意识形态概念区分为三种:"(1)'意识形态'是指一定的阶级或集团所特有的信仰体系;(2)'意识形态'是指一种由错误观念或错误意识构成的幻觉性的信仰体系,这种体系同真实的或科学的知识相对立;(3)'意识形态'是指生产各种意义和观念的一般过程。"② 第二点关注意识形态作为虚假意识的方面,是贬义的,而第一点和第三点可以合为一点,把意识形态作为一种中性的观念体系。在马克思和恩格斯的思想中主要把意识形态作为虚假意识来讨论,从而使意识形态成为批判资本主义社会的一个重要武器。在后期的马克思主义者那里意识形态回归了特拉西提出此概念时的中性意义。对意识形态的中性理解成为 20 世纪理论发展的一个趋势,正如威廉斯所言,"无论在马克思主义传统之内还是之外,意识形态概念都在那种中性的含义上得到了普遍使用——此即'一定阶级或集团所特有的信仰体系'。"③也就是说,尽管意识形态的几种类型之间内涵各异,但是就它们的共性而

---

① ［美］杰姆逊:《后现代主义与文化理论》,唐小兵译,北京大学出版社 2005 年版,第 231—258 页。

② Raymond Williams, *Marxism and Literature*, Oxford:Oxford University Press, 1977, p.55.

③ Raymond Williams, *Marxism and Literature*, Oxford:Oxford University Press, 1977, p.69.

言,可以将意识形态看作是一种服务于特定集团或阶级的经济、政治和文化利益的思想和观念体系。这样的话,每一个社会阶段就不仅仅只存在一种意识形态,各个阶级和集团都有自己的意识形态,但是居于主导地位的意识形态依然是统治阶级的意识形态。这就使文学与意识形态的关系变得更为复杂,也正是这种复杂性造成了文学的丰富性。

在马克思主义理论家看来,文学艺术是一种意识形态形式,并且属于与意识形态关系最复杂的形式。每一个社会中都有各种不同的意识形态,包括统治阶级的意识形态和被统治阶级的意识形态,这也就决定了文学可能代表统治阶级的利益而成为一种阿尔都塞所说的意识形态国家机器,也可能代表被统治阶级的利益而对统治阶级的意识形态进行反抗。如果说文学与意识形态的关系还比较隐晦的话,那么马克思主义文学批评的意识形态性则表现得极为明显。伊格尔顿在《马克思主义与文学批评》中对马克思主义的基本原则和方法进行了深入的分析。他指出:"马克思主义是一种关于人类社会以及改造人类社会的实践的科学理论;更具体地说,马克思主义所要阐明的是男男女女为摆脱一定形式的剥削和压迫而进行斗争的历史。"[1] 正是马克思主义的这种理论定位决定了马克思主义文学批评的性质、功能和特征。"马克思主义批评是一个更大的理论分析体系中的一部分,这个体系旨在理解意识形态——即人们在各个时代借以体验他们的社会的观念、价值和情感。而某些观念、价值和感情,我们只能从文学中获得。理解意识形态就是更深刻地理解过去和现在;这种理解有助于我们的解放。"[2] 在此,伊格尔顿对马克思主义文学批评进行了定位,并指出它的基本性质在于它属于一种意识形态批评,其目的就是通过文学的方式来理解人类的观念、价值和情感。从方法论来看,马克思主义文学批评和马克思主义的其他理论一样,与社会生活及其斗争紧密联系在一起。这也就决定了马克思主义文学批评必然是一种社会学批评,它所指向的也必然主要是文学的政治价值。

---

[1] [英] 特里·伊格尔顿:《马克思主义与文学批评》,文宝译,人民文学出版社 1980 年版,第 2 页。

[2] [英] 特里·伊格尔顿:《马克思主义与文学批评》,文宝译,人民文学出版社 1980 年版,第 2—3 页。

四、社会学批评与政治价值

伊格尔顿认为:"与其说文学理论本身就有权作为理智探究的一个对象,还不如说它是由以观察我们时代的历史的一个特殊角度。"[①] 这样,文学批评就不再像形式主义者所设想的那样仅仅是对文学艺术的语言结构的分析和对其审美价值的揭示,而是一种观察、理解、批判和改造社会的特殊方式。因此,在马克思主义批评家看来,文学批评就不可能是纯粹的学术问题而与政治无关。事实上文学批评不仅不可能远离政治,而且政治正是其最终的价值指向。通过对 20 世纪诸多文学理论流派的分析,伊格尔顿发现一切理论从根本上来说都是政治的,"纯粹"的文学理论只是一种学术神话。所以根本就没有必要讨论文学理论的政治性,因为在文学理论中政治自始至终都存在着,讨论文学批评的政治性就等于同义反复。可以说,文学理论的政治性就是一种不言自明的公理。从某种程度上来说,"'政治的'与'非政治的'批评之间的差别只是首相与君主之间的差别:后者是通过假装不搞政治而促进某些政治目的的实现,前者则是直言不讳的。"[②] 因此,"文学理论不应因其政治性而遭到谴责,应该谴责的是它对自己的政治性的掩盖和无知。"换句话说,"可以反对的并不是文学理论本身的政治性,也不是因其经常健忘于此而倾向于将人误导:真正可以反对的是其政治的性质。"[③]伊格尔顿认为,文学理论的历史本身就是我们时代的政治和意识形态史的一部分,这一点在现代文学理论中表现得更为明显。政治是一切文学批评都无法摆脱的宿命,不同仅仅在于,在不同的时代和文化环境中,这种政治的内涵和程度有所不同而已。就拿马克思主义批评来说,如果说在马克思和恩格斯那里文学的政治性还只在于揭露资本主义的剥削和黑暗、唤起人民的觉醒、推动无产阶级革命的话,那么,在苏联马克思主义者这里,当无产阶级革命已经实现之后,这种政治就转化为一种狭隘的党派政

---

① ［英］特里·伊格尔顿:《二十世纪西方文学理论》,伍晓明译,北京大学出版社 2007 年版,第 196 页。

② ［英］特里·伊格尔顿:《二十世纪西方文学理论》,伍晓明译,北京大学出版社 2007 年版,第 211 页。

③ ［英］特里·伊格尔顿:《二十世纪西方文学理论》,伍晓明译,北京大学出版社 2007 年版,第 245 页。

治。文学被捆绑在了党派政治的战车上，并进一步极端化为一种政治意识形态的传播工具。正如列宁 1905 年在《党的组织和党的文学》一文中所指出的："文学事业应当成为无产阶级总的事业的一部分，成为一部统一的、伟大的、由整个工人阶级的整个先锋队所开动的社会民主主义机器的'齿轮和螺丝钉'。"① 文学的党性原则成为无产阶级文学创作所要遵守的基本原则，而在党性原则的指导下，符合党的利益的社会主义现实主义最终成为苏联文学创作的唯一合法形态。这并不是说社会主义现实主义没有合理之处，而是说这种一元性的创作方法束缚了文学创作，影响了文学创作的丰富性，从而束缚了苏联文学在 20 世纪前半叶的发展。形式主义者试图摆脱文学与意识形态和政治的关联，但是正如韦勒克所发现的，俄国形式主义与十月革命同时出现就意味着它必然具有政治性。事实上俄国形式主义本身就是对苏联革命的消极反抗，其政治倾向极为明显。当代西方文学理论摆脱了苏联理论的党派政治的束缚，从而将文学理论的政治性拓展为一种广义的文化政治，从关注具体的党派利益转变为关注更为广泛的人类的生存状态。因此，文学批评也就成为当代公共领域的一个重要组成部分。伊格尔顿指出，"1960 年代后期以来，所谓的人文学科无疑第一次在西方成了进行激烈政治抗争的竞技场，而文学研究向来就是人文学科的前哨。"② 结构主义、后结构主义、女权主义和后殖民主义等批评流派的政治性都表现得尤为突出。

伊格尔顿认为一切批评都是政治的，詹姆逊进一步认为马克思主义是一切批评都"无法逾越的地平线"，而政治批评则是一切文学批评都无法回避的"绝对视域"。因此，关注文学的政治性、进行政治批评是马克思主义文学批评的主要特点。

采用一种总体性的方法，把文学与意识形态联系起来，关注文学的政治价值，这就使马克思主义文学批评必然采用一种社会学批评方法。伊格尔顿将马克思主义文学批评分为四种类型，即人类学的、政治的、意识形态

---

① 《列宁选集》（第一卷），中共中央马克思恩格斯列宁斯大林著作编译局编，人民出版社 1972 年版，第 647 页。

② ［英］特里·伊格尔顿：《历史中的政治、哲学与爱欲》，马海良译，中国社会科学出版社 1999 年版，第 187 页。

的和经济的。① 虽然这四种模式各有侧重,关注于文学活动的不同方面,②
但是从总体来看都属于社会学批评。社会学批评是西方文学批评自亚里士
多德以来的一个最主要的传统,但是马克思主义的文学社会学与传统社会
学批评有所不同。伊格尔顿认为,如果说一般的文学社会学主要讨论的是
文学的生产、交换和分配的话,那么"马克思主义批评就不只是一种'文学
社会学',只考虑小说怎样获得出版,是否提到工人阶级等等。马克思主义
批评的目的是更充分地阐明文学作品;这意味着要敏锐地注意文学作品的
形式、风格和含义。但是,它也意味着把这些形式、风格和含义作为特定历
史下的产物来理解。"③ 可见,伊格尔顿对文学本质的理解和形式主义是类
似的,认为文学的"形式"和"风格"才是文学批评的中心所在。但是不同
于形式主义的是,马克思主义还要关注文学的"含义",并且要把这些因素
作为"特定历史下的产物来理解",而不是像形式主义那样看作是文学自身
演变的结果。马克思主义文学批评不是把文学作品看作一种孤立的存在来
加以研究,因为文学艺术本身就是社会生活的整体结构中的一个部分。这
不仅表现在文学内容来源于生活,作者和读者都摆脱不了社会环境的影响

---

① Terry Eagleton and Drew Milne, eds., *Marxist Literary Theory*: *A Reader*, Oxford UK &
　USA: Blackwell Publishers Ltd., 1996, p.7.

② 冯宪光对伊格尔顿提出的马克思主义的这四种批评类型进行了详细的分析和论述。冯宪
　光指出,在马克思主义发展史上,后来的马克思主义者的一个最基本的出发点就是马克思
　和恩格斯的原典著作,而其文艺理论和美学思想的来源主要集中在四个部分,即:1.《1844
　年经济学哲学手稿》等著作中关于人类的审美特性的人类学观点,2.《〈政治经济学批判〉
　序言》等论著中关于文学艺术属于社会上层建筑、意识形态的观点,3.《资本论》、《1857—
　1858 年经济学手稿》等著作中关于艺术生产的观点,4.《共产党宣言》中关于无产阶级将
　使包括艺术在内的"整个社会革命化"的思想。这几个理论原典就成为 20 世纪各国马克
　思主义文艺理论家用来观察和阐释文艺问题的基本视点,从而形成了马克思主义四种本
　体论的主要构成要素,即:1.审美,2.上层建筑与意识形态,3.生产,4.政治。于是形成了
　四种本体论形态:1.人类学审美本体论,2.意识形态本体论,3.艺术生产本体论,4.政治
　本体论。(冯宪光:《当代马克思主义文艺理论本体论形态问题》,《从立场到方法——二十
　世纪国外马克思主义意识形态文艺理论研究》,邱晓林著,巴蜀书社 2006 年版,第 32 页。)
　冯宪光所区分的 20 世纪马克思主义文艺理论和美学中所形成的这四种理论形态和伊格
　尔顿所区分的四种形态相一致。在这四种形态中,政治本体论可以说是一个最基本的价
　值指向,其他几种形态中都包含着政治内涵,政治问题也是马克思主义的所有理论所关注
　的一个最基本的问题,所以这四种形态可以简化为前三种形态。

③ [英]特里·伊格尔顿:《马克思主义与文学批评》,文宝译,人民文学出版社 1980 年版,第
　6 页。

等等。在马克思主义批评家看来，"文学作品不是神秘的灵感的产物，也不是简单地按照作者的心理状态就能说明的。他们是知觉的形式，是观察世界的特殊方式。因此，他们与观察世界的主导方式，即一个时代的'社会精神'或意识形态有关。而那种意识形态又是人们在特定的时间和地点发生的具体的社会关系的产物；它是体验那些社会关系并使之合法化和永久化的方式。"① 因此，研究文学就"首先要理解这些作品与它们所处的意识形态世界之间的曲折复杂的关系；这些关系不仅出现在'主题'或'中心思想'中，而且也出现在风格、韵律、形象、质量以及形式中。……文学研究者原以为他应该做的只是讨论情节和人物塑造，而上述的这一切似乎是过高的要求。这似乎是将理应分开的政治学、经济学这类学科与文学批评混为一谈。"② 可见，伊格尔顿已经认识到马克思主义文学批评虽然必然采用社会学的方法，必须关注文学与外部世界的关系，强调文学的政治价值，但是文学批评作为一种特殊的批评活动，必须要和政治学、经济学等学科区分开来，不能成为其他学科的注脚，文学批评也不是思想史的注脚，不是简单地分析文学中所包含的意识形态以及文学与社会历史和文化等之间的关系。马克思主义文学批评要阐明文学中所包含的"思想"或"意识形态"，但不能仅仅通过文学的内容或主题来予以发掘，而且要研究文学的艺术形式，因为只有体现在形式中的意识形态才是真正的政治无意识，而只有通过形式来发掘文本中所蕴含的意识形态，这种文学批评才是深刻的和透彻的。正因为如此，在伊格尔顿和詹姆逊的马克思主义文学批评中，"形式的意识形态"就是一个最重要的方面，这也是西方马克思主义文学批评最具有原创性的一种观念和方法。

---

① [英] 特里·伊格尔顿：《马克思主义与文学批评》，文宝译，人民文学出版社 1980 年版，第 9 页。
② [英] 特里·伊格尔顿：《马克思主义与文学批评》，文宝译，人民文学出版社 1980 年版，第 10 页。

第二章　马克思主义与形式主义：
对抗及其消解

从上述分析我们可以看到,作为 20 世纪持续时间最久、影响力最大的两个文学思潮,形式主义与马克思主义在理论渊源、问题意识、研究方法和价值立场等方面都有所不同。形式主义是俄国乃至世界文学研究中自 19 世纪中叶以来注重文学语言的文学研究方法在学理上的延续,也是注重形式创新的现代主义艺术(比如未来派诗歌)在理论上的表现。而 20 世纪的马克思主义则在马克思和恩格斯之后,延续了别林斯基、车尔尼雪夫斯基和杜勃罗留波夫等革命民主主义批评家的理论传统,并且自普列汉诺夫以来就成为俄国文学批评中的重要思想,在西方世界也产生了重大而持续的影响。形式主义思考的是科学的文学研究何以可能,而马克思主义思考的则是具有革命性和政治性的文学研究何以可能;形式主义割裂文学与外部世界的联系,使文学批评回归文学本身,进行内部研究,而马克思主义则持一种整体性观念,把文学放在与外部世界的关系整体中进行韦勒克所说的外部研究;形式主义关注文学语言,把语言学作为文学研究的重要工具,而马克思主义则把文学与意识形态的关系作为马克思主义批评的核心问题;形式主义采用一种形式批评的方法,把文学的审美价值作为最重要的价值指向,而马克思主义则采用一种社会学方法,其最终指向的是文学的政治价值。由此可见,形式主义和马克思主义从根本上来说就是两种完全异质的文学理论和批评方法。尽管如此,二者之间却并不矛盾,可以并行不悖地发展。但是如果将它们各自的倾向推向极端,并且非此即彼地尊奉为唯一合法的理念和方法,那么异质性就会转化为矛盾性,二者的对抗就是必然的。相反,如果我们以这些主导因素为核心,同时积极向对方靠拢,吸收对方的长处并加以辩证综合,二者之间的对话则有可能实现。

事实上,从形式主义与马克思主义在 20 世纪的关系史来看,从苏联到西方,二者之间所经历的就是一个从对抗到对话的发展过程。这种对抗发生在苏联马克思主义和俄国形式主义之间,而对话则主要发生在西方马克思主义与俄国形式主义和结构主义之间。可以说,这场对抗之后,在二者之间寻求对话就成为形式主义者和马克思主义者的共同选择。巴赫金的学术生涯就开始于苏联马克思主义与俄国形式主义的论争之时,并将在二者之间寻求对话作为自己一生学术努力的方向。以法兰克福学派为代表的西方马克思主义虽然与俄国形式主义和布拉格学派都没有什么密切的交往,只有布莱希特和马尔库塞接触过什克洛夫斯基的陌生化理论,但二者之间的很多观念和方法却是惊人的相似,可以说二者之间是一种暗合或潜对话关系;而60年代之后,以阿尔都塞、马歇雷、伊格尔顿和詹姆逊等为代表的晚期马克思主义与结构主义之间的相互吸收、借鉴和影响则使这种对话取得了巨大成就。因此,我们可以宏观上把这一对话区分为三个历史阶段和三大理论传统,即二三十年代以巴赫金为代表的俄苏传统、四五十年代以法兰克福学派等为代表的欧陆传统和60年代之后以阿尔都塞、马歇雷、沙夫、霍尔、伊格尔顿和詹姆逊等为代表的英美传统。

　　作为20世纪持续时间最久、影响力最大的两个理论思潮,研究他们之间的复杂关系,揭示他们之间从对抗到对话的内在逻辑,并分析他们之间是如何对话的,对当前和以后的文学理论的发展都具有借鉴意义。

第一节　马克思主义与形式主义之间的对抗与论争

一、马克思主义与形式主义之间矛盾的产生

　　每一个变革的时代都是思想最为活跃的时候,19与20世纪之交的俄苏文学界就是这样。此时各种哲学思潮和文学流派如雨后春笋般快速涌现,呈现出一派百花齐放、百家争鸣的繁荣景象。在文学创作领域,批判现实主义文学、现代派文学和无产阶级文学(社会主义文学)是最具代表性的三大文学形态。[①] 批判现实主义是19世纪俄国批判现实主义文学思潮的延续,除了仍然健在的老牌批判现实主义作家托尔斯泰和契诃夫等人之外,还涌现出了一批诸如绥拉菲莫维奇、魏列萨耶夫、捷列肖夫、普宁等新作家。但总体而言,时至20世纪初,批判现实主义的黄金时代已经过去,现实主义

---

　　① 李辉凡:《二十世纪初俄苏文学思潮》,中国科学文献出版社1993年版,第1页。

文学已经逐渐由 19 世纪盛行的批判现实主义向社会主义现实主义文学过渡,尽管社会主义现实主义的口号直到 1934 年才正式被提出来。此时,在欧洲现代主义文学思潮的影响下,象征主义、阿克梅派和未来主义等现代主义文学在俄苏文坛也取得了蓬勃发展,且表现得最为活跃。

与此同时,伴随着俄国无产阶级的壮大,工人阶级的文化需求变得越来越重要,建立无产阶级文化遂成为一种历史的需要和必然。自 1905 年革命之后,无产阶级文化和文学已经在俄国迅速发展起来,工人阶级开始自发地组建各种文艺团体,创办无产阶级文化刊物,宣传无产阶级文化。此时在政治和经济领域里布尔什维克和孟什维克尽管已经发生了严重分歧,但是在文化问题上都支持无产阶级文学的建立。在卢那察尔斯基的倡导下,十月革命的前几天,即 1917 年 10 月 16—19 日,召开了彼得格勒无产阶级文化教育组织第一次代表大会,成立了彼得格勒无产阶级文化教育组织中央委员会,即"无产阶级文化协会"。这一全国性的无产阶级文化组织的建立和形式主义流派的出现都在 1917 年这个特殊的历史时刻。形式主义主要还是由学校里一群正在读书的文学系的学生所建立,但其影响力则迅速地在学术机构内扩大,从而成为影响力最大的文学研究流派。和创作领域里未来主义的结合使形式主义得到了迅猛发展,并很快深入人心。与形式主义相比较,马克思主义的发展则主要是在官方的倡导下,在工人阶级内部发展,多由工人和无产阶级知识分子组成。无产阶级文化协会的建立为苏联无产阶级的文化教育做出了巨大贡献,全国建立了两千多个无产阶级教育和文化机构,剧院林立,各种文学团体雨后春笋般地出现,从而形成了强大的无产阶级文化氛围,促使了马克思主义在全社会的传播。在轰轰烈烈、朝气蓬勃的社会革命和非常繁荣的无产阶级文化面前,大多数现代主义诗人,包括著名的未来派诗人马雅可夫斯基,都逐渐放弃了自己的创作理念,进而向适应社会革命需要的无产阶级文化靠拢,成为一个歌颂无产阶级及其革命成果的红色诗人。而像山隘派、斯拉皮翁兄弟等持中间立场的"同路人"在革命大潮的裹挟下也快速融入了无产阶级文学的潮流。对于大多数的诗人和文学家而言,放弃自己最初的文学理念而投身革命的怀抱并不是一种被迫的接纳,而是在伟大的无产阶级革命感召下的主动选择。无产阶级文化协会成立的目的就是要清除资产阶级文化遗毒,建立全新的无产阶级文化。无产阶级文化派认为之前的所有文化都是资产阶级的,是腐朽没落的,因此要求毫无批判地否弃一切文化遗产。已经戴上无产阶级诗人的红色光环的未来派代表诗人马雅可夫斯基要求摧毁一切旧的艺术，并提出了"火烧拉斐尔"、"捣毁博物馆"的过激口号。自此，文学的党性和阶级性成为文学创作和批评的主导性原则，并逐渐成为阶级斗争和巩固无产阶级政权的有力工具。

　　在革命后的几年里，尽管无产阶级文学逐渐取得了蓬勃发展，在整个文学创作和批评领域也获得了巨大的影响力，但是，此时，面对满目疮痍的俄国社会现实，年轻的布尔什维克党的主要精力和工作重心还主要集中在政治和经济领域，尚未顾及文化和文学艺术问题。再则，此时的马克思主义也同样比较年轻，尚未形成自己统一而成熟的美学原则和文化政策，也并没有成为全社会唯一的指导思想，无产阶级文学也并未成为唯一合法的文学形态，这个空档就为俄国形式主义的产生和发展留下了空间。

　　以未来主义为代表的现代主义文学思潮强调文学的自主性，并通过形式的革新来扫除文学领域内的陈腐观念，从而在整个文学领域内掀起了一场革命。而俄国形式主义理论家们与未来主义者关系密切，可以说，俄国形式主义理论本身就是注重形式创新的未来主义文学思潮在理论上的体现。俄国形式主义与十月革命都产生于 1917 年，伴随着布尔什维克党在政治领域内发起的轰轰烈烈的社会革命，俄国形式主义者在文学艺术领域内同样进行着一场摧枯拉朽式的涤除一切旧有观念的文化革命。变革是这个时代的普遍要求，而俄国形式主义的产生正好满足了文化领域内的这种要求，因而一经产生便取得了快速的发展，并产生了巨大的影响力。厄尔里希在 50 年代还感叹："直到现在，在俄罗斯几乎没有一个小镇没有至少一个诗歌研究会的成员。"① 学术观念和研究方法的差异本是任何社会学术发展的常态，因此俄国形式主义在最初的几年里并不至于与马克思主义产生矛盾。但是，在那个特殊的年代里，当大部分文学流派，包括未来主义，都已经向无产阶级文化投怀送抱的时候，俄国形式主义者仍然固执己见，就显得特别另类。而且，它的这种空前发展无疑对正在意识形态领域内发展壮大的马克思主义形成了挑战，成为文学艺术领域内足以与作为主导意识形态的马克

---

① Victor Erlich, *Russian Formalism*: *History and Doctrine*, New York: Mouton Publishers, 1980, p.100.

思主义相抗衡的文学观念和批评方法。正如托洛茨基所言："如果不算革命前各种思想体系的微弱回声,那么,形式主义的艺术理论大概是这些年来在苏维埃的土壤上与马克思主义相对立的唯一理论。尤其出奇的是,俄国形式主义把自己与俄国未来主义紧密联系在一起,而当未来主义或多或少地在政治上投降了共产主义时,形式主义却竭尽全力地在理论上把自己与马克思主义对立起来。"① 可见,马克思主义者已经不再把俄国形式主义看做一种纯粹的学术问题,而是从其观念和方法中嗅出了明显的政治气息。正如韦勒克所言:"1916 年出现了一个自称'形式主义'的运动,主要反对俄国文学批评中流行的说教作风;而在布尔什维克统治之下,形式主义无疑也是对于党所指定的马克思派历史唯物主义默不作声的抗议,或者至少是一种逃避。"② 因此,当布尔什维克党在解决了政治和经济领域内的诸多问题而开始关注文化和意识形态的时候,为了巩固新成立的无产阶级政权,对异己力量进行批判和斗争便成为一种必然选择,而俄国形式主义在文学艺术领域内的巨大影响力,以及它的不合作态度,也就使其自然而然地成为作为主导意识形态的马克思主义的首要对手和批判对象。

二、马克思主义对形式主义的否定和批判

1923 年,首先由托洛茨基发起了对俄国形式主义的批判。作为马克思主义阵营中批判形式主义的第一个声音,托洛茨基的批判还主要在学理层面展开,态度比较温和。托洛茨基认为"未来主义是历史上第一种自觉的艺术,形式主义学派则是艺术的第一个学术派别"③。文学研究中的形式问题非常重要,"无论是在逻辑学、法学还是在艺术中,唯物主义都不否定形式因素的意义。就像法学体系能够而且应当按照其内在的逻辑性和一致性去评判一样,艺术也能够而且应当从其形式成就的角度去评判,因为,没有形式的成就,就没有艺术。"④ 因此,他充分肯定了形式主义的贡献,认为"形式主义的艺术理论尽管肤浅和反动,但形式主义者的相当一部分探索工作

---

① [苏] 托洛茨基:《文学与革命》,刘文飞等译,外国文学出版社 1992 年版,第 150 页。
② [美] 雷内·韦勒克:《批评的概念》,张金言译,中国美术学院出版社 1999 年版,第 263 页。
③ [苏] 托洛茨基:《文学与革命》,刘文飞等译,外国文学出版社 1992 年版,第 150 页。
④ [苏] 托洛茨基:《文学与革命》,刘文飞等译,外国文学出版社 1992 年版,第 167 页。

是完全有益的"①。如果形式主义能够"限定在合理的范围内"，就会"有助于阐释形式的艺术心理特点（形式的精炼性、迅速性、对比性、夸张性等）"。②但是形式主义者却恰恰没有意识到这一点而超出了这个"合理的范围"，没有将形式主义作为马克思主义批评的一种辅助和补充，相反将其作为文学研究中唯一全面而正确的方法。

　　尽管如此，在托洛茨基看来，什克洛夫斯基所宣称的"艺术从不反映飘扬在城堡上空的旗帜的颜色"的形式主义宣言是极其错误和危险的。对于文学艺术而言，形式固然重要，但是将形式因素作为文学艺术的本质和唯一因素而否定内容的存在意义，并"让艺术脱离生活，宣称艺术是独立自在的技艺的做法，会使艺术空虚、死亡。采取这种做法的需要本身，正是思想衰败的无误的症状。"③形式主义对艺术形式过度强调而忽视了文学与社会历史之间的内在关系，也忽视了创造和接受艺术的活生生的人的存在，这是和唯物主义所坚持的"艺术是永远服务于社会的，是历史的和功利的"观点是不一致的。形式主义强调客观性，"然而，由于其视野的狭窄、方法的肤浅，它直接陷入了类似笔相术或骨相术的迷信。……以问题的偶然的、次要的或简直没有根据的因素为依靠的虚假的客观主义，不可避免地要走向恶劣的主观主义；从形式主义学派那儿，则走向词语的迷信。"④托洛茨基的这一批判是正确的。形式主义对词语的过分关注使文学成为与社会完全无关的事情，这在社会革命时代是不合时宜的。而从性质角度来看，托洛茨基认为形式主义美学是"正在站稳脚跟、不能公开表明其资产阶级性质，同时又渴望控制知识分子的资产阶级"的美学，并且，作为康德美学的继承人而带有明显的唯心主义色彩。⑤在无产阶级掌握政权，无产阶级文化成为主流文化，马克思的辩证唯物主义成为主导思想的社会和文化环境中，"资产阶级美学"和"唯心主义"的定性，对形式主义的打击是非常大的。

　　继托洛茨基之后，作为新政权的第一任教育人民委员（教育文化部长），卢那察尔斯基在1924年对形式主义的批判使这场批判进入了白热化

---

①　[苏] 托洛茨基：《文学与革命》，刘文飞等译，外国文学出版社1992年版，第151页。
②　[苏] 托洛茨基：《文学与革命》，刘文飞等译，外国文学出版社1992年版，第152页。
③　[苏] 托洛茨基：《文学与革命》，刘文飞等译，外国文学出版社1992年版，第168页。
④　[苏] 托洛茨基：《文学与革命》，刘文飞等译，外国文学出版社1992年版，第159页。
⑤　[苏] 托洛茨基：《文学与革命》，刘文飞等译，外国文学出版社1992年版，第156页。

阶段。如果说托洛茨基对形式主义的态度是"严厉的批判但并非完全敌对"①的话,那么卢那察尔斯基的批判就基本是完全敌对的了。和托洛茨基一样,卢那察尔斯基也在某种程度上承认形式主义者的工作,认为"马克思主义者不会不明白:不能像对待哲学史那样对待文学史。他非常清楚形式在这里所起的巨大作用,也就是说,每一部作品的节律构成和总体结构,一言以蔽之,是艺术作品中最主要的因素。"②因此,"我们马克思主义者决不否认纯形式的艺术的存在。……形式的工作为一切艺术所固有;在某些情形下,艺术可能完全归结为形式的工作。"③但是,尽管如此,对于马克思主义来说,在形式与内容的辩证关系中,内容是优先于形式的。"文学作为语言的艺术,作为最接近思想的艺术,跟其它艺术相比,其内容要比形式的意义更为重大。"而"马克思主义的批评家首先要把作品的内容,把作品中所体现的社会本质作为自己研究的客体。"④因此,卢那察尔斯基认为评价文学艺术的标准首先需要"从内容方面着眼"⑤,形式只是为内容服务的,"形式应该最大限度的与自己的内容相一致,应该给内容以最大的表现力,保证它能够对读者产生最强烈的影响"⑥。可是形式主义者却过分强调形式的重要性而否定内容存在的意义,把艺术的本质归结为形式而非内容,这就和马克思主义的文学理念背道而驰了。更重要的是,这种背道而驰并不只是学术理念上的差异,而且具有明显的政治意义。"当形式主义艺术占据上风,像一大批面目全非的假面具那样闯入包括诗歌在内的艺术各个领域时,它的作用就完全不同了:一般它只是供人娱乐,确切地说,是转移人的注意

---

① Victor Erlich, *Russian Formalism*: *History and Doctrine*, New York: Mouton Publishers, 1980, p.100.

② [苏] 卢那察尔斯基:《艺术及其最新形式》,郭家中译,百花文艺出版社 1998 年版,第241 页。

③ [苏] 卢那察尔斯基:《艺术及其最新形式》,郭家中译,百花文艺出版社 1998 年版,第305 页。

④ [苏] 卢那察尔斯基:《艺术及其最新形式》,郭家中译,百花文艺出版社 1998 年版,第328 页。

⑤ [苏] 卢那察尔斯基:《艺术及其最新形式》,郭家中译,百花文艺出版社 1998 年版,第331 页。

⑥ [苏] 卢那察尔斯基:《艺术及其最新形式》,郭家中译,百花文艺出版社 1998 年版,第333 页。

力。"① 卢那察尔斯基认为，在这个时代里，"凡是有助于无产阶级事业的发展和胜利的都是好的，凡是有害于这一事业的都是糟的"②。而精神生活的任何一个部门，不管它有多么特殊，都得向科学的社会主义理论靠拢。因此，虽然在历史的合理阶段和合理地点，形式主义作为"生活形式的一种组织"③，其存在是具有合理性和必要性的，但是，从政治角度来看，形式主义的繁荣显而易见是不利于当时的无产阶级事业的发展和马克思主义在文化领域内领导权的建立的。因此，按照卢那察尔斯基的逻辑推论，对形式主义展开批判就是必要的和必然的了。

和列宁一样，卢那察尔斯基认为"每一个阶级，只要它有自己的生活方式，有自己对现实的态度，有自己的理想，它就有自己的美学"，而文学艺术则是这种美学的集中体现。在所有的文化种类中，文学艺术的阶级性表现得最为明显和集中。因此，所有的文学批评都必须遵守"党性原则"，区分其阶级性，看其是否对无产阶级革命事业有利。和托洛茨基对形式主义的阶级定位一脉相承，卢那察尔斯基认为"无论是艺术中的形式主义，还是艺术学中的形式主义，他们都是被移回俄国，重归故里的资产阶级滞后成熟或早已熟透的产物"④。俄国形式主义作为一种"资产阶级美学"，是无内容的、消极的，是为满足作为统治阶级的资产阶级的需要而产生的。这种艺术只能把人的注意力从社会历史内容和巨大社会矛盾上转移开，从而达到统治目的。俄国形式主义的出现是资产阶级的一场保卫战，而形式主义与马克思主义的矛盾是资产阶级立宪民主制与共产主义之间矛盾的间接表现。"十月革命前形式主义充其量只不过是时鲜蔬菜，现在则成了很有生命力的旧的残余，成了帕拉斯雅典娜的女神像，以它为中心，展开了一场按欧洲资产阶级方式思考的知识分子的保卫战——他们深知进攻是最好的防御手

---

① 〔苏〕卢那察尔斯基：《艺术及其最新形式》，郭家申译，百花文艺出版社 1998 年版，第310 页。

② 〔苏〕卢那察尔斯基：《艺术及其最新形式》，郭家申译，百花文艺出版社 1998 年版，第331 页。

③ 〔苏〕卢那察尔斯基：《艺术及其最新形式》，郭家申译，百花文艺出版社 1998 年版，第310 页。

④ 〔苏〕卢那察尔斯基：《艺术及其最新形式》，郭家申译，百花文艺出版社 1998 年版，第315 页。

段。"① 因此，展开对形式主义的批判也就成为刚刚取得政权的马克思主义者为了巩固政权，在意识形态领域内获得领导权，并巩固马克思主义的指导地位的一次主动出击。

除了从政治角度将形式主义看作一种没落的资产阶级美学的遗毒之外，托洛茨基和卢那察尔斯基等还把形式主义作为康德美学的继承人而予以批判，这种从思想根源上的批判对于形式主义来说是釜底抽薪的。这个问题我们在后文讨论马克思主义与形式主义从对抗到对话的内在逻辑时再予以详述。

1925 年，联共中央做出了《关于党在文学艺术领域中的政策》的专门决议，其中指出，无产阶级的艺术风格尚未形成，各个不同的团体和流派必须展开自由竞争，反革命分子除外。这种自由竞争恰恰促使了对形式主义的批判，因为形式主义者作为资产阶级的残余势力自然被划归到反革命分子的行列。之后，对形式主义的批判就大面积地展开了。包括党的领导人布哈林（Nikolaj Buxarin），以及萨库林（P.N.Sakulin）、巴布罗夫（S.Bobrov）、柯冈（P.S.Kogan）、波利安斯基（V.Polyansky）等人都写了批判文章。② 这些文章基本都延续了托洛茨基和卢那察尔斯基的论调，而且不仅仅将矛头指向什克洛夫斯基及其早年提出的并非完全成熟的宣言，而是将这场运动拓展到对艾亨鲍姆和提尼亚诺夫等人的观点的批判，从而使批判的范围进一步扩大。自此，俄国形式主义内部的分歧开始出现，并表现出明显的分化趋势，有人开始反思形式主义的理念和方法，甚至向马克思主义的社会学批评方法靠拢。

三、形式主义者的自我省思与忏悔

雅各布森1920年移居布拉格，1926年成立布拉格小组，直到二战爆发，

---

① ［苏］卢那察尔斯基：《艺术及其最新形式》，郭家申译，百花文艺出版社 1998 年版，第 315 页。

② 对俄国形式主义更全面的批判文章和材料可参见克里斯托弗·派克编辑的文集《未来主义者、形式主义者和马克思主义者的批判》（Christopher Pike, ed., *The Futurists, the Formalists, and the Marxist Critique*, London: Ink Links Ltd., 1979.）和厄尔里希的著作《俄国形式主义：历史与学说》（Victor Erlich, *Russian Formalism: History and Doctrine*, New York: Mouton Publishers, 1980.）。

后来移居美国,并在美国结识了列维—斯特劳斯。在 20 年代与苏联学术界的这种隔离,使雅各布森有幸避免了在这场大批判中遭受冲击,并为结构主义符号学的发展奠定了基础。但是,仍旧留居苏联的形式主义者们就没有这么幸运了。在强大的政治压力之下,形式主义者们不得不被迫停止自己所喜爱的关于文学的研究和写作,要么皈依古典作品的编辑工作(埃亨鲍姆、托马舍夫斯基),要么皈依历史小说(什克洛夫斯基、蒂尼亚诺夫)。而且,在以后漫长的人生道路上,他们很大程度上都生活在不断的自我省思和忏悔之中。

　　面对马克思主义者的批判,埃亨鲍姆于 1925 年写了为形式主义的辩护文章《"形式主义"方法》。作为对马克思主义的回应,埃亨鲍姆认为他们并不是"形式主义者",而是"特异论者"或"材料鉴定家"。他们认为自己并不是唯形式主义,而是同样关注内容,并且认为什克洛夫斯基的宣言只是理论家年轻时候的一种年轻气盛的极端思想,并不能代表所有形式主义者的批评实践。事实上,很多形式主义者并不否认社会历史内容对文学艺术的影响,在其批评实践中也并没有完全排除社会历史内容的存在。在 1922 年的时候,埃亨鲍姆尚且认为"生活不照马克思所说的那样建设,会更好",并认为马克思主义在科学和艺术方面是完全不适用的,"在文学和艺术中,马克思主义本身是保证不了革命立场的"[1]。但是,在1925年的这篇辩护文章中,他已经表现出对马克思主义的明显妥协,认为形式主义与马克思主义并不矛盾。而且他还认为,事实上,"在马克思主义与形式主义之间存在着接触点"[2]。可以说,从革命性的角度来看,二者是一致的。正是在这个意义上,理论家阿尔瓦多夫认为:"应该把诗歌语言理论研究会看作是科学中进步的和革命的潮流,一般说来,'形式方法'比那个'被一些马克思主义者奉为信条的'东西更'马克思主义'。"[3]

---

[1]　[俄]埃亨鲍姆:《墙角图书馆》,1922 年第 8 期,第 40 页,转引自阿·梅特钦科:《继往开来——论苏联文学发展中的若干问题》,石田、白堤译,中国社会科学出版社 1983 年版,第157 页。

[2]　转引自[苏]谢·马申斯基:《苏联批评界和文艺学界反对形式主义的斗争》,《世界艺术与美学》(第七辑),中国艺术研究院外国文艺研究所编,文化艺术出版社 1986 年版,第20页。

[3]　转引自[苏]谢·马申斯基:《苏联批评界和文艺学界反对形式主义的斗争》,《世界艺术与美学》(第七辑),中国艺术研究院外国文艺研究所编,文化艺术出版社 1986 年版,第24页。

　　马克思主义者的批判和形式主义者的自我省思,使苏联学界认识到二者都具有明显的缺陷和极端性,于是出现了在二者之间进行折衷调和的尝试,其代表人物有日特林(A.Zeitlin)、米·列维多夫(M.Levidov)和阿尔瓦托夫(Boris Arvatov)等人,厄尔里希称他们为"形式主义—社会学派",或叫"形社者",巴赫金称之为"形式社会学家"。早在1923年,日特林就在《马克思主义与形式主义方法》一文中提出"将马克思主义的长远目标与形式主义的短期计划相结合"的研究方法。"形社者"力图把形式方法同社会学方法结合起来,而事实上还是用马克思主义来统摄形式主义。正如米·列维多夫在1925年所说的:"形式主义者和社会学家的协同工作,就是用唯一的马克思主义方法来研究文学。"① 他们将这种方法称为"综合法"。巴赫金也注意到了形式社会学家们的工作,认为他们只是在二者之间进行一种"友好划分",坚持一个原则,即"外在的归你,内在的归它;或者是:内容给你,形式给它"②。虽然"形社者"的这种综合并不是很成功,但这种尝试却是很有价值的。"形社者"的观念得到了"左翼艺术战线"文学集团的热烈支持。"左翼艺术战线"把掌握形式主义的方法作为现代文学科学的主要任务,认为这是"唯一能使马克思主义方法成为科学的方法"③。他们认为"形社者"将形式主义和马克思主义予以综合是在建立一门新的美学,而事实上这种新美学仅仅是用社会学的术语对形式主义学说进行简单的粉饰,或者说是给社会学加入一些形式主义的概念而已。在他们看来,虽然形式方法非常重要,但是社会学方法依然是最主要的方法。在一个纲领性文件中包含了这样的主张:"诗歌语言理论研究会会员们! 形式方法是研究艺术的钥匙。每个跳蚤——韵脚都应该考虑周到。但怕的是在真空里捉跳蚤。只有用社会学的方法来研究艺术,你们的工作才不仅是有意思的,而且是需要的。"④

---

① 转引自 [苏] 谢·马申斯基:《苏联批评界和文艺学界反对形式主义的斗争》,《世界艺术与美学》(第七辑),中国艺术研究院外国文艺研究所编,文化艺术出版社1986年版,第23页。

② 《巴赫金全集》(第二卷),钱中文主编,河北教育出版社2009年版,第193页。

③ 转引自 [苏] 谢·马申斯基:《苏联批评界和文艺学界反对形式主义的斗争》,《世界艺术与美学》(第七辑),中国艺术研究院外国文艺研究所编,文化艺术出版社1986年版,第24页。

④ 转引自 [苏] 谢·马申斯基:《苏联批评界和文艺学界反对形式主义的斗争》,《世界艺术与美学》(第七辑),中国艺术研究院外国文艺研究所编,文化艺术出版社1986年版,第23页。

　　1919 年,作为形式主义的发起人,什克洛夫斯基提出了"艺术并不反映飘扬在城堡上空的旗帜的颜色"的形式主义宣言。这一宣言在当时是振聋发聩的。但是,面对马克思主义的尖锐批判和政治压力,什克洛夫斯基也无法再继续坚持自己几年前的这一宣言,并开始向马克思主义妥协。早在 1924 年《感伤的旅行》一书中,什克洛夫斯基已经对自己的立场产生了怀疑,觉得"在革命开始的时候我在政治上的无知是没边的"[①]。此时,形式主义者们逐渐开始放弃一个又一个阵地,对社会学观点的让步使文学研究再一次同醉心于传记学、作家生活的研究结合在一起,从而又回到了他们所批判的老路上来。1927 年 3 月,什克洛夫斯基在一次公开的辩论会上做了一个轰动一时的题为《捍卫社会学方法》的报告。报告的主要思想几乎同时发表在《新左翼艺术战线》上。他指出:"时代不会发生错误;最近几年的研究使人信服这一点,过去的公式认为,文学系列是独立的,是在切断与日常生活现象联系下发展起来的,这个以前总认为只是人工假设的公式,现在应该复杂一些了。"托马舍夫斯基也在这次争论中声明:"现在形式主义者正在向社会学方法靠拢,我认为,在他们看来,社会学方法在解释体裁时是必须采用的。"[②] 这类变化也在埃亨鲍姆身上表现出来,他的辩护文章明显体现了这一点。

　　到了 20 年代末期,布尔什维克已经将重心转向文化领域,并形成了完整而系统的文艺政策。1928 年,布尔什维克党中央委员会颁布了文学艺术必须为党的利益服务的法令,要求文学创作和批评必须遵守"党性原则"。形式主义的生存空间被进一步挤压。面对外部压力和内部分歧,什克洛夫斯基最终于 1930 年初发表了《学术错误志》一文。他坦率承认:"对我来说,形式主义是一条已经走过的路。"[③] 自此,俄国形式主义作为一个文学理论和批评流派正式破产了。

　　但是,形式主义者的自我省思与批判并不意味着马克思主义对形式主

①　转引自 [苏] 阿·梅特钦科:《继往开来——论苏联文学发展中的若干问题》,石田、白堤译,中国社会科学出版社 1983 年版,第 159 页。

②　转引自 [苏] 谢·马申斯基:《苏联批评界和文艺学界反对形式主义的斗争》,《世界艺术与美学》(第七辑),中国艺术研究院外国文艺研究所编,文化艺术出版社 1986 年版,第 25 页。

③　转引自 [苏] 谢·马申斯基:《苏联批评界和文艺学界反对形式主义的斗争》,《世界艺术与美学》(第七辑),中国艺术研究院外国文艺研究所编,文化艺术出版社 1986 年版,第 25 页。

义的批判结束了。1932 年 4 月 23 日,联共中央作出了《关于改组文艺组织》的历史性决议,要求改组无产阶级文化派和拉普派,以及所有小的文艺团体,建立统一的社会主义新文化。这种倾向在 1934 年召开的苏联作家大会上达到高峰。自此之后,所有的文学团体和批评流派都被取缔,"社会主义现实主义"成为所有作家和批评家都必须遵守的唯一原则,而形式主义则被日丹诺夫定义为衰落的资产阶级和逃避主义的同义词。①

尽管形式主义已经消亡,但是对形式主义的批判却并没有就此停止。1936 年,对形式主义的大规模批判又开始了。此时,形式主义被斥责为反艺术的、反人民的、同社会主义人道主义格格不入、背道而驰的现象。K. 帕乌斯托夫斯基指出:"形式主义者傲视现实。他们用廉价思想的象棋游戏、用噱头、用怪诞、用文字刺绣代替真正的热火朝天的生活。现代人对他们来说并不存在,正如自然界也不存在一样。"② 高尔基在看了这次大辩论的速记稿之后也写了《论形式主义》一文。在此文中,高尔基一方面强调艺术技巧的重要性,但另一方面也对形式主义忽视艺术家的社会责任提出批评。高尔基认为,"作为一种'方法'、作为一种'文学手法'的形式主义,往往是用来掩饰心灵的空虚和贫乏的。……人们运用形式主义,是由于害怕朴素的、鲜明的、有时还是粗野的辞汇,害怕对这种辞汇负责。有些作者把形式主义用作掩饰自己思想的手段,这样一来,人家就不会一眼看穿他们对现实生活的那些反常的敌视,不会看穿他们想歪曲事实和现象的意义和意图。不过这已不是语言的艺术,而是行骗的艺术了。"③ 当艺术家们试图躲进"为艺术而艺术"的"纯艺术"的安乐窝里的时候,意大利和德国的法西斯主义正在酝酿着灭绝人寰的杀戮。在这种情况下,"形式主义往往是为掩盖艺术家的空虚或者精神贫乏,为了掩盖艺术家逃避社会责任,为了掩盖同社会的丧失理智和祸害作宿命论的妥协而效劳"④。这种批评与托洛茨基和卢那

---

① Tony Bennett, *Formalism and Marxism*, London: Methuem & Co. Ltd., 1979, p.26.

② 转引自 [苏] 阿·梅特钦科:《继往开来——论苏联文学发展中的若干问题》,石田、白堤译,中国社会科学出版社 1983 年版,第 260 页。

③ [苏] 高尔基:《论形式主义》,《论文学(续集)》,冰夷等译,人民文学出版社 1979 年版,第 525 页,此文原载于 1936 年 4 月 9 日的《真理报》。

④ [苏] 阿·梅特钦科:《继往开来——论苏联文学发展中的若干问题》,石田、白堤译,中国社会科学出版社 1983 年版,第 263 页。

察尔斯基十年前的批评如出一辙。此时，艺术家的社会责任是苏联作家和艺术家的言论中压倒一切的主调，艺术的人道主义和人民性是艺术创作的主要倾向。这些也都成了批判俄国形式主义的靶子。

梅特钦科认为："无须证明，苏联作家在谴责形式主义的时候，不是反对革新，而是主张真正的革新，不是反对艺术技巧，而是提倡高度的艺术素养。但是他们把探索新的形式同作家必须投身到对现实的认识和改造过程中联系起来。社会主义现实主义必须首先以新的现实生活、以新的世界观为依据，创造出自己的独特的艺术体系。"① 可以看出，此时苏联的马克思主义文艺理论所要求的形式革新是为无产阶级革命政权的确立和巩固服务的，其所要建立的文学是一种具有革命性和人民性的社会主义现实主义文学，而形式主义的革新则仅仅限于文学形式自身，需要建立的仅仅是纯粹科学的文学理论和批评。也正是价值立场的差异，决定了二者之间的必然矛盾。在轰轰烈烈的无产阶级革命面前，形式主义的理论主张和文学艺术创作显然是不合时宜的。

面对铺天盖地而来的批判，形式主义者早已失去了论战的勇气、信心和能力，剩下的只能是不断的忏悔和自我否定。什克洛夫斯基在1936年3月15日发表于《文学报》的文章中指出："形式主义者犯了什么错误，形式主义最糟糕的是在哪里呢？力图摆脱生活，给自己划出一块不让社会主义进来的'艺术租界'，这就是形式主义理论迈出的第一步。"② 在以后的时代里，什克洛夫斯基一直生活在忏悔之中。他写了一系列的文章和著作，都越来越明确地表明了一个主题，即时代是正确的，他和早先的伙伴们一度向革命提出的那些要求是错误的。勃里克也进行了严厉的自我批评，认为形式主义是"自觉地拒绝为广大读者服务"，是"为了自我欣赏的文字、声音、色彩游戏而冒充绅士派头、'精神上的'贵族气派"③。正如梅特钦科所指出的，"在这次辩论中，什克洛夫斯基认为形式主义是他和他的同道者在革命初期

---

① 　[苏] 阿·梅特钦科：《继往开来——论苏联文学发展中的若干问题》，石田、白堤译，中国社会科学出版社1983年版，第264页。

② 　转引自 [苏] 阿·梅特钦科：《继往开来——论苏联文学发展中的若干问题》，石田、白堤译，中国社会科学出版社1983年版，第157页。

③ 　转引自 [苏] 阿·梅特钦科：《继往开来——论苏联文学发展中的若干问题》，石田、白堤译，中国社会科学出版社1983年版，第260页。

所作的一种划出一块不包括社会主义在内的'艺术的租界地'的尝试。他着重指出:他当时还以为,这一切都是为了艺术,为了技巧,为了革新,而实际上,这一切原来都是幻想。什克洛夫斯基在辩论期间指出,形式主义者们'不是去开垦处女地,而是耕耘早被翻耕过的土地'。"①

什克洛夫斯基的自我批评并没有就此结束,而是持续了他整个后半生。在60岁的时候,什克洛夫斯基对自己20岁时提出的"旗帜"比喻进行了纠正,认为"当时我在旗子的颜色上抬了杠,不懂得这旗子就决定了艺术。……在诗歌中旗的颜色意味着一切。旗的颜色,就是灵魂的颜色,而所谓灵魂是有第二个化身的,这就是艺术。"② 1930年,他认为自己在学术上走了一条错误的路。30年过去了,他依然认为是"我们自己不好,走错了路"③。他认为形式主义者的活动并非"由于行政命令而中断",不是外界压力的结果,而是由于形式主义方法论和观念上的错误和偏狭,从而遭到了思想上的失败。如其所言:"我们不想把自己所犯错误的责任推给时代,不然就是象给白菜掰掉老帮子似的脱卸自己了。只配作青贮饲料的菜帮子就让它留在中间吧。"④ 我们很难确认什克洛夫斯基的这些忏悔是否发自内心,但是他发表这些文章则明显表明他已经完全放弃了早期的形式主义观念。

俄国形式主义在苏联遭到了彻底失败,直到六七十年代,当政治氛围变得宽松之后,其衣钵才被塔尔图学派⑤所继承。但是在西方世界则完全不同。雅各布森1920年就离开俄国定居布拉格,并与穆卡洛夫斯基等人建

---

① [苏]阿·梅特钦科:《继往开来——论苏联文学发展中的若干问题》,石田、白堤译,中国社会科学出版社1983年版,第260页。

② 转引自[苏]阿·梅特钦科:《继往开来——论苏联文学发展中的若干问题》,石田、白堤译,中国社会科学出版社1983年版,第160页。

③ 转引自[苏]阿·梅特钦科:《继往开来——论苏联文学发展中的若干问题》,石田、白堤译,中国社会科学出版社1983年版,第161页。

④ 转引自[苏]阿·梅特钦科:《继往开来——论苏联文学发展中的若干问题》,石田、白堤译,中国社会科学出版社1983年版,第158页。

⑤ "塔尔图学派"是苏联60年代形成的以塔尔图大学为中心,以尤里·洛特曼(Yuri Lotman)为代表的符号学研究流派。1993年10月28日,洛特曼去世,在苏联学界活跃30载且在世界符号学界声名显赫的"塔尔图学派"遂告终结。在苏联符号学研究领域,除了以洛特曼为代表的塔尔图大学之外,以乌斯宾斯基(Boris Uspensky)为代表的莫斯科大学的符号学研究也成就斐然,而且他们之间关系紧密,所以学界也通常将二者统称为"塔尔图—莫斯科符号学派"(Tartu-Moscow Semiotic School)。

立布拉格学派,使形式主义思想在西方世界生根发芽,最终带来了结构主义在全世界的繁荣。

第二节　从对抗到对话的内在逻辑

从 20 世纪的学术发展史来看,马克思主义与形式主义之间经历了一个从对抗到对话的发展过程。法兰克福学派研究专家马丁·杰伊指出马克思主义美学有两条分离的传统:一是源自列宁并由日丹诺夫加以确立的苏联传统,认为只有展示了公开的政治党性的作品才有价值;二是由法兰克福学派等西方马克思主义者所发展的恩格斯传统,较少根据创作意图而更多看重作品的社会意义,也被称为"变异的马克思主义"①。可以说二者的对抗发生在形式主义与苏联传统之间,对话则发生在形式主义与"变异的马克思主义"之间,经历了由巴赫金、法兰克福学派到晚期马克思主义(包括马歇雷、詹姆逊、伊格尔顿、阿尔都塞和鲍德里亚等人)这三个阶段。表面看来,二者之间的对抗是由政治原因造成的,但是,事实上,学术的差异也是重要原因。二者从对抗到对话的这一发展过程有其自身的内在逻辑。因此,在我们深入探讨二者之间是如何对话的之前,有必要对这一内在逻辑进行分析,讨论为什么二者之间会发生这样一种关系,其深层原因是什么? 对这个问题的解答不仅能阐明形式主义与马克思主义之间的历史关系,也能更好地厘清文学理论和美学在 20 世纪的发展历程和内在规律,并对文学理论的知识形态建构具有重要的参考意义。

形式主义与马克思主义由对抗到对话的历史发展的内在逻辑可以从政治、思想和文化三个层面来展开讨论。从政治角度看,"资产阶级美学"同"无产阶级美学"之间的冲突是其对抗的直接原因。从深层思想层面来看,是康德主义和黑格尔主义之间的矛盾。这些矛盾的缓和或消解为二者的对话创造了条件。而从更广阔的文化层面来看,二者从对抗到对话的发展则是人类知识生产由分化到去分化这一演变的结果和表现。

---

① ［美］马丁·杰伊:《法兰克福学派史》,单世联译,广东人民出版社 1996 年版,第 199 页。

一、政治层面:"资产阶级美学"与"无产阶级美学"的冲突与消解

对苏联马克思主义与俄国形式主义之间的矛盾和对抗,苏联学界与西方学界持两种不同的意见。苏联学者普遍认为,在这场论争中形式主义不堪一击而遭受彻底失败,其原因并不是由于政治的压力,而是因为形式主义自身的理论缺陷,其方法论的哲学基础是站不住脚的。巴赫金就持这种观点。在巴赫金看来,形式主义之所以解体,首要原因就是,在 20 年代后期,"形式主义所面向的目标改变了。曾经使它同文学及社会的实际生活相联系的东西改变了。社会文学环境和一般意识形态的视野急剧地改变了。"① 当社会现实主义散文、历史小说和社会史诗成为革命后的文学主流形态的时候,以诗歌为主要研究对象的形式主义就已经找不到其赖以存在的文学现实和社会基础,结果就是,"在艺术研究、尤其是在文学史的工作中,暴露了形式主义在方法论上毫无用处及其基本前提的狭隘性,而且这些前提与所研究的事实是完全不相符的"②。形式主义的方法论具有"虚无主义倾向",并最终陷入了"实证主义的闭锁"③。更重要的是,后期的形式主义体系已经失去了向前推进的动力,而体系的停滞同样不能再继续推动它的创立者继续前进。"要想继续前进,需要放弃它。而需要放弃的正是完整的、彻底的体系。"④ 从这个角度来看,形式主义的解体是其理论体系的内在矛盾和缺陷带来的必然结果,而马克思主义也并不是因为依靠了党的支持才压倒了形式主义,而是因为它符合时代的需要才取得了话语权,并导致了在这场论争中马克思主义的绝对胜利。因此,形式主义并不是时代政治的"牺牲品",形式主义者也并不是"不幸的人"。正如阿·梅特钦科所言:"形式主义学派的年轻代表们深信,他们是能够成功地发现那些管理文学创作机器的规律的。但是研究了这部机器,他们先是把社会的、历史的、思想的因素从文学中撵出去,然后又向它们让步。"⑤ 这种错误"并不在于把艺术形式作为文学特点的一个方面而予

---

① 《巴赫金全集》(第二卷),钱中文主编,河北教育出版社 1998 年版,第 202 页。
② 《巴赫金全集》(第二卷),钱中文主编,河北教育出版社 1998 年版,第 203 页。
③ 《巴赫金全集》(第二卷),钱中文主编,河北教育出版社 1998 年版,第 204 页。
④ 《巴赫金全集》(第二卷),钱中文主编,河北教育出版社 1998 年版,第 206 页。
⑤ [苏] 阿·梅特钦科:《继往开来——论苏联文学发展中的若干问题》,石田、白堤译,中国社会科学出版社 1983 年版,第 159 页。

以集中注意。单独析取一个成分来进行深入的研究，这是科学认识的合理的必要举动。形式主义者的错误在于不理解形式本身，在于把复杂的综合体的一部分当做整体。"① 然而，理论自身的不完善还只是次要的，俄国形式主义最大的致命伤在于它的"这些原则跟苏维埃艺术发展的基本方向、跟优秀的革命艺术家的本质要求和渴望是背道而驰的。而这也就是革命检验艺术价值的自然的过程。……形式主义者的教条跟当时的创作思想、明确的方向、战斗的激情，矛盾特别大。新思想的光辉、新思想的人情味和'包罗万象'，简直把革命的艺术家们迷住了、征服了，而形式主义者赋予思想（包括社会主义思想）的作用至多不过跟赋予任何一种形式方面的手法的作用一样。而且原则的意义还是给予形式方面的手法。"② 这和托洛茨基、卢那察尔斯基等对形式主义的批评如出一辙，并且认为对形式主义发起大规模的批判是应该的，是符合时代要求的，形式主义的失败和消亡也是自然而然的。更令人遗憾的是，留在苏联的什克洛夫斯基和埃亨鲍姆等人也不敢承认外在政治的压力，而认为这是其理论自身的缺陷使然。在 50 年代，什克洛夫斯基还不无挖苦地写道："在西方，人们指责我背叛了自己，并接受了我的遗产，……而我之所以要转变，是因为我还愿意努力成长。"③

　　相反，西方学者，包括俄国形式主义研究专家厄尔里希、新批评代表人物韦勒克和结构主义研究学者布洛克曼等都对形式主义学说进行辩护，并对其在苏联的失败表示惋惜。正如阿·梅特钦科所言："总之，形式方法的失灵，在西方不是被说成内部危机的结局，而是外来干涉的结果。"④ 厄尔里希是积极支持这种说法的，认为"在苏联，形式主义的发展被暂时中断了，因此它被剥夺了克服自己弱点的可能性"⑤。克里斯蒂娃同样

---

① [苏]阿·梅特钦科：《继往开来——论苏联文学发展中的若干问题》，石田、白堤译，中国社会科学出版社 1983 年版，第 160 页。

② [苏]阿·梅特钦科：《继往开来——论苏联文学发展中的若干问题》，石田、白堤译，中国社会科学出版社 1983 年版，第 172 页。

③ [苏]谢·马申斯基：《苏联批评界和文艺学界反对形式主义的斗争》，《世界艺术与美学》（第七辑），中国艺术研究院外国文艺研究所编，文化艺术出版社 1986 年版，第 27 页。

④ [苏]谢·马申斯基：《苏联批评界和文艺学界反对形式主义的斗争》，《世界艺术与美学》（第七辑），中国艺术研究院外国文艺研究所编，文化艺术出版社 1986 年版，第 27 页。

⑤ Victor Erlich, *Russian Formalism: History and Doctrine*, New York: Mouton Publishers, 1980, p.154.

说是由于"文学和科学之外的种种理由终止了俄罗斯形式主义的研究"①。托多罗夫认可这一点,认为俄国形式主义是"被布尔什维克制度痛批,不久就被镇压"的,而之所以会这样,就是因为"二者都喜欢将自己的敌手看作是自己的观点二选一后的另类"②。托尼·本尼特也指出这次对话没有实现很大程度上是由于马克思主义的政治压力。③ 伊格尔顿说得更直白,认为是"斯大林主义有效地使其沉默"④。形式主义之所以不再起作用,并不是因为它的思想陈旧过时了,而是因为这种思想被认为是不能容许的。就连厄尔里希研究俄国形式主义的权威著作《俄国形式主义——历史与学说》也难逃同样的命运。这本著作一经出版就在苏联受到了很多批评,但在西方却备受尊崇,认为它是"对文学学思想的杰出贡献,不仅仅对于斯拉夫文学史家,而且对于从事文学的科学研究的每一个人,都是有价值的"⑤。

雅各布森和托多罗夫对这场论争的评述很能说明问题。雅各布森始终坚持一种纯粹的学术立场,不愿意参与政治活动。虽然他与马雅可夫斯基这位歌颂苏联政权的未来诗人交好,但在意识形态论争中却极少表明立场,既不颂扬也不否认共产主义理想。而且,他早在 1920 年就因担任苏联红十字会驻布拉格使团的翻译而移居捷克斯洛伐克,也并未受到发生在俄罗斯的这场激烈论争的冲击,致使他可以以一种比较客观的态度审视这场论争,认为二者之间其实并不存在尖锐的矛盾,是完全可以平等共存的,他们之间的论争也完全可以限定在纯粹学术的范围内。如其所言:"我不喜欢这种思想,即所谓的形式主义与所谓的马克思主义之间的讨论。我没有看到它们之间存在反论,且相信,把这种讨论搞成某种论战是完全无用的,

---

① [法]朱莉娅·克里斯蒂娃:《符号学:符义分析探索集》,史忠义等译,复旦大学出版社 2015 年版,第 85 页。

② [法]茨维坦·托多罗夫:《濒危的文学》,栾栋译,华东师范大学出版社 2016 年版,第 103 页。

③ Tony Bennett, *Formalism and Marxism*, London: Methuem & Co. Ltd., 1979, p.26.

④ [英]特雷·伊格尔顿:《二十世纪西方文学理论》,伍晓明译,北京大学出版社 2007 年版,第 3 页。

⑤ [俄]谢·涅博里辛:《俄形式论学派在西方文论界的"旅行"》,周启超译,《马克思主义美学研究》2008 年第 2 期。

甚至有害的。"① 但是,在近年发表的一篇文章中,托多罗夫却坚持认为"形式主义运动的终结由纯粹的行政镇压而引起"。而且,对于雅各布森的这种纯粹的学术态度,托多罗夫认为是脱离历史语境的幼稚病,因为"雅各布森再次固执地无视这场冲突发生的特殊背景,轻描淡写,似乎这是某种纯粹的思想交锋,是抽象立场的某种碰撞,而非统治者与被统治者的关系"②。

不可否认,俄国形式主义者有自身的理论缺陷,但是马克思主义者对他的大加挞伐和政治压力,剥夺了它修正自身理论缺陷的机会和可能性。这种政治矛盾也使二者之间的有效对话不可能实现。

托洛茨基和卢那察尔斯基把形式主义作为一种"资产阶级美学"而加以批判,认为这种美学与当时所要建立的"无产阶级美学"相矛盾。在那个特殊的年代里,赋予学术研究以明显的阶级色彩,已经超出了学术讨论的范围,而转变成一种政治斗争。因此,可以说,形式主义与马克思主义的对抗是"资产阶级美学"与"无产阶级美学"之间的对抗,其矛盾首先是由政治原因造成的,其次才是学理上的。俄国形式主义的学术思想被当作一种政治话语,这使他们之间的矛盾成为必然。因此,二者之间的真正对话也就只能在政治立场和美学思想的矛盾得以消解的环境中才能够展开。巴赫金不是苏联正统的马克思主义者,与轰轰烈烈的社会革命保持距离,甚至被看作异端而遭到流放。也正是这一点使他能够摆脱政治的影响,站在中间立场上从学理层面审视这场论争,并在对二者的辩证批判的基础上进行对话。也正因为如此使他在学术史上获得了马克思主义者和形式主义者的双重身份,从而为马克思主义与形式主义的有效对话做出了重大贡献。

由于完全不同的社会环境和学术氛围,苏联马克思主义与西方马克思主义面对的是不同的问题,也就造成了二者之间的重大差异。苏联马克思主义者把马克思的思想运用于实际的社会革命,认为"文学事业应成为无产阶级总的事业的一部分,成为一部统一的、伟大的、由整个工人阶级的整

① 转引自 [法] 茨维坦·托多罗夫:《对话与独白:巴赫金与雅各布森》,史忠义译,载《欧美学者论巴赫金》,南京大学出版社 2014 年版,第 261 页。此文是托多罗夫 2007 年 10 月 22 日在北京师范大学举办的"'跨文化视界中的巴赫金'国际学术研讨会"上的发言稿,见《"'跨文化视界中的巴赫金'国际学术研讨会"论文集》。

② [法] 茨维坦·托多罗夫:《对话与独白:巴赫金与雅各布森》,史忠义译,载《欧美学者论巴赫金》,周启超、王加兴主编,南京大学出版社 2014 年版,第 261 页。

个觉悟的先锋队所开动的社会民主主义机器的'齿轮和螺丝钉'"①。文学
艺术是更为广阔的社会运动的附属品,是从属于政治并为政治服务的,没
有独立的地位。因此强调艺术自律的形式主义作为对立面必然遭到批判
和否定。而现代西方社会是一个强大的资本主义社会,相对比较完善的
资本主义制度及其控制力使苏联式的暴力革命不可能发生。以法兰克福
学派为代表的西方马克思主义者所进行的不是鼓吹政治革命,而是在资
本主义内部对其进行文化上的批判。苏联式的"资产阶级美学"与"无产
阶级美学"之间的巨大差异和矛盾在西方世界是不存在的,或者说还不
是水火不容的尖锐状态。而美学则成为西方马克思主义文化批判的最为
重要的组成部分,艺术和审美是其展开文化批判的重要途径,因此审美形
式也就被自然纳入其理论视野,这也就为二者之间的对话创造了有利条
件。尽管法兰克福学派与俄国形式主义之间没有直接的承接关系,但对
艺术形式的共同关注使二者之间的间接对话成为可能,不同的是他们对
形式的理解有所不同。及至60年代之后,这种政治矛盾已经完全消解了,
形式主义与马克思主义之间的交流和对话遂成为学术发展的一种必然
选择。

　　政治立场的不同是形式主义与马克思主义之间对抗的直接的,也是表
面的原因,而其深层原因应该从二者思想方法上的差异来探讨。

二、思想层面:康德主义和黑格尔主义的矛盾与融合

　　除政治原因之外,从思想根源上来看,形式主义与马克思主义的矛盾
则导源于康德和黑格尔在美学思想和研究方法上的重大差异。② 形式主义
者以康德后裔自居,认为自己的理念和方法是对康德美学的继承和发展。
先锋派注重艺术形式创新的创作实践也是形式主义的理论来源。相反,革
命年代的大多数马克思主义者在艺术和文学方面则是黑格尔学说的继承
者。托洛茨基、卢那察尔斯基和列宁都更多关注文学中的意识形态内容,
而对形式主义所关注的作品是如何构成的问题不感兴趣。也可以说,马

---

① [苏]卢那察尔斯基:《艺术及其最新形式》,郭家中译,百花文艺出版社1998年版,第
537页。

② Peter V. Zima, *The Philosophy of Modern Literary Theory*, London:The Athlone Press,
1999, p.33.

克思主义者对康德提出的如何看待和审视艺术作品或美不感兴趣，而是在唯物主义的立场上不断重复黑格尔的问题，即为什么一件艺术作品会在特定的历史时刻产生，以及表达了什么阶级的利益和观念。[①] 因此，只有融合康德和黑格尔的美学思想才能在形式主义与马克思主义之间产生对话。

在思想史上，康德哲学在 18 世纪之后的西方产生了深远影响，成为一股席卷整个思想界的狂潮，"回到康德去"也成为新康德主义的响亮口号，关于康德的研究著作在世界范围内也是最多的。这股狂澜对马克思主义的发展形成了巨大的挑战，对康德及新康德主义予以回应和批判则成为马克思主义确立稳固地位的首要问题，这也是马克思主义发展史上持续很久的一段公案。马克思指出康德哲学是"法国革命的德国理论"，康德哲学中体现着德国小资产阶级的软弱性和保守性，也正是这一点成了苏俄马克思主义者批判的靶子。列宁认为，"马克思主义者在考察形形色色的、大大小小的唯心主义学派时，必须首先注意他们哲学学说的出发点以及他们对哲学基本问题所作的解决，并且从他们的无数的文字标签背后揭露出那些本质的、共同的、把这些学派结合到一起的东西。"[②] 在康德和新康德主义哲学思想的背后，列宁看到的是他们的资产阶级思想的反动本质。因此，自普列汉诺夫以来，包括梅林、列宁等马克思主义者都对康德和新康德主义做出了批判，认为康德哲学是一种资产阶级哲学，其唯心主义是不利于社会革命和社会进步的，是马克思主义的主要敌人。如苏联马克思主义者谢·伊·波波夫所言："如果说德国哲学（康德哲学——引者注）反映了被十八世纪末叶法国革命吓破了胆的德国资产阶级的不彻底和怯懦的立场，那么新康德主义则是被无产阶级运动的空前规模和组织性吓破了胆的帝国主义资产阶级的思想体系。如果说法国启蒙思想家的唯物主义和无神论是康德思想的主要敌人，那么新康德主义则认为马克思主义是自己的主要敌人。"[③] 正是在

---

① Peter V. Zima, *The Philosophy of Modern Literary Theory*, London: The Athlone Press, 1999, p.33.

② ［苏］谢·伊·波波夫：《康德和康德主义——马克思主义对康德主义的认识论和逻辑的批判》，涂纪亮译，人民出版社 1986 年版，第 273 页。

③ ［苏］谢·伊·波波夫：《康德和康德主义——马克思主义对康德主义的认识论和逻辑的批判》，涂纪亮译，人民出版社 1986 年版，第 183 页。

与康德和新康德主义的斗争中,马克思主义获得了完善和发展。普列汉诺夫主要批判了康德认识论中的不可知论,梅林把矛头指向康德的伦理学,列宁则把对康德的批判上升到了党性原则上来。也正是在马克思主义对康德思想的一贯批评中,俄国形式主义作为康德思想的继承人,也难免被看作资产阶级美学而遭到批判。托洛茨基、卢那察尔斯基等人所批判的正是形式主义美学中的康德因素。

康德把知识区分为认识论、伦理学和美学三大领域,审美判断是一种不包含概念和功利目的的活动,具有自律性,因而不同于真和善。在康德看来,美是不关涉对象内容的形式,也正是这一观念成为俄国形式主义和新批评等理论流派的理论资源。作为康德的忠实信徒,他们把这一学说发展到了极端。什克洛夫斯基认为艺术就是一种词语的组织"程序",而与其所赖以存在的社会生活、政治思想等内容因素无关。艺术是一种自律的存在,使文学成为文学的文学性,不是观念层面的东西,不是认知也不是伦理道德,而只是作品纯粹的审美形式,文学研究的对象也只是这种形式特性和组织规律。这和黑格尔的思想是大相径庭的。

黑格尔否定了康德的"美在形式"的观念,认为艺术中的决定因素是理念内容;内容不但决定了艺术的存在样态,也推动着艺术的发展乃至终结。艺术的美的形式仅仅是理念内容的"感性显现"。黑格尔否定了康德的"美在形式"的观念而认为艺术的本质因素是理念,是观念层面的内容,也正是这一观点受到了马克思主义者的认同和发展。马克思主义美学抛弃了黑格尔的唯心主义因素,认为艺术的内容不是理念,而是广阔的社会生活。艺术是社会生活的反映,新的生活内容决定了艺术要以新的形式与其相适应。形式主义者则认为"新的形式不是为了表达新的内容,而是为了取代已经失去其艺术性的旧形式"[1]。如果说马克思主义依然坚持黑格尔的内容与形式的二元论思想,那么俄国形式主义则认为康德的"美在形式"才是艺术的本质所在,并且试图用材料和手法来替代黑格尔的内容与形式的二元论。但是这种尝试也不是很成功,正如捷克理论家库尔特·康拉德所言,作为康德的继承人,形式主义"推翻了形式同内容的机械对立,按照黑格尔的办法,确立了两者的辩证统一。但它承认的不只是辩证统一,还有形式的优先

---

① [俄]什克洛夫斯基:《俄国形式主义文论选》,方珊等译,三联书店1989年版,第363页。

权,因此又远远落在了黑格尔的后面。"① 形式主义的这种尝试是对黑格尔诗学的一种反叛,而其方向则是新康德主义的"回到康德去",试图以康德美学为理论资源来掀起一场文学革命。如埃亨鲍姆所言:"在文艺学领域里,形式主义是革命运动,因为它把这门学科从古老而破旧的传统中解放出来,并迫使它重新检验所有的基本概念和体系。"② 这种精神是可贵的,可是在革命年代却是不合时宜的,而其把正在受到马克思主义者大力批判的康德作为思想资源则自然造成与马克思主义文艺思想之间的矛盾。卢那察尔斯基认为康德的《判断力批判》的"主要倾向在于使艺术脱离实际的社会生活,同时极力夸大形式的意义,将艺术推入神圣的、纯形式的王国,把形式抬高到本身已经失去任何用处的地步。这在事物的内在深处是逆来顺受,是安于现状。"③ 康德美学在革命时代是消极的、脆弱的,其排除艺术中的社会内容的努力和马克思主义的反映论相矛盾,也不符合革命需要,具有丰富内容的社会主义现实主义才是党所需要的文艺形式。这种从思想源头上对形式主义的批判是釜底抽薪的,根基的塌陷使形式主义学说摇摇欲坠。

　　康德和黑格尔这两种理论之间的矛盾成为形式主义和苏联马克思主义之间矛盾产生的深层根源。形式主义者对康德美学的继承和马克思主义者的批判都是片面的,都没有把康德美学置于其整个学说体系中来理解,而是孤立地理解了其"美在形式"的观念。在康德的三大批判中,美学是作为从认识论过渡到伦理学的桥梁存在的。在美的分析中,他一方面认为美是形式,一方面又指出美是道德的象征。而其从美的分析转向对崇高的分析也是要以美学为中介完成由认知向伦理的过渡。他认为真正的美首先在于它的纯形式,但是理想的美却不是纯粹美,而是依存美。康德美学中的一系列二律背反是由美学在其整个体系中的地位所决定的,这也是康德所发现的审美活动中的内在矛盾。因此把康德美学理解为纯粹的形式美学是片面的,其伦理内容和自由价值等丰富内涵被忽视了。黑格尔对艺术内容的强调是显性的,而康德美学中的内容因素只是隐性的而已,二者其实并不是完

① [捷]库尔特·康拉德:《内容与形式的辩证法》,载《世界艺术与美学》(第七辑),中国艺术研究院外国文艺研究所编,文化艺术出版社1986年版,第45页。
② [俄]什克洛夫斯基:《俄国形式主义文论选》,方珊等译,三联书店1989年版,第8页。
③ [苏]卢那察尔斯基:《艺术及其最新形式》,郭家申译,百花文艺出版社1998年版,第436页。

全矛盾的。形式主义所继承的和马克思主义所批判的都不是康德美学的全部,对康德美学的片面化理解造成了二者的矛盾,也对各自理论的建构和发展带来了负面影响。

西方马克思主义者所进行的是一种文化批判,因此康德和黑格尔美学中的合理因素都得到了继承和发展。他们在方法论上吸收了黑格尔的辩证法,但在美学上更多地受到康德的影响。如果说卢卡奇、戈德曼主要是黑格尔主义者,那么马尔库塞、阿多诺和本雅明等则更大程度上是康德主义者。李泽厚指出,在 60 年代的学生运动中,"他们并没有打康德的旗帜,打出的是黑格尔—马克思的旗帜,但在竭力反对恩格斯—考茨基—普列汉诺夫路线的历史决定论,把实现社会主义、共产主义说成主要的阶级意识、文化批判、理论实践之类的问题,这实质上与其说是黑格尔主义的,还不如说是康德主义的。"[①]面对不同的社会历史环境,西方马克思主义者进行的不是苏联式的社会革命,而是把美学作为重要武器而开展的一种文化批判。因此,他们抛弃了把美学上升到党性原则的方法论,不再把不同的美学思想强行划归为敌对的政治阵营,被夸大了的康德与黑格尔之间的矛盾在他们这里得到了消解和融合,康德美学也得到了全面的理解。他们一方面强调艺术的自律性,另一方面又强调艺术的社会功能。艺术的审美形式受到了空前关注,同时又赋予形式以社会革命的使命,使文学艺术成为参与社会的一种独特的方式。马尔库塞关注艺术的审美形式,阿多诺突出现代主义艺术的革命功能,本雅明看到了复制技术对传统美学的挑战,而布莱希特则看重现代戏剧中的"间离效果"。可见,在西方马克思主义者身上具有明显的康德影子,而其对艺术形式也赋予了和形式主义者同样的关注,从而使形式主义与马克思主义之间的对话在新的层面展开。

三、文化层面:知识生产的分化与去分化

从更为广阔的文化层面来看,人类的知识生产在 20 世纪经历了从分化到去分化的范式转换。[②]这一范式转换是形式主义产生和消亡的内在动

---

① 李泽厚:《批判哲学的批判——康德述评》,天津社会科学院出版社 2003 年版,第 44 页。
② 周宪:《审美现代性批判》,商务印书馆 2005 年版,第 297 页。

因,[①] 而形式主义与马克思主义从对抗到对话的发展也是这一范式转换的直接结果。自近代以来,人类知识的生产出现了分化的趋势,各种学科独立发展,有自身的研究对象和研究方法,从而获得了自身合法性。康德的思想体系中对认知、伦理和审美,即真、善和美的区分成为知识分化的哲学基础。马克思·韦伯按照康德的方法把现代知识区分为认识—工具理性(科学、技术)、道德—实践理性(法律、宗教)和审美—表现理性(文学、艺术)。正是在这种学科的分化与独立中,审美从认知与伦理中独立出来,作为自律的实体获得了自身存在的合法性,而文学作为一个学科也才真正出现。伊格尔顿指出现代意义上的文学的出现是 19 世纪的事情,而真正现代意义上的文学研究则是 20 世纪由俄国形式主义开其端的。与此同时,在文学研究内部,把文学作为总体对象来研究也不再可能,不同的理论流派只关注文学活动中的某一方面,这自然造成各种流派之间理论和方法的差异。形式主义和马克思主义也正是在这种知识分化中,由于各自角度和立场的不可通约性而造成了二者的对抗和冲突。随着知识生产的去分化,文学研究内部各种方法的沟通与互融,二者之间的对话也就自然开始。

　　文学是语言的艺术,对语言活动的不同层面的兴趣自然造成文学研究的不同方法。拉曼·塞尔登按照雅各布森设计的语言交流模式对 20 世纪的文学理论研究进行了分类。雅各布森将语言活动分为六个要素:

　　　　　　语境
信息放送者〉信息〉信息接受者
　　　　　　接触
　　　　　　符码

把这六要素用于文学活动的话就会变为:

　　　　　　语境
　　作家〉写作〉读者
　　　　　　符码

而文学理论研究中对文学活动的这几个要素的不同兴趣造成了 20 世纪文学理论研究的不同范式:

---

① 汪正龙:《从学术立场重新认识形式主义》,《文艺理论研究》2006 年第 4 期。

马克思主义
浪漫主义的人文主义〉形式主义〉读者取向的
结构主义

从这个表格中可以明显地看到形式主义者和马克思主义者对文学活动的不同关注点。形式主义理论集中讨论写作本身的性质,即"使文学之所以成为文学的特性",马克思主义批评把文学赖以产生的社会历史语境看作是根本的,而结构主义诗学注意的则是我们通常用以建构意义的符码。①也可以说,形式主义唯一关注的是文学作品是如何(how)建构的,而马克思主义则把眼光集中于作品表达了什么(what)和为什么(why)会在特定的社会文化环境中产生。② 在这种分化过程中,各种研究方法都集中于自己的领域而不及其他,其互不兼容带来了方法的不可通约性,也自然造成了形式主义与马克思主义在文学研究中的矛盾与冲突。

任何学术史的发展和学术论争的产生都有学术自身发展的需要和外界政治文化的推动这内外双重原因,而形式主义和马克思主义从对抗到对话的发展也是这双重原因作用的结果。政治的矛盾及其消解只是外因,而形式主义和马克思主义各自学术发展的需要才是更为主要的内在推动力量。俄国形式主义的诗歌研究方法只关注作品自身而不顾其余,其极端化则带来了文学研究的故步自封,裹足不前。在 20 世纪 20 年代后期这种方法已经难以适应改变了的文学实践,面对蓬勃发展的史诗性的社会历史小说和革命的文化现实,形式主义方法明显无能为力,于是方法论的变更则成为形式主义发展的内在要求和必然趋势。正如巴赫金所言:"形式主义已在这种意义上不再存在:它已不能使体系进一步向前发展,而体系已推不动它的创立者前进。相反,想要继续前进,需要放弃它。而需要放弃的正是完整的、彻底的体系。这体系就这样作为阻碍形式主义者个人进一步向前发展的因素而继续存在。"③形式主义者对这种体系的突破带来了形式主义方法的发展,但与此同时也消解了自身,造成了形式主义作为体系和流派的消

---

① [英]拉曼·塞尔登等:《当代文学理论导读》,刘象愚译,北京大学出版社 2006 年版,第 6 页。

② Peter V. Zima, *The Philosophy of Modern Literary Theory*, London:The Athlone Press, 1999, p.21.

③ 《巴赫金全集》(第二卷),钱中文主编,河北教育出版社 1998 年版,第 206 页。

亡。但俄国形式主义经过布拉格学派发展到结构主义之后已经取得了方法论上的巨大突破，文本解释的开放性和读者的介入使形式主义由封闭走向了多元开放，从而使吸收马克思主义的思想成为可能和必然。巴特、斯特劳斯、克里斯蒂娃等人正是这一努力的践行者，并取得了巨大成功。

在苏联，由于特殊的政治原因，马克思主义把文学作为社会革命和政治斗争的工具，极力排斥形式主义方法，文学研究中的庸俗社会学盛行，使马克思主义美学陷入困境。如何把马克思主义的文学理论从政治革命的牢笼中解放出来，突破工具论的藩篱，使马克思主义能够面对和解释真正的文学艺术和美学问题，则成为马克思主义文论和美学发展的内在要求。西方马克思主义者由于对苏联斯大林集权主义的极大不满，并对社会革命失去信心，从而把研究的重心转向了文学艺术和美学等上层建筑领域，试图通过对资本主义内在文化的批判来实现对资本主义的改造。① 西方马克思主义者马尔库塞、阿多诺、伊格尔顿和詹姆逊等人都突破了苏联文论的僵化状态，在对艺术形式的关注、与形式主义的对话中使马克思主义表现出蓬勃的生机。由此可见，形式主义和马克思主义方法的内在困境使二者都有一种突破自身的内在需求，而打破自身的封闭体系、向对方吸收营养则成为必然。同时，人类知识生产由分化走向去分化，由体系封闭走向多元开放，也为二者的对话创造了文化上的有利条件。

60 年代之后，人类的知识生产出现了去分化的趋势，各种学科之间出现了互通和交融。因此，形式主义所关注的使文学成为文学的"文学性"已经向外开始蔓延，扩展到其他领域。大卫·辛普森认为，"后现代是文学性成分高奏凯歌的别名"，"文学可能失去了其作为特殊研究对象的中心性，但文学模式已经获得胜利：在人文学术和人文社会科学中，所有的一切都是文学性的"②。文学性的蔓延使跨学科研究成为新的研究范式，而文学理论研究的各种不同方法之间也出现了沟通和互融。这一变化给知识生产带来了新的活力，也给文学研究带来了新的气象。乔纳森·卡勒指出，在这一变化中，自律性的"文学理论"研究被广义的"理论"所替代。现代意义上的

---

① [英]佩里·安德森：《西方马克思主义探讨》，高铦等译，人民出版社 1981 年版，第 100 页。

② [美]大卫·辛普森：《学术后现代与文学统治》，转引自 [美]乔纳森·卡勒：《理论的文学性成分》，余虹主编：《问题》（第一辑），中央编译出版社 2003 年版，第 128 页。

文学理论是要把文学研究从其他学科中独立出来使其获得自身存在的合法性,形式主义流派的出现正是这一需要的结果。而理论则是要打破这种学科之间的壁垒,把文学理论中不相容的方面再次结合起来。"'理论'已经使文学研究的本质发生了根本的变化。"[①] "它似乎的确概括了 20 世纪 60 年代以来所发生的事:从事文学研究的人已经开始研究文学研究领域之外的著作,因为那些著作在语言、思想、历史或文化各方面所作的分析都为文学和文化问题提供了新的、有说服力的解释。"[②] 文学研究由文学理论向理论的转化使其与哲学、人类学、经济学、社会学等学科再次结合起来。希利斯·米勒也指出:"自一九七九年以来,文学研究的中心有了一个重大的转移,由文学'内在的'、修辞学研究转向了文学'外在的'关系研究,并且开始研究文学在心理学、历史学或者社会学语境中的位置。"[③] 这一变化不是对 20 世纪之前的传统社会学批评方法的简单回归,而是一种在新的时代对传统研究方式的新的超越。

在这种去分化的文化环境中,形式主义和马克思主义都取得了发展的动力,也具有了向对方汲取力量的需要和可能。巴赫金认为思想的一个重要特性就是对话性,只有通过对话思想才能够获得新的刺激和动力而得到发展。在评论形式主义与马克思主义的关系时,巴赫金指出,任何一门年轻的科学都应该对一个强大的对手比贫弱的盟友予以更高的评价,而马克思主义就是这样一门年轻的文学研究学科,形式主义则是其强大对手。形式主义与马克思主义在苏联阶段的对抗过程中都各自修正了自己的理论观点而获得了完善。埃亨鲍姆不再像什克洛夫斯基在宣言中那样激进地认为文学研究"不反映飘扬在城堡上空的旗帜的颜色",文学研究是一门独立的科学,与社会历史毫无关系,而认为形式主义只是一种方法而不是本体论的绝对,文学形式研究也不排斥其他研究方法的存在。这已经是对马克思主义的一种妥协。马克思主义正是在与形式主义的对抗过程中使自身不断强大,并且成为苏联文学界的唯一正统学说的。在西方马克思主义者那里更是如此。马尔库塞同形式主义者一样试图消解形式与内容的二元对立,认

---

① [美] 乔纳森·卡勒:《文学理论入门》,李平译,译林出版社 2008 年版,第 1 页。

② [美] 乔纳森·卡勒:《文学理论入门》,李平译,译林出版社 2008 年版,第 4 页。

③ [美] 希利斯·米勒:《重申结构主义》,郭英剑等译,中国社会科学出版社 1998 年版,第 216 页。

为艺术形式中包含着内容，内容积淀为形式，艺术的审美形式具有一种反抗压抑性社会的革命因素。艺术通过审美形式形成一种新感性来对单向度的社会予以批判和反抗。布莱希特吸收了什克洛夫斯基的学说，建立了马克思主义的陌生化理论。阿多诺通过布莱希特接触到形式主义的陌生化理论而发展出自己的美学，认为现代主义艺术是一种反艺术，通过奇异的形式产生一种震惊效果。阿尔都塞、马歇雷、詹姆逊和伊格尔顿等对结构主义的深入研究和汲取使其思想表现出明显的结构主义特征。可以看出，这是一种只有通过形式主义与马克思主义的对话才能产生出来的新思想。

近代知识的分化使形式主义思潮得以产生和发展，也造成了形式主义与马克思主义之间的矛盾和对抗。而知识的去分化则使形式主义试图建立的独立的文学科学变得不可能，在日益综合的学科发展过程中，形式主义要固守其绝对独立的地位无疑是与风车作战，因此在这样的文化氛围中，形式主义走向消亡是自然的事情。而马克思主义具有开放性，去分化的文化氛围正好符合其研究理路，因此向形式主义借鉴和学习就使其文论和美学表现出新的气象，产生出新的思想，也获得了新的发展。

因此，可以看到，在20世纪形式主义与马克思主义的关系发展过程中这一由对抗到对话的变迁具有政治、思想和文化三重原因。政治立场的冲突、哲学思想观念的矛盾以及学科体制的分化造成了二者思想的不可通约性，从而形成了尖锐的矛盾。而随着这些矛盾的消解和学科壁垒的拆除，不同研究方法的沟通与借鉴，二者之间的对话才得以展开，并且取得了丰硕的成果。对抗只会带来思想的僵化，在多元共存中有效地对话才会产生新的思想，也只有在永不停止的对话中，思想才会得到完善和发展。在二三十年代的对抗之后，在二者之间寻求对话就成为学术发展的必然趋势，而第一个成功的对话者非巴赫金莫属。

第三章　在形式主义与马克思
主义之间对话

在 20 世纪文学理论和美学史上,巴赫金是一个非常复杂而迷人的人物。他的一生坎坷,寂寞半生,但一经发现却光芒四射。他的学说横跨多个学科,以至于在被发现以来受到了诸如哲学家、思想家、语言学家、文论家和符号学家等的普遍关注,从而在学术界出现了很多个"巴赫金":有"对话的巴赫金"(托多罗夫)、小说理论家的巴赫金(莫逊和爱莫逊)、"建筑术的巴赫金"(克拉克和霍奎斯特)等等。这些理论家们都试图通过巴赫金学说中的某一突出问题来概括巴赫金的研究方向和学术地位。但值得思考的是,在 20 世纪 20 年代,俄国形式主义和马克思主义是两个相对立的文学理论流派,但却有很多学者把巴赫金归入这两个完全不同的理论阵营。如在西方对俄国形式主义最有影响力的著作《俄国形式主义:历史与学说》第三版序言中,作者厄尔里希为没有提及巴赫金而遗憾:"假如我能重写此书,我无疑会在巴赫金的成就之前肃立,向他长久地致敬。"① 克里斯蒂娃在其成名作《词语、对话和小说》一文的开篇就指出巴赫金代表了俄国形式主义学派"最卓著的成果及其最强有力的超越"②。在《当代文学理论导论》中,拉曼·塞尔登也指出巴赫金及其学派虽然没有成为形式主义运动的一部分,但他对形式主义的有力批判和对文学作品语言结构的研究,尽管具有反形式主义的色彩,但也完全可以说是通过批判对形式主义的发展,从而认为巴赫金属于形式主义一脉。③ 与此同时,诸多学者却认为巴赫金是一个马克思主义者。比如,《西方现代文学理论概述与比较》的作者在分析马克思主义文学理论研究的五种模式的时候,认为巴赫金是马克思主义的"语言中心

---

① 转引自赵一凡:《西方文论讲稿》,三联书店 2007 年版,第 268 页。

② [法] 朱莉娅·克里斯蒂娃:《符号学:符义分析探索集》,史忠义等译,复旦大学出版社 2015 年版,第 85 页。

③ [英] 拉曼·塞尔登等:《当代文学理论导读》,刘象愚译,北京大学出版社 2006 年版。

模式"的代表。① 英国马克思主义的"精神领袖"雷蒙·威廉斯认为巴赫金的
语言学开创了马克思主义文学语言研究的新方向。② 韦勒克也认为巴赫金
的《陀思妥耶夫斯基诗学问题》是"马克思主义批评的一次创举"。③ 国内
学者张杰则在其著作的第二版中删去了巴赫金是马克思主义者的判断。④
而巴赫金自己也坦言他"无党派。修正的马克思主义者,对苏联政权襟怀
坦白。教徒。"⑤ 巴赫金最权威的传记作者卡特琳娜·克拉克和迈克尔·霍
奎斯特则直接指出巴赫金具有形式主义与马克思主义的双重身份。⑥ 英国
学者托尼·本尼特在其《形式主义与马克思主义》一书中就把巴赫金作为
形式主义与马克思主义对话关系中的一个重要人物来讨论。国内学者对巴
赫金学术身份的定位同样莫衷一是,曾军在其《接受的复调》一书中对这一
现象有详细的介绍和分析。之所以会有这两种截然相反的判断,根本原因
在于巴赫金与俄国形式主义和苏联马克思主义之间在生平和学说等方面都
存在着复杂的关系,也正是这种关系使巴赫金成为苏联语境中在形式主义
和马克思主义之间进行真正对话的第一人。

---

① 　[英]安纳·杰弗森、戴维·罗比等:《西方现代文学理论概述与比较》,陈昭全等译,湖南
　　文艺出版社 1986 年版。在此著作中,戴维·福加克斯提出了马克思主义文学理论的五种
　　模式,有以乔治·卢卡契(Georg Lukács)为代表的"反映模式"、以皮埃尔·麦舍雷(Pierre
　　Macherey)为代表的"生产模式"、以卢西恩·戈德曼(Lucien Goldmann)为代表的"发生
　　学模式"、以西奥多·威·阿道尔诺(Theodor W.Adorno)为代表的"否定认识模式"和以
　　巴赫金为代表的"语言中心模式"。
② 　Raymond Williams, *Marxism and Literature*, Oxford: Oxford University Press, 1977, p.35.
③ 　[美]雷内·韦勒克:《近代文学批评史》(第七卷),杨自伍译,上海译文出版社 2006 年版,
　　第 586 页。
④ 　曾军:《接受的复调》,广西师范大学出版社 2006 年版。张杰本人认为曾军对他的观点有
　　误解。他本人并不认为巴赫金是一个完全的马克思主义者,其博士论文写作时由于资料
　　的限制,援引了巴赫金自己文章中马克思主义这一说法,但张杰认为应该回归巴赫金本
　　人的学说,而不必给他带上各种各样的帽子。因此在博士论文出版的第二版中他去掉了
　　"马克思主义"这一称谓。
⑤ 　[法]茨维坦·托多罗夫:《对话与独白:巴赫金与雅各布森》,史忠义译,载《欧美学者论巴
　　赫金》,周启超、王加兴主编,南京大学出版社 2014 年版,第 262 页。
⑥ 　[美]凯特琳娜·克拉克、迈克尔·霍奎斯特:《米哈伊尔·巴赫金》,语冰译,中国人民大
　　学出版社 1992 年版,第 251 页。

第一节　巴赫金：形式主义者还是马克思主义者？

从生平来看，巴赫金与俄国形式主义和马克思主义之间都有着复杂的联系。他与形式主义者什克洛夫斯基同时就读于圣彼得堡大学，虽然没有直接加入他们的讨论，但对形式主义者的学说极为关注，并于 1929 年出版了最重要的批评著作。此举在当时没有引起太大的影响，但形式主义者却将他引为同道。在巴赫金被埋没了 25 年之后，首先在学术界提及巴赫金的是最有影响的两位形式主义者雅各布森和什克洛夫斯基。1956 年 5 月，雅各布森作为国际斯拉夫语学者委员会的成员，回到莫斯科参加一个国际讨论会，在会中首先提到鲜为人知的巴赫金，而他对巴赫金的敬佩让所有人感到惊奇，巴赫金遂成为一个神秘人物受到关注。1957 年，在自己的《赞成与反对：陀思妥耶夫斯基札记》一文中，什克洛夫斯基以尊敬的口吻批评了巴赫金的陀思妥耶夫斯基专论，从而恢复了他们在 20 年代的对话。进而，1958 年 9 月，雅各布森在莫斯科国际斯拉夫语学者大会上把什克洛夫斯基的这篇文章广为散发，并组织了热烈的讨论。正是由于雅各布森和什克洛夫斯基的大力推荐，巴赫金的思想在苏联学界才广为人知，再次受到关注。之后，在柯日诺夫等几位年轻学者的努力之下，巴赫金的著作得以出版，最终使巴赫金成为世界闻名的理论大师。[1]

巴赫金与马克思主义的关系同样复杂。由于宗教问题，他受到官方的逮捕并流放多年，但同时他又与官方保持着一定的联系，在被判流放的时候甚至受到官方高层某种程度上的保护。作为第一任"人民教育委员"的卢那察尔斯基在 1929 年对巴赫金的《陀思妥耶夫斯基诗学问题》一书发表的充满溢美之词的书评帮助了巴赫金，而卡甘和高尔基也做出了一定的努力，使巴赫金免遭 10 年艰苦服刑而改为 6 年流放。在巴赫金晚年时期，官方对巴赫金的待遇也是相当优厚的。然而巴赫金本人却一直试图与官方保持距离，以边缘人的姿态出现在苏联学术界。也正是这种姿态给予了他冷静地审视和思索学术问题的可能性。

---

[1]　[美] 凯特琳娜·克拉克、迈克尔·霍奎斯特：《米哈伊尔·巴赫金》，语冰译，中国人民大学出版社 1992 年版，第 426 页。

　　从其学术思想上来看,巴赫金的学说与俄国形式主义和马克思主义都不同。苏联马克思主义与俄国形式主义有着不同的理论资源、文学观念、研究方法、问题意识和价值立场,可以说二者属于两种完全异质的理论流派。形式主义者认为文学具有一种特性,即"文学性",一种使"一个作品成其为文学的东西",其体现者首先是语言和手法。如詹姆逊所言:"也像索绪尔语言学那样,俄国形式主义者一开始的作法不得不是否定性的,目的在于把文学体系与其他外在体系分别开来。"①在文学与生活的关系问题上,形式主义者试图把文学和社会政治、经济和文化环境等因素分割开来,认为文学是一个独立的系统,文学并不"反映飘扬在城堡上空的旗帜的颜色"。在形式与内容的关系问题上,强调形式的重要性,否定形式与内容的二元对立,认为形式具有本体论的意义。而在文学发展史方面则认为文学是自律的,其发展变化与外界环境无关,是文学形式辨证自生的历史,是形式内部的自我演替和转化。如什克洛夫斯基所言:"所谓艺术史,不过是没有内容的形式的交替和更迭,就像一把刻有不同标志的骨牌,每撒一次都能形成不同的组合。"②

　　与形式主义相反,庸俗马克思主义是学术界把马克思主义运用于学术领域的不成熟的表现。苏联庸俗马克思主义并没有直接受到马克思的影响,更大程度上是普列汉诺夫的蹩脚的学生。他们把马克思主义的社会学方法庸俗化和简单化地运用于文学研究领域,认为作家的创作和其阶级地位有直接的关系,甚至用经济因素和阶级因素去直接解释文学的内容和形式问题;文学艺术不是作家对现实的能动反映,而只是一种消极的记录;把文学艺术的目的和社会政治目的等同起来,文学艺术作品完全变成了社会政治的形象图解;文学艺术不存在独立性,而成为政治革命的工具和附庸。

　　马克思主义和形式主义这两种完全不同的理论学说在 20 世纪 20 年代进行着不断的论争,正是在这场论争中巴赫金开始了自己的学术生涯,③也

---

① [美] 弗雷德里克·詹姆逊:《语言的牢笼》,钱佼汝译,百花洲文艺出版社 1997 年版,第35 页。
② [俄] 什克洛夫斯基:《小说管见》,第 84 页,转引自程正民:《巴赫金的文化诗学》,北京师范大学出版社 2001 年版,第 33 页。
③ 关于巴赫金的学说开始于俄国形式主义和苏联庸俗马克思主义的论争之中的论述已经成为学界的共识,英国学者托尼·本尼特在其《形式主义与马克思主义》、程正民在《巴赫金

正是通过与马克思主义和形式主义的对话,巴赫金的学说体现出马克思主义和形式主义的双重因素,以至于有些学者会把他分别归入这两种完全不同的理论阵营。但是从其学说的整体来看,认为巴赫金无论是马克思主义者还是形式主义者都过于简单,并不能概括其思想和学说的全貌。巴赫金并没有简单地赞同一方而否定另一方,而是对二者的偏颇和缺陷都进行了有力的批判和否定,对其合理内核都给予了充分的肯定和继承,并在二者之间寻求真正的对话和交流,而且这种对话和交流也成为了巴赫金一生的学术努力。可以说,巴赫金正好处于马克思主义与形式主义的中间地带,也正是这种中间地带和对话立场造就了巴赫金举世瞩目的成就,并使其成为马克思主义与形式主义对话中最为重要的理论家。因此,可以说,只有在这种对话中才能更深入地理解巴赫金,而研究巴赫金是如何在二者之间进行对话的,对马克思主义和形式主义的关系史研究以及文学理论的建设也具有重要的意义。

马克思主义和形式主义对巴赫金的影响更多地来源于其研究方法而并非其学术成果,因此研究巴赫金学术研究的方法论,探究他提出问题的方式和路径更为重要。

在西方文学理论和美学史上,形式主义和马克思主义这两种学说有着不同的理论资源和发展路径。二者关注的是文学活动的不同方面,研究文学中的不同问题。形式主义关注文学的形式因素,研究文学是如何构成的,而马克思主义更多关注文学的内容,探讨文学和社会生活的关系及其社会功用。这种差异来源于他们对文学活动的主要矛盾的理解上的不同。但这两个方面就像一块硬币的两面不可分割,都有着其存在的合理性和价值,二者并不矛盾,而如果各自在自己的领域里能够顺利地发展也能够促进文学理论的繁荣。18 世纪以来,西方形式美学研究以及注重形式创新的艺术实践已经成为人类文化史上炫目的奇葩,而马克思和恩格斯的马克思主义艺术社会学更是一笔非常宝贵的精神遗产,深刻地推动了马克思主义文学理论和美学的空前繁荣,从而成为影响力最大、持续时间最长的理论流派

的文化诗学》和张杰在《巴赫金的复调小说理论》中都持类似的观点,但是除了本尼特有简要的论述之外,他们均没有对巴赫金是如何在形式主义和马克思主义之间进行对话以及其在形式主义与马克思主义对话史上的地位这些深层问题展开深入的论述。

之一。

　　虽然马克思和恩格斯本人并没有完整而系统的文学理论和美学著作，其文学和美学思想都散落在其政治和经济研究著作之中，并作为其政治和经济学说的有效论证出现，但是这并没有影响其文学理论和美学思想的重要性。他们一方面强调经济对艺术的最终决定作用，另一方面又强调文学艺术作为"悬浮于空中的意识形态"的独立性；一方面强调艺术要深刻地反映社会生活和矛盾，同时又突出艺术的审美价值，强调"莎士比亚化"运用曲折的情节和故事来反映丰富的社会生活和现实矛盾，反对"席勒式"地把艺术简单地作为政治思想的传声筒；在人物塑造方面强调"典型环境中的典型人物"，也就是把文学艺术中的人物形象和外在的社会环境完美地结合起来，寻求二者之间的最佳结合点。可以说，马克思和恩格斯的方法是辩证的，文学艺术的社会功用性和艺术性在马克思和恩格斯这里并不矛盾，并且得到了完美的结合。在马克思和恩格斯看来，社会是一个整体的系统结构，文学艺术仅仅是其中的一个部类，文学艺术研究也不能和社会的政治经济割裂开来，各个部类之间具有有机的联系和相互影响；文学艺术自身也是一个整体，其诸如内容与形式、社会性与艺术性等因素不可分割，不能孤立地进行研究。

　　但是，在 20 世纪初，在苏联由于对马克思和恩格斯的片面理解，马克思主义出现了庸俗化倾向，在文学艺术研究领域也形成了庸俗社会学的倾向。由于特殊的政治革命的需要，文学艺术被当作政治经济的简单图解，成为社会革命的工具，文学的社会功用性被无限地扩大而艺术性和审美性则被无情地抹杀，并被当作资产阶级美学的遗毒而予以批判。在这样的社会政治和文化环境中，俄国形式主义关注艺术形式和审美价值的理论和方法必然遭到马克思主义的否定和批判。马克思和恩格斯所采用的整体性的研究方法在苏联马克思主义者这里被歪曲地使用，甚至被否弃了，本来并不矛盾的因素被当作矛盾的而彼此不能相容。马克思主义与形式主义之间的这场论争就是这种方法论影响下的结果，因而可以说苏联马克思主义对俄国形式主义的这场批判更大程度上是政治批判而非真正的学术批评。

　　巴赫金认为，在这场论争中，二者并没有形成真正的交锋，马克思主义者只是在"背后打击"形式主义，用政治手段而非学术讨论的方式对形式主义进行批判。马克思主义只看到了形式主义的弱点并大肆地批判，其最有价值的合理内核却被忽视了,形式主义这个孩子连同洗澡水一起被马克思主义者倒掉了。与此同时,在这场论争中,形式主义者的姿态同样不够开放,保守的学术立场使其只能处于被动的防御,而它的封闭性也最终导致了其学说的影响力的逐渐减弱。

在巴赫金看来,马克思主义与形式主义之所以不能进行真正的对话,原因就在于其姿态的保守和方法论的偏狭。他们都僵化地固守自己的立场而否定对方,缺乏一种开放的姿态和吸收对方合理性的胸怀。从方法论来看,形式主义和马克思主义存在着严重分歧,即在"确定特点问题上发生了冲突",而"确定特点是马克思主义关于意识形态科学,特别是文艺学当前首要的任务。但是我们的形式主义者的区分特点的倾向与马克思主义的倾向是完全对立的。"① 这种"确定特点"就是对文学艺术本质,或者说是文学艺术的主要矛盾的理解,二者在此问题上的差异导致了在研究过程中,把内在性交给了形式主义,把外在性则交给了马克思主义,从而把原本统一的诗学割裂成了相反的两个部分,并且难以兼容,给文学理论和美学带来了难以解决的矛盾。在巴赫金看来,文学艺术是一个内外两部分相互作用的整体,受内外两种因素的共同决定。"每一种文学现象(如同任何意识形态现象一样),同时既是从外部也是从内部被决定的。从内部是由文学本身所决定;从外部是由社会生活的其他领域所决定。不过,文学作品被从内部决定的同时,也被从外部决定,因为决定它的文学本身整个的是由外部决定的。而被从外部决定的同时,它也被从内部决定,因为外在的因素正是把它作为具有独特性和整个文学情况发生联系(而不是在联系之外)的文学作品来决定的。这样,内在的东西原来是外在的,反之亦然。"② 同时,内外两部分是可以相互转化的,"任何影响文学的外在因素都会在文学中产生纯文学的影响,而且这种影响逐渐地变成文学的下一步发展的决定性的内在因素。而这一内在因素本身逐渐变成其他意识形态范围的外在因素,这些意识形态范围将用自己的内部语言对它做出反应;这一反应本身又将变成文学的外在因素。"③ 文学的内在性和外在性的划分只是为了研究方便的一种权宜

---

① 《巴赫金全集》(第二卷),钱中文主编,河北教育出版社 1998 年版,第 156 页。
② 《巴赫金全集》(第二卷),钱中文主编,河北教育出版社 1998 年版,第 145 页。
③ 《巴赫金全集》(第二卷),钱中文主编,河北教育出版社 1998 年版,第 146 页。

之计,在实际上二者是不能完全割裂开来的,而形式主义和马克思主义却都偏偏犯了这样的错误。

　　巴赫金认为文学是一个有机的整体,文学研究也应关注文学构成的所有因素及其相互作用和相互转化,反对僵化的内外区分。同时,他又把文学艺术和外在的社会历史和文化环境紧密联系起来,认为文学艺术是更为广阔的社会意识形态的一部分,受这些外在因素的作用和影响。他对陀思妥耶夫斯基和拉伯雷的研究就是这一整体性思想的最好例证。从某种意义上说,巴赫金的整体性思维不同于苏联马克思主义,而更接近于马克思和恩格斯本人。文学艺术自身和社会历史环境构成了一个整体系统,因此文学研究需要内外因素并重,把内在的形式分析和外在的社会分析结合起来。巴赫金认为形式主义是一种把文学与社会生活割裂开来的"非社会学的诗学",庸俗马克思主义则是把文学与经济基础和社会政治简单等同而忽视文学自身的"非诗学的社会学",而真正有价值的文学理论研究应该把二者结合起来,建立一种整体性的"社会学的诗学"。这种诗学的建立就是要把形式主义所关注的内在因素和马克思主义的外在因素结合起来,在二者之间形成一种有效的对话。

　　在巴赫金看来,20世纪20年代形式主义与马克思主义之间展开的论争,"看起来是一种论争,但这场争论却不是真正的对话,因为双方都未能倾听对方。双方没有真正彼此理解;他们高谈阔论,却没有针对对方。为了成功地反驳形式主义者,需要一种像形式主义理论一样有效的理论,能够面对具体文本和文学分析的具体问题,但马克思主义者却没有做到这一点。"[①] 马克思主义者只是在"背后打击"形式主义,用政治手段而非学术讨论的方式对形式主义进行批判,却并没有与形式主义形成"正面的交锋"。托洛茨基、卢那察尔斯基等人把形式主义作为一种与"无产阶级美学"相敌对的"资产阶级美学"予以批判,给形式主义造成了巨大的打击。"要超越形式主义首先要通过形式主义",应该对形式主义进行认真的分析而不是简单的否定和政治打击。马克思主义要取得真正的发展需要认真地对待形式主义,因为"给予好的敌手的评价,应当比给予坏的战友的评价高

----

① [美]凯特琳娜·克拉克、迈克尔·霍奎斯特:《米哈伊尔·巴赫金》,语冰译,中国人民大学出版社1992年版,第255页。

得多"①。但是,事实上,马克思主义并没有做到这一点。巴赫金反对苏联马克思主义的这种庸俗社会学的文学研究方法,认为形式主义者提出的问题正是马克思主义所缺少的。"形式主义总的来说起过有益的作用。它把文学科学的极其重要的问题提上日程,而且提得十分尖锐,以至于现在无法回避和忽视它们。尽管没有解决这些问题,但是他们的错误本身、这些错误的大胆和始终一贯,要使人们把注意力集中到提出的问题上。"②形式主义反对传统文艺学的印象式批评,要建立一种客观的文学科学,使文学研究回归文学自身,而不是沦落为社会生活和作者意识的简单图解。文学与社会生活及政治没有任何联系,"文学并不反映飘扬在城堡上空的旗帜的颜色"。文学研究的中心是文学语言、结构和技巧。伊格尔顿认为形式主义的宣言是振聋发聩的,形式主义的文学研究标志着现代文学理论的产生。巴赫金也持同样的观点。形式主义尽管偏激和片面,但这是一种深刻的片面性,比圆滑的平庸更有价值,形式主义的成就远远大于它的缺陷。任何"新的东西在其发展的早期,及最富创造性的阶段上,向来是表现为片面的、极端的形式"③,形式主义者也不例外,而他们的批评实践就要比他们的宣言温和得多。因此,"马克思主义尤其不能避开形式主义的方法,因为形式主义者正是作为鉴别家出现的,他们在俄国文学科学中确定几乎是第一个扮演了这个角色"④。马克思主义要取得发展就必须面对形式主义的挑战,肯定其合理的方面,并与之形成对话。于是,巴赫金站在马克思主义的立场上对俄国形式主义的学说和方法给予了高度的评价。

可以说,整体性是巴赫金的方法论,对话则是他的思维方式和学术研究的哲学基础。"思想只有同他人别的思想发生重要的对话关系之后,才能开始自己的生活,亦即才能形成、发展、寻找和更新自己的语言表现形式,衍生新的思想。"⑤思想的本质是对话性的,思想只有在对话中才能够完善和发展。那么马克思主义和形式主义要取得发展和完善就不能简单地否定对方,而是要和对方平等地对话,也只有通过有效的对话,新的思想才能够产

---

① 《巴赫金全集》(第二卷),钱中文主编,河北教育出版社 1998 年版,第 343 页。
② 《巴赫金全集》(第二卷),钱中文主编,河北教育出版社 1998 年版,第 343 页。
③ 《巴赫金全集》(第四卷),钱中文主编,河北教育出版社 1998 年版,第 391 页。
④ 《巴赫金全集》(第二卷),钱中文主编,河北教育出版社 1998 年版,第 156 页。
⑤ 《巴赫金全集》(第五卷),钱中文主编,河北教育出版社 1998 年版,第 114 页。

生。对话思想是巴赫金的人生哲学,也是他学术研究的指导思想。巴赫金一生的思想和学术研究都是在多种对话中完成的,而最为重要的就是与形式主义和马克思主义的对话。对话哲学成为他试图使形式主义和马克思主义展开对话的理论基础和思想动力,而二者的对话反过来又促进了巴赫金对话哲学的丰富和完善。巴赫金认为,"真理不存在于金色的中间地带,不是正题与反题之间的折衷,而是在它们之外,超出它们,既是对正题,也是对反题的同样否定,也就是一种辩证的综合。"① 他的学术生涯开始于形式主义与马克思主义的对话,而在对话中结合二者的合理内核并综合创新,建立一种新型的"社会学诗学"则成为巴赫金一生的学术努力的方向。

在形式主义和马克思主义的对话中,巴赫金奠定了他学术研究的哲学基础并树立了方法论原则。这一对话不是简单的政论式的批评,而是建立在对形式主义和马克思主义认真的分析和剖析的基础之上。他站在马克思主义的立场上对形式主义予以批判和超越,同时对马克思主义语言哲学也进行了深入的探索和发展,并把马克思主义和形式主义的方法结合起来用于对陀思妥耶夫斯基和拉伯雷作品的研究。在这一具体实践中,巴赫金建立起了自己独特的思想体系,对后世产生了重要影响,从而使其成为马克思主义与形式主义对话中的重要角色。因此,研究巴赫金的诗学思想,看他在哪些问题和哪些层面上使形式主义与马克思主义形成对话,对当代的文学理论研究具有重要的价值和意义。

汪正龙指出巴赫金在形式主义和马克思主义之间的对话是把超语言学方法与社会历史方法相结合。② 他看到了巴赫金的语言学研究在对话中的重要作用,但尚未顾及巴赫金学说的其他方面。从巴赫金学术思想的整体和全部著述来看,这种对话表现在三个方面,即形式批评与社会学方法的结合、语言符号与意识形态的对接,以及小说形式与社会历史文化的互动。前两个方面是巴赫金在形式主义和马克思主义之间对话中的理论建构,第三个方面则是这一理论在文学批评领域的具体实践。

---

① 《巴赫金全集》(第二卷),钱中文主编,河北教育出版社 1998 年版,第 431 页。
② 汪正龙:《马克思主义与形式主义对话的可能性》,《文艺理论研究》2008 年第 3 期。

第二节　形式批评与社会学方法的结合

巴赫金认为社会学方法是文艺学的首要方法,同时又对形式主义的内在的形式批评方法予以充分肯定,并试图把二者结合起来建立自己的不同于苏联庸俗社会学的新的"社会学诗学"。

巴赫金生活在以马克思主义为官方意识形态的苏联社会,便不得不受到马克思主义的影响,但巴赫金却不是一个正统的马克思主义者,其思想与苏联的马克思主义者极为不同。传记作家卡特琳娜·克拉克和迈尔尔·霍奎斯特认为,在巴赫金的思想中,"马克思主义一般具有两种功能。一方面,它作为一种安全的尺度,掩护了具有潜在破坏性的思想。另一方面,由于利用了巴赫金自己理论与马克思主义之间的共同基础,它使这些理论合法化了。"[①] 从巴赫金的生平来看,他始终与官方保持距离,并以自己的学说对官方意识形态及其集权主义予以批判,但是在强大的意识形态控制面前,为了使自己的著作能够顺利发表,他也采用了一系列的马克思主义术语,从而使其容易被官方所接受。尤其是在马克思主义与形式主义论战最激烈的 20 年代,他用朋友名字发表的几部著作便是例证。因而传记作家卡特琳娜·克拉克和迈克尔·霍奎斯特的论述有一定的道理。但是,从巴赫金的著作和思想来看,其马克思主义的色彩是极其浓厚的,这种马克思主义更大程度上接近马克思和恩格斯本人而不同于苏联的庸俗马克思主义。马克思主义对巴赫金的影响不是简单地运用一些马克思主义的术语,而是在于唯物主义的立场和社会学的方法。马克思主义成为巴赫金建构自己思想体系的理论基石,但他对马克思主义的运用不是苏联庸俗马克思主义者那样牵强附会的套用,而是以马克思主义的方法论为指导来研究文学,从而把马克思主义的术语和方法转化为自己的精神财富。

巴赫金指出:"文学科学在其一切部门(理论诗学、历史诗学、文学史)中的统一性,建立在对意识形态上层建筑及其对基础以及对文学本身的特

---

① [美]凯特琳娜·克拉克、迈克尔·霍奎斯特:《米哈伊尔·巴赫金》,语冰译,中国人民大学出版社 1992 年版,第 211 页。

点(也是社会的特点)的理解的马克思主义原则的统一性上。"①"文艺学是意识形态科学这一广泛学科的一个分支"②,而社会学方法则是马克思主义文艺学研究的首要方法。巴赫金对马克思主义的继承主要是对其社会学方法的充分肯定,但是这种社会学不同于庸俗社会学,它更具有开放性,能够吸收和接纳形式主义有价值的观念和方法。这种新的"社会学诗学"的建立,是以对庸俗社会学和形式主义的深入剖析和批判为基础的。

巴赫金指出,马克思主义的方法论是一元论的,是把文学作为一个整体来研究,但是萨库林和一般的社会学方法则是二元论的,他们把文学区分为"内在的"和"外在的"两部分,把"'内在性'这块园地给了形式主义者,'因果性'给了马克思主义社会学者,'法则论'给了神秘的综合家。"③这种区分把完整的文学研究割裂成不相融合的部分,因此如何把形式主义的"内在性研究"和马克思主义者的"因果性研究"结合起来就成为巴赫金所关注的中心问题。而他要建立的这种"社会学方法"就"应当把艺术作品的'内在性'研究也纳入其中,为此可以采用包括所谓形式方法(形态方法)在内的其他方法所提供的一切有益的、有价值的东西,并将它们与社会学方法结合起来"。在他看来,这种社会学方法不是"令人生厌的、肤浅的折衷主义,因为社会学方法就其本质来说,乃是一种综合性的方法"④。在形式主义与马克思主义的对话中把形式批评和社会学方法结合起来,或者说用新的社会学诗学来统摄形式批评就成为了巴赫金诗学研究的理论基石。对形式主义的批判和对马克思主义语言哲学的阐发是他在方法论上的有效探索,而对陀思妥耶夫斯基和拉伯雷作品的细致研究则是他在这种结合上的批评实践。

巴赫金看到在当时虽然也有"形式社会学家"试图把形式主义与马克思主义相结合的尝试,但都是简单的折衷主义,并没有产生有价值的理论成果。这种调和的原则是"外在的归你,内在的归它;内容归你,形式归它"⑤。这只是在形式主义与马克思主义之间划定了各自的研究范围,互不干涉,相

---

① 《巴赫金全集》(第二卷),钱中文主编,河北教育出版社1998年版,第126页。
② 《巴赫金全集》(第二卷),钱中文主编,河北教育出版社1998年版,第108页。
③ 《巴赫金全集》(第二卷),钱中文主编,河北教育出版社1998年版,第75页。
④ 《巴赫金全集》(第二卷),钱中文主编,河北教育出版社1998年版,第75页。
⑤ 《巴赫金全集》(第二卷),钱中文主编,河北教育出版社1998年版,第198页。

安无事,并不是一种有机的结合。虽然巴赫金也看到什克洛夫斯基的宣言是在与象征主义的论战中为了战胜对方而提出的极端化的原则,在形式主义实际的批评实践中情况要复杂得多,形式主义在发展的各个阶段情况也有所不同,而且其中也形成了不同的小派别,什克洛夫斯基就属于其中比较保守的一类,但是总的来看,形式主义的共同倾向是"形式主义不能承认对文学起作用的外在的社会因素可以成为文学本身的内在因素,成为其内在发展的因素。正是在这一点上形式主义同马克思主义是对立的。但也是在这一点上恰恰没有进行过论争。"① 形式主义是完全否定文学的外在因素的,社会和作者都被排除在外,只有文本自身,更准确地说只有语言、情节和结构才是文学研究的真正对象,而关注社会和作者的研究都是充当雅各布森所说的"文学警察"的角色,远离了文学,不能把握文学的本质所在。在产生之初,形式主义是作为象征主义的反对者的身份出现的,而十月革命后象征主义的消亡使形式主义失去了真正的对手,同时它还没有把马克思主义作为论战对象的准备和能力。巴赫金看到,使形式主义同文学及社会的实际生活相联系的东西改变了。俄国形式主义在未来派的影响下"醉心于小体裁中的形式主义实验和大散文体裁中的惊险情节",但"革命后的时期的当代文学倾向于社会现实主义散文,倾向于历史小说和对世界观的共同问题深感兴趣的社会史诗,在这样的文学中形式主义找不到其赖以为生的基础"② 。正是这一点暴露了形式主义方法论上的缺陷。形式主义缺乏一种社会学的视野,仅仅停留在对文学形式的研究上而忽视重大的社会问题,与社会现实相脱节,这也正是其走向消亡的最根本的内在动因。

与此同时,当时的庸俗马克思主义者却走向了另外一个极端。列宁把"党性原则"作为文学批评的重要标准,文学的政治性和革命性才是其本质所在,而无产阶级文化派和拉普派的文学实践和理论建构都是要建立无产阶级文化,使文学为当时的社会政治服务。他们否定文学遗产、"烧掉拉斐尔",只描写工厂和烟囱,根本没有关注过文学的形式问题。托洛茨基和卢那察尔斯基对形式主义的批评也主要停留在政治批评的限度内,认为形式主义是一种资产阶级美学,是西欧资产阶级艺术在俄国的遗存。形式

---

① 《巴赫金全集》(第二卷),钱中文主编,河北教育出版社1998年版,第198页。
② 《巴赫金全集》(第二卷),钱中文主编,河北教育出版社1998年版,第202页。

主义最有价值的"内在性研究"被马克思主义者完全地忽视了。因此,"遗憾的是,本应对形式主义者发动实质性的进攻并在这场斗争中丰富自己的马克思主义批评,却在这个领域里——在鉴别问题和结构意义问题的领域里——避免与形式主义者交锋。马克思主义者在大多数场合都承担捍卫内容的任务,但是在捍卫内容免受形式主义损害的同时,却把这一工作不合理地同结构本身对立起来。随便地回避了内容在作品结构中的结构功能问题,好像没有看到这一点似的。而问题却恰恰就在这里。"① 所以巴赫金认为形式主义并没有遇到真正的反对者,马克思主义虽然对形式主义进行了有力的批判,但都不是在学理上展开的,这对二者的发展并没有起到很好的相互促进的作用。作为流派的俄国形式主义的终结在外因上很大程度上就是这种政治压迫的结果。

　　因此,形式主义要获得发展就必须打破自己封闭的体系,把其形式研究的"内在性方法"运用到与现实紧密相联的小说形式中去,并且把自身与社会生活和历史紧密地联系起来,随着文学实践的变化及时地转变自己的研究方向,而不是固守最初的原则以致走向僵化。马克思主义也必须吸收形式主义的营养,把文学研究拓展到文学的语言和结构中去,走出简单的政论式批评的困境,进行真正意义上的"文学"研究。只有排除外在因素上的冲突,在文学研究自身领域内展开对话,才能使形式主义和马克思主义都走出固有的藩篱,并获得真正的理论创新。

　　由此可见,要在形式主义和马克思主义之间进行对话,首先要解决的问题就是如何把文学的外在因素转化为内在因素,打破形式主义排除外在因素的僵化观念,同时把形式主义的内在形式批评吸收进社会学批评方法之中,这也是摆在巴赫金面前的主要问题。这个问题贯穿于巴赫金学术研究的始终,但他并没有在理论上进行系统的论述,此问题在其对俄国形式主义的批判过程之中得到了阐明。

　　要进行真正的对话,双方必须处于平等的地位,各自都要承认对方的作用和价值。但是马克思主义和形式主义的这场辩论并没有做到这一点,因而根本没有形成真正的对话。巴赫金认为"要超越形式主义首先要通过形式主义",马克思主义必须排除政论式的批评而深入形式主义学说内部,

---

① 《巴赫金全集》(第二卷),钱中文主编,河北教育出版社1998年版,第197页。

"对形式主义的批评应当而且可能是'内在的'(在这个词最好的意义上说)批评。对形式主义者的每一个论据都应当在形式主义本身的基础上,在文学事实的特点的基础上加以检验和批驳。"① 在这种平等对话观念的指引下巴赫金以马克思主义的社会学方法为理论武器对形式主义学说进行了深入剖析。

一、方法论批判

在巴赫金看来,研究方法是学术活动的根基,方法论的错误将导致理论大厦的倾塌,形式主义即是如此。如詹姆逊所言:"什克洛夫斯基本人的观点既是俄国形式主义的出发点,也是它自身内部矛盾的发源地。"② 因此巴赫金对形式主义的批判就首先从形式主义的方法论开始。

俄国形式主义者的初衷是要反对文学研究中的心理学和传记式批评,认为这种研究方法都属于外在的印象式的批评,得到的结论缺乏坚实的科学基础,因此形式主义者试图建立一种文学科学,从而使文学研究能够和自然科学一样坚实可靠。这种文学科学的建立以康德的审美自律性思想为理论指南,回归文学的本体存在,即文学是语言的艺术。只有建立在语言学基础上的文学研究才有可能成为科学,而诸如社会、作家、读者等因素都被排除在文学研究之外,与文学科学无关。以此为开端,文学与语言学的联姻成为 20 世纪形式文论的共同特征。伊格尔顿认为形式主义的这一思想是史无前例的,它带来了 20 世纪文学理论和美学研究的语言学转向,从而成为现代文学理论的肇始。但是如巴赫金所言,任何理论在其开端都会以极端的形式出现,形式主义者在开拓出一个新的理论方向的同时也暴露出了其理论的缺陷,其发展的困境也正在这里。

巴赫金坚持一种整体性的社会学诗学,认为把文学从整体社会结构中分离出来,在人文科学领域里追求严格的科学是不可能的,只有把文学置于整体性的社会结构中,与社会政治、经济和历史文化联系起来,以"普通美学"为指导,才能抓住文学的真谛。形式主义者是"以科学性为时髦,

---

① 《巴赫金全集》(第二卷),钱中文主编,河北教育出版社 1998 年版,第 157 页。
② [美]弗雷德里克·詹姆逊:《语言的牢笼》,钱佼汝译,百花洲文艺出版社 1997 年版,第 39 页。

表面上追求貌似的科学,在真正的科学尚未诞生时草率而自负地标榜科学性。……在文化创造的某一领域里创建一门科学而又能保存对象的全部复杂性、完整性和特殊性是件极其困难的事。"① 这不只是形式主义者的错误,而是现代诗学,甚至所有艺术学初创时期的通病,就是"对普通美学采取否定的态度,从原则上拒绝它的指导。在给艺术科学下定义时,往往就是把它同原本便不科学的哲学美学对立起来加以比较。建立某一艺术门类的理论体系(我们这里是指语言艺术),却脱离开一切艺术总的本质问题,这是现代诗学著作呈现出的一种趋势。"② 在巴赫金看来,文学艺术并不是一个独立的领域,它和人类生活中的其他诸多领域紧密地联系在一起,仅仅是人类文化整体中的一部分,按照马克思的话来说仅仅是一个部类,因此,脱离了普遍的哲学美学基础,真正的文学科学是不可能产生的。形式主义者的错误正在于此,他们在"无需认识、无需系统阐明审美在人类文化总体中的特殊性的条件下,觊觎建立起单独一门艺术的科学"③。可见,在巴赫金看来,在一开始,形式主义者的方法论和指导思想就存在着偏差。在这种脱离人类文化整体的美学关照的情况下,没有有力系统的哲学美学的指导,要建立真正的文学科学是不可能的,而"为了取得可信而精确的自我界定,审美必须与人类文化整体中的其他领域进行相互的界定"④。虽然形式主义是在近代以来人类知识分化的基础上产生的,追求自律性也是近代以来文学艺术创作和研究领域中的一种普遍追求,但是在巴赫金看来,自律性和整体性是不相矛盾的,艺术自律必须与整体的文化环境相关联,绝对意义上的自律并不存在,强调绝对自律只会把文学艺术带入封闭窒息的地步,只会阻碍文学艺术的发展。"只有在整体的文化内涵中进行系统的界定,才能使文化价值克服单纯的存在性。艺术的自由自立是以它同文化整体的关联,以它在整体中既特殊又必要,且又不可替代的地位为基础、为保证的。"⑤ 整体和部分,文化整体和个别艺术门类之间是一种相互依存的关系,相互促进、相互制约。"每一文化现象,每一单独的文化行为,都有着具体的体系,可以说它

---

① 《巴赫金全集》(第一卷),钱中文主编,河北教育出版社 1998 年版,第 306 页。
② 《巴赫金全集》(第一卷),钱中文主编,河北教育出版社 1998 年版,第 307 页。
③ 《巴赫金全集》(第一卷),钱中文主编,河北教育出版社 1998 年版,第 307 页。
④ 《巴赫金全集》(第一卷),钱中文主编,河北教育出版社 1998 年版,第 308 页。
⑤ 《巴赫金全集》(第一卷),钱中文主编,河北教育出版社 1998 年版,第 308 页。

连着整体却是自立的,或者说它是自立的却连着整体。只有在这一具体的体系中,即同文化整体的直接关联和定位中,现象才不再是简单的存在、赤裸裸的事实;它有了分量、有了涵义、仿佛成为某种单体,在自身中反映着一切,自身又被一切所反映。"① 巴赫金的思想是辩证的,他反对孤立地看文学,反对把文学从社会文化整体中割裂开来,文学艺术只是整体性社会文化中的一部分,只有放入其中才能发现文学艺术的真正意义,文化整体也因文学艺术的存在而完善和发展。因此从方法论和理论基础上来说,形式主义的文学绝对自律性思想是无根基的,试图孤立地建立文学科学的努力也是难以实现的。巴赫金所要建立的正是这种整体性的能够涵盖形式主义精神内涵的社会学诗学。

形式主义者认为只有以语言学为基础才能建立真正的文学科学,只有这样,"诗学便有作为一般语言科学的语言学的真实基础。因而诗学惟有通过语言学才能建立,因为语言学向诗学指出语言本身何处终止而说话何处开始。"② 巴赫金并不反对形式主义者把语言学作为诗学的基础,而是反对把文学等同于语言学。"诗学被束缚在语言学身上而不敢越雷池半步(如大多数形式主义者及 B. M. 日尔蒙斯基),而有时干脆成为语言学的一个分支(如 B. B. 维诺格拉多夫)。……语言学作为一门辅助学科,当然是必不可少的。但在这里,它却占据了完全不应有的领导地位,几乎取代了普通美学所具有的地位。"③ 在巴赫金看来,这是一种本末倒置,辅助性工具居于了本体论地位,从而使文学研究削足适履,裹足不前。形式主义者以语言学为圭臬而否定和排斥其他方法的存在,把文学艺术排除于整体性的普通美学之外,把文学和人类生活的文化整体割裂开来,这种极端化不但不是一种进步,反倒影响了形式主义的发展。文学研究应该关注语言,而且语言的地位不可替代,但是语言并不是文学研究中的唯一资源。因此,巴赫金认为,"以系统观阐发的诗学,应该是语言创作美学",而不是单一的"语言诗学"。"语言之于诗歌,就像语言之于认识和伦理一样,就像语言在法律、国家等领域的客观化一样,只是一种技术因素。正是在这一点上可以判定,语言对诗的

---

① 《巴赫金全集》(第一卷),钱中文主编,河北教育出版社 1998 年版,第 324 页。

② [俄] O.M. 勃里克:《诗学、语言学、社会学》,载 [艾尔尼亚] 扎娜·明茨等:《俄国形式主义文论选》,王薇生编译,郑州大学出版社 2005 年版,第 66 页。

③ 《巴赫金全集》(第一卷),钱中文主编,河北教育出版社 1998 年版,第 309 页。

意义,与自然科学的自然(物理数学的空间、物质,声学中的声音等等)作为材料(而不是内容)对造型艺术的意义,两者是完全一样的。"① 在此,巴赫金并不是要否定语言对于诗歌的重要性,只是认为形式主义者所关注的只是语言的语音层面,而否弃了语言的意义层面。语言除了声音之外,还有丰富的内涵,体现着社会的意识形态和历史文化,而这一点被形式主义者忽视了。诗歌是语言最好的体现,只有在诗歌中语言才能发挥其全部潜能,语言所有的方面在诗歌中都能被调动出来,趋于极致。诗歌仿佛要榨干语言的脂膏,而语言也只有在诗歌中才能大显身手。可以看出,巴赫金是非常关注语言对诗歌的意义的。他所批判的是形式主义者只关注语言的声音层面,语言的部分特征,因为"诗歌所需要的,是整个的语言,是全面的,包括其全部因素的运用;对语言学含义上的词语所具有的任何细微色彩,诗歌都不是无动于衷的。"② 诗歌研究中的语言不是语言学意义上的语言,不是系统的僵死的语言,而是活生生的言语,因此"语言学所界定的那个语言,不能进入语言艺术的审美客体。"③ 文学艺术是一种审美的对象,进入文学艺术的语言应该成为这一审美客体的一部分。由此可见,巴赫金并不否定语言的重要性,而是反对在诗学中简单地运用语言学中的语言。"语言创作美学同样不应该绕过语言学意义上的语言,而是利用语言学全部成果来理解诗人创作的技巧;这种理解的基础,一方面是正确认识材料在艺术创造中的地位,另一方面则是正确认识审美客体的特殊性。"④ 在他看来,语言一旦进入艺术领域成为审美客体,就会发生变异,不再是纯语言,"词语已不再是词语、句子、诗行、章节了,因为审美客体的实现过程,即实现艺术任务本质内容的过程,便是语言学意义上和布局意义上的词语整体不断转化为审美建构的已完成的事件整体的过程。"⑤ 审美过程中词语就不再是纯粹的语言了,而是发生了变化,已经不只是构成句子和章节,而是同时也显现和创造外部整体世界,同时被纳入审美客体之中,构建一个审美和伦理世界,其中语言的伦理意义是形式主义所不具有的。

---

① 《巴赫金全集》(第一卷),钱中文主编,河北教育出版社 1998 年版,第 345—346 页。
② 《巴赫金全集》(第一卷),钱中文主编,河北教育出版社 1998 年版,第 346 页。
③ 《巴赫金全集》(第一卷),钱中文主编,河北教育出版社 1998 年版,第 346 页。
④ 《巴赫金全集》(第一卷),钱中文主编,河北教育出版社 1998 年版,第 349 页。
⑤ 《巴赫金全集》(第一卷),钱中文主编,河北教育出版社 1998 年版,第 350 页。

　　诗学应该关注整体性的语言,并且把文学同社会生活联系起来,把文学研究同系统的哲学美学联系起来,把文学艺术作为人类文化整体中的一部分,才是有效的文学研究,社会学方法应该成为文学研究的坚定基石。形式主义认为文学之所以成为文学,就在于其"文学性",而巴赫金则以其社会学方法为理论武器来超越这一"文学性"。

二、超越"文学性"

　　俄国形式主义者们力图证明文学研究的独立存在的正当性,并使文学研究者不再担当二流的人种学家、历史学家或哲学家的角色。他们认为这一任务的完成不是要哪种文学研究方法的问题,而是一个对研究对象下定义的问题。因此,埃亨鲍姆指出:"对'形式主义者'来说,具有原则意义的不是研究文学的方法问题,而是关于作为研究对象的文学的问题。"[①] 方法并不重要,重要的是要确定什么是文学,什么是文学研究的对象。他们认为理论如何确定它的对象将决定理论本身的性质。但是问题在于,如果没有一定的方法,我们又根据什么确定文学研究的对象呢? 在中西文学史上,"文学"这个词的内涵和外延都在不断地变化,确定什么是文学难之又难,于是卡勒指出:"文学就是一个特定的社会认为文学的任何作品,也就是由文化权威们认定可以算作文学作品的任何文本。"[②] 我们不应该问"什么是文学?"而应该问"是什么让我们(或者其他社会)把一些东西界定为文学的?"文学就像杂草一样,对杂草的确定只能根据人们的需要而定,那么"什么是杂草"这一对象问题就转换成了"我们如何确定什么是杂草"这一方法论问题。形式主义者认为对象是第一性的,方法论只是工具,孰不知没有方法论的指导对象是无法确定的,方法论本身就具有本体论的意义,方法和对象无法明晰地分离开来。巴赫金把方法论提到了学术研究的首要位置,认为在任何"工作的开端,最初只用来摸索研究对象的方法论原则特别重要。它们具有决定性的意义。"[③] 而形式主义对方法论的漠视则成为巴赫金对其展开批判的首要的靶子,因此,"首先必须批判地分析形式主义者对研究对

---

① 《巴赫金全集》(第二卷),钱中文主编,河北教育出版社 1998 年版,第 207 页。

② [美]乔纳森·卡勒:《文学理论入门》,李平译,译林出版社 2008 年版,第 23 页。

③ 《巴赫金全集》(第二卷),钱中文主编,河北教育出版社 1998 年版,第 209 页。

象的挑选、进行挑选的方法以及他们比较精确地确定所选择对象的特点的方法。"① 俄国形式主义者为了建立文学科学而把文学和语言学联系起来以确定文学研究对象其实就是一个方法论问题,巴赫金对这一方法论原则做出了有力的批判,这一点在上文我们已经做出了分析。就此问题再深入分析,就会涉及形式主义的诸多核心概念和理论。

雅各布森指出:"文学科学的对象并非文学,而是'文学性',即使一部既定作品成为文学作品的特性。"② "文学性"(Literariness)是形式主义最核心的概念,是形式主义者的文学研究的主要对象。在他们看来,"只有使文学性成为探究的对象,文学科学才能作为一种独立的,而且确实是作为一种统一的和系统的研究类型而存在。正是文学性这一观念才使俄国形式主义成为科学的和系统的理论,而不至于去折衷关于文学作品的各种不同见解。"③ 但是"文学性"并不是一个确定的实体性要素,有了它一件东西就成为文学,而缺少了它就不是文学。这是一个差异性概念,文学性或文学的本质不是别的,而是它与其他事物的差异。埃亨鲍姆认为他们不是"形式主义者",而是"特异论者","形式主义者"只是由于对手对他们的误解而加上去的错误的称呼。雅各布森的"文学性"概念在什克洛夫斯基这里就是"陌生化"(Defamiliarization),穆卡洛夫斯基称之为"突出"(Foregrounding)。艺术就是使那些已经变得惯常的或无意识的东西陌生化,从而延长感知的时间和增加感知的难度,使事物被感知以获得审美的效果。要使事物变得陌生就是要使其与原物或其他事物之间具有差异,而文学研究唯有专注于差异因素才能保持它独特的研究对象。在形式主义者看来文学是语言艺术,而最具有文学性,或最能体现陌生化效果的语言艺术莫过于诗歌,因而诗歌自然成为了形式主义者早期的主要研究对象。

形式主义的诗歌理论区分了两种语言:诗歌语言和日常实用语言。在形式主义者看来,文学研究的任务就是要分析日常实用语言和诗歌语言相互对立中的差异。巴赫金指出,"形式主义者的出发点是把语言的两种体

---

① 《巴赫金全集》(第二卷),钱中文主编,河北教育出版社 1998 年版,第 210 页。
② [美]乔纳森·卡勒:《文学性》,载马克·昂热诺:《问题与观点:20 世纪文学理论综述》,百花文艺出版社 2000 年版,第 27 页。
③ [英]安纳·杰弗森、戴维·罗比等:《西方现代文学理论概述与比较》,陈昭全等译,湖南文艺出版社 1986 年版,第 8 页。

系——诗歌语言和生活实用语言、交际语言——对立起来,他们把证明它们的对立作为自己的主要任务。于是这个单纯的对立不仅不可更改地决定了他们的方法论基础,而且也决定了他们思考和观察问题的习惯,使他们养成了一种难以改变的倾向,即在所有事物中只寻找和看到区别和不同。"① 诗歌语言是与日常实用语言相对应的概念,在此,形式主义者采取了一种二元对立的思维模式。诗歌语言是一种"受阻碍的、扭曲的语言",它通过把日常语言(散文语言)变得陌生,从而增加理解的难度和延长思考的时间来增加诗歌的审美效果。如果说日常语言是以交流为目的,追求表达和理解的自动化,注重的是语言所传达的内容和意义,可以"得意忘言"的话,那么诗歌语言则正好相反,它是要阻隔交流,打破自动化和理解的无意识状态。在诗歌中重要的是语言,关注的是语言自身的节奏和韵律,而意义却相对而言并不重要。以寻找差异为方法论原则,俄国形式主义者把诗歌语言和日常语言相对立,前者以后者的存在为前提,是后者的否定和反面,这样就把诗歌语言完全放到了日常语言的寄生物的位置,诗歌语言失去了自主性,从而"成为一种绝对无用的和无创造力的语言"②。无论这种语言是"摆脱自动化状态"、"奇异化"还是"变形"等,都可以看到这些概念只涉及外部的重新排列和一定范围内的移动,而所有内部的内容和性质则被设想为已经具备的东西。巴赫金认为形式主义的这一特征不符合历史主义精神。存在和意识形态领域的那种构成历史的质的发展变化,对诗歌语言来说是无法理解的。于是,文学和语言中的意识形态内容就被形式主义完全消解了,艺术的社会政治功能自然也就不再重要。可见,形式主义的这种理论建构自然而然地包含了与马克思主义完全不同的理论向度,这也注定了其与马克思主义宿命式的矛盾和冲突。

　　由此可以看出,俄国形式主义者把诗歌语言作为一种独立的具有自身特性的语言是不能成立的,诗歌语言必须依赖于日常语言,而把二者对立起来在方法论上也是错误的。诗歌语言不是自足的,而仅仅是语言的一种特殊用法而已,或者说只是语言的一种特殊功能。维特根斯坦指出"意义即用法",词语的意义不是由词本身所决定,而是由其用法所决定。巴赫金持

---

①　《巴赫金全集》(第二卷),钱中文主编,河北教育出版社1998年版,第222页。
②　《巴赫金全集》(第二卷),钱中文主编,河北教育出版社1998年版,第227页。

类似的看法,不同在于,他认为语言之所以成为诗歌语言不在于其自身的特性,也不在于与生活语言之间的差异,而在于把这种语言运用于一定的艺术结构中,是艺术结构决定了其成为诗歌语言。语言自身是中性的,但每一种语言都具有一种"潜在的诗学性"。语言只有在进入了作品的体系,由艺术结构所浸润之后,这种"潜在的诗学性"才发挥出来,从而成为诗歌语言。因此,巴赫金指出:"诗歌语言的特征不属于语言及其成分,只属于诗学结构。"①

在体裁诗学上,形式主义者认为,不同的文学类型都有自己的体裁截然不同的"支配成分"(dominants),即"体裁标志"(genre-markers)。诗歌的主要特征在于诗歌语言,而散文的特征则在于情节和结构。因此,随着研究的进一步深入,以情节为中介,形式主义者把研究重心由诗歌语言转向了对诗学结构的研究。但也正是在这一转变的过程中,巴赫金看到了形式主义者方法论的缺陷和弊端。"当形式主义者转入研究作为封闭的诗学结构的作品时,他们把诗歌语言的特点加到这些结构上,并采用研究诗歌语言的方法。"②这是一种方法论的错位,可见形式主义缺乏一种方法论的灵活性,对象的变更与方法的僵化造成了形式主义的狭隘和呆板,也正是这种体系的封闭和僵化阻碍了形式主义的发展。因此,巴赫金看到,形式主义想要继续发展,就要放弃它,放弃这种完整的、彻底的体系。但是,这种体系的放弃也就意味着形式主义的自我消解。这是形式主义发展中的悖论。

以陌生化为理论指南,形式主义者认为文学的发展是一种新形式不断取代旧形式的历史。当旧有的形式已经被人所熟知并被自动化地接受的时候,为了打破这种自动化的接受,文学就需采用一种陌生化了的新形式,从而增强新形式的感知力。这种新旧形式的更替不是直接的衍生,不是父子相传,而是叔侄相续。安纳·杰弗森指出:"文学科学的特殊性由文学性构成这一事实意味着必然要发挥历史因素的作用。以发生学为基础的文学史观有轻视形式问题的倾向;另外一些偏重形式的态度有轻视历史的倾向。与这两种倾向相反,俄国形式主义的观点是:正是历史本身才使得文学的特

---

① 《巴赫金全集》(第二卷),钱中文主编,河北教育出版社1998年版,第221页。
② 《巴赫金全集》(第二卷),钱中文主编,河北教育出版社1998年版,第210页。

殊性得以成立。"① 形式主义者看重文学传统在文学发展中的作用,但是文学的发展并不是对传统的继承,反而是对传统的破环。文学发展之中的历史仅仅是文学自身的历史,而非文学存在其中的社会和文化史。

马克思和恩格斯在研究文学的时候把文学放入整个社会历史中来分析,采用的是历史的和美学的相结合的方法。巴赫金正是采用了这一方法。在批评形式主义的文学史观念的时候,他指出"马克思主义任何时候都运用历史的范畴。对这些范畴来说,在形式主义者的学说中历史是没有基础的。"② 按照马克思主义的历史观念,文学的产生和发展是社会历史实践的产物,这一实践包含着文学创作的实践和社会历史文化的实践,二者的共同作用推动了文学的发展,可以说前者是内因,后者是外因。而形式主义者完全否弃了后者,并把前者也做了狭隘的理解。文学的发展就是这种新旧形式不断演替的过程,其发展的动因不是社会历史文化发展的需要所推动的,而是文学艺术自身内部打破自动化接受的陌生化的心理需求推动的结果。可以说,这种陌生化理论在研究诗歌中的审美效果时有一定的道理,但是把它扩大到整个文学史研究领域则是不恰当的。形式主义者在其理论建构之初是要努力排除文学研究中的心理主义,但是它的方法论基础中的"自动化——可感觉性"这一理论模式却无情地把他们再次陷入了自身所要摆脱的心理主观主义的牢笼之中。巴赫金指出,正是这种方法论的错误使形式主义者把文学与外在的社会生活相隔离,"结果作品处于主观的空洞感觉的闭塞圈子里面而与外界隔绝。而艺术创作的参加者和接收者也失去历史真实性,变成某种心理生理的个体,变成某种感觉的装置。这种学说是形式主义诗学的必然结果,它使得形式主义的文学史毫无用处。"③ 形式主义者认为社会生活是完全外在于文学的无用的因素而予以抛弃,但是巴赫金却认为文学根本就没有"外在"与"内在"之分。"今天对文学来说是外在的东西,是文学外的现实的东西,明天可能作为内在的结构因素进入文学。而今天是文学的东西,明天可能成为文学之外的现实。"④ 文学不是一种孤立的

① [英]安纳·杰弗森、戴维·罗比等:《西方现代文学理论概述与比较》,陈昭全等译,湖南文艺出版社1986年版,第26页。
② 《巴赫金全集》(第二卷),钱中文主编,河北教育出版社1998年版,第335页。
③ 《巴赫金全集》(第二卷),钱中文主编,河北教育出版社1998年版,第320页。
④ 《巴赫金全集》(第二卷),钱中文主编,河北教育出版社1998年版,第314页。

存在,它存在于社会生活之中,而文学的形式和内容、外在和内在因素在社会生活中是不断地发生变化和相互渗透的。

　　巴赫金通过马克思主义社会学视角对形式主义的核心观念的批判超越了形式主义的"文学性",并以此为基础展开了对形式主义另一核心理论,即"形式—内容"关系的深入剖析和批判。

三、"形式—内容"的辩证法

　　在俄国形式主义的诗学思想中一直强调"形式"而否定"内容"。这并不是形式主义者自己的创造,早在亚里士多德的思想中就已经埋藏了"形式本体论"的因素。在亚里士多德的"四因说"中,形式因才是最主要的,是决定事物"是其所是"的本质因素。康德同样认为"美是事物的纯形式"。这一观念在西方艺术理论史上具有深远的影响,从而在19世纪末20世纪初在西欧和俄国推动了具有形式主义倾向、注重形式的艺术创作和理论思潮的蓬勃发展。

　　由此可见,形式主义在西欧和俄国的产生并不是空穴来风,它是19世纪以来艺术创作和理论自身发展的结果。黑格尔的"内容—形式"的辩证法在艺术创作领域并没有形成主导力量,并且受到了挑战。可以看出,俄国形式主义者主要受到注重形式的文艺思潮的影响,把手段作为文学研究的中心,注重形式在文学艺术中的重要性。在诗语研究会成立前期,亚里士多德的《诗学》被翻译成俄文,这明显对形式主义思潮产生了影响。他们同时也把康德视为鼻祖。在这样的方法论的指导下,俄国形式主义者自然而然地重视艺术形式而轻视社会历史内容,并用新的范畴来取代黑格尔的"形式—内容"的对立。俄国形式主义、英美新批评和法国结构主义这些我们统称为形式主义美学的流派都在做着这种努力。俄国形式主义者试图用"材料—手法"这一范畴来取代"形式—内容",而新批评则用"肌质—架构"这对范畴。

　　马克思主义的艺术理论并不是在艺术自身内部产生的,其从产生之日起就主要是一种社会学说,而马克思和恩格斯本人也没有专门的美学著作,他们的美学和文学思想散见于他们的社会学、政治学和经济学思想之中。黑格尔辩证法是马克思主义哲学的一个重要的思想资源,因此在艺术问题上,马克思主义者也就多采用黑格尔的理论模式。

巴赫金试图运用马克思主义的社会学方法对形式主义予以批评,而在形式与内容的关系问题上,他采用了和韦勒克相似的方法。

形式主义产生之初主要把诗歌作为研究对象,自然把诗歌语言作为关注的中心。而在中后期,形式主义者逐渐转向了对小说和散文的研究,这一转向必然要把重心转向对诗学结构的研究。巴赫金看到,在此转向过程中情节是过渡环节。而对情节的研究就需要关注构成情节的一些基本要素,形式主义者称之为"材料"和"手法"。如其所言:"形式主义者在情节问题上完成了从研究诗歌语言问题到研究结构问题的摇摆不定的过渡。在情节问题上也首次确定了把诗歌结构分解为材料和手法的基本做法。"①

"材料"就是构成情节的所有成分,包括生活上的事件、道德上的事件、历史事件以及别的事件,而"手法"则是把这些材料连缀成情节的手段和方法。对形式主义者来说,手法是文学创作和研究中的核心要素。什克洛夫斯基指出"艺术即手法",雅各布森在《诗歌语言问题》一书中也指出:"如果关于文学的科学想成为科学的话,它就得承认'手法'是自己唯一的主人公。"② 可见手法被形式主义者赋予了本体论的意义,文学艺术就是手法的总和,艺术的审美效果的产生也正是通过陌生化这一手法来实现的。相对于手法而言,材料无关紧要,材料只是说明结构手法的动因,从而成为某种无所谓的和可替代的东西,同一个手法也能够以极其不同的材料为动因。

形式主义者试图用"材料—手法"这一对范畴来取代"内容—形式",但是巴赫金看到,形式主义者的这种努力只是把前者作为后者的反面,在本质上并没有什么大的变化,同时还造成了不良的效果。他认为:"因为按照通常的、在现实的基础上形成的素朴的观点,作品的内容,即所叙述的东西,是作为目的本身的东西,而叙述的手法只是技术性的辅助手段,形式主义者把这个原理翻转过来,给它的要素调换了位置。"③ 不同的是形式主义者更注重形式的重要性而贬低内容,形式自身创造内容,形式具有了更大的包容性,而不是黑格尔所认为的形式只是内容的外部呈现的手段,就像盛水的瓶子那样的一种外部的包装。形式自身变成了内容。巴赫金认为形式主义者

---

① 《巴赫金全集》(第二卷),钱中文主编,河北教育出版社 1998 年版,第 250 页。
② 《巴赫金全集》(第二卷),钱中文主编,河北教育出版社 1998 年版,第 267 页。
③ 《巴赫金全集》(第二卷),钱中文主编,河北教育出版社 1998 年版,第 252 页。

把诗学结构区分为动因（材料）和手法的做法是不合理的，这只会给诗学结构的研究增加任意性和很坏的主观性。"除了手法和动因的区分本身是人为的之外，'动因'这一概念本身也是与研究对象——艺术结构——的本性格格不入的。假如形式主义者不把诗歌语言与生活实用语言的某种功能对立起来，而是试图把诗学结构与技术、认识、时代精神相对比，以便真正说明意识形态的这些领域的区别，那么他们永远不会在诗学结构范围内把手法和动因对立起来。总之，把诗学结构分为手法和材料的做法显然是缺乏根据的。"① 与此同时，这种区分否定材料的意义而无限地扩大手法的重要性，把文学艺术作为手法的总和，这样就把文学作为纯技巧的形式，而文学艺术中所包含的广泛的意识形态内涵就被形式主义者完全抛弃了，文学除了给人们增加陌生化的审美效果之外无所作为，文学的社会政治功用性等社会价值和历史意义也被消解掉了。可见，从诗歌语言到诗学结构，巴赫金运用马克思主义的社会学方法对形式主义的方法和态度的批评是一以贯之的。

与此同时，巴赫金也不同意把"形式—内容"这对范畴分割开来，认为这种做法无甚益处。"这些术语只有在形式和内容被设想为两个极限，艺术结构的每一个成分置身于其间的条件下，才可以接受。这样内容（处于极限时）将与主题的统一体相对应，而形式则与作品事实上的实现相对应。但同时应该记住，这里我所说的作品的每一个成分都是形式和内容的化合物。没有不具形式的内容，也没有无内容的形式。社会评价是结构的每一个成分中内容和形式的共同基础。"② 巴赫金所强调的内容与形式的统一其实和黑格尔的辩证法是相同的。黑格尔在提出这一对范畴的时候也并没有把二者简单化地分离，也强调二者的辩证统一。"内容非他，即形式之转化为内容；形式非他，即内容之转化为形式。""只有内容与形式都表明为彻底统一的，才是真正的艺术品。"③ 内容和形式脱离对方是不可能存在的，各自为对方存在的前提并且可以相互转化。在文学艺术中，"美（艺术）是理念的感性显现"，理念是艺术的内容，而只有通过美的形式这种理念内容才能够得到感性的显现，才能够呈现为美。可见，在黑格尔看来，美和艺术都存

---

① 《巴赫金全集》（第二卷），钱中文主编，河北教育出版社 1998 年版，第 266 页。
② 《巴赫金全集》（第二卷），钱中文主编，河北教育出版社 1998 年版，第 299 页。
③ ［德］黑格尔：《小逻辑》，贺麟译，商务印书馆 1980 年版，第 278—279 页。

在于内容和形式的统一之中。但是黑格尔的这种辩证法却是建立在其唯心主义的根基之上的,这种革命性的思想也就受到了其唯心主义体系的损伤。虽然黑格尔强调真正的艺术是内容和形式的统一,是理念内容和感性形式的统一,古典型艺术是最高级最理想的艺术,但是,事实上,在黑格尔的体系中,内容才是艺术的主导因素,理念内容对感性形式的超越造成的只能是艺术的终结。形式对于内容来说是依存性的,没有独立自主的地位,是为其唯心主义体系服务的。所以,在《美学》中,黑格尔又说:"一定的内容就决定它的适合的形式。"① 显然,黑格尔的这一矛盾源自于他的唯心主义体系和辩证方法之间的矛盾。

马克思吸收了黑格尔的辩证法思想而摒弃其唯心主义,把辩证法建立在唯物主义的根基之上,提出了"历史的和美学的方法"相统一的美学方法论。一方面强调艺术应该揭示丰富而深刻的社会历史内容,同时又强调艺术中完美的形式和审美效果,要"莎士比亚化"而不要"席勒式"的教条化的政治的传声筒。可惜的是,在苏联马克思主义者对马克思美学思想片面理解的情况下,过度重视文学艺术的政治功用性,强调艺术的"党性原则",这在当时特定的历史条件下是无可厚非的,但是其对艺术形式的忽视和对审美效果的摒弃则给艺术的发展造成了巨大的损失。过度地强调内容而忽视形式,把这一对辩证的范畴变成为内容一元化,文学艺术完全变成了马克思所批判的"席勒式"的政治的传声筒。当时,从党政最高领导人列宁、卢那察尔斯基、托洛茨基等人到文学艺术创作领域的无产阶级文化派、拉普派等,都具有这样的方法论的错误。不同的是,在这样的背景下,俄国形式主义者在反对象征主义诗学的神秘主义倾向的情况下,深受未来主义注重艺术形式和语言创新的影响,强调形式的重要性而否弃内容,把问题推向了和苏联的马克思主义者相反的另一个极端。也正是在这一点上造成了二者的矛盾和冲突,最终使形式主义作为流派而消亡。这一历史教训是不能忽视的。

巴赫金批评了形式主义者的这种错误倾向,认为他们忽视了本事(材料)、主人公等这些现成材料。"他们忽视这一现成材料的内在的内容,只对它在作品范围的外部结构的布局感兴趣。而且他们又把作品的范围本身与

---

① 　[德] 黑格尔:《美学》第 1 卷,朱光潜译,商务印书馆 1979 年版,第 18 页。

构成这范围的实际的社会条件割裂开。在作品范围内进行的是玩弄引入的材料的无益的游戏,对材料的意义采取完全漠不关心的态度。"① 形式主义者反对象征主义的神秘化倾向,要清除文学研究中的主观主义和传记式批评而建立一种客观、科学的文学科学。但是巴赫金看到这种努力是无效的,"他们在使作品脱离主观意识和心理的同时,也使它脱离整个意识形态的环境和客观的社会交际。作品变得既与实际的社会实践相脱离,也与整个意识形态世界相脱离。"② 就这样,形式主义者把文学这种意识形态构成物与另一些意识形态构成物——道德、认识、宗教——完全对立起来了,巴赫金认为这是物质的客观化了的意识形态环境的不同成分的对立,而完全不是文学与主观心理的对立。但是形式主义者却并不认为文学是一种意识形态,而恰恰是远离意识形态的纯客观化了的东西,甚至不是人的精神产品。这样,形式主义者就把思想、评价、世界观、情绪等等因素作为文学中的内容因素而抛弃了。巴赫金认为其直接结果就是作品陷入了完全没有思想的虚空之中,艺术作品也成了一种无意义的东西。形式主义者试图建立一种客观化的文学科学,孰不知这种客观性却是以牺牲意义为代价而取得的。

　　否定传统的"形式—内容"两分法并不只是俄国形式主义的观念,新批评和西方马克思主义者都有这一尝试。韦勒克对俄国形式主义的"内容与形式"的关系作了评价,基本上是支持这种观点的,否定传统的二元对立。韦勒克认为:"显然一件艺术作品的审美效果并非存在于它所谓的内容中。……但是若把形式作为一个积极的美学因素,而把内容作为一个与美学无关的因素加以区别,就会遇到难以克服的困难。"韦勒克在此把审美效果作为核心概念和价值,以其来衡量内容和形式的意义与区别,这样这种二分法就不符合审美效果。因为在艺术审美过程中,内容和形式是不能完全区分开来的,内容必须通过一定的结构框架来表达,这样内容也就变成了形式,形式也渗透了内容。"必须承认事件被安排组织为情节的方式是形式的部分,这是无疑的。即使在通常被认为是形式的语言中,也有必要区分与美学没有什么关系的词汇本身以及把单个的词汇组织成为有声音和意义的这种具有美学效果的形式。可见,传统的两分法会遇到更多的困难。如果把

---

① 《巴赫金全集》(第二卷),钱中文主编,河北教育出版社 1998 年版,第 300 页。

② 《巴赫金全集》(第二卷),钱中文主编,河北教育出版社 1998 年版,第 302 页。

所有一切与美学没有什么关系的因素称为'材料',而把一切需要美学效果的因素称为'结构',可能要好一些。这决不是给旧的一对概念即内容与形式重新命名,而是恰当地沟通了他们之间的边界线。'材料'包括了原先认为是内容的一些部分。'结构'这一概念也同样包括了原先的内容和形式中依审美目的组织起来的部分。这样,艺术品就被看成是一个为某种特别的审美目的服务的完整的符号系统或者符号结构。"① 由此可见,韦勒克一方面继承了俄国形式主义的否定内容与形式二分法的观点,同时又对其做了更为深入和清晰的阐释和发展。形式主义区分了"材料和手法",韦勒克仅仅把"手法"改换为"结构",并用"审美效果"这一范畴来作为批判的标准。和韦勒克类似,巴赫金提出了"审美客体"这一概念,认为在审美活动中,内容和形式共同构成了一个审美客体。"审美客体表现为由物质形式所传达的价值整体,同时又与其它的价值,例如政治的或宗教的价值相结合,这些价值是在具体的观赏活动中发生作用的。"② "审美客体"不仅包含了内容和形式,而且还包含了读者、作者和作品等诸多要素,是艺术活动中所有因素所构成的整体艺术世界。在审美客体中没有内容和形式的严格区分,哲学的、政治的、宗教的和伦理的等意识形态内容必须转化为形式,并表现为艺术形式才能具有审美价值。而这一转化也就使形式本身变成了内容。审美效果的达成不仅仅依赖于形式,还包括丰富的意识形态内容,二者的相互融合才能够构成一个完美的艺术世界。如果说韦勒克的"审美效果"还局限在形式主义的范畴之内的话,巴赫金的"审美客体"概念则已经超越了形式主义。

形式主义者在跳出一个方法论错误的同时又无法挽回地陷入了另一个方法论的陷阱,这就为马克思主义者和巴赫金的批评落下了口实。而且,方法论的缺陷注定了理论自身的软弱性,形式主义不能适应文学实践的变化,难以应对急剧变化的社会现实,从而在与马克思主义的论争中很快就失去了论战的力量而走向消亡。

巴赫金采用马克思主义的社会历史批评方法对形式主义的批判是一

---

① [美]勒内·韦勒克、奥斯汀·沃伦:《文学理论》,刘象愚等译,江苏教育出版社 2005 年版,第 157 页。

② [美]凯特琳娜·克拉克、迈克尔·霍奎斯特:《米哈伊尔·巴赫金》,语冰译,中国人民大学出版社 1992 年版,第 233 页。

箭中的且深刻有力的。通过对形式主义的有效批判，巴赫金超越并发展了形式主义。但同时他又不同意当时马克思主义者的纯社会化的批评方法，而是强调把广阔的社会历史内容、社会文化和意识形态因素与完美的艺术形式结合起来。巴赫金试图建立马克思主义的语言哲学和对陀思妥耶夫斯基复调小说和拉伯雷的狂欢化诗学的研究就是这一美学思想的富有成果的实践。

第三节　语言符号与意识形态的对接

在 20 世纪的理论史上语言学扮演了一种前所未有的重要角色，尤其是索绪尔的语言学出现之后，哲学、美学、文艺学乃至社会学等诸多学科都从语言学中汲取营养，使语言学在 20 世纪变得蔚为大观，从而带来了人文社会科学中的一次重要的理论革命，学界称之为"语言学转向"。巴赫金指出，面对如此丰富的语言现实和林林总总的语言学流派，"迄今还没有一部马克思主义的论著涉及语言哲学。而且在马克思主义论及别的问题的论著中也未专门和展开来谈语言。"[1] 对语言问题的沉默成为马克思主义的一大缺憾。巴赫金的马克思主义的语言哲学的建立就是要填补这一理论空白。刘康认为，巴赫金的语言学转向同时标志着他的思想的马克思主义阶段的开始。[2] 如果说通过对形式主义的批评，巴赫金试图把马克思主义的社会学批评与形式主义的形式批评结合起来，建立一种新的"社会学诗学"，那么在语言学方面，巴赫金则试图以这种"社会学诗学"为理论基础，把语言符号纳入马克思主义的意识形态科学之中，建立一种马克思主义的语言哲学。戴维·福加克斯称其为马克思主义文学理论五种理论模式中的"语言中心模式"，并指出"一种模式既要以语言为中心，而同时又要仍然是马克思主义的，那就需要有一种新的概念来说明语言在社会过程中的重要性。"[3] 因此通过对传统和当下流行的语言学的批判和继承，巴赫金提出了马克思主义语言哲学的新的研究对象和概念体系，巴赫金称之为"元语

---

① 《巴赫金全集》(第二卷)，钱中文主编，河北教育出版社 1998 年版，第 344 页。

② 刘康：《对话的喧声：巴赫金的文化转型理论》，中国人民大学出版社 1995 年版，第 13 页。

③ [英] 安纳·杰弗森、戴维·罗比等：《西方现代文学理论概述与比较》，陈昭全等译，湖南文艺出版社 1986 年版，第 200 页。

言学"(metalinguistics)或"超语言学"(translinguistics)。从这两个术语中就可以看到巴赫金所要建立的语言学的特点。元语言学就是关于语言学的语言学,而超语言学则是超出常规语言学之外的语言学。"元"与"超"在此通用,可见,超出常规语言学的部分才是巴赫金语言哲学所关注的中心,才是语言学的根基。巴赫金多数情况下采用"超语言学"这一术语,本文也以此术语展开论述。

　　巴赫金非常重视学术研究的方法论,而方法论的革新和提问方式的改变往往会使学术研究进入一个新的领域,产生出新的理论成果。他指出:"在研究道路的起点,必须建立的并不是定义,而是方法论的指示:首先必须探索到现实的对象,即研究客体,必须从周围的现实中区分出来并预先指出他的界限。在研究道路的起点上与其说是探索构建公式和定义的思想,倒不如是探索试图摸索到对象的现实存在的眼睛和手。"[①] 因此,巴赫金在学术研究中非常注重前人的研究成果,其每一个新的观点和概念体系的提出都是建立在对前人学说的深入的分析和批判的继承的基础之上,从中可以看到巴赫金学术研究的严谨性和求实的态度。在每一次研究中,巴赫金并不是在研究之初就明确指出自己的研究对象,而是在对已有研究成果的深入的剖析和批判的继承的基础上,以全新的方法和视角进入自己的问题,并确定自己的研究对象。巴赫金的马克思主义语言哲学就是建立在对两种语言学的分析和批判的基础之上,因此,只有进入巴赫金的思维逻辑,研究他提出问题的方式才能够对他的思想有更深入的理解和阐发。

一、批判两种语言学

　　巴赫金首先对当时占主流地位的两种语言学进行了批判。这两种语言学分别为个人主观主义语言学和抽象客观主义语言学。个人主观主义语言学的代表人物是洪堡、A. A. 波捷布尼亚、冯特和克罗齐等人,而抽象客观主义的代表人物是索绪尔。前者把言语的个人创作行为看成是语言的基础,个人的心理是语言的源泉。巴赫金总结了这种语言学的四个特点:"(1)语言是一种活动,一个由个人的言语行为实现的不间断的创作构想过程;(2)语言创作的规律是个人心理的规律;(3)语言创作是一种类似于艺

---

① 《巴赫金全集》(第二卷),钱中文主编,河北教育出版社1998年版,第387页。

术的能被理解的创作;(4) 语言作为一个现成的产物,作为一个稳定的语言体系(词汇、语法、语音),是一个似乎死板的沉淀物,是凝结了的语言创作的激情,是一个抽象地构造而成的语言学,以便在实际中把语言作为现成的工具来学习。"① 而抽象客观主义则完全相反,他们深受笛卡尔和莱布尼茨的理性主义哲学的影响,不看重语言的形成过程以及这一过程中的个人因素,而是关注语言的稳定体系和语法形式,即"作为语言体系的语音、语法和词汇的语言形式的体系"。正如巴赫金的比喻:"如果对于第一个流派来说,语言就是永恒流动的言语行为流,这里不存在任何稳定的和一致的东西,那么对于第二个流派来说,语言则是悬在云幕之上的不动的彩虹。"② 巴赫金将抽象客观主义的特点同样总结为四点:"(1) 语言是一个稳定的、不变的体系,它由规则一致的语言形式构成,先于个人意识,并独立于它而存在;(2) 语言规则是特别的语言学联系的规则,它存在于这一封闭的语言体系内部的语言符号之间;(3) 特别的语言联系与意识形态价值(艺术的、认识的及其他) 没有任何共同之处;(4) 说话的个人行为,从语言的角度来说,只是偶然的折射和变形,或者只是对规则一致的形式的歪曲,……语言体系及其历史之间不存在任何联系,没有任何动因的一致性。它们相互是格格不入的。"③ 可以说,个人主观主义把语言看作一个流动的形成过程,语言的本质存在于个体的言语行为过程之中,是由不可重复的个人创作行为实现的。而抽象客观主义则把语言看作一个静止的自身一致的形式体系,个人创作行为相对于语言体系来说只是微不足道的"语言生命的渣子","只是捕捉不到和不需要的语言形式基本不变调的泛音"。前者突出语言的历时性或历史性,后者突出语言的共时性;前者强调语言的个体性,后者强调语言的集体性;前者是经验主义的,后者是理性主义的。

巴赫金认为,这两个语言学流派把人类语言活动中的一个整体分割成两个难以融合的部分,以至于"在作为形式体系的语言逻辑与语言的历史形成逻辑之间,没有任何联系,没有任何共同之处。在这两个范围内占主导的完全是不同的规律性、不同的因素。语言在其共时性范围内所明了的和

---

① 《巴赫金全集》(第二卷),钱中文主编,河北教育出版社 1998 年版,第 390—391 页。
② 《巴赫金全集》(第二卷),钱中文主编,河北教育出版社 1998 年版,第 395 页。
③ 《巴赫金全集》(第二卷),钱中文主编,河北教育出版社 1998 年版,第 401—402 页。

连结的,在历史性范围内就被破坏和忽视。语言的现在和语言的历史相互不理解,也不能够理解。"①脱离了个体意识,完全客观的不变的规则是找不到的,每一个语言规则也都处于不断的形成过程之中。可以说,"从客观的角度看,共时性语言体系在任何一个历史的现实时刻都不存在"②,这个体系只是把现实社会看作静止不动的一种抽象的结果。但是,事实上索绪尔本人也看到了语言和言语不可分割,"要言语为人所理解,并产生它的一切效果,必须有语言;但是要使语言能够建立,也必须有言语。……语言和言语是互相依存的;语言既是言语的工具,又是言语的产物。但是这一切并不妨碍它们是两种绝对不同的东西。"③个体言语行为是语言得以发展的源泉和动力,而语言体系则是交流得以顺利进行的条件和保障,规约着个体实际的言语活动。但索绪尔并没有发展这一联系,而更多地看重他们之间的差异。在索绪尔看来,历时语言学虽然具有重要的意义,但是根据他的符号中能指与所指之间关系的任意性原理,要建立一种科学的符号学和语言学,就必须关注共时性的符号系统而非历史性的语言符号的发展演化过程,只有共时性语言学才能够成为科学,具有更大的价值。由此可见,巴赫金在此对索绪尔存在着误解,但是在语言的历时性和共时性,或者说语言的发展演变过程和结构系统不可分离这个问题上,巴赫金和索绪尔的观点是相同的。

主观主义语言学研究语言的形成过程,而客观主义语言学研究语言系统,前者是完全个体性的,而后者则排除了语言的应用性,把语言从丰富的社会生活中剥离出来。尽管索绪尔也强调语言的社会性,但是这种社会性只是语言形成的母胎,它只规定了语言交流所遵循的规则和系统,而不关注实际交流过程中的语言,索绪尔的语言还是一种死的语言。通过对两个语言学流派利弊得失的认真分析,巴赫金提出了建立马克思主义语言哲学的设想,试图把二者结合起来,在对话中建立一种超出这两种语言学的语用学意义上的实际交往中的语言学——超语言学(translinguistics)。索绪尔区分了三个概念:整体语言(Language,高名凯译为言语活动)、语言(Langue)和言语(Parole)。整体语言是人类语言活动的整体,它包括语言和言语两

---

① 《巴赫金全集》(第二卷),钱中文主编,河北教育出版社 1998 年版,第 400 页。
② 《巴赫金全集》(第二卷),钱中文主编,河北教育出版社 1998 年版,第 411 页。
③ [瑞士]索绪尔:《普通语言学教程》,高名凯译,商务印书馆 2005 年版,第 41 页。

个部分,语言(Langue)指的是作为形式体系的语言,就如下棋时的棋盘规则,而言语(Parole)指日常活动中个体的实际表述行为。语言和言语相互依存,互为前提。"要言语为人所理解,并产生它的一切效果,必须有语言;但要使语言能够建立,也必须有言语。"① 把语言和言语作为不同的研究对象形成了语言学上两种不同的流派,即共时语言学和历时语言学。"共时语言学研究同一个集体意识感觉到的各项同时存在并构成系统的要素间的逻辑关系和心理关系。历时语言学,相反地,研究各项不是同一个集体意识所感觉到的相连续要素间的关系,这些要素一个代替一个,彼此间不构成系统。"② 而巴赫金则不同,他关注的是语言交流中理解得以实现所需要的条件,因此提出了自己的超语言学研究的研究对象和概念体系,巴赫金称其为"话语(discourse)"和"表述(utterance)"。"话语"是言语对话行为中包含一定意识形态的语言,而话语的实际应用即为"表述"。在巴赫金的实际论述中这两个概念经常混合使用,我们统称为"话语"。语言研究中有多种研究方法和角度,并不是说巴赫金的超语言学比历时语言学和共时语言学高明多少,而是说不同的问题意识和价值立场决定了研究者对研究对象和研究角度的不同选择,这种差异也自然导致了在相同的研究中得出不同的看法。

超语言学既不把语言看作纯主观的个人行为,也不看作一种没有生命的僵死的体系,而是把语言放在日常的交际行为中,在语用学层面上强调语言的实际交际功能。在巴赫金看来,人文学科需要的不是认识,而是理解。语言不是认识的对象,而是理解的对象。客观主义只能把语言作为僵死的形式体系来加以分析研究,而超语言学则需要把语言置入现实的语言交际活动之中来加以阐释。语言是人类进行沟通、交流和理解的最佳途径,因此要发挥语言的理解功能,关注的重心就应该转向对话中的语言,研究交流双方语言的意识形态性以及对话得以实现的语境。这个方法论的转变使巴赫金的语言学进入了一个全新的领域。

二、话语的对话性质

在巴赫金看来,对话是世界的一种基本的存在样态,生活中的一切都

---

① [瑞士]索绪尔:《普通语言学教程》,高名凯译,商务印书馆 2005 年版,第 41 页。
② [瑞士]索绪尔:《普通语言学教程》,高名凯译,商务印书馆 2005 年版,第 143 页。

存在于对话之中。语言作为一种最基本的交流和理解的工具,其基本性质就是对话。超语言学把日常交际中的语言作为研究对象,就是要研究语言的对话性。交际中任何话语都不可能孤立地存在,都在发出一种讯号,传达着话语主体的意图和信息,并寻求对方的积极应答。巴赫金认为个人主观主义语言学深受浪漫主义的影响,把语言看作言说者个人意识的表现,这种表现不需要应答,从而使语言成为一种独白。而"实际上话语是一个两面性的行为。它在同等程度上由两面所决定,即无论它是谁的,还是它为了谁。它作为一个话语,正是说话者与听话者相互关系的产物。任何话语都是在对'他人'的关系中来表现一个意义的。在话语中我是相对于他人形成自我的,当然,自我是相对于所处的集体而存在的。话语,是连接我和别人之间的桥梁。如果它一头系在我这里,那么另一头就系在对话者那里。话语是说话者与对话者之间共同的领地。"① 话语的进行不是说话者发出一定的信息和接受者的被动接受,对话双方是在进行一种双向运动,接受者在接受信息的同时也在向对方予以应答。对话就是话语双方在平等的位置上不断地相互交流信息、传达意义、寻求理解。意义不是以意识的方式存在于话语主体的大脑中,而是必须以一定的物质载体予以呈现。在话语交流中,最理想的载体就是语言和词语。"意义就其本身而言,属于词语。实际上,它属于说话者之间的词语,即它只有在回答的、积极理解的过程中得以实现。意义不在词语之中,不在说话者的心中,也不在听话者的心中。意义是说话者与听话者凭借该语音综合体,相互作用的结果。这是只有当两个不同极连在一起时出现的电光。"② 由此可见,个人主观主义语言学和索绪尔的抽象客观主义语言学都无法解释意义的形成和存在问题,他们要么限于语言的形成演化过程,要么束缚在形式结构的牢笼之中,失去了生活中语言的鲜活性,使语言成为一种仅供案头研究的僵死的标本和语言的干尸。意义不是被封闭于词语这一容器里的内容,意义与词语之间没有必然的联系,也不仅仅居于词语构成的话语链条之中,更不是话语主体的主观意识。单个意识并不具有意义,意义的存在以交流为前提,是在话语主体双方意识的不断交流与碰撞中形成的信息综合体。而传统修辞学和语言学并不理解这

---

① 《巴赫金全集》(第二卷),钱中文主编,河北教育出版社 1998 年版,第 436 页。
② 《巴赫金全集》(第二卷),钱中文主编,河北教育出版社 1998 年版,第 456 页。

一点,以至于"语言的对话因素及与之相关的一切现象,直到现在仍然处于语言学的视野之外"①。

对语言的对话性的研究并不是巴赫金的首创,罗曼·雅各布森指出,早在巴赫金之前,俄国形式主义者雅库宾斯基(Lev Jakubinskij)就指出言语的对话形式是根本性的,而独白仅仅是言语交流的一种副产品。英国语言学者加德纳(Allan Gardiner)也有类似的观点,认为言语一方面是社会性的,一方面又是个人的,在根本上则是对话的,而对话双方角色的相互变化有助于展现言语的社会性。雅各布森也在此就巴赫金的话语对话理论对索绪尔语言学的超越给予了很高的评价。②由此我们不难设想,巴赫金话语对话理论的提出很可能在某种程度上也受到了形式主义者的影响。雅各布森通过对索绪尔语言学的批判也提出了自己的对话理论,他指出,"索绪尔宣布,言语'始终是个人的,个人始终是言语的主人',他不幸忽略了听话者的作用,他没有考虑接受者的行为。对言语来说,接受的行为和发出的行为都是必不可少的。发出就暗示着接受。人不是无目的的说话;说话总是针对某人;人是对着听话者说话。无对象而发出的话语是一种病态的情况。但即便是在这种情况,也还存在一个想象当中的听话者。在说话的时候,说话者想被理解,他根据听话者进行调整。而听话者为了理解,也根据说话者进行调整。此外,听话者并不局限在理解和解释他所听到的话,他也要回答,他依次也要说话。"③雅各布森的这段论述可以看作是对巴赫金话语对话性思想的有力注脚,而在此基础上提出的对话过程中的六要素及其独特的言语交流模式则是对对话理论的发展。④尽管雅各布森和巴赫金都提倡语言的对话性,但是从深层来看,他们之间的差异也是极为明显的。如果说雅各布森的对话理论主要是研究言语交流得以实现的条件和可能性,是一种语

---

① 《巴赫金全集》(第三卷),钱中文主编,河北教育出版社 1998 年版,第 52 页。
② [英]罗曼·雅各布森:《雅各布森文集》,湖南教育出版社 2001 年版,第 18 页。雅各布森指出雅库宾斯基的论文《论对话性的说话》(On Dialogic Speaking)收入论文集《俄语语言》(Russskaja Reč),1923 年在圣彼得堡出版。加德纳的著作《言语的语言理论》1923 年由牛津出版社出版。
③ [英]罗曼·雅各布森:《雅各布森文集》,湖南教育出版社 2001 年版,第 16 页。
④ 雅各布森提出了话语交流的六要素:发送者(adresser)、语境(context)、信息(message)、接触(contact)、信码(code)和接收者(adressee),这几个要素构成了一个完整的信息流,形成了一个交流模式。

言功能理论,那么巴赫金则把对话上升到了语言及其存在的本体论地位,是一种对话性的语言哲学。在这个问题上,巴赫金和他的同时代人海德格尔持类似的观点。有人把二者做了比较,他们都认为"语言和存在(being)都既不在'这儿',也不在'那儿',既不在言说者的口中,也不在听话者的心里,而是在它们中间。创造这一'中间'(between)就是为人类创造一个空间(place)。"① 因而,对话已经不再是语言的功能,而是语言和存在的本质。不但只有在对话中语言才真正存在,也只有通过对话意义才能够形成,而且只有在对话中人类自身乃至社会文化和文学艺术才得以存在。

巴赫金认为,对话是语言的本质,但是传统修辞学和语言学并没有看到这一点,而是把语言封闭在一个闭锁自足的独白语境中,作为一个现成的实体进行研究,以至于"语言的对话因素及与之相关的一切现象,直到现在仍然处于语言学的视野之外"②。这里所说的被忽视的"一切现象"中最主要的就是语言的意识形态特征。对话得以实现的条件就是对话双方都必须处于平等的地位,并且各自的话语都要传达一定的意义,而这种意义一旦超出了个体日常生活交流,就会变成一种意识形态。巴赫金认为语言学也应该属于马克思主义意识形态科学的重要部分,而其语言哲学之所以不同于传统语言学,除了他的对话思想以外,在很大程度上就在于他以马克思主义为理论指南所发现的话语中所包蕴的丰富的意识形态内涵。

三、话语的意识形态特征

巴赫金把语言学研究置入马克思主义经济基础和上层建筑这一对矛盾之中,认为"基础与上层建筑的关系问题是马克思主义的基本问题之一,在一系列最重要方面紧密地与语言哲学问题联系在一起,并且能够从解答或者哪怕是对这些问题作广泛而深入的解释中得到许多。"③ 只有以马克思主义为武器,语言学研究中所遇到的诸多问题才能够得到解决。马克思主义语言哲学不是像索绪尔那样把语言作为案头研究的对象,而是作为社会发展运动的一个重要部分,因此,"马克思主义的语言哲学应该以表述是

---

① David Patterson, *Literature and Spirit*: *Essays on Bakhtin and His Contemporaries*, The University Press of Kentucky, 1988, p.129.

② 《巴赫金全集》(第三卷),钱中文主编,河北教育出版社 1998 年版,第 52 页。

③ 《巴赫金全集》(第二卷),钱中文主编,河北教育出版社 1998 年版,第 357 页。

一个言语的现实现象和社会意识形态结构为基础。"① 结构语言学认为语言与意识形态无涉，而巴赫金则认为语言是意识形态最集中的体现。无论是特拉西把意识形态作为一种观念体系，还是马克思和恩格斯本人的"虚假意识"，都把意识形态作为一种观念，而忽视了意识形态得以实现的物质载体——语言符号。这个问题在西方马克思主义那里，尤其到符号学理论家那里才得到了逐渐的重视和发展。20 世纪的语言学和符号学这两个学科逐渐地走到了一起，因为语言就是最为重要的符号，巴赫金的语言哲学就是试图建立一种马克思主义的意识形态符号学。巴赫金的语言学建立在唯物主义基础之上，认为语言符号具有物质性，是意识形态的物质载体。正如他所言："实际上，我们任何时候都不是在说话和听话，而是在听真实或虚假，善良或丑恶，重要或不重要，接受或不接受等等。话语永远都充满着意识形态或生活的内容和意义。"② 抽象客观主义语言学的最大错误就在于"语言与其意识形态内容的分离"，只有把语言和意识形态联系起来才能突破语言学研究的瓶颈，开拓出一片新的天地。

在语言的阶级性问题上，马克思和恩格斯持肯定的态度。马克思在《圣麦克斯》一文中指出，资产者拥有"自己的语言"，这种语言是"资产阶级的产物"，其中包含着"买卖关系"，渗透了"重商主义精神"。③ 恩格斯在《英国工人阶级状况》中也指出，工人作为一种完全不同于资产者的人，他们"说的是另一种习惯语，有另一套思想和观念，另一套习俗和道德原则，另一种宗教和政治"④。相反，斯大林则反对这种观点，认为语言是一种最具有惰性的存在，最不易随社会阶级的变革而发生变化，无产阶级和资产阶级可以使用同一种语言。⑤ 巴赫金的语言符号学并不介入语言的阶级性问题，而是把意识形态性作为语言的基本特征。但从内在精神气质上来看，巴赫金的观点却是和马克思、恩格斯的观点相一致的。

巴赫金认为："一切意识形态的东西都有意义：它代表、表现、替代着在

---

① 《巴赫金全集》(第二卷)，钱中文主编，河北教育出版社 1998 年版，第 450 页。
② 《巴赫金全集》(第二卷)，钱中文主编，河北教育出版社 1998 年版，第 416 页。
③ 《马克思恩格斯全集》(第三卷)，人民出版社 1960 年版，第 255 页。
④ 《马克思恩格斯全集》(第二卷)，人民出版社 1957 年版，第 410 页。
⑤ 斯大林：《马克思主义与语言学问题》，载《马克思、恩格斯、列宁、斯大林论文艺》，人民文学出版社 1999 年版，第 351 页。

它之外存在的某个东西,也就是说,它是一个符号。哪里没有符号,哪里就没有意识形态。"① 任何意识形态都必须通过符号体现出来,而任何符号也都体现着一定的意识形态,意识形态的领域和符号的领域是一致的,二者二位一体,不可分割。语言作为人类创造的最丰富的符号,是意识形态的最佳载体,而语言学也成了意识形态科学中最重要的组成部分。话语可以承担科学的、美学的、伦理的、宗教的等各种意识形态功能,而广泛的对话性使其成为社会意识形态的晴雨表,最敏感地反映着社会存在的最细微的运动,"能够记录下社会变化的一切转折的最微妙和短暂的阶段"②。符号是阶级斗争的舞台,任何意识形态的细微变化都首先通过话语符号的变化体现出来,不只是话语的内容,甚至是话语的重音的变化。

巴赫金认为,"符号的形式首先即是由使用该符号的人们的社会组织,又是由他们相互作用的最接近的环境所决定的。改变这些形式,于是符号也就改变。探索话语符号的这一社会生命,应该成为意识形态科学的任务之一。"③ 因此,符号研究应该遵循以下原则:(1) 不能把意识形态与符号的材料现实性相分离(把它归入"意识"或其他不稳定的和捕捉不到的领域);(2) 不能把符号与从该时代的社会视角来观照的具体形式相分离(而且在此之外它根本就不存在,只是一种简单的物理的东西);(3) 不能把交际及其形式与他们的物质基础相分离。通过语言符号和意识形态的结合,巴赫金开创了语言学研究的新领域,他的学说也成为马克思主义理论史上的一个创举。威廉斯认为这一创举"找到了一条足以超越那些影响巨大但又甚为偏颇的表现论和客观论的途径","把整个语言问题放到马克思主义那种总体的理论格局中加以重新考虑","这使他能够把'活动'(洪堡特之后的那种唯心主义者所强调的优点) 看作是社会活动;又把'系统'(新的客观主义语言学的优点) 看作是与这种社会活动密切相关的,而不是象某些一直被人们袭用的观念那样,把二者看得相互分离。……巴赫金／沃洛希诺夫由此开辟了一条通往新理论的道路,对于一个多世纪以来的学术来说,这种新理论一直十分必要。"④

---

① 《巴赫金全集》(第二卷),钱中文主编,河北教育出版社 1998 年版,第 349 页。
② 《巴赫金全集》(第二卷),钱中文主编,河北教育出版社 1998 年版,第 360 页。
③ 《巴赫金全集》(第二卷),钱中文主编,河北教育出版社 1998 年版,第 362 页。
④ Raymond Williams, *Marxism and Literature*, Oxford:Oxford University Press,1977, p.35.

第四节　小说形式与社会历史文化的互动

在形式主义和马克思主义的对话中,巴赫金通过对俄国形式主义的批判把形式主义的形式批评和马克思主义的社会学批评方法结合起来,建立一种新的社会学诗学;通过对两种语言学的批判,把语言学纳入马克思主义的意识形态科学而建立一种超语言学,从而把语言符号和意识形态结合起来;在这两种结合的基础上,巴赫金把研究的重心转向了小说理论和文学批评领域,试图把小说体裁与社会历史文化结合起来。如果说前两种结合主要是在形式主义和马克思主义之间对话的理论建构,那么后一种结合则是这种对话在文学理论和批评领域的具体实践。

在对形式主义的批判过程中巴赫金就指出俄国形式主义狭隘的方法论把其批评仅仅限于诗歌领域,对更具广阔社会历史内涵的小说体裁无能为力,因此要研究小说体裁就必须打破形式主义的理论框架,建立一种新的体裁诗学。巴赫金把小说放入现代性的视野中,认为小说是一种现代性的文学体裁,其与现代社会生活和历史文化的天然关系使它能够更深入地和社会历史文化有效地结合起来。这一内在的关联使小说更适合于反映深刻的历史变化,揭示丰富的文化内涵,而反过来,社会历史文化也对小说体裁具有一种塑造作用,影响了小说的体裁特征的形成和发展。巴赫金的小说理论是通过对小说和史诗的比较以及对小说语言的研究建立起来的,而其对陀思妥耶夫斯基和拉伯雷作品的批评则是其小说理论的具体运用。

尽管20世纪文学理论中对小说体裁的研究著作已经很多,也已经取得了丰硕的成果,但是巴赫金的小说理论却依然独具风骚,原因就在于他的新的理论视角和研究方法。巴赫金把小说体裁置于现代性的视野中来研究小说的特点,采用了历时与共时两种理论视角,一方面研究小说的起源与发展,另一方面探索小说的体裁特征。在此项研究中他采用了两个参照系:史诗和诗歌。和史诗的比较主要研究小说体裁与时代和社会历史文化的关系,而和诗歌的比较则突出小说的语言特征。

一、史诗与小说

巴赫金之所以把小说和史诗做比较,是因为他发现了小说体裁的三大

来源：史诗、雄辩术和狂欢节。小说在某种程度上脱胎于古代史诗体裁，继承了史诗的某些特征，但更重要的是它又突破了史诗体裁的限制，与现实生活和时代文化发生了更为紧密的关联。

　　在巴赫金之前把史诗和小说进行比较的主要是黑格尔和卢卡奇二人，巴赫金的小说理论深受二者的影响。黑格尔认为史诗是第一次以诗的形式表现人类精神发展的朴素阶段的艺术体裁，体现着古典时代人类的精神状况和世界情况，小说则是"近代市民阶级的史诗"，是散文时代的艺术体裁。"一般世界情况"，即时代环境的变迁使史诗失去了存在的土壤，而小说则是新时代的必然产物。① 在黑格尔的时代，小说还是一个新兴的体裁，他并没有对小说进行类似于史诗那样的深入分析和研究，也没有赋予小说以史诗那样的热情。小说只是黑格尔唯心主义哲学体系中绝对精神发展到一定阶段的产物而已，其价值远逊于史诗。作为黑格尔的学生，卢卡奇在其早期著作《小说理论》中也对史诗和小说这两种体裁做了比较研究，并由此完成了他由黑格尔主义者向马克思主义者的转变。和黑格尔一样，卢卡奇也认为史诗是人类童年时代的艺术，天真无邪，而小说则是"成熟男性的艺术形式"②。他把小说放在现代性的视野中进行审视，因而小说成了现代社会中一种具有重要意义的、能够解决现代性危机的艺术形式。现代性是一把双刃剑，在带来物质社会迅速发展的同时，也造成了一系列的精神危机。在这个时代，总体性已经成为一个虚假的概念，完整的社会被分裂成为碎片，生活和存在的意义已经成为问题。小说是这个"罪恶的时代的史诗"，并作为"成熟男性的艺术形式"，肩负着重新建构意义的重任。"小说形式所要求的意义的内在性，通过他的这种体验得以实现，即，他对意义的惊鸿一瞥就是生活所能提供的最高体验，就是唯一值得整个生活全力以赴的东西，就是唯一值得为之奋斗的东西。"③ "小说是一个被上帝遗弃的世界的史诗；小说人物的心理状态具有精灵性；小说的客观性是成熟男人的洞见，即意义不能彻底地穿透世界，不过，如果没有意义，现实就会分解为非本质的虚无。"④而这种意义的获得不是通过小说所描写的内容，而是通过小说这种特殊的

---

① [德] 黑格尔：《美学》（第三卷下册），商务印书馆 1996 年版，第 167 页。
② [匈] 卢卡奇：《卢卡奇早期文选》，张亮、吴勇立译，南京大学出版社 2004 年版，第 46 页。
③ [匈] 卢卡奇：《卢卡奇早期文选》，张亮、吴勇立译，南京大学出版社 2004 年版，第 54 页。
④ [匈] 卢卡奇：《卢卡奇早期文选》，张亮、吴勇立译，南京大学出版社 2004 年版，第 61 页。

艺术形式。如詹姆逊在批评卢卡奇时指出:"小说具备伦理意义。人类生活最终的伦理目的是乌托邦,亦即意义与生活再次不可分割,人与世界相一致的世界。不过这样的语言是抽象的,乌托邦不是一种观念而是一种幻象,因此不是抽象的思维而是具体的叙事本身,才是一切乌托邦活动的检验场。伟大的小说家以自己的问题和情节本身的形式组织,对乌托邦的问题提供一种具体展示,而乌托邦哲学家则仅只提供一场苍白而抽象的梦,一种虚幻的愿望满足。"① 尽管在现代社会要重建意义世界,重构一个真正总体性的社会是一种乌托邦,但是在精神的深渊中乌托邦却能够起到很好的疗救效果,甚至具有革命的意义。这种革命乌托邦的建立,不是凭借哲学家的苍白说教,而是要通过小说的具体的艺术化的故事和情节,用艺术的方式实现小说体裁所具有的伦理意义。因此卢卡奇认为小说真正的革命性不在内容而在其形式。卢卡奇把小说体裁置于现代性的视野中,赋予小说形式的是一种社会革命和精神救赎的意义。

巴赫金深受黑格尔和卢卡奇的小说理论的影响,甚至在 20 年代一度试图翻译卢卡奇的《小说理论》,卢卡奇的思想在巴赫金的小说研究中留下了深深的烙印。但是巴赫金首先是文艺学家,其次才是哲学家和思想家,因此与黑格尔和卢卡奇不同,他不是要用小说体裁去解决现代性的精神危机问题,而是要把他在形式主义和马克思主义对话过程中建立的对话思想运用于批评实践。正如有人所言:"黑格尔把小说看作是'资产阶级的长篇史诗',而卢卡奇则认为史诗是艺术的'黄金时代',而且还会乌托邦式地翻转成长篇小说的未来。巴赫金却把史诗和小说看成是两个不同的审美世界,不同历史时代的差别产生了这两个世界。"② 在史诗和小说的时代特征上,巴赫金认为史诗是一种古典体裁,其特点在于:"(1) 长篇史诗描写的对象,是一个民族庄严的过去,用歌德和席勒的术语说是'绝对的过去';(2) 长篇史诗渊源于民间传说(而不是个人的经历和以个人经历为基础的自由的虚构);(3) 史诗的世界远离当代,即远离歌手(作者和听众)的时代,其间横亘着绝对的史诗距离。"③ 史诗反映的是一个已经完成了的世界,和现实世界

---

① [美]弗雷德里克·詹姆逊:《马克思主义与形式》,李自修译,百花洲文艺出版社 1997 年版,第 147 页。

② [俄]孔金、孔金娜:《巴赫金传》,张杰、万海松译,东方出版中心 2000 年版,第 272 页。

③ 《巴赫金全集》(第三卷),钱中文主编,河北教育出版社 1998 年版,第 515 页。

不发生任何关联。而相反,小说描写的对象以及赋予它们形式所依据的出发点是当今的现实。史诗是庄严崇高的,和官方文化紧密相联,而小说则是"低俗"的,和民间笑谑文化相关联。即使小说要描写过去的时代,也是以现在的视角来审视过去,和史诗中的过去世界不同。小说体裁灵活多变,能够适应现代社会的丰富性和不确定性,更利于反映和描写现代生活。现代社会是一个正在发展中的未完成的社会,一切都处于未定型状态,因此史诗是不能适应现代社会的,要揭示这个社会的文化和精神状况唯有通过小说体裁,因为"小说是处于形成过程的唯一体裁,因此它能更深刻、更中肯、更锐敏、更迅速地反映现实本身的形成发展。只有自身处于形成之中,才能理解形成的过程。小说所以能成为现代文学发展这出戏里的主角,正是因为它能最好地反映新世界成长的趋向;要知道小说是这个新世界产生的唯一体裁,在一切方面都同这个新世界亲密无间。"① 正是小说不同于史诗的这一体裁特征决定了它在现时代的主角地位,也正是出于这一点巴赫金才对它情有独钟。

　　小说体裁与时代生活的这种天然的血缘关系使小说更容易切近现实生活,而小说作为一种语言艺术,现实生活在小说中首先就是通过其语言才得以呈现,因此巴赫金对小说体裁的研究就要把小说语言的特征作为首要对象。

二、小说语言的杂语性

　　对语言符号的意识形态性和小说体裁的分析确定了巴赫金小说语言研究的理论基础,而再次回到和形式主义诗歌语言理论的比较则为他确立了参照系。巴赫金认为形式主义和传统修辞学的一切范畴和方法都无力驾驭小说语言的艺术特点及其独特生命,因为诗歌语言和小说语言是两种不同特质的语言,需要两种不同的哲学观和方法论。诗人所遵循的是一种统一的独白式的话语,诗语也是一种单一的语言。诗歌语言强调的是词语本身,语言与社会语境的关联并不重要,因此"在诗歌词语的背后,不应该感觉出各种体裁(除诗歌体裁本身)、各种职业、各种流派(除诗人自己的流派)、各种世界观(除诗人自己那统一的和唯一的世界观) 所具有的典型的

---

① 《巴赫金全集》(第三卷),钱中文主编,河北教育出版社 1998 年版,第 509 页。

和客体的形象;也不应该感觉出典型的或个别的说话人的形象、他人讲话的姿态、典型的语调。"① 相对于诗歌的统一封闭的语言,小说语言则是多元开放的,各种社会语言都可以进入小说语言,成为小说的一部分。小说语言是一个杂语的世界,"多声现象和杂语现象进入长篇小说,在其中构成一个严谨的艺术体系。这正是长篇小说体裁独有的特点。"②

　　形式主义区分出诗歌语言和日常生活语言,认为二者是不同特质的语言,只有当日常生活语言变得失去其日常性,即陌生化之后才能成为诗歌语言。而小说体裁却不同,它就是要把生活中的一切复杂现象都纳入其中,反映现实生活的丰富性和复杂性是小说体裁的特点,因此,小说语言就在更大程度上接近日常生活语言。如巴赫金所言:"如果说在诗歌土壤上产生出一种关于诗体的乌托邦哲学,即这样一种思想:诗语是纯粹属于诗的、同日常生活隔绝的、超历史的语言——上帝的语言;那么文艺小说更感亲切的,是另一种思想,即需要历史上具体存在着的活生生的多种语言。小说要求能特别感觉得到话语身上那种历史的和社会的具体性和相对性,也就是语言同历史进程和社会斗争的紧密关系。因之,小说采用的语言,是还处于这种斗争和敌对之中而未冷却的语言,是尚无结果而充满敌对语调的语言;小说正是驾驭这样的语言,使其服从自己那不断发展的统一的风格。"③ 小说的语言是未定型的语言,其杂语特点是由小说自身贴近于社会现实这一特性所决定的。形式主义者关于诗歌语言和日常生活语言的区分在确定了形式主义理论特征的同时也埋下了他们无力涉足小说领域这一理论缺陷的种子,而巴赫金的超语言学把语言符号和意识形态相关联则为小说杂语理论的建立奠定了坚实的哲学基础。

　　小说的杂语接近于日常语言,但并不是说二者完全等同。日常语言是一种自然语言,构成的是一个生活世界;小说语言则是一种艺术语言,创造的是一个审美世界。巴赫金区分了两种杂语:自在的杂语(当语言互不相识或互不理睬的时候)和自为的杂语(当杂语中众多语言相互揭示并相互构成对方的对话背景之时)。日常语言属于自在的杂语,小说语言才是自

---

①　《巴赫金全集》(第三卷),钱中文主编,河北教育出版社 1998 年版,第 78 页。
②　《巴赫金全集》(第三卷),钱中文主编,河北教育出版社 1998 年版,第 81 页。
③　《巴赫金全集》(第三卷),钱中文主编,河北教育出版社 1998 年版,第 117 页。

为的杂语。小说杂语世界的构成需要把日常生活语言纳入其中,通过艺术结构的浸染变自在的杂语为自为的杂语,使日常生活语言脱胎重构为艺术语言。如其所言:"自在的杂语在小说中也借助于小说,变成了自为的杂语;不同语言对话式地相互对应,并开始为对方而生存(正像一个对话里的双方对话似的)。正是借助于小说,不同语言才相互映照,标准语成了不同语言间的对话,这些不同的语言才相互熟识也相互理解。"① 在小说中,杂语中的各种语言仿佛是相对而挂的镜子,其中每一面镜子都独特地映出世界的一角、一部分。这些语言迫使人们通过它们相互映照出来的种种面相,揣测和把握较之一种语言、一面镜子所反映的远为广阔的、多层次的、多视角的世界。语言是社会存在的反映,单一的语言只能反映单一的世界,而小说中的杂语必然能够揭示出世界的丰富性和多面性。小说中的世界是由多种不同的语言所构成的不同的意识形态视野折射出来的世界。正是因为小说是由不同语言构成的艺术体系,"对小说进行修辞分析的真正任务,在于揭示小说中实际存在的合奏的语言,确定其中每种语言同作品最终文意距离的远近,弄清各种语言折射意向的不同角度,理解不同语言对话中的相互关系;最后,如果作品中有直接的作者语言,还要确定作品以外的使作者语言对话化的杂语背景。"② 这也就成为巴赫金小说语言研究的主要任务,即通过对小说杂语世界的类似于形式主义批评的内在分析,揭示小说与社会历史文化语境的内在关联。

可见,小说体裁与现代社会生活具有一种天然的联系,这使它更适合于反映深刻的历史变化,揭示其中丰富的文化内涵。而反过来,社会历史文化对小说体裁也具有一种塑造作用,影响了小说的体裁特征及其形成和发展。因此对小说的研究必须和社会历史文化结合起来,关注二者之间的互动关系,正是以此为基础巴赫金建立了自己的小说理论和文学批评模式。

三、小说形式与社会历史文化的相互影响与渗透

形式主义者认为文学的发展是艺术形式不断自我演替、寻求陌生化的表达方式的过程,这个过程与社会历史文化环境没有多大关系,体裁诗学就

---

① 《巴赫金全集》(第三卷),钱中文主编,河北教育出版社 1998 年版,第 190 页。
② 《巴赫金全集》(第三卷),钱中文主编,河北教育出版社 1998 年版,第 208 页。

是要研究文学形式的变化规律。而巴赫金则不同,他认为任何文学形式都不是一种孤立的存在,它的出现和发展都会受到内在的文学传统和外在的社会文化环境的双重影响和制约。前者可称之为文学环境,后者为社会文化和意识形态环境。在巴赫金看来,体裁诗学和历史诗学是一个完整的统一体,对文学体裁的研究不能脱离历史文化环境,只有把一种体裁置于特定的历史环境中,分析它与历史上的传统体裁之间的渊源关系以及社会历史文化的外在影响,才能够真正地揭示出一种体裁的特点。可见,巴赫金继承了形式主义者的文学发展具有自身的内在规律、受内在文学传统的影响这一文学史观念,但他又融汇了马克思主义的社会学诗学的观念,增加了社会历史文化这一重要维度。他指出了小说体裁的三大来源:史诗、雄辩体和狂欢节。可以说前二者属于文学的内在传统,而狂欢节则是影响小说产生的外在的社会文化。虽然小说体裁中不同的类型在这两个方面会有所侧重,但是每一方都不可偏废。小说来源于史诗,但是只有近代以来的文化现实才能够促使小说体裁从史诗中蜕变出来。"体裁是一种特殊世界观的 X 光照片,是专属于某一时代和特定社会中某一社会阶层的观念的结晶。因此,一种体裁便体现了一种具体历史的关于人之为人的观念。"[①] 伴随着人对世界和自身的理解方式的变化,就需要不同的文学体裁来与其相适应。以过去为对象的史诗已经不能适应现代社会的快速发展,唯有小说能够成为这一时代文学的主角,因此小说的蓬勃发展是历史创造的结果。在此巴赫金举了两个例子:时空体和复调小说。古代是一种静止的循环的时间观,而现代则是线性的矢量的时间观。这种时间观念的变化不仅造成了作品中的情节安排的不同,也带来了叙事性作品类型和风格的巨大改变。在分析陀思妥耶夫斯基的复调小说时,巴赫金指出,"艺术观察的新形式,是经过若干世纪缓慢形成的,而某一时代只是为这新形式的最终成熟和实现,创造出最适宜的条件。揭示复调小说的这一艺术积累过程,是历史诗学的一项任务。自然不能把诗学同社会历史的分析割裂开来,但又不可将诗学融化在这样的分析之中。"[②] 因此,一方面,他指出复调小说直接来源于古代两种文学体

---

① ［美］凯特琳娜·克拉克、迈克尔·霍奎斯特:《米哈伊尔·巴赫金》,语冰译,中国人民大学出版社 1992 年版,第 360 页。

② 《巴赫金全集》(第五卷),钱中文主编,河北教育出版社 1998 年版,第 49 页。

裁:苏格拉底对话和梅尼普讽刺。苏格拉底对话为复调小说提供了对话的思想基础,而梅尼普讽刺的诙谐幽默则使复调小说具有了狂欢化的特征。这两种体裁的所有变体及其体裁特征都可以在陀思妥耶夫斯基的作品中找到,它们为复调小说的产生提供了学术与艺术上的条件和基本范式,从而成为复调小说产生的不可回避的文学环境和内在动因。但是,另一方面,巴赫金也看到复调小说之所以只能产生于近代的俄罗斯却有着深刻的社会历史原因。"复调小说只有在资本主义时代才能出现。不仅如此,对复调小说最适宜的土壤,恰恰就在俄国。这里资本主义的兴起几乎成了一场灾难,它遇到了未曾触动过的众多的社会阶层,众多的世界。这些阶层和世界在资本主义兴起的渐进过程中,没有像西方那样减弱自己独特的封闭性。这样一种处于形成过程中的社会生活,其矛盾的本质是无法囊括在某一自信而冷静的审视者的独白型意识之中的。"①俄国社会由农奴制向资本主义社会过渡的时代的社会文化和思想观念的多元化状态,以及反对一元政治和独白型的权威意识形态的文化氛围,为复调小说的产生提供了现实条件。因此,在俄国传统义学体裁和现代社会文化环境的双重作用下,复调小说的出现就具有了必然性。

由此可见,巴赫金不但试图把体裁诗学和历史诗学结合起来,即把对文学的共时研究和历时研究结合起来,还试图把文学批评和文化批评结合起来。这种理论和批评方式的产生得益于他在形式主义和马克思主义对话过程中把前者的形式批评和后者的社会批评相结合所建立起来的新的社会学诗学。这种诗学在其小说理论建构中转化为小说形式与社会历史文化相结合的整体性的文化诗学。如果说复调小说的对话性是巴赫金语言哲学中语言的对话性质和意识形态特征的理论发展,那么他对陀思妥耶夫斯基和拉伯雷作品中狂欢化特征的分析则是其小说形式与社会历史文化相结合这一文化诗学的集中体现。

巴赫金的文化诗学旨在揭示出文学和文化环境的内在关联和相互影响的互动关系。这一问题具有相辅相成的两个方面:一方面,研究文学反映了怎样的文化现实及其精神内涵;另一方面则相反,研究它是如何反映的,以及外在文化现实如何反过来影响文学的发展,并塑造了特定的文学体裁

---

① 《巴赫金全集》(第五卷),钱中文主编,河北教育出版社 1998 年版,第 24 页。

和样式。可以说,前者侧重于内容问题,而后者则更侧重于形式问题。巴赫金对陀思妥耶夫斯基和拉伯雷作品中的狂欢化问题的研究就是以这一问题为主要对象的。

巴赫金在60年代对《陀思妥耶夫斯基诗学问题》一书的修订过程中才加入了狂欢化这一内容,因此我们把它和拉伯雷作品中的狂欢化问题一起进行分析。虽然巴赫金对民间文化极为关注,但文化本身并不是研究的目的,而仅仅是对拉伯雷作品进行深入研究的一个角度和参照。在巴赫金看来,拉伯雷的作品是一部完整的民间文化的百科全书,其中反映着中世纪民间文化的诸多方面,也正是民间狂欢文化促使了拉伯雷的怪诞现实主义的产生,并影响了他的作品的体裁特征。因此只有置于这一文化环境中,我们才能对拉伯雷的作品有更深入的理解。

在中世纪存在着截然相反的两种文化形态,即官方文化和民间文化。相对应的有两种生活,即严肃的、规范的、充斥着等级性的生活和自由平等的、充满着笑谑和亵渎的狂欢节式的生活。这两种生活均为合法的生活,但在时间上有着严格的分界线,构成了两种完全不同的生活方式,也形成了具有完全差异性的世界观。文艺复兴时期是民间文化发展的高峰,它所具有的反叛精神对文艺复兴时期的社会文化以及文学艺术产生了巨大的影响力。民间文化成为文艺复兴时期文学创作的文化酵母,而其丰富的文化内涵则成为艺术家们所要汲取的精神资源。拉伯雷、陀思妥耶夫斯基和巴赫金都把目光集中到了民间文化,前者在这一文化氛围中创作出了不朽的作品,而巴赫金则要通过对这些作品的分析来把这种文化内涵揭示出来,并分析它怎样影响了他们的文学创作,形成了他们独有的体裁特征。

巴赫金区分了三个概念:狂欢节、狂欢式和狂欢化。狂欢节是西方传统中的一种民间节日,如酒神节、农神节等,节日期间举行各种庆典活动。在西方世界,自古希腊以来,狂欢节文化是民间文化中最重要的部分,对西方世界的文化传统具有强大的影响力。狂欢式是指一切狂欢节式的庆贺、仪礼、形式的总和,其中充斥着狂欢式的世界感受,即交替与变更、死亡与新生的精神。"这种世界感知使人解除了恐惧,使世界接近人,也使人接近了人(一切全卷入自由而亲昵的交往);它为更替演变而欢呼,为一切变得相对而愉快,并以此反对那种片面的严厉的循规蹈矩的官腔;而后者起因于恐惧,起因于仇视新生与更替的教条,总企图把生活现状和社会制度现状绝对化起来。狂欢式世界感受正是从这种郑重其事的官腔中把人解放出来。"①
这种狂欢式的世界感受就是民间狂欢节文化的精神内涵,对艺术家的精神
世界及其艺术创作产生着决定性的影响。把这种狂欢式的世界感受和文化
精神转化成文学语言就是狂欢化。狂欢化以传统狂欢节为渊源,"具有构
筑体裁的作用,亦即不仅决定着作品的内容,还决定着作品的体裁基础"②。
狂欢节文化和狂欢式的世界感受通过狂欢化摆脱自在的状态而进入文学世
界,成为一种自为的存在。因此狂欢化是沟通文化和文学之间鸿沟的一座
桥梁。"整整一千年积淀起来的非官方的民间诙谐闯入文艺复兴时期的文
学中。这种经过一千年积淀起来的诙谐,不仅使这种文学获得创作力,而且
诙谐本身也因文学获得创作力。诙谐与时代最先进的思想体系、与人文主
义知识、与高超的文学技巧相结合。"③ 如果说文艺复兴时期的文学创作还
更大程度上受到狂欢节文化的直接影响,那么在 17 世纪之后,伴随着狂欢
节文化的逐渐衰落,这种直接影响力也逐渐下降。狂欢节文化的精神内涵,
即狂欢式的世界感受却已经渗入到人们的精神世界和文学创作领域,成为
文学艺术的思想资源,并形成了一种民间文学传统。拉伯雷的怪诞现实主
义更大程度上受到狂欢节文化的直接影响,而陀氏的创作中这种影响已经
较小,更大程度上是受到了这种文化精神的熏陶和文学传统的濡染。这种
具有差异性的世界感受在陀思妥耶夫斯基的小说中转化为正题与反题、理
性与荒谬、勇敢与懦弱、聪明与愚蠢等对立观念之间的相对性和歧义性这一
创作主题。

　　除主题之外,狂欢节民间诙谐文化作为文学艺术的文化背景,对文学
创作的描写对象、语言风格、情节设置、结构安排等方面都产生了重大影
响。在巴赫金看来,狂欢式的世界感受是狂欢文化的精神内核,也是狂欢
化文学的价值指向。在这种文化中,没有权威和集权,充满着平等和自
由,一切均处于亲昵的交往之中,没有定格,一切都是未完成的,都有发展
的潜力。狂欢节文化和狂欢式的世界感受不是以观念的形式在文学艺术
中表现出来,而是通过狂欢化了的形象、语言、情节和结构等中介手段体

---

① 《巴赫金全集》(第五卷),钱中文主编,河北教育出版社 1998 年版,第 212 页。
② 《巴赫金全集》(第五卷),钱中文主编,河北教育出版社 1998 年版,第 173 页。
③ 《巴赫金全集》(第六卷),钱中文主编,河北教育出版社 1998 年版,第 84 页。

现出来。

　　从描写对象来看,在拉伯雷的作品中,主角多是骗子、小丑和傻瓜,这不仅是因为狂欢节文化中充斥着这种形象,重要的是"拉伯雷是将弄臣和傻瓜对此世的弃绝理解为对官方世界及其世界观、价值体系、严肃性的摈弃。……愚蠢是非官方真理的形式之一,是对世界的一种独特的观点,摆脱了'此世'(即官方的统治性世界,而迎合它永远都是有好处的)所有私人——自私的利益、标准和价值。"① 因此,小丑和傻子形象在拉伯雷作品中成为了摆脱现行体制和世界观统治的一种方式和途径。其次就是各种怪诞身体形象的塑造。梅洛-庞蒂认为,身体从哪里开始,世界就从哪里开始。"身体是在世界上存在的媒介物,拥有一个身体,对一个生物来说就是介入一个确定的环境,参与某些计划和继续置身于其中。"② 通过身体,人参与世界,身体对于人的存在来说具有本体论意义,离开了身体世界将不复存在,世界通过身体而展开。因此,身体不仅仅是一个盛载灵魂的"臭皮囊","身体的地位是一种文化事实。现在,无论在何种文化中,身体关系的组织模式都反映了事物关系的组织模式及社会关系的组织模式。"③ 对身体的不同态度体现着人类社会的不同文化特征。在中世纪禁欲主义的控制下,身体受到了空前的压抑,在文学中表现为身体成为禁忌。因此,文艺复兴时期要突破中世纪的神学禁锢,把人重新作为世界的中心,身体变成一把有力的利器。在文艺复兴的作品中,身体欲望便具有意识形态革命的功能并被大肆渲染。巴赫金也注意到了拉伯雷作品中的一系列民间节日形象,尤其是狂欢节所特有的怪诞人体形象。拉伯雷用夸张的手法描写了大量的与吃、喝、吸纳和排泄相关的筵席形象和与生育相关的物质——肉体下部形象。这些身体形象在拉伯雷的作品中不是简单的自然身体,而是具有丰富的文化内涵,体现着狂欢式的世界感受的文化身体。在拉伯雷的笔下,怪诞人体的大量饮食是旺盛生命力的体现,而"生育人体主题是与人民历史不朽主题及其生动感受融合在一起的。众所周知,人民对其集体历史不朽性的生动感受乃是所有

① 《巴赫金全集》(第六卷),钱中文主编,河北教育出版社1998年版,第303页。

② [法]莫里斯·梅洛-庞蒂:《知觉现象学》,姜志辉译,商务印书馆2001年版,第116页。

③ [法]让·波德里亚:《消费社会》,刘成富、全志刚译,南京大学出版社2001年版,第140页。本书作者还有让·鲍德里亚、让·博德里亚尔、尚·希希亚等译法,全书正文中统一采用鲍德里亚这一通用译法。

民间节庆形象体系的核心。"①

　　其次是狂欢化的语言。文学是语言的艺术,不同的语言风格决定了文学艺术不同的审美风貌。巴赫金认为小说语言是杂语的世界,杂语性使小说体裁更接近于现实生活,更易于表现生活中的意识形态内涵。"语言,这是世界观,它不是抽象的,而是具体的、社会性的,它们决不能脱离生活实际和阶级斗争的实际,它渗透着评价的理论体系。因此每一件物品、每一个概念、每一种观点、每一种评价,甚至每一种语调,实际上无不在语言的世界观的交叉点上体现出来,无不参加到紧张的意识形态的斗争中去。"②因此在对狂欢化文化的研究中巴赫金首先进行的就是关于语言的研究。狂欢节文化进入文学的重要表征就是广场化的语言。各种粗鄙的嬉笑、骂人话、诅咒、指神赌咒、发誓和广场"吆喝"等混合在一起构成一个杂语世界,并且成为拉伯雷最重要的风格化因素。这种广场话语具有双面性,是"一个具有两副面孔的雅努斯。广场赞美,正如我们所看到的那样,是反讽的,正反同体的。它处于辱骂的边缘;赞美中充满了辱骂,其间无法划出一道明确的界限,也无法指明,赞美在哪里结束,辱骂就从何处开始。"③"它们创造了那种绝对欢快的,无所畏惧的,无拘无束和坦白直率的言语,拉伯雷用这种言语向'哥特式的黑暗'开火。"④这种语言和官方的统治阶级的语言大相径庭,也不同于僧侣阶层的语言,它真正的民间性使其足以抗拒官方文化的压抑,而巴赫金正是通过这种语言表达他对官方一元文化的反对和抗议。

　　狂欢节文化不仅影响到了狂欢化文学的形象和语言,还影响了作品的叙事方式,使狂欢化文学表现出一种不同的时空特征。狂欢节大多在广场上进行,这就决定了狂欢化文学中的情节安排也多以广场或广场化的场所为中心。客厅、院子、走廊、酒馆等都具有狂欢广场的性质,也是情节展开的特殊空间。各种混战、殴打、脱冕、游戏和占卜等狂欢活动都在广场上进行。广场是狂欢节特有的空间,它具有特别的"点"的意义,在这个点上出现了危机、剧变、出人意料的命运转折;也是在这个点上,人作出决定、

---

① 《巴赫金全集》(第六卷),钱中文主编,河北教育出版社1998年版,第376页。
② 《巴赫金全集》(第六卷),钱中文主编,河北教育出版社1998年版,第547页。
③ 《巴赫金全集》(第六卷),钱中文主编,河北教育出版社1998年版,第187页。
④ 《巴赫金全集》(第六卷),钱中文主编,河北教育出版社1998年版,第224页。

越过禁区、获得新生和招致死亡。在这里通过脱冕和加冕,一切等级秩序被消解掉了,尽情狂欢使节日广场具有了自由民主的气氛。传记式的历史时间拉伯雷也摒弃不用,而把故事情节压缩到广场狂欢的特殊时刻。这也是一个危机的时间,它的一瞬间相当于数十年甚至千万亿年。"狂欢体时间仿佛是从历史时间中剔除的时间,它的进程遵循着狂欢体特殊的规律,包含着无数彻底的更替和根本的变化。"① 这种特殊的时间和空间构成了一个点,所有的情节都在这里展开。这是一个高度浓缩的时空,也是各种矛盾最为集中的时空。只有把作品人物和事件置于这种狂欢化的时空中加以表现,才能更好地揭示事件的内在深刻含义,更好地揭示人物复杂的性格,也才能够更好地表现不同意识和思想之间的相互作用和相互对话。这种情节展开方式和巴赫金所强调的复调小说和怪诞现实主义的体裁特征是极为符合的。

　　巴赫金强调建立一种整体化的文化诗学,在他的研究中,狂欢节、狂欢式的世界感受和狂欢化文学三者相互作用,构成一个完整的审美客体。民间狂欢节的诙谐文化作为文化背景形成了狂欢式特有的世界感受,也构筑了狂欢化文学的体裁特征。对狂欢化文学的理解和研究不能脱离狂欢节文化这一历史环境,而狂欢式的世界感受中的自由、民主、平等等精神内涵则是狂欢化文学所要表现的价值核心。巴赫金关注小说体裁,并通过对陀思妥耶夫斯基和拉伯雷作品的形式主义式的深入的文本剖析,来揭示其中所包蕴的文化内涵,并揭示这一外在的文化语境对小说体裁的塑造能力,从而把小说文本分析和社会历史文化研究有机结合起来,这也成为巴赫金诗学研究的一个独有的特征。

　　在苏联复杂的社会政治和文化环境中,巴赫金以独立的学术人格、广阔的学术视野和兼容并蓄的学术胸怀出现在苏联文坛。他始终与官方保持距离,以学术为安身立命之本,用理论学说表达自己的政治和文化理念。在俄国形式主义和苏联马克思主义的激烈论争中巴赫金开始了自己的学术生涯,与二者的对话奠定了他学术研究的理论基础,并成为他一生学术努力的方向。他独立思考而不盲从,尊重对方而不迷信。他持一种独立的中间立场,以旁观者的姿态审视这场论争,从差异中寻求对话,在辩证的综合中追

---

① 《巴赫金全集》(第五卷),钱中文主编,河北教育出版社 1998 年版,第 235 页。

求理论创新,从而把二者的合理内核转化为自己的精神财富,形成了自己独特的理论和批评模式。尽管巴赫金的对话还存在很多缺陷,但是他的方法比他的成果更重要。他的学术立场和研究方法对我们现在的学术研究具有重要的借鉴价值和启示意义。

第四章　形式的革命与革命的形式

　　如前所述,巴赫金在形式主义与马克思主义之间持一种中间立场,并把在二者之间寻求对话作为自己学术研究的方向。这不只是基于个人的学术兴趣,更大程度上源自于二三十年代苏联的政治和文化状况,这也就决定了以巴赫金为代表的形式主义与马克思主义对话中的俄苏传统的基本特点。欧洲的情况则完全不同。生活在欧洲的西方马克思主义(以法兰克福学派为主要代表)面临的是与苏联完全不同的社会政治和文化环境,这也就使西方马克思主义与苏联马克思主义之间表现出不同的特征。马丁·杰伊已经指出,西方马克思主义是政治革命在欧洲大陆失败的产物,因此不同于东欧的马克思主义者多为政治家和革命家,甚至国家的党政领导人,西欧的马克思主义者都是一些退回书斋的理论家和学者,前者致力于政治学和经济学,后者则致力于哲学和美学研究。如果说苏联的马克思主义是一种"正统的马克思主义"的话,那么以法兰克福学派为代表的西方马克思主义则是一种"变异的马克思主义"①。前者属于马克思主义发展史上由列宁开其端,并由日丹诺夫发展至极端的俄苏传统,而后者则是恩格斯传统的延续。因此,西方马克思主义者不会从现实的政治革命的角度来审视艺术问题,拒绝把文化现象还原为阶级利益的意识形态反映,避免把艺术分析变成翻译社会关系的简单练习,从而避免了苏联马克思主义的庸俗化倾向。他们用对资本主义社会的文化批判取代推翻资本主义社会制度的暴力革命,更大程度上是从学理的角度理性地审视文化问题,并探寻文化和文学艺术的革命潜能,从而"把艺术批评和对现代社会的

---

① [美]马丁·杰伊:《法兰克福学派史》,单世联译,广东人民出版社1996年版,第199页。马丁·杰伊认为西方马克思主义已经偏离了马克思和苏联马克思主义所倡导的政治革命的传统,因此是一种"变异的马克思主义",从这个意义上说,苏联马克思主义就是一种"正统的马克思主义"。相反,卢卡奇认为所谓"正统的马克思主义"不是教条地恪守马克思提出的概念和命题,而是对马克思的辩证方法的继承和发展,从这个意义上说,苏联马克思主义却是非"正统"的,而西方马克思主义恰恰是一种"正统的马克思主义"。

一般分析结合起来"①。

　　在这两大传统之间,卢卡奇是一个重要的过渡和桥梁。他身兼政治家和学者双重身份,对苏联和西方的马克思主义都产生了重大影响。因此斯坦纳认为,"卢卡奇因其可同时放在两个阵营的特点而代表了一种复杂情况。他是保留在苏联阵营的最有天才的批评家,企图沟通列宁主义者和恩格斯阵营之间的鸿沟,在发展恩格斯关于现实主义与自然主义的著名二分法时,卢卡奇与否定这一点的正统日丹诺夫主义有重要区别。"② 他的政治生涯使他接近于苏联传统,而他的理论著述则使他被归属于欧洲传统。他的《历史与阶级意识》中提出的"物化"和"异化"理论和苏联马克思主义大相异趣,从而受到了列宁等人的强烈批判,相反却对西方马克思主义产生了重大影响,从而成为"第一位西方马克思主义者"③。他在文学批评方面的重大贡献也使新批评的代表性理论家韦勒克把他看作是 20 世纪最重要的四大批评家之一。④ 虽然在一些具体问题上卢卡奇与法兰克福学派理论家之间存在很大差异,比如卢卡奇看重现实主义而法兰克福学派则更加看重现代主义,但是二者批判资本主义异化现实的最终价值指向却是相同的,其差异仅仅在于卢卡奇认为传统的批判现实主义更适合于批判这个异化的社会,而法兰克福学派则认为现代主义比现实主义更具有批判力。正因为如此,法兰克福学派研究专家马丁·杰伊认为,"如果没有卢卡奇的著作,西方变异的马克思主义所写的许多著作就不会统一起来。……无论此后的岁月中他们如何因异议而分离——他们是真诚的——研究所和卢卡奇都是在一个共同的传统中讨论着相似的问题。"⑤ 这个问题就是对异化的资本主义社会现实进行无情的否定和批判,而他们所采用的共同途径就是文学艺术。可以说,法兰克福学派理论家从卢卡奇的《历史与阶级意识》中看到了资本主义的异化和物化现实,从而提出了著名的批判理论,而从其《小说理论》

---

① ［美］马丁·杰伊:《法兰克福学派史》,单世联译,广东人民出版社 1996 年版,第 201 页。

② ［美］马丁·杰伊:《法兰克福学派史》,单世联译,广东人民出版社 1996 年版,第 200 页。

③ ［美］马丁·杰:《阿多诺》,瞿铁鹏、张赛美译,中国社会科学出版社 1992 年版,第 125 页。对于本书作者,全书正文中统一采用马丁·杰伊这一通用译法。

④ ［美］雷纳·威莱克:《西方四大批评家》,林骧华译,复旦大学出版社 1983 年版。对于本书作者,全书正文中统一采用韦勒克这一通用译法。

⑤ ［美］马丁·杰伊:《法兰克福学派史》,单世联译,广东人民出版社 1996 年版,第 201 页。

等早期著作中看到了艺术的审美形式在批判这种异化现实中的重要性。在发掘文学艺术的批判力方面,卢卡奇认为文学艺术中意识形态的真正承担者以及最具有革命性的因素不是内容而是形式。① 这种观念对西方马克思主义产生了持久的影响,使他们都不约而同地把目光转向艺术的审美形式来完善他们的批判理论。对形式的异常关注决定了他们对文学艺术的理解与苏联马克思主义完全不同,却和形式主义之间存在很多相通之处。这种相通性使西方马克思主义与形式主义形成了一种对话关系,但是价值取向的差异又使这种对话表现出与巴赫金在二者之间的对话完全不同的特点。

法兰克福学派与俄国形式主义并没有太多的直接来往,因而不可能与形式主义产生巴赫金那样的对话。但是,虽然政治和文化环境不同,他们却提出了很多相同或类似的观点和命题,从而形成了一种暗合或潜对话关系。而布莱希特和马尔库塞与什克洛夫斯基理论的接触和直接对话则使陌生化理论成为西方马克思主义的一个重要的理论生长点,并成为批判资本主义异化现实的有力武器。因此,考察以法兰克福学派为代表的西方马克思主义与形式主义之间的对话关系可以从他们之间的潜对话和直接对话两个方面展开。也就是说,一方面考察他们之间在没有接触的情况下提出了哪些类似的问题,对这些问题的理解和阐释的异同在哪里,另一方面考察他们的直接接触对西方马克思主义理论的形成产生了哪些影响。

西方马克思主义内部并不是铁板一块,各个理论家的思想之间也存在很大差异,很难作出总体性的概括,从而使这种对话变得极为复杂。如果忽略他们美学思想上的差异而集中于其共性,就可发现他们和俄国形式主义在形式问题上表现出很多相似的地方。比如二者都把艺术自律性作为思想建构的理论基础;在艺术本质方面都试图消解传统的形式与内容的二元对立,而注重形式的重要性;在艺术功能方面都看到了陌生化的艺术形式在感性生成中的重要性,并且布莱希特的陌生化和马尔库塞的新感性等都直接来源于什克洛夫斯基的陌生化理论;但由于价值立场的差异,二者对这些问题的理解具有根本的区别,体现着不同的理论向度。同时,在考察西方马克思主义与形式主义的这种潜对话时,如果从西方马克思主义阵营中各位

---

① [英]特里·伊格尔顿:《马克思主义与文学批评》,文宝译,人民文学出版社 1980 年版,第 28 页。

理论家之间的差异着眼,就可以发现他们与形式主义在上述这些问题上的对话表现出各自不同的方式。然而,相对于他们的共性,这些差异都是次要的。

第一节　艺术自律:理论建构的共同基础

作为审美现代性重要范畴的艺术自律性思想是 20 世纪美学理论的重要思想资源,也是俄国形式主义和西方马克思主义建立形式美学的理论基础,但二者对艺术自律性却有着不同的理解。

一、形式主义与艺术自律

哈斯金指出:"在美学中,'自律'这个概念的内涵意味着这样一种思想,即审美经验,或艺术,或两者都具有一种摆脱了其他人类事务的属于他们自己的生命,而其他人类事务则包含一些道德、社会、政治、心理学和生物学所要求的目标和过程。这个命题反映了自律性的一般意义,亦即'自治'或'自身合法化'。"[1] 马克思·韦伯把现代知识区分为认识—工具理性(科学、技术)、道德—实践理性(法律、宗教)和审美—表现理性(文学、艺术),而近代以来的艺术自律正是现代知识的这种分化的产物。[2] 也就是说,艺术在近代以来的自律,就是在知识界进行区分的过程中,文学艺术逐渐摆脱了社会其他事务的干扰而回归自身,回到审美的视域中来,凸显自身的存在特征和价值意义,获得了自身存在的合法性。

20 世纪对艺术形式予以异常关注正是艺术自律思想发展的结果。再从理论的生成语境来看,形式主义既是近代以来学科与知识分化的产物,也是近代以来偏重唯美的现代主义文艺思潮在理论上的积淀和表现。而作为艺术自律思想先驱的康德美学对俄国形式主义和西方马克思主义都产生了重要的影响。

康德把人类知识区分为认知、伦理和审美三大领域,且分别遵循其先

---

[1]　Casey Haskins,"Autonomy:Historical Overview",*Encyclopedia of Aesthetics*(*Vol.1*),Michael Kelly,ed.,Oxford:Oxford University Press,1998,p.170.

[2]　周宪:《审美现代性批判》,商务印书馆 2005 年版,第 68 页。

天原则而各自独立。审美活动不掺杂概念而区别于认知活动，没有功利目的和利害计较而不同于道德。审美不再依附于认知活动，不同于真；也不再依附于道德活动，不同于善。审美具有了自身存在的合法性和自足性，从而成为与认知和伦理活动并置并且沟通二者之间巨大鸿沟的桥梁。在康德看来，美是不凭借概念而普遍引起愉快的无功利的纯形式。在审美活动中，主体并不关注对象的存在，而只关注对象的存在形式。审美愉悦正是在对这种无功利的纯形式的观照中获得了普遍有效性。康德在这里把美等同于形式，艺术的自律性就是形式的自足化。自康德之后，作为美的集中体现的文学艺术便从其他领域中独立出来并和形式紧密地联系在一起。这一思想由唯美主义继承下来并对俄国形式主义产生影响。因此形式主义者也就自认为是康德美学的继承人。①

　　虽然俄国形式主义是一个松散的群体，其内部也存在巨大分歧，但在艺术的自律性问题上观点却相当一致。他们对19世纪实证主义过分关注社会和作者反而忽略作品自身表示不满，而把文艺研究的重点转向了文学自身，把文学作为一个自足的领域，排斥各种印象式批评，试图建立一种文学科学，从而使文学研究走上一条科学化的道路。文学研究应该回归文学内部，研究文学的语词、韵律、节奏、结构和技巧等，这才是一种科学的研究方法。文学艺术作为客体是独立于创作者之外的，同时也独立于政治、道德、宗教等意识形态及上层建筑，甚至社会生活。什克洛夫斯基的"纺纱"和"旗帜"比喻明确地体现了他们捍卫艺术自律性的决心。文学艺术是一个自律自足的领域，文学就是一系列的词语组织，一种程序和技巧，一种由语言所构成的话语系列。科学的文学研究应该把文学形式作为研究对象，而不能僭越其界限而沦落为社会学、哲学和心理学。文学批评家也不能仅仅关注文学的内容，否则就成了一种"文学警察"，而忽视了对文学最具重要性的形式问题。因此，正如第一章所述，在艺术自律性思想的影响下，形式主义让文学批评回归文本自身，倡导一种本体论批评，对文学进行内部的文本分析，从而发掘文学的审美价值。

---

① ［俄］什克洛夫斯基：《俄国形式主义文论选》，方珊编译，三联书店1989年版，第365页。

二、自律与他律的辩证法

形式主义者的这种方法和苏联马克思主义的庸俗社会学方法完全不同，而西方马克思主义者却提出了和形式主义相类似的问题。虽然西方马克思主义者也采用总体化的方法，把文学艺术置于广阔的社会历史文化中进行外部研究，注重文学和意识形态的关系以及文学的社会政治价值，但这与他们提倡的文学的自律思想并不矛盾。相反，对文学的自律性和他律性（社会性）的二律背反的精辟分析使其思想变得异常深刻。

和形式主义过度强调艺术的自律性而否定艺术的社会性不同，阿多诺认为自律性和社会性是艺术的双重属性，不可偏废。艺术既是自律的，又是社会的，二者"反复不断地处于既相互依赖又彼此冲突的状态"①。这看似矛盾的关系正是现代主义艺术的复杂性之所在。这种二律背反可以从三个方面加以理解。首先，从马克思主义的文艺社会学角度来看，艺术既有自身的发展规律，同时又受到社会政治和经济条件的制约；艺术家在追求艺术的审美价值的同时又要把艺术作为商品来赚钱，追求艺术的经济价值。其次，阿多诺认为艺术的"无功利"背后潜藏着深刻的功利目的。在康德看来，美既是无功利的纯形式，又是"道德的象征"，而真正的艺术具有"无目的的合目的性"。这是审美活动自身的二律背反。阿多诺深受康德美学的影响，认为现代主义艺术自身带有一种"幸福的允诺"。在现代主义艺术中，"导向审美自律的轨道已经穿过无利害关系阶段；艺术理应如此。……艺术不会停滞在无利害关系之中，而是在继续发展。这样，艺术便以不同的形式再生出内在于无利害关系中的利害关系。"②可见，在阿多诺这里，无利害只是更深刻的利害关系的过渡和中介，自律性最终指向的还是他律性，无利害的终点则是批判现实和允诺幸福的利害关系。因此，在阿多诺看来，康德的"无功利关系"实际上只是一种"伪装"。按照这个逻辑向前推演，就得出这个二律背反的第三个方面，也是最核心的方面：艺术的自律性只是其社会现实性得以实现的手段。在阿多诺这里，艺术的社会现实性就是对资本主义社会的异化现实的否定和批判，而在资本主义强大的同化和侵蚀力面前，艺术的

---

① ［德］阿多诺：《美学理论》，王柯平译，四川人民出版社 1998 年版，第 392 页。
② ［德］阿多诺：《美学理论》，王柯平译，四川人民出版社 1998 年版，第 22 页。

这种否定和批判功能只有通过与社会现实保持距离才能实现。这是资产阶级社会中艺术所独有的情况。艺术的自律性是资产阶级社会的需要，也是它的结果。正如阿多诺所言："自律性，即艺术日益独立于社会的特性，乃是资产阶级自由意识的一种功能，它继而有赖于一定的社会结构。……简言之，从艺术发展之初一直延续到现代集权国家，始终存在着大量对艺术的直接的社会控制，唯一的例外是资产阶级时期。"[①] 也就是说，只有在资产阶级时期，艺术才获得了自律性，才摆脱了社会的控制。也只有在这个时候，艺术才比先前的任何社会都更加彻底而完全地获得了整一性。

但是，艺术的这种完全的自律性的最终指向却是反抗资本主义的异化现实。在资本主义社会中，"艺术之所以是社会的，不仅仅是因为他的生产方式体现了其生产过程中各种力量和关系的辩证法，也不仅仅因为它的素材内容取自社会，确切地说，艺术的社会性主要因为它站在社会的对立面。但是，这种具有对立性的艺术只有在它成为自律性的东西时才会出现。通过凝结成一个自为的实体，而不是服从现存的社会规范并由此显示其'社会效用'，艺术凭借其存在本身对社会展开批判。……艺术的这种社会性偏离是对特定社会的特定否定。诚然，对社会的这种否定，我们发现是反映在自律性艺术通过形式律而得以升华的过程中。"[②] 由此可见，在资产阶级社会中，艺术的自律性和社会性是同一的，自律性的目的是实现艺术的社会批判性，而这种批判性也只有通过艺术的完全自律来实现。艺术的自律性背后所体现的则是艺术更为强烈的社会性。艺术正是通过自律性，即通过与社会保持距离来批判这个荒谬的社会。这种否定性比以往的现实主义艺术更加强烈，更加彻底。这是资产阶级社会中艺术的宿命，因为在这个社会中，"艺术只有具备抵抗社会的力量时才会得以生存。如果艺术拒绝将自己对象化，那么它就成了一种商品。它奉献给社会的不是某种直接可以沟通的内容，而是某种非常间接的东西，即抵抗或抵制。从审美上讲，抵制导致社会的发展，而不直接模仿社会的发展。"[③] 在资本主义社会中，商品具有极强的侵蚀性，艺术只有通过与社会保持距离，才能防止被商品所同化，

---

① [德] 阿多诺：《美学理论》，王柯平译，四川人民出版社 1998 年版，第 385 页。
② [德] 阿多诺：《美学理论》，王柯平译，四川人民出版社 1998 年版，第 386 页。
③ [德] 阿多诺：《美学理论》，王柯平译，四川人民出版社 1998 年版，第 387 页。

从而沦落为资本主义社会的帮凶。"倘若艺术拒绝这样做,那它就会自掘坟墓,走向灭亡。"① 因此,阿多诺认为,现代主义先锋艺术在垄断资本主义时期出现是艺术发展的必然。也正因为如此,阿多诺把资本主义的文化工业作为启蒙的对立面,对其进行了无情的批判,且更加看重现代主义而非现实主义,认为现代主义艺术比现实主义对资本主义具有更强的否定性和批判力。因为在现代主义艺术中,"艺术之内在审美因素与社会因素之间存在着错综复杂的关系。越是强迫艺术反对标准化的和抑制性的生活方式,它就越会联想起混乱无序的状态:只有当生活被彻底忘却,它才会转化为十足的灾难。如此看来,那些对据说是现代主义之精神恐怖的种种怨言完全是扯谎,尽管它们喧嚣尘上,足以淹没与艺术实际对立的那个外部世界的真正恐怖。即便现代主义是恐怖主义的东西,这也将是有益的,因为它对官方文化的平庸表示惭愧。"②

阿多诺看重自律性的现代音乐,认为"自律性音乐以凝神倾听的听众为先决条件",而文化工业体制下的咖啡厅音乐和大众文化则是以"漫不经心的听众为先决条件"。③ 这种音乐只能带来听觉和思维能力的退化。一旦自律的先锋艺术被作为咖啡馆的背景音乐,就会沦落为一种大众娱乐,自律性音乐也就走向了自己的对立面。自律性音乐是以批判性和否定性为目的的,而娱乐性音乐的社会性则仅仅是娱乐。阿多诺认为娱乐活动与艺术是彼此对立的,因而他根本就不把娱乐性音乐和大众文化归入艺术之列。

阿多诺已经看到了俄国形式主义与苏联马克思主义之间的这种论争,并认为这种敌对是根本没意义的,而二者的分裂就表现为艺术的自律性和社会性之间的断裂。"艺术的自律性和社会性的区别,目前隐含在'形式主义'和'社会主义现实主义'那种二分法的术语中。这一点向来具有重大的影响。借用这种二分法,这个受操纵的世界就可以利用艺术的双重性来达到自己的目的,也就是藉此能够区分出艺术的优劣来。然而,这种二分法是虚假错误的,因为它所显现出的那些具有张力的要素,譬如鲜明的选择方

---

① [德] 阿多诺:《美学理论》,王柯平译,四川人民出版社 1998 年版,第 387 页。
② [德] 阿多诺:《美学理论》,王柯平译,四川人民出版社 1998 年版,第 462 页。
③ [德] 阿多诺:《美学理论》,王柯平译,四川人民出版社 1998 年版,第 431 页。

式,其意在于迫使普通的艺术家务必二选其一,作出抉择。从关注社会蓝图的伙食供应商的观点来看,凡形式主义的做法理所当然,但应当批判形式主义及其专业化趋向,应当批判对资产阶级幻想的默许态度。"① 从本质上来看,艺术的自律性和社会性是二位一体、不可分割的。二者相互依存,并相互转化。但是形式主义者和倡导"社会主义现实主义"的庸俗马克思主义者则强行把二者分割和对立起来,这也就自然造成了把艺术分割成注重形式和注重内容的两种类型,并以此来判断艺术的优劣和价值。这种二分法是错误的。"实际上,形式主义艺术与反形式主义艺术的对比在很大程度上是站不住脚的。否则,艺术就会完全成了公开或隐蔽的鼓动性演说。"② 事实上并不是只有像现实主义那样在内容上注重批判性的作品才是批判性的,现代主义对形式的强调同样具有批判性和否定性,甚至比现实主义的批判性和否定性更为强烈和彻底。

因此,如果说艺术的形式自律性在俄国形式主义者那里具有本体论意义,在西方马克思主义者这里则是工具性的。艺术自律不是为了完全摆脱与社会历史之间的关系,反而是一种参与社会的方式和途径。所以与俄国形式主义者把艺术自律作为突出艺术自足性,并与传统的文学研究方法诀别不同,西方马克思主义者的艺术自律思想中包含着对艺术功能的定义:被看作一种与资本主义日常生活中"工具—目的"理性相区别的领域,赋予了艺术自律性以社会革命的功能。在他们看来,艺术保持其独立性而与社会相拒斥不是为了彰显其独特的审美价值,而是以另一种方式作用于社会。在一个工具理性统治的社会,艺术只有通过与这种社会保持距离,在与社会的比较中才能显现出其存在价值和意义。现代主义艺术正是以对传统现实主义艺术形式的突破和变异来实现其革命性功能的。艺术不再是现实的附庸,不是既定意识形态的确证,而是现实的对立面和异质存在。艺术通过其自身的形式而保持着对社会的距离,从形式的变异中对既定现实予以否定和批判。可以看到艺术回归形式不是为了逃避现实,反而正是为了参与现实和批判现实。马尔库塞把这种自律性称为艺术与现实之间的异在性,认为"艺术的异在化的传统意向的确是浪漫主义的,因为他们在美学上与发

---

① [德] 阿多诺:《美学理论》,王柯平译,四川人民出版社 1998 年版,第 436—437 页。
② [德] 阿多诺:《美学理论》,王柯平译,四川人民出版社 1998 年版,第 437 页。

展着的社会势不两立；这种势不两立即他们真理之象征"①。艺术正是通过创造另一个现实而与真正的现实相抗争。

由此可以清晰地看到，同样在近代以来由审美现代性开启的艺术自律性环境中成长起来的俄国形式主义和西方马克思主义，在关注艺术的自律自足性和艺术形式的同时却走上了两条不同的道路。俄国形式主义是康德美学的忠实继承者，并把康德的"美是纯形式"理论推向极端。在阿多诺和马尔库塞身上同样可以看到康德的影子，但是他们却是站在由马克思所开创的社会批判的岔路口上审视康德，因此艺术自律性就不再是完全脱离社会，而是为了更有效地参与社会，艺术的自律性和社会性在西方马克思主义美学中成为同一的东西。这种在相同的理论基础上出现的分歧直接影响了他们对艺术本质的不同理解。

第二节　艺术本质：内容与形式的双重变奏

艺术自律就是要排除社会、作者乃至读者的影响。这些因素都是外在的，艺术美只与形式相关。在这一思潮的影响下，由黑格尔所开创的内容与形式的二元论思想在 20 世纪受到了普遍怀疑和摒弃。

从理论源头来看，形式与内容这一二元对立可以追溯到亚里士多德，他的"四因说"中对质料因和形式因的关系的强调可以看作是这一问题的滥觞。② 这一对立在黑格尔哲学中真正形成。黑格尔并没有把形式与内容简单分离，而是强调二者的辩证统一。"内容非他，即形式之转化为内容；形式非他，即内容之转化为形式。""只有内容与形式都表明为彻底统一的，才

---

① 　[美] 马尔库塞：《审美之维》，李小兵译，广西师范大学出版社 2001 年版，第 63 页。
② 　西方美学史上的"形式"（Form）概念内涵甚广，著名美学家塔达基维奇区分了西方美学史上的五种形式概念，并追溯了它们的发展历史。（符·塔达基维奇：《西方美学概念史》，褚朔维译，学苑出版社 1990 年版，第 296—324 页。）赵宪章区分了西方美学史上形式概念的四大源头，并认为这四大源头统治了西方美学史 2500 年，后来的所有形式概念都是这些概念的发展或变种。（赵宪章：《西方形式美学》，南京大学出版社 2008 年版，第 39 页。）苏宏斌也指出亚里士多德的形式—质料的二元对立是黑格尔的形式—内容范畴的源头。（苏宏斌：《形式何以成为本体——西方美学中的形式观念探本》，《学术研究》2010 年第 10 期。）

是真正的艺术品。"① 内容和形式脱离对方是不可能存在的,各自为对方存在的前提并且可以相互转化。但是黑格尔的这种辩证法却建立在唯心主义的根基之上,这种革命性的思想也就受到了其唯心主义体系的损伤。黑格尔认为绝对理念是艺术发展的根本动力,并在不同发展阶段表现为不同的外在形式,这也就自然形成了内容与形式的二元对立。黑格尔认为"美(艺术)是理念的感性显现",理念是艺术的内容,而只有通过美的形式这种理念内容才能够得以显现。虽然黑格尔强调理想的艺术是理念内容和感性形式的完美统一,就像古希腊的古典型艺术那样,但是从根本上来看,内容才是艺术的主导因素,艺术的发展和终结最终都导源于理念内容对感性形式超越。形式对于内容来说是依存性的,没有独立自主的地位。所以在《美学》中,黑格尔又说:"一定的内容就决定它的适合的形式。"② 这是黑格尔的唯心主义体系和辩证方法之间的矛盾,必然导致他在抬高理念的地位的同时却丢掉了辩证法。马克思和恩格斯继承了黑格尔的辩证法,对艺术形式给予了足够的重视,主张艺术的"莎士比亚化",反对"席勒式"的把艺术直接作为时代精神的传声筒。苏联马克思主义恰恰忽略了这一点,为了突出艺术的革命性而过度强调内容的重要性,并把注重形式创新的现代艺术和侧重形式研究的形式主义作为资产阶级美学的遗毒而予以批判,最终把马克思主义文学批评引入了庸俗社会学的歧途。

庸俗社会学家们完全忽视了西方现代主义艺术的巨大贡献,因而也就无法看到其所具有的革命潜能。先锋派理论家彼得·比格尔认为:"从十九世纪中叶起,即在资产阶级的政治统治得到巩固以后,这一发展发生了一个特殊的转变:艺术结构的形式—内容辩证法的重心转向了形式。艺术作品的内容,它的'陈述',与形式方面相比不断地退缩,而后者被定义为狭义的审美。从生产美学的观点看,这种从大约十九世纪中叶开始的艺术形式占据统治地位,可将之理解为对手段的掌握,而从接受美学的观点看,可将之看成是一种使接受者变得敏感化的倾向。重要的是,要看这一过程的统一性:当'内容'范畴萎缩时,人们获得了手段。"③ 创作实践领域内的这一

① [德] 黑格尔:《小逻辑》,贺麟译,商务印书馆 1980 年版,第 278—279 页。
② [德] 黑格尔:《美学》(第 1 卷),朱光潜译,商务印书馆 1979 年版,第 18 页。
③ [德] 彼得·比格尔:《先锋派理论》,高建平译,商务印书馆 2002 年版,第 84 页。

巨大变化必然要求理论家对其做出解释,这也正是形式主义者所从事的工作。他们在对黑格尔的形式—内容的二元对立进行反思的基础上提出了许多新的理论和见解,从而带来了文学理论和美学研究的范式革命。正如韦勒克所言:"今天很多人都认为过去关于形式与内容之间的区分已经站不住脚,这样说并非言过其实。"① 正因为如此,作为这一思潮的产物,俄国形式主义、英美新批评和西方马克思主义者都试图以新的范畴来替代黑格尔的二元论模式,并将研究重心由内容转向形式。

一、黑格尔模式的现代反思

早在 1901 年布拉德雷(Andrew Cecil Bradley)就对黑格尔的二元对立进行了批评。布拉德雷认为,诗歌说什么(What)和它如何说(How)是一个不可分割的整体,诗歌的本质就在于内容与形式的统一性。人们之所以会提出诗歌的形式和内容孰轻孰重的问题,根本原因在于他们没有把诗歌作为诗歌来读,把艺术作为艺术来欣赏。如果"为诗歌而诗歌"的话,形式与内容的二分法就自然不存在。② 彼得·基维(Peter Kivy)进一步认为割裂形式与内容的统一性容易形成两种理论:一种是把形式比作瓶子,而内容就是装在瓶子里的酒;另一种是把形式比作使药丸变甜的糖衣,而内容才是可以治病救人的良药。无论是"旧瓶装新酒"理论(old-wine-in-new-bottles theory)还是"糖衣"理论(sugar-coated-pill theory)③ 都把形式看作思想、教义等内容的附庸,从而失去了诗歌之为诗歌的本质所在。

形式主义者认为传统文论中的模仿说和表现说过分强调社会和作者因素而唯独忽略了作品自身,重视内容而轻视形式,而这样的文学研究都具有主观随意性,不是客观的文学科学。在他们看来文学的本质不在世界、作家和读者,而在文学作品自身,在文学的形式之中。雅各布森指出:"文学科学的对象并非文学,而是'文学性',即使一部既定作品成为文学作品的

---

① [美]雷内·韦勒克:《批评的概念》,张金言译,中国美术学院出版社 1999 年版,第 51 页。

② Andrew Cecil Bradley, *Poetry for poetry's sake*: *An inaugural lecture delivered on June 5, 1901*, Oxford: Clarendon Press, 1901.

③ Peter Kivy, *Philosophies of Arts*: *An Essay in Differences*, Cambridge University Press, 1997, pp.88-90.

特性。"① 文学性才是文学的核心要素,是文学作品区别于其他作品的标志,即由文学语言所构成的陌生化形式。形式在俄国形式主义者那里具有了本体论意义。"文学作品是纯形式,它不是物,不是材料,而是材料的比。正如任何比一样,它也是零维比。因此作品的规模,作品的分子和分母的算术意义无关紧要,重要的是他们的比。"② 文学不是作品中所表达的思想和感情,而是形式因素中各种要素的组成关系,是语词的运用、句子的安排、篇章的布局和材料的组织等。他们试图取消形式与内容的二元对立,而以形式统摄内容。形式不是承载内容的工具,不再仅仅是一个外壳,而是有活力的、具体的整体,它本身便具有内容。文学中的思想就融汇在文学形式中,成为构成文学的"材料",而艺术就是一种组织"材料"的"手法"。在什克洛夫斯基看来,哈姆莱特的延宕不是由于其性格,而只是剧情组织的结果。从文学史的角度看,文学的历史就是新形式代替旧形式的形式发展史。在文学的历史里产生影响的各种要素中,促使新形式出现的主要是作品对作品的影响而与社会历史内容无关。文学史是一种自律自足的艺术自我发展的历史。而要"确定文学科学的特点的努力,首先在于把'形式'宣布为研究的主要问题,把它当作某种特有的东西,即缺了它艺术就不存在的东西看待"③。虽然埃亨鲍姆在对俄国形式主义做总结时也承认他们的研究并不排除诸如社会学、哲学、心理学、美学等研究方法,也承认文学与外部世界的联系,但其依然坚持认为文学研究应关注形式,形式研究才是真正的文学研究。

　　新批评派的代表人物兰色姆提出了"肌质"(texture)与"架构"(structure)这一对立。架构就是能用散文进行转述的部分,是使作品的意义得以连贯的逻辑线索,肌质则是作品中无法用散文加以转述的部分,是诗歌的审美效果得以实现的保障。韦勒克对上述观点的合理性给予了充分肯定,并在此

---

① [美]乔纳森·卡勒:《文学性》,载《问题与观点:20 世纪文学理论综述》,马克·昂热诺编,史忠义、田庆生译,百花文艺出版社 2000 年版,第 27 页。

② [俄]什克洛夫斯基:《巴扎洛夫》,转引自方珊《形式主义文论》,山东教育出版社 1999 年版,第 82 页。

③ [俄]埃亨鲍乌姆:《谈谈形式主义者的问题》,载《十月革命前后苏联的文学流派》(下编),翟厚隆编,上海译文出版社 1998 年版,第 206 页。关于本文作者,全书正文中统一采用埃亨鲍姆这一通用译法。

基础上对这一问题继续推进。韦勒克认为,在实际的审美过程中,内容和形式是不能完全区分开来的,内容必须通过一定的结构框架来表达,这样内容也就变成了形式,形式也渗透了内容。和俄国形式主义者一样,韦勒克认为如果把文本中与审美效果无关的因素称为"材料",而把影响文本审美效果的因素称为"结构",这样更加合理。"材料"包括了原先被划归为形式的一些部分,"结构"则包括了原先的内容和形式中与审美有关的部分。

　　和韦勒克类似,巴赫金认为在审美活动中内容和形式共同构成了一个审美客体。在审美客体中没有内容和形式的严格区分,哲学的、政治的、宗教的和伦理的等意识形态内容必须转化为艺术形式才能具有审美价值,而这一转化也就使形式本身变成了内容。审美效果的达成不仅仅依赖于形式,还包括丰富的意识形态内容,二者的相互融合才能构成一个完美的艺术世界。如果说韦勒克的"审美效果"还局限在形式主义的范畴之内的话,巴赫金的"审美客体"概念则已经超越了形式主义。另外还有英伽登等诸多理论家对形式与内容的关系问题进行了反思,但是对马克思主义并没有形成决定性的影响,因此在此不予赘述。

二、艺术形式的革命潜能

　　形式主义理论家所采取的这种消解内容与形式的二元对立思想是与当时的庸俗马克思主义相抵触的。马克思主义文学批评传统反对一切形式主义和"为艺术而艺术"的倾向,注重形式与内容的辩证统一。但这种思想在当时苏联的文学批评中被置换成重内容而轻形式的倾向。正是这一尖锐的矛盾一直阻碍着形式主义与马克思主义之间的对话,并使其受到压迫而最终消亡。然而由于这种形式主义思想后来在新批评和结构主义的影响下成为欧美最为辉煌的思想,并且重形式的现代主义艺术正在席卷当时的欧美大陆,这使西方马克思主义与俄国形式主义的对话成为可能。作为马克思批判思想继承者的西方马克思主义要使其文学的批判功能得以彻底发挥,首先要解决的就是形式是否具有批判性的问题。正如比格尔所言:"对作为社会子系统的艺术进行自我批判只有在内容也失去他们的政治性质,以及艺术成为艺术之外其他什么也不是时,才是可能的。"① 因此,在艺

---

① ［德］彼得·比格尔:《先锋派理论》,高建平译,商务印书馆2002年版,第93页。

术创作和研究领域把重心普遍由内容转向形式的时候,如果西方马克思主义者要取得新的成就,就必须摒弃苏联的僵化模式,建立一种全新的形式美学观。

马克思认为作为上层建筑的文学艺术最终受经济基础决定,而不是一种自为的存在。在内容与形式的关系中,内容是主导因素,"形式是历史地由它们必须体现的'内容'决定的;它们随着内容本身的变化而经历变化、改造、毁坏和革命。'内容'在这种意义上优先于'形式'。"① 而从文学发展史的角度来看也和俄国形式主义持一种截然相反的观点,认为"文学形式的重大发展产生于意识形态发生重大变化的时候,他们体现感知社会现实的新方式以及艺术家与读者之间的新关系"② 。然而,西方马克思主义者却在艺术本质问题上背离了马克思的这种内容决定论,采取了形式主义的观点。在他们看来,文学中所体现的历史是以文学的方式表现出来的,而不是像某种高级形式的社会文件那样直接。文学以其特有的方式把丰富多彩的社会历史内容积淀在其形式之中。形式已经不再是内容的外壳,而是具有丰富内涵的沉淀物。小说也就不只是一种纯粹的艺术形式,而成为"黑暗时代的史诗",是失去总体性的现代社会的一剂良药。正因为如此,卢卡奇对艺术形式问题极为关注,并将形式作为早年乃至一生学术研究的中心问题。在卢卡奇看来,文学的本质就是形式,或者说,正是形式才使一段语言表达成为文学。作家的创作实际上是一种形式的创造,也正是对形式的不同创造力和运用能力,以及处理形式的不同方法,决定了作家的水平和层次。正如卢卡奇所指出的:"如果有谁把文学的形式比作棱镜里被折射的阳光,那么,论说文作家的作品就好比是紫外线。"③ 如果说文学或诗歌是对人类命运的描写和再现,那么这种描写和再现也必须通过艺术的形式而得以实现。在优秀的诗作中,这种被描写和再现的命运已经与使其以文学的方式得以存在的形式融为一体。这种融合在论说文中表现得更加突出。"因为诗从命运中获取它的外观和它的形式,所以它的形式总是显得像命

---

① [英]特里·伊格尔顿:《马克思主义与文学批评》,文宝译,人民文学出版社 1980 年版,第 26 页。

② [英]特里·伊格尔顿:《马克思主义与文学批评》,文宝译,人民文学出版社 1980 年版,第 28 页。

③ [匈]卢卡奇:《卢卡奇早期文选》,张亮译,南京大学出版社 2004 年版,第 127 页。

运；但是，在论说文作家的作品那里，形式变成了命运，这就是创造命运的原则。"① 基于此，卢卡奇认为批评家的任务就是通过对文学形式的剖析来从中发现人类的命运。"批评家就是那种在形式中瞥见命运的人：他们最深刻的体验也就是形式间接地、不自觉地隐藏在自身中的心灵的内容。形式是他的伟大的体验，形式——如同直接的现实——是表象的因素，是他的作品的真实的活着的内容。这个形式，从生活象征的一个象征沉思中跃出，通过这个体验的力量得到了它自己的生命。它成为一种世界观，一种面对它所来自的生活的态度：一种再塑它、重新创造它的可能。因此，批评家的命运时刻，是事物变为形式的时刻——在这样的时刻，形式之或远或近的所有感情和体验都接收了形式，被融化、压缩为形式。这是内部和外部、心灵与形式联合的神秘时刻。"② 我们在此不厌其烦地对卢卡奇的论述进行如此大段的引用，是因为这段话清楚地表明了卢卡奇早年对形式的基本认识。但是，这只是早期的卢卡奇论述形式问题的只言片语，事实上，形式问题是他早期著作和思想的核心问题。美国学者 E. 巴尔对此有更为全面的阐述，如其所言："在卢卡奇的这些早期著述中，关键的一个词就是'形式'。卢卡奇对这个词异常重视，这一点从标题本身就可以看出，例如：《柏拉图主义·诗歌与形式》、《生活形式的破碎》、《欲望与形式》、《片刻与形式》以及《财富、混乱与形式》等。重要的是要紧紧抓住这样一个事实，即卢卡奇的整个一生都致力于研究形式的历史：最初他把德国唯心主义，尤其是威廉·狄尔泰赋予他的理论基础作为出发点，后来则把马克思主义作为基础。黑格尔哲学是这两个时代的联系环节，而卢卡奇则从右翼黑格尔主义转向左翼黑格尔主义，从克尔凯郭尔转向路德维希·费尔巴哈。那时，卢卡奇还在研究心灵与形式，后来研究精神与形式，而最后则探讨社会与形式。卢卡奇所理解的形式，主要是指艺术。他认为艺术是'借助形式的暗示'。因此，形式史始终是他的文学理论和美学理论的本质，除非理论基础在他的发展过程中发生了彻底的变化。"③ 这段话明确概括了卢卡奇学术研究的特点，即对形式的关注。形式成为贯穿卢卡奇学术研究始终的一条主线，尤其是在早期研

---

① [匈] 卢卡奇：《卢卡奇早期文选》，张亮译，南京大学出版社 2004 年版，第 128 页。

② [匈] 卢卡奇：《卢卡奇早期文选》，张亮译，南京大学出版社 2004 年版，第 129 页。

③ 张伯霖等编译：《关于卢卡契哲学、美学思想论文选译》，中国社会科学出版社 1985 年版，第 66 页。

究中,形式更是研究的重心所在。可惜的是,卢卡奇的早期著作和文章现在很难搜集全面,这为我们明确揭示卢卡奇的形式思想造成了困难。但是,可以肯定的是,作为由苏联的正统马克思主义向西方马克思主义的过渡人物,卢卡奇对形式的关注直接影响了法兰克福学派的美学特征的形成。

卢卡奇关注形式就是为了解决艺术形式如何积淀社会历史内容的问题。如果说卢卡奇采用的还是黑格尔式的二元论的话,阿多诺和马尔库塞则更接近于形式主义的形式一元论思想。尽管阿多诺在其《美学理论》的开篇就指出艺术本质难以界定,传统的对艺术的本质主义界定已经使人难以容忍,而真正的艺术已经向其自身的本质提出了挑战。在内容与形式的关系问题上,阿多诺认为,"不断重申形式与内容交互作用的基本观念也是同样空洞而无意义的。如果这一观念要取得某种可信性,那它必须得详加论证,并且得联系特定的艺术对象予以说明,这些艺术对象的形式与实体因素是交融混合在一起的。"[1] 也就是说,在具体的艺术作品中,形式与内容实际上是无法分离的。因此,在研究中也不能孤立和抽象地研究形式或内容,而是应该具体化到特定的艺术作品上加以论证和说明,具体分析形式与内容的互渗关系。在他看来,一部作品的审美形式应当被视为与内容纠缠在一起的东西,要知解形式必须通过内容来进行。但是他认为"凡是在美学将艺术当做一个给定物予以处理的地方,美学总是以主要的形式概念为先决条件的",而"艺术能否继续生存下去的问题,有赖于一种新的形式美学出现的可能性"[2],因为"无论艺术作品在任何地方发动自我批评,都是通过形式进行的,……作品的存在应归功于形式。"[3] 因此,艺术的问题与形式的问题紧密联系在一起,二者生死与共。是形式使艺术作品的存在成为可能,形式也是美学和艺术发展的推动性因素,而艺术的危机主要就是形式的危机。

阿多诺认为,事实上,"使艺术作品具有社会意义的东西正是以形式结构来说明自身的内容。"[4] 也就是说,艺术作品的社会性并不是让社会现实像社会主义现实主义中的斯大林主义那样直接进入作品,那样艺术就会成为政治和意识形态的传声筒,而是要经过形式结构的重铸,使其具有审美价

---

① [德] 阿多诺:《美学理论》,王柯平译,四川人民出版社 1998 年版,第 493 页。

② [德] 阿多诺:《美学理论》,王柯平译,四川人民出版社 1998 年版,第 247 页。

③ [德] 阿多诺:《美学理论》,王柯平译,四川人民出版社 1998 年版,第 251 页。

④ [德] 阿多诺:《美学理论》,王柯平译,四川人民出版社 1998 年版,第 394 页。

值,也只有依附于审美价值的内容才具有真正的社会意义。因此,在艺术中,"形式是理解社会内容的钥匙"①。正如詹姆逊在阿多诺的著作中所发现的:"一部艺术作品的内容,归根结底要从它的形式来判断。正是作品实现了的形式,才为作品于中产生的那个决定性的社会阶段中种种有利的可能性提供了最可靠的钥匙。"②因此,阿多诺对注重形式创新的现代艺术的青睐就不难理解了。他在驳斥对艺术中内容与形式进行庸俗的二分法的同时坚持这两者的整一性,并试图用素材、意义等范畴取代内容与形式。这与俄国形式主义和新批评的观点极其相似,但又超越了他们。在他看来形式不仅仅是程序、技巧和结构,也不仅仅是韵律、朦胧和张力,形式中还承载着真理的内涵。他由此批驳了传统美学中的两种形式观念。一种是将形式和对称或重复等同起来的倾向,这种理论试图通过诸如连贯、重复以及均衡、对称、不平衡等来确立艺术之永恒不变、普遍有效的特征。在他看来,这种把形式作为艺术作品先决条件的观点是不正确的,它忽视了艺术中的非连贯性、非均衡性和差异性。其二,他反对把形式等同于数理关系,认为这种数学关系只是一种方法,是形式的载体,而不是形式本身。

在阿多诺这里,形式已经不再是形式主义者意义上的纯形式,而是具有了包含着意识形态等真理性内容的形式。艺术形式也就不仅仅是一种审美的对象,而且成为对现代异化社会进行批判的有力武器。阿多诺之所以看重现代主义艺术,原因就在于现代主义艺术在形式方面的反常化所针对的正是现实主义艺术面对这种异化现实的无能为力。现代主义"艺术由于在艺术形式水平上反对现实世界,同时也由于时刻准备援助和改造现实世界,结果成为一种性质相异的实体"③。现代主义的艺术自律性和社会性的统一就在于通过与现实的隔离来实现对社会现实的批判,而其实现的途径就是赋予艺术形式以新的功能。现实问题往往通过积淀为艺术形式而得以表现,这正是艺术与现实的关系所在。因为"现实中尚未解决的对抗性,经常伪装成内在的艺术形式问题重现在艺术之中"④,因此,阿多诺认为,"激

---

① [德]阿多诺:《美学理论》,王柯平译,四川人民出版社1998年版,第394页。
② [美]弗雷德里克·詹姆逊:《马克思主义与形式》,李自修译,百花洲文艺出版社1997年版,第44页。
③ [德]阿多诺:《美学理论》,王柯平译,四川人民出版社1998年版,第3页。
④ [德]阿多诺:《美学理论》,王柯平译,四川人民出版社1998年版,第9页。

进的现代主义艺术是想凭借形式语言来铲除以社会现实主义为特征的肯定性痕迹,藉此反对那种勾结串通行为。形式激进主义具有社会性契机。"①现实主义往往会成为对现实的肯定,而以否定现实社会为特征的批判现实主义的批判性也远远无法撼动强大的资本主义异化现实。相对于现实主义,现代主义具有更强烈的批判性。波德莱尔的《恶之花》甚至比巴尔扎克的《人间喜剧》更具有批判性的原因就在于此。之所以会这样,因为"在艺术中,丑恶和残酷并非单单是对丑恶与残酷事物的描绘。……艺术的形式愈纯粹,自律性程度愈高,它们就愈残酷。另一方面,对不甚残酷而更为人道的态度的任何要求——这同时也等于要求创造迎合其潜在观众之趣味的艺术——如果受到艺术家的重视的话,那只会冲淡其作品的特性,因为这将意味着用形式律来进行拙劣的修修补补。……这是艺术的原罪,也是艺术对以毒攻毒的道德伦理的永久抗议。"②尽管批判现实主义也反映这个残酷的现实,但那也只是一种修修补补,并不具有摧枯拉朽的力量。只有更残酷、更丑恶的艺术才能揭示和批判这个残酷的现实。因此,阿多诺和法兰克福学派的其他理论家都对现代主义更情有独钟。

现代主义艺术最突出的特征不在于其内容,而在于其形式。可以说,对于现代主义艺术来说,形式就是内容,内容已经积淀为形式。"艺术品所特有的东西,即作为内容之积淀的形式,永远无法充分掩盖其起源。也不应当如此。当形式成功地恢复了积淀在形式中的内容的生命力之时,才会判定某物在审美意义上已大功告成。……艺术作品不是以直接的,而是以间接迂回的方式从现实中汲取内容,这样一来,内容往往依附在那些似乎想要回避他的作品之中。"③阿多诺在此对康德的"无目的的合目的性"做了重新解释,而形式与内容的关系则是对黑格尔理论的校正。艺术形式中已经具有了明显的政治和意识形态内涵,并且成为社会解放的武器。"虽然艺术中的形式特征不应从直接的政治条件出发予以解释,但它们的实质性内涵就包括政治条件。所有真正的现代艺术均寻求形式的解放。这一趋势是社会解放的一种暗码,因为形式——各种细节的审美综合体——再现出艺术作

---

① [德]阿多诺:《美学理论》,王柯平译,四川人民出版社1998年版,第88页。

② [德]阿多诺:《美学理论》,王柯平译,四川人民出版社1998年版,第89页。

③ [德]阿多诺:《美学理论》,王柯平译,四川人民出版社1998年版,第244页。

品与社会的关系。难怪形式的解放是对现状的强烈谴责或诅咒。"①形式是现代主义艺术的核心要素,阿多诺也正是要通过对现代主义艺术的分析和研究来探究建立一种新的形式美学的可能性。但是,他所建立的这种形式美学和形式主义有根本的不同。这种形式美学并不排斥内容的存在,或者说这种形式美学实质上就是一种内容美学。

　　基于此,阿多诺对形式美学与内容美学的分离状况进行了批判。阿多诺认为,"在形式美学与实体美学之间的冲突中,后者似乎占了上风,这完全是因为各个作品或整个艺术的要素(即其目的)不是形式上的,而是实体性的。然而,艺术只是凭借审美形式才成为实体性的。反之,美学假如想主要研究形式的话,那么它必然成为实体性的,因为它务必设法使形式说话。"②也就是说,分别注重形式与内容的形式美学和实体(内容)美学都不是辩证的。事实上,正如在艺术中形式与内容不可分割一样,形式美学与实体美学也不可分割。艺术的内容只有通过审美形式才能够得以体现,而形式也只有具有内容才有价值。所以好的美学应该是二者的辩证统一,形式中有内容,内容寓于形式之中。同理,形式美学应该关注形式中的这种实体性内容,让形式自身说话,而实体性美学也应该把这种内容寓于形式之中,成为形式中的一种政治无意识。可以说,在阿多诺这里,形式与内容或形式美学与内容美学的辩证统一正是艺术的自律性和社会性的辩证统一这一哲学基础在艺术本质问题上的体现。

　　马尔库塞同样关注形式问题。他认为"那种构成作品的独一无二、经世不衰的同一的东西,那种使一切制品成为一件艺术作品的东西——这种实体就是形式。借助形式而且只有借助形式,内容才获得其独一无二性,使自己成为一件特定的艺术作品的内容,而不是其它艺术作品的内容。"③形式使艺术成为现实并获得独特性。在这里马尔库塞似乎采用了一种形式与内容的二分法,其实不然。不同于形式主义者的形式一元论和阿多诺对形式与内容的置换,马尔库塞认为形式对内容具有整合作用,艺术的本质在于融汇了内容的审美形式。而"所谓'审美形式'是指把一种给定的内容(即

---

① [德]阿多诺:《美学理论》,王柯平译,四川人民出版社1998年版,第435页。
② [德]阿多诺:《美学理论》,王柯平译,四川人民出版社1998年版,第492页。
③ [美]马尔库塞:《审美之维》,李小兵译,广西师范大学出版社2001年版,第179—180页。

现实的或历史的、个体的或社会的事实）变形为一个自足的整体（如诗歌、戏剧、小说等）所得到的结果。"在艺术中形式与内容已经合二为一，形式即是内容，内容即是形式。而"一件艺术作品的真诚或真实与否，并不取决于它的内容（即是否'正确地'表现了社会环境），也不取决于它的纯粹形式，而是取决于它业已成为形式的内容。"①因此本来由内容所承载的艺术的意识形态和社会批判性在这里自然而然地转移到了审美形式上。

阿多诺和马尔库塞的这种观点被伊格尔顿和詹姆逊所继承，不同在于，他们对形式与内容之间关系的论述更具有开放性，并以文学艺术为分析对象，最终形成了"形式的意识形态"这一最能代表马克思主义的形式观念的学说。对二者的形式观念我们在后文关于伊格尔顿和詹姆逊思想的专章中再详细阐述。

由此可见，俄国形式主义和西方马克思主义都试图消解形式与内容的二元对立，而把艺术本质定位在形式上，但俄国形式主义的形式是一种不包含任何外在因素的纯粹的审美形式，而阿多诺和马尔库塞的审美形式中却包含着社会批判的内容因素。对艺术本质的不同阐发导源于他们对艺术功能的不同理解。

第三节　艺术功能：感性能力的恢复与生成

自古希腊以来，西方世界对理性的过分强调导致理性对感性的压抑，以及近代以来工业文明的巨大发展造成的工具理性对人性的分裂，已经引起了哲学和美学界的关注和反思。由此所带来的反理性思潮的勃兴和对感性的张扬成为对抗理性压抑和人性分裂的重要力量。康德、席勒、尼采、叔本华、柏格森、弗洛伊德等等都把这种感性的力量寄托到文学艺术上，试图通过在艺术中的审美活动达到人性的复归和完善。由此，感性、文学、审美和解放等被紧密地联系在一起。文学的审美和感性层面不在于文学中所包蕴和传达的思想内容，而在于其语言形式。于是自20世纪以来，俄国形式主义和西方马克思主义在艺术功能问题上都特别关注文学形式对感性的恢复与生成的重要作用。什克洛夫斯基和布莱希特的"陌生化"理论、马尔库

---

①　[美]马尔库塞：《审美之维》，李小兵译，广西师范大学出版社 2001 年版，第 196 页。

塞的"新感性"及阿多诺和本雅明的"震惊体验"都成为感性复活的重要途径,而后者则直接来源于对前者的吸收、借鉴和改造。

陌生化理论是形式主义的核心理论,也是马克思主义与形式主义对话中的一个重要问题。如果说在艺术自律性和内容与形式的关系问题上马克思主义与形式主义之间的相似性是近代以来艺术创作和美学理论发展的必然结果,是二者在没有直接接触的情况下的一种暗合或潜对话的话,那么马克思主义的陌生化理论的形成则是与形式主义直接对话的结果。这种对话既体现了形式主义和马克思主义这两种不同的文艺理论思潮在文学本质和文学价值观方面的差异,而且彰显了陌生化理论在不同的国别与地域之间旅行所产生的变异。

一、陌生化与文学性

就本意而言,"陌生化"就是"使熟悉的事物变得陌生"(making the familiar strange)。从这个意义上讲,陌生化并不是什克洛夫斯基和布莱希特的首创,它作为文学和艺术创作的一种基本方法,在西方和中国的文学和艺术理论史上都具有悠久的传统。美国学者西尔维亚·杰斯多维克(Silvija Jestrovic)指出陌生化理论在 20 世纪具有两个重要分支:美学的(以什克洛夫斯基为代表) 和政治的(以布莱希特为代表)。从理论渊源来看,前者可以追溯到亚里士多德,后者则开端于苏格拉底。[①] 浪漫主义诗人普遍把陌生化或新奇感作为诗歌的首要任务,因此韦勒克认为陌生化作为一种艺术手法"至少可以追溯到浪漫主义运动",而瓦茨－邓顿把浪漫主义者掀起的这一运动称为"奇迹的复兴"。[②] 华兹华斯、柯勒律治、雪莱、诺瓦利斯、罗丹等艺术大师都把惊奇感或陌生化作为艺术的重要因素,认为这是美感得以产生的根本原因。[③] 正如美学家桑塔耶那所言,"如果重复的刺激不

[①] Silvija Jestrovic, *Theatre of Estrangement*: *Theory*, *Practice*, *Ideology*, Toronto: University of Toronto Press, 2006, pp.118-9.

[②] [美] 勒内·韦勒克、奥斯汀·沃伦:《文学理论》,刘象愚等译,江苏教育出版社 2005 年版,第 289 页。

[③] 对陌生化在西方文艺理论史上的传统的分析可参见杨向荣的《诗学话语中的陌生化》(湘潭大学出版社 2009 年版) 和周宪的《布莱希特与西方传统》(《外国文学评论》1997 年第 3 期),在此不予赘述。

是十分尖锐,我们顷刻之间就会淡忘了它们;像时钟的滴答一样,它们不过变成我们体内状态的一个要素。……我们习惯了的难看的东西,例如风景上的缺点,我们的衣服或墙壁的丑处,并不使我们难堪,这不是因为我们看不见它们的丑,而是因为我们习而不察。"① 之所以会如此,是因为我们不断重复对象对我们的刺激,久而久之,新鲜的事物也会变成老生常谈,我们的感觉也就自然变得麻木和迟钝。"当一些现象太熟悉,太'明显'时,我们就觉得不必对其进行解释了。"② 由此可见,陌生化对认识活动至关重要。黑格尔将"自动化—陌生化"的二元对立上升到哲学认识论的高度,认为"一般说来,熟知的东西所以不是真正知道了的东西,正因为它是熟知的。有一种最习以为常的自欺欺人的事情,就是在认识的时候先假定某种东西是已经熟知了的,因而就这样地不去管它了。……对于一个表象的分析,就过去所做的那样来说,不外是扬弃它的熟悉的形式。"③

由此可见,"使熟悉的事物变得陌生",或者从新的视角来审视我们习以为常的生活,是西方艺术史上的一贯看法。这些思想,尤其是黑格尔的观点,都成为什克洛夫斯基的陌生化的理论资源。④ 虽然都把陌生化作为一种艺术技巧,但相对而言,形式主义者对陌生化在艺术中的作用更加重视。形式主义者认为要获得对生活的重新感知,使生活变得鲜活有力,就需要打破这种习以为常性,这正是艺术的目的之所在,也是艺术之所以成为艺术,文学之所以具有文学性的标志。如塞尔登所言:"艺术品的目的是改变我

① [美]乔治·桑塔耶纳:《美感》,缪灵珠译,中国社会科学出版社 1982 年版,第 72 页。
② [美]乔姆斯基:《语言与心理》,牟小华、侯月英译,华夏出版社 1989 年版,第 27 页。
③ [德]黑格尔:《精神现象学》(上卷),贺麟、王玖兴译,商务印书馆 1983 年版,第 20 页。
④ 形式主义者都把康德作为其思想的来源,而反对黑格尔的内容决定论,唯有什克洛夫斯基在陌生化理论上得益于黑格尔,这在俄国形式主义阵营中是独一无二的。(Douglas Robinson, *Estrangement and the Somatics of Literature*: *Tolstoy*, *Shklovsky*, *Brecht*, Baltimore: The Johns Hopkins University Press, 2008, p.133.) 俄国学者鲍里斯·帕拉莫诺夫(Boris Paramonov)也看到了什克洛夫斯基与黑格尔之间的这种联系。他坚持认为他不是在黑格尔和俄国形式主义之间进行一种遗传性的联系,而仅仅是勾画了二者之间的平行关系。他也注意到什克洛夫斯基是俄国形式主义者中唯一一个提到黑格尔的人,这不只是体现在什克洛夫斯基晚年的作品中。事实上,早在其 1922 年的著作中什克洛夫斯基就已经提到了黑格尔,而在 1925 年的《散文理论》中,黑格尔的因素表现得尤为明显。(Boris Paramonov, "Fromalizm: Metod ili mirovozzrenie?", NLO14(1996): 35-52;转引自 Douglas Robinson, *Estrangement and the Somatics of Literature*: *Tolstoy*, *Shklovsky*, *Brecht*, Baltimore: The Johns Hopkins University Press, 2008, p.135.)

们的感觉方式,使我们的感觉从自动的、实际的转变成艺术的。"① 这也正是现代主义对艺术功能的基本看法,即通过陌生化或新奇的手法来"无利害关系地去感觉对象的性质"②。因此詹姆逊指出:"公正地说,这种把艺术作为感知的更新的观点并非为形式主义者所独有,在现代艺术和现代美学中它处处以这种或那种形式出现,并在新理论中占据首要地位。"③ 伊格尔顿认为俄国形式主义的出现是文学理论进入现代阶段的标志,从这个意义上说,形式主义者把陌生化从简单的文学技法提高到艺术本体论的高度也是艺术现代性的体现。

在《词语的复活》(1914 年) 一文中什克洛夫斯基已经提出了陌生化的基本观念,认为"如果我们要给诗歌感觉甚至是艺术感觉下一个定义,那么这个定义就必然是这样的:艺术感觉是我们在其中感觉到形式(可能不仅是形式,但至少是形式) 的一种感觉。"④ 要感觉到这种形式就要恢复对语言的感知力,要把语言作为诗歌的本体而加以突出。"过去的作家写得太滑溜,太甜美。……极有必要创造一种新的、'硬朗的'的语言,它的目的是看,而不是认知。"⑤ 因此要让词语在诗歌中复活,成为诗歌的目的。形式主义者对未来主义报以极大兴趣,原因就在于未来主义对词语的突出与形式主义的艺术理念非常一致。

在《艺术即手法》(1917 年) 中什克洛夫斯基进一步指出,在人们对外部世界的感知过程中,"事物被感受若干次之后开始通过认知来被感受:事物就在我们面前,我们知道这一点,但看不见它。"⑥ 之所以会出现这种情

---

① [英] 拉曼·塞尔登、彼得·威德森、彼德·布鲁克:《当代文学理论导读》,刘象愚译,北京大学出版社 2006 年版,第 38 页。

② [美] 勒内·韦勒克、奥斯汀·沃伦:《文学理论》,刘象愚等译,江苏教育出版社 2005 年版,第 289 页。

③ [美] 弗雷德里克·詹姆逊:《语言的牢笼》,钱佼汝译,百花洲文艺出版社 1997 年版,第 44 页。

④ [法] 茨维坦·托多洛夫编选:《俄苏形式主义文论选》,蔡鸿滨译,中国社会科学出版社 1989 年版,第 29 页。

⑤ Viktor Shklovsky, "The Resurrection of the Word", *Russian Formalism*: *A collection of articles and texts in translation*, Stephen Bann and John E.Bowlt, eds., Harper & Row Publishers, Inc., 1973, p.47.

⑥ [俄] 维克多·什克洛夫斯基:《散文理论》,刘宗次译,百花洲文艺出版社 1994 年版,第 11 页。

况,因为人的生活过程本身就是感知不断自动化的过程,这是感受的一般规律。动作一旦成为习惯,就会自动完成。当写字和说外语成为习惯的时候就会变成自动化的过程而不会引起人的注意,没有人会记得自己第一次握笔和说话的情景。事物被感知若干次之后就逐渐失去了新鲜性,这时事物就在我们面前,我们知道这一点,但我们却感受不到它。在这种长期的自动化的生活过程中,人的感觉逐渐钝化了,对周围事物习以为常而不能引起我们的关注,一切动作都在无意识中完成而不能给我们留下印象。正如打扫屋子一样,每天习惯性的动作使打扫屋子不再引起人们的注意而成为自动化的无意识行为。这种自动化感觉使生活变得平庸和单调,人变得麻木,没有了新鲜和感动,而"如果许多人一辈子的生活都是在无意识中度过,那么这种生活如同没有过一样"①。这是一种可怕的异化过程,它把人变成了一个个海德格尔所说的"常人"②。人独特的感知能力消失了,个性也随之消弭,人变得庸常化。什克洛夫斯基和海德格尔一样都把摆脱这种异化而恢复对生活的感受力的希望寄托在文学艺术上。我们之所以需要艺术,就是为了打破这种惯常化的生活而恢复对生活的感受力。艺术的这一根本目的的实现就是要通过陌生化的艺术手法,把形式艰深化,从而增加感受的难度,延长感受的时间,这样才能"使石头显示出石头的质感"。文学理论和艺术史上理论家们不断强调艺术的奇异化特点,就是为了强调和突出艺术的陌生化技巧在提高人的感知力方面的独特功能。这正是诗歌艺术审美功能的产生机制,即在自动化和陌生化的辩证法中凸显艺术的审美价值。

这种借助于语言和形式来反自动化的观念被后来的学者们所发展。形式主义者把索绪尔语言学作为理论来源,而索绪尔提出的能指与所指、声音与意义、符号与对象之间的任意性本身就包含了陌生化的可能性。索绪

---

① [俄] 维克多·什克洛夫斯基:《散文理论》,刘宗次译,百花洲文艺出版社 1994 年版,第 10 页。

② 海德格尔认为,在现代社会中,人的独特性消失了,变成了平均化的人,每一个人都成了同质化的"常人"。这个"常人"不是任何确定的人,一切人都是这个常人。因此世界就变得平庸而单调,生活于其中的人都失去了独立判断的能力而随波逐流。正如海德格尔所言,"在这种不触目而又不能定局的情况中,常人展开了它的真正独裁。常人怎样享乐,我们就怎样享乐;常人对文学艺术怎样阅读怎样判断,我们就怎样阅读怎样判断,竟至常人怎样从'大众'抽身,我们也就怎样抽身;常人对什么东西愤怒,我们就对什么东西'愤怒'。"([德] 海德格尔:《存在与时间》,陈嘉映、王庆节译,三联书店 2006 年版,第 147 页。)

尔认为语言符号的能指与所指之间的关系并非是固定的,而是任意的,但当
这种关系变得约定俗成之后,便具有了理据性,这时人们就会失去对能指
本身的感受力而直接关注所指。要使读者将注意力由所指转向能指,就要
打破二者之间的这种约定俗成性和理据性,这样必然使读者产生一种陌生
感,这也正是陌生化的生成机制。正如雅各布森所言:"符号与对象之间相
互矛盾的原因在于,如果没有矛盾就不会有概念的变动,也不会有符号的
变动,概念和符号之间的关系就变得自动化了。这样,活动就会停止,对现
实的意识也就随之死亡。"① 我们不断地处于自动化的危险之中,而陌生化
就是去语境化,就是与赖以存在的语境保持距离,从而凸显存在的个性与差
异。对于诗歌而言,陌生化就是在诗歌中凸显词语自身,把诗歌语言从日常
语言中"突出"出来。穆卡洛夫斯基对诗歌语言与日常语言、标准语言(科
学语言)的区分就基于这一辩证法。

　　穆卡洛夫斯基指出:"对诗歌而言,标准语言是一种背景,用以反映因
审美原则对作品语言成分的有意扭曲,也就是对标准语言规范的有意违
反。……正是这种对标准语言准则的违反,这种系统的违反,使诗歌式地使
用语言成为可能;没有这种可能性也就没有诗歌可言。"② 这和什克洛夫斯
基提出的陌生化理论如出一辙,也可以看作是对陌生化理论的进一步发展。
陌生化针对的是感知的自动化,诗歌语言对标准语言的违背正是为了反自
动化。"一个行为的自动化程度越高,有意识的减少处理就越少,而其前推
程度越高,就越成为完全有意识的行为,客观地说,自动化是对事件的程式
化,前推则意味着违背这个程式。"③ 如果说科技论文采用的是标准语言,避
免前推,而是把读者的注意力集中于论文所传达的信息本身,那么诗歌语言
则是对这种标准语言的有意违反,就是要把语言自身突出出来,置于前景,
使读者的注意力集中于语言自身。

　　在穆卡洛夫斯基的"前推"理论中明显包含着结构主义的"系统"因素,

---

① Holquist and Kliger, "Minding the Gap: Toward a Historical Poetics of Estrangement", *Poetics Today*, 26:4(Winter 2005), p.631.

② [捷]穆卡洛夫斯基:《标准语言与诗歌语言》,载《符号学文学论文集》,赵毅衡编,百花文艺出版社 2004 年版,第 17 页。

③ [捷]穆卡洛夫斯基:《标准语言与诗歌语言》,载《符号学文学论文集》,赵毅衡编,百花文艺出版社 2004 年版,第 18 页。

语言是否具有审美化效果并不是取决于语言自身的特性,而是取决于它与背景语言之间的对比关系。如西尔维亚·杰斯多维克所言:"使熟悉的事物变得陌生的观念不能简单地看作是对材料进行某些审美化处理的结果,它同时也依赖于各种构成要素之间的等级,以及这些要素在艺术结构中与主导要素之间的关系。"① 诗歌语言与标准语言、日常语言不同,诗歌语言突出的是语言本身,把语言的美学功能作为主导因素,而标准语言和日常语言则突出语言所传递的信息,其关注的是语言的信息交流功能。

雅各布森认为,诗歌的功能就在于指出符号和它所指的对象是不一致的。"所以,对任何诗歌来说,重要的不是诗人或读者对待现实的态度,而是诗人对待语言的态度,当这语言被成功地表达时,它就把读者'唤醒',使他看到语言的结构,并由此看到他的新'世界'的结构。"② 诗人通过陌生化来感知语言结构,而最终目的则是感知我们所赖以生存的世界的结构,陌生化仅仅是手段而不是目的。由此可见,形式主义的陌生化理论自身也存在矛盾。文学的陌生化就是要打破感知的自动化而恢复人对社会和生活的感知力,文学与社会之间的关系极为密切。但是形式主义者同时认为文学并不反映旗帜的颜色,文学与社会无关,是自律自足的存在。正是这一矛盾,使形式主义者忽视了陌生化的社会意义,而仅仅成为文学语言的一种存在方式,陌生化成为文学的审美价值凸显和文学史发展的动力,从而被限定在纯文学的牢笼之中,其社会价值被遮蔽了。

西方学术界,尤其是马克思主义者,对形式主义的批评大都是针对他们提出的割裂文学与生活、政治的关系这一主张。什克洛夫斯基晚年对陌生化理论的反思也是从政治角度进行的。

1917 年什克洛夫斯基提出了陌生化理论,在文学研究领域起到了重要作用,但是随着政治和文化环境的变化,及至 20 世纪 30 年代之后,生活千变万化,丰富多彩,生活已经被艺术化了,处处充满了陌生感,陌生化成了后革命生活实践的真实写照。如埃亨鲍姆所言:"普通生活与革命生活之间的区分在于,在革命生活中,对事物的感知被唤醒了。革命生活就好比

---

① Silvija Jestrovic, *Theatre of Estrangement: Theory, Practice, Ideology*, Toronto: University of Toronto Press, 2006, p.20.

② [英] 特伦斯·霍克斯:《结构主义和符号学》,瞿铁鹏译,上海译文出版社 1987 年版,第 70 页。

'使石头显示出石头的质感'那样。"① 在这样的生活中主张陌生化就有犯政治错误的危险,因此包括什克洛夫斯基在内的形式主义理论家们对陌生化已经躲之而唯恐不及。如文学批评家琳达·珍伯格(Lidiia Ginzburg)在她1927 年的一篇日记中所说:"暴露技巧的美妙时光已经一去不复返了(只给我们留下了一个真正的作家——什克洛夫斯基)。现在,批评家们都不得不尽可能地隐藏技巧。"事实上,"在 20 年代后期,审美的陌生化实践在政治上已经值得怀疑;到 1930 年,对陌生化的坚持已经转变成为一种知识分子的犯罪。"② 自此之后,什克洛夫斯基不再继续发挥自己早年提出的陌生化理论,并在晚年对其进行反思。在 1982 年的《散文理论》中,他坦言自己早年提出的陌生化理论只是在语法上犯了一个小小的错误,③ 而这个错误被不断引用以至于成为一个重要的理论。如其所言:"可怜的陌生化。我挖了一个坑,许多不同的孩子都掉了进去。陌生化其实就是将对象从对它的惯常接受中拯救出来,就是使其语意系列膨胀。"④ 什克洛夫斯基把陌生化作为一个纯粹的诗学概念,回避陌生化所包含的政治功能。这是由陌生化的诗学意义和政治意义的矛盾性,以及什克洛夫斯基乃至形式主义理论自身的矛盾性所决定的。而弥补陌生化理论的政治缺失,发挥其革命潜能正是马克思主义者布莱希特和马尔库塞等人所做的工作。正因为如此,托多罗夫指出"形式主义运动的终点正是布莱希特美学的出发点"⑤,陌生化也成为马克思主义和形式主义对话中的一个重要问题。

---

① Silvija Jestrovic, "Theatricality as Estrangement of Art and Life In the Russian Avant-garde", *Substance*, Issue 98/99(Volume 31, Number 2&3), 2002, p.53.

② Svetlana Boym, "Poetics and Politics of Estrangement: Victor Shklovsky and Hannah Arendt", *Poetics Today* 26:4(Winter 2005), p.596.

③ 在《散文理论》中,什克洛夫斯基指出:"是我那时创造了'陌生化'这个术语。我现在已经可以承认这一点,我犯了语法错误,只写了一个'H',应该写'CTPaHHbI ǔ'(奇怪的)。结果,这个只有一个'H'的词就传开了,像一只被割掉耳朵的狗,到处乱窜。"([俄]维克多·什克洛夫斯基:《散文理论》,刘宗次译,百花洲文艺出版社 1997 年版,第80—81 页。)

④ [俄]维克多·什克洛夫斯基:《汉堡帐单》,见张冰:《陌生化诗学:俄国形式主义研究》,北京师范大学出版社 2000 年版,234 页。

⑤ [法]茨维坦·托多洛夫:《批评的批评——教育小说》,王东亮、王晨阳译,三联书店 2002年版,第 34 页。

二、陌生化与革命

在这种西方传统的影响下,虽然布莱希特等人已经对陌生化有了模糊的看法,但是其成熟的陌生化理论的形成则直接得益于什克洛夫斯基的陌生化理论的启发。1935 年,布莱希特受朋友皮斯卡特(Erwin Piscator)的鼓动第一次访问莫斯科。皮斯卡特 1931 年移居莫斯科。他在 1935 年 1 月 7 日的一封邀请信中请布莱希特来莫斯科,并给他介绍认识了退特雅科夫(Tret'yakov)。退特雅科夫是马雅可夫斯基(Mayakovsky)主编的国际刊物 LEF(LEviy Front)的合作编辑,后来成为 Noviy lef(The New LEF)的主编,而什克洛夫斯基正是这两个刊物的撰稿人。布莱希特通过退特雅科夫了解了什克洛夫斯基的陌生化理论,也正是他将什克洛夫斯基的术语“陌生化”(ostranenie)① 翻译为德语词 Verfremdung,从而介绍给布莱希特的。退特雅科夫后来也成为布莱希特著作的俄语译者。什克洛夫斯基本人 1964 年在巴黎的一次采访中也认为是退特雅科夫把自己的理论介绍给了布莱希特。② 在 1935 年的莫斯科访问中,对什克洛夫斯基的陌生化理论的了解使布莱希特的朦胧观念变得异常清晰,但什克洛夫斯基的陌生化理论尚且仅仅应用于诗歌领域,因此如何将其应用于戏剧艺术就成为布莱希特急需解决的问题。观看梅兰芳的表演使这一问题迎刃而解,而早已熟知的马克思的异化理论又赋予布莱希特的陌生化理论以批判维

---

① 对什克洛夫斯基的术语“陌生化”(making the familiar strange)的英文翻译有好几种,在具体分析什克洛夫斯基的陌生化理论的时候,厄尔里希(Victor Erlich)等人多运用 estrangement 和 defamiliarization,而在讨论布莱希特与什克洛夫斯基的陌生化理论的关系问题时,道格拉斯·罗宾逊(Douglas Robinson)和西尔维亚·杰斯多维克(Silvija Jestrovic)等人多用 ostranenie 表示什克洛夫斯基的“陌生化”,而用德语词 Verfremdung 表示布莱希特的“陌生化”。英文中也常用 estrangement、alienation 或 disillusion 来翻译德语词 Verfremdung。(John Willett, *The Theatre of Bretolt Brecht: A Study from Eight Aspects*, London: Methuen & Co. Ltd., 1959, p.179.)中国学界则将布莱希特的术语 Verfremdung 翻译为“陌生化”(estrangement)、“间离效果”(Verfremdungseffkt、alienation)和“去幻觉化”(disillusion)。其中“间离效果”最为普遍,但是从渊源角度来看,笔者认为用“陌生化”更为合适。

② Douglas Robinson, *Estrangement and the Somatics of Literature: Tolstoy, Shklovsky, Brecht*, Baltimore: The Johns Hopkins University Press, 2008, pp.167-72, p.284.

度。① 这次短暂的访问之后，布莱希特就于 1935 年正式提出了自己的陌生化理论。可以说，西方艺术中的陌生化传统、马克思的异化理论、什克洛夫斯基的陌生化理论和梅兰芳的戏剧表演是布莱希特陌生化理论得以形成的四大来源。但是正如没有星星之火难以形成燎原之势一样，如果没有什克洛夫斯基的陌生化理论的启发，布莱希特的陌生化理论也难以形成。因此，韦勒特（John Willett）认为，从这个意义上说，毫无疑问，布莱希特也是一个形式主义者。②

在形式主义这里，感知的陌生化和自动化是一对二元对立，而自动化和陌生化的转换则必须依赖于人的感知能力。因此，人的感知能力既是陌生化的基础，又是其目的。陌生化理论是俄国形式主义的理论基石，可惜的是他们并没有在陌生化与人的感性生成的关系方面继续发展，什克洛夫斯基也只是简单提及而已，而更主要的是把陌生化限定在文学语言对日常语言的变异方面，最终却使文学滑落为无意义的文字游戏，其理论意义被自身消解了，而雅各布森、穆卡洛夫斯基等人则更多地是将其作为一种文学手法和文学性的标准而进行分析。

尽管布莱希特的陌生化理论得自于什克洛夫斯基的启发，但是作为一个马克思主义者，二者之间却有着本质性的区别。形式主义者认为陌生化只能应用于诗歌领域，而对戏剧艺术并没有解释力，但是布莱希特解决了这一难题。什克洛夫斯基认为陌生化就是要使对象变得新奇，从而打破自动化了的感知习惯。和什克洛夫斯基一样，布莱希特也认为，"把一个事件或者一个人物性格陌生化，首先意味着简单地剥去这一事件或人物性格中的理所当然的、众所周知的和显而易见的东西，从而制造出对它的惊愕和新奇感。"③ 但

---

① 德国学者莱因霍尔德·格里姆认为马克思的"异化"理论也是布莱希特的"陌生化"理论的重要来源。(莱因霍尔德·格里姆：《陌生化——关于一个概念的本质与起源的几点见解》，载《布莱希特研究》，张黎编，中国社会科学出版社 1984 年版。) 在英文中，马克思的"异化"被翻译为 alienation，而布莱希特的陌生化有时也用 alienation 来表示。作为一个马克思主义者，马克思的影响对布莱希特是至关重要的。这种影响主要体现在对资本主义异化现实的有力批判方面，也正是它赋予了布莱希特的陌生化理论以批判维度。但是，从艺术的角度来看，布莱希特的陌生化与马克思的异化的区别也是极为明显的。

② John Willett, *The Theatre of Bretolt Brecht: A Study from Eight Aspects*, London: Methuen & Co. Ltd., 1959, p.208.

③ 张黎编：《布莱希特研究》，中国社会科学出版社 1984 年版，第 204 页。

是这种新奇和陌生并不是让对象变得难以理解。陌生化作为一种理解策略,是一个否定之否定的过程,是由理解到不理解再到理解的过程。陌生化就是要在演员和观众之间建立一种间隔,但是它"不像人们一般想象的那样,仅仅存在于制造间隔,而且同时并恰恰存在于在更高一级水平上消除这种间隔。制造间隔本身只是第一步。布莱希特所运用的一切着重于制造间隔的手段,其最终目的都在于促使观众完成第二步:消除间隔。"① 因此,从辩证法的角度来看,在布莱希特的剧作中,他使情节和形象远离我们,同时又接近我们;让我们在感到陌生的同时又感到熟悉。什克洛夫斯基和布莱希特都要使对象变得新奇和陌生,但是什克洛夫斯基的陌生化旨在通过使对象变得新奇而增加感知难度从而增强人的感知能力,而布莱希特的陌生化则是要使观众对剧情达到更深刻的理解,从而提升人对生活现实的反思和批判能力。前者依赖于人的感性,而后者则是一个由感性到理性的发展过程。

这种全新的理念必然产生出全新的戏剧理论,而它的矛头直接指向长期以来在西方戏剧理论史上居于统治地位的亚里士多德的戏剧理论。因此布莱希特也称自己的戏剧为"非亚里士多德戏剧"、"史诗剧"或"辩证戏剧"。亚里士多德认为戏剧的目的就是通过引起观众的情感共鸣,从而达到对观众的精神世界的净化和陶冶。这种戏剧理论要求戏剧与生活的同一,让观众在戏剧中看到真实的生活,因此演员在表演过程中要投入剧情,并带领观众的情绪跟着情节的变化而变化。布莱希特认为,观众的这种共鸣只是一种幻觉,它已经让观众在戏剧中忘记了现实的残酷,从而失去了对社会现实的清醒认识。现代社会已经被完全异化,因此需要艺术来培养和提高人们对这种异化现实的反思和批判能力。亚里士多德的戏剧理论不但不能达到这种效果,反而让观众在共鸣中失去了批判力和反思力,从而成为这种异化现实的帮凶。

布莱希特认为,"每一种旨在完全共鸣的技巧,都会阻碍观众的批判能力。只有不发生共鸣或放弃共鸣的时候,才会出现批判。"② 这并不意味着在戏剧中要完全排除共鸣的存在,但是共鸣必须,而且可能在不失去其艺术

---

① 张黎编:《布莱希特研究》,中国社会科学出版社 1984 年版,第 204 页。

② [德] 布莱希特:《布莱希特论戏剧》,丁扬忠等译,中国戏剧出版社 1990 年版,第 249 页。

性质的同时,使观众能够采取批判的立场。观众的批判是双重的,它涉及对演员的立场(他表演得对吗?),也涉及对演员所表演的世界的立场(这个世界应当这样继续存在吗?)。要实现这种批判的立场,就需要创造一种技巧,它与那种为了完全共鸣的技巧不同。这种技巧就是陌生化,或称为间离。正是这种"间离方法将观众那种肯定的共鸣的立场转变为批判的立场"①。就拿莎士比亚的《李尔王》来说,"共鸣戏剧使观众受到李尔王对女儿们的愤怒的感染,这样观众也仅仅同样感到愤怒,但是不能检验这种愤怒是否不合理。而在陌生化戏剧中观众可能对李尔王的愤怒感到惊讶,同时还可能产生其它的反应等等。"② 由此可见,在传统的共鸣戏剧中,观众只是一个欣赏者,而在布莱希特的陌生化戏剧中,观众应该成为冷静的观察者和思考者,而不是被剧情所迷惑和欺骗的愚昧看客。这种戏剧就是要遏制观众的共鸣,把本来熟悉的东西变得陌生,从而在观众中间激发起一种惊奇效果,以此激发观众的思考。布莱希特把戏剧的变革作为社会变革的前奏,并且认为理想的戏剧首先是要塑造具有独立思考和批判能力的观众,而把观众从传统共鸣戏剧的幻觉中解放出来就成为重中之重。

　　什克洛夫斯基的陌生化理论推动了布莱希特的陌生化理论的形成,而布莱希特的陌生化理论反过来又影响了什克洛夫斯基在 1960 年代对自己早年提出的陌生化理论的反思和修正。什克洛夫斯基对这一点直言不讳,明确表明布莱希特对自己有所启发。也正是出于这一原因,什克洛夫斯基于 1964 年访问了巴黎,并在此期间见到了托多罗夫。③ 1965 年,托多罗夫在巴黎出版了俄国形式主义的选集,也正是这部选集使马尔库塞接触到了俄国形式主义,尤其是什克洛夫斯基的《艺术即手法》和埃亨鲍姆的《"形式主义方法"的理论》两篇文章,并从中发现了与他对资产阶级社会的分析相关联的地方。虽然直到 1965 年马尔库塞才真正接触到了俄国形式主义的陌生化理论,但是他于 1964 年出版的《单向度的人》中就已经论述了布莱希特的陌生化理论。在 1969 年出版的著作《论解放》(*An Essay on*

---

① [德]布莱希特:《布莱希特论戏剧》,丁扬忠等译,中国戏剧出版社 1990 年版,第 250 页。
② 张黎编:《布莱希特研究》,中国社会科学出版社 1984 年版,第 167 页。
③ Galin Tihanov, "The Politics of Estrangement: The Case of the Early Shklovsky", *Poetics Today* 26:4 (Winter 2005), p.689. 另一说法是,在 1964 年什克洛夫斯基访问巴黎时二人并未相会,正式会晤是在 1966 年。

Liberation) 一书中,马尔库塞在分析布莱希特的陌生化理论的时候提到了什克洛夫斯基和埃亨鲍姆的文章,并将其理论运用于对发达工业资本主义的艺术和现实的分析之中。马尔库塞在《新感性》一文中引用了什克洛夫斯基和埃亨鲍姆的观点,可以说他的新感性就是对康德、什克洛夫斯基和布莱希特理论的综合,而写作此文的直接诱因可能就是什克洛夫斯基的陌生化理论的启发。①

马尔库塞看到高度工业化的资本主义社会是一个单向度的社会,工人阶级已经被社会所同化,失去了反抗的能力,因此政治革命变得不再可能,于是改变社会的责任就自然转到了文化和审美领域里。他通过弗洛伊德之眼看到在这个高度理性化的社会里,高度的工业文明是以感性的压抑为代价的,在这里人沦为非人,而这种对立的和解就是要取消这种专制,恢复"爱欲",即"恢复感性的权利"而获得自由。马尔库塞把感性的解放与人的异化现实联系起来,认为它是将人从中解放出来的最佳途径。"在一个以异化劳动为基础的社会中,人的感性变得愚钝了:人们仅以事物在现存社会中所给予、造就和使用的形式及功用,去感知事物;并且他们只感知到由现存社会规定和限定在现存社会内的变化了的可能性。因此,现存社会就不只是在观念中(即人的意识中)再现出来,还在他们的感觉中再现出来。"②这种异化现实在消费社会中表现得更为明显,而通过感性解放以打破消费社会商品对人的感知和思维能力的侵蚀就"成为彻底重建新的生活方式的工具。它已成为争取解放的政治斗争中的一种力量。这就意味着,个体感官的解放也许是普遍解放的起点,甚至是基础。"③这种自由的获得"应当在感性的解放中而不是理性中去寻找。自由在于认识到'高级'能力的局限性而注重'低级'能力。换言之,拯救文明将包括废除文明强加于感性的那些压抑、控制。"④因此,要获得自由首先就要把感性从理性的压制中解放出来,从而建立一种"新感性"。新感性已成为一个政治因素,它产生于反对暴力和压迫的斗争。这种斗争奋力于一种崭新的生活方式的形成而否定现存体制及其道德和文化,建立一种新型社会。感性、娱乐、安宁和美成

---

① Herbert Marcuse, *An Essay on Liberation*, Boston: Beacon Press, 1969, pp.39-40.
② [美]马尔库塞:《审美之维》,李小兵译,广西师范大学出版社 2001 年版,第 132 页。
③ [美]马尔库塞:《审美之维》,李小兵译,广西师范大学出版社 2001 年版,第 132 页。
④ [美]马尔库塞:《审美之维》,李小兵译,广西师范大学出版社 2001 年版,第 55 页。

为在这个社会中生存的基本形式,也成为这个社会的基本形式。这种具有革命性的新感性的形成在高度理性化的社会里只有通过审美形式才能实现。"形式,是艺术感受的结果。该艺术感受打破了无意识'虚假的'、'自发的'、无人过问的习以为常性。这种习以为常性作用于每一实践领域,包括政治实践,表现为一种直接意识的自发性,但却是一种反对感性解放的社会操纵的经验。艺术感受,正是要打破这种直接性。"① 什克洛夫斯基所说的"自动化"只是感知的惯常性和无意识化,而马尔库塞所说的"习以为常性"已经进入了社会和政治领域,指的是一种对更为广阔的社会和文化里的虚假意识的漠然视之和顺利接受,而失去了反思和批判的能力。因此,马尔库塞的"新感性"在吸收了什克洛夫斯基的"陌生化"理论的基础上又超越了它。这种新感性已经不仅仅是一种感知能力,而且成为一种思考和行动的能力。这和布莱希特的陌生化提高观众对现存社会的反思和批判能力的目标是一致的。可以说,什克洛夫斯基的"陌生化"主要是通过"词语的复活"使语言变形并具有阻拒性而难以理解,从而增加感知的难度和延长审美的时间长度,其目的是指向审美自身,而马尔库塞赋予"新感性"的却是一种通过感性解放而达到社会革命的目的。现代主义艺术打破传统艺术的固有形式而追求一种陌生化的新异形式,马尔库塞认为这种艺术形式就是一种获得新感性的有效方式。"形式就是否定,就是对无序、狂乱、苦难的把握,即使形式表现着无序、狂乱、苦难,它也是对这些东西的一种把握。"② 于是,通过感性解放这一中介,马尔库塞赋予了形式一种革命的意义,新感性(陌生化)也就随之具有了明显的政治价值。

　　虽然本雅明和阿多诺与形式主义者没有直接的交往,但是本雅明的"震惊效果"(shock)和阿多诺的美学思想中的两个重要概念"新异"和"震惊"却显然与什克洛夫斯基的"陌生化"理论相关,也许这得益于布莱希特的介绍。本雅明认为"震惊"是一种现代性体验,而把激发人的"震惊体验"作为"机械复制时代"的艺术最重要的功能。同样,阿多诺认为"新异"是现代主义艺术最主要的特点,它正是通过形式的新异来与被资本主义社会所同化了的艺术区别开来,并以此拒斥大众文化对人的感知能力的侵蚀。

---

① ［美］马尔库塞:《审美之维》,李小兵译,广西师范大学出版社 2001 年版,第 111 页。
② ［美］马尔库塞:《审美之维》,李小兵译,广西师范大学出版社 2001 年版,第 114 页。

这种"新异"给人造成的是一种"震惊"效果,使人从日益商品化的生活中警醒过来而体会到现实生活的不合理。

伊格尔顿认为不存在"中性的"、没有价值的表现方式,只要有语言存在的地方就会有权力和政治,而一切理论,包括文学理论和文学批评都是如此。可以说,现代文学理论的历史本身就是我们时代的政治和意识形态的历史的一部分。[1] 任何貌似客观的文学理论都包含着理论家的价值立场和政治态度,而不同的价值立场则会给理论带上不同的色彩。虽然在没有直接接触的情况下马克思主义与形式主义在艺术自律性和艺术本质等问题上提出了类似的观点,马克思主义的陌生化理论也直接来源于形式主义,是与其对话的结果,但不同的价值立场使他们对这些问题的理解和阐释表现出不同的理论特点。即就是说,价值立场的不同是这些分歧产生的最终根源。

西方学者西尔维亚·杰斯多维克(Silvija Jestrovic)指出,在 20 世纪,陌生化理论有两个重要的、紧密相连的分支:美学的(或技术的)和伦理的(意识形态的、哲学的、社会学的、政治学的和说教性的)。前者以什克洛夫斯基的陌生化(ostranenie)为代表,突出陌生化的技术层面,它的根源可以追溯到亚里士多德的"形式主义";而后者则以布莱希特的陌生化(Verfremdung)为代表,它起源于苏格拉底的说教方法。虽然这两个方面并不是相互排斥的,但是人们往往认为,它们体现了介入的(committed)和自律性的(autonomous)艺术之间的断裂。也就是说,"在 Verfremdung 和 ostranenie 中,形式与意识形态的关系往往被片面地理解为:Verfremdung 总是与批判的和马克思主义的世界观相联,而 ostranenie 则往往被批评为一种为艺术而艺术的哲学。"[2] 形式主义把审美作为文学艺术的最高标准,而马克思主义则认为文学艺术最终指向的是政治和社会革命,美学也"可能成为一门'社会的政治科学'"[3]。因此,虽然布莱希特和马尔库塞的陌生化理论受到了什克洛夫斯基的启发,但却又通过对什克洛夫斯基的陌生化

---

[1]　[英]特里·伊格尔顿:《二十世纪西方文学理论》,伍晓明译,北京大学出版社 2007 年版,第 196 页。

[2]　Silvija Jestrovic, *Theatre of Estrangement: Theory, Practice, Ideology*, Toronto: University of Toronto Press, 2006, pp.118-9.

[3]　[美]马尔库塞:《审美之维》,李小兵译,广西师范大学出版社 2001 年版,第 100 页。

理论注入马克思主义的批判维度而超越了它,把陌生化不仅仅作为恢复人的感性以增强审美和感知生活的能力,而且作为激发人对生活于其中的异化现实的反思和批判能力的重要武器。

在马尔库塞那里,什克洛夫斯基的陌生化理论变成了用艺术将人们从物化和异化的束缚中解放出来的虚假途径。什克洛夫斯基早期的陌生化也只是一种审美的浪漫主义。托尔斯泰的陌生化理论中蕴含着丰富的政治内涵,可是什克洛夫斯基在对其进行分析的时候忽视或抛弃了其革命性,而仅仅将其运用于艺术的审美分析,作为一种艺术手法,从而忽略了艺术自身所包含的对于社会变革的激进能量。而这一点恰恰是什克洛夫斯基所尽力回避的,因为他认为艺术并不反映旗帜的颜色。因此,尽管布莱希特和马尔库塞都从什克洛夫斯基那里借鉴了其陌生化理论,但是他们都发现了什克洛夫斯基陌生化理论政治保守的一面,对其加以克服,同时通过改造而发展了其激进与革命的一面,从而再次赋予了陌生化以革命的意义。

三、陌生化理论研究的深化与走向

六七十年代之后,西方的学术中心转向了美国,与之相伴随的是陌生化研究在美国学术界的兴起。厄尔里希(Victor Erlich)的俄国形式主义研究权威著作《俄国形式主义——历史与学说》(*Russian Formalism: History and Doctrine*)1955 年在美国出版之后,美国学术界对俄国形式主义才略有所知。詹姆逊认为,可能是因为形式主义被看作斯拉夫学者的精神遗产,其学说和方法与美国的学术体制也格格不入,因此并没有引起足够的重视。他写作《语言的牢笼》一书的目的就是要把俄国形式主义及其后继者法国结构主义的思想介绍给美国读者,并从马克思主义的视角对什克洛夫斯基和布莱希特的陌生化理论进行深入阐发、批判和补充。

詹姆逊充分肯定了什克洛夫斯基的陌生化理论对文学研究的重要意义,并指出"陌生化"在文学中的重大作用,但是在辩证思维的指导下,詹姆逊也发现了什克洛夫斯基的陌生化理论的重要矛盾。"陌生化这种观点现在是并且永远是一种有争议的观点:它依赖于对现有的思维习惯或感知习惯的否定,就这一点来说,它受到它们的约束,同时也成了它们的附庸。换言之,它本身并没有资格成为一个完整的概念,而是一个可转变的、自我消除的概念。"① 这是陌生化理论本身的矛盾,同时也是什克洛夫斯基乃至整个形式主义的矛盾。这与什克洛夫斯基身上所具有的"黑格尔式的忧郁意识"有关,也包含了形式主义最终有可能被抛弃的可能性,因为"形式主义有关无止境的艺术变化和不停的艺术革新这种观点中所包含的'艺术的悲剧感'同时也要求承认变化,承认一度时新的方法不可避免地会变旧,一句话,必须承认自己的死亡。"② 形式主义者把陌生化,或暴露手法作为艺术的本质所在,然而这种理论和方法本身就已经包含了自我消解的因子,因此当学术界对暴露手法的艺术有所厌倦之后,形式主义也就随之消亡了。

詹姆逊认为"自动化—陌生化"这一二元对立包含着丰富的政治和伦理意义,这一点恰恰被形式主义者所忽略了。什克洛夫斯基在陌生化的分析中引用了托尔斯泰关于打扫屋子的一段话,以及从马的视角审视农民的艰苦生活的文字,詹姆逊认为这段话的政治意义是非常明显的,遗憾的是什克洛夫斯基并没有对此进行发挥,而是将论述的重心转向了对文学自律性的分析。詹姆逊在布莱希特的陌生化理论中发现了对什克洛夫斯基陌生化理论所缺乏的政治意义的补充,因此对布莱希特大加赞赏。如其所言:"习惯产生的结果在于使得我们相信现时的永恒性,并加强我们的一种感觉,即我们生活中的事物与事件是'自然的',也就是说,是永恒的。因此,布莱希特的陌生化效果的目的是一个彻头彻尾的政治目的。正如布莱希特一再坚持的那样,它要使你意识到,你认为是自然的那些事物与制度其实是历史的:它们是变化的结果,它们本身因此也是可以变化的。"③ 由此可见,詹姆逊发现了陌生化的诗学价值和政治价值相统一的可能性,并试图在二者的结合中实现马克思主义与形式主义的真正对话。

詹姆逊没有像布莱希特和马尔库塞那样在什克洛夫斯基的基础上提出新的理论命题,而是对他们的陌生化理论进行学术研究层面的深化和拓

---

① [美]弗雷德里克·詹姆逊:《语言的牢笼》,钱佼汝译,百花洲文艺出版社 1997 年版,第 75—76 页。

② [美]弗雷德里克·詹姆逊:《语言的牢笼》,钱佼汝译,百花洲文艺出版社 1997 年版,第 76 页。

③ [美]弗雷德里克·詹姆逊:《语言的牢笼》,钱佼汝译,百花洲文艺出版社 1997 年版,第 48 页。

展,这是由美国的政治、文化环境和学术研究的特点所决定的。近年来,陌生化理论研究在西方(主要是美国)学术界又一次成为热点问题,但总体上仍然是延续着詹姆逊所确定的方向前进的。这些成果把陌生化理论研究推向深入,其研究内容也呈现出多样化趋势。

(一) 陌生化的理论渊源

道格拉斯·罗宾逊研究了托尔斯泰、什克洛夫斯基和布莱希特的陌生化理论之间的渊源关系,并对他们进行了深入的比较、分析和研究。他所发现的什克洛夫斯基的黑格尔主义倾向对理解什克洛夫斯基的陌生化理论提供了新的视角。[①] 西尔维亚·杰斯多维克分析了俄国先锋派艺术与俄国形式主义的关系,并着重探讨了它们对布莱希特的史诗剧和陌生化理论的影响,以及布莱希特的陌生化理论的基本内涵、实践意义及其所蕴含的意识形态价值。卡罗·珍伯格(Carlo Ginzburg)对什克洛夫斯基的陌生化理论的前史进行了考察。通过马的眼睛看待农民的悲苦生活的陌生化手法在西方思想史上曾多次出现过,奥勒留、蒙田、伏尔泰等人都有过这样的分析和论述。这些对托尔斯泰产生了重要的影响。虽然什克洛夫斯基对托尔斯泰的陌生化理论有所借鉴,但重点完全不同。托尔斯泰及其前人都把陌生化作为一种政治、社会和宗教性批判的手段,而什克洛夫斯基则将它作为一种纯粹形式的方法,从而失去了它的政治性和批判性。如珍伯格所言:"一种纯粹的形式方法不可避免地遗失了托尔斯泰从伏尔泰那里所学到的东西:把陌生化看作消解合法性的技巧而加以运用,这种运作可以在任何一个层面进行,包括政治的、社会的和宗教的。"[②]

(二) 陌生化的诗学内涵和政治内涵之间的关系

什克洛夫斯基把陌生化作为一种纯粹的诗学概念加以阐发而忽略了其政治内涵,这不仅仅是什克洛夫斯基的矛盾,也是形式主义理论自身的矛盾。如克瑞斯蒂纳·瓦图莱斯库(Cristina Vatulescu)所言:"批评家们经常指控俄国形式主义在生活与艺术之间所进行的非政治的分离。作为形式主

---

① Douglas Robinson, *Estrangement and the Somatics of Literature: Tolstoy, Shklovsky, Brecht*, Baltimore: The Johns Hopkins University Press, 2008.

② Carlo Ginzburg, "Making Things Strange: The Prehistory of a Literary Device", *Representations*, No. 56, Special Issue: The New Erudition (Autumn, 1996), p.18.

义的核心术语,陌生化首当其冲,经常受到这样的指控。"① 回归什克洛夫斯基提出陌生化理论时的历史语境,分析其内在矛盾,并从美学和政治的双重视角重新审视陌生化理论,揭示二者之间的纠缠关系,是近年来陌生化研究的一个新趋势。

西方学界对什克洛夫斯基的陌生化的研究都集中于其在 1917 年《艺术即手法》一文中的论述,却没有考虑到什克洛夫斯基的陌生化后来所经历的深刻转变,这一转变和他所经历的主要政治实践紧密相连,比如革命、内战、秘密警察的监控等等。对什克洛夫斯基来说,陌生感是革命后的俄国的主要特征。当生活已经发生了天翻地覆的变化,处处都充满了陌生感和奇异化的时候,再过度强调美学意义上的陌生化及其实践就具有反政治的色彩。什克洛夫斯基在回顾德国流亡生活的《感伤的旅行》中对这种情况,以及自己当时的生活和心理境况进行了深入的分析。斯维特拉那·鲍姆(Svetlana Boym) 指出:"在六、七十年代之后,在东欧,显而易见,陌生化变成了一种政治对抗,或反政治的形式。在俄国,陌生化和去意识形态化在实践上是一体两面的:最初是一种反抗形式,后来被主流文化所模仿,从而转变成为一种政治上拒绝介入(noninvolvement)的方式。"② 及至 90 年代中期,去意识形态化或陌生化概念从政治扩散到社会生活的各个方面。2000 年之后,它已经成为普京政府的主要口号。陌生化的这种反政治色彩正是什克洛夫斯基后来不再坚持陌生化理论的原因之一。

因此,西方学者普遍认为,只有将什克洛夫斯基置于第一次世界大战、后革命,乃至后苏联的历史语境中,陌生化理论的诗学内涵和政治内涵,及其激进与保守的双重性才能够得到深入的理解。

(三) 什克洛夫斯基的陌生化与当代其他理论之间的关系

陌生化具有丰富的历史渊源,对 20 世纪西方美学史也具有深远的影响,因此把什克洛夫斯基的陌生化理论置于现代性的语境中,考察它与当代西方其他理论之间的关系,或进行比较研究,是当前西方陌生化理论研究的另一个重要方面。

---

① Cristina Vatulescu, The Politics of Estrangement: Tracking Shklovsky's Device through Literary and Policing Practices, *Poetics Today* 27:1 (Spring 2006), p.35.

② Svetlana Boym, "Poetics and Politics of Estrangement: Victor Shklovsky and Hannah Arendt", *Poetics Today* 26:4 (Winter 2005), p.606.

　　作为一个现代性范畴，与陌生化具有家族相似性的理论范畴为数不少。斯维特拉那·鲍姆认为可以将俄国形式主义的诗学理论置于从文学、哲学和政治角度反思现代性的更广阔的欧洲语境中进行审视。从这个角度来看，什克洛夫斯基和布莱希特的陌生化可以与本雅明的光晕（aura）、阿贝·沃伯格（Aby Warburg）的距离（distance）和文化象征（cultural symbolization）、西美尔的文化游戏（cultural play）、超现实主义理论家的著作中对通常的奇异（ordinary marvelous）的反思，以及阿伦特的自由和距离等理论放在一起进行理解。① 在《陌生化的诗学与政治》一文中，斯维特拉那·鲍姆研究了什克洛夫斯基和阿伦特之间的交往和理论关联。"阿伦特与什克洛夫斯基之间最显著的关联在于他们通过艺术的和空间的范畴讨论极权主义（什克洛夫斯基没有明确提出这个概念）经验的方式。"② 在阿伦特看来，在一个极权主义国家，任何事情都有可能发生。在这里，观察世界的最奇怪和最陌生的视角都能够变为现实。因此，艺术的和批评的陌生化对极权主义者重塑世界的特定逻辑提出了挑战。正如鲍姆所言，通过这一研究，"我在阿伦特与什克洛夫斯基之间进行的这种想象的对话揭示了陌生化与自由的、审美的、政治的和存在的维度之间的深度关联。二者都不希望取消陌生化，而是把陌生化看作现代状况、'世界性'（worldliness）和人类自由的构成要素。"③

　　埃里克·奈曼（Eric Naiman）分析了什克洛夫斯基的陌生化理论与女性电影研究专家劳拉·穆尔维（Laura Mulvey）的"视觉愉悦"（visual pleasure）理论之间的关系问题。劳拉·穆尔维把什克洛夫斯基的陌生化理论应用于对女性电影的研究，尤其是对女性电影中有关女性身体的展示和性描写的分析，讨论了"色情艺术"（erotic art）中的陌生化技巧的功能，以及女性电影中的"视觉愉悦"的产生机制。④

---

①　Svetlana Boym, "Poetics and Politics of Estrangement: Victor Shklovsky and Hannah Arendt", *Poetics Today* 26:4 (Winter 2005), pp.582-3.

②　Svetlana Boym, "Poetics and Politics of Estrangement: Victor Shklovsky and Hannah Arendt", *Poetics Today* 26:4 (Winter 2005), p.602.

③　Svetlana Boym, "Poetics and Politics of Estrangement: Victor Shklovsky and Hannah Arendt", *Poetics Today* 26:4 (Winter 2005), pp.604-5.

④　Eric Naiman, "Shklovsky's Dog and Mulvey's Pleasure: The Secret Life of Defamiliarization", *Comparative Literature*, Vol. 50, No. 4 (Autumn, 1998), pp.333-52.

　　加林·特汉诺夫（Galin Tihanov）指出："尽管 1980 年代之后人们对陌生化的兴趣有所减弱，但是毋庸置疑，陌生化理论已经成为当前文学研究中的重要概念。"[1] 可以说，陌生化理论研究的繁荣是与目前学术界对现代性的反思紧密相关的。与此相反，陌生化在艺术创作领域并没有获得在理论领域那样的高度关注。陌生化的核心理念就是把艺术与生活分离开来，使人们从一种不同的视角来审视生活，从而增强对生活的新鲜感。但是，在后现代社会，日常生活审美化和审美日常生活化的趋势日益明显，艺术与生活之间的界限变得非常模糊且日益同一化。如果说现代主义艺术的目的是保持与生活之间的距离，让生活模仿艺术，那么后现代主义艺术则是倡导艺术与生活的同一，让艺术模仿生活。因此，在后现代主义文化氛围中，陌生化便逐渐失去了存在的土壤。但是，我们深信，陌生化作为一种打破思维定势、提供观察世界的新视角的方法对任何时代都是行之有效的。因此，随着对后现代文化的反思逐渐深入，陌生化也必然成为一个重要工具而再次受到重视和繁荣。

　　通过对陌生化理论在西方学术界的旅行过程以及各种变体的分析，我们可以看到，相对于西方马克思主义激进的价值立场，俄国形式主义的政治性表现得比较隐晦。正如韦勒克所说的："1916 年出现了一个自称'形式主义'的运动，主要反对俄国文学批评中流行的说教作风；而在布尔什维克统治之下，形式主义无疑也是对于党所指定马克思派历史唯物主义默不作声的抗议，或者至少是一种逃避。"[2] 所以如果说俄国形式主义是纯粹的"为艺术而艺术"，缺乏一种人文精神是不充分的。然而，由于他们对形式过度关注，从而摒弃了艺术的社会内涵，割裂了艺术与社会生活的联系。他们追求的客观性是以牺牲意义为代价而取得的，对无意义的语言、奇特化、手法和材料等的过分强调而表现出明显的虚无主义倾向。[3] 正是在这一点上使它失去了与马克思主义对话的能力，并在对抗中走向了自我消解而最终解散。相反，西方马克思主义弥补了形式主义的缺陷，强调自律性与社会性、内容与形式的辩证统一，并且在与形式主义的对话中使陌生化理论具有了更强

---

[1]　Galin Tihanov, "The Politics of Estrangement: The Case of the Early Shklovsky", *Poetics Today* 26: 4 (Winter 2005), p.666.

[2]　[美]雷内·韦勒克：《批评的概念》，张金言译，中国美术学院出版社 1999 年版，第 263 页。

[3]　《巴赫金全集》（第二卷），钱中文主编，河北教育出版社 1998 年版，第 79 页。

的生命力。

　　通过对俄国形式主义和西方马克思主义的形式观之比较可以发现他们之间复杂的联系,也可以明晰地看到他们在思想基础、艺术本质、艺术功能及其价值立场上的巨大差异。可以说,俄国形式主义通过对形式的研究努力回归文学自身,建构起来的是一种比较纯粹的文艺美学,他们主张的是一种文艺内部的形式革命。相反,西方马克思主义者通过对艺术形式的关注指向的却是社会批判的目的,他们的形式是一种具有革命性的形式,要建立的是一种政治美学。

第五章　马克思主义与结构主义的
　　　　　方法论融合

如果说在苏联的政治和文化环境中巴赫金的对话还主要是一种个人的学术选择,以法兰克福学派为代表的西方马克思主义与形式主义之间在很大程度上也只是一种暗合或潜对话的话,那么,60年代之后,随着政治对抗的消解和学术壁垒的打破,马克思主义与形式主义之间的对话已经成为学术发展的必然需求。结构主义在60年代之后的繁荣使马克思主义与形式主义之间的对话进入了一个新的阶段,晚期马克思主义和结构主义之间的对话是这一对话的主要形态。

到了60年代,随着时代的发展和社会政治与文化环境的变迁,哲学、美学和文学领域也都发生了巨大的转变。近代以来的学术分化体制已经被打破,新的去分化趋势成为学术研究的基本方向。打破学科壁垒,各种学科以及同一学科内部各种研究方法之间的交叉、融合与借鉴、吸收也成为学术创新的必然途径。俄国形式主义在30年代的苏联消亡之后,此时在法国却蔚为大观,成为人文社会科学领域中的一朵奇葩。结构主义已经打破了俄国形式主义的封闭体系,不像俄国形式主义者那样对马克思主义极力排斥。结构主义者都精通各种思潮,尤其是马克思主义,因为马克思主义在一个世纪以来一直是最具生命力的学术思潮。马克思主义对结构主义的形成和发展产生了重要的影响。美国文学批评史家文森特·里奇断言,包括巴特、斯特劳斯和阿尔都塞在内的许多60年代的法国结构主义者都是马克思主义者。对于马克思主义的学术影响,结构主义者们自己也坦然承认。罗兰·巴特最初就是一个萨特主义者,以萨特的学生自居,并认为自己是一个马克思主义者。而后来转向结构主义也正是通过批判萨特的存在主义的马克思主义而完成的。列维·斯特劳斯也公开声称自己是一个马克思主义者,并明确指出,"阅读马克思的著作,对我的思想的形成,曾经起了根本性的作用。"①但是,里奇也看到,这种情况在美国有所不同。美国的文学结构主义者的领军人物中没有一个是马克思主义者,但也并不意味着不受马克思主义的影响,怀特就同情马克思主义,晚年的休斯也是如此。②而在美国学术界,对结构主义和马克思主义都有深入研究,并在批判的基础上尝试对二者进行辩证综合的理论家当属詹姆逊,其《语言的牢笼》就是这一尝试的重要成果。詹姆逊清楚地指出:"值得指出的是索绪尔对马克思似乎并无很深的了解,形式主义者也不过把苏联式的马克思主义作为论战的起因和意识形态上的对手而已。相反,法国结构主义者,就从他们再也无法忽视马克思主义传统提出的那些理论问题这一点来说,却大大得益于马克思主义。的确,他们对马克思主义了解得那么透彻,几乎到了随时都可以歪曲马克思的地步。"③结构主义就是在与马克思主义的对话中产生和发展的。结构主义已经打破了俄国形式主义的体系的封闭性,变得更加开放。

瑞士著名心理学家皮亚杰在其晚年著作《结构主义》中通过对人文学科中多种结构主义方法的研究得出了结构主义的两个重要的特点,一是"结构的研究不能是排它性的,特别是在人文科学和一般生命科学范围内,结构主义并不取消任何其他方面的研究。正好相反,结构主义的研究趋向于把所有这些研究整合进来,而且整合的方式是和科学思维中任何整合的方式是一样的,即在互反和相互作用的方式上进行整合。"④第二点是"从其精神本身来说,对结构的探求,只能在多学科之间的协调上取得出路"⑤。其实这两点可以总括为一点,即结构主义开放的跨学科性和方法的综合性。在文学研究领域,尽管结构主义主要以索绪尔语言学中的二元对立观念为理论模式,集中于文学作品的内在结构分析,但是他们也并没有像俄国形式主义那样排斥其他研究方法的存在,并且主动将文学研究和其他学科的研究结合起来。罗兰·巴特对服装的研究和斯特劳斯对人类学的研究完全不

---

① [法]列维·斯特劳斯:《新观察家》(法国)第 816 期,1980 年 6 月。转引自冯宪光:《"西方马克思主义"美学研究》,重庆出版社 1997 年版,第 320 页。

② [美]文特森·里奇:《20 世纪 30 年代至 80 年代的美国文学批评》,王顺珠译,北京大学出版社 2013 年版,第 257 页。

③ [美]弗雷德里克·詹姆逊:《语言的牢笼》,钱佼汝译,百花洲文艺出版社 1997 年版,第 84 页。

④ [瑞士]皮亚杰:《结构主义》,倪连生、王琳译,商务印书馆 2006 年版,第 118 页。

⑤ [瑞士]皮亚杰:《结构主义》,倪连生、王琳译,商务印书馆 2006 年版,第 119 页。

同于热奈特的文本叙事分析,已经是一种综合性的研究方法,并且开始逐渐溢向文学之外,为文化研究做了准备。这种开放的姿态改变了俄国形式主义所坚守的文学自律性的观念,使文学形式研究不再仅仅停留在文本的语音、语义和结构分析的单一层面,而是开始探究这种语义和结构层面背后的文化内涵。在这个过程中马克思主义其实已经成为巴特的方法论基础。

如果说二三十年代的俄国形式主义的影响力还仅限于苏联和斯拉夫世界,局囿于文学研究,那么结构主义的影响则是世界性的,并且远远超出文学研究,渗透到了包括哲学、人类学、社会学、经济学,甚至自然科学等在内的学术研究的各个角落,影响了整个学术领域,从而使 60 年代之后的学术研究无法回避结构主义的影响。马克思主义是一个极具包容性和开放性的理论,它能够吸收和融合各种不同的理论方法,从而把其合理内核转化为马克思主义思想中的重要部分。因此,马克思主义要取得发展,就无法回避结构主义,而应该把它作为一个重要的对话对象。正如巴赫金指出马克思主义必须吸收俄国形式主义的方法一样,詹姆逊也看到,如果马克思主义"以意识形态为理由把结构主义'拒之门外',就等于拒绝把当今语言学中的新发现结合到我们的哲学体系中去这项任务。我个人认为,对结构主义的真正的批评需要我们钻进去对它进行深入的透彻的研究,以便从另一头钻出来的时候,得出一种全然不同的、在理论上较为令人满意的哲学观点。"[1] 因此,马克思主义与结构主义的对话就成为学术发展的内在必然要求。正如波塞尔(D.Bosser)指出:"当代的文学理论家已经使马克思主义文学理论同其他文学理论的探讨进行了建设性的对话,这些探讨,他们原先以为是错误的或是徒劳的。我们只要指出马克思主义和结构主义在交叉之处所作的工作,就可以肯定各不相同的文学理论象过去那样摆出一副相互轻视的姿态,是再也不可能了。"[2] 俄国形式主义与马克思主义虽然可以互相补充,但是俄国形式主义者和苏联的马克思主义者并没有意识到这种对话的重要性,而巴赫金在二者之间的对话也仅仅停留在个人的层面上。相反,结构主义与马克思主义都更具开放性,并且在很多方面具有共同点。罗

---

[1]　[美]弗雷德里克·詹姆逊:《语言的牢笼》,钱佼汝译,百花洲文艺出版社 1997 年版,序言,第 3 页。

[2]　[南非]罗里·赖安、苏珊·范·齐尔编:《当代西方文学理论导引》,李敏儒、伍子恺等译,四川文艺出版社 1986 年版,第 191 页。

伯特·休斯指出,虽然"马克思主义是一种意识形态,而结构主义目前则仅仅是带有意识形态内涵的一种方法论。但它是试图将所有学科统一到一个全新的信仰系统之内的一种方法论。……在认识论问题——特别是人的主体与其感知和语言系统、以及客观世界的关系——所做出的反应上,我们可以非常清楚地看到,马克思主义和结构主义拥有某些相同的价值。"① 这种共同价值就是,"从某个角度看,马克思主义和结构主义都可以被看作对'现代主义'的异化和绝望的反动。他们彼此在许多问题上针锋相对,但它们都'科学地'看待世界,认为它既是真实的,又是可被人所理解的。马克思主义和结构主义都是观察世界(包括人)的整合的和整体的方法。对这些方法的探索是本世纪一个主要的理论潮流。"② 正因为结构主义和马克思主义之间具有这种共同价值,他们之间的对话与合流也就成为 60 年代之后的一种理论趋势。结构主义者对马克思主义了如指掌,把马克思主义作为一个重要的理论资源,而马克思主义者也从结构主义中吸取营养,在对结构主义的吸收和借鉴中实现了马克思主义的再次复兴。不同于俄国形式主义与苏联马克思主义之间的敌对和排斥,可以说,结构主义和马克思主义都意识到了对方的重要性,因此在二者之间寻求对话,相互借鉴吸收也成为结构主义者和马克思主义者的自觉意识。这已经超出了个人学术兴趣的范围,成为整整一代人的工作。这是学术发展到一定阶段的必然要求。正是这种开放的心态和对话的态度使二者相互吸收,相得益彰,在对话中都取得了巨大的成就。

　　比如,戈德曼试图把马克思主义的"发生学"方法与结构主义结合起来,从而建立了发生学结构主义学说,为马克思主义文学批评建立了一种"发生学模式"。阿尔都塞把结构主义的方法应用于对马克思的《资本论》的解读,建立了"结构主义马克思主义"这一科学的马克思主义,从而与人道主义的马克思主义决裂,并以此方式来在新的历史时期"保卫马克思"。阿尔都塞之后的马克思主义者基本上都是在阿尔都塞的道路上前进的,或者大都属于"阿尔都塞学派",其中就包括马歇雷、伊格尔顿和詹姆逊等重要的马克思主义理论家。托尼·本尼特将形式主义看做一份丢失的遗产,

---

① [美] 罗伯特·休斯:《文学结构主义》,刘豫译,三联书店 1988 年版,第 3 页。
② [美] 罗伯特·休斯:《文学结构主义》,刘豫译,三联书店 1988 年版,第 5 页。

并从马克思主义的视域中对形式主义文论进行价值重估,而他认为在这种重估中最为成功的莫过于阿尔都塞学派。与此同时,对阿尔都塞的结构主义马克思主义进行质疑的声音同样存在,波兰哲学家亚当·沙夫就从人道主义马克思主义的立场对阿尔都塞结合结构主义与马克思主义的尝试进行了深刻的反思和严厉的批判,认为其结果使阿尔都塞既非一个结构主义者,又非一个马克思主义者,或者说,成为一个"伪结构主义者"和"伪马克思主义者"。这些理论家们的工作为我们研究马克思主义和结构主义之间的对话关系提供了有效参照,本章也就以他们为个案展开探讨,希冀通过对他们的成败得失的分析,来呈现马克思主义与结构主义对话的方法论和问题性。

第一节 发生学与结构主义的接合

在法国文学批评史上,首先试图将结构主义引入马克思主义的理论家是吕西安·戈德曼。正是他的这一开创性工作,奠定了他在 20 世纪法国文学批评史上的重要地位,并成为讨论马克思主义与结构主义之间对话问题中要重点研究和分析的理论家之一。

根据戈德曼的研究者玛丽·伊凡丝的记述,戈德曼 1913 年生于布加勒斯特,并在罗马尼亚的一个小镇度过自己的童年。中学毕业后在自己的家乡布加勒斯特攻读法律学位,与此同时,他还花费了大量的时间阅读马克思主义的经典著作,并积极参与了一个秘密的政治团体。1933 年他离开罗马尼亚来到维也纳,在这里他首次读到了包括萌芽期的法兰克福学派和卢卡奇等当代马克思主义者的著作和论文,并从此将卢卡奇作为自己的精神导师。二战期间,他来到瑞士直到战争结束。在此期间,他以毛遂自荐的方式成为了皮亚杰的助手,并在他的指导下于 1945 年在苏黎世大学完成了博士论文《康德哲学中的人、社群与世界》,并获得博士学位。此间,他还重新阅读了卢卡奇的《历史与阶级意识》等著作,深受其中关于物化等理论的影响,同时与尚在瑞士的布莱希特有过交往。1948 年与卢卡奇第一次会面,虽然不是很愉快,但是后来 20 年一直保持着联系。二战结束之后,戈德曼回到巴黎,就职于"国家科学研究中心"从事研究工作。1959 年当选巴黎高级研究实验学校研究主任,直至 1970 年去世。期间,他还于 1961 年应比利时布鲁塞尔自由大学的邀请创立文学社会学中心,并自 1964 年起担任该中心主任。

戈德曼一生著述颇丰,其代表性著作有《康德哲学中的人、社群与世界》、《人文科学与哲学》、《隐蔽的上帝》、《辩证的研究》、《马克思主义与人文科学》、《论小说社会学》、《文学社会学方法论》、《卢卡奇与海德格尔》等。戈德曼给自己的学术研究设定了一个重要目标:"发展出一种可以用来分析文学创造的辨证方法,经由这种方法,不但可以形成一种科学的社会学,而且能够形成一种关于普遍的人的社会之辩证研究。"① 为了表明与长期居于统治地位的文学社会学传统之间的关系,戈德曼最初将自己的研究方法概括为"辩证的文学社会学"。后来,当结构主义风靡一时,且深受其影响之后,为了融入这一新兴思潮并使其学说更具时代性,戈德曼将自己的研究方法改称为"发生学结构主义"(genetic structuralism,也有人将其译作"遗传结构主义"),并认为这是一种新的"马克思主义的"研究文学作品的方法。②

伊格尔顿对戈德曼的"发生学结构主义"中的"发生学"和"结构主义"这两个关键词进行了解释:"结构主义:因为他的兴趣不在一种特殊的世界观的内容,而是这种世界观所展示的范畴结构。因此,两个迥然不同的作家可以属于同一种集体精神结构。发生:因为戈德曼研究这种精神结构是如何历史地产生的,也就是说,他研究一种世界观和产生这种世界观的历史条件之间的关系。"③ 显然,结构主义属于正在兴起的结构分析的方法论,而发生学则属于马克思主义的历史分析方法。戈德曼的"发生学结构主义"就是要把这两种方法结合在一起,从而使其在坚持马克思主义基本立场的同时又不脱离新兴的结构主义方法论。正如结构主义史学家弗朗索瓦·多斯所说,戈德曼"不再认为寻求结构与寻求发生水火不容,他开辟了结构主义发展的另一条道路,从而使历史融入结构之中"④。孔帕尼翁则认为戈德曼

---

① [英]玛丽·伊凡丝:《郭德曼的文学社会学》,廖仁义译,桂冠图书股份有限公司 1990 年版,第 7 页。

② 张英进、于沛编:《现当代西方文艺社会学探索》,海峡文艺出版社 1987 年版,序言,第 11 页。

③ [英]特里·伊格尔顿:《马克思主义与文学批评》,文宝译,人民文学出版社 1980 年版,第 37 页。

④ [法]弗朗索瓦·多斯:《结构主义史》,季广茂译,金城出版社 2012 年版,第 219 页。

的代表作《隐蔽的上帝》是一种"反映论的结构主义变体"①。戈德曼试图用这种带有马克思主义"发生学"色彩的"结构主义"来化解"发生"与"结构"之间的矛盾,从而使马克思主义和结构主义发生碰撞,并在二者的关联地带建构一种新的符合时代潮流的马克思主义文学理论。正因为戈德曼与马克思主义和结构主义之间的这种深度关联,及其"发生学结构主义"所具有的"发生学"和"结构主义"的双重色彩,使我们在马克思主义与结构主义的关系研究中必须重视戈德曼这一环节。

　　我们这一节的主要任务就是在梳理戈德曼的发生学结构主义的发展历程和理论资源的基础上,总结其发生学结构主义的主要思想和核心观点,进而分析其发生学结构主义在诗歌、小说和戏剧等文学类型的批评实践中的具体运用,最后再简要探讨其发生学结构主义的成就与局限。

一、发生学结构主义的发展历程与理论渊源

　　任何一个学者的成长及其有价值的学术观点和方法的建立都产生于对前人学术成就的继承和发展,戈德曼也不例外。

　　戈德曼首先认为自己的"发生学结构主义"属于法国文学批评中长期盛行的"文学社会学"传统。文学与社会的关系是西方自古希腊以来文学研究领域的一个核心问题,但是美国学者瓦尔特布·鲁福特认为,作为独立方法的"文学社会学"则开始于斯达尔夫人。然而,斯达尔夫人的文学社会学更多关注宗教、法律和风俗等对文学的影响,并没有顾及文学得以产生的社会经济基础。之后,法国哲学家孔德以其实证主义方法对文学社会学有所发展。20世纪盛行的以丹纳、埃斯皮卡和洛文塔尔等人为代表的实证、经验的文学社会学就是对斯达尔传统的继承和发展。法国文学社会学家雅克·莱纳尔德于1978年在联合国教科文组织编辑出版的一本旨在总结社会科学研究的巨著《社会科学和人文科学研究的主要趋势》中指出:"从十九世纪开始,马克思主义就给了文学方面的社会学研究十个很好的出发点。"②可以说,真正具有科学性的文学社会学是由马克思主义者创立

---

① [法]安托万·孔帕尼翁:《理论的幽灵——文学与常识》,吴泓缈、汪捷宇译,南京大学出版社2011年版,第195页。

② 转引自张英进、于沛编:《现当代西方文艺社会学探索》,海峡文艺出版社1987年版,序言,第5页。

的。马克思主义的文学社会学在其发展过程中形成了不同的理论范式,包括以马克思、恩格斯、梅林和普列汉诺夫等为代表的经典范式,以卢卡奇、法兰克福学理论家本雅明、阿多诺和德国文艺社会学家阿诺德·豪塞等为代表的批判的文学社会学范式,以及以戈德曼为代表的发生学结构主义文学社会学范式。显然,戈德曼的发生学结构主义继承了马克思主义文学社会学的传统,把文学与社会的关系作为研究的核心任务。但是不同于实证、经验的文学社会学将文学与作家、读者、市场等之间的关系作为研究对象,也不同于马克思主义的经典文学社会学过度强调经济基础的决定作用,又不同于批判的文学社会学把文学艺术作为社会批判的武器和工具,而是试图探究文学的内在结构与外在的社会集团及其精神结构(世界观)之间的同构关系。显然,戈德曼的发生学结构主义范式在继承了西方文学社会学传统的基础上,又根据新的文学现实和理论语境进行了创造性的发展。

戈德曼之所以由"文学社会学"转向"发生学结构主义",原因在于他发现了新的理论资源。戈德曼坦言,"发生学结构主义"并非自己首创,而是在继承了前人传统的基础上发展而来。戈德曼将这一传统的理论渊源总结为三个方面:"发生学结构主义是关于人类生活的概念,其代表性观点在心理方面与弗洛伊德相联系,在认识论方面与黑格尔、马克思和皮亚杰相联系,在历史—社会学方面与黑格尔、马克思、葛兰西、卢卡奇和卢卡奇影响下的马克思主义相联系。"[①] 在这三个方面的理论资源的影响下,发生学结构主义经历了三个发展阶段:以黑格尔和马克思为代表的历史学阶段,以弗洛伊德为代表的心理学阶段和以卢卡奇、皮亚杰为代表的最新发展阶段。

戈德曼对发生学结构主义方法进行了概括:"任何对人类行为的实证研究的兴趣恰恰在于:努力通过搞清楚部分结构的总轮廓,使这种行为的意指成为可把握的,这种对部分结构的研究只有在它本身被插进对一种更加广大的结构的研究中,而且这种结构的运转能够单独阐明其发生以及研究者在其研究伊始向自己提出的大部分问题时,才是能够被理解的。不言而喻,对这种更加广大的结构的研究也要求插进另一个能将它包容于其中

---

① 转引自高建为、钱翰等著:《20世纪法国马克思主义文艺理论研究》,北京大学出版社 2012 年版,第 34 页。

的有关的结构中,并依次类推。"① 这就是说,要把研究对象作为整体结构中的一部分,在与整体的关联中加以研究。显然,把研究对象并不看作孤立的现象,而是纳入其得以存在的整体结构中进行研究,这正是黑格尔和马克思的辩证法中部分与整体之间关系的体现。尽管二者的思想之间存在很大差别,但是共同的发生学结构主义辩证法把二者连接在一起。在发生学结构主义者看来,"马克思主义就是结构主义,不过是历史的结构主义"②。基于此,戈德曼认为:"人文科学是以黑格尔和马克思的两种发生学结构主义观点的杰出设计作为开端的。"③ 戈德曼坦言自己的发生学结构主义是沿着黑格尔和马克思开创的道路前行的。他在《隐蔽的上帝》中对文学作品、社会集团和世界观之间同构关系的研究显然深受马克思的《政治经济学批判序言》中对意识与存在之间辩证关系的论述的影响。但是,在戈德曼看来,伴随着欧洲大学教育体系对黑格尔思想的拒斥和马克思主义进入大学制度的迟缓,相反康德主义和新康德主义受到大学教育体系的青睐,这就导致了发生学结构主义长期以来并没有在大学学科体系中占有重要地位。所以说,发生学结构主义进入西欧大学还是个新近现象,而这种新的历史语境也促使其进入了发展的新阶段。

发生学结构主义发展史的第二阶段是通过精神分析学的出现而形成的。虽然弗洛伊德同样没有明确使用这个词,但是我们从其对个人心理的研究明显可以发现发生学结构主义的影子。与黑格尔对个体与整体之间关系的论述、马克思把个人纳入社会整体结构加以理解相对应,弗洛伊德的思想的中心是,"显得变态的和无意义的那些现象,口误、梦、精神病等等,如果人们将他们纳入一个同时包含人的意识和无意识的总体结构中——从那人一生下来,人们就跟踪其发生源——那么它们就都成为有意义的了。"④ 从这个角度来看,戈德曼认为,发生学和精神分析社会学至少具有三个重要

---

① [法]吕西安·戈德曼:《马克思主义与人文科学》,罗国祥译,安徽文艺出版社 1989 年版,第 31 页。
② [苏] P. 特罗非莫娃:《今日法国结构主义》,黎汶译,《国外社会科学》1982 年第 6 期。
③ [法]吕西安·戈德曼:《马克思主义与人文科学》,罗国祥译,安徽文艺出版社 1989 年版,第 35 页。
④ [法]吕西安·戈德曼:《马克思主义与人文科学》,罗国祥译,安徽文艺出版社 1989 年版,第 36 页。

的共同点：1. 二者都肯定人类的任何行为都至少是一种有意指结构的组成部分；2. 研究者需要对这种结构进行阐明；3. 肯定这种结构只在当人们将它各自放在个人的或历史的渊源中，才是真正地可以理解的。因此，从上述角度来说，精神分析也是一种发生学结构主义。[①]

　　历史学和心理学既代表了发生学结构主义发展的两个阶段，也代表了它的两种理论范式。在戈德曼看来，在大学研究界占主流的原子论观念（即把研究对象看作一种原子或独立的对象而加以理解和研究）之外，发生学结构主义从心理学和历史学两方面"开创了一条对作为有意指的能动结构的人类现象进行具体理解的道路"[②]。但是，这两种发生学结构主义范式并不彻底，表现在两个方面。一是它仍然保留了当时占统治地位的官方的因果解释的观点，即认为一种现时的状态只能存在于过去，而不能把发生学结构主义的主要方面即未来引入其研究视野。另一方面，弗洛伊德精神分析在对历史、社会和文化现象的分析方面存在缺陷。任何个体都是一个集体和社会中的个体，脱离了集体和社会，个体的存在是没有意义的。或者说，没有脱离个人的社会，也没有与社会生活完全无关的个人。从发生学结构主义的角度来看，任何思想和现象都属于不同层次的一定数量的结构或相对全体（戈德曼的特有概念——笔者注），而只有在这个全体中任何现象和思想才具有其独特的意义。从这个意义上来说，弗洛伊德所强调的是个体意识的重要性，却并没有将其纳入集体意识之中，更没有将其与社会、历史和文化结构之间的复杂关系作为研究的重心。

　　如果说黑格尔、马克思和弗洛伊德的思想对于发生学结构主义具有里程碑的意义，那么在第三阶段具有如此重要地位的两位思想家则是卢卡奇和皮亚杰。他们二人分别从人文科学和心理科学方面发展了发生学结构主义，也成为戈德曼的发生学结构主义方法的主要思想来源。

　　戈德曼是卢卡奇的忠实信徒。他青年时期就开始接触卢卡奇，直至去世前，他还在忙于撰写《卢卡奇与海德格尔》，此文在他去世后由他的学生整理出版。卢卡奇的影响持续了戈德曼的整个学术生涯。1956 年戈德曼

---

① [法] 吕西安·戈德曼：《马克思主义与人文科学》，罗国祥译，安徽文艺出版社 1989 年版，第 70 页。
② [法] 吕西安·戈德曼：《马克思主义与人文科学》，罗国祥译，安徽文艺出版社 1989 年版，第 36 页。

向卢卡奇赠送了一本自己刚出版的《隐蔽的上帝》，并在上面写道："这本书的每一页上，都有着我对卢卡奇的敬意与仰慕！"这段题词清楚地表明了戈德曼对卢卡奇的敬仰。这种影响主要体现在卢卡奇的《小说理论》、《心灵与形式》等著作中对小说体裁和艺术形式的精彩分析，以及《历史与阶级意识》中所提出的物化理论。可以说，戈德曼是通过卢卡奇才真正理解了马克思和恩格斯的著作，并走向马克思主义的。但是，由于皮亚杰的影响，戈德曼对卢卡奇的接受已经注入了结构主义的因素。在他看来，青年卢卡奇已经是一个结构主义者，而且是一个兼容了胡塞尔现象学和康德主义的结构主义者。这种综合集中地体现在卢卡奇的《心灵与形式》之中。显然，卢卡奇的结构主义并非现代西方结构主义，而是从现象学中孕育出来的结构观念。如戈德曼所言："现象学对人类现实的实证理解的巨大贡献不是发现了结构思想，而是明显地将结构思想——如果我们不仅局限于胡塞尔——甚至有意指结构思想明显地主题化了。"[1]戈德曼认为，在《小说理论》中卢卡奇已经用黑格尔的思想代替了《心灵与形式》中的康德主义，但保留了其纯美学立场。之后在1923年面世的《历史与阶级意识》中卢卡奇则抛弃了纯美学问题，"第一次在20世纪将马克思主义表述为普通发生学结构主义"[2]。

可见，戈德曼对卢卡奇并不是不加批判地全面接受的，而是通过从皮亚杰那里借来的"发生学结构主义"方法论对卢卡奇进行了改造，从而淡化了早期卢卡奇的唯心论色彩。如其所言："我们已经通过一个接近恒定的术语，即发生结构主义（从让·皮亚杰那儿借用的）定义了实证的人文科学和更为准确的马克思主义方法。"[3]威廉·Q.鲍威豪尔认为这种改造正是"戈德曼对文化创造之相互制约论社会学的一大独特贡献"[4]。戈德曼之所以能够将皮亚杰和卢卡奇结合起来，并对其进行结构主义改造，是因为他认

---

[1]　[法]吕西安·戈德曼：《马克思主义与人文科学》，罗国祥译，安徽文艺出版社1989年版，第212页。

[2]　[法]吕西安·戈德曼：《马克思主义与人文科学》，罗国祥译，安徽文艺出版社1989年版，第223页。

[3]　[法]吕西安·戈德曼：《文学社会学方法论》，段毅、牛宏宝译，工人出版社1989年版，第2页。

[4]　[法]吕西安·戈德曼：《文学社会学方法论》，段毅、牛宏宝译，工人出版社1989年版，第2页。

为"完全没有受过马克思影响的皮亚杰以全凭经验的方式在实验研究中发现了马克思一百多年前于社会科学领域中提出的几乎所有的基本观点"①。如果说发生学结构主义思想最重要的任务就是"一般地在现实的各个不同领域并着重地在人的领域建立起结构的特点"②,那么马克思主义就是发生学结构主义的一部分。也正是由于对马克思、恩格斯和卢卡奇的结构主义式地接受,催生了戈德曼的"发生学结构主义",从而在某种程度上极大地丰富了马克思主义。因此,西方学术界通常将戈德曼归入马克思主义的理论阵营。伊格尔顿在《马克思主义与文学批评》中就列专章对戈德曼的思想和观点进行了分析和评述,戴维·福加克斯认为戈德曼的学说开启了作为西方马克思主义文学理论与批评的五大模式之一的"发生学模式"③,麦金太尔(A.Macintyre)甚至称赞戈德曼为"当代最杰出和最有才智的马克思主义者"④。

　　但是,皮亚杰和戈德曼却都将自己的学说冠之以"结构主义",甚至将马克思主义也看作结构主义的前奏,因为"50年代末,在结构主义被谈及之前,所有的社会科学都在谈论结构"⑤,如果将自己的学说纳入这一洪流,就更容易被人们所接受。显然,皮亚杰和戈德曼的发生学结构主义与20世纪五六十年代在法国学术界所盛行的以索绪尔语言学为基础,以列维—斯特劳斯、罗兰·巴特、格雷马斯等为代表的法国结构主义不同。皮亚杰在其《结构主义》一书中对20世纪中叶盛行于法国的结构主义思潮进行了整体性的研究。皮亚杰认为:"如果说结构是一个转换体系,它含有作为整体的这个体系自己的规律和一些保证体系自身调节的规律,那么,一切有关社会研究的形式,不管它们多么不同,都是要导向结构主义的:因为社会性的整体或'子整体',都从一开始就非作为整体来看不可;又因为这些整体是

---

① [法]吕西安·戈德曼:《马克思主义与人文科学》,罗国祥译,安徽文艺出版社1989年版,第40页。

② [法]吕西安·戈德曼:《马克思主义与人文科学》,罗国祥译,安徽文艺出版社1989年版,第41页。

③ [英]安纳·杰弗森、戴维·罗比等:《西方现代文学理论概述与比较》,陈昭全等译,湖南文艺出版社1986年版,第188页。

④ [美]科恩:《悲剧辩证法家戈德曼》,段丽萍译,《现代外国哲学社会科学文摘》1993年第1期。

⑤ [法]弗朗索瓦·多斯:《结构主义史》,季广茂译,金城出版社2012年版,第217页。

能动的,所以是转换的中枢;还因为这些整体的自我调节,能用社群所强加的各种类型的限制和种种标准或规则这样一个有特殊性的社会事实表现出来。"① 从这个结构定义上来说,20 世纪的结构主义思潮并不仅仅限于以索绪尔的共时语言学为基础和源头,以斯特劳斯、巴特、格雷马斯等为代表的语言学结构主义,它只是更为宏大的结构主义思潮的一个分支而已。只要符合这一结构定义,并以此为方法论原则的理论和学说都可以归为结构主义。因此,在皮亚杰看来,结构主义已经成为渗透到了 20 世纪的数学、物理学、心理学、社会学、语言学、文学批评和哲学等多个领域的宏大思潮。如果我们将语言学结构主义称为狭义的结构主义,那么皮亚杰所描述的结构主义就可以称为广义的结构主义。学术界之所以在研究语言学结构主义时较少提及戈德曼,其原因就在于,从理论的方法论特征来看,戈德曼的"发生学结构主义"更接近于广义结构主义。也正是在这个意义上,在对马克思主义文学批评的发展历程及其代表形态的概括中,马尔赫恩并没有将戈德曼置于阿尔都塞所开创的第三阶段的"科学"模式,而是将其与萨特并列而置于以卢卡奇所开创并由法兰克福学派发扬光大的第二阶段的"批判"模式。②

但是,这并不意味着与语言学结构主义毫无关联。事实上,在戈德曼学术思想的发展过程中,语言学结构主义者们也给予了他很大的帮助和激励。戈德曼最早在一次关于克尔恺郭尔的会议上接触到了语言学结构主义,并将其看作一种新哲学的诞生。他评价道:"列维一斯特劳斯将比克尔恺郭尔更加重要","斯特劳斯的思考将被看作是技术化的、消费社会的知识"③。之后他与巴特等人交往密切,并积极参与结构主义者的学术活动。1966 年 10 月在约翰·霍普金斯大学召开的名为"批判语言与人文学科"的国际学术研讨会上,戈德曼就与托多罗夫、巴特等重要的结构主义者一并位列参会代表之中,④ 也正是在此次会议上德里达发表了他那篇著名的论

---

①　[瑞士] 皮亚杰:《结构主义》,倪连生、王琳译,商务印书馆 2006 年版,第 83 页。

②　[英] 弗朗西斯·马尔赫恩:《当代马克思主义文学批评》,刘象愚等译,北京大学出版社 2002 年版,第 13 页。

③　Mitchell Cohen, *The wager of Lucien Goldmann: tragedy, dialectics, and a hidden god*, New Jersey: Princeton University Press, 1994, p.23.

④　[英] 彼得·巴里:《理论入门:文学与文化理论导论》,杨建国译,南京大学出版社 2014 年版,第 264 页。

文《人文科学话语中的结构、符号和游戏》，从而促成了结构主义向后结构主义的转变。但是，尽管如此，戈德曼并不完全同意结构主义者的观点，而是看到了自己所主张的"结构"与斯特劳斯和巴特的"结构"之间的不同，认为语言学结构主义是一种"非发生学结构主义"或"反发生学结构主义"。虽然在《文学社会学方法论》等著作中，戈德曼对语言学结构主义也进行了分析，但更大程度上是将其作为比较、论争和批判的对象。他的"发生学结构主义"的建立及其特色的凸显，也正是在这种比较、论争和批判的过程中得以实现的。

二、发生学结构主义的理论基础与核心观点

从理论产生的源头来看，语言学结构主义以索绪尔的结构语言学为基础，而发生学结构主义则建立在卢卡奇的"形式"观念和皮亚杰的发生认识论的基础之上。这种出发点的不同，决定了发生学结构主义与语言学结构主义之间的诸多差异，而正是在对这些差异的阐释的基础上，戈德曼逐渐展开了对其发生学结构主义的建构过程。

首先，发生学结构主义主张对文学作品进行整体研究。

无论是马克思、恩格斯，还是卢卡奇，都强调历史的整体性，认为部分或个体与整体之间具有一种辩证关系，二者相互依存，各自为对方存在的条件。文学作品作为历史整体的一部分，只有置于其得以产生的历史整体中，才能更好地得以把握。同样，皮亚杰也坚持一种整体化思想。他对结构的定义明显符合辩证法。他坚持认为，在发生学结构主义的理论中，"辩证倾向与结构主义倾向是有共同的整体性观念的"[1]。作为黑格尔、马克思和皮亚杰的继承人，戈德曼在《隐蔽的上帝》的第一部分就列专章对这种部分与全体的辩证关系进行了深入论述，并以此为基础展开了他的发生学结构主义的理论建构和批评实践。

建立在发生学结构主义的整体性观念基础之上的发生学模式在文学艺术中则表现为对对象的起源、发展和变化过程的关注和研究。这种理论关注的是"文学，同其他艺术一起，是如何逐渐从社会生活中发展起来的，以及是什么东西促使文学作品使用他们正在使用的形式。应用于这种研究

---

① ［瑞士］皮亚杰：《结构主义》，倪连生、王琳译，商务印书馆 2006 年版，第 102 页。

的方法的模式可以称之为'发生学'的,因为它所讨论的是起源、原因和决定的因素。"① 出于这一点,不同于语言学结构主义所主张的共时性研究,发生学结构主义认为前者是"反历史的",主张对文学作品进行历时性研究。这样,如何处理"发生"与"共时"的关系就成为戈德曼所要首先解决的问题。语言学结构主义认为 19 世纪以来的历史学家企图历史地研究现象,而这种企图是一种黑格尔式的幻象。因此,要建立科学的语言学和文学批评,就必须切断研究对象与历史之间的纽带,对其进行共时的结构分析。但是,从发生学的角度来看,任何事物和思想都是在历史的过程中逐渐被创造、生产和建构起来的,都处于一种发展和演变的过程之中,并与其周围世界发生着密切的关系。如戈德曼所言:"这些不变物总是在思想的各级层次上不断地被创造。如果我们想理解历史,我们就必须把它看作一个结构过程。如果一旦接近了这一过程,或者变换了现实,那么,我们就必须把它看成一个不再是理性的或功能性的结构过程,除非它是在朝着新的结构发展。"② 历史总是在一种连续性与非连续性的变换过程中发展的,因此,非此即彼地坚持或抛弃共时的体系和结构研究或者历时的发展过程研究,都是不科学的。"历史是结构过程的客体。如果一个人没有首先建立起一定的模式,那么这些过程是不能得以研究的。相反地,结构仅仅是相对的。人类行为的结果存在于精确而具体的、并在其特定的结构中改变的环境之中。通过这样的方法,他们创造了新的结构。换言之,存在着一种解释各种转换和连续性的不连续性,也存在着单独即可解释共时性的历时性方面,以及一个只有在历时的过程中才能被理解的共时方面。因而,很明显,共时的方面在最大程度上是人们进入研究开端的特殊手段。但这也是相对的。"③ 正是因为看到了割裂共时研究与历时研究的缺陷,戈德曼认为发生学结构主义应该坚持共时与历时的辩证统一。既要把研究对象置于历史的成长环境之中,又要考虑其存在的共时体系和结构,二者的兼容才能对文学作品有一个更为

---

① [英] 安纳·杰弗森、戴维·罗比等:《西方现代文学理论概述与比较》,陈昭全等译,湖南文艺出版社 1986 年版,第 188 页。
② [法] 吕西安·戈德曼:《文学社会学方法论》,段毅、牛宏宝译,工人出版社 1989 年版,第 55 页。
③ [法] 吕西安·戈德曼:《文学社会学方法论》,段毅、牛宏宝译,工人出版社 1989 年版,第 56 页。

准确的把握,才更有利于发现作品所具有的意义。

其次,发生学结构主义强调"超个人主体"。

在戈德曼看来,语言学结构主义作为当时人文科学中一个强大的理论运动,它把索绪尔的结构语言学作为典范,这就决定了它最终否定了人作为主体的创造作用,而把创造性因素仅仅归结于结构。可以说,语言学结构主义是"反主体性"的,因此,发生学结构主义要取得进展就要在"究竟是人还是结构导致了历史的变换"① 这一问题上与语言学结构主义展开论争。戈德曼认为:"无论是哪种形式的非发生学结构主义,它的基本主旨都是否定主体和人在历史变更中的作用。"② 但是,"无论如何,结构不能取代人而作为历史的主体,即使它们确实表现了人的思想、行为和感情特征"③。皮亚杰也认为:"'结构'没有消灭人,也没有消灭主体的活动。"④ 并不是格雷马斯所说的"结构产生了历史事件",也不是托多罗夫所说的"人并未创造语言,而是语言创造了人",或者用海德格尔和巴特的话说,"不是人在说,而是语言在说"。与语言学结构主义对主体性的否定和消解不同,发生学结构主义非常强调主体性的重要性,认为历史的创造主体是人而不是语言,包括语言在内的所有的人文现象也都是人类行动的结果。只有与主体的行为联系起来,人文现象才能被理解,这正是发生学结构主义的主要原则。但是,在发生学结构主义的理论体系中,创造历史的并非个人或英雄,而是由个体所构成的社会历史集团——超个人主体或集体主体。"一切历史的行动,从打猎、捕鱼到审美的和文化的创造,唯有当它们与集体主体相联系之时,它们才能被科学地研究,才能为人们所理解,才能诉诸于理性。"⑤ 个人主体更多地与力比多相关联,而超个人主体或集体主体才为历史的行为负责。也就是说,超个人主体或集体主体才是所有历史行动的真正主体。每

----

① [法]吕西安·戈德曼:《文学社会学方法论》,段毅、牛宏宝译,工人出版社1989年版,第167页。
② [法]吕西安·戈德曼:《文学社会学方法论》,段毅、牛宏宝译,工人出版社1989年版,第42页。
③ [法]吕西安·戈德曼:《文学社会学方法论》,段毅、牛宏宝译,工人出版社1989年版,第167页。
④ [瑞士]皮亚杰:《结构主义》,倪连生、王琳译,商务印书馆2006年版,第119页。
⑤ [法]吕西安·戈德曼:《文学社会学方法论》,段毅、牛宏宝译,工人出版社1989年版,第45页。

一个个体都处于一种集体的关系网络结构之中,正是这种关系网络结构决定了个体的形成和发展。对一个结构的诸因素的理解也就需要在与结构整体的诸多关系中进行,把个体置于与集体或社会集团的结构关系中进行理解。

对待主体性的这种差异在文学中体现为对作者的不同态度。不同于艾略特的"非个人化"、维姆萨特的"意图谬误"和巴特的"作者之死"等观念对作者创造性的搁置,发生学结构主义强调作者的重要性,但这种强调又不同于浪漫主义者将诗作仅仅看作作为个体的诗人或作家的天才创造。发生学结构主义认为,一部文学作品之所以优秀或伟大,并不仅仅归因于个体作者的独立创造和天才禀赋,而是要以作者为中介,将其纳入创作主体的社会集团的关系网络中加以理解。这个关系网络就是我们的社会生活。莱辛之所以不是高乃依或莫里哀,也并没有写出后者那样的作品,就是因为他的境遇和所生活的社会关系网络结构不同于后者。显然,这是一种得益于黑格尔和马克思的社会学观点。戈德曼认为这种观点比浪漫主义式地将作品看作作家的天才的伟大创造更为有效。如其所言:"就科学即是一种发现现象间的必然关系的尝试而论,将文化作品与作为创作主体的社会集团相联系的尝试证明是比之任何一种将个人看作创造的真正主体的尝试都更为有效。"[1]在戈德曼看来,如果接受和坚持上述观点,就必然需要思考两个问题:一是社会集团与作品之间的关系的状况如何,二是了解具体在哪个作品与哪个集团之间可以建立这种类型的关系。虽然传统的文学社会学也将研究文学作品与社会集团之间的关系作为中心,但要么由于作者对集体意识的内容和围绕它的直接经验材料占有的不全面,要么由于只停留于对个人经验、集体意识和社会现实的简单而直接的复制,使传统文学社会学对一般水平的文学作品的分析特别有效,但对于富有创造性的优秀作品缺乏解释的效力。"就此而论,发生结构主义便代表了一种彻底转变的倾向——其基本假设,准确地说即是,文学创作的集体特征发端于这一事实:作品世界的结构与某些社会集团的精神结构是同构的,或者说,文学创作的集体特征与这些结构处在明白易懂的关系之中。此外,在内容方面,即是说,在由这些

---

① [法]吕西安·戈德曼:《文学社会学方法论》,段毅、牛宏宝译,工人出版社1989年版,第181页。

结构所制约的想象世界的创造方面,作者拥有完全的自由。"① 个人经验仅仅是一种表面的和次要的层次,整个社会的精神结构及其与文学作品的同构关系,才是文学社会学研究的深层任务,这也正是发生学结构主义的核心任务。

再次,发生学结构主义认为文学作品具有一种"有意义的结构"。

在戈德曼看来,在文化史上,特别是要对包括哲学、文学和艺术等在内的人类事实进行研究,并将其从物化科学中分离出来,"就必须按照'结构'的一般概念,并且加上限定性术语'有意义的'来界定它们"②。同样关注于文学艺术的结构,但戈德曼认为非发生结构主义的结构研究更多停留在对作品结构的科学化的分析,缺乏对结构所包含的意义的深入挖掘。事实上,正如克莱夫·贝尔看到了艺术形式中的"意味",卢卡奇把艺术形式作为社会批判中最具隐秘性也最为深刻的层面,詹姆逊看到了并试图揭示作品形式中所包含的作为"政治无意识"的"形式的意识形态"等,发生学结构主义认为文学艺术的结构并非纯粹的形式,而是一种"有意义的结构"。这种结构之所以有意义,就是因为文学作品是整体性的,并作为超个人主体或集体主体的创造物,体现了特定社会集团的世界观或意识形态。这样,是否认为作品结构具有意义就成为流行的语言学结构主义与发生学结构主义之间区别的一个重要标志,"有意义结构"也便成为发生结构主义用于理解和解释文学艺术文本并判断其价值标准的一个基本工具。

但是,这种文本层面的有意义结构只是文学艺术的有意义结构的基础部分。戈德曼坚持黑格尔和马克思主义哲学所坚持的整体性观念,认为部分只有置于整体之中才有意义。人类社会是由无数个、多层级的结构所交织而构成的一个有意义的结构网络,而文学艺术只是更大的社会现实结构的一部分。而且,不像语言学结构主义那样将结构看作一个封闭的、静态的系统,发生学结构主义主张文学作品的有意义结构还是一个不断发展、层层递进的动态过程。如戈德曼所言:"如果我想理解一种文学结构向另一种文学结构的转化,那我就必须超越文学的范围。为了理解我所研究的客体

---

① [法]吕西安·戈德曼:《文学社会学方法论》,段毅、牛宏宝译,工人出版社 1989 年版,第182 页。

② [法]吕西安·戈德曼:《文学社会学方法论》,段毅、牛宏宝译,工人出版社 1989 年版,第83 页。

的结构过程,我就必须接受更广大的结构过程。"① 这样,发生学结构主义对文学作品的有意义结构的分析就包含两个方面的内容:作品的内在结构分析和作品被置入其中的历史和社会的结构及其发展过程的分析。"研究者只有把一部作品重新置于历史演变的整体中,把作品与整个社会生活联系起来,才能从中得出其客观意义,而这种意义甚至常常是作品的作者很少意识到的。"② 戈德曼沿用了西方哲学史上的两种基本的研究方法:理解和解释,并将其作为文学研究的有效工具。"理解暗含着对组成一个文本系统的关系的内在描述,同时,解释也暗含着将有意义结构置入一个更广大的结构(精神范畴的超个人主体的模式)之中的发生过程。"③ 对作品的内在结构进行理解,而对作品的外在结构进行解释。只有将这种内在结构分析与外在结构分析、共时研究与历时研究结合起来,在理解和解释的辩证过程中对作品进行综合考察,才能全面、准确地把握文学作品的真正意义。

基于上述几点,我们可以引出发生学结构主义的核心观念,即文学作品、社会集团及其世界观这三大要素之间的异质同构关系。

要阐明这一核心问题,我们还要先对戈德曼的世界观理论进行简单分析。在戈德曼的概念体系中,世界观是"使一个群体(往往是一个社会阶级)的成员聚合起来并使他们与其他诸群体相对抗的全部愿望、感情和思想"④。显然,戈德曼的世界观指的是一个社会群体或阶级成员所具有的,能够将其成员凝聚起来的,具有共同性或相似性的集体意识,而不是个体成员所具有的思想、观念、愿望和情感。它更接近于马克思主义理论体系中的一个核心概念——意识形态。

每一个社会集团都有自身的相对一致的利益和诉求,并进而影响了每一个成员的情感、理智和实践行为,以及成员之间的社会关系、精神关系和情感关系。这些综合而成为一个集团的世界观、意识形态或精神结构,反过来又影响了每一个成员的成长和发展,并通过每一个个体成员表现出来。

---

① [法]吕西安·戈德曼:《文学社会学方法论》,段毅、牛宏宝译,工人出版社 1989 年版,第97 页。
② [法]吕西安·戈德曼:《隐蔽的上帝》,蔡鸿滨译,百花文艺出版社 1998 年版,第 8 页。
③ [法]吕西安·戈德曼:《文学社会学方法论》,段毅、牛宏宝译,工人出版社 1989 年版,第14 页。
④ [法]吕西安·戈德曼:《隐蔽的上帝》,蔡鸿滨译,百花文艺出版社 1998 年版,第 21 页。

文学作品正是产生于这样的集团意识和个体意识中。"当一个群体的成员都为同一处境所激发,并且都具有相同的倾向性,他们就在其历史环境之内,作为一个群体,为他们自己精心地缔造其功能性的精神结构。这些精神结构,不仅在其历史演进过程之中扮演着积极的角色,并且还不断地表述在其主要的哲学、艺术和文学的创作之中。"①因此,研究一部作品时,就不应该局限于简单地用某种世界观来解释和剖析作品,还应该考虑到底是什么社会原因和个人原因使得这种世界观在此时此地以此种特定的方式在这部作品中表现出来;同时也要认真地审视作品中所表现的世界观与其所属群体的世界观不相协调和差异的情况及其原因。在戈德曼看来,作家的个体意识、其作品的世界观与所属群体或阶级的世界观相一致是结构性的,而他们之间的不协调、不一致往往是偶然的和个体性的,是由作家个人的成长经历和个人心理方面的因素决定的。因此,在对文学艺术的研究中,既要研究这种结构性要素,又要研究个体因素及其对集体的影响。

"凡是伟大的文学艺术都是世界观的表现。世界观是集体意识现象,而集体意识在思想家或诗人的意识中能够达到概念或感觉上最清晰的高度。"②可见,一般的作品直接与世界观相关联,是其反映和表现,而优秀的作品则与这种集团意识相分离,二者之间具有一种离心结构。而且,不同的集团对于社会发展的意义是不同的,其中只有个别少数的集团才能激励优秀文化的创造。一般的作品倾向于关注前者,优秀而伟大的作品则致力于后者。正如戈德曼所言:"尽管所有的人类集团都作用于其成员的意识、情感和行为,但唯有某些个别的、特殊的集团才能激励文化的创造。因此,为了搞清研究所采取的方向,对具体的研究工作来说,显得尤其重要的就是对这些集团的界定。文化巨著的本质指明了这些巨著所应具有的特征。"③这样,戈德曼的发生学结构主义的文学研究就提出了三个紧密联系在一起的概念:文学作品、社会集团和世界观。这三个对象虽然属于不同的领域,具

---

① [法]吕西安·戈德曼:《文学社会学方法论》,段毅、牛宏宝译,工人出版社1989年版,第46页。
② [法]吕西安·戈德曼:《隐蔽的上帝》,蔡鸿滨译,百花文艺出版社1998年版,第23页。
③ [法]吕西安·戈德曼:《文学社会学方法论》,段毅、牛宏宝译,工人出版社1989年版,第134页。

有不同的特点,但是从发生学结构主义的角度来看,这三者之间是一种异质同构的关系,共同构成了一个复杂而广阔的社会结构。这种结构具体到对帕斯卡尔的《思想录》和拉辛的作品的实证研究中,"不仅意味着要分析其内部结构,而且首先要把它们放进与其最接近的想象和感情现象的潮流中去,这主要就是放在我们称之为冉森教派的思想和精神的整体中去,然后放进这种意识和精神所属的社会阶级的经济、社会生活整体中去,具体到我的研究著作中,就相当于穿袍贵族的经济、社会和政治状况。"① 也就是说,文学作品(帕斯卡尔和拉辛的作品)与社会集团(穿袍贵族)及其世界观(冉森教义)之间具有一种异质同构关系。为了使研究更具可操作性,发生学结构主义的文学研究就可以划分为三个层面的内容,即文本——社会集团、社会集团——世界观和文本——世界观。这几个层面并不是完全割裂和相互孤立的,也不是简单的因果关系,而是一个综合性的整体。在对这三个层面进行具体研究的基础上加以综合考察,成为戈德曼文学批评实践的主要任务。

三、发生学结构主义的批评实践

在戈德曼看来,发生学结构主义的文学批评显然属于历史社会学的方法论范畴。这种批评方法致力这样几个方面的工作:"首先能够指出一个时代里不同的世界观,同时也能阐明伟大文学作品的内容及其意义。其次便是可以称之为社会学的美学任务,它要指出世界观与作品中人和物的世界两者之间的关系;以及美学或是严格意义上的文学批评的任务,它要指出这个世界与作家选择来表现世界的手段和技巧两者之间的关系。"② 要实现以上几个方面的工作,都必须以文学作品为具体的分析对象。然而,文学作品的数量是无限的,但是社会集团及其世界观却是有限的,因此,由于三者之间的异质同构关系,文学作品也就必然根据其所体现的社会集团的世界观而划分为不同的类型,并根据其表现世界观的方法而区分为不同的文体。能否将发生结构主义的理论运用于对不同文体的批评实践之中,也就成为戈德曼所试图完成的一项重要工作。戈德曼的批评实践中非常重视并曾加

---

① 　[法]吕西安·戈德曼:《隐蔽的上帝》,蔡鸿滨译,百花文艺出版社 1998 年版,第 136 页。
② 　[法]吕西安·戈德曼:《隐蔽的上帝》,蔡鸿滨译,百花文艺出版社 1998 年版,第 463 页。

以分析的文体主要有诗歌、小说和悲剧。

(一) 发生学结构主义的诗歌批评

相对于对小说和悲剧的系统研究,戈德曼的发生学结构主义的诗歌批评是尝试性和不完善的,但是我们从中仍能发现其发生学结构主义的基本理念和方法。如前所述,戈德曼将有意义结构区分为微观结构和宏观结构,前者指的是文本的内在结构,而后者指的则是文本与外在现实之间的结构关系。

就诗歌而言,一首诗的文本统一体的研究与戏剧统一体或小说统一体的研究存在很大差异,因为,即使一部诗集具有基本的和有意义的统一结构,但是诗集中每首诗与诗集整体的关系相对于戏剧的每一幕与整部戏或小说的每一章与整部小说的关系更具有独立性。每一首诗都具有一个独立的形式结构,是作为一个独立的原子与整部诗集发生关联。而小说或戏剧的每一部分则仅仅是整部作品的一个部分,并不具有或较少具有诗歌这样的独立性。就诗歌而言,其微观结构指的是诗歌的句法结构、语音结构、组合结构等形式或语义结构。微观结构由内而外,推而广之,就延伸到整部诗集的总体结构。单部作品的形式结构只是诗集的整体结构之一部分,只有将单部作品与整部诗集联系起来,在诗集整体的风格和意义的统一性中,才能更好地理解单部作品。进而,诗歌结构还可以再向外拓展到更为宏阔的社会历史结构。

那么,在具体的诗歌研究中,微观结构与宏观结构哪个更具优先性呢?显然,语言学结构主义侧重于诗歌、小说等文学作品的微观结构,卢卡奇、伊格尔顿和詹姆逊等西方马克思主义者主张由微观结构入手最终进入宏观结构,通过对作品的形式结构的分析挖掘其意识形态和社会历史内容。戈德曼的黑格尔式的辩证法强调整体的决定性,认为个体只有作为整体的一部分才具有意义。局部的形式结构或语义结构都建立这个宏观的结构之上,并且,只有在这个宏观结构的基础上,才能展开对作品的形式结构的深入研究。基于此,戈德曼提出了它的发生学结构主义的非语义结构研究的几个要点:"1,弄清一部作品的宏观语义模式,以及构成人与人以及人与宇宙之间相互关系之宏观系统图式的宏观语义模式的形成;2,在特定社会集团之集体意识的动力倾向范围内,对这种模式的发生进行社会学的研究;3,在对写定文本的研究所包括的所有层次上,将这些宏观语义结构扩展到由部分的和更严格的形式结构组成的集合体中。"① 基于这几个要点,戈德曼尝试着对约翰·伯尔斯的一首诗从宏观和微观两个方面进行了分析。但是,正如戈德曼自己所承认的,他对诗歌分析并不擅长,对这首诗的分析也比较简单,且没有再进一步的尝试,这也是戈德曼批评实践中的一大遗憾。

(二) 发生结构主义的小说批评

自古希腊至资本主义的兴起之前,西方的叙事性作品主要是史诗。但是,伴随着资本主义和市场经济的出现,小说作为一种新兴的文体取代了史诗的统治地位,成为资本主义时代的主导性文体。瓦特在《小说的兴起》中对小说文体的产生过程进行了详细的论述。在瓦特看来,小说是一种最能充分体现个人主义的文学形式,表现个人的情感、愿望和经验也正是小说的主要内容。但是,与史诗不同,卢卡奇将小说看作是"一个被上帝遗弃的世界的史诗"②。而戈德曼把小说看作是一种介于悲剧、抒情诗歌和史诗、神话之间的叙事体裁,它以主人公与世界之间不可调和的断裂为特征。正因为对小说体裁的这一理解,戈德曼认为:"小说的社会学会涉及的最首要的问题,是小说形式和使它得以发展的社会环境的结构之间的关系,也就是作为文学体裁的小说和现代个人主义社会之间的关系问题。"③ 小说是资本主义兴起的产物,其发展也与资本主义的发展同步进行,"它明显极端复杂的形式是人们每天生活于其中的世界的形式"④。按照戈德曼的理解,欧洲的资本主义可以划分为三个阶段:自由资本主义、垄断资本主义和国家资本主义,它们各自具有自己的意识形态,因此作为资本主义产物的小说在这几个不同的历史时期也就呈现出不同的特征。在 18 世纪和 19 世纪,即自由资本主义时期,小说基本上涉及的是个体与社会之间的协调,认为人偶尔会有痛苦和困难,但也能够在社会中生存,并与其社会相配合。此时的小说以传记式的文体形式为主,比如托尔斯泰、巴尔扎克和司汤达等人的作品,"全

---

① [法]吕西安·戈德曼:《文学社会学方法论》,段毅、牛宏宝译,工人出版社 1989 年版,第 159—160 页。
② [匈]卢卡奇:《卢卡奇早期文选》,张亮译,南京大学出版社 2004 年版,第 61 页。
③ [法]吕西安·戈尔德曼:《论小说的社会学》,吴岳添译,中国社会科学出版社 1988 年版,第 10 页。
④ [法]吕西安·戈德曼:《文学社会学方法论》,段毅、牛宏宝译,工人出版社 1989 年版,第 209 页。

都涉及英雄对一个让他们感到困难而受限制的社会世界的调适问题"①。描写积极奋进的个人主体的人生经历和精神世界是这一历史时期的小说的主要内容。但是,及至 20 世纪初期的垄断资本主义时期,人与社会之间的调适变得愈来愈困难,而生活于其中的个体的危机感日益强烈,因此表现这种个体的危机及其精神分裂就成为小说的主题,比如卡夫卡笔下的那些分裂人物和贝克特笔下的荒诞世界。随着西方社会进入国家资本主义发展阶段,伴随着人的主体性的消解,小说也发展为一种新的形态。与古典小说更多表现个体意识不同,在"新小说"中,"那种有名有姓、有社会史而且有个人传记的明确英雄人物已经彻底消失,取代他的可以说是一种社会类型,一种本质上已经没有个体性而只有一般性的人物。"②具有典型性格特征的个人主体人物在这类作品中逐渐消失了,代之而起的则是那种倾向模糊的集体意识。在戈德曼看来,在这个物化的世界中,"重要的小说式样的结构和经济生活中的交换结构是严格同构的。这种同构达到了这样的程度,以至于人们可以说,同一种结构自身就表现在两种不同层次上。更进一步说,与被物化世界相一致的小说形式的发展,只有在把它与一种被物化世界的同构的历史联系起来才能得以理解。"③资本主义社会的变迁与小说形式的变革之间的同步性及其因果关系,所体现的正是小说艺术与社会集团及其世界观之间的异质同构性。基于此,戈德曼得出了发生学结构主义小说社会学研究的两个方面:一方面揭示某种有意义的、至少可以说明这些作品的大部分内容和形式的结构;另一方面证明这个文学世界的结构与某些社会、经济、政治、宗教等的其他结构之间的同源性,或者在它们之间发现一种有意义的关系的可能性。

(三) 发生学结构主义的悲剧批评

悲剧是西方最为传统的艺术形式,从古希腊以来一直占据着艺术世界的中心位置,对悲剧的研究也始终是理论家们无法绕开的重要问题。戈德

---

① [英] 玛丽·伊凡丝:《郭德曼的文学社会学》,廖仁义译,桂冠图书股份有限公司 1990 年版,第 101 页。

② [英] 玛丽·伊凡丝:《郭德曼的文学社会学》,廖仁义译,桂冠图书股份有限公司 1990 年版,第 103 页。

③ [法] 吕西安·戈德曼:《文学社会学方法论》,段毅、牛宏宝译,工人出版社 1989 年版,第 210 页。

曼的悲剧观就深受传统悲剧理论的影响。虽然戈德曼列出了一系列悲剧理论家的名字,认为要建立自己的悲剧理论,这些理论家的著作都是要认真阅读和参考的,但是他也坦承,由于时间和精力有限,他真正涉足并对他产生重要影响的,主要还是帕斯卡尔、黑格尔、马克思和卢卡奇的悲剧理论以及拉辛的悲剧创作。其中,帕斯卡尔和拉辛的作品为其提供了研究的对象,而黑格尔、马克思和卢卡奇则给他提供了辩证的方法。如其所言:"如果我们想要找到一种对悲剧观点的评论,它能理解悲剧观点,超越这些观点,并把这些观点纳入完美的整体,我们就必须到伟大的辩证思想家黑格尔、马克思和卢卡奇的著作中去寻找。"① 其中,尤以卢卡奇的影响最为巨大,在《隐蔽的上帝》中,他就不断地引用卢卡奇的观点。

卢卡奇强调了悲剧与世界观的关系,认为"戏剧只能建立在世界观的基础上,凭借世界观以及在世界观中最终的戏剧效应得以产生。也就是,在戏剧和它的观念之间必然存在着一种共性,即使这种共性并未被意识到或表现出来。"② 可见,卢卡奇并不是把戏剧看作一种纯粹的可供娱乐的艺术形式,而是特定集团的世界观的再现。即使在一些表面看来没有明显倾向性的戏剧中,事实上也包含着世界观的因子。二者之间的共性,在戈德曼看来就是一种异质同构。戈德曼对这种异质同构关系的论证是通过对帕斯卡尔的《思想录》和拉辛的悲剧作品的深入研究和分析而展开的。

从帕斯卡尔和拉辛的生平传记来看,他们二人都与当时盛行的冉森教派之间关系密切。在戈德曼看来,冉森教派的烙印在《思想录》中体现为对人、世界和上帝之间关系的思考。这种思考直接影响了帕斯卡尔的悲剧观念。在这种悲剧观中,上帝、世界和人是无法截然分开的,"其中每一种因素都要依据另外两种因素才存在,才能表明自己的特点;反之,另外两种因素也只能依据这一因素而存在和表明自己的特点。"③ 三者之间处于一种相互依存、相互作用的辩证关系之中。具体而言,在关于上帝的态度方面,这种悲剧观关注于上帝是否存在的问题。在帕斯卡尔看来,"上帝是永远存

---

①　[法]吕西安·戈德曼:《隐蔽的上帝》,蔡鸿滨译,百花文艺出版社1998年版,第32页。

②　[匈]卢卡奇:《卢卡奇论戏剧》,陈奇佳主编,罗璇等译,北京师范大学出版社2014年版,第38页。

③　[法]吕西安·戈德曼:《隐蔽的上帝》,蔡鸿滨译,百花文艺出版社1998年版,第82页。

在而又不显现的"①。也就是说,上帝是永恒存在的,但又是"隐蔽的",从来
不显现出来。正是上帝的这种"隐蔽的存在状态"引起了上帝是否存在的
论争,这也就导致"一个始终不存在和始终存在的上帝"②成为了悲剧的中
心。在世界方面,戈德曼认为,所有形式的悲剧意识都具有一个共同的特
点,那就是表现"人与社会和人与宇宙世界之间关系的深刻危机"③。虽然黑
格尔将古希腊看作艺术的古典阶段,其特征就是人与世界的和谐统一,但
是,在戈德曼看来,事实并非如此,因为早在索福克勒斯的悲剧中,已经确切
地显现出了"某些享有特殊利益的人与人和神的世界之间难以克服的决
裂"④。直至17、18世纪,这种悲剧观念并没有发生大的变化,依然关注于
表现"人与人之间关系的危机,或者更确切地说,表现了某些群体的人与
宇宙世界和社会世界之间关系的危机"⑤。与上帝既存在又不存在相应,对
于悲剧人来说,世界既是一切,同时又是乌有。悲剧人是上帝与世界之间
的中介,从而受到上帝存在和不存在与世界一切又乌有的双重性的挤压。
"悲剧人由于受到上帝的存在的阻止而不能接受世界,同时又受到上帝的
不存在的阻止而不能完全脱离世界。他始终受到持久而有充分理由的意
识控制,这就是在他和他周围的一切之间的根本不恰当的意识。他与价
值和明显的直觉之间不可逾越的鸿沟的意识。"⑥正是因为人的这一矛盾
处境决定了悲剧人的矛盾性和复杂性。"人既不是天使,又不是禽兽,而是
中间的存在,处于与两个无限等距离的中间。"⑦人居于天使与禽兽、上帝与
现实世界之间的等距离的中间地带,造成了人难以逃脱的悲剧性状况。在
戈德曼看来,帕斯卡尔的《思想录》中讨论的悲剧观所要处理的正是这种上
帝、世界和人之间的辩证关系。这种关系在帕斯卡尔的《思想录》和拉辛
的悲剧中具体地体现为作品主人公与穿袍贵族、冉森教派及其教义之间的
关系。

---

① [法]吕西安·戈德曼:《隐蔽的上帝》,蔡鸿滨译,百花文艺出版社1998年版,第48页。
② [法]吕西安·戈德曼:《隐蔽的上帝》,蔡鸿滨译,百花文艺出版社1998年版,第48页。
③ [法]吕西安·戈德曼:《隐蔽的上帝》,蔡鸿滨译,百花文艺出版社1998年版,第62页。
④ [法]吕西安·戈德曼:《隐蔽的上帝》,蔡鸿滨译,百花文艺出版社1998年版,第57页。
⑤ [法]吕西安·戈德曼:《隐蔽的上帝》,蔡鸿滨译,百花文艺出版社1998年版,第62页。
⑥ [法]吕西安·戈德曼:《隐蔽的上帝》,蔡鸿滨译,百花文艺出版社1998年版,第73页。
⑦ [法]吕西安·戈德曼:《隐蔽的上帝》,蔡鸿滨译,百花文艺出版社1998年版,第296页。

帕斯卡尔和拉辛都是冉森教派的忠实信徒，他们的作品中所体现的世界观正是他们所信奉的冉森教派的基本教义——冉森主义。冉森教派诞生于1637—1638年左右，此时正处于君主专制制度具有决定性的高涨时期，其主要政治矛盾是封建领主与君主之间的矛盾。在这一矛盾斗争过程中，君主专制制度的主要支持者是法官阶层——穿袍贵族。作为冉森教派运动的最有力的支持者，穿袍贵族也就自然将冉森主义教义作为自己的信仰对象。"穿袍贵族这个逐渐失去社会力量的社会组合，它所面临的处境，正好可以在冉森主义者自暴自弃的精神表现中得到诠释；这种自暴自弃的态度，使他们必须以上帝存在做赌注，唯有上帝才能在这个现实世界中赋予绝对的价值与原则。"① 从这个角度来说，帕斯卡尔和拉辛的作品所反映的世界观就与穿袍贵族所信奉的世界观成为同一个对象，穿袍贵族也就成为帕斯卡尔和拉辛的作品的最大支持者和最坚实的社会基础。戈德曼将这三个要素之间密切的因果关系概括为异质同构。显然，这种异质同构并不是内容层面，而是结构层面的。

在戈德曼看来，拉辛的悲剧是这种异质同构关系的最佳例证，因此展开了对拉辛的创作生涯和悲剧作品的全面而深入的分析。根据其作品体现这种异质同构性的程度，戈德曼将拉辛的悲剧区分为四大类型——拒绝悲剧、现实世界悲剧、有"突变"和"发现"的悲剧、宗教题材悲剧。亚里士多德的戏剧理论中强调了"发现"和"突变"在戏剧情节发展中的推动作用，显然，戈德曼在这里借用了亚里士多德的观点，并对它进行了更深入的阐发。在戈德曼看来，在拒绝悲剧中，没有发现和突变，主人公之所以遭受厄运，就是因为从一开始，主人公便清楚地知道自己与这个缺乏意识的世界之间不可能存在任何调和的余地，因此毫不动摇、不抱任何幻想地以自己的崇高的拒绝态度来对待这个世界，拒绝妥协而甘愿死亡。在这里，世界是完全罪恶的，而主人公则是纯洁而高尚的。现实世界悲剧中具有一定的"发现"和"突变"。之所以有突变，是因为悲剧主人公依然相信能够通过把自己的要求强加给这个世界，并在与这个世界的不妥协中生活下去；而之所以有发现，是因为主人公最终清楚地意识到自己所过于沉溺的这种不妥协实际上

---

① ［英］玛丽·伊凡丝：《郭德曼的文学社会学》，廖仁义译，桂冠图书股份有限公司1990年版，第66页。

只是一种幻想。这类悲剧中，主人公并不完全彻底地拒绝世界，其最初所坚持的与世界之间的那种不妥协态度最终却为了生存而被消解，从而采取了与世界相和解的生活态度。与拒绝悲剧相比，现实世界悲剧中的世界不再是完全罪恶的，其主人公也不再是完全善良的。主人公与世界的和解使得主人公的人性水平相应地降低了，而世界的道德水平则被相应地提高了。如果说拒绝悲剧中主人公的悲剧性源自于对罪恶世界的坚决拒绝，现实世界悲剧中主人公的悲剧性则更大程度上是因为过失、错误或发现。伴随着拉辛思想的变化，他逐渐从没有发现和突变的冉森教派悲剧出发重新发现了以亚里士多德悲剧理论为代表的希腊传统，写出了多部具有发现和突变的剧作。如果说现实世界悲剧中的发现和突变还只是一种朦胧的意识和简单的表达，那么这类剧作中发现和突变则已经成为推动剧情发展的关键要素。更重要的是，其核心已经不再是主人公与世界之间被动的矛盾冲突，而是为争取自身的权利和正义与纯洁的现实世界进行主动抗争。这类剧作的代表《菲德拉》虽然没有《俄狄浦斯王》和《安提戈涅》中那样的合唱队，但是情节的核心却具有极大的相似性——相似的错误、相似的反对和相似的命中注定的行为。在此，悲剧冲突中的宗教因素在逐渐淡化，而现实生活中的矛盾冲突逐渐成为戏剧的中心要素。第四类宗教题材悲剧以拉辛晚年所创作的《爱丝苔儿》和《阿塔莉》两部剧为代表。如果说冉森教派的悲剧中上帝是隐蔽而不出现的，那么这两部剧则以一个世界代替悲剧中隐藏和缄默的上帝，上帝在世界中是胜利者，并使自己出现在世界中。因此，在戈德曼看来，这两部剧已经背离了冉森派教义而走向其反面，从而成为冉森派所反对的宗教题材悲剧。戈德曼认为，拉辛一生创作的这四大类型的悲剧及其发展演变过程，都是与当时的社会运动的发展、冉森教派的变迁，以及冉森教义的变化同步进行的。这一过程也正是他所强调的文学艺术、社会集团及其世界观之间异质同构性的一种体现。

戈德曼结合"发生学"和"结构主义"的努力和成果为他赢得了空前的声誉，奠定了他在学术史上的坚实地位。皮亚杰称他的这位弟子是"人们在一生中罕见的思想创造者"，"一种新型的符号思想的发明者"①。西方马克思主义史学家佩里·安德森认为戈德曼的《隐蔽的上帝》"为历史唯物主

① [美]科恩：《悲剧辩证法家戈德曼》，《现代外国哲学社会科学文摘》1993年第1期。

义树立了文艺批评的一般标准"①。南斯拉夫的马克思主义史学家普雷德拉格·弗兰尼茨基在他的皇皇巨著《马克思主义史》中也给予了戈德曼很高的评价,认为"完整地把握戈德曼的著作,可以得出结论如下:他在社会学研究中,坚持运用在马克思主义中被忽视的或完全没有得到表述的某些范畴和概念手段,给马克思主义带来了新鲜的东西,并且丰富了马克思主义的课题。"②这种肯定同样来自于新批评领域,韦勒克就认为戈德曼的《隐蔽的上帝》"说明悲剧和悲惨的观念能够以怎样紧密的方式同社会变革和社会集团('穿袍贵族')联系起来,而这一点是前人从未想到的"③。

尽管学者们赋予了戈德曼如此高的评价,但同时也给予了尖锐的批评,普遍认为其学说中具有明显的机械论色彩。伊格尔顿就认为戈德曼提出的模式过于机械化,并没有看到文学与社会之间的复杂性、不平衡性,社会意识与社会阶级之间并不是简单的反映关系,文学作品也并不是二者的简单描绘。因此,戈德曼的模式实质上"退化成了一种关于基础与上层建筑关系的机械论了"④。汪正龙在讨论马克思主义与形式主义对话的可能性时也认为,在戈德曼的《隐蔽的上帝》中把卢卡奇的文学形式社会学研究方法转变为"对阶级环境、世界观和文学形式之间同构关系的研究,流于简单的机械对应"⑤。张英进同样认为:"戈德曼拥有一批弟子,发生学结构主义文学社会学六十至七十年代在西方风行过一时,但他的理论除了在作品结构和社会结构之间寻找某种机械地对应关系之外,并没有提供更多的东西,只是在对作品和社会的分析上更缜密了。"⑥

尽管存在着机械论的色彩,也受到了诸多批评,但是,从学术史的发展来看,对戈德曼给予上述高度评价并不过分。他处于马克思主义与结构主

---

① [英]佩里·安德森:《西方马克思主义探讨》,高铦等译,人民出版社1981年版,第98页。

② [南斯拉夫]普雷德拉格·弗兰尼茨基:《马克思主义史》(第三卷),胡文建等译,黑龙江大学出版社2015年版,第149页。

③ [美]勒内·韦勒克:《辨异:续〈批评的诸种概念〉》,刘象愚、杨德友译,上海人民出版社2015年版,第312页。

④ [英]特里·伊格尔顿:《马克思主义与文学批评》,文宝译,人民文学出版社1980年版,第38页。

⑤ 汪正龙:《马克思主义与形式主义之间对话的可能性》,《文艺理论研究》2008年第3期。

⑥ 张应进:《国外文艺社会学研究述评》,载张英进、于沛编:《现当代西方文艺社会学探索》,海峡文艺出版社1987年版,第12页。

义相互碰撞的初期,能够意识到二者之间对话的可能性,并做出结合马克思主义发生学和结构主义的努力,已经是一种学术的创新。他在二者对话的基础上所提出来的异质同构理论,很大程度上丰富、发展和完善了马克思主义的文学社会学的批评方法,并为后来阿尔都塞的结构主义马克思主义和马歇雷对文学文本与意识形态之间的离心结构的讨论奠定了理论基础。

第二节　结构主义马克思主义的建立

　　虽然戈德曼结合发生学和结构主义的尝试还比较机械,但是他试图把结构主义引入马克思主义的努力却为马克思主义后来的发展开启了新的方向。在 20 世纪 60 年代,随着结构主义的兴起,以及马克思主义所面临的复杂局势,对二者之间关系的讨论一时成为一个热点问题。1964 年吕西安·塞巴热出版了《马克思主义与结构主义》一书,试图将马克思主义与结构主义成功地调和在一起。塞巴热曾跟随斯特劳斯研究人类学,并向格雷马斯学习符号学。这个结构主义的优秀学生"运用结构主义命题的语言学利刃批判马克思主义,说它盲目崇拜它的特权对象,低估了组织经济现实的潜在、固有的原理,以及使得超越不同社会差异成为可能的原理。……许多人对塞巴热满怀希望,认为吕西安·塞巴热这位理论家能够使马克思主义现代化,那时马克思主义已经通过它与结构主义结成的各种关系得以转化。"① 遗憾的是,1965 年 1 月,吕西安·塞巴热向自己面部开了一枪,从而在结束了自己生命的同时,结束了他这一具有启发性的尝试。1967 年 10 月,《思想》杂志以"结构主义与马克思主义"为题出版了专号,哲学家吕西安·塞夫、让·迪布瓦、让·德尚等均就这一议题发表了文章。同时,1967 和 1968 年,《新批评》和《法国通讯》等杂志也刊登了系列文章,就结构主义如何应对马克思主义的危机问题展开了讨论。这场讨论对于结构主义和马克思主义的发展都产生了重要的影响。正如弗朗索瓦·多斯所言:"就在官方马克思主义思潮(即法共的思潮)努力巩固对结构主义的反抗时,两派人马之间的分裂之势日益增长:一些人和阿尔都塞一样,怀着革新马克思主义的希望,已经决定采纳结构主义透视;一些人把结构主义当成摆脱马

---

① ［法］弗朗索瓦·多斯:《解构主义史》,季广茂译,金城出版社 2012 年版,第 112 页。

克思主义的捷径来接受。多亏了这种对峙,这两种方法中许多共同属性清晰地呈现了出来,并与其命运联系在一起:最初是吉星高照,那是在 1967—1968 年;但很快走向式微,这种式微既影响了结构主义,也影响了马克思主义。"①

　　通过这场论争,阿尔都塞在法国学术界的影响力日益增加,其结合马克思主义与结构主义,从而建构一种结构主义的马克思主义的方法也获得了越来越多的认同。对此,多斯同样给予了高度评价:"阿尔都塞的著作及其产生的冲击力使得马克思主义者再也无法与结构主义相安无事,阿尔都塞对结构主义的浓厚兴趣也使得与结构主义立场的理论论争变得无可回避。"② 阿尔都塞试图通过马克思主义与结构主义的融合,使马克思主义摆脱人道主义倾向,从而走上科学化的道路。正是这一点使阿尔都塞也被看作"一个广义的结构主义者"③。他的这一努力得到了学术界的热烈响应,一批青年学生开始围绕在他的周围,成为他的忠实信徒。这些学生就包括马歇雷、巴利巴尔、朗西埃和普兰查斯等后来知名的马克思主义理论家。学术界通常将阿尔都塞及其弟子所构成的这一学术共同体称为"阿尔都塞学派",并将其方法冠之以"结构主义马克思主义"的称号。④ 正是阿尔都塞及其弟子的这种努力,在马克思主义中发展出了一种全新的方法论,给马克思主义带来了新的气象,从而在马克思主义中建立了"结构主义马克思主义"这一重要支脉。可以说,之后的马克思主义都或多或少受到阿尔都塞及其"结构主义马克思主义"的影响,这种影响在哲学领域主要体现在其弟子巴利巴尔和普兰查斯等人的理论创造,在文学批评领域则最明显地体现在马歇雷、托尼·本尼特、伊格尔顿和詹姆逊等理论家的理论建构和批评实践中,而在文化研究领域霍尔等人的方法论也可以看作是对结构主义马克思主义的继承和发扬。因此,基于阿尔都塞及其学派如此大的学术影响力,要

---

① [法] 弗朗索瓦·多斯:《解构主义史》,季广茂译,金城出版社 2012 年版,第 122 页。
② [法] 弗朗索瓦·多斯:《解构主义史》,季广茂译,金城出版社 2012 年版,第 111 页。
③ [法] 马克·波斯特:《战后法国的存在主义马克思主义:从萨特到阿尔都塞》,张金鹏、陈硕译,南京大学出版社 2015 年版,第 285 页。
④ 1966 年 12 月,英国《泰晤士报·文学副刊》在对阿尔都塞进行介绍时,使用了"结构主义马克思主义"这一称号,自此,这一称号便成为阿尔都塞及其学派的马克思主义方法论的标签。([法] 路易·阿尔都塞:《哲学与政治:阿尔都塞读本》,陈越编,吉林人民出版社 2003 年版,第 532 页。)

研究马克思主义和结构主义之间的对话关系,阿尔都塞学派就是一个我们再怎么强调也不过分的重要流派。

一、人道主义马克思主义批判

阿尔都塞与结构主义和马克思主义的关系都极为密切,学术史上对他的身份定位也莫衷一是。从政治立场来看,他与法国共产党若即若离,一方面坚持留在法国共产党内,但同时又与法共路线保持一定距离。从思想角度来看,他一方面批判人道主义的马克思主义,同时又呼吁"保卫马克思",试图用结构主义方法来重建科学的马克思主义。阿尔都塞自己也承认结构主义对他的思想的形成产生了重要的影响,却坚持认为自己并不是一个结构主义者,这和马克思认为自己不是马克思主义者一样具有讽刺意味。在1972年的《自我批评材料》中,他认为自己不是一个结构主义者,而人们之所以把他误认为是结构主义者,完全是"因为关于马克思的理论反人道主义的论断一方面恰好与某些非马克思主义的重要学者(索绪尔及其学派)所表现的某些'结构主义'(反人道主义、反历史主义)反应'殊途同归',另一方面义与批评者的人道主义意识形态直接冲突。"① 他自己对斯宾诺莎所怀有的强烈感情,以及与结构主义术语的"调情",使结构主义作为他的理论的"副产品""像小狗一样钻了空子",让人们把他误解为结构主义者,并使批评家们写了连篇累牍的文章来论述他的"结构主义"。② 但是我们从他的著作中明显可以看出,他与结构主义并不是简单的殊途同归,他对结构主义的吸收和借鉴也不仅仅像他所说的只是一种概念术语的借用,或只是与结构主义的风花雪月般的"调情"。事实上,结构主义作为方法论对他的思想的影响是显而易见的。他认为在与结构主义思想和方法的碰撞中,"有的人是想'理解'什么是结构主义(例如认为它是反心理主义的),有的人似乎向结构主义有所借鉴,而其实只是与结构主义所借用的某些概念相巧合,有的人同意了结构主义思想的全部逻辑,根据这三种不同情况,前者不是结构主义者,后者是真正的结构主义者,中间那类人则或多或少是结构主义者。"③

---

① [法] 阿尔都塞:《保卫马克思》,顾良译,商务印书馆1984年版,第237页。
② [法] 阿尔都塞:《保卫马克思》,顾良译,商务印书馆1984年版,第235—237页。
③ [法] 阿尔都塞:《保卫马克思》,顾良译,商务印书馆1984年版,第239页。

虽然他不承认自己是结构主义者,但是他对结构主义的吸收和借鉴明显属于后两种情况。可以看出,在这个问题上,阿尔都塞自己也是自相矛盾的。正因为他与马克思主义和结构主义的关系都如此复杂,所以有人从结构主义的角度认为他是一个"马克思主义的结构主义者",也有人从马克思主义的立场出发把他归结为"结构主义的马克思主义者",更有人采用折中的办法,认为他既不是结构主义者,也不是马克思主义者,而是具有双重身份的中间分子。正如国内阿尔都塞研究专家李春宜在其著作《结构主义的马克思主义》的前言中对阿尔都塞的立场所做的定位:"阿尔都塞既不是一个完全的结构主义者,也不是一个完全的马克思主义者,而是在一定程度上沿用了结构主义的方法来研究和解释马克思主义,也就是说,在他的理论著作中,既有符合结构主义的分析方法和内容,也有与马克思主义相吻合的方面。这大概就是当前国际评论界比较一致地把他称作'结构主义马克思主义者'的原因所在。这一基本结论与他的下述政治与理论立场是基本一致的:即他一面声称要'保卫马克思',反对把马克思主义人道主义化,强调马克思主义的科学性,在后期著作中他还强调资产阶级斗争是历史发展和马克思主义发展的动力;一面又运用六、七十年代在西方资本主义世界盛行的结构主义思潮这种主要是形式主义的方法论来重新解释和探讨马克思主义;他一面坚持留在法国共产党内,一面又与法共路线保持一定距离,在对马克思主义的研究中自成体系,自立门户。"[1] 正是阿尔都塞与马克思主义和结构主义之间的这种复杂关系,以及他所建立的结构主义马克思主义的重要贡献,我们对马克思主义与结构主义之间的对话的研究就必须对阿尔都塞及其学派的观念和方法进行深入的剖析和批判。

　　阿尔都塞的结构主义马克思主义的建构是通过对人道主义马克思主义的批判开始的。人道主义马克思主义是二三十年代由卢卡奇所开创的把马克思主义黑格尔化、人道主义化的思潮,在二战前后的欧洲马克思主义领域占主导地位。从思想渊源来看,人道主义马克思主义思潮主要是受马克思《1844年经济学哲学手稿》的影响,认为《手稿》中的人道主义观念是马克思思想的基础,从而用青年马克思的观念来统摄马克思的整个思想,包括

---

[1]　李春宜:《阿尔都塞与"结构主义马克思主义"》,辽宁人民出版社1986年版,第11—12页。

写《资本论》的成熟的马克思。而从现实的政治背景角度来看,这股思潮得以兴起并获得诸多马克思主义者的认同,则源自于西方知识界,尤其是马克思主义者对资本主义的非人道的制度和人的异化状况的认识、对共产主义理想社会中真正人类生活的向往,以及苏共二十大之后对斯大林的独裁统治所进行的深入反思。可以说,《手稿》中的人道主义为马克思主义者重新思考现实问题提供了理论武器,反过来,现实问题则又促使西方马克思主义者重新阅读马克思的著作,对青年马克思的人道主义思想有了更深入的理解。这股思潮后来几乎席卷了整个"西方马克思主义"所有代表人物与所有流派,法兰克福学派也包括在内,马尔库塞用弗洛伊德来解释马克思主义就明显体现着人道主义色彩。

马克思的《1844 年经济学哲学手稿》已经于 1932 年发表,其中一部分也已经于 1937 年翻译成法文。《手稿》的再发现,在西方知识界受到了空前的关注。但是,长期以来,由于斯大林在西方共产党内的领袖地位和巨大影响力,斯大林所阐释的马克思主义被奉为正统,因此《手稿》的巨大影响力仍然没有波及共产主义哲学家内部。随着 1956 年苏共二十大的召开,以及赫鲁晓夫的"秘密报告",使西方知识分子在思想领域开始"去斯大林化"。这一历史事件所造成的一个重要结果就是,共产主义哲学家们从对斯大林的极度热情中解脱出来,开始按照手稿中的人道主义思想和方法重新思考马克思主义。《手稿》中对资本主义中人的异化的尖锐批评,及其所表现出来的人道主义倾向,促使西方马克思主义出现了人道主义转向。在阿尔都塞的老师拉克鲁瓦(Jean Lacroix)、存在主义的哲学家萨特和现象学家梅洛 – 庞蒂等看来,马克思主义所关心的是把现实生活中的男男女女从资本主义的非人的状态中解放出来,从而建立一个使所有人都可以过上真正的人类生活的社会形态。正是对人类生存状况的这种人道主义关怀,使人道主义马克思主义成为 50 年代所流行的马克思主义的主流形态。也正是这一变革使西方马克思主义者从成年马克思和苏联马克思主义者所关注的政治学和经济学问题转回到哲学问题,并催生了西方马克思主义的诞生。此时的马克思主义者认为青年马克思所坚持的人道主义思想才是马克思主义的核心。正如马克·波斯特(Mark Poster)所言:"《1844年手稿》的评论家们,从共产主义者列斐伏尔到天主教徒卡尔韦几乎一致认为只有一个马克思,而且《1844 年手稿》中的异化概念是所有马克思思想的支柱。"① 但是,阿尔都塞却并不认同这种人道主义马克思主义,正如卢克·费雷特(Luke Ferretter)所评述的,在阿尔都塞的视野里,"这种人道主义是资本主义意识形态的一种狡诈的诡计,它欺骗那些善意的知识分子正好与自己所要批判的资本主义相媾和"②。在阿尔都塞看来,只有极少数具有足够的哲学修养的知识分子能够认识到马克思主义不仅是一种政治学说、一种分析和行动的"方法",而且,它作为一种科学,还是发展人文科学、社会科学乃至自然科学等所不可缺少的基础研究的理论领域。然而,遗憾的是,当时的很多知识分子,包括马克思主义者,甚至都没有读过成熟期的马克思的著作,而是热衷于"在马克思青年时期的著作的意识形态火焰里重新发现自己炽热的热情"③。幸运的是,阿尔都塞在反思马克思主义的人道主义倾向的时候,结构主义已经在西方学术界发展起来,并成为一种影响巨大的时髦话语。结构主义的共时性研究方法、对系统和结构的强调,以及追求人文学术的科学性的努力,为阿尔都塞提供了一种重新思考马克思著作的新方法和概念体系。因此,当阿尔都塞将结构主义引入马克思主义之时,他所必须面对的第一个问题,就是运用结构主义方法展开对青年马克思以及人道主义马克思主义的反思和批判。

阿尔都塞以结构主义的诸如结构、系统、整体和二元对立等为方法论来重新阅读马克思的著作,从而认为马克思的思想发展经历了一个"认识论的断裂"。这个断裂点发生在 1845 年,据此,阿尔都塞将马克思的学术生涯区分为四个阶段:1845 年之前属于青年马克思阶段,其代表作是《1844年经济学哲学手稿》;1845 年写作但生前没有发表过的用于批判他过去的哲学信仰的著作《德意志意识形态》为断裂期的著作;1845 年至 1857 年为成长时期,代表作有《共产党宣言》、《哲学的贫困》等;1857 年至 1883 年为马克思的成熟时期,代表作就是这部影响巨大的《资本论》。1845 年之前的青年时期属于马克思思想的"意识形态阶段",而 1845 年之后的成长和成熟时期则属于马克思思想的"科学阶段"。"意识形态阶段"的代表性理论是人道主义,而"科学阶段"的代表性理论则是历史唯物主义和辩证唯物主

---

① [法]马克·波斯特:《战后法国的存在主义马克思主义:从萨特到阿尔都塞》,张金鹏、陈硕译,南京大学出版社 2015 年版,第 64 页。

② Luke Ferretter, *Louis Althusser*, Landon and New York:Routledge, 2006, p.23.

③ [法]路易·阿尔都塞:《保卫马克思》,顾良译,商务印书馆 2006 年版,第 4 页。

义。阿尔都塞之所以用结构主义方法来研究马克思主义,其目的是用结构主义的"科学"方法来反对马克思主义研究中的"人道主义"或"意识形态"方法,用结构主义的马克思主义来反对包括存在主义在内的人道主义的马克思主义。这明显可以看出自结构主义出现之后理论界的重大转折。罗兰·巴特在文学批评领域内首先对萨特的人道主义提出非难,而在哲学领域阿尔都塞则旗帜鲜明地提出应对策略。自此之后,马克思主义研究不得不染上了结构主义色彩,建立马克思主义的理论科学,而不是从意识形态角度来分析马克思主义,就成为马克思主义发展的新方向。

建立科学的马克思主义是阿尔都塞的基本目标,而对马克思主义的这种区分则是他的理论基础。在此基础上,他以结构主义为方法论,提出了一系列方法、概念和术语,使马克思主义表现出新的特征,也为后来的马克思主义者提供了借鉴。

正是因为对人道主义的结构主义批判及其所产生的巨大影响力,1966年3月,阿尔都塞受到了法共中央委员会的谴责。总书记瓦尔德克·罗歇(Waldeck Rochet)在对委员会决议的总结中声明:"脱离人道主义的共产主义不是共产主义。"①这一声明完全是出于对阿尔都塞用结构主义来取代马克思主义中的人道主义的理论倾向的批评。在这种批评之下,1967年,阿尔都塞开始了自我批评的历程,并宣布放弃了他在《保卫马克思》和《读〈资本论〉》中所倡导的"理论主义",将哲学重新定义为"理论中的阶级斗争"②。恩格斯在《德国农民战争》序言中指出了阶级斗争的三种形式:经济的、政治的和理论的,阿尔都塞的观点显然是对恩格斯提出的阶级斗争形式的继承和发展。也正是对"理论中的阶级斗争"的思考,促使了阿尔都塞的意识形态国家机器理论的形成,以及对文学艺术与意识形态之间关系的再思考。

二、文学艺术作为意识形态国家机器

虽然阿尔都塞反对把马克思主义作为一种意识形态,而试图将其带上

---

① Luke Ferretter, *Louis Althusser*, Landon and New York: Routledge, 2006, p.69.
② [法]路易·阿尔都塞:《在哲学中成为马克思主义者容易吗?》,载《哲学与政治:阿尔都塞读本》,陈越编,吉林人民出版社 2003 年版,第 174 页。

科学化的道路,但是这并不意味着他反对使用马克思主义的意识形态理论。事实上,就阿尔都塞的思想本身来说,正如巴里巴尔所断言的,意识形态构成了阿尔都塞哲学事业的核心,同时也构成了其与作为话语和作为学科的哲学的关系的中心。①"意识形态"理论也正是阿尔都塞对马克思主义哲学和文学理论最重要的贡献之一。

虽然意识形态概念由德国理论家特拉西所提出,但经过马克思和恩格斯的再阐释之后,焕发出了全新的理论意义,并且成为马克思主义的标志性概念。诸多马克思主义理论家都对意识形态概念进行了新的解读,这也造成了这一概念内涵的丰富性和模糊性。伊格尔顿就毫不夸张地说,有多少理论家就有多少关于意识形态的解释。詹姆逊概括性地将马克思主义的意识形态概念区分为七大模式,其中包括马克思的虚假意识模式、葛兰西的霸权模式、卢卡奇的物化模式、西美尔和布尔迪厄等的日常生活模式、阿尔都塞的意识形态国家机器模式、阿尔都塞的弟子普兰查斯、法农和福柯的支配权的意识形态模式,以及意大利语言学家兰迪、德国哲学家马尔库塞和哈贝马斯等强调的语言异化模式。②作为七大模式之一,意识形态国家机器理论在阿尔都塞自身的理论建构和其后的马克思主义哲学、文学理论和批评,以及文化研究中都具有重要的影响。

阿尔都塞对意识形态的重新界定包括两个方面。一方面,"意识形态是具有独特逻辑和独特结构的表象(形象、神话、观念或概念)体系,它在特定的社会中历史地存在,并作为历史而起作用"③。也就是说,意识形态作为表征系统,它通过形象、神话、思想或概念等来表征现实。另一方面,"意识形态所反映的不是人类同自己生存条件的关系,而是他们体验这种关系的方式;这就等于说,既存在真实的关系,又存在'体验的'和'想象的'关系。在这种情况下,意识形态是人类依附于人类世界的表现,就是说,是人类对人类真实存在条件的真实关系和想象关系的多元决定的统一。"④如果把这两个方面综合起来就是,"意识形态是个体与其真实存在条件的想象性关

---

① [法]路易·阿尔都塞:《保卫马克思》,顾良译,商务印书馆2006年版,第xii页。

② [美]杰姆逊:《后现代主义与文化理论》,唐小兵译,北京大学出版社2005年版,第231—258页。

③ [法]路易·阿尔都塞:《保卫马克思》,顾良译,商务印书馆2006年版,第227—228页。

④ [法]路易·阿尔都塞:《保卫马克思》,顾良译,商务印书馆2006年版,第230页。

系的一种表征"①。意识形态不是人类意识对现实关系的真实反映,而是一种体验的和想象的关系的表征,这也就为文学与意识形态的天然联系奠定了基础。文学是一种强调体验和想象的艺术门类,所以也就自然成为意识形态的天然载体。"艺术使我们'看到'的,也就是以'看到'、'觉察到'和'感觉到'的形式(不是以认识的形式)所给予我们的,乃是它从中诞生出来、沉浸在其中、作为艺术与之分离开来并且暗指着的那种意识形态。"②艺术不同于科学,同一个对象,科学以认识的形式,通过概念,来揭示对象,而艺术则以使我们"看到"、"觉察到"和"感觉到"的方式来表征现实。生活现实错综复杂,意识形态也多种多样。每一个社会中除了占统治地位的统治阶级的意识形态之外,还存在各种与其相对立的意识形态。因此不能笼统地来看待文学艺术同意识形态之间的关系,不能简单地说文学是意识形态的反映。"艺术(我是指真正的艺术,而不是平常一般的、中不溜的作品)并不给我们以严格意义上的认识,因此它不能代替认识(现代意义上的,即科学的认知),但是它所给予我们的,却与认识有某种特殊的关系。这个关系不是同一的关系,而是差异的关系。我相信,艺术的特性是'使我们看到','使我们觉察到','使我们感觉到'某种暗指现实的东西。"③虽然艺术不能摆脱意识形态,艺术就存在于复杂的意识形态环境之中,也体现着特定阶级的意识形态。但是,真正优秀的艺术所关注的并不是现实的同一性,而是差异和矛盾。因此,阿尔都塞指出:"我并不把真正的艺术列入意识形态之中,虽然艺术的确与意识形态有很特殊的关系。"④这并不是说真正的艺术与意识形态无关,而是说真正的艺术不隶属于现实意识形态,从而被这种意识形态所收编,而是在这种意识形态之外,体现着完全不同的意识形态和价值。

　　阿尔都塞之所以非常强调文学艺术与意识形态之间的这种复杂关系,

---

① [法]阿尔都塞:《意识形态与意识形态国家机器》,载《图绘意识形态》,斯拉沃热·齐泽克等著,方杰译,南京大学出版社 2002 年版,第 161 页。
② [法]阿尔都塞:《一封关于艺术的信》,载《西方马克思主义美学文选》,陆梅林编,漓江出版社 1988 年版,第 521 页。
③ [法]阿尔都塞:《一封关于艺术的信》,载《西方马克思主义美学文选》,陆梅林编,漓江出版社 1988 年版,第 520 页。
④ [法]阿尔都塞:《一封关于艺术的信》,载《西方马克思主义美学文选》,陆梅林编,漓江出版社 1988 年版,第 520 页。

是因为他把文学艺术及其教育都看作国家机器的一部分,并在国家机器的管理和运作中发挥着意识形态规训与压迫,抑或反抗与批判的功能。在马克思主义的国家理论中,国家机器(SA)通常指的是政府、行政部门、军队、警察、法庭、监狱等强制性国家权力机构,但是在阿尔都塞看来,除了这种强制性国家机器之外,还有一种意识形态国家机器(ISA)。这种意识形态国家机器包括宗教的、教育的、家庭的、法律的、政治的、工会的、通讯的、文化的等具有意识形态性的权力机构。这两种国家机器均大规模地、普遍性地发挥作用,但是发挥作用的方式有所不同。强制性国家机器是通过暴力的强制性手段发挥作用,而意识形态国家机器则通过意识形态的渗透和同化发挥作用。而且,在国家机器的构成体系中,强制性国家机器和意识形态国家机器之间关系密切,彼此包容,相互结合,共同参与国家的管理和建构。日本学者今村仁司就此分析道:"压迫机器与意识形态机器常常有矛盾和对立。压迫机器以保证生产关系的'政治条件'为使命,而意识形态机器有时则以自由、平等等观念对抗压迫机器。占统治地位的意识形态则调整这种矛盾,并保证维持作为整体的国家和社会结构的再生产。意识形态消除机器之间的对立和矛盾,可以说是'缝合'两者的丝线。"① 也就是说,不存在纯粹的强制性国家机器,也不存在纯粹的意识形态国家机器。强制性国家机器也具有意识形态性,并通过意识形态间接地发挥作用,比如军队和警察等都通过意识形态的教育来提高和保证自身的凝聚力和再生产。同样,意识形态国家机器在某种程度上也具有强制性,比如学校和教会也使用适当的惩罚、开除和挑选等强制性手段来要求学生和教众服从。不同在于,强制性国家机器中的暴力和强制是主导的和直接的,而意识形态国家机器中的强制性则是间接的和隐蔽的。

　　强制性国家机器构成了一个有组织的统一整体,其不同的组成部分都集中在一个发号施令的政治统一体——掌握国家权力的统治阶级——之下,从而成为统治阶级实施阶级统治的重要工具。相比而言,意识形态国家机器则是多样的,其不同的组成部分各有自己的特点和规律,而且具有相对的独立自主性,其传递意识形态和再生产生产关系的方式也有所不同。比

① [日]今村仁司:《阿尔都塞:认识论的断裂》,牛建科译,河北教育出版社2001年版,第245页。

如,在西方中世纪,教会就是一种宗教意识形态,它通过有组织的宗教活动和教义宣讲在民众心中产生信仰来对民众进行意识形态规训。宗教改革和法国大革命就是对这种宗教意识形态国家机器的一种改革和反叛。而成熟的资本主义阶段的主导意识形态国家机器则是学校教育,它通过文学艺术、历史文化等方面的教育在学生心中形成对资产阶级价值观的认同以及在行为中的遵守。现代出版和通信业同样如此,它们通过对意识形态的传播和扩散来扩大统治阶级意识形态的影响力和统治力。阿多诺把大众文化看作资产阶级用以欺骗大众的手段就是看到了其在意识形态生产和资产阶级统治中所发挥的重要作用。

每个社会都是由不同的阶级、阶层和集团构成的,它们出于自身不同的利益诉求具有不同的意识形态,因此,意识形态国家机器也就成为不同阶级、阶层和集团之间进行斗争的重要场所。正如阿尔都塞所言:"意识形态国家机器可能不仅是桩标(stake),而且是阶级斗争,往往是激烈的阶级斗争的场所。在 ISAs 中,掌握权力的阶级(或阶级联盟)不能像在强制性国家机器中那么轻易地发号施令,不仅因为先前的统治阶级能够长期地保持强制的地位,而且因为受剥削阶级能够在那里找到方法与机会表达自己,或者利用它们的矛盾,或者在斗争中占领它们的阵地。"[1] 一个社会中主导性的意识形态国家机器必然掌握在占统治地位的阶级、阶层或集团手中,成为他们进行意识形态统治和规训的手段和工具,也就导致在这个社会中占统治地位的意识形态永远是统治阶级的意识形态。但是,由于意识形态国家机器并不具有强制性国家机器那样绝对的强制性,因此也就为被统治阶级表达其利益诉求、宣扬其意识形态留下了空间。文学艺术由于其远离经济基础,作为"高高地悬浮于空中的意识形态",从而成为各种意识形态最复杂、最集中的展现平台和斗争场所。不同的阶级都试图通过文学艺术的生产和消费来宣扬和再生产自己的意识形态。统治阶级把文学艺术作为意识形态统治和规训的工具,而被统治阶级则把文学艺术作为生产自身的意识形态来反抗统治阶级意识形态的手段。纵观中外文学史,大量的文学作品都体现了统治阶级的意识形态,但是由于优秀的作家往往与统治阶级有意

---

[1]　[法]阿尔都塞:《意识形态与意识形态国家机器》,载《图绘意识形态》,斯拉沃热·齐泽克等著,方杰译,南京大学出版社 2002 年版,第 108 页。

识地保持距离,避免沦为阶级统治的工具,反而对被统治阶级、受压迫阶层往往给予更多的关注和同情,从而使其作品的内涵更加丰富、意义更加深远。正是在这个意义上,阿尔都塞认为优秀的文学作品应该不属于统治阶级的意识形态之列,反而成为使其消解的手段。也正是出于这一点,阿尔都塞的弟子马歇雷提出了自己的文学生产理论,并得出了"文学艺术是意识形态斗争的手段,又是使其崩溃的工具"的著名论断。

三、结构主义马克思主义的批评方法

可以说,阿尔都塞以结构主义为武器来批判人道主义马克思主义为其建构科学化的马克思主义奠定了基础,对文学艺术与意识形态以及意识形态国家机器之间关系的深入探讨为后世的文学理论和文化研究创造了一个新的论域和视角,而他对矛盾与多元决定论、症候阅读法等理论的深入阐述则为当代文学批评提供了重要的方法论。显然,阿尔都塞主要不是一个文学理论家和批评家,在他的学术研究中,文学艺术并不占有太大比重。他是一个哲学家,他的这些理论和方法都是通过对马克思的著作的结构主义式的细读而得出的。

(一) 矛盾与多元决定论

多元决定论是阿尔都塞哲学理论中的一个重要概念。这一概念是通过对黑格尔和马克思的辩证法进行综合比较的基础上提出的。黑格尔是辩证法理论的重要建构者,在这方面,马克思就自认为是黑格尔的学生,其辩证法就是对黑格尔的批判性继承或扬弃。马克思清楚地看到:"辩证法在黑格尔手中神秘化了,但这决没有妨碍他第一个全面地有意识地叙述了辩证法的一般运动形式。在他那里,辩证法是倒立着的。必须把它倒过来,以便发现神秘外壳中的合理内核。"[①]在马克思看来,黑格尔的辩证法是"倒立着的",因为它不是建立在"唯物主义"的坚实基础之上,而是陷入了"思辨哲学"的窠臼之中,恩格斯将黑格尔的这一矛盾称为"辩证方法"与"唯心主义体系"之间的矛盾。因此,要建立一种马克思主义的唯物主义辩证法,就必须对黑格尔的辩证法进行"扬弃",即吸收其"合理内核"而抛弃其"神秘外壳",从而将其"颠倒过来"。但是,通过对马克思和恩格斯著作的

---

① 《马克思恩格斯选集》(第二卷),人民出版社 2012 年版,第 94 页。

细读,阿尔都塞发现,他们二人在论述黑格尔辩证法时有明显的语焉不详之处,后来的马克思主义者对马克思和恩格斯的辩证法与黑格尔的辩证法之间关系的论述也只是对马克思和恩格斯的话进行了极其表面化的解释,并没有发现其内在的矛盾之处。在阿尔都塞看来,事实上,"说辩证法能够像外壳包裹着内核一样在黑格尔体系中存身,这是不可思议的事。……同样也不能想象黑格尔的辩证法一旦被'剥去了外壳'就可以奇迹般地不再是黑格尔的辩证法而变成了马克思的辩证法。"①"内核"与"外壳"的这一比喻是不确切的,因为它所提出的并不是用相同的方法研究不同的对象的性质,比如黑格尔的观念世界和马克思的真实世界,而是辩证法本身的结构和性质的问题。因此,对黑格尔的辩证法的扬弃不是对其"含义"进行"颠倒",而是对辩证法的"结构"进行"改造"。马克思主义哲学所要做的就是对黑格尔辩证法的一些基本结构,如否定、否定之否定、对立面的统一、扬弃、质量相互转化、矛盾等重要观念进行一种马克思主义的改造,从而使其成为唯物主义辩证法的一个基本方法。阿尔都塞认为,这一任务对于马克思主义是"生死攸关"的,而"马克思主义哲学的发展当前就取决于这一项任务"②。

　　在辩证法的上述概念体系中,最为核心的概念就是"矛盾"。不同在于,黑格尔将这一概念运用于观念哲学,认为矛盾是绝对精神向前发展的推动力,而马克思则将其运用于现实社会,认为矛盾是社会历史向前发展的推动力。在社会历史发展的推动力中,经济制度、社会制度、政治制度、法律制度、风俗习惯、道德、宗教、哲学、文学艺术等诸多因素并不是毫无关联,各自用力的,而是都参与其中,相互作用,从而构成了一个矛盾的统一体。阿尔都塞称这个由各种因素相互作用的矛盾统一体为"多元决定的矛盾"。这个矛盾统一体也正是马克思的矛盾论对黑格尔的矛盾论的扬弃和发展的结果。正如阿尔都塞所言:"根据马克思主义的历史经验,一切矛盾在历史实践中都以多元决定的矛盾而出现;这种多元决定正是马克思的矛盾与黑格尔的矛盾相比所具有的特殊性;黑格尔辩证法的'简单性'来源于黑格尔的'世界观',特别是来源于世界观中得到反映的历史观。"③因此,只有在辩

---

① [法]路易·阿尔都塞:《保卫马克思》,顾良译,商务印书馆 2006 年版,第 79 页。
② [法]路易·阿尔都塞:《保卫马克思》,顾良译,商务印书馆 2006 年版,第 81 页。
③ [法]路易·阿尔都塞:《保卫马克思》,顾良译,商务印书馆 2006 年版,第 95 页。

证法中驱逐"黑格尔的幽灵",在黑格尔矛盾论的血管中注入唯物主义的血液,才能将辩证法真正地安置在社会历史的基座之上,否则这个范畴仍会"落空"。黑格尔把政治因素和意识形态因素作为经济因素的本质,马克思则将其颠倒过来,认为经济因素是政治和意识形态因素的全部本质。社会存在决定社会意识,政治和意识形态因素只是经济因素的外在表征,经济因素才是社会发展的最终决定力量。马克思用了"基础"与"上层建筑"这一比喻来描述社会经济与政治和意识形态等因素之间的这种关系。经济基础归根到底是社会历史发展的最终决定力量,并决定着矗立于其上的上层建筑的性质和结构,但却并不是唯一的决定力量。正如阿尔都塞所言:"把话说到底,我们还必须指出:矛盾的多元决定并非由于出现了似乎是离奇古怪的历史形势(例如在德国)才出现,它具有普遍性;经济的辩证法从不以纯粹的状态起作用;在历史上,上层建筑等领域在起了自己的作用以后从不恭恭敬敬地自动隐退,也从不作为单纯的历史现象而自动消失,以便让主宰一切的经济沿着辩证法的康庄大道前进。无论在开始或在结尾,归根到底起决定作用的经济因素从来都不是单独起作用的。总之,'简单的'、非多元决定的矛盾观念,正如恩格斯所批判的经济主义那样,是'毫无内容的、抽象的、荒诞无稽的空话'。"① 也就是说,在多元矛盾的结构统一体中,按照马克思的基础与建筑的比喻,从纵向或历时性来看,矛盾中的各种因素的决定性顺序是由下层向上层依次传递的,因而其决定性力量也就必然由下而上逐渐减弱。正是在这个意义上,恩格斯才说文学艺术是离经济基础最远的"更高地悬浮于空中的意识形态领域"。而从各种矛盾的横断面或共时性结构来看,矛盾中的各种要素却是交织在一起而互为因果,相互决定,从而形成了一个力的平行四边形。从这个角度也就能解释为什么古希腊和十九世纪的俄国在经济非常落后的条件下却创造出了非常辉煌的文学艺术和文化。这样,在原因和结果的辩证关系中,阿尔都塞就把源自于莱布尼兹和黑格尔的强调一元决定论的机械因果律(mechanical causality)和表现因果律(expressive causality)发展为结构主义马克思主义的强调多元决定论的结构因果律(structural causality)。

　　但是,这并不是说在多元矛盾的网络结构中,各种矛盾及矛盾的不同

---

① 　[法]路易·阿尔都塞:《保卫马克思》,顾良译,商务印书馆2006年版,第103页。

方面之间的重要性和影响力是同等重要而没有差别的。毛泽东的《矛盾论》是马克思主义矛盾辩证法理论方面最为经典的著作，阿尔都塞的矛盾和多元决定论就深受这一著作的影响。① 可以说，阿尔都塞的《关于辩证唯物主义》一文中的后两个部分对矛盾问题的论述基本上就是对毛泽东的矛盾论观点的分析和阐释。在《矛盾论》中，毛泽东区分了形而上学的宇宙观和辩证唯物主义的宇宙观这两种宇宙观。在他看来，辩证唯物主义的核心问题就是矛盾，因为矛盾具有普遍性，存在于一切事物的发展过程之中，贯穿于每一个事物发展过程的始终；同时，矛盾又有相对性，不同的事物和过程中的矛盾都是基于此事物或过程的特殊条件而产生的，具有特殊性，因此需要特殊矛盾特殊解决，具体问题具体对待。在矛盾的结构系统中，各个矛盾的重要程度是不同的，有主要矛盾和次要矛盾之分；而在构成矛盾的各个因素中，又有矛盾的主要方面和次要方面之分；在决定一个事物的性质和发展进程中，主要矛盾和矛盾的主要方面居于主导地位，影响着次要矛盾和矛盾的次要方面。但是，由于任何矛盾都产生于特殊的历史情境之中，而随着历史情境的变化，居于其中的矛盾也就必然跟着发生变化，因此，主要矛盾和矛盾的主要方面并不是本质性的，而是构成性的。同样，构成矛盾的诸方面既具有同一性，又具有斗争性，它们之间互相渗透、贯通、依赖、联结或合作，各自以和它对立着的方面为自己存在的前提，双方共处于一个统一体之中，同时又可以依据一定的条件向对方转化。② 阿尔都塞将毛泽东的上述观点汇总为三个概念：关于主要矛盾和次要矛盾的区别、关于矛盾的主要方面和次要方面的区别、关于矛盾的不平衡发展，并认为"这三个概念是马克思主义辩证法的基本概念，因为它们体现着马克思主义辩证法的特性"③。

---

① 在法国知识界，阿尔都塞对毛泽东的哲学思想的借鉴和吸收是比较早的。他写于1962年的《矛盾与多元决定》和1963年的《关于辩证唯物主义》的文章中就大量援引毛泽东的《矛盾论》。阿尔都塞对毛泽东的辩证法的新阐释，使他成为法国左派学生中的"毛主义者的精神导师"。随着"毛主义"这股"东风"在西方世界的日益强劲，法国知识界对毛泽东思想的接受也逐渐由哲学转向政治理论。1966年5月中国文化大革命的爆发使法国学生对中国革命和"毛主义"报以更大的热情，致使1967年成为法国社会的"中国年"，并深深地影响了1968年的学生革命运动——"五月风暴"。（[美] 理查德·沃林：《东风：法国知识分子与20世纪60年代的遗产》，董树宝译，中央编译出版社2017年版，第111—128页。）

② 毛泽东：《矛盾论》，载《毛泽东选集》（第一卷），人民出版社1991年版，第299—340页。

③ [法] 路易·阿尔都塞：《保卫马克思》，顾良译，商务印书馆2006年版，第187页。

在阿尔都塞看来，矛盾并不是单一的，矛盾的"一元论"是同马克思主义毫无共同之处的意识形态概念，相反，矛盾是一个多元决定的，具有一种多环节主导结构的统一性整体。而对矛盾的多元决定性，阿尔都塞在文末进行了更清晰的总结，如其所言："马克思主义矛盾的特殊性在于它的'不平衡性'或'多元决定性'，而不平衡性本身又是矛盾的存在条件的反映，换句话说，始终既与的复杂整体的特殊不平衡结构（主导结构）就是矛盾的存在。根据这种理解，矛盾是一切发展的动力。建立在矛盾多元决定基础上的转移和压缩，由于它们在矛盾中所占的主导地位，规定着矛盾的阶段性（非对抗阶段、对抗阶段和爆炸阶段），这些阶段构成了复杂过程的存在，即'事物的发展'。"①

可见，阿尔都塞的多元决定论一方面强调经济的最终决定力量，另一方面又反对把经济作为唯一决定因素的经济主义。而在矛盾的统一性整体中，既强调各种矛盾之间的相互依存、彼此作用，又强调不同矛盾与矛盾的不同方面依社会历史的具体情境而相互转化，共同作用。通过对矛盾的这种多元决定论的深入分析，阿尔都塞充分认同并发展了马克思主义的唯物主义辩证法。这一方法最终成为阿尔都塞哲学体系的核心理论和文学批评的重要方法，并对阿尔都塞学派及其后的文学批评和文化研究等都产生了深远的影响。

（二）症候阅读法

阿尔都塞通过分析马克思的著作，发现了马克思的两种阅读方法。第一种是"回顾式的理论的阅读"。在这种阅读中，"马克思是通过他自己的论述来阅读他的先驱者（例如斯密）的著作的。这种阅读就像是通过栅栏来阅读一样。"② 通过这种阅读，斯密的著作通过马克思在其著作中的分析和解读而呈现出来，而马克思在其中所看到的正是他已经看到的东西。这种阅读的结果只是对一致性和不一致性的记录，是对斯密的发现、空白、错误、功绩或缺陷等问题的一个总结。或者说，这种阅读就是对斯密著作的一种"理论的回顾"或者"解读"。在阿尔都塞看来，这种阅读中暗含着一种认

---

① ［法］路易·阿尔都塞：《保卫马克思》，顾良译，商务印书馆2006年版，第213页。
② ［法］路易·阿尔都塞、艾蒂安·巴里巴尔：《读〈资本论〉》，李其庆、冯文光译，中央编译出版社2008年版，第6页。

识论,在这种认识论中,认识最终被认为是一种"看"。这种"看"意味着一些已知的事实被看到,同时还有一些事实却因为被"疏忽"而"缺席"。敏锐的读者通过其阅读对象能够发现或看到这些已知的事实,而那些不怎么敏锐的读者则更容易疏忽这些事实中的重要部分。在这种阅读中,马克思属于前者,而斯密则属于后者。

　　第二种阅读是"症候阅读"(symptomatic reading)。"所谓症候阅读法就是在同一运动中,把所读的文章本身中被掩盖的东西揭示出来并使之与另一篇文章发生联系,而这另一篇文章作为必然的不出现存在于前一篇文章中。正如马克思的第一种阅读方法一样,他的第二种阅读方法也是以两篇文章存在为前提,而且以第二篇文章作为第一篇文章的尺度。但是在新的阅读方法和旧的阅读方法之间存在着区别,也就是说,在新的阅读方法中,第二篇文章从第一篇文章的'失误'中表现出来。"[1] 显然,阿尔都塞在提出"症候阅读"这一概念时借用了精神分析的"症候"概念和结构主义的方法。在精神分析中,医生往往能够通过病人的普通言谈中的一些不寻常的细微特征来发现病人精神中最为隐秘的无意识领域,从而对其意识状况予以诊断、解释和治疗。最为经典的例子就是"弗洛伊德式口误",通过一些不经意的口误却能真切地发现说话者的内心世界。这种细微的特征或者"口误"正是精神分析家用于把握病人无意识精神的"症候"。从结构主义的角度来看,这种症候正是文本的表层结构,而其无意识精神则是文本的深层结构。前者是可见的,后者是不可见的。阿尔都塞将这种方法用于对马克思的阅读方式的分析。在阿尔都塞看来,马克思阅读古典经济学文本的方式就类似于精神分析师阅读其病人的话语症候,他关注的并不只是对象文本中已经明确表达出来的已知事实,而且更加关注文本的意义断裂、脱漏、矛盾和逻辑谬误之处,因为此处作为文本的症候,包含着未被说出的更加丰富的内容。症候阅读就是要通过对文本表层结构中的断裂、脱漏、矛盾和逻辑谬误的深入分析来发掘和重构文本深层的"无意识思想",并在此基础上对文本进行深度阐释。显然,"回顾式的理论的阅读"更侧重于对文本中已知事实的阐明、解读和呈现,它并不产生新的意义,而"症候阅读"则在文本的

---

[1]　[法]路易·阿尔都塞、艾蒂安·巴里巴尔:《读〈资本论〉》,李其庆、冯文光译,中央编译出版社 2008 年版,第 16 页。

症候中发现新的意义,因此这种阅读过程也是一种意义的再生产过程。阿尔都塞的弟子马歇雷的文学生产理论中对文本与意识形态的离心结构的分析,以及伊格尔顿的文学意识形态生产理论中对文本生产意识形态的方式的论述,都正是以阿尔都塞的症候阅读理论为基础的。

　　阿尔都塞用结构主义视角来重新阅读马克思,并把结构主义的理论、方法和术语纳入马克思主义。他的成就带来了马克思主义的复兴,开启了马克思主义的新方向,而他的学术方法也成为后来马克思主义者学习的典范。阿尔都塞对于马克思主义的发展和西方哲学的推进的巨大贡献,西方学术界给予了充分的肯定和很高的评价。阿兰·巴丢曾撰文对三种类型的马克思主义进行了辨析:一种是"基础马克思主义",它只以撰写《1844年手稿》的青年马克思为基础;另一种是"极权马克思主义",它以辩证的法则为基础;再一种是"类比马克思主义",其代表就是阿尔都塞的结构主义的马克思主义。结构主义史研究专家弗朗索瓦·多斯也认为,阿尔都塞从结构主义的角度对马克思主义进行的解读"是对马克思主义富有活力的治疗,它使马克思主义摆脱了悲剧性的命运。……阿尔都塞的结构马克思主义为新的哲学时代奠定了基础,但是所有的知识领域都在1965年经历了严重的震荡。阿尔都塞的模型充分利用了结构主义的时尚,成了转化人文科学的其他努力的发射台。"① 阿尔都塞为马克思主义在新的历史时期的再出发奠定了理论基础,指明了发展方向。可以说,后来的马克思主义者都是遵循阿尔都塞的遗产,沿着阿尔都塞的道路前进的。这一点在文学批评领域表现得尤为突出。正如阿尔都塞研究专家卢克·费雷特所言:"在诸如'文学理论'和'批评理论'这样的学科领域里,'理论'这个术语的含义部分地源自于阿尔都塞的思想。……阿尔都塞为英美的文学批评家们提供了一种革命性的社会理论,借助其理论术语,文学能够也理应得到理解,同时他也为此提供了一种具有政治意义的逻辑依据。由于他的著作,文学批评似乎第一次变得既具有科学上的真实性,又具有政治上的激进性。"②

---

　　① [法]弗朗索瓦·多斯:《结构主义史》,季广茂译,金城出版社2012年版,第385—386页。

　　② Luke Ferretter, *Louis Althusser*, Landon and New York: Routledge, 2006, pp.6-7.

四、阿尔都塞学派与马克思主义文学批评的转向

英国马克思主义批评家弗朗西斯·马尔赫恩在为其主编的《当代马克思主义文学批评》所写的极有分量的序言中对马克思主义文学批评的发展历程及其理论形态进行了非常有说服力的概括。马尔赫恩清楚地发现,马克思主义文学理论的发展经历了"兴盛与衰落、连续发展但有断裂和重组、替代但有停滞和回归"的过程。通过对这一发展过程的深入研究和分析,马尔赫恩将马克思主义文学理论的历史分为三个发展阶段,并概括出了与此三阶段相对应的三种不同的理论"相位"。一是由马克思和恩格斯创立,一直持续20世纪前半期的"古典主义的或科学社会主义的相位";二是从20世纪20年代兴起,在其后的30年中发展成熟并趋于多样化,然后在60年代确立了"非正统的规范"的"具有自我风格的批判的相位";三是起于60年代早期,其后10年间快速发展和广泛传播,又在"唯物主义"和"反人道主义"等名目下迅速发展和演变的"批判古典主义的新的相位"。① 第一个阶段和相位的代表是以马克思和恩格斯及其继承人为代表的我们所称的"经典马克思主义",第二阶段和相位是由卢卡奇开端并由法兰克福学派发扬光大的佩里·安德森所概括的"西方马克思主义",而第三阶段和相位则是阿尔都塞及其弟子所开启的新阶段和建立的新模式。

对马尔赫恩所说的第二个阶段及其所造成的理论范式的转换,安德森有深入的理解和阐述。在《西方马克思主义的探讨》中,安德森认为西方马克思主义的诞生标志着马克思主义的一次重要转向。这个转向不只意味着马克思主义的中心由苏联向西方的一次地理位移,更重要的是包括马克思主义所关注的论题和所使用的方法在内的一次革命性的范式转换。从这个意义上说,阿尔都塞的结构主义马克思主义的理论创构,及其弟子们对这一学说的继承和批判,则促成了马克思主义在20世纪60年代之后的又一次理论转向。这一转向主要是方法论意义上的,即以结构主义为方法论来建构"科学"的马克思主义文学批评。但是,与马克思主义第一阶段的"古典主义或科学社会主义相位"的"科学"不同,第三阶段的"科学"

---

① [英]弗朗西斯·马尔赫恩:《当代马克思主义文学批评》,刘象愚等译,北京大学出版社2002年版,第3页。

已经"没有了19世纪那种宇宙论的调子"。同时,经历了第二阶段的洗礼,其"科学"中也包含了"批判"的因子。阿尔都塞吹响了"回归马克思"、"保卫马克思"的号角,是要"回归那种最终必须与马克思著作中大量异质的内容及其嗣后无力的评论相脱离的历史科学"①。显然,这一发展历程并不属于黑格尔历史辩证法的正、反、合模式,而是马克思所说的历史的螺旋式前进方式。

对阿尔都塞的理论和方法做出最积极、最敏锐的回应的首先是其弟子艾蒂安·巴利巴尔(Etienne Balibar)、皮埃尔·马歇雷和尼科斯·普兰查斯(Nicos Poulantzas)等人,他们分别从不同的领域对阿尔都塞的学说进行了继承和发展,学术界也通常将这一学术共同体称为"阿尔都塞学派"。"阿尔都塞学派"的学术研究和影响涉及多个领域,在此,我们把注意力主要集中在文学批评和文化研究等领域。由于这些问题我们在后面几章中还要专门研究,在这里仅仅做一个概括性的阐述,以期对阿尔都塞学派有一个较为完整的理解和把握。

(一)马克思主义文学生产和阐释理论的建立和发展

在文学理论和批评领域,阿尔都塞的影响主要体现在马克思主义文学生产理论的建构和发展方面。

马克思区分了物质生产、精神生产和人自身的生产,包括文学艺术在内的一切精神产品都属于精神生产的范畴。但是马克思和恩格斯讨论生产的时候多集中于物质生产,对以文学艺术为核心的精神生产很少论及。西方马克思主义者意识到了这一问题,并试图补充马克思主义的这一理论空缺。本雅明很早就提出了"机械复制时代的艺术生产"和"作为生产者的作者"的问题。如果说前者主要是从物质进步对艺术生产的影响的角度来讨论艺术的,那么后者则是要阐明艺术生产与物质生产之间的共同点与差异性,认为作家就是艺术的生产者,其生产资料就是语言,而技巧和修辞等则是艺术生产力。在此基础上,阿尔都塞指出"知识"也是社会生产实践的一种形式,这种观点成了"阿尔都塞对分析理论作品的最重要的贡献"②。

---

① [英]弗朗西斯·马尔赫恩:《当代马克思主义文学批评》,刘象愚等译,北京大学出版社2002年版,第14页。

② Ten Benton, *The Rise and Fall of Structural Marxism: Althusser and his influence*, New York: St. Martin's Press, 1984, p.36.

阿尔都塞把理论生产作为知识的一个重要部分,认为它是一种特殊的社会实践,"它与其他的社会实践(意识形态的、政治的、经济的、'技术的'等等)一起构成了这个复杂的整体'社会'"①。这些实践中的每一种都有一定的原材料,都是经过人类的劳动,依据一定的工具来完成的。不同在于,理论实践是一种特殊的劳动,它所采用的原材料不是物质,而是概念、观念和事实。它们要么是其他社会实践(尤其是意识形态实践)的产品或副产品,要么是理论生产的前一阶段的产品。阿尔都塞对理论实践的分析是对马克思主义的生产理论的发展和丰富,并对马克思主义的艺术生产理论的形成和完善起到了很大的推动作用。

对阿尔都塞的理论生产做出最积极的回应的首先是其弟子巴利巴尔、马歇雷及其追随者伊格尔顿。如果说本雅明对机械复制时代的艺术生产的分析还停留在马克思的物质生产的层面上,那么马歇雷和伊格尔顿的文学生产理论则建立在阿尔都塞的理论生产的基础之上。马歇雷和伊格尔顿把结构主义和马克思主义,尤其是阿尔都塞的结构主义的马克思主义,作为理论基础,秉持其建立"科学的马克思主义"的理论目标,把马克思主义和结构主义的重要概念和方法作为"原材料",试图建立科学的马克思主义的文学生产理论。

作为"第一位阿尔都塞派的批评家"②,在《文学生产理论》中,马歇雷试图把阿尔都塞的结构主义马克思主义贯彻到文学的批评实践中,从而为马克思主义的意识形态批评提供一种语言分析的方法论。不同于戈德曼认为文学文本有一个中心结构、并对应着一个核心意识形态,马歇雷和结构主义一样,认为文本并没有一个中心要素,只有含义的不断冲突和延异,文本中也不存在一种主导意识形态,文本与意识形态之间是一种"离心"结构。"正如一部作品产生于一种意识形态一样,它也是为了反对意识形态而写的。"③ 因此,如果说一般的文学还只是在重复或生产着现实意识形态,那么

---

① Ten Benton, *The Rise and Fall of Structural Marxism*: *Althusser and his influence*, New York: St. Martin's Press, 1984, p.36.

② [英] 特里·伊格尔顿:《马歇雷与马克思主义文学理论》,戴侃译,《国外社会科学》1983 年第 1 期。

③ Pierre Macherry, *A Theory of Literary Production*, London: Routledge & Kegan Paul Ltd, 1978, p.133.

优秀的文学则"通过意识形态对意识形态提出挑战"①。显然,马歇雷的文本与意识形态的离心结构和文学生产理论是对结构主义的文本理论和阿尔都塞的理论生产、意识形态和症候阅读等学说的有机融合。正是出于这一点,孔帕尼翁对马歇雷给予了高度评价,认为"以文学为背景,马克思主义理论(意识形态批判和科学观的确立)与形式主义(语言学分析方法)在书中成为佳配"②。伊格尔顿进而认为文学生产实际上也是一种"物质实践",文学生产过程就是将一般意识形态和作家意识形态转化为审美意识形态,从而成为文本的有机构成部分的过程。与此相对应,詹姆逊将结构主义的文本理论引入马克思主义,提出了马克思主义的文本意识形态阐释理论,以此为方法来挖掘文本深层的意识形态或"政治无意识"。可以肯定地说,通过他们几位的努力,阿尔都塞所提出的建立"科学的马克思主义"在文学理论和批评领域成为现实。对这一问题我们将在下一章讨论"文本与意识形态"的关系时做专题讨论,在此不再展开论述。

(二) 符号学马克思主义的兴起

在结构主义的理论版图中,叙事学和符号学是其最为重要的两个理论分支。因此,在马克思主义与结构主义的对话中,符号学就自然成为一个无法绕过的学术领域和理论问题。虽然马克思本人并没有明确提出具有体系性的符号学理论,但是其学说中已经包含着丰富的符号学思想。他把货币和商品都看作符号,就是典型的例证。因此,奥古斯托·庞其奥(Augusto Ponzio)在《卡尔·马克思的符号学》一文中就指出马克思本人其实也是一位未表明身份的符号学家。③ 在西方学者阿尔伯特·柏吉森(Albert Bergesen)看来,符号学的马克思主义已经兴起。④ 在《马克思主义符号学欧洲学派》一文中,国际符号学协会副主席苏珊·佩特里奇对巴赫金学派、亚当·沙夫(Adam Schaff)、费鲁乔·罗西－兰迪(Ferruccio Rossi-Landi)、杰

---

① Pierre Macherry, *A Theory of Literary Production*, London: Routledge & Kegan Paul Ltd, 1978, p.133.

② [法]安托万·孔帕尼翁:《理论的幽灵——文学与常识》,吴泓缈、汪捷宇译,南京大学出版 2011 年版,第 6 页。

③ Augusto Ponzio, "The Semiotics of Karl Marx", *Chinese Semiotic Studies*, 2014, Vol.10 (2), pp.195-214.

④ Albert Bergesen, "The Rise of Semiotic Marxism", *Sociological Perspectives*, Vol. 36, No. 1, (Spring, 1993), pp. 1-22.

夫·伯纳德(Jeff Bernard)、奥古斯托·庞其奥等理论家的符号学思想进行了阐释,并将其看作"欧洲马克思主义符号学派"的代表人物。① 目前,在国内,马克思主义符号学也已经成为马克思主义和符号学界都普遍关注的理论问题,新的理论成果不断产生,从而成为一个新的学术生长点。②

对于阿尔伯特·柏吉森来说,马克思最具影响的具有结构主义性质的符号学说就是讨论社会结构时对"经济基础—上层建筑"这一对比喻性概念的运用。他所讨论的马克思主义符号学的兴起也正是在西方学术界对这一问题的不断深入的阐释和发展的意义上进行的。他之所以将阿尔都塞也看作一个马克思主义符号学家,并将其作为马克思主义符号学发展过程中的一个重要节点来看待,也正是看到了阿尔都塞在这一问题上的重要贡献以及对其弟子们的影响。

在阿尔伯特·柏吉森看来,"马克思正在被首尾倒置。在 20 世纪马克思主义的理论发展中已经可以看到一个理论链条的产生,它不仅主张基础/上层建筑模型的倒置,而且认为上层建筑的逻辑(更具体地说,意识形态和语言的逻辑)就是一个作为整体的社会构型的逻辑。"③ 也就是说,在这个理论系列中,马克思所主张的经济基础与上层建筑之间的决定关系被颠倒过来,上层建筑,尤其是意识形态和语言被赋予了自主性,并在某种程度上决定着经济基础的形态和发展。为了将这一理论链条与其他后马克思主义区分开来,"符号学马克思主义"就作为一个标志性概念被提了出来。柏吉森将"符号学马克思主义"这一理论链条的发展分为四个阶段,如图所示:

---

① Susan Petrilli, "A European School of Marxist Semiotics",《符号与传媒》,2016 年秋季号,第 13—41 页。

② 国内学术界也已经开始关注这一问题。章建刚在 20 世纪九十年代就写了《马克思的实践观与符号思想》(《哲学研究》1993 年第 3 期)和《一种马克思主义的符号理论是如何成为可能的》(《思想战线》1994 年第 4 期)两篇文章,分别分析了马克思学说中的符号思想以及建构一种马克思主义符号学的可能性。由赵毅衡教授主编的《符号与传媒》杂志在 2016 年秋季号上还开辟了"马克思主义符号学"专栏。傅其林的国家社科基金重大项目"东欧马克思主义美学文献整理与研究"专设一个子课题研究东欧马克思主义符号学。近年来,青年学者张碧已经就马克思主义符号学发表了多篇重要文章。建立中国的马克思主义符号学,并借此展开对当前中国丰富而复杂的社会文化现象的符号学分析,已经成为中国学术界的一个重要的学术方向。

③ Albert Bergesen, "The Rise of Semiotic Marxism", *Sociological Perspectives*, Vol.36, No. 1, (Spring, 1993), p.1.

(1)	(2)	(3)	(4)
经济基础/上层建筑 倒置 (葛兰西,1930年代)	意识形态吸收 政治 (阿尔都塞,1960年代)	意识形态/政治 吸收经济 (普兰查斯,1970年代)	分离领域 消失 (拉克劳和墨菲,1980年代)

意识形态的	意识形态的 政治的	意识形态的 政治的 经济的	话语构型
↓	↓		
政治的	经济的		
↓			
经济的			

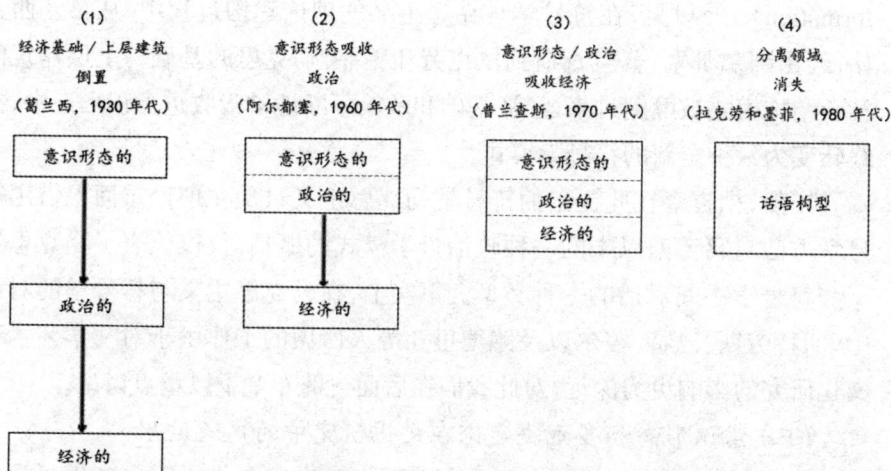

符号学马克思主义兴起的四个阶段

第一阶段的代表人物是葛兰西,他在 20 世纪 30 年代提出的霸权(领导权)理论已经开启了经济基础与上层建筑的颠倒模式。在葛兰西看来,意识形态是国家霸权中的重要方面,意识形态霸权甚至可以影响政治,并最终影响经济基础。阿尔都塞是第二阶段的代表,他在 60 年代提出的"意识形态国家机器"理论中已经将意识形态与政治融为一体,或者说意识形态"吸收"了政治,从而使其成为国家机器中的一个重要部分。阿尔都塞的弟子、希腊的政治哲学家尼科斯·普兰查斯在 70 年代继承了阿尔都塞的意识形态国家机器、多元决定论等学说,并将这些学说运用于其政治哲学的建构之中,从而成为第三阶段的代表人物。在普兰查斯这里,经济基础被吸收到了意识形态国家机器之中,从而成为一个理论的实体(theoretical entity)。在柏吉森看来,此时的马克思主义理论已经超越了颠倒基础与上层建筑模式的阶段,因为在普兰查斯的理论中意识形态不再决定政治和经济,而是已经与它们融为一体。而在阿尔都塞的再传弟子拉克劳和墨菲这里,即符号学马克思主义理论发展的第四阶段中,经济基础与上层建筑,或经济与政治和意识形态之间的因果关系理论被淘汰了,阶级之间的逻辑关系被借用符号学理论解释为能指之间的符号逻辑关系。意识形态的逻辑不再是基础的逻辑的决定因素,相反,它就是基础本身。也就是说,在拉克劳和墨菲的理论中,原来被区分开来的几个领域之间的界限消失了,马克思主义的社会构型(social formation)被转化为符号学马克思主义的"话语构型"(discursive formation）。① 可见,在符号学马克思主义的理论建构过程中,从葛兰西开始,经由阿尔都塞、普兰查斯到拉克劳和墨菲,马克思的基础与上层建筑的社会结构模式被颠倒过来,经济基础和政治不断地被吸收进意识形态中,最终转变为一种全新的符号学模式。

当然,柏吉森在此提出的符号学马克思主义只是在理论层面上借用符号学方法对葛兰西以来的一种政治哲学模式的概括,仅仅代表了马克思主义与符号学之间对话的一种类型。事实上,在马克思主义与符号学的对话中,斯特劳斯、巴特、霍尔以及鲍德里亚等人所做的工作由于对文学艺术和文化研究的影响更为深远,对此我们在后面再辟专章予以重点讨论。

(三) 意识形态和多元决定论在文化研究中的广泛运用

阿尔都塞的意识形态与多元决定理论对当代文化研究也产生了深远的影响。斯图尔特·霍尔指出,在以威廉斯和霍加特等人为代表的文化研究的文化主义范式中,文化被看作一种"物质实践","意识形态"在其中并没有发挥重要的作用,但是,在结构主义范式中,意识形态却作为一个核心概念发挥作用。② 如果说法兰克福学派和巴特等人所批判的大众文化中包含的意识形态是马克思意义上的"虚假意识",那么伯明翰学派的文化研究中所运用的意识形态则是阿尔都塞意义上的人们与现实世界之间的"想象性关系"和"非强制性国家机器"。在霍尔看来,大众文化正是这种"想象性关系"的再现或表征,并作为一种国家机器对生活于其中的人们起到一种规训的作用,而文化研究的目的就是揭示这种意识形态规训的内在机制,从而使人们认清大众文化的本质并从中解放出来。通过对阿尔都塞的意识形态理论的深入探讨,霍尔产生了对葛兰西的意识形态"霸权"理论的兴趣,并最终推动了文化研究的"葛兰西转向"。而从文化研究的方法论角度来看,在阿尔都塞的影响下,伯明翰学派试图摒弃文化研究的政治经济学模式,认为这个模式把复杂的文化现象仅仅看作是政治经济的直接表征,从而陷入了经济还原论和本质主义的俗套。在霍尔看来,经济是大众文化产生和发展的最终决定因素,但并不是直接因素,其中间还存在着很多中间环

---

① Albert Bergesen, "The Rise of Semiotic Marxism", *Sociological Perspectives*, Vol.36, No. 1, (Spring,1993), p.3.

② 斯图亚特·霍尔:《文化研究:两种范式》,《文化研究读本》,罗钢、刘象愚主编,中国社会科学出版社 2000 年版,第 57—58 页。

节。每一个特定社会中的文化形态中都包含着经济、政治、种族、阶级、性别、宗教和意识形态等多种要素，或者说是这些要素和力量多元决定的结果。因此，伯明翰学派的文化研究就是要对这种多元决定力量加以剖析，从而将复杂而一体化的社会文化结构化，并使文化研究摆脱文化主义范式的经验主义和人文主义倾向，最终走上结构主义的科学化道路。这也正是当代文化研究者所做的工作。多元决定论也就成为阿尔都塞借助结构主义而给当代马克思主义文化研究所提供的最有效的研究工具之一。

第三节　马克思主义视域中的形式主义价值重估

在阿尔都塞学派中，除了上述阿尔都塞的弟子巴利巴尔、马歇雷和伊格尔顿之外，深受其影响的还有英国理论家托尼·本尼特。在本尼特的前期著作，尤其是其第一本学术著作《形式主义与马克思主义》中，阿尔都塞、马歇雷和伊格尔顿的烙印十分明显。虽然本尼特较马歇雷和伊格尔顿年轻，其学术活动也晚于后者，但是为了本部分论述内容的完整性，我们特意将本尼特的理论思想和研究方法在此予以探讨，而将其前辈马歇雷、伊格尔顿和詹姆逊等在后文的专题性章节中论述。

本尼特是西方学术界一位比较活跃的马克思主义学者，近年来在国内学术界产生了持续的影响。1979 年出版的《形式主义与马克思主义》是本尼特的成名之作，也正是这本著作所提出的问题、运用的方法及其所产生的影响，使本尼特成为我们的马克思主义与形式主义的关系史研究中必须非常关注的理论家。也正是这部著作激发了笔者对马克思主义与形式主义的关系史问题的浓厚兴趣。之后，本尼特又出版了《文学之外》、《博物馆的诞生——历史、理论和政治》等著作。总体来看，本尼特著述颇丰，研究领域广泛，理论资源也比较驳杂，善于从不同的理论学说中吸收和借鉴有价值的成分。在他看来，这种开放的姿态正是马克思主义保持理论活力的根本保障。"马克思主义思想不得不促成重新理论地分析文学，不管怎样，它只是一种贡献，它必须与来自其他理论立场的影响相互协调，他们应该尊敬相互的差异，而不是以一种附属于马克思主义的关系将它们组织起来。"① 他自

---

① ［英］托尼·本尼特：《文学之外》，强东红译，人民出版社 2016 年版，第 8 页。

己的研究就很好地践行了这一理念。他的《形式主义与马克思主义》中贯穿着阿尔都塞主义,《文学之外》的理论资源转向了葛兰西,而其近年来对大众通俗文化和政府文化治理等方面的研究,则深受福柯和布尔迪厄的影响。在此,我们无意对本尼特的思想做整体性研究,而是主要集中于他对马克思主义与形式主义之间对话关系的探讨。

如前所述,在马克思主义与形式主义的关系发展史上,在 20 年代苏联马克思主义者对俄国形式主义者的批判之后,在对话中对形式主义文论的理论价值和研究方法进行重新评估就成为西方马克思主义者的主动选择。本尼特对此有深刻的认识,在他看来:"没有必要'要求'或'创造'形式主义和马克思主义之间的对话。这种对话已经进行,如果我们的分析是正确的,这是一次特别富有成效的对话。然而,其对马克思主义批评主流的影响一直被忽略不计。事实上,这些年来,形式主义著作已经对马克思主义批评产生了重大影响,并且力图让马克思主义批评家们在结构主义和符号学上取得的进展上达成一致并将其吸收。"① 因此,对这一对话的发展历程及其问题性进行研究,就成为一个重要的学术课题。

在本尼特之前,在马克思主义理论家中,除了苏联马克思主义者的批判之外,对形式主义文论进行深入研究,并对其理论价值展开批判和重估的理论家主要是巴赫金和詹姆逊二人。如果说在巴赫金眼中形式主义是"好的敌手",詹姆逊将形式主义看作"语言的牢笼"中的"囚徒",那么本尼特则将形式主义看作一份"丢失的遗产",是重建马克思主义文学批评的重要资源。如其所言:"形式主义和马克思主义评论者之间的对话可能也是富有丰硕成果的。……如果我们着手开展马克思主义与形式主义之间的对话,重新发现形式主义的丢失遗产,那是因为我们相信这将是对马克思主义批评论的有积极意义的帮助,使其能够克服目前面临的一些困难。其中切断已绑定到资产阶级美学方面的联系,从而阻碍了其历史和唯物主义这个目标的实现,这种需要也许是最紧迫的。"②

由于所处的历史时代不同,巴赫金、詹姆逊和本尼特所依据的马克思

---

① [英]托尼·本尼特:《形式主义与马克思主义》,曾军等译,河南大学出版社 2011 年版,第 80 页。

② [英]托尼·本尼特:《形式主义与马克思主义》,曾军等译,河南大学出版社 2011 年版,第 81 页。

主义资源及其审视和重估形式主义的理论立场也有所不同。巴赫金是在当时处于对立状态的苏联马克思主义和俄国形式主义之间寻求沟通和对话，从而试图建构一种新的"社会学诗学"。詹姆逊是作为一个黑格尔主义的马克思主义者来审视俄国形式主义和法国结构主义，试图将德国理论和法国理论这两种不同的理论资源结合起来，使形式主义走出"语言的牢笼"，并建构一种马克思主义的"社会形式诗学"。本尼特进入学术场域开始从事文学理论研究的 20 世纪 70 年代正是阿尔都塞在西方学术界如日中天之日，包括俄国形式主义和法国结构主义的形式文论已经为西方学界所了解，巴赫金的著作也已经逐渐被西方学界所接受并产生了很大的影响。在这样的知识语境中，本尼特指出，当他开始接触阿尔都塞著作的时候，同时也对俄罗斯的形式主义理论家产生了兴趣。而且，通过对二者的认真阅读和研究，他清楚地认识到："阿尔都塞主义与形式主义在理论逻辑上有着惊人的相似之处。他们都将文学看作一种起加工作用的实践，由内而外地加工那些传统形式的表述与认知，甚至可以说，激起了崭新形式的认知与关注。阿尔都塞主义的文学批评其理论出发点大多来自俄国形式主义——同时，它的主要缺点也是源于此——就此而言，它是传统的、墨守成规的。"① 正是出于对二者的相关性以及彼此的成就和缺陷的认识，他看到了在二者之间进行对话的可能性。也正是基于这一目的，他撰写了自己的第一部学术著作《形式主义与马克思主义》。在 2003 年版的"后记"中，本尼特再次强调了他写作此书的目的："我写作的目的，绝非要提供一种关于俄国形式主义与马克思主义文学、美学理论之间无利害关系的考虑，而是抱有一种争论目的：将两种传统的思想杂糅在一起——即形式主义与其后兴起的阿尔都塞主义的文学批评——来寻找因而会产生怎样的批评的摩擦。"② 因此，相对于巴赫金和詹姆逊，我们可以说，本尼特的研究是以一个阿尔都塞主义者的立场，通过对形式主义的理论与方法进行重估和借鉴，来丰富和发展马克思主义文学批评。

---

① ［英］托尼·本尼特：《形式主义与马克思主义》，曾军等译，河南大学出版社 2011 年版，第 170 页。

② ［英］托尼·本尼特：《形式主义与马克思主义》，曾军等译，河南大学出版社 2011 年版，第 168 页。

一、清理地基：形式主义的"文本形而上学"批判

真正的文学批评不是对对手的简单否定，而是首先要真正地进入对方的理论内部，对其进行深入研究和分析，并在把握其价值和缺陷的基础上进行学术性的批判。作为一个严肃的马克思主义研究者，通过对形式主义的认真研究，本尼特认识到，"与以往的情形相比，形式主义更应该受到马克思主义批评家的认真对待和同情理解"，而且，通过对形式主义著作的"批评性重审"，当时的马克思主义文学批评中所遇到的很多问题都能被"部分地纠正"。① 正是基于这一出发点，本尼特首先展开了对俄国形式主义的基本概念和方法的分析与批判。

在雅各布森看来，语言学和诗学之间具有天然的关系，二者互为典范和方法。俄国形式主义者中的雅各布森等人本身就是语言学家，而什克洛夫斯基等以诗学为中心的理论家中，语言学也是一个非常重要的研究方法。同样，对于结构主义语言学来说，文学也为其提供了一种最典型的例证。如巴特所言："结构主义本身是从语言范例中发展起来的，却在文学这个语言的作品中找到一个亲密无间的对象：两者是同质的。"② 正是因为语言学对于俄国形式主义和结构主义的基础性作用，展开对形式主义的批判，首先要面对的就是索绪尔的语言学及其提供的方法论。

在索绪尔的结构语言学中，最重要的方法论就是对共时语言学和历时语言学、语言和言语、能指和所指的区分，而后期的结构主义都是按照这一区分而发展的。在这一点上，本尼特给予了充分的肯定："抽象地看，它具有重要的方法论价值，至少从目的来看，索绪尔提出这种区分纯粹是为了从它获得方法论的好处。……事实上，索绪尔在共时性与历时性之间，开始了方法论的突破，从而也在那些语言的不同方面之间开始了实质性突破，这样，它们通过辩证的相互作用的方式可以自行解释语言变化的速度和方向。"③ 这

---

① [英] 托尼·本尼特：《形式主义与马克思主义》，曾军等译，河南大学出版社 2011 年版，第 3 页。

② [英] 特伦斯·霍克斯：《结构主义和符号学》，瞿铁鹏译，上海译文出版社 1987 年版，第 87 页。

③ [英] 托尼·本尼特：《形式主义与马克思主义》，曾军等译，河南大学出版社 2011 年版，第 60 页。

种区分为文学研究提供了一种结构主义分析方法,使文学研究在共时的层面上展开。而这种共时性研究把系统及其构成要素之间的差异作为方法论的核心。但是,不可否认的是,索绪尔的结构语言学在强调共时性的同时,语言的历时性发展却被放到了边缘的位置。因此,本尼特认为:"形式主义从索绪尔那里继承的遗产本质上是一把双刃剑。"①形式主义用结构语言学的方法处理文学文本,这就预示着在形式主义者的理论中,文本的功能和意义并不具有本质性的特征,而是源于它在既定的"文学系统"中与其他文本之间的差异性关系。可见,"文学并不是关于语言的作品而是使用语言的作品,是一种自主实践,一种有别于其他的、由对日常语言的加工组成的独特实践"②。以此为基础的形式主义者的文学研究也就自然将社会、历史等因素悬置了起来,用现象学的话来说,就是放在了括号里。正因为这种悬置或加括号,本尼特将索绪尔的语言观和形式主义的文学系统观比喻为东方神话中的"会飞的魔毯":"二者都盘旋于空中,都从这个方向或那个方向起飞,因为都没有解释它们如何被推动的方式,所以人们只能得出结论,它们具有魔力。"③

俄国形式主义的两大核心范畴——文学性和陌生化——都建立在索绪尔语言学的基础之上,因此,对形式主义进行地基清理式的批评就必然要展开对这两个范畴的重点批评。形式主义的目的是建立一门独立的文学科学,而任何一门科学的建立首先要做的就是确定其对象。在形式主义者看来,其研究对象就是文学性,即使一部作品成为文学作品的东西。如果一个文本具有了文学性,那么它就自然归于文学的范畴,反之亦然。那么,这是否意味着"文学性"就是文学的本质呢?表面看来,似乎是如此。如果这样的话,形式主义的文学观念就被陷入了本质主义的窠臼。本尼特称这种文学本质主义——"把文学概念作为超越历史的抽象概念"——为"文本形而上学",而他通过对形式主义的分析所批判的正是这种"文本形而上学"。

在本尼特看来,形式主义的理论是反本质主义的,因为其文学性并不

---

① [英] 托尼·本尼特:《形式主义与马克思主义》,曾军等译,河南大学出版社 2011 年版,第 61 页。

② [英] 托尼·本尼特:《形式主义与马克思主义》,曾军等译,河南大学出版社 2011 年版,第 38 页。

③ [英] 托尼·本尼特:《形式主义与马克思主义》,曾军等译,河南大学出版社 2011 年版,第 62 页。

是"一种纯粹形式的属性、一种内在特性",而是一种由陌生化这一孪生概念所定义的关系属性,或者一种语言的使用效果。索绪尔的结构语言学强调能指之间的差异性。这一差异性原则为形式主义的陌生化理论奠定了基础,包括文学语言与日常语言和科学语言之间、文学文本与非文学文本之间,以及不同的文学文本之间的差异关系。本尼特对此有清晰的认识,如其所言:"某一给定文本是否带有陌生化的特征并不依赖于其孤立的内在特性,而是依赖于它是否与其他文本和意识形态形式建立起来的属性关系。那些认为形式主义者盲目推崇文学技巧的控告同样也是错误的。因为,陌生化效应依赖的不是技巧本身而是技巧的使用。"① 正是这种反本质主义的理论立场,促使形式主义者把研究重心并不聚焦于特定的文本,而是"文本间的关系系统"。也即是说,文学性并不存在于特定的文本中,而是存在于"文本内部及文本间的互文关系"中。一个文本是否属于文学要依赖于其存在的特定文本环境,即它在特定的"文学系统"中与其他文本之间建立起来的关系。这样,文学性就不再是固定的,而是流动的,同一文本在不同的关系系统中也就具有了文学和非文学的双重性。

二、历史诗学: 巴赫金对形式主义的超越

本尼特之所以说不需要创造马克思主义与形式主义之间的对话,因为他已经对巴赫金在二者之间的对话有了充分的研究。

在西方学术界,巴赫金是第一位真正建立马克思主义和形式主义的对话关系的理论家。在第三章中,我们对巴赫金如何在二者之间展开对话进行了详细的分析。我们认为,巴赫金并不能完全归属于形式主义或马克思主义,而是处于二者的中间地带。本尼特不同,他认为巴赫金及其学派(即巴赫金借以署名的梅德韦杰夫和沃诺希洛夫)仍然属于马克思主义阵营,并通过与形式主义的对话来建立一种历史诗学而超越形式主义。本尼特对巴赫金所进行的这场对话给予了很高的评价,如其所言:"他们对形式主义进行了彻底研究,并尝试超越形式主义,为马克思主义批评勾勒了一个新的领域,一个不间断的、历史的领域。在他们的著作中,形式主义的事业和马

---

① ［英］托尼・本尼特:《形式主义与马克思主义》,曾军等译,河南大学出版社 2011 年版,第41 页。

克思主义的事业之间产生了一种对话,尽管正如塞尔登指出的,这种对话'没有结论',但仍然富有成效。"①

　　巴赫金认为,在文学批评和学术论争中,"好的敌手"要比"坏的朋友"有价值得多,因为与高手过招才可以真正提高自己,问题也才可以在讨论和论争中得到更加明确的修正和阐明。正因为处于这一立场,巴赫金对俄国形式主义的理论和方法非常重视。本尼特认识到,虽然巴赫金等理论家对形式主义进行了深刻而透彻的批评,但是,同样清楚的是,如果没有形式主义遗产的重要影响,巴赫金等这些后期理论家所取得的理论成就和学术进步是根本不可能产生的。"如果巴赫金的著作定义并占据了立足于'超越形式主义'之外的一种理论空间,那种空间只能通过'消解'形式主义来产生。通过认真考虑它的主张和存在的问题,巴赫金不仅被形式主义遗产深刻地影响着,他还重组了这份遗产,在将它们融合进自己的理论思考过程中积极地影响和转变着形式主义概念。"② 事实上,巴赫金的学说正是通过与形式主义者的对话而超越形式主义才得以建立和发展的。

　　出于这一点,本尼特对巴赫金与形式主义对话并超越形式主义的方式进行了分析。这种分析体现在两个方面。首先,本尼特对巴赫金的语言哲学与索绪尔的结构语言学进行了比较分析,在此基础上阐述了巴赫金关于语言符号与意识形态和社会历史之间关系的观点,并进而将语言符号的意识形态性拓展到文学艺术领域,认为文学是一种特殊的书写实践的产物,同时也是语言之中的阶级关系的独特而集中的显现。其次,本尼特指出,巴赫金的狂欢化理论超越了形式主义将文学看作与历史无关的范畴这一观点,而是认为即使欧洲的纯文艺也是难以与孕育它的社会历史实践区分开来的。拉伯雷的作品的巨大影响力不在于它的独特的书写形式,而在于它处在两个相互分离的文化系统的交汇处这一特定的位置。"这种汇合不论是否被文化地限定,它都有具体社会、政治和意识形态的限定性。"③ 巴赫金与

---

① [英]托尼·本尼特:《形式主义与马克思主义》,曾军等译,河南大学出版社 2011 年版,第 62 页。

② [英]托尼·本尼特:《形式主义与马克思主义》,曾军等译,河南大学出版社 2011 年版,第 79 页。

③ [英]托尼·本尼特:《形式主义与马克思主义》,曾军等译,河南大学出版社 2011 年版,第 75 页。

形式主义一样,都看到了文学文本在"文学系统"中的特定位置对于文学的功能和价值的意义,但同时也认识到文学的功能和价值并不是抽象的,而是要放到具体的历史情境中才能够加以理解和阐释。如本尼特所言:"必须考虑政治与意识形态的联结,因为文本在其历史存在过程中也加入了它,必须考虑不同文学批评在同一文本身上不同的作用方式,因为这调节着文本的接受。"① 因此,本尼特认为,巴赫金建构了一种"历史诗学",以此超越了形式主义,并使其本人成为"我们时代的理论英雄"②。

三、重构美学:阿尔都塞学派与形式主义的对话

虽然本尼特对巴赫金的工作已经有了深入的研究,但是由于巴赫金的影响力长期以来被封闭在苏联的学术领域内,对 20 世纪中期之前的欧洲学术界并没有产生影响。而欧洲学术界没有发生马克思主义与形式主义之间的对话,一方面是由于俄国形式主义的学说直到 20 世纪中期才为欧洲学术界所熟知,另一方面就是因为卢卡奇的影响。本尼特认为:"正是卢卡奇的文学理论和哲学假设对形式主义与马克思主义批评之间形成任何富有成效的对话的可能性构成了最大障碍。"③ 原因有二:一是卢卡奇所继承的黑格尔的形式与内容二元论中的内容决定论影响了苏联马克思主义的文学观,即重视内容而忽视形式,甚至由形式主义者所理解和讨论的艺术形式问题在卢卡奇的学说中消失了,卢卡奇作品中的形式概念不再是文学文本独特的叙事结构,而是透露出其社会理想的"世界观"的结构;二是卢卡奇在继承亚里士多德的摹仿论的基础上发展而成的文学反映论,它关注的并不是文学的自主性,不是文学作品根据其形式特征指涉现实的具体方式,而是文学形式与现实之间的一致性程度。本尼特对卢卡奇的思想在苏联马克思主义中的这两大影响的分析是非常准确的,但是他并没有全面地把握到卢卡奇对形式的批判性的论述,也没有关注到卢卡奇的形式观对西方马克思主

---

① [英]托尼·本尼特:《形式主义与马克思主义》,曾军等译,河南大学出版社 2011 年版,第 76 页。

② [英]托尼·本尼特:《形式主义与马克思主义》,曾军等译,河南大学出版社 2011 年版,第 177 页。

③ [英]托尼·本尼特:《形式主义与马克思主义》,曾军等译,河南大学出版社 2011 年版,第 32 页。

义的影响。与苏联接受者不同,以法兰克福学派理论家为代表的西方马克思主义者看到了卢卡奇所主张的形式的革命性的观点,并对此给予了充分肯定和高度弘扬。

　　在本尼特看来,卢卡奇在政治和理论两个层面对苏联马克思主义产生了深刻影响,这极大地妨碍了马克思主义与形式主义之间的有效对话,而这一点恰恰被阿尔都塞所弥补和修正。阿尔都塞"开辟了一套马克思主义的全新关注,一种与形式主义者相似地看问题的新方法,并对马克思主义文学批评产生影响"[①]。正是阿尔都塞的创造性工作,才使马克思主义与形式主义之间的对话成为可能。如其所言:"政治和理论决定论的组合妨碍了任何形式主义与马克思主义之间的有意义的对话。如果这种对话现在是可能的话,这主要是由于自 1960 年代以后马克思主义批评自身的理论调整。在此,许多影响已经发生作用。从我们的角度来看,具有举足轻重地位的是由路易·阿尔都塞所做的马克思主义批评的修正工作。"[②]虽然本尼特把卢卡奇看作马克思主义与形式主义之间对话的障碍是对卢卡奇的一种误解,但是他对阿尔都塞与形式主义之间的相似性以及二者对话的可能性的认识却是非常准确的。

　　本尼特认识到,阿尔都塞并算不上一位严格的文学评论家,他虽然也或多或少地研究过一些文学理论,写过几篇文学评论文章,但只是为了作为例证来展示他在马克思主义领域内更普遍的理论立场和基本观点。在阿尔都塞的哲学体系中,他试图去寻找科学、文学与意识形态之间的复杂关系。科学、文学和意识形态都是人们用于认识社会的形式,都是通过将原材料加工为一定的产品的实践,但是却体现出不同的理论效应。科学体现的是"认识效应",艺术体现的是"美学效应",而意识形态体现的则是一种"意识形态效应"。科学、文学艺术和意识形态之间并不存在从属关系,三者之间是平行且同时发生的,并构成了一个稳定结构。在三者之间,文学艺术处于科学和意识形态的中间地带,因此也具有科学和意识形态的双重属性。在阿尔都塞看来,文学不是意识形态的直接反映,而是通过艺术的方式使人

---

① [英]托尼·本尼特:《形式主义与马克思主义》,曾军等译,河南大学出版社 2011 年版,第 76 页。

② [英]托尼·本尼特:《形式主义与马克思主义》,曾军等译,河南大学出版社 2011 年版,第 33 页。

们"看到"、"觉察到"和"感觉到"意识形态。也就是说,要正确理解文学的含义和意义,就需要将其置于科学和意识形态之间,作为二者之间的调停者或斡旋者的角色才能加以更好地理解,因为它的"美学效应"显现于其"知识效应"和"意识形态效应"的相互作用中。本尼特对此评述道:"如果科学总是在天使一边,而思想总是在魔鬼一边,那么文学在这两者之间,象征人类的尴尬的处境:能够谴责魔鬼和他的作品,但是与此同时否认真理的光芒。"①

正是在这个意义上,本尼特认为阿尔都塞与俄国形式主义之间具有理论的一致性。"两者都将文学的特质理论化为一种生成于认识论的'转换的实践',无论如何,是被用来修正我们对这个社会的习惯性看法的。文学作品,在两种情况下,都被认为影响了习惯性的认知形式,将其由内而外地展露,展现了认知形式互相连接起来的过程。"② 在形式主义者看来,文学艺术是通过陌生化的语言而使读者的感知复杂化,并在这个认知过程中产生审美感受。同样,在阿尔都塞这里,文学艺术不是意识形态的直接呈现,而是将其融化于一个美丽的故事或艺术的形式之中,使读者在阅读故事或直观形式的过程中,"看到"、"感觉到"和"觉察到"其中所蕴含的意识形态。也可以说,文学艺术与意识形态之间具有一种"隔离",是意识形态的陌生化呈现。

阿尔都塞与俄国形式主义之间的这种相似性,以及二者之间的对话,为"后阿尔都塞主义"或"阿尔都塞学派"的理论建构奠定了基础并提供了方向。阿尔都塞的弟子马歇雷和伊格尔顿的文学生产理论,以及雷内·巴利巴尔(Renée Balibar)和多米尼科·拉波特(Dominique Laporte)对文学与社会进程关系的探讨,就是在这个方向上所取得的理论成就。正因为如此,本尼特认为:"阿尔都塞他们遗留下的工作是寄生于形式主义的",或者更准确地说,这些马克思主义文学理论本身就是形式主义的"特殊变体"③。

---

① [英]托尼·本尼特:《形式主义与马克思主义》,曾军等译,河南大学出版社 2011 年版,第 111 页。

② [英]托尼·本尼特:《形式主义与马克思主义》,曾军等译,河南大学出版社 2011 年版,第 107 页。

③ [英]托尼·本尼特:《形式主义与马克思主义》,曾军等译,河南大学出版社 2011 年版,第 119 页。

正是基于与俄国形式主义的这种关联性,本尼特认识到,俄国形式主义既是阿尔都塞主义的文学批评的出发点,也是其因循守旧、墨守成规这一主要缺陷的发源地。

通过对俄国形式主义的学说和方法深入细致的分析,本尼特对其学术价值有了新的认识。与苏联早期的马克思主义者把形式主义作为对手而展开批判不同,本尼特认为,"俄国形式主义的确要比仓促的马克思主义更完善,它远远不是单纯地关注纯粹的技术问题,他们的研究引发了那些传统的文学描述中面临的严重且基本的问题"[①]。因此,在本尼特看来,不是对形式主义的理论与方法进行简单的否定,而是在马克思主义视域中重新审视和评估形式主义这一"丢失的遗产",并将其吸收进马克思主义文学批评的建构之中,将是完善并推动马克思主义文学批评未来发展的一条有效路径。正是出于这一认识,本尼特对形式主义的理论价值进行了重估,并展开了对马克思主义与形式主义之间对话关系的研究。这一研究为本尼特真正进入西方学术界奠定了理论基础,也为他后来的文学批评和文化研究提供了方法论。

第四节　"伪马克思主义"与"伪结构主义"批判

阿尔都塞的结构主义马克思主义对马克思主义的发展产生了深远的影响,在与其弟子的共同努力下建构了新时期的马克思主义的"科学相位"。但是,与此同时,在马克思主义阵营中,对阿尔都塞的方法论进行反思、质疑和批判的声音同样存在,波兰哲学家亚当·沙夫的尖锐批评就是其中之一。在 20 世纪 70 年代,沙夫出版了《结构主义与马克思主义》一书。在此书中,他首先把结构主义作为一种时尚的理论思潮,从马克思主义的立场出发,对其核心范畴和理论观点进行了分析和批判,接着对阿尔都塞的"结构主义马克思主义"进行了抽丝剥茧式的层层剖析,提出了阿尔都塞的学说属于"伪马克思主义"和"伪结构主义"的重要论断。因此,我们对马克思主义和结构主义之间对话关系的讨论,就不能忽视沙夫的学术创构和

---

① ［英］托尼·本尼特:《形式主义与马克思主义》,曾军等译,河南大学出版社 2011 年版,第 171 页。

理论洞见。

一、人道主义马克思主义的理论立场

作为波兰乃至东欧最重要的马克思主义理论家之一,沙夫的学术研究无论是立场和方法,还是论域和观点都与整个波兰乃至东欧的马克思主义的主导性理论氛围密不可分。通常认为,东欧新马克思主义的历史以20世纪70年代为界,划分为前后两个时期。50年代至70年代,是东欧新马克思主义的理论建构期,其主要理论家都是在这一时期开始学术研究并走向成熟的,诸如布达佩斯学派、南斯拉夫实践学派等主要流派也都是在这一时期形成的。70年代之后,是东欧新马克思主义的理论扩展期,其学说在不断加深的学术交流中迅速超越东欧的疆域而向世界各地扩展。从东欧马克思主义的理论共性来看,由于具有极为类似的历史语境和政治氛围,东欧各国的马克思主义具有极为类似的主导性学术方向——人道主义马克思主义。沙夫、科西克、科拉科夫斯基、赫勒、马尔库什、马尔科维奇等马克思主义理论家都持人道主义立场,且撰写并出版了诸多著作对这种人道主义马克思主义的理论立场进行了论述。

东欧新马克思主义者之所以普遍秉持人道主义立场,其原因是多方面的。首先,20世纪50年代,尤其是1956年苏共二十大之后,东欧各国普遍产生了冲破二战以来形成的高度计划的社会经济模式和高度集权的"斯大林化"的政治模式的束缚,开始关注人类个体的民主自由权利和生存价值,从而形成了普遍的人道主义的理论主张。其次,马克思《1844年经济学哲学手稿》的塞尔维亚语译本1953年在南斯拉夫的出版为东欧马克思主义者的人道主义主张提供了理论支撑,马克思在《手稿》中提出的人的异化、物化和对象化等问题成为东欧马克思主义的理论主题。再次,与西欧马克思主义的深入交流也推动了东欧马克思主义的人道主义的深化和发展。与东欧马克思主义的主导性的人道主义相同,西欧的马克思主义也经历了一个人道主义马克思主义的历史时期。卢卡奇、葛兰西、阿多诺、马尔库塞、弗洛姆和萨特等,都持一种马克思主义的人道主义立场,关注人的生存状况。可以说,对资本主义的异化现实进行批判,是东欧和西欧马克思主义共同的价值立场和理论主张,这就为它们之间的交往奠定了基础。20世纪60—70年代,南斯拉夫实践派哲学家创立了《实践》(*Praxis*, 1964—1974)

杂志和科尔丘拉夏令学园(Korcula Summer School, 1963—1973)。该组织
10年间召开了10次国际会议,围绕着国家、政党、官僚制、当代世界异化等
诸多重大现实问题展开了深入而细致的讨论。诸如布洛赫、列斐伏尔、弗洛
姆、马尔库塞、哈贝马斯等许多重要的西方马克思主义者都参加了这些学术
活动,甚至其中很多人也都成为《实践》杂志的编委会成员,其中就包括西
方马克思主义者的精神导师卢卡奇。①

　　沙夫正是在这种人道主义马克思主义的理论洪流中开始其学术研究
的,而他的参与和成就又极大的推动了这一马克思主义理论思潮的形成、发
展和成熟。沙夫出版于1961年的《人的哲学》是最早系统阐述东欧新马克
思主义的人道主义立场的著作。在这本著作中,沙夫清楚地阐述了马克思
主义对待其他理论所应具有的基本态度。在沙夫看来,"马克思主义理论
体系就其本性而言是'开放的'。也就是说,在出现了新的事实和发展的情
况下,它必须不断修改自己的个别论点,创造性地发展理论,其开放性就建
立在这个基础之上。马克思主义永远准备着吸收新的事实、新的发现和新
的理论思想成就,从中提炼出一般化的思想,如果需要,按照这种一般化思
想来修正自己之前的命题。正是从这种精神出发,恩格斯才以他个人和自
己的伟大朋友的名义说他们的理论不是教条,而是行动的指南,是一种方
法论。"② 正是基于这种对马克思主义的开放性品格的清楚认识,沙夫展开
了对当时在波兰学术界产生了重要影响的萨特的存在主义马克思主义的
分析和批判。作为20世纪的学术巨星,萨特长期位居法国学术界,尤其是
马克思主义领域的中心位置,他的学说对整个西方学术界产生了深远而长
久的影响。同样,在东欧学术界,由于对人的存在问题的集中关注,使"存
在主义潮流突然轰动,成为最使人感兴趣的现象之一"。尤其是,"1956年
到1957年间,存在主义获得了真实的影响力——在马克思主义哲学界中尤
其如此,各种各样所谓原创的、新颖的思想,其实都是从存在主义那里借来
的"③。在萨特看来,"存在主义是一种人道主义"④,人的存在问题是存在主

---

① 〔波〕亚当·沙夫:《人的哲学》,赵海峰译,黑龙江大学出版社2014年版,总序第10页。
② 〔波〕亚当·沙夫:《人的哲学》,赵海峰译,黑龙江大学出版社2014年版,第14页。
③ 〔波〕亚当·沙夫:《人的哲学》,赵海峰译,黑龙江大学出版社2014年版,第3页。
④ 〔法〕让·保罗·萨特:《存在主义是一种人道主义》,周煦良译,上海译文出版社1988年
　　版,第1页。

义的核心问题,也应该成为马克思主义的核心论域。萨特的这种理论主张为东欧马克思主义者思考 50 年代的东欧社会提供了重要的武器,因为"许多人在存在主义之中看到了自身所关切的东西;存在主义者对心灵压抑的描述、灰暗的情绪、个体抗拒那无所不在的非理性力量的无助感,如此等等,都反映了人们自身的情感"①。但是,与萨特所主张的存在主义与马克思主义的相通性不同,沙夫看到了马克思主义和存在主义之间的重要分歧。这种分歧的焦点就是对待个体的态度问题。虽然存在主义并没有完全抛弃社会的作用,马克思主义也没有完全抛弃个体的作用,但是从理论的主导倾向来看,存在主义更多关注于个体的孤独的、悲剧性的存在及其与周围世界的抗争,而马克思主义则将人看作一切社会关系的总和,更多关注于人的社会性和阶级性。马克思主义与存在主义之间的这种理论张力,使那些试图融合二者的理论家处于矛盾之中。这种张力和矛盾造就了两个相互龃龉的萨特,即"尊重传统的存在主义的萨特"和"称赞马克思主义哲学的萨特"。在存在主义与马克思主义的张力和矛盾中,到底以何者为基点去统摄对方,不但决定了理论家们的理论立场,而且决定了他们的学术成就。因为,在沙夫看来,一位走向马克思主义的存在主义者要比一位走向存在主义的马克思主义者能更好地理解马克思主义。萨特在"马克思主义与存在主义之间的联姻"虽然并不成功,甚至"惨败",但是萨特所提出的理论问题却具有重要意义,而且日益紧迫。"马克思主义不能和存在主义结合在一起,但是可能而且应该把存在主义战胜,应以自己的观点来研究这些构成存在主义的具有生命力的部分的问题。"② 正是出于这一理论目的,沙夫在对萨特进行批判的基础上,提出了他的"人的哲学"的理论主张,并建构了自己的马克思主义人道主义哲学。在沙夫看来,人道主义是一种关于人的反思体系,它将人看作最高的目的,即在实践中为人类的幸福和自由提供最好的条件。从这个意义上说,马克思本人就是一个人道主义者,马克思主义是一种人道主义,而且是一种激进的人道主义,因为马克思主义的出发点在于"认识最高的目的,而且为了推翻压制他的社会关系而战。这个出发点赋予整个马克思主义思想体系以特殊性质,也赋予马克思主义以人道主

---

① [波] 亚当·沙夫:《人的哲学》,赵海峰译,黑龙江大学出版社 2014 年版,第 9 页。
② [波] 亚当·沙夫:《人的哲学》,赵海峰译,黑龙江大学出版社 2014 年版,第 37 页。

义性质。"①

由于东欧和西欧社会政治语境的差异,在 20 世纪 60 年代,当东欧马克思主义者还在不断地深化人道主义的理论主张的时候,西欧学术界的学术氛围已经发生了重大转变。这一转变的标志就是萨特的影响力在逐渐缩小,而一个新的理论思潮——结构主义——已经闪亮登场,并逐渐取代了萨特长期以来所占据的中心位置。在结构主义的强大吸引力的影响下,马克思主义也开始将结构主义的方法论纳入其中来试图建构一种科学化的马克思主义。阿尔都塞 1965 年出版了体现他的结构主义马克思主义核心思想的代表性著作《保卫马克思》。也恰恰是在这一年,沙夫出版了体现他的人道主义马克思主义核心思想的另一部代表性著作《马克思主义与人类个体》,紧接着在 1967 年又出版了《作为社会现象的异化》这一重要著作。除了沙夫之外,其他东欧马克思主义者论述人道主义的著作也出版在这一时期,从而形成了不同于西欧的学术氛围。在这种氛围中,以人道主义为核心主张的东欧马克思主义者对结构主义和阿尔都塞的结构主义马克思主义必然采取一种审慎的批判态度。在《保卫马克思》出版几年之后,沙夫出版了《结构主义与马克思主义》这一重要著作,以此展开对结构主义和阿尔都塞学说的反思和批判。可以说,在这场反思和批判中,马克思主义的人道主义是沙夫对待结构主义和阿尔都塞的基本立场,而对结构主义和阿尔都塞的反思和批判也是沙夫贯彻其学术立场的重要途径。

二、对结构主义的反思与批判

"结构主义"这一术语虽然被广泛使用,但是其概念的边界却并不明显。沙夫认为,20 世纪可以归于此一名下的学派至少有五种:布拉格学派、哥本哈根学派、英格兰学派、美国描述学派及其分支转换生成语法、苏联学派等。但是,这些流派在对"结构主义"一词的使用中,其内涵和外延却有很大的差异性,因此,可以说,"结构主义"是一个"同音异义词",有多少理论运用它,它就有多少意义。而且,并不是运用了"结构"一词就可以归入结构主义,因为"结构主义"有其特别的意指。由于"结构主义"代表着许

———————

① [波]亚当·沙夫:《马克思主义与人类个体》,杜红艳译,黑龙江大学出版社 2015 年版,第 171 页。

多不同的理论流派和思潮,不同的理论和思潮对它也有不同的用法,因此要给"结构主义"下一个被所有流派都普遍接受的一般性定义简直就是一种"幻想"。如沙夫所言:"'结构主义'作为一般名词,其指称为空类;被称作结构主义的理论之中的每一种都与其他的毫无共同之处;当代科学中的结构思潮这一问题不过是一种幻觉。"①

尽管结构主义这一概念具有歧义性,但是诸多流派和思潮均将其理论和方法冠之以"结构主义",那必定说明这些流派和思潮在方法论方面具有一定的共通性。通过对这些不同流派的方法论的分析,沙夫认为,"结构主义"具有四个共同特征:1.与结构有关的各种理论思潮的首要原则都是反对"原子方法",强调把研究对象作为一个所有可支配的元素构成的特定的整体来对待。也就是说,既强调各个构成元素对于系统的依赖性,同时又强调整体大于元素之和或部分之和。2.结构主义把研究对象看作"系统",认为"一切系统必有其结构"。3.关注对象的同时性存在的(或形态学的、结构的)规律,采用静态研究方法,假设时间因素为零$(t=0)$,认为在把握对象性质时共时性存在规律较因果性规律更为重要。4.在推崇共时性研究的同时并不排斥历时性研究,认为二者不是对立的,而是相互补充的。显然,对于前三点,结构主义的研究者们都有清楚的认识,但是,对于共时方法与历时方法的互补性,却往往被研究者们忽视了。

沙夫之所以强调两种方法的互补,因为在他看来,"世界既是动态的也是静态的,既是变化的也是(相对)不变的,既由动态的(因果的)规律所统摄也由共时性的(同时存在性的、形态学的)规律所统治"②。因此,在人类对世界的认识过程中,两种认识方式同样重要,而且相互依赖。单独强调其中的任何一个方面而忽视另一方面都是片面的,只有两种方法的结合与互补,才能得到对世界的完整而全面的认识。如其所言:"关于世界的完整知识应该通过两种研究方法的互补性运用而形成,认识的成果则应该是两种方法的复合运用和具体综合的产物。但是,认识的真实过程揭示了在这一方面的自身规律:研究的这两个层面不仅相互作用,而且相互依赖。如果研

---

① [波]亚当·沙夫:《结构主义与马克思主义》,袁晖、李绍明译,山东大学出版社2009年版,第5页。

② [波]亚当·沙夫:《结构主义与马克思主义》,袁晖、李绍明译,山东大学出版社2009年版,第15页。

究对象的结构不能被充分地了解,那就无法对其进行发生学的研究;反之亦然,充分的结构研究需要相应的发生学的、历史的知识,只有如此才能正确地认识所研究的系统。"① 世界的这种复合性质及其发展态势,导致了在科学史的不同历史阶段,可能会有不同的研究领域占主导地位,而不同的领域对于结构(共时性)方法和动态(历时性)方法的兴趣也会有所不同。共时与历时这两种研究方法往往会在科学史的不同阶段,伴随着研究领域的变迁而交替性出现。事实上,科学就是在领域的更新和方法的更替中向前发展的,库恩称这种变化为范式的革命与转换。因此,不能过度地强调某一种方法而贬低另一种,不可忽视二者互补的事实。结构主义对共时性方法的强调并不是要完全排斥历时性方法,即使在索绪尔的研究中也没有否定历时语言学的重要性。同理,对结构方法运用过滥的批评也并非要否定其有效性,而是要将这种过度膨胀恢复到其应有的合理状态。显而易见,沙夫采用了黑格尔的正题与反题的辩证发展和相互转化的理论图式。据此,结构主义的共时性研究方法的出现只是代表了人类认识世界在一个更新、更高层次上的进步。对历时性和发生学方法的过度强调将被共时性方法所纠偏,同理,当共时性方法过度膨胀之时,历时性方法将再次回归人们的视野,以便在二者的互补中使研究方法更趋合理。正题和反题最终将走向合题。从这个角度来说,结构主义的共时性研究在 20 世纪中叶的兴起正是对长期以来包括马克思主义在内的占据主流的历时性或发生学方法的纠偏,具有理论发展的必然逻辑。

为什么结构主义在人文社会科学领域较之于自然科学领域具有更大的影响力? 沙夫认识到,由于结构方法在自然科学中是司空见惯的,因此人们并不会提出自然科学中的结构主义转向。只有在 20 世纪,当结构主义方法在人文和社会科学领域内大举突进的时候,才开启了结构主义的"革命"。虽然 20 世纪初的格式塔心理学,甚至马克思在 19 世纪对经济学和社会学的研究中,都已经使用了结构方法,但是并没有形成风靡一时的结构主义思潮。以索绪尔为代表的结构语言学和以雅各布森为代表的布拉格学派的结构主义方法的胜利具有特殊的历史原因。这种方法的盛行不仅使人文

---

① [波]亚当·沙夫:《结构主义与马克思主义》,袁晖、李绍明译,山东大学出版社 2009 年版,第 16 页。

社会科学获得了有意义的研究成果,而且也带来了可以与自然科学相匹敌的精准的科学模式。正是因为结构主义的这一方法论贡献,使其快速获得了人文社会科学领域内大批学者的支持,使人文社会科学发生了事实上的方法论革命,从而成为一种新的文化时尚和理论思潮。

另外,为什么结构主义会在法国而不是其他国家蓬勃发展而成为引领学术时尚的潮流呢? 原因在于,战后法国的文化氛围为结构主义的兴起提供了合适的土壤。在 1945 年后的一段时期内,法国学术界至少产生了两个引领西方学术时尚的理论潮流:存在主义和结构主义。法国并不是这两个思潮的原产地,但它们却恰恰在法国学术界得以兴盛,并"从意识形态和方法论两个方面对知识分子起着调节作用"①。存在主义强调人类个体的幸福、人的自由和人的历史创造性,这与马克思主义的历史主张非常接近,因此受到了以萨特为代表的马克思主义者的大力倡导和践行,从而形成了轰轰烈烈的存在主义马克思主义思潮。但是,伴随着作为文化时尚的存在主义的吸引力被耗尽,其主观主义的弱点已经难以满足激进者的渴望,于是在20 世纪 50 年代,存在主义的危机便随之来临。这一危机的爆发所产生的文化真空为新的学术思潮的产生留下了充足的空间。而这一空间之所以被结构主义而不是其他思潮所填充,也是历史的必然选择。在沙夫看来,其原因在于,一方面,由于苏共二十大使大量西方马克思主义者从长期以来过度盲目的个人崇拜中醒悟过来,转而寻求建构纯粹"科学"的马克思主义,而结构主义的方法论使其看到了马克思主义未来发展的美好前景。这一点阿尔都塞在《保卫马克思》的前言中阐释得非常清楚。另一方面,结构主义的"客观科学"向从枯燥无味的个人自由的主观思辨中醒悟过来的存在主义者敞开了大门。尤其是从美国接受了雅各布森的结构语言学而创立了结构人类学的斯特劳斯在此时回到了巴黎,其《结构人类学》、《忧郁的热带》和《神话学》等著作中所提倡和建立的结构主义方法,为陷入存在主义的危机而造成的苦闷中的法国学术界打开了一扇通向美好未来的大门,使其看到了走出存在主义困境的广阔天地。继斯特劳斯之后,巴特、福柯、阿尔都塞等各抒己见,从不同的角度反思以萨特为代表的存在主义马克思主义,并从

---

① [波]亚当·沙夫:《结构主义与马克思主义》,袁晖、李绍明译,山东大学出版社 2009 年版,第 20 页。

不同的角度发展了结构主义的方法论。正因为这两个方面的原因,沙夫认为:"缺口被填平,结构主义被接受,但与其宣言相反,是作为一种哲学和意识形态被接受的。"①

　　沙夫虽然在1965年《保卫马克思》的法文版刚一出版时就认真阅读过,但是直到这部著作出版多年之后,结构主义运动的高潮似乎快要结束之时,才对阿尔都塞的结构主义马克思主义做出回应。之所以选择这样一个时间点,沙夫对此做了解释。首先,阿尔都塞的结构主义马克思主义反对人道主义的马克思主义,而某些为政治冲突所支配的思想氛围会利用这一点来与社会主义人道主义进行斗争,这样,阿尔都塞的学说就会成为"潜在炸弹的引信",而沙夫的批判就是要拆除这个足以使马克思主义思潮坍塌的炸弹引信。其次,阿尔都塞的思想已经超出了地方性知识的范围,并像一个传染源一样快速向其他地区广泛传播,因此不能不加以关注。在沙夫看来,它之所以能有如此快的传播速度,是因为那些倾向于马克思主义的激进分子对教条化马克思主义极为反感。这种教条主义并非马克思主义创始人的思想,而是马克思和恩格斯的思想在特定的历史条件下被十分错误地解释的结果。如其所言:"结构主义的马克思主义之所以产生那么大的吸引力,不是由于它对马克思主义的所谓解释有什么价值,而是由于教条主义的马克思主义令人厌恶。至少,结构主义的马克思主义的新解释在一开始没起什么作用。当时,新奇和时尚占了上风。结构主义的马克思主义制造了一种真正进步的假象,然而事实上是一种退步;他们制造了一种令人感到新奇的巨大幻影,然而事实上是对在资产阶级哲学中已被克服的实证主义思潮的低劣模仿。"②正是对马克思主义的教条化促使了学术界对马克思主义的新奇解释的兴趣,而结构主义马克思主义正是在这个合适的时间点出现的用以反对人道主义马克思主义的新解释。这正是阿尔都塞的结构主义马克思主义在法国学术界被快速接受并向世界各地广泛传播的文化土壤。再次,沙夫关注结构主义和阿尔都塞,还试图在结构主义衰落之际,从中寻求并保留对马克思主义有意义的和具有方法论价值的东西。正是出于以上原因,沙

---

① [波]亚当·沙夫:《结构主义与马克思主义》,袁晖、李绍明译,山东大学出版社2009年版,第21页。

② [波]亚当·沙夫:《结构主义与马克思主义》,袁晖、李绍明译,山东大学出版社2009年版,第23—24页。

夫展开了对阿尔都塞的结构主义马克思主义的深入研究、分析和批判。

学术界将阿尔都塞称为结构主义马克思主义者,但是,在沙夫看来,阿尔都塞却是一个"伪结构主义者"和"伪马克思主义者"。沙夫的这一论断是极其令人震撼的,是对阿尔都塞学说的一种彻底的否定和批判。不可否认的是,沙夫对阿尔都塞的著作,尤其是《保卫马克思》和《读〈资本论〉》进行了非常深入的"症候式阅读"。从内容角度来看,沙夫对阿尔都塞的批判从结构主义和马克思主义两个方向展开,包含了五个方面:意识形态与科学的对立、反经验主义还是唯心主义、反历史主义还是爱利亚主义、反人道主义还是反马克思主义、一个马克思还是两个马克思。而从其批判的方法论来看,沙夫的批判包含了两个层面:对阿尔都塞所使用的核心概念和范畴的语义学批判,以及对其核心理论和观点的反思和批判。

三、阿尔都塞的"伪结构主义"批判

(一)"结构"概念的语义学批判

沙夫不仅是一位哲学家,而且是一位有名的语言学家。早在他开始批判阿尔都塞之前,就已经撰写了《概念与词语》(*Concept and Word*, 1946)、《语言与认知》(*Language and Cognition*, 1964)、《语义学引论》(*Introduction to Semantics*, 1961)、《语言哲学论文集》(*Essays in the Philosophy of Language*, 1967)等多部作品,在东欧学术界产生了重要的影响。我国早在 20 世纪七十年代末就翻译了他的《语义学引论》,也有学者对此进行了深入研究。与巴赫金发现缺乏一本马克思主义的语言哲学著作而着手撰写《马克思主义与语言哲学》类似,沙夫认为,长期以来,马克思主义也没有专门的学术著作对语义学进行系统研究,因此着手撰写了《语义学引论》这部以马克思主义为基本立场和方法论的语义学著作,从而试图与其他非马克思主义的语义学,以及马克思主义内部将语义学简单理解为"一种用来模糊阶级斗争的假科学"[①] 的观念区分开来。巴赫金在其语言哲学中提出了语言符号的对话性问题,同样,沙夫在其语义学中也倡导符号的交往性。通过这部具有马克思主义色彩的语义学著作的撰写,沙夫对当时有名的语言学和分析哲学的主要流派和理论家都进行了深入研究和批判,其中就包括结构主义

---

① 　[波]亚当·沙夫:《语义学引论》,罗兰、周易译,商务印书馆 1979 年版,第 3 页。

语言学家索绪尔和分析哲学家罗素、维特根斯坦、卡尔纳普等人。语义学研究的学术经历为他后来的阿尔都塞批判奠定了基础。

这种影响主要体现在对核心术语和关键概念的语义准确性的强调。沙夫认为，"倡导新思想的大师应该对其思想的清晰性负责"①，但是，遗憾的是，"阿尔都塞是在以不负责任的态度运用哲学语言，他不知道自己在写些什么，也不知道自己已经写了什么。对于一个哲学家来说，这意味着犯罪"②。阿尔都塞之所以会如此混乱地使用关键术语，完全是因为他缺乏分析哲学的训练。分析哲学强调概念的准确性，关注概念的形成过程和运用语境。"每一位哲学家，而不仅仅是分析哲学某一流派的代表人物，都应该以负责任的态度运用哲学语言并且在这方面应该训练有素。由于语言总是有歧义的，所以哲学家必须具有语义学修养并应尽力将他们运用的语词精确化。"③沙夫注意到，事实上，阿尔都塞本人也在不同的场合强调哲学研究需要具有准确性的术语，认为要赋予其所使用的概念以严格的意义，因为如果缺乏了这种概念和术语的准确性，哲学所建构的理论体系及其观念便不具有严谨性，而如果不具有严谨性，理论也就自然不能称其为理论，也就谈不上是严格意义上的理论实践。但是，沙夫不无遗憾地发现，阿尔都塞的理论实践并没有很好地贯彻和实现他的这一学术理念。阿尔都塞的思想基础是黑格尔式的，这种知识背景造成了他的学说中所具有的一些特殊的症状。"其主要症状是：黑格尔语言在哲学中占主导地位、对当代哲学和逻辑学某些思潮的无知以及（由以上两个因素所导致的）运用哲学语言时责任心的缺失。我们可以看到，上述病症表现在阿尔都塞对论述的明确性和语义的清晰性的无视之中。"④也正是出于这一原因，在沙夫看来，阿尔都塞的著作中的诸多核心概念，比如结构、问题域、意识形态、经验主义、历史主义和人道主义等，均缺乏内涵的明晰性和语义的准确性，造成了逻辑的混乱和观念

---

① [波]亚当·沙夫：《结构主义与马克思主义》，袁晖、李绍明译，山东大学出版社2009年版，第41页。

② [波]亚当·沙夫：《结构主义与马克思主义》，袁晖、李绍明译，山东大学出版社2009年版，第43页。

③ [波]亚当·沙夫：《结构主义与马克思主义》，袁晖、李绍明译，山东大学出版社2009年版，第43页。

④ [波]亚当·沙夫：《结构主义与马克思主义》，袁晖、李绍明译，山东大学出版社2009年版，第31页。

的模糊,不但没有产生这些术语所应有的理论效果,反倒削弱了自身理论的力度。因此,虽然阿尔都塞在多处使用了"结构"、"结构整体"、"问题域"等结构主义特有的概念,但这些词在语义上并没有结构主义所具有的特别的含义。而且,从他对意识形态与科学、经验主义、历史主义、人道主义等问题的分析中也"看不到一点结构主义的痕迹"①。因此,沙夫认为,我们并不能因为阿尔都塞在其著作中运用了"结构"这样的术语就能将他看作一个结构主义者,阿尔都塞的结构主义马克思主义完全是一种披着结构主义外衣的"伪结构主义"。

(二) 科学与意识形态的错误划分

为了进一步阐明阿尔都塞的学说是一种"伪结构主义",沙夫进而对学术界通常所认为的阿尔都塞最具结构主义色彩的理论和观点进行了分析和批判。在这些理论和观点中,首当其冲的就是阿尔都塞关于科学与意识形态的区分。

阿尔都塞的结构主义马克思主义的一大成就就是将意识形态与科学对立起来,高举科学的旗帜,试图建立一种科学的马克思主义,用以反对将马克思主义作为一种意识形态的观点。这正是其《保卫马克思》一书的核心思想。阿尔都塞之所以反对意识形态的马克思主义,因为在他看来,"意识形态的"意味着错误、神秘,应该加以拒斥,而"科学的"则意味着与自然和现实状况的一致性,属于客观真理,因而应该加以倡导和发扬。正是基于这一认识,阿尔都塞试图将具有科学色彩的结构主义引入马克思主义来建构科学的马克思主义,并以此对作为意识形态的马克思主义予以征讨。但是,在沙夫看来,阿尔都塞的这一美好愿望并没有完全实现,因为他的意识形态概念的运用极其混乱而缺乏语义的准确性,其论述中也充满了矛盾性,更重要的是他的这一区分并不符合理论发展的规律和事实。

一位严谨的理论家,在其著述中所使用的核心概念应该具有相对明确且前后一致的意指和内涵,因为当一个核心术语被过度使用却缺乏精确含义时,它就失去了理论价值,甚至会造成理论的混乱。沙夫认为,尽管具有明确的方法论意识,但是,在实际研究中,阿尔都塞却对"意识形态"这一核

---

① [波] 亚当·沙夫:《结构主义与马克思主义》,袁晖、李绍明译,山东大学出版社2009年版,第76页。

心术语"情绪化地予以错误处理"①，使其充满了歧义、混乱和矛盾。在西方思想史上，"意识形态"本身就是一个充满歧义的概念，在不同的阶段和不同的理论家那里，具有不同的意指和内涵。通过对阿尔都塞所使用的"意识形态"一词的含义进行分析和总结，沙夫认为在阿尔都塞的著述中，"意识形态"的含义至少有 13 种之多，而且具有诸多自相矛盾之处。如其所言："既然'意识形态'一词有如此众多的意义（每一种意义的出现都有适当的引证予以说明），那么它就一无所指。它不过是一种为了表达某种情绪而发出的声音，但从认识的角度看毫无意义。'意识形态'一词具有降妖驱魔的神奇功能，但从科学的观点看由于其歧义甚多而毫无用处。更为糟糕的是，阿尔都塞还有关于意识形态的自相矛盾的陈述。"② 在沙夫看来，阿尔都塞所制造的这种混乱局面俨然是一个哲学意义上的"犯罪"。甚至，阿尔都塞应该为没有生活在苏格拉底的时代而庆幸，因为苏格拉底被处以极刑的理由就是制造思想的混乱。

　　批判的目的是建构，因此，在批判了阿尔都塞之后，建构自己的意识形态理论就成为沙夫的重要任务。奈斯（A. Naess）将当代语言中的"意识形态"一词进行了分析，总结出了三十多种含义。怀特（J. Wiatr）则将意识形态诸定义概括为三种："'发生性'定义，强调某一群体在社会中的地位与这一群体的意识之间的发生性联系；'结构性'定义，是价值判断或行为指导的一种表述方式，因而不仅仅是一种理论上的描述性陈述；'功能性'定义，强调与某一阶级或群体利益及行为有关的思想观点在功能上的附属性质。"③ 沙夫自己更倾向于"发生学的—功能性的"混合型定义，具体表述如下："意识形态是一种思想观点的体系。这一体系建立在某种价值系统之上，决定了人们与社会、群体或个体的发展目标相联系的态度和行为。"④ 通过这个定义可见，沙夫已经不再限于从青年马克思的"虚假意识"的角度看

---

① 〔波〕亚当·沙夫：《结构主义与马克思主义》，袁晖、李绍明译，山东大学出版社 2009 年版，第 41 页。

② 〔波〕亚当·沙夫：《结构主义与马克思主义》，袁晖、李绍明译，山东大学出版社 2009 年版，第 42 页。

③ 〔波〕亚当·沙夫：《结构主义与马克思主义》，袁晖、李绍明译，山东大学出版社 2009 年版，第 44 页。

④ 〔波〕亚当·沙夫：《结构主义与马克思主义》，袁晖、李绍明译，山东大学出版社 2009 年版，第 45 页。

待意识形态,而是回归意识形态产生之初的本源意义,即特拉西所说的"思想观点的体系"这一中性意指。

通过对"意识形态"这一概念的发展史的梳理和分析,沙夫认为,意识形态的内涵是发展的和变化的。虽然"意识形态的定义包含了发生学的成分,涉及到产生某些看法和态度的阶级利益。但是,关于意识形态产生的根源这一问题,不仅涉及到'什么样'的阶级利益,'什么'阶级的利益,而且包含作为某一意识形态的发展基础的认识资料。因为'每一种'意识形态所必须包括的价值体系和对社会行动目标的选择,可能建立在不同的假设如宗教信仰、社会迷信以及像纳粹种族主义那样的伪科学之上,但是也可以建立在对社会实施的科学分析的基础之上。"[1] 可见,意识形态与科学之间的界限是模糊的和变动的。某一时期的科学会在另一个时期被看作是意识形态,比如哥白尼的日心说在宗教统治时期就被看作是意识形态,而地心说这一具有意识形态性的观念当时却被认为是科学。因此,在沙夫看来,阿尔都塞对科学与意识形态的区分和对立是有问题的。"在阿尔都塞看来,如果一种理论被认为是科学的,那么它就没有过去,因为过去的科学理论是意识形态。而且由于意识形态是科学的敌人(意识形态'包围'科学),所以过去的科学是应该予以拒斥的。"[2] 从这个观点进行推论,就会得出这样一个结论:以前的科学属于意识形态,应该加以拒斥,这就意味着现在的科学在将来也会被作为意识形态而遭到拒斥。现在的科学发展的成就都是以过去的意识形态为基础,产生于意识形态之中,是以往人类所有的错误认识的结果。如此推论的话,就可以说,任何科学最终都会转化为意识形态或者非科学,科学的发展史就是一系列非科学的意识形态的发展史。显然,阿尔都塞将科学与意识形态相对立所导致的这一理论结果是有悖于马克思主义的科学和意识形态理论的。马克思并不区分科学和意识形态。"一个马克思主义者不会把今天的科学与历史上的科学对立起来并将后者看作'意识形态'错误,而且,他应该知道,过去的科学信念不是神话或'意识形态',因为马克思主义者把人类认识看作一个无限的过程,这一过程是由不断积累着

---

① [波]亚当·沙夫:《结构主义与马克思主义》,袁晖、李绍明译,山东大学出版社 2009 年版,第 48 页。

② [波]亚当·沙夫:《结构主义与马克思主义》,袁晖、李绍明译,山东大学出版社 2009 年版,第 53 页。

的部分真理所构成的。"① 也就是说,只有相对真理,没有绝对真理,科学的发展史就是由相对真理向绝对真理无限靠近的过程。从这个角度来看,沙夫认为,阿尔都塞的科学与意识形态的区分"只能理解为某种政治创伤的情感反应",他"悄悄回避了他与马克思主义的明显分歧",也没有看到"结构主义的理论与方法对他有任何实质性的影响",并且"忽视了最新文献,而这些文献证明他的论述不够充分"。②

（三）一个马克思还是两个马克思。

阿尔都塞通过区分意识形态与科学,进而区分了作为意识形态的青年马克思主义和作为科学的成熟马克思主义,从而得出了马克思的"认识论断裂"这一重要论断。但是,沙夫既然推翻了阿尔都塞的理论基础,那么自然导向对他的两个马克思这一结论的质疑。

虽然索绪尔在其《普通语言学教程》中强调共时性研究的重要性,认为结构主义是以共时研究为基础的,但他并没有否定历时性研究的重要性。但是,这一点在后期的结构主义思潮中往往被忽视了。阿尔都塞将结构主义的共时研究方法引入马克思主义,也就自然看重马克思思想的共时性特征而忽视其各个共时截面之间的历史性关联。青年马克思和成熟马克思之间在研究论域和研究方法上都存在重大差异,阿尔都塞过度看重这两个阶段的不同而忽视其中的内在联系,也就自然得出"认识论的断裂"和两个马克思的结论。但是,沙夫的结构观不同,如前所述,他在对结构主义的四个特征的分析中非常强调共时性与历时性之间的互补性,认为二者的互补才能形成一个完整的对象,得出比较客观的结论。从理论的主导性方向来看,马克思和恩格斯更倾向于社会历史的发生学研究,我们通常称这种方法为社会历史批评。但是,无论是阿尔都塞还是沙夫,他们都认识到,马克思和恩格斯同时也非常重视结构性分析,但阿尔都塞更看重马、恩的结构分析方法,而沙夫则将结构分析仅仅看作发生学的历史分析的补充。沙夫指出:"我们没有必要将马克思称为结构主义者,但是我们必须清楚地说明,马克思和恩格斯非常清楚地认识到,发生学分析和结构性分析是互补的。……

① ［波］亚当·沙夫:《结构主义与马克思主义》,袁晖、李绍明译,山东大学出版社 2009 年版,第 57 页。

② ［波］亚当·沙夫:《结构主义与马克思主义》,袁晖、李绍明译,山东大学出版社 2009 年版,第 57 页。

系统之结构的研究原则对于马克思主义理论不仅不是外在的东西,而且相反,它是马克思主义方法论前提的必然结果。"① 因此,在沙夫看来,从马克思主义的视角来看,一种思潮要称为结构主义应该具有两个标准:一方面,它是否具有真正适合于其研究主题的特定的结构方法;另一方面,它不应该将这种结构方法看作唯一方法,而是作为与过程研究相互补的方法。也就是说,在具体研究中,既要看到研究对象在特定历史时期的共时性的结构特征,又要关注这一共时性结构的历史生成和未来走向。两种方法不可偏废,更不能非此即彼。如果以这两个标准来看,阿尔都塞及其追随者们"他们没有产生出适合其研究主体的特定结构方法,只是借用了一些现成的概念和思想;他们也没有对于作为与过程分析(历史分析)方法互补的结构分析方法的发展做出任何新贡献,而且相反,他们将结构分析作为一种与过程分析相对立的方法并实际上排斥过程分析"②。他们不懂得这两种方法的互补性,因此既不懂得结构主义,也不懂得马克思主义。阿尔都塞理论的错误不在于结构主义,而在于他对结构分析方法的滥用,从而忽视了马克思主义方法中最核心的方面。

　　沙夫对共时性和历时性的互补性的强调印证了马克思主义所坚持的总体性观念。从辩证唯物主义来看,任何对象都是一个整体性的存在,都处于运动和发展的变化之中。马克思本人也是如此,作为一个完整的人,他的思想经历了不同的发展阶段,但作为特定历史条件下形成的特定产物,各个阶段之间都具有密切的联系。青年马克思是成熟马克思的前提,而成熟马克思则是青年马克思发展的结果,没有前者,就没有后者。具体到马克思的思想中,沙夫认识到,青年马克思提出的人的概念和异化思想始终影响着成熟马克思对人类社会的经济发展模式的分析,《1844年经济学哲学手稿》中已经包含了《资本论》的框架。因此,唯一合理的态度就是从成熟马克思的观点来看待和审视青年马克思,而不是用青年马克思去否定成熟马克思。如沙夫所言:"事实在于,马克思是一个完整的人,无论从心理学上说还是从科学上说,任何将他分为两个不同的和独立的人格的努力都是愚蠢

---

① [波]亚当·沙夫:《结构主义与马克思主义》,袁晖、李绍明译,山东大学出版社2009年版,第115页。

② [波]亚当·沙夫:《结构主义与马克思主义》,袁晖、李绍明译,山东大学出版社2009年版,第116页。

的。青年马克思提出的思想,既是成熟的马克思所坚持的思想核心,也是推动马克思思想发展的动力。"① 因此,沙夫断言,"认识论断裂可以休矣! 这是一位思想家一厢情愿的思想产物。"② 只有一个作为整体的马克思,所谓的"两个马克思"仅仅是阿尔都塞建立在错误的方法论基础上所得出的错误结论。

这样,通过对阿尔都塞所使用的结构主义核心术语和概念的语义学分析,以及对建立在这些术语和概念基础之上的"结构主义"观点的批判,沙夫完成了阿尔都塞是一个"伪结构主义者"这一观点的论证。

四、阿尔都塞的"伪马克思主义"批判

沙夫之所以称阿尔都塞为"伪马克思主义者",是因为他认为阿尔都塞的结构主义马克思主义的核心理念与马克思主义的基本原则相违背。马克思主义坚持经验主义、历史主义和人道主义,而阿尔都塞恰恰在这三个焦点问题上攻击马克思主义。正是在这三个问题上与马克思主义观点的不一致,沙夫认为,虽然阿尔都塞自认为是马克思主义者,但是事实上,他却走向了马克思主义的反面,成为一个非马克思主义者或伪马克思主义者。如其所言:"如果一个人自称为马克思主义者,但他不仅在一些次要的问题上而且在诸如反映论、经验主义、历史主义等基本问题上与马克思主义的观点不一致,这怎么办呢? 我们只能说,这种人不能被称为马克思主义者,因为他不承认马克思主义的基本内容。如果是学术良心使他不能同意马克思的观点,那么他可以是一个杰出的学者,但他不是一个马克思主义者,而且也不可能成为一个马克思主义者。当然,他也不可能因此成为一个反马克思主义者,因为成为一个反马克思主义者要有一定的动机和情感上的信念。他仅仅是一个非马克思主义者。"③

沙夫对阿尔都塞的批判正是从经验主义、历史主义和人道主义这几个

---

① 〔波〕亚当·沙夫:《结构主义与马克思主义》,袁晖、李绍明译,山东大学出版社2009年版,第108页。

② 〔波〕亚当·沙夫:《结构主义与马克思主义》,袁晖、李绍明译,山东大学出版社2009年版,第112页。

③ 〔波〕亚当·沙夫:《结构主义与马克思主义》,袁晖、李绍明译,山东大学出版社2009年版,第79页。

方面进行的。从语义学角度来看,沙夫认为,阿尔都塞对这几个范畴的使用只是赋予传统术语以特殊意义,而这种意义与人们通常所使用的意义毫无共同之处。赋予旧词以新的意义本无可厚非,詹姆逊就称这种方法为"符码转换",并将其看作思想发展的一条重要途径。但是,使用者在符码转换的同时,需要说明是在何种意义上使用这些术语,其内涵与原有内涵有何不同,从而使读者能够准确把握其意义。但是,在沙夫看来,阿尔都塞却并没有进行这一必要性工作,他在使用这样一些术语得出自己的结论时,实际上是在"故弄玄虚",其结果就是"不仅导致读者的思维混乱,而且首先导致作者本人的思维混乱。……他在误导了别人的同时也成为故弄玄虚的受害者。"[①] 这种"故弄玄虚"不仅削弱了阿尔都塞理论的严谨性,同时也产生了与马克思主义的基本原则相悖的理论结果。

(一) 反经验主义批判

作为与欧洲大陆的理性主义相对立的一种哲学思潮,经验主义在英美哲学界产生了深刻的影响。不同于理性主义将人类的知识归结为理性的创造,经验主义认为知识来源于认知主体的感觉经验。康德哲学很好地弥合了经验主义与理性主义之间的巨大鸿沟,而黑格尔则从辩证法的角度阐释了经验与理性之间的逻辑关系。马克思主义哲学非常关注经验的重要性,并将其看作人类认识活动的前提和条件。根据唯物主义辩证法,人类的认识活动就是首先从社会实践中获得感性经验,然后通过理性抽象从这些特殊的感性经验中绌绎出一般的规律,形成抽象理论,最后再将这些规律和理论置于社会实践活动中加以检验。人类的认识活动就是这样一个螺旋式上升的逻辑过程。在沙夫看来,阿尔都塞的理论也关注经验问题,但他将经验主义或感觉论看作一种意识形态而与科学不相容,因此建构科学的马克思主义就要反对经验主义。沙夫在对阿尔都塞所使用的"经验主义"进行语义学分析的基础上,认为他的这一术语与约定俗成的"经验主义"的意义并不一致,而是在赋予这个词以自己的意义上谈论经验主义,但同时又没有对此进行明确的说明,从而造成了理论的混乱。

更重要的是,沙夫认为阿尔都塞对"经验主义"这一术语的运用实际上

---

① [波] 亚当·沙夫:《结构主义与马克思主义》,袁晖、李绍明译,山东大学出版社2009年版,第64—65页。

是一种误打误撞,言此意彼。"阿尔都塞及其追随者攻击的不是经验主义,虽然他们可能认为自己是在攻击经验主义。他们是在攻击隐匿在'经验主义'背后的一种特殊形式的反映论。"① 在当前的学术界,反映论通常被作为庸俗马克思主义和机械唯物主义的核心术语而加以批判,但是,在沙夫看来,反映论却是马克思主义的理论基石,不能完全被抛弃。"如果一个人完全排斥反映论,他就不可能成为马克思主义者,他就不会承认建立在马克思主义基础之上的唯物主义哲学。如果是那样,他所可能做出的唯一选择就是承认唯心主义的观点,因为拒斥反映论也就是拒斥客观现实。"② 在这个问题上,沙夫看到了阿尔都塞思想中的矛盾性,认为阿尔都塞虽然坚称是一位马克思主义哲学家,拥护唯物主义,但是他的理论学说实际上却是反经验主义的,并最终由马克思主义的唯物主义转向了唯心主义。

(二) 反历史主义批判

沙夫认为,马克思主义的历史主义包含着如下要点:一切社会现象都处于运动和变化之中;这种运动变化不是无序的,而是有其内在的特定规律,反映在科学的动态规律中;运动是永恒的,静止是相对的,一切事物都处于永恒运动和相对静止的辩证关系之中,其相对稳定的阶段性状态并不意味着没有任何变化,运动就是由一个相对稳定的静止状态向另一个相对稳定的静止状态,或者说,由一个特定的结构系统向另一个特定的结构系统的过渡和发展。从这种历史观来看,阿尔都塞并没有完全反对历史主义,而是由于他习惯于运用具有歧义的模糊性术语,从而使整个问题变得相对复杂。阿尔都塞所谓的"反历史主义",所否定的并不是真正的马克思主义的历史主义,而是指的另外的东西。阿尔都塞的历史主义是黑格尔式的,而他在阐释的过程中又把自己的这种历史观宣称为马克思主义的,从而造成的理论的模糊性。沙夫强调结构主义不能忽视历时性对共时性的补充作用,不能只关注特定系统而忽视系统之间的联结与过渡。但是,阿尔都塞的结构主义却并不重视这种历时性,从而陷入了反历史主义的泥沼,最终"不仅在理

---

① [波]亚当·沙夫:《结构主义与马克思主义》,袁晖、李绍明译,山东大学出版社2009年版,第66页。

② [波]亚当·沙夫:《结构主义与马克思主义》,袁晖、李绍明译,山东大学出版社2009年版,第67页。

论上而且在实践上背弃了马克思主义"①。

　　(三) 反人道主义批判

　　阿尔都塞批判青年马克思的人道主义,认为成熟马克思是非人道主义的,是科学的。坚持马克思主义,就是以成熟期的唯物主义的马克思主义反对青年时期的人道主义马克思主义。但是,在沙夫看来,阿尔都塞的这种理论是不成立的,因为成熟时期的马克思的思想中仍然具有明确的人道主义倾向,表现为一个典型的"意识形态的人道主义者"。作为个体研究者,阿尔都塞坚持一种非人道主义的观念,并自由发表自己的研究结论是无可厚非的,但是将他的观点强加于马克思,说成是马克思的观点,就是不妥的。沙夫清楚地认识到,事实上,并不像有些人所理解的那样,认为马克思强调群体、阶级和群众的历史创造性而忽视个人的历史作用,也不像另一些人所理解的,认为马克思忽视个体力量而转向客观结构。马克思的深刻性在于将个人看作社会的个人,是一切社会关系的总和,是由社会所制约和建构起来的个人。"所以,马克思不仅没有抛弃个人在历史上的作用这一问题,而且相反,他发展了这一问题并给予更为深刻的解释。如果人道主义是以承认具体个人的作用为基础,那么,成熟的马克思就使他的人道主义较之青年时期的这一观点更为深刻。"② 因此,沙夫断言,阿尔都塞主张的成熟期的马克思是非人道主义的,实际上是"对马克思主义的曲解和故弄玄虚"③。

　　通过对阿尔都塞理论中的反经验主义、反历史主义和反人道主义这三大焦点理论的批判,沙夫认为,阿尔都塞的结构主义马克思主义与马克思主义的理论主张并不一致,因此属于一种"伪马克思主义"。

　　作为东欧马克思主义的重要理论家,沙夫的思想代表了东欧马克思主义的人道主义立场。他之所以选择阿尔都塞的结构主义马克思主义作为批判对象,也是因为看到了阿尔都塞及其学派的巨大影响可能对马克思主义

---

① [波]亚当·沙夫:《结构主义与马克思主义》,袁晖、李绍明译,山东大学出版社2009年版,第91页。

② [波]亚当·沙夫:《结构主义与马克思主义》,袁晖、李绍明译,山东大学出版社2009年版,第102页。

③ [波]亚当·沙夫:《结构主义与马克思主义》,袁晖、李绍明译,山东大学出版社2009年版,第103页。

的人道主义范式带来的巨大冲击。因此，可以说，沙夫对阿尔都塞的批判并不仅仅出于个人立场之间的差异，而且体现了人道主义马克思主义与结构主义马克思主义这两种马克思主义理论范式之间的冲突和张力。尽管受到了沙夫的批判，但是阿尔都塞学说的影响力似乎并没有被削弱，而是依然保持着生命力，在国际学术界产生着持久的影响。同样，沙夫通过对阿尔都塞的批判丰富和完善了他的人道主义马克思主义，也使他的马克思主义更具理论穿透力。

第六章 介入、文本与意识形态

虽然俄国形式主义与马克思主义之间没有展开有效对话,但是其后裔结构主义却与马克思主义关系密切,二者的对话催生了以阿尔都塞学派为代表的结构主义马克思主义,建立了马克思主义的"科学相位"。除了马克思主义对结构主义的吸收之外,事实上,大多数结构主义者早年都是马克思主义的信奉者,并对马克思主义了如指掌。比如罗兰·巴特就把自己学术研究的第一阶段定名为马克思主义阶段,斯特劳斯也将马克思作为影响其早年思想形成的三大情人之一。所以,詹姆逊认为结构主义本身就是马克思主义的问题性中的一部分。但是,从学术史的发展来看,结构主义者却是在背离自己早年的马克思主义倾向,对马克思主义,尤其是萨特的存在主义的马克思主义的否定和批判中走向结构主义的。同时,当结构主义风靡欧美学界的时候,马克思主义要取得发展也不可能再"以意识形态为由而将结构主义拒之门外,这样就等于拒绝把当今语言学中的新发现结合到我们的哲学体系中去",因此詹姆逊认为,"对结构主义的真正的批评需要我们钻进去对它进行深入透彻的研究,以便从另一头钻出来的时候,得出一种全然不同的、在理论上较为令人满意的哲学观点"[1]。可以说结构主义正是在对马克思主义的批判中产生的;同时,如果没有对结构主义的吸收和借鉴,也就没有马克思主义在 60 年代之后所取得的巨大成就。正是与结构主义的对话使马克思主义走上了科学化道路,从而与传统的人道主义的马克思主义以及萨特的存在主义的马克思主义相区别,表现出新的理论特征。这样,马克思主义与结构主义的对话就自然划分为前后两个阶段,即结构主义对萨特的马克思主义的批判和晚期的马克思主义者对结构主义的吸收和借鉴。

上一章我们以戈德曼、阿尔都塞、本尼特和沙夫为个案,对 60 年代之

---

[1]　[美]弗雷德里克·詹姆逊:《语言的牢笼》,钱佼汝译,百花洲文艺出版社 1997 年版,第 3 页。

后的马克思主义与结构主义之间的对话关系进行了个案研究。但是,他们的探索只是马克思主义和结构主义对话中的一个方面。从二者的关系史来看,结构主义代表理论家罗兰·巴特是通过提出"零度写作"和"文本"概念而与自己早年的精神导师萨特的"介入"观念相决裂才走上结构主义道路的,马克思主义文学理论家马歇雷、伊格尔顿和詹姆逊等则通过将巴特的"文本"概念引入马克思主义,探讨文本与意识形态的内在关系而建构了马克思主义的文学生产理论和文本阐释学。因此,本章就以"介入、文本与意识形态"的关系问题为核心,从这两个层面来研究马克思主义与结构主义之间的对话关系。首先,以巴特的"零度写作"与萨特的"介入文学"的渊源关系为中心,探讨结构主义是如何通过对存在主义的马克思主义进行批判而产生并逐渐背离马克思主义的。其次,通过讨论文本与意识形态的关系问题来分析马克思主义是如何吸收和借鉴结构主义来发展和丰富自身的。通过马克思主义与结构主义对话中的这一关键问题的研究,我们希望能够较为清楚地呈现出马克思主义和结构主义对话的两个阶段的基本状貌,并把握其问题性。

第一节　介入文学与零度写作

结构主义在 60 年代的法国出现并不是空穴来风,当时法国的政治和文化氛围促使了结构主义思潮在这块土地上着陆。当时在法国学术界居于统治地位的是萨特的存在主义的马克思主义。但是,随着战后意识形态和政治领域内的斗争的不断失败,知识分子的政治热情也逐渐消退。在强烈的挫败感中,索绪尔的结构主义语言学和转由美国传来的雅各布森的结构主义思想吸引了他们。他们从中看到了萨特的存在主义的马克思主义哲学中的弊端,继而用结构主义观念来对存在主义予以批判。结构主义成为年轻一代拒绝传统、建立新的文化形态的政治和学术诉求的体现。结构主义研究专家,法国理论家弗朗索瓦·多斯(Francois Dosse)在其《结构主义史》中对结构主义的起源和精神实质作了中肯的评价。他认为,"结构主义是对西方历史上一个特定时刻的抗争与回应。它表达了一定程度的自我仇恨,一定程度的对传统西方文化的排斥,一定程度的对现代主义的渴求——它要寻求新的模型。古代的价值观念不再被美化。对西方历史上被长期压抑的一切,结构主义都极其敏感。……结构主义的时代也是这样一个时代:语言学成了领先的学科,它带领所有社会科学逐步获得科学性。在这方面,结构主义是'今派'与'古派'进行斗争的一面旗帜。伴随着幻灭感在 20世纪后半叶的日益加深,结构主义成了许多具有政治使命感的知识分子进行非意识形态化的工具。一个以祛魅为特征的政治时刻,再加上一套为了成功地实施改革而必须进行一场革命的知识配置,使得结构主义有了这样的可能——成为整整一代人的利器。这一代人发现了隐藏在结构坐标之后的世界。"① 可以看出,结构主义的出现是学术研究中的一场范式革命,它要打破西方传统的文化观念,建立一种新的学术范式,来满足这个新时代的需要。而当时法国思想界居统治地位的是萨特的存在主义哲学,因而结构主义自然而然就被看作是"对整个存在主义思想的最彻底的反动之一"②。

因此,结构主义的建立首先对准的靶子就必然是萨特。正如多斯所言:"按照惯例,在新英雄粉墨登场之前,总是要有人壮烈牺牲。因此,结构主义的粉墨登场需要有人献身,而不归之人则是战后知识分子的守护神让 - 保罗·萨特。自从法国解放以来,萨特一直拥有众多的信徒,因为他把哲学带到了大街上。但大街上慢慢开始传播一个挥之不去的传闻,正在崛起的一代将缓慢而坚实地把萨特挤向舞台的边缘。"③ 这个传闻就是以索绪尔语言学为鼻祖的结构主义思潮。它一经出现就以摧枯拉朽之势对萨特的统治地位形成冲击,并最终将萨特挤出了历史舞台的中心。很快,结构主义就成为法国学术舞台上的主角,并快速风靡世界。因而,如果认为结构主义不具有政治性,那就错了。正如詹姆逊所言:"以为结构主义(相对于萨特的存在主义和'卷入'文学而言)是一种不带政治色彩的现象,是对高卢法国的思想意识的一种反映,那就太简单化了。且不说别的,这首先就等于忘记了围绕《太凯尔》杂志形成的那个富有战斗力的左派团体。"④ 大多数结构主义者早年都是马克思主义的信徒,而结构主义在学术领域内对存在主义的马克

---

①　[法] 弗朗索瓦·多斯:《结构主义史》,季广茂译,金城出版社 2012 年版,导论,第 2 页。

②　Fredric Jameson, "Metacommentary", *The Ideologies of Theory: Essays 1971-1986. (vol.1: The Situation of Theory)*. Minneapolis: University of Minnesota Press, 1988, p.11.

③　[法] 弗朗索瓦·多斯:《结构主义史》,季广茂译,金城出版社 2012 年版,第 3 页。

④　[美] 弗雷德里克·詹姆逊:《语言的牢笼》,钱佼汝译,百花洲文艺出版社 1997 年版,第 134 页。

思主义的批判其实也是从某种程度上对马克思主义的批判精神的继承。

一、巴特与萨特

虽然大多结构主义者都与马克思主义关系密切,但是最有代表性的还是罗兰·巴特。巴特年轻的时候是萨特的信奉者,后来转变为萨特的批判者。在文学理论方面,针对萨特的《什么是文学?》(1947年)一文,他写作了《写作的零度》(1953年),对萨特文章中提出的问题进行了结构主义式的一一回应。因此要弄清楚60年代之后马克思主义和结构主义的复杂关系,回溯五六十年代的这一论争,研究巴特与萨特思想之间的渊源关系就是极为必要的。对巴特和萨特之间关系的探讨要关注其生平和学术这两个层面。

萨特不只是哲学家和文学家,而且还是一个积极地参与各种社会政治斗争的英勇战士。他的哲学思想是当时法国思想界的旗帜,而激进的姿态则使他成为青年一代的精神领袖。结构主义的许多代表人物早年都是萨特哲学的信徒,罗兰·巴特就是其中之一。在巴特的青年时期,萨特的思想正风靡一时。在《罗兰·巴特自述》中,巴特把自己的学术生涯分为四个阶段,并指出了每个阶段的研究方向和主要领域,以及在这个时期对他产生重大影响的理论家。其中的第一个阶段就是写作《写作的零度》的时期,主要集中于社会神话研究,而这一时期对他影响最大的几个人物就是萨特、马克思和布莱希特。因此这个阶段也被称作巴特思想的马克思主义阶段。① 萨

---

① 但是此时巴特与马克思主义的关系却极为暧昧,对自己是否是一个马克思主义者这个问题他自己也模棱两可。在1953年发表《写作的零度》后,他给向他约稿的刊物《优秀图书俱乐部通讯》写的针对加缪的评论文章《〈鼠疫〉:一场瘟疫的历史或一部孤独的小说》(发表于1955年)中,加缪的回应使巴特逐渐明确了自己的研究立场。针对加缪提出的"你站在什么立场说话?""你赞成文学的现实主义吗?"这样的问题,巴特写了《我是马克思主义者吗?》一文,认定自己早就是了,因为他战后从疗养院出来时就认定自己是"马克思主义者和萨特派",而且认定自己在政治上只能"以马克思主义方式思考问题"。([法]路易-让·卡尔韦:《结构与符号——罗兰·巴尔特传》,车槿山译,北京大学出版社1997年版,第122页。)詹姆逊对巴特早期的思想渊源做了更细致的区分。他认为有两个罗兰·巴特,第一个是写作《神话学》、《时尚体系》和《符号帝国》的作为社会学家的巴特,第二个则是写作《写作的零度》和《S/Z》的作为文学批评家的巴特。前者可以说是布莱希特的学生,而后者则是晚年萨特的信徒。在此基础上,有人认为还有第三个巴特,即写作《文本的愉悦》的作为"反左派"(anti-Left)的罗兰·巴特。如果《神话学》和

特的介入理论对巴特的影响是巨大的,但不同于萨特对文学的直接的政治介入性的强调和对暴力革命的肯定,巴特"所赞同的暴力是一种纯粹文学的暴力,他永远不会像萨特那样从对社会的理论的批评迈向对社会的实践的战斗的批评,例如他永远不会上街游行,他甚至永远不会公开表明他对某种事业的支持"①。作为马克思主义者和萨特信徒的巴特,却表现出与马克思主义的政治激进立场,尤其是萨特的斗争精神完全不同的处世方式。这不仅是因为巴特内敛的性格气质,而且也是他的学术见解使然。但是他们都以各自的方式对世界产生了深远的影响。萨特是一个激进的马克思主义者,他的战斗不仅仅是通过写作,并且直接参与战斗。二战后他一反战前沉浸于对思维和心灵的沉思式的探索和对政治的冷漠态度,变得激进和活跃,应征入伍并投入战斗。而巴特则性情温和,年轻时身体孱弱多病使他无法参加政治和革命运动,也促使他逐渐由一个萨特的追随者和自称的马克思主义者向结构主义转变。他对政治运动的情绪淡漠使其在五月风暴中态度悲观,也就留下了"结构不卜街"的口实。巴特仅仅在学术的领域里耕耘,因此其影响力也就局限在学术圈子内部,而萨特则在学术和政治领域都影响巨大。正如巴特的传记作家卡尔韦写道:"1980年死了两个重要的人,其中萨特当然是理论家,而巴尔特则是作家。但有点矛盾的是,他们给社会造成的冲击却和他们的身份相反:理论家引人注目的地方是他的行动,而作家则是他对世界的阅读。萨特是一个证人,他随时准备在请愿书上签字,散发传单,上街叫卖被禁的报纸,去法院为他认为应该捍卫的事业辩护。对于成千上万的人来说,这就是他在1968年前后的足迹,至少和他那些难读的、甚至有争议的理论著作一样重要。相反,巴尔特不参加示威游行,不散发传单,总之不'战斗',但他却用他的著作和他那种破译社会符号的方法影响

《写作的零度》还体现着左派政治,那么《文本的愉悦》则使巴特些许背离了这种左派政治倾向。(Ian Buchanan, *Fredric Jameson: Live Theory*, London and New York: Continuum International Publishing Group, 2006, pp.45-6.) 第二阶段是符号学阶段,此阶段深受索绪尔的影响,集中于符号学研究,写作了《符号学基础》和《时尚体系》。第三阶段则是写作《S/Z》的阶段,他称为文本性阶段,主要受到克里斯蒂娃、德里达和拉康的影响。而第四阶段则受到尼采的影响,是回归道德的阶段,写作了《文本的愉悦》和《罗兰·巴特自述》。

① [法]路易－让·卡尔韦:《结构与符号——罗兰·巴尔特传》,车槿山译,北京大学出版社1997年版,第67页。

了这同一代人。"①

这是一个非常有意思的问题。马克思主义,尤其是萨特对巴特的学术发展初期产生了重要的影响,但是正像亚里士多德背离自己的老师柏拉图一样,巴特很快就背离了他的这些启蒙老师。针对萨特在《什么是文学?》一文中提出的文学观念,尤其是文学的"介入"理论,巴特写了《写作的零度》来回应萨特的这一理论,提出了几乎完全相反的观点。也正是这一行动使巴特与萨特在观念上开始决裂,并从此分道扬镳。巴特自此走上了自己的结构主义道路,开启了理论史上的一个新的时代。因此,把二者文章中的观点加以比较,从中可以明确看出他们之间的复杂关联。

萨特在提出"什么是文学"这一问题的时候首先解决的就是"什么是写作"、"为什么写作"和"为谁写作"的问题。可以说,"什么是文学"和"什么是写作"是对文学艺术的本体的追问,属于认知领域,而"为什么写作"和"为谁写作"则是文学的价值指向问题,属于伦理领域。对这几个问题的回答可以具体化为写作、作家和读者三个方面。巴特对萨特的回应也是从这三个方面展开的,从这个回应中也能清楚地看到巴特思想的发展轨迹。

二、什么是写作

在《什么是文学?》中萨特对文学作出了存在主义的马克思主义阐释。作为一个马克思主义者,萨特对文学的功能以及作者主体性有着类似于马克思的理解。他强调文学的社会功用性,认为文学必须参与社会,文学是社会解放的重要武器。但是和经典马克思主义不同的是,他并不完全主张文学要直接介入社会革命和政治实践,而是在马克思主义中加入了他的存在主义成分,突出文学对个体自由的重要性。文学的最终目的是通过实现人的自由而达到社会的自由和解放,而这种最终自由的达到首先就是要实现作家写作和读者阅读的真正自由。

从存在主义的角度来看,人的存在就是一种对自由的追求。这种自由是人的生活目标和前进方向。文学的价值指向正是这种绝对自由的追求与实现,因此写作就成为实现自由的重要途径。文学艺术的最终目的就是

① [法] 路易-让·卡尔韦:《结构与符号——罗兰·巴尔特传》,车槿山译,北京大学出版社1997年版,第268—269页。

"呼唤人们的自由,以便他们实现并维持人的自由的统治"①。但是这种自由不是康德意义上的与现实社会无关的无功利的审美的自由,而是现实生活中的政治自由和精神自由。同时,这种自由是绝对超越党派和意识形态的,因而阻碍人的自由实现的一切力量都应该受到反对。如萨特所言:"只要共产党集中了压迫阶级的愿望,我们就与它在一起反对资产阶级;而当资产阶级中某些善良人士承认精神应该同时是自由的否定性与自由的建设性,我们就与这些资产阶级站在一起反对共产党;只要一种僵化的、机会主义的、保守的、决定论的意识形态与文学的本质相矛盾,我们就同时反对共产党和资产阶级。这就清楚地意味着,我们为反对所有人而写作,我们有读者,但没有读者群。"②作家的写作是对绝对自由的追求,这种自由超越了党派利益,作家的立场不应该受到党派的束缚。"作家原则上是对所有人说话的",因此谁代表了自由的方向,作家就应该坚决地站在谁这一边,无论是共产党还是资产阶级。这种自由的实现要求人文知识分子,尤其是作家和艺术家,不能像唯美主义者那样"为艺术而艺术",回避现实矛盾,而是要积极地参与和介入社会现实,为实现自由目标而努力奋斗。因此,文学和写作应该成为社会斗争的武器,而不是纯粹的审美对象。对作家来说,"不管你是以什么方式来到文学界的,不管你曾经宣扬过什么观点,文学把你投入战斗;写作,这是某种要求自由的方式;一旦你开始写作,不管你愿意不愿意,你已经介入了"③。介入是与作家的写作相伴随的,毫不介入的写作是不可能存在的。作家只要写作,他就已经介入了社会生活,已经表达了他对社会生活的看法。但是文学介入的目的是"保卫自由",作家的写作是实现自由的方式,也是作家特有的战斗方式。笔是作家进行战斗的武器,而当自由写作不能实现的时候,作家就需要拿起真正的武器进行战斗。这就是作家的介入,即保卫自由。这是作家的职责,也是作家为什么写作的真正原因和内在动力。写作是作家介入生活和政治的最佳方式,也是实现人类自由的最佳方式。

与萨特不同,巴特提出了一种完全不同的理解。巴特在回答什么是写

---

① [法]萨特:《萨特文学论文集》,施康强等译,安徽文艺出版社1998年版,第183页。
② [法]萨特:《萨特文论选》,施康强选译,人民文学出版社1991年版,第357页。
③ [法]萨特:《萨特文论选》,施康强选译,人民文学出版社1991年版,第116页。

作的时候把对象直指马克思主义式的,尤其是萨特式的介入写作。他说:"马克思主义式写作完全是另一回事。对这种写作来说,形式的封闭既非来自一种修辞学的夸张,也非来自某种叙述技巧,而是来自一种像技术词汇一样专门的和功能性的词汇。……只是由于语言,马克思主义才与纯政治活动联系起来。……马克思主义式写作和一种行为结合起来后,实际上立刻就变成了一种价值语言。"① 马克思主义是一种有关人类解放的理论,也是一种革命理论,因此马克思主义的写作就是一种典型的价值语言。在巴特看来,这种特点是马克思主义的优点,也是其缺陷。斯大林主义把这种写作的价值性过度拓展,从而使写作成为独断性的,甚至是集权主义的。每一个政权都有自己的写作,这种政治式写作的历史构成了社会现象学的最重要的部分。"当政治的和社会的现象伸展入文学意识领域后,就产生了一种介于战斗者和作家之间的新型作者,他从前者取得了道义承担者的理想形象,从后者取得了这样的认识,即写出的作品就是一种行动。"② 如果说苏联式的社会主义现实主义写作是一种政治式写作,萨特这种介入写作则是一种思想式写作。"这类思想式写作的共同特征是,在其中语言不占据主导地位,却倾向于成为道义承担的充分记号。"③ 因此,在巴特看来,萨特的介入写作把写作作为一种政治介入的工具,写作成为知识分子道义承担的方式,作家承担了知识分子的职能。这种思想式写作具有文学和政治的双重特点,它们"是不稳定的,它们仍然是文学的,就其具有软弱无力特征而言;而只有迷恋于道义承担时它们才是政治性的。……但是在当前的历史时期,正如一切政治式写作职能是去肯定一种警察世界一样,思想式写作也只能形成一种'类文学'。"④ 文学不应该成为政治理念的传声筒,也不应该成为道义的简单的承担者和宣传者,否则的话文学就失去了其本真价值,即文学应该是一种审美客体而不是政治宣言。但这并不意味着巴特不关注艺术的社会功用性,不关注社会问题,他反对的仅仅是苏联马克思主义的政治式写作和萨特的思想式写作中对思想内容的过度关注,而失去了文学自身作为语言艺术的本质特点。在他看来文学是一种"语言的乌托邦",文学的政治

---

① [法]罗兰·巴尔特:《写作的零度》,李幼蒸译,中国人民大学出版社2008年版,第16页。
② [法]罗兰·巴尔特:《写作的零度》,李幼蒸译,中国人民大学出版社2008年版,第18页。
③ [法]罗兰·巴尔特:《写作的零度》,李幼蒸译,中国人民大学出版社2008年版,第18页。
④ [法]罗兰·巴尔特:《写作的零度》,李幼蒸译,中国人民大学出版社2008年版,第19页。

性和思想性也只能通过文学的方式,即通过文学语言表现出来。正因为如此,他对现代主义艺术情有独钟。他认为现代主义不同于近代的古典主义就在于它的客观性。"现代诗摧毁了语言的关系,并把话语变成了字词的一些精致的栖所。……当语言功能的消隐使世界的各种联系晦暗不明时,客体在话语中占据了一种被提高的位置:现代诗是一种客观的诗。"① 如果说古典诗还侧重于政治和思想,现代诗则向语言回归,突出语言自身,这也是现代主义的突出特点。巴特迷恋现代主义,甚至把巴尔扎克的现实主义作品也拿来进行现代主义式的解读。但是,这并不是说巴特就认为现代主义纯粹客观而与政治无关,恰恰相反,与阿多诺和马尔库塞一样,他也认为现代主义的这种远离政治、高度自律和语言的乌托邦恰恰是其参与政治、与现代社会相决裂的一种方式,其革命意义不亚于现实主义,甚至比现实主义更强烈,更能揭示出现代社会的异化本质。

巴特也同样关注写作的内容和意识形态内涵。他认为,"当诗的语言只根据本身结构的效果来对自然进行彻底的质询时,即不诉诸话语的内容,也不触及一种意识形态的沉淀来讨论自然时,就不再有写作了,此时只存在风格,人借助风格而随机应变,并不需通过历史的或社交的任何形象而直接地面对着客观世界。"② 巴特区分了写作和风格,认为写作中必然包含着语言中所沉淀的意识形态等内容,没有这些内容就没有写作,只有风格。可见巴特虽然强调写作的零度,但显而易见,他已经没有萨特那么激进地强调自由和写作的政治,而是已经开始回归写作自身的语言本性。他所提倡的"零度写作"或"白色写作"也正是在这个意义上讨论问题的。但是,尽管如此,他的"零度写作"仍然经常受到诟病,詹姆逊就认为这种"中性"写作是缺乏意识形态内涵的,是一种"一切集团或阶级信码都已经被消除的文本"③。巴特与萨特之间的差异被放大,而他们之间的联系却被忽视了。

巴特区分了"虚拟式"写作和"命令式"写作,认为在二者之间存在着一种直陈式的写作。"比较来说,零度的写作根本上是一种直陈式写作,或

---

① [法]罗兰·巴尔特:《写作的零度》,李幼蒸译,中国人民大学出版社 2008 年版,第 33 页。
② [法]罗兰·巴尔特:《写作的零度》,李幼蒸译,中国人民大学出版社 2008 年版,第 34 页。
③ Fredric Jameson, "Architecture and the Critique of Ideology", *The Ideologies of Theory*: *Essays 1971—1986*, (vol.2: *The Syntax of History*), Minneapolis: University of Minnesota Press, 1988, p.43.

者说,非语式写作。……这种中性的新写作存在于各种呼声和判决的环境里而又毫不介入其中;它正好是由后者的'不在'所构成。但是这种'不在'是完全的,它不包含任何隐蔽处或任何隐秘。于是我们可以说,这是一种毫不动心的写作,或者说是一种纯洁的写作。"① 加缪的《局外人》就属于这种零度的写作。这种写作强调语言和形式的中性或惰性状态,在此"思想仍保持着它的全部职责,而并不使形式附带地介入一种不属于它的历史"②。在此论述中,巴特似乎在完全否定文学中的思想性,排斥形式的意识形态内涵,似乎和他所喜好的现代主义艺术相矛盾,这似乎也成为巴特讨论零度写作时理论上的矛盾。其实不然,巴特写作《写作的零度》的背景恰恰是二战刚刚结束,表面上是对萨特介入写作的反拨,实际上是对和平生活的期待。他在《写作的零度》的结尾指出:"探索一种无风格或口头的风格,探索一种写作的零度或写作的一种口语的级度,总而言之,这就是对一种绝对齐一性的社会状况的期待。"③ 这种齐一性社会就是一种没有战争的和平社会,或者说,就是一种不需要萨特式的介入的社会。因此,在这个时代的写作就存在着双重特性,即存在着"一种断裂的运动和一种降临的运动,以及存在着对整个革命情势的构思。这种双重假定的基本含混性必定是:革命在它想要摧毁的东西之内获得它想具有的东西的形象。正如整个现代艺术一样,文学的写作既具有历史的异化,又具有历史的梦想:作为一种必然性,文学写作证明了语言的分裂,后者又是与阶级的分裂联系在一起的;作为一种自由,它就是这种分裂的良知和超越这种分裂的努力。"④ 文学不仅仅是对过去和现存社会不合理现象的批判,同时也是对未来美好世界的期待和憧憬。因此,"文学的写作仍然是对语言至善的一种热切的想象,它仓促朝向一种梦想的语言,这种语言的清新性,借助某种理想的预期作用,象征了一个新亚当世界的完美,在这个世界里语言不再是疏离错乱的了。写作的扩增将建立一种全新的文学,当此文学仅是为了如下的目标才创立其语言之时:文学应成为语言的乌托邦。"⑤ 可见,巴特所提出的零度写作是一种指向未来

① [法]罗兰·巴尔特:《写作的零度》,李幼蒸译,中国人民大学出版社 2008 年版,第 48 页。
② [法]罗兰·巴尔特:《写作的零度》,李幼蒸译,中国人民大学出版社 2008 年版,第 49 页。
③ [法]罗兰·巴尔特:《写作的零度》,李幼蒸译,中国人民大学出版社 2008 年版,第 54 页。
④ [法]罗兰·巴尔特:《写作的零度》,李幼蒸译,中国人民大学出版社 2008 年版,第 55 页。
⑤ [法]罗兰·巴尔特:《写作的零度》,李幼蒸译,中国人民大学出版社 2008 年版,第 55 页。

社会的写作,是一种和平和美好世界的写作,具有明显的乌托邦色彩。巴特喜好现代主义是看重现代主义对不合理社会的批判和否定功能,而他针对马克思主义的政治写作和萨特的思想式或介入式写作所提出的"零度写作"也是一种通向自由的写作。但这种写作只关注于语言自身,使写作回归到语言艺术的本质上来,因为在和平的世界里,写作没有必要再承担政治的功能。

由此可见,巴特和萨特之间表面的矛盾背后却存在着相同的价值立场,二者对文学的理解从根本上来说也是一致的。战后的青年时期的巴特试图走出萨特的影响,但是萨特的影子在巴特身上仍然极为明显。他的成名作《写作的零度》表面上提出了和萨特的介入写作完全相反的文学理念,但是从其内在的精神实质来看,可以说,却是对萨特理论的推进和发展。

可以说,在写作《写作的零度》的时候,青年巴特还是一个萨特分子,一个马克思主义者。虽然他此时已经开始意识到了萨特思想中的缺陷,并且已经开始走向结构主义,但是在讨论文学的本质的时候,在他的思想中萨特的影响还是非常明显的。在后来回应萨特的有关作家和读者的功能问题的时候,巴特则已经完全和萨特决裂了,成为了一个完全的结构主义者。

三、作者和读者

萨特和巴特在作者问题上的差异源自于他们的主体性观念的差异。马克思主义自始至终强调人的主体性,强调人在历史发展过程中的能动性和参与性。作家应该积极参与社会革命,介入社会运动,而其介入的方式就是写作。萨特和巴赫金一样,都认为语言符号是意识形态的物质载体。只要人说话,他就表达某种意义和思想。作家所从事的就是一个以说话为职业的行业,写作就是作家参与政治的一种行动。如萨特所言:"作家是一个说话者:他指定、证明、命令、拒绝、质问、请求、辱骂、说服、暗示。"[①] 在写作中,尤其是散文写作中,作家的主体性尤为凸显。如果说诗人还尽可能地回避自己的政治态度的话,那么散文作家则相反,他们情感充沛、意向明确,以积极的姿态介入现实。萨特对此进行了清晰的表述,他说:"散文作者是选择了某种次要行动方式的人,他的行动方式可以称之为通过揭露而

---

① [法]萨特:《萨特文学论文集》,施康强等译,安徽文艺出版社 1998 年版,第 79 页。

行动。……'介入'作家知道揭露就是改变,知道人们只有在计划引起改变时才能有所揭露。"① "作家选择了揭露世界,特别是向其他人揭露人,以便其他人面对赤裸裸向他们呈现的课题负起他们的全部责任。……作家的职能是使得无人不知世界,无人能说世界与他无关。一旦他介入语言的天地,他就再也不能伪装他不会说话;如果你进入意义的天地,你再也无法从中脱身了;还是让词语自由自在地组织起来吧,他们将组合成句子,而每句话都包含整个语言,指向整个宇宙;沉默本身也是相对于词语确定自身的,就像音乐中的休止符从他周围那组音符取得意义一样。这种沉默乃是语言的一个瞬间;沉默不是不会说话,而是拒绝说话,所以仍在说话。"② "当一个作家努力以最清醒、最完整的方式意识到自己卷进去了,也就是说当他为自己,也为其他人把介入从自发、直接的阶段推向反思阶段时,他便是介入作家。作家是最出色的介入人,他的介入就是起中介作用。"③ 只要作家写作,他就已经介入了,也正是这种介入姿态使作家的主体性得以张扬。萨特的观点代表了马克思主义对待作家主体性以及作家的政治参与方式的典型态度。可以说,在萨特那里,文学的本质是自由,而这种自由的实现就要求文学必须介入社会生活,投入社会斗争。因此作家就必然是一个以笔为武器的特殊的战斗者。拿笔的作家和拿枪的战士都是为追求自由而战斗,只是二者战斗或介入的方式不同而已。作家是一个以语言为武器的意识形态和思想领域里的战士,他们为人们建构一个自由的意义世界,探索通向自由的道路。一旦当这种介入变得不可能,作家已经不能写作的时候,就应该拿起武器参与现实的战斗。

对于读者来说,自由的实现首先就是阅读的自由。在萨特看来,"阅读是一场自由的梦"。"阅读是豪情的一种运用;作家要求于读者的不是让他去应用一种抽象的自由,而是让他把整个身心都奉献出来,带着他的情欲,他的成见,他的同情心,他的性格禀赋,以及他的价值体系。"④ 读者摆脱外界的束缚,全身心地投入阅读,进入作家创造的想象世界,感受和体验文学作品的语言中所蕴含的情感和意义世界,让自己的心灵和情感与作家发生

---

① [法]萨特:《萨特文学论文集》,施康强等译,安徽文艺出版社1998年版,第81页。

② [法]萨特:《萨特文学论文集》,施康强等译,安徽文艺出版社1998年版,第82—83页。

③ [法]萨特:《萨特文学论文集》,施康强等译,安徽文艺出版社1998年版,第123页。

④ [法]萨特:《萨特文学论文集》,施康强等译,安徽文艺出版社1998年版,第104页。

共鸣,并在内心深处建构一个自由的世界,且为这个世界的实现而奋斗。只有这样,文学的自由才不是抽象的自由,才不仅仅停留在想象的层面。只有通过读者的自由阅读和介入,文学的自由本质才能够得以实现。

显然,在作家和读者问题上,巴特和萨特决裂了,并彻底转向了结构主义。萨特强调写作的介入,巴特则提出写作的零度;萨特强调作家的主体性和主观意识,巴特则认为作者已经死亡;虽然二者都极为关注读者的自由,但是萨特关注读者的目的在于强调读者的政治自由,即阅读也是一种参与政治和追求自由的方式,而巴特突出读者的目的则是打破意义的绝对性而提倡意义的多元化,是一种伦理性的自由。

可见,从个人角度来看,巴特是一条"结构的变色龙"。正如乔纳森·卡勒所说:"每当巴特强调某种新的、具有远大目标的理论设想时——比如,关于文学的科学研究、符号研究、关于当代神话的科学研究、叙事学、文学语义的历史、关于分类的科学研究、文本愉悦的类型学——他又迅速地转向了其他设想。他不断地抛弃他曾经推动发展的研究内容,时常以挖苦或轻视的态度来评点他本人之前的想法。巴特是一位对他人产生深远影响的思想家,但他却试图把他的影响消除在萌芽状态。他的一些理论设想取得了蓬勃发展,但这种发展却是在没有他参与,甚至是在他的反对之下获得的。……巴特之所以吸引我们,正是因为他能激发我们的思考,我们很难把他作品中的诱人之处与他不断采取新视角和放弃惯性感知的尝试区分开来。如果巴特长期致力于某些理论建设,他就不可能成为如此多产的思想家。"[①]卡勒的这段话非常准确地概括了巴特学术研究的特点,他的多变性使其成为一个"多面手",而他对自己的不断挑战和持续的成功则使其成为一个非常迷人的理论家。

巴特对萨特的继承使其具有了马克思主义的精神气质,对萨特的批判则使其背离马克思主义,最终走向了结构主义。而当结构主义正如火如荼的时候,他又开始反思结构主义,走向了后结构主义。他的这种一脉相承的变化也体现了六七十年代西方学术的发展脉络。巴特对作家和读者问题的论述是和其后来提出的结构主义(后结构主义)的"文本"概念相关联的,而这个概念的提出使他进入了学术研究的第三阶段,即文本性阶段。这也

---

① [美]乔纳森·卡勒:《罗兰·巴特》,陆赟译,译林出版社2014年版,第4页。

体现着他由结构主义逐渐向后结构主义和解构主义的转变。马克思主义在这一时期与结构主义的对话就主要集中在对"文本"概念的吸收和借鉴,把马克思主义的意识形态概念纳入文本之中,从而使马克思主义的文学理论走向科学,正是马歇雷、伊格尔顿和詹姆逊等马克思主义理论家所努力完成的工作。因此,要弄清楚马克思主义与结构主义的第二个层次的对话,就必须从"文本"理论谈起。

第二节　结构主义与文本理论

托马斯·库恩认为理论范式的革命很大程度上来自于新的概念范畴的提出和新的研究方法的运用,福柯称这种创新为新的"知识型"的建立。"文本"(text)就是一种这样的概念术语。虽然"文本"一词古已有之,并不是结构主义的首创,但是却是结构主义者赋予这个词以新的内涵和意义,通过符码转换(transcoding)的方式将其转变成为文学理论的核心范畴。作为一种理论概念,"文本"体现了理论家们对文学本质的新理解,也标志着文学研究的新方法。正如卡勒所言:"文本这个文学研究的核心概念经历了许多突变。对古典语文学家来说,文本过去是、现在仍然是一个强有力的学科构成的对象,但文本却从古典语文学家的著述中旅行出来,走向了后现代的文学理论家,对后者来说,这个概念的意思可用默维特(John Mowitt)一本精彩之作的书名来概括:'文本:一个反学科对象的谱系学'。"① 因此,文本成为后现代语境中文学和文化研究的新术语,它的反传统、反学科倾向极为明显。文学研究中"文本"理论的提出带来了形式主义文论,乃至整个文学理论和美学的一次重要的范式转换。结构主义者把"文本"概念引入文学研究,目的就是提倡一种新的文学理念和研究方法。"文本"概念使结构主义突破了形式主义的封闭性,使文学再次走向开放,有可能和社会再次联系起来,因而也使"文本"的提倡者具有了马克思主义的色彩。威廉斯对这一点作出了中肯的评价:"形式主义中的马克思主义派别以新的方式运用

① Jonathan Culler, *The Literary in Theory*, Stanford: Stanford University Press, 2007, p.99. 另见 John Mowitt, *Text: The Genealogy of an Antidisciplinary Object*, Durham: Duke University press, 1992。

着'符号'和'文本'等概念,并别有深意地不再把'文学'视为某种范畴,从而着手对写作过程作出全新的定义。"① 由此可见,"符号"和"文本"是形式主义和马克思主义在后期进行对话的两个关键问题。与符号的联姻使马克思主义的文化研究异彩纷呈,而对文本理论的吸纳则使马克思主义文学理论走向科学。对"文本"内涵的不同理解体现了结构主义与马克思主义不同的理论路向,而在文本问题上的融通则打开了二者对话的广阔天地。因此,考察结构主义的文本理论的形成过程,以及马克思主义对结构主义文本理论的接受和发展,可以成为研究马克思主义与结构主义之间对话的重要切入点。

一、从作品到文本

要研究这一问题,我们首先要细致分析结构主义的文本理论。虽然这一术语被很多结构主义者所使用,其内涵也有所不同,但是最具代表性的还是巴特的文本理论。马克思主义对文本理论的吸收、借鉴和丰富也是在巴特的意义上进行的。"文本"概念并不是巴特的首创。在他的研讨班上,保加利亚学生克里斯蒂娃对巴赫金的对话和文本理论的介绍使巴特茅塞顿开,促使他提出了"文本"概念,并从结构主义走向后结构主义。而巴特的这一概念又启发了克里斯蒂娃,使她在文本概念的基础上提出了互文性理论,从而成为文本理论的补充和发展。可以说,巴赫金、克里斯蒂娃等的影响是巴特提出文本概念的外因,而从内因来看,这也是他自身的理论思考不断深入的结果。文本概念实际上是他对早期提出的零度写作思想的延续和发展,也是对其结构主义的观念和方法的突破。

文本理论的形成不仅标志着巴特的学术思想的重要转变,也标志着文学理论研究的范式转换。在巴特的学术道路上,他最初是一个马克思主义者,一个萨特分子。可是对索绪尔语言学的接受使他又快速地背离了萨特,通过对萨特的批判走向了结构主义和符号学,而后来在克里斯蒂娃、德里达、拉康等的影响下所形成的文本理论则标志着他的学术生涯的第三个阶段,即文本性阶段。虽然巴特的学术观念前后发生了巨大的转变,但是我们

---

① Raymond Williams, *Marxism and Literature*, London and New York: Oxford University Press, 1977, p.53.

依然能够从中发现一脉相承的线索。可以看出,巴特的思想发展变化其实都是对萨特的《什么是文学?》一文中提出的写作、作者和读者这几个问题所做的回应。针对萨特提出的"介入文学",巴特提出了"零度写作"。如果介入文学是通过作家(写作的方式)和读者(阅读的方式)以特殊的文学方式参与社会现实来实现的话,那么零度的写作则是要通过作者的死亡来实现。如果说讨论零度写作的时候巴特与萨特还有千丝万缕的联系,那么讨论文本和作者的时候,他已经完全背离了萨特的马克思主义,走向了结构主义和后结构主义。

在巴特的思想中,写作、作者和读者问题是三位一体的,而他后来提出的"文本"理论则是对这几个方面的综合。巴特将"文本"从一个一般术语转换成文学理论的核心概念,其中包含了巴特,乃至整个结构主义(后结构主义)对文学的基本理解,也体现了他们反传统的文学理念。虽然在结构主义者(后结构主义者)那里,每个理论家对"文本"概念的理解都有所不同,①但是从总体上来看,巴特的文本理论代表了结构主义者对"文本"的基本看法。

巴特在《从作品到文本》(*From Work to Text*)一文中区分了作品(work)和文本(text)这两个概念,认为"反对这种'作品'的传统观念,亦即长期以来并且今天仍以牛顿方式来看待的作品概念,就是要求某种新的对象,它需要通过改变或颠覆以往的范畴而获得。这个对象就是文本。"②巴特把文本作为替代作品这一传统文学观念的重要概念。正如巴特晚年在法兰西学院的就职演讲中所言,"我不把文学理解为一组或一套作品,甚至也不把文学理解为交往或教学的一个部分;而是理解为有关一种实践的踪迹的复杂字形纪录,即写作的实践。因此对文学来说,我主要关心的是文本,也就是构

---

① 比如,克里斯蒂娃把文本定义为一种表意实践(signifying practice)。这种观念来源于马克思主义和毛泽东的实践观点,不同在于马克思主义把实践限定在物质实践和社会革命与阶级斗争领域内,而克里斯蒂娃则将实践引入文学,把文学文本看作一种表意的实践活动。这种表意实践所关注的也是语言的能指层面,和巴特的文本概念极为接近。(Julia Kristeva, *Revolution in Poetic Language*, New York: Columbia University Press, 1984, p.214.)

② [法]罗兰·巴特:《从作品到文本》,杨庭曦译,周韵、周宪校,《外国美学》(第20辑),江苏教育出版社2012年版,第338页。

成作品的能指之织体。"① 可见,作品与文本的区分并不是实体性的,并不是说作品与文本之间在物质存在方面有什么本质差别,也并不是说作品是古典的而文本是现代的。这种区分是方法论意义上的,是对文学的不同理解和不同的研究方法所造成的。因此,"试图在物质上将作品与文本分离开来是徒劳无益的。尤其要避免以下倾向:把作品说成是古典的,而将文本说成是先锋的;这里的问题不是以现代性的名义开列出一份粗略的荣誉名单,并按照时间顺序而宣布某些文学生产在此名单中,而另一些则不在其中。一个道地的古代作品中也可能存在着'文本',而许多当代文学作品却全然不属于文本。区别就在于:作品是一个物质性的片段,占据着书本的部分空间(比如在一个图书馆里),而文本却是一个方法论的领域。这种对立会使我们想起(这完全是为概念而概念)拉康对'现实界'和'真实界'的区分:一个是陈列(displayed),另一个则是演示(demonstrated)。同样,作品可以(在书店、书目、考试大纲里)被看到,而文本却是一个演示的过程,是按照(或违反)一定规则进行言说;作品可以被拿在手里,而文本则维系在语言之中,它只存在于言说活动中(更准确地说,唯其如此文本才成其为文本)。文本不是作品的分解,而作品是文本想象性的附庸;或再强调一次,文本只在生产活动中被体验到。可以得出的一个结论是,文本决不会停留(比如停留在图书馆的书架上);文本的构建活动就是'穿越'(尤其是穿越某个作品、几个作品)。"② 这段话体现了巴特对文本的基本理解。作品是一个物质存在,是放在书架上或拿在手中的那本书,而文本则是由能指链条所编织而成的网状结构,或者说是能指的编织物。作品限于所指层面,通过对能指的深入剖析来发现所指的确定含义,文本则停留在能指的层面,在能指的漂浮中,意义成为一个开放的延异过程,需要在不断的阅读和阐释过程中进行建构。作品是静止的、封闭的和完成的,而文本则是动态的、开放的和未完成的。文本不会停留,而是处于不断的建构之中。文本是一种过程,一个有待读者阅读的开放的召唤结构。作品有确定的意义,而文本的意义却处于不断的生成过程之中。因此,可以说,《红楼梦》作为一部伟大的作品可以放

---

① [法]罗兰·巴尔特:《写作的零度》,中国人民大学出版社 2008 年版,第 184 页。

② [法]罗兰·巴特:《从作品到文本》,杨庭曦译,周韵、周宪校,《外国美学》(第 20 辑),江苏教育出版社 2012 年版,第 338 页。

在图书馆里,摆在研究者的桌案上,但是作为文本的《红楼梦》却存在于这部作品中的字里行间,存在于读者的心里,存在于对《红楼梦》的不断阐释过程之中。

正是由于文本的这些特性,它需要在读者对符号的反应过程中被接近和体验。"作品本身作为一般性符号起作用,正常来说它应当再现符号的文明体制范畴。相比之下,文本则是在实践所指的无限延迟,文本就是延迟;它的领域是能指的领域,但不能把这种能指看作是'意义的第一步',即能指的物质前台,而是与此完全相反,应作为它的延迟行为。"① "零度写作"把文学看作"语言的乌托邦",让文学回归语言。这和俄国形式主义、新批评的文学观念极为接近。文本同样关注语言,但是它不关注语言的所指层面,而仅仅指向语言的能指层面。文本是能指的无限延异,是能指链条所构成的网络结构。文本中充满了引文、参照、重复、过去或当代的文化语言,这些因素交织在一起,使文本成为一个"巨大的立体声"。每一个文本都与其他文本处于互文状态,每一个文本都包含在其他文本之中,体现着其他文本的影子。因此不应把文本与它的某种本源相混淆,"试图找到一个作品的'来源'、'影响物'也就落入了起源关系(filiation)之神话的窠臼;构成文本的引文是匿名的、无从查考的,而且也是已被阅读过的:它们是不加引号的引文。作品是不会对任何一元论哲学构成颠覆的(我们知道也有一些反例);对这种哲学来说,多元简直就是魔鬼。然而,相对于作品,文本完全可以把被恶魔凭附者的话用作它的箴言。"② 文本是一个没有中心、没有起源的开放而破碎的网状结构,是由无限的能指所构成的"编织物"。因此形式主义的内在批评,尤其是新批评的细读法所要探寻的作品的确定意义在文本理论中不再可能。文本是复数的,也是生产性的,其意义是未完成的,多元的和开放的,永远处于被阐释的过程之中。"文本不是若干意义的共存,而是一个过程,一种过度交叉;这样它回答的就不是一种解释,即使是自由不拘的解释,它回答的是一种激增和散播。那就是说,文本之多元所依靠的不是内容的歧义含混,而是依赖于所谓的诸能指编织的立体多元性(从词源学

① [法]罗兰·巴特:《从作品到文本》,杨庭曦译,周韵、周宪校,《外国美学》(第20辑),江苏教育出版社2012年版,第339页。
② [法]罗兰·巴特:《从作品到文本》,杨庭曦译,周韵、周宪校,《外国美学》(第20辑),江苏教育出版社2012年版,第340页。

上来说，文本就是指组织、编织物)。"①传统文学研究把文学看作作家创造的产物，认为作家的创作意图就是作品的核心意义，因此文学研究就是通过对作品的分析和作家生平的研究来挖掘作品中的这种核心意义。但是文本则不同，它就像一个洋葱头，根本就不存在一个核心。文本否定了任何起源关系的存在，因此在文本理论中作者是没有地位的。作者并不是文本的上帝，而只是福柯所说的一种"功能体"，而读者的阐释对文本意义的生成具有重要意义。因此，可以说，能指的编织物是文本的存在方式，而作者的死亡和读者的诞生则是文本的两个基本属性。

二、文本与主体性

作者的死亡是近代以来主体性的命运在文学领域的一种表征。文艺复兴、启蒙运动和浪漫主义都对人的主体性赋予了空前的热情，使主体性居于哲学的中心位置。马克思主义，尤其是萨特的存在主义的马克思主义，都强调主体的重要性，认为主体是社会变革的承担者，作家是铁肩担道义的人，承载着重要的社会使命。因此萨特极力强调作家介入社会的重要性。但是，事实上，在马克思主义之外，及至 20 世纪初，经过了重大的社会政治变迁和思想史的发展，人的主体性已经开始不断受到质疑。主体的死亡从尼采那里已经开始，而结构主义者和后结构主义者作为尼采的门徒，把尼采从哲学角度对主体性的质疑转变为文学领域对作者地位的质疑。②相对于马克思主义对主体性的强调，形式主义发现这种强调是多么无力。尼采说上帝死了，巴特说作者死了，福柯则干脆说人死了。在这样的社会现实面前，马克思主义者詹姆逊也不得不承认在后现代社会主体必然死亡的命运。他认为，"踏入后现代境况以后，文化病态的全面转变，可以用一句话来全

---

① [法]罗兰·巴特：《从作品到文本》，杨庭曦译，周韵、周宪校，《外国美学》(第 20 辑)，江苏教育出版社 2012 年版，第 340 页。

② 彼得·齐马(Peter V. Zima)把 20 世纪的文学理论和美学从宏观上分为三个大的类型，分别深受三位思想家康德、黑格尔和尼采的影响，或者说是他们的精神遗产的延续。如果说俄国形式主义、新批评和结构主义是康德主义的，马克思主义是黑格尔主义的，那么后结构主义、女权主义、后殖民主义等则是尼采主义的。(Peter V. Zima, *The Philosophy of Modern Literary Theory*, London: The Athlone Press, 1999.)这一分析极有见地。罗兰·巴特就认为自己学术生涯的第四个阶段是道德阶段，而他这一阶段的精神导师正是尼采。

面概括：主体的疏离和异化已经由主体的分裂和瓦解所取代。"① 主体的死亡已经成为后现代文化的一个症候，人文社会科学领域内的语言学转向则是主体死亡的肇始。正如彼得·毕尔格所言："主体已经声名狼藉。从哲学的语言论转向开始，主体哲学的范式被视为陈腐过时了。"② 语言成为谋杀主体（作者）的主要凶手。语言和主体互不兼容，而语言范式和主体范式"这两个范式中的任何一个都凸显和遮蔽了什么。语言范式坚持世界总是通过语言来开启的观点，并因此让行动中的人在语言中消失；主体范式则坚持认为人的行动是开启世界的力量的主张，认为语言只是其媒介。"③ 从这个角度来看，可以说，马克思主义采用的是主体范式，而形式主义采用的则是语言范式。马克思主义理论家把语言作为人类存在的工具，也是文学的媒介和载体；形式主义则把语言作为人类存在的本源，也是文学的本质所在。马克思主义者，尤其是萨特极力强调作家的主体性；形式主义者，尤其是结构主义者，则认为作者已经死亡，而语言就是杀死作者的直接凶手。

可以说，形式主义的产生是索绪尔语言学所带来的人文社会科学领域内的语言学转向在文学领域的直接结果。艾布拉姆斯认为，对作品语言的强调使文学研究从强调艺术与世界的关系的模仿说和强调作家主体性的表现说转向注重文学文本自身的客观说。俄国形式主义已经开始斩断文本与作者之间的起源关系，而他们对文学文本的回归也已经预示了作者必然死亡和读者的必然诞生。在俄国形式主义的理论中，文学性是作者死亡的凶手，而陌生化则是读者诞生的温床。文学之所以成为文学与作家并没有任何关系，而仅仅在于其陌生化的语言。这种陌生化效果的实现则依赖于读者的接受心理。新批评的代表人物维姆萨特和比尔兹利认为作者的意图和读者的感受与诗歌的效果没有任何关系，"不管是意图谬见还是感受谬见，这种似是而非的理论，结果都会使诗本身作为批评判断的具体对象趋于消失"④。因此，

---

① [美] 詹明信：《晚期资本主义的文化逻辑》，张旭东编译，生活·读书·新知三联书店 1997 年版，第 447 页。
② [德] 彼得·比尔格：《主体的退隐》，陈良梅、夏清译，南京大学出版社 2004 年版，第 1 页。
③ [德] 彼得·比尔格：《主体的退隐》，陈良梅、夏清译，南京大学出版社 2004 年版，第 3 页。
④ [美] 维姆萨特、比尔兹利：《感受谬见》，《新批评文集》，赵毅衡编译，百花文艺出版社 2001 年版，第 257 页。

要保持文学研究的独立自主性就必须抛开对作者和读者的研究而只关注文本自身,研究文本中所表露出来的语言、修辞、含混、朦胧和张力等。结构主义发展了海德格尔的"语言说人"的观念,认为在语言系统中主体是没有地位的。文本的意义是由语言系统所决定的,系统已经规约了作家言说的内容和方式,即说什么和怎么说,因此作家在文本中是隐退的。这些都为巴特的文本理论和作者死亡观念奠定了基础。

罗兰·巴特把结构主义消解主体的主张向前推进了一步。"作者之死"蕴含于巴特整个思想的发展脉络中,也标志着他由结构主义向后结构主义的转变。早年的《写作的零度》已经孕育了作者死亡的因子,而在后来的《作者之死》一文中巴特正式宣判了作者的死亡。巴特认为"作者"是一个现代概念,是资产阶级意识形态作用的结果。资产阶级对人的主体性的宣扬的直接结果就是现代意义上的"作者"的诞生。但是,随着资产阶级意识形态的衰落,作者的地位也就自然开始受到了质疑。巴特认为文学由现代到后现代的发展在文学领域就体现为由作品转变为文本。如果说作品是由作者所创作的、体现作者个性情感的封闭的体系,那么文本则是作者死亡之后的开放、多元、复数、有待多重阐释的空间。写作不是作者的创造,"写作就是声音的毁灭,就是始创点的毁灭。写作是中性、混合、倾斜的空间,我们的主体溜开的空间;写作是一种否定,在这个否定中,从写作的躯体的同一性开始,所有的同一性都丧失殆尽。"传统由作者所构成的同一性在此被打破了,写作与作者无关,甚至"声音失去其源头,作者死亡,写作开始"①。传统观念认为作者先于作品,二者之间是父与子的关系,而现在却恰恰相反,现在的撰稿人和文本同时诞生,没有资格说先于或超于写作,现代写作是一种无主体的活动。"给文本一个作者,是对文本横加限制,是给文本以最后的所指,是封闭了写作。"② 因此,要保持写作的开放性,作者就必须死亡。作者的存在封闭了文本,只有通过作者的死亡和读者的诞生,文本的开放性才能够得到保证。作者的声音不是作品的源头,而"句子的源头,说话的声

---

① [法]罗兰·巴特:《作者之死》,《符号学文学论文集》,赵毅衡编译,百花文艺出版社 2004 年版,第 507 页。

② [法]罗兰·巴特:《作者之死》,《符号学文学论文集》,赵毅衡编译,百花文艺出版社 2004 年版,第 511 页。

音,实际上不是写作的真正地点,写作就是阅读"①。文本意义的生成是通过读者的阅读参与来完成的,读者才是真正的写作者。

　　巴特区分了三种文本:可读的文本、可写的文本和可接受的文本。可读的文本是由作者所创造的封闭的文本,而可写的文本则是需要读者参与其中再创造的文本。可写的文本中没有作者的地位,而是由读者共同完成。巴特最看重可写的文本,因为这种文本可以让读者任意驰骋,从而获得阅读的快感和创造的快乐。巴特的《S/Z》就是这种阅读的一种实践。尽管巴尔扎克是一位严肃的现实主义作家,但是巴特依然把他的《萨拉辛》进行这种现代主义式的解读。在他看来,读者的阅读不是简单的消费,不是被动的接受,而是游戏,是创造。在文本的阅读中读者获得类似于性的愉悦、快感和满足。文本的存在是和读者的阅读同时产生的。文本中充满了歧义,而读者的任务就是把这些歧义揭示出来。"读者是构成写作的所有引文刻在其上而未失去任何引文的空间;文本的同一性不在于起源而在于其终点。……古典的批评从来不管读者,对它来说,作家是文学中唯一的人。……我们懂得,要给写作以未来,就必须推翻这个神话:读者的诞生必须以作者的死亡为代价。"② 在巴特的文本理论中,在宣告作者之死的同时宣告了读者的诞生。文本的最终实现不是靠作者,而在于读者的阅读实践。巴特把文本看作一种快感的来源,这种快感也不仅仅是审美层面的愉悦,"文本的愉悦"并没有悬置历史和政治。詹姆逊认为这种快感是一种"作为一个政治问题的特殊的快感"③,具有明显的政治讽喻意义。巴特试图从"零度"或"白色"的文学符号中进行享乐,但这种享乐却根本无法摆脱历史和政治。"甚至可以说从历史和政治的逃逸也是对现实的反作用和表明它们无处不在的方式,巴特的随笔的巨大功绩在于他恢复了享乐体验的某些政治象征价值,他表明无论人们选择什么样的立场(清教主义或享乐主义)去面对这个问题,要抛开对政治和历史的窘境的反应去阅读

---

①　[法]罗兰·巴特:《作者之死》,《符号学文学论文集》,赵毅衡编译,百花文艺出版社 2004 年版,第 511 页。

②　[法]罗兰·巴特:《作者之死》,《符号学文学论文集》,赵毅衡编译,百花文艺出版社 2004 年版,第 512 页。

③　Fredric Jameson, "Pleasure: A Political Issue", *The Ideologies of Theory: Essays 1971—1986*, (*vol.2: The Syntax of History*), Minneapolis: University of Minnesota Press, 1988, p.73.

它是不可能的。"① 因此,文本试图摆脱历史、政治和意识形态是完全不可能的,只不过这种政治因素没有萨特所强调的那么明显而已。詹姆逊把结构主义和后结构主义看作政治左派,而把《泰凯尔》看作左派的大本营,就是在这个意义上来说的。如果说巴特的文本理论中的政治因素还比较隐晦,福柯的文本理论中对读者重要性的强调的政治倾向就比较明显了。

福柯把巴特的文本和作者的关系更向前推进一步,认为作者只是一个功能体,作者的重要性不在于通过其寻找作品的本源,而是通过作者对作品进行归类和甄别。因此,作品先于作者,作者只是现代批评的一系列操作的结果。他区分了写作者(writer)和作者(author)这两个概念,前者是一个具体的个人,而后者却是一个功能体。通过作者的名字,可以把若干文本归集在一起,从而把这些文本跟其他文本区分开。于是,传统作者对文本的上帝式的权威地位被消解了,作者只是用于阐释文本的一种功能。作者不是一种自足的存在,也不是先于文本而产生。"它不是通过把某一讲述归于个人而自发的形成的,而是一种复杂操作的结果,此操作的目的是构成我们称之为作者的合埋的实体。"② 作者不是一个实体,而是一种用于操作的功能体,是读者阅读分析文本的结果。因此,是谁说的并不重要,重要的是这种说到底有什么意义。

由此可见,文本作为语言的编织物,作为能指的网络,它的开放、多元、未完成等特点是由作者的死亡和读者的诞生来实现的。正是作者地位的消失使文本不再具有权威的意义,而读者在文本中的出场则消解了任何中心,使文本意义处于不断的阐释和生成过程之中。因此文本概念的提出就成为文学理论的一次范式转换。巴特认为这个转换是一个渐进的过程,而不是像马克思主义和弗洛伊德理论的出现那样带来的文学理论范式的革命性变化。

伊格尔顿认为现代文学理论开端于1917年,此时什克洛夫斯基发表了其具有宣言性质的《作为技巧的文学》。自此,文学研究逐渐打破实证主义的樊篱而走向科学。但是形式主义把研究重心由作者转向作品和语言自

---

① Fredric Jameson, "Pleasure: A Political Issue", *The Ideologies of Theory: Essays 1971—1986*, (*vol.2: The Syntax of History*), Minneapolis: University of Minnesota Press, 1988, p.69.

② [法] 米歇尔·福柯:《作者是什么?》,《符号学文学论文集》,赵毅衡编译,百花文艺出版社 2004 年版,第 519 页。

身的同时,也把文学看作一个封闭的体系,割裂了文学与社会的联系。文本是一个反学科的范畴,它使文学研究打破了这种封闭的体系而走向开放,以文本理论为基础的互文性理论则使文学(文本)与社会文化的联系再次成为可能。文本取消了主体和作家的权威地位,消解了文学的终极意义的神圣性,让读者参与创造。这种具有革命性的范式转换极具批判色彩,它使结构主义者(后结构主义者)和左派的观点在某种程度上契合在一起,因此《泰凯尔》杂志也就成为法国左派的大本营。但是从另一个角度来看,文本的这种批判意义在使萨特的介入写作成为明日黄花的同时,也使自身成为后现代主义文化的重要组成部分。文本只停留在语言的层面上,互文性也只关注文本之间的内在关联。文本具有开放性,但是它却并没有向社会、历史、政治、文化和意识形态等伸出友谊之手,也与文学的“文以载道”功能失之交臂。作者的介入不再可能,可能的只是读者的自由创造,而这种创造却只停留在审美的愉悦层面,并没有道德的承担。文本把主体消解在结构之中,但是正如詹姆逊所说,“如果主体是一个与人无关的系统或者是语言结构的一个功能的话,那么这个主体提出的各种自觉的问题和哲学上的答案也都因此而贬值。”① 文本取消了作者存在的意义,否定了作者的价值。可是当作者被消解之后,以作者为中心而形成的作品的价值体系,以及作品所表现出来的社会意识形态、伦理道德、思想观念的历史性承诺也都随之消解。因此,辩证地来看,文本理论在消解一元统治,提倡开放和多元的社会价值的同时,也造成了文学社会功能的消退;它带来意义的无限增殖,但意义的无限丰富也正是意义的虚无。这不只是巴特的困境,也是整个结构主义、后结构主义以及后现代主义思潮所面临的困境。

马克思主义是一个开放的理论,它能够把各种不同甚至敌对的理论纳入其中,对其进行改造和转化之后,从而使其成为马克思主义自身的理论资源。马克思主义正是在这个意义上讨论文本的。马克思主义者继承了结构主义的文本概念,但却试图克服其中的诸多缺陷,从而建立一种马克思主义的“文本科学”。这种文本科学的核心就是把结构主义的文本概念和马克思主义的核心概念——意识形态——联系起来,揭示二者之间的内在关联

---

① [美]弗雷德里克·詹姆逊:《语言的牢笼》,钱佼汝译,百花洲文艺出版社 1997 年版,第111 页。

和作用机制。

第三节　文本与意识形态生产

　　马克思主义对结构主义的理论、概念和方法，尤其是他们的文本理论的吸收和借鉴是与马克思主义在 60 年代的转向相关联的。从俄国形式主义开始，一直到结构主义，形式主义的基本宗旨就是建立一种"文学科学"，探索文学的内在规律，让文学批评有矩可循。因此他们反对实证主义和传记批评，认为这些都是印象式的批评方法。科学的批评应该回归文本自身，研究文本的内在规律，探索文学之所以成为文学的"文学性"的内涵和外延，以及陌生化的诗歌语言的诗性效果和审美价值，关注于语言的节奏和韵律。新批评的"细读法"就是探索科学阅读的具有可操作性的尝试，对诗歌语言的内在张力、歧义和反讽等的深入分析就是要探索一种诗歌阅读和欣赏的科学化方法。结构主义更是如此，它把索绪尔语言学的一系列概念和方法，比如二元对立、整体、系统、结构等，用于文学研究。斯特劳斯的文化人类学中的结构分析、格雷马斯的文本分析方法中的符号矩阵、普罗普的神话学研究中的神话故事模式，以及叙事学对小说叙事的结构分析等等，所有这些都是想让文学批评成为一种客观而科学的活动。

　　这种科学化的方法和 60 年代之前的马克思主义的意识形态批评方法和主观化倾向是背道而驰的。马克思主义首先是一种革命理论，社会革命和人类解放才是它的最终目标，而文学作为意识形态的一个部类，永远扮演的是为革命和意识形态斗争服务的角色。20 世纪上半叶是一个社会政治革命和意识形态斗争的时代，在这样的社会语境中，马克思主义把文学作为斗争的工具，文学的意识形态性表现得尤为突出，意识形态批评或主题（内容）批评自然成为文学批评的主要方法。苏联的庸俗马克思主义批评、中国的马克思主义文学理论，以及法兰克福学派的美学无不如此。这种批评方法对社会政治运动起到了很大的促进作用，发挥了重要的社会功能。但是，它们同时也使文学迷失了自我，文学批评沦落为政治斗争的工具。

　　在 60 年代之后，社会历史环境已经发生了重大转变，政治革命和意识形态斗争正在淡出历史舞台。苏共二十大的召开是这一倾向出现的重要契机，而 1968 年欧洲革命的失败也挫败了马克思主义者的政治热情，促使他们理性地思考马克思主义,这也再次强化了马克思主义的科学化趋势。这个时候,马克思主义只有摆脱意识形态的藩篱,走向科学的道路,才能走出其所面临的困境和危机。因此,拒绝意识形态,把马克思主义引向科学,就成为 1956 年苏共"二十大"之后的整整一代人的工作。① 而形式主义,尤其是此时在语言学和文学领域,继而波及几乎所有人文社会科学领域内的结构主义方法正方兴未艾,这为马克思主义的科学化提供了参照和动力。正如马克思主义历史学家麦克莱伦所言,"既然结构主义在六十年代产生了巨大影响,那么有人用结构主义观点来解释马克思就不足为怪了。"② 于是,在新的历史时期和文化氛围中,吸收和借鉴结构主义,在二者的对话中建立科学的马克思主义,就成为马克思主义者的自觉努力。

首先进行这种努力和探索的是阿尔都塞。因此,尽管沙夫对阿尔都塞给予了尖锐批判,但同时对他的学术创造给予了很高评价,认为,在后斯大林主义的这个极为关键且问题丛生的时代,阿尔都塞及其合作者在 1962 至1966 年的研究和出版的著作对马克思主义的复兴做出了很大贡献。③ 阿尔都塞也自然成为马克思主义在 70 年代的伟大复兴中最为重要的人物。④阿尔都塞用结构主义的方法来重读马克思的著作,重新思考经济基础和上层建筑的关系问题,并对意识形态予以重新界定,所有这些归结到一点,就是试图用科学的马克思主义来反对意识形态的马克思主义。阿尔都塞所建立的"结构主义的马克思主义"带来了马克思主义的一次新的转向,也促使了马克思主义的再次复兴。所以自阿尔都塞之后,建立科学的马克思主义的文学理论,而不是从意识形态层面来研究文学,已经成为这一代马克思主义者共同努力的方向。虽然阿尔都塞的主要精力在于哲学方面,而有关文学艺术的文章非常之少,但是他的方法却对后来的马克思主义文艺理论家产生了重大的影响。这种影响已经超过了包括卢卡奇和萨特在内的其他马克思主义哲学家,以至于后来的马克思主义者几乎都自认为是阿尔都塞的

---

① Adan Schaff, *Structuralism and Marxism*, Oxford：Pergamon Press, 1978, p.35.

② [英] 戴维·麦克莱兰:《马克思以后的马克思主义》,林春、徐贤珍译,东方出版社 1986 年版,第 320 页。

③ Adan Schaff, *Structuralism and Marxism*, Oxford：Pergamon Press, 1978, p.32.

④ Leonard Jackson, *The Dematerialisation of Karl Marx：Literature and Marxist Theory*, London：Longman Group Limited, 1994, p.174.

学生,或属于阿尔都塞学派。马歇雷、伊格尔顿、托尼·本尼特和詹姆逊等都深受阿尔都塞的影响,他们的文学理论很大程度上都是对阿尔都塞提出的科学的马克思主义在文学领域的发展。他们所要做的就是否弃马克思主义文学理论的意识形态化倾向,建立科学的马克思主义文学理论和批评。阿尔都塞给予他们的是马克思主义的新方向,而结构主义则给予了他们新方法。所以马歇雷、伊格尔顿和詹姆逊等人都对俄国形式主义和结构主义情有独钟,从其中吸收了大量的营养,尤其是方法论上的启示,来建立马克思主义的科学的文学理论,而"文本科学"是其中一个重要的研究方向。虽然建立科学的马克思主义就要反对马克思主义的意识形态化,但这并不是说要反对意识形态概念自身。意识形态是马克思主义的核心概念,自始至终都是如此。科学的马克思主义文学批评反对对文学做简单化的意识形态批评,而是试图发现文学文本与意识形态之间的内在关联,揭示其内在规律,研究文学与意识形态之间的相互作用和反作用关系。

　　结构主义的文本的开放性和多元性给马克思主义者以很大启发,马歇雷、伊格尔顿、詹姆逊等马克思主义者都试图把结构主义所提出的文本概念纳入马克思主义的理论体系之中。但是这种吸收和借鉴并不是直接的挪用,而是对结构主义文本理论的修正和发展,或称之为符码转换。面对结构主义割裂文本与意识形态的内在联系的缺憾,他们试图把二者联系起来。马克思主义认为文学与意识形态之间具有必然的内在联系,那么文学文本中自然蕴含着丰富的意识形态因素。因而马克思主义文学理论要成为科学,就必须揭示文本与意识形态之间的内在关联。这样就既排除了结构主义割裂文本和意识形态的联系的弊端,同时也弥补了传统的马克思主义文学理论的意识形态批评的非科学性缺陷。60年代之后,随着社会政治革命风潮的结束,马克思主义也逐渐摆脱了意识形态批评的束缚,逐渐走向科学。因此揭示文本与意识形态的内在逻辑就成为马克思主义文学科学的必然要求。伊格尔顿和詹姆逊是当今世界最著名的两位文学理论家,他们都把这一问题作为自己理论的核心,试图在阿尔都塞、马歇雷的基础上建立科学的马克思主义文学理论。不同在于,伊格尔顿试图以马克思主义的生产理论,尤其是马歇雷的文学生产理论为基础,为马克思主义文学批评建立一种"文本科学",揭示意识形态是如何进入文本的。而詹姆逊则完全相反,试图借助阿尔都塞、弗洛伊德、格雷马斯等的理论,用结构主义的文本分析方法将文本深层的意识形态和政治无意识揭示出来,建立一种马克思主义的政治阐释学。

一、文本与意识形态的离心结构

虽然阿尔都塞的贡献主要在哲学方面,但是他的思想已经为马克思主义的文本科学奠定了理论基础。科学的马克思主义文学理论主要是由阿尔都塞的继承者在阿尔都塞思想的基础上来完成的。伊格尔顿认为,在阿尔都塞的学生中,马歇雷"可算是第一位阿尔都塞派的批评家。他想确立一种同以往的'认识论决裂'的激进学说,提出完全与众不同的疑问。因此,依我看,他是当代最敢于挑战并具有真正创新精神的马克思主义批评家。"①在阿尔都塞的诸多弟子中,也正是马歇雷"在文学理论与批评的领域中最全面地贯彻着阿尔都塞的思想逻辑"②。同时,马歇雷的学说反过来又对自己的老师产生了一定的影响。③

在阿尔都塞的生产理论和意识形态理论的影响下,马歇雷一反对文学所作的人道主义解释,认为假设作家或艺术家是一个创造者,这种假设就成为一种人道主义的意识形态。它把人居于了上帝的位置,赋予了人创造的能力。相反,科学的文学理论反对这种假设,认为艺术品并不是人的创造,而是一种产品。生产者不是居于创造的中心位置的主体,而是在一种条件下或一个系统之中的一种要素。把艺术家作为生产者而不是创造者,就是要摆脱艺术活动的宗教性,把艺术看作人类劳动的结果和产品。正因为如此,马歇雷"悬置"了"创造",而系统地代之以"生产"。④虽然在马歇雷之前,

---

① [英]特里·伊格尔顿:《马歇雷与马克思主义文学理论》,戴侃译,《国外社会科学》1983年第1期。

② [澳]卢克·费雷特:《导读阿尔都塞》,田延译,重庆大学出版社2014年版,第4页。

③ 阿尔都塞和马歇雷到底谁影响谁很难准确阐明,二者为师生关系,在这个问题上可以说是相互影响的。马歇雷的《文学生产理论》一书出版于1966年,同年阿尔都塞发表了《一封关于艺术的信》。在此文中,在分析列宁对托尔斯泰的评价的时候,阿尔都塞明确提出参照了马歇雷的文章。而其后来在《意识形态与意识形态国家机器》中对艺术与意识形态的关系的分析,明显具有马歇雷的影子。但是马歇雷的文学生产理论的提出,以及对艺术(文本)与意识形态之间的"离心"结构的分析,则是导源于阿尔都塞的思想,或者说是对阿尔都塞哲学思想在文学理论方面的发展。

④ Pierre Macherry, *A Theory of Literary Production*, London: Routledge & Kegan Paul Ltd., 1978, pp.66-8.

本雅明已经讨论了"机械复制时代的艺术生产"和"作为生产者的作家",但是本雅明的分析仍旧停留在人道主义的意识形态的层面上,还不能称之为科学。要建立科学的生产理论,就必须研究文学活动的内在机制。马克思主义认为文学与意识形态关系密切,那么研究文学与意识形态之间的作用机制就成为马克思主义艺术生产理论的核心问题。正如伊格尔顿所言:"如何说明文艺中的'基础'与'上层建筑'的更新,即作为生产的文艺和作为意识形态的文艺之间的关系,依我看来,是马克思主义批评当前面临的最重要的问题之一。"[①]首先着手这一工作的就是马歇雷。波琳·琼斯指出:"阿尔都塞的意识形态理论在美学上向两个方面展开。首先,艺术被视为意识形态的生产。在这方面,为了避免艺术单纯服务于意识形态的保守功能的结论,试图建立把艺术作为生产颠覆意识的意识形态生产的基础是必要的。另一方面,阿尔都塞派美学则试图详细说明一些概念,用它们来确立艺术品在意识形态框架中的地位,以使艺术能够剥开虚假意识的神秘外衣。这一工作需要认真探讨在意识形态范围内出现解放意识的基础。马歇雷在最近的文章中,从事第一个方面的工作。而他的《文学生产理论》则在第二个方面着手。"[②]在《文学生产理论》中,马歇雷试图把阿尔都塞的结构主义马克思主义贯彻到文学的批评实践中,从而为马克思主义的意识形态批评提供一种语言分析的方法论。因此,孔帕尼翁对马歇雷的《文学生产理论》给予了高度评价,认为"以文学为背景,马克思主义理论(意识形态批判和科学观的确立)与形式主义(语言学分析方法)在书中成为佳配"[③]。

　　在马歇雷,乃至马克思主义的理论中,用于揭开意识形态神秘面纱的概念就是"文本"。虽然马歇雷也受到结构主义文本理论的影响,在《文学生产理论》中也使用了文本这个概念,但是他的研究更多地是在阿尔都塞的哲学思想的影响下进行的,因而并没有把文学、作品和文本这几个概念像结构主义那样严格区分,而是经常混合使用。但是这些概念在他那里实际上指的就是文本。结构主义认为文本是一个开放的、多元的、充满矛盾和冲

---

①　[英]特里·伊格尔顿:《马克思主义与文学批评》,文宝译,人民文学出版社1980年版,第80页。

②　转引自冯宪光:《"西方马克思主义"美学研究》,重庆出版社1997年版,第353页。

③　[法]安托万·孔帕尼翁:《理论的幽灵——文学与常识》,吴泓缈、汪捷宇译,南京大学出版社2011年版,第6页。

突的网络结构,是一个由能指的链条所构成的编织物。这给马歇雷分析文学与意识形态的复杂关系提供了参照。同样深受结构主义影响的戈德曼认为文学文本与意识形态同形同构,文本就是意识形态的容器,容纳了特定社会的意识形态。文本中的意识形态与现实意识形态之间是一种异质同构关系。他的发生学结构主义就是要考察文本的结构,研究它在多大程度上体现了作家所属的社会阶级或集团的意识形态。这种观点和戈德曼的老师卢卡奇的观点都属于"新黑格尔派"①。而马歇雷则是把结构主义的文本理论和阿尔都塞的意识形态理论结合起来,认为文本与现实意识形态之间并非异质同构,相反,"文本里存在着文本和它的意识形态内容之间的冲突"②。这种矛盾和冲突并不是直接呈现的,文本中充满了空白、间隙和沉默,各种矛盾、冲突和意识形态都蕴含于其中。一部作品之所以与意识形态有关,不在于它说出了什么,而在于它没有说出什么。正是在文学文本的沉默中,在它的空白和间隙中,才能最真切地感受到意识形态的存在。马歇雷让"作品以其内部的不一致显示了空隙与界限,表明意识形态同真实历史的冲突关系,即意识形态开始说出作品中并不存在的东西,并显示其局限性"③。因而文本中的意识形态就不只是对作家所生活的现实意识形态的反映,其中还包含了各种各样与之相敌对的意识形态。文本的开放性保证了文本中意识形态的多元性和丰富性。文学使意识形态超出了居于主流地位的统治阶级的意识形态的束缚,把生活中的各种意识形态都纳入其中,经过文本的熔铸与重构,从而产生出新的意识形态。

因此,不同于戈德曼认为文学文本有一个中心结构,并对应着一个核心意识形态,马歇雷和结构主义一样,认为文本并没有一个中心要素,只有含义的不断冲突和延异,文本中也不存在一种主导意识形态,文本与意识形态之间是一种"离心"结构。文学也就自然而然不再是对现实意识形态的镜子般的反映。如果硬要用镜子来比喻的话,那么这也是一只破碎的镜子。

---

①　[英]特里·伊格尔顿:《马克思主义与文学批评》,文宝译,人民文学出版社 1980 年版,第 36 页。

②　Pierre Macherry, *A Theory of Literary Production*, London: Routledge & Kegan Paul Ltd., 1978, p.124.

③　[英]特里·伊格尔顿:《马歇雷与马克思主义文学理论》,戴侃译,《国外社会科学》1983 年第 1 期。

现实意识形态一旦进入文本,就转变成文本意识形态。或者说,当意识形态从文本的另一头出来的时候,就已经不再是原有的意识形态了,甚至成为现实意识形态的对立面。"正如一部作品产生于一种意识形态一样,它也是为了反对意识形态而写的。"① 因此,如果说一般的文学还只是在重复或生产着现实意识形态,那么优秀的文学则"通过意识形态对意识形态提出挑战"②。一般的文学作品通过生产统治阶级的意识形态来为统治阶级服务,从而成为统治阶级的"意识形态国家机器",那么优秀的文学则通过文本生产出一种完全不同于居于主导地位的统治阶级的意识形态的另一种意识形态,并以这种相反的意识形态来批判、挑战和对抗统治阶级的意识形态。这里就出现了两种意识形态,即现实意识形态和文本意识形态。在一般文学作品中,二者是同一的,而在优秀的文学中,二者则是相互矛盾的。正因为如此,阿尔都塞并不把优秀的作品归入意识形态之列。也正是在这个意义上,阿尔都塞认为,"意识形态的功效之一就是,凭借意识形态对意识形态的意识形态特征实行否定;意识形态从来也不说'我是意识形态的'。"③ 一般的文学作品的意识形态性表现得极为明显,而优秀的文学则把其意识形态隐藏起来,以不在场的方式体现它的在场,即以审美的方式将文本的空白和沉默中隐含的意识形态呈现出来。可以说,"作品的功能就是以一种非意识形态的形式来表现意识形态。……作品具有一种意识形态内容,但是它赋予这种内容以特殊的形式。"④ 托尔斯泰作为一个优秀的文学家,他的作品完全超越了自己所属阶级的意识形态。或者说,他正是把现实的意识形态内容转化为审美形式,通过自己作品中的空白和沉默所生产出来的文本意识形态来挑战和对抗现实的统治阶级的意识形态。因此优秀的作品永远是与现实格格不入和相互矛盾的,它已经远远超越于现实意识形态之上,并表明了历史的前进方向。

---

① Pierre Macherry, *A Theory of Literary Production*, London: Routledge & Kegan Paul Ltd., 1978, p.133.

② Pierre Macherry, *A Theory of Literary Production*, London: Routledge & Kegan Paul Ltd., 1978, p.133.

③ [法] 阿尔都塞:《意识形态与意识形态国家机器》,载《图绘意识形态》,斯拉沃热·齐泽克等著,方杰译,南京大学出版者 2002 年版,第 172 页。

④ Pierre Macherry, *A Theory of Literary Production*, London: Routledge & Kegan Paul Ltd., 1978, p.133.

文学体现了历史的发展进程,但是在文学与历史进程之间必须通过意识形态的中介。意识形态所表征的只是"个体与其真实存在条件的想象性关系",用于反对现实意识形态的文本意识形态也只是一种"虚幻"。文学正是通过一种"虚构"的方式来传达这种"虚幻"的意识形态,从而完成对现实矛盾的"想象性"解决。这不是文学的过错,而是文学的宿命,也是文学的价值所在。伊格尔顿认为,"'诗'是一个深陷在意识形态危机中的社会的最终指望,它以抚慰代替批评,以情感代替分析,以维持代替颠覆。如此一来,诗的含义与其说是一种具体的文学实践,不如说是一般意识形态的运作模式。"① 诗歌中无法排除意识形态,甚至诗歌本身就是意识形态。在复杂的社会矛盾中,"诗必须成为对现实矛盾的一种意识形态解决方式"②。文学对现实矛盾的这种解决尽管是"想象性"的,但这并不是说它没有价值。在现实矛盾无法解决的情况下,文学的这种解决为人们指出了一条解决现实矛盾的可能性途径,为人类历史勾勒出一个可能的前进方向。因此,不同于俄国形式主义把文学性定义为陌生化的诗歌语言,马歇雷认为历史进程通过意识形态的中介而进入文学才使文学具有了文学性。③ 也就是说,只有具有丰富的意识形态内涵,体现了历史的发展进程的作品才可以称之为文学。正是在这个意义上,列宁和马歇雷都对托尔斯泰的作品给予了高度的评价。那么,阅读文学作品的最终目的就不再是通过陌生化的语言来获得"新感性",而是通过一种"症候阅读"(symptomatic reading),即在作品表层的空白和沉默中,发掘文本深层的意识形态,詹姆逊称之为"政治无意识"。

马歇雷综合了结构主义的文本理论和阿尔都塞的理论生产和意识形态理论,提出了文本与意识形态之间的离心结构,从而使文学活动成为一种意识形态的生产。但是对于现实意识形态如何进入文本并转化成文本意识形态的内在机制,马歇雷并没有进行深入的分析和论述。伊格尔顿所要建

---

① [英]特里·伊格尔顿:《历史中的政治、哲学与爱欲》,马海良译,中国社会科学出版社1999年版,第9页。
② [英]特里·伊格尔顿:《历史中的政治、哲学与爱欲》,马海良译,中国社会科学出版社1999年版,第11页。
③ Pierre Macherry, *A Theory of Literary Production*, London: Routledge & Kegan Paul Ltd., 1978, p.119.

立的马克思主义的"文本科学"正是对马歇雷尚未完成的这一工作的补充、发展和完善。

二、文本的意识形态生产模式

伊格尔顿认为在当代马克思主义的四种类型(人类学的、政治的、意识形态的和经济的)中,最具有价值和创造性的类型是"形式的意识形态"。这种类型既把马克思主义的意识形态理论和形式主义的艺术观念综合起来,也包含了其他几种类型的基本因素。伊格尔顿所要建立的马克思主义的"文本科学"中所关注的文本与意识形态的内在关联就属于这一类型,这也是他的《批评与意识形态》一书的中心目标。这部著作"处于英美学术界从结构主义向后结构主义转变的风口浪尖上,具有很强的结构主义的理论色彩"[1]。在这部著作中,伊格尔顿综合了威廉斯、阿尔都塞、马歇雷和结构主义的文本理论,以此为基础来建立马克思主义的"文本科学"。这种尝试以及所取得的成就使这部著作被誉为"四十年来英国马克思主义文学理论的第一部主要著作"[2]。

在文本与意识形态的关系方面,从方法论角度来看,首先对伊格尔顿的思想产生影响的是威廉斯。1961年伊格尔顿和威廉斯同时进入剑桥,威廉斯是老师,而伊格尔顿是学生。当时的剑桥文学研究以利维斯主义一统天下,细读法是其文学研究的主要方法。在这种情况下,"威廉斯以一种新的方式把剑桥英国文学教学的文本细读分析与'生活和思想'研究两股截然分明的潮流合在一起。但是他们所称的'细读'或'贴住语言'被他称为历史语言学,而他们所称的'生活和思想'则被他称为'社会'或'文学历史'。"[3]威廉斯的这种尝试虽然并没有很快改变剑桥文学研究中的这种"伟大传统",但却为年轻的伊格尔顿指明了方向。将马克思主义的社会学批评和意识形态方法与新批评的文本细读法结合起来,研究文本的形式而不是内容中所积淀的意识形态内涵,成为伊格尔顿后来所研究的中心问题。新批评的细读法关注的是文本内部诸要素之间的关系,但这并不包含意识形

---

①　James Smith, *Terry Eagleton: A Critical Introduction*, Cambridge: Polity Press, 2008, p.57

②　Francis Mulhern, "Marxism in Literary Criticism", *New Left Review*, 108(1978), p.78.

③　[英]特里·伊格尔顿:《历史中的政治、哲学与爱欲》,马海良译,中国社会科学出版社1999年版,第258页。

态和社会文化,而这种所谓的"生活和思想"所代表的却正是意识形态和社会文化。威廉斯在《文化与社会》中所做的就是这个"勇敢的、扣人心弦的全新尝试",试图"把那种经过严格训练的文本分析与一种共同的社会历史联系在一起"①。伊格尔顿认为威廉斯的这种"文化唯物主义"方法"把文化形式从形式主义那里挽救出来,并在其中发现了社会关系结构、技术可能性的历史和社会决定的整个看待事物方式的突然变化。他能从舞台技术的变迁中追溯到意识形态感觉的变化,在维多利亚时代的小说句法中探查出城市化的节奏。"② 威廉斯试图通过对文本的细读,从艺术形式及其变迁中发现社会历史文化和意识形态变革的脉络,这给作为学生的伊格尔顿以极大启发。他一方面继承了威廉斯把文本细读和社会历史文化研究结合起来的方法,同时又要克服威廉斯在结合过程中所表现出来的二元对立的矛盾。阿尔都塞、马歇雷和结构主义的文本理论为伊格尔顿解决威廉斯遗留下来的问题提供了契机。反过来,威廉斯的影响也为伊格尔顿接受并发展阿尔都塞学派的思想创造了条件。

　　马歇雷在阿尔都塞的理论生产的基础上提出了他的文学生产理论,而伊格尔顿的文学生产理论则是以威廉斯的"物质实践"理论为基础的。二者从根本上都导源于马克思的艺术生产理论。和马歇雷一样,伊格尔顿认为"文学文本不是意识形态的'传达',意识形态也不是社会阶级的'传达'。宁可说,文本是意识形态的'生产'。"③如果文本只是意识形态的反映,那就意味着这种意识形态是先在于文本的,因而文本就成为多余的了。相反,文本是一种意识形态的生产,它把意识形态问题转化为审美问题,在审美层面上寻找意识形态的解决办法。文本显示了寻找意识形态的解决办法的无休止的过程。文学活动作为一种"物质实践",和其他物质实践活动一样,具有自己特殊的实践方式和生产关系。"每一个文学文本都在某种意义上内化了它的社会生产关系,每一文本都以其特殊形态指示着它的消费方式,都

---

①　[英]特里·伊格尔顿:《历史中的政治、哲学与爱欲》,马海良译,中国社会科学出版社1999年版,第259页。

②　[英]特里·伊格尔顿:《历史中的政治、哲学与爱欲》,马海良译,中国社会科学出版社1999年版,第265页。

③　Terry Eagleton, *Criticism and Ideology: A Study in Marxist Literary Theory*, London: NLB, 1976, p.64.

在自身中包含了一个意识形态的代码,说明它是由谁、为谁以及如何生产出意识形态的。"① 意识形态及其生产方式已经内化到了文本内部,积淀为文本内部的"政治无意识"。但是,正如马歇雷指出的那样,现实意识形态一旦进入文本,经过文本的审美熔铸之后,必然发生变形,转变成为文本意识形态。文本在自身与意识形态之间建立了一种转换机制,这使我们能够感受到意识形态通常隐蔽的轮廓,而意识形态正是通过这种轮廓得以呈现的。因此,"不能把文本仅仅看作是意识形态的提馏(instillation),相反,文本以'非预谋(unpremeditated)'的方式通过意识形态来处理意识形态。"② 意识形态既可以以相对纯粹的形式进入文本,就像赞美诗中的基督教义、社会主义现实主义中的斯大林主义;也可以以更多中介的方式显示出来,就像鲜活的生活经验通过各种各样的审美范畴和文学语言转换成审美对象一样,呈现为一种"审美意识形态"。这种意识形态的生产是"非预谋"的,是无法预期的,它往往会超越现实意识形态和作家意识形态,甚至与其完全相反。前者是一般的艺术,而后者则是优秀的艺术。一般艺术中的意识形态易于发现,而优秀艺术中的意识形态则极为隐蔽,已经与整个艺术形式融为一体。普通的阅读根本无法发现这种深层的意识形态,要发现它只能采用"细读"式的"症候阅读"。这就为马克思主义文学批评提出了新的任务。伊格尔顿认为,"科学的批评应该力求依据意识形态的结构阐明文学作品;文学作品既是这种结构的一部分,又以它的艺术改变了这种结构。科学的文学批评应该寻找出使文学作品受制于意识形态而又与它保持距离的原则。"③ 因此,"批评家并不是文本的理疗师:他的任务不是治愈或完成文本,而是解释为什么文本是它所是的这个样子。"④ 也就是说,马克思主义批评一方面要考察意识形态是如何渗入文本的,另一方面又要考察文本处理其意识形态信息的特定模式。

① Terry Eagleton, *Criticism and Ideology: A Study in Marxist Literary Theory*, London: NLB, 1976, p.48.

② David Alderson, *Terry Eagleton*, Now York: Palgrave Macmillan, 2004, p.52.

③ [英] 特里·伊格尔顿:《马克思主义与文学批评》,文宝译,人民文学出版社 1980 年版,第23 页。

④ Terry Eagleton, *Criticism and Ideology: A Study in Marxist Literary Theory*, London: NLB, 1976, p.92.

结构主义认为所有的社会历史文化现象背后都存在着一个深层结构，是这种结构决定了文化现象的表现形态和发展态势。阿尔都塞把结构主义的这种因果关系称为"结构因果律"(structural causality)，用来反对简单化的"机械因果律"(mechanical causality) 和"表现因果律"(expressive causality)。后两种因果律都把结果看作是由一种原因直接推动的，或者说结果是原因的表现而已，一种原因对应一种结果。而结构因果律认为结构才是最深层的，也是最终的原因。每一种结构都是由各种因素交织而成的，因此决定结果的因素也不是单一的，而是由各种因素相互作用而形成的多元决定(overdetermination) 的统一。伊格尔顿认为，文本的形成也是各种因素多元决定的结果。因此，研究文本与意识形态之间的关系，就是要研究决定文本的各种要素的因果关系及其作用模式。

威廉斯把文化看作一种"物质实践"，伊格尔顿认为文学也是一种"物质实践"，并把这种特殊的"物质实践"的主要构成要素分为六种：即一般生产模式、文学生产模式、一般意识形态、作家意识形态、审美意识形态和文本。每一个社会中都存在多种生产模式，而一般生产模式是这些生产模式中的主导模式，它决定了特定社会的基本形态，也决定了特定社会的文学生产模式。同样，每一个社会也存在多种文学生产模式，其中有一种是主导性的模式，它决定了文学的生产、交换、分配和消费的方式和形态，也决定了文本的表现形式和相应内容。一般意识形态是与一般生产模式相对应的意识形态。而作家意识形态并不是一般意识形态的直接表现，它包含了作家个人的因素，可以与一般意识形态相一致，也可能与其相矛盾，二者之间不是简单的一般与特殊、公共与私人的关系。同样，文本意识形态也并不是作家意识形态的表达，因为作家意识形态只是文本意识形态的诸多决定因素之一种，尽管是最有意义的一种。审美意识形态是指一般意识形态中的审美领域，它存在于其他因素之中，比如宗教、政治等等，和文学生产模式关系密切，而"文学"也只是审美意识形态的诸多形态中的一种而已。

严格地说，文本并不属于这种物质实践的构成要素，而是它的结果，也是科学的文学理论的研究对象。上述各种要素都参与了文本的生产过程，都内化到了文本的形式之中。这些要素之间不是简单的线性因果关系，而是相互交织，相互作用，共同决定了文本的存在样态。作家意识形态并不是一般意识形态的直接反映,同理,审美意识形态也不是作家意识形态的简单投射,因而文本意识形态也自然不能简单等同于这两种意识形态。就像文本是由这些要素的多元决定一样,文本意识形态也是这些要素共同作用的结果。因此,文本意识形态就与特定社会中的一般意识形态、作家意识形态和审美意识形态之间不是对等的,它可能具有与这些意识形态相同或接近的地方,也可能与这些意识形态完全相异,甚至相反。而这些因素作用于文本的方式则是由特定时代的社会结构所多元决定的。这不仅决定了文本的存在形态和意识形态进入文本的特定方式,也决定了读者阅读文本,从文本中发现和理解包括文本意识形态在内的意识形态的特定方式。

伊格尔顿认为,即使没有文学,意识形态也照样存在,但是却是文学赋予了意识形态以另一种特殊的形态,也生产出了不同于,甚至敌对于现实意识形态的意识形态。因此,"文本不仅仅是意识形态的产品,而且是意识形态的需要"①。巴特认为在文本中,能指与所指之间并不是直接的对应关系,所指在文本中是隐匿的,文本只是能指的无限延异,是由能指链条所构成的网络结构。同样,伊格尔顿也认为,在文本中"能指与所指之间的文学关系并不是一种不变的绝对那样一劳永逸。相反,它们根据审美意识形态的决定因素而转变或突变。……文本可以如此'突出'其能指以至于完全变形、远离和陌生化其所指;或者它可以严格约束这种越界,而明显服从其'内容'逻辑。"②

正因为这样,"文学是我们所拥有的从经验上接近意识形态的最具启示意义的模式。正是在文学中,我们以特别复杂、连贯、集中而直接的方式,发现了阶级社会的鲜活经验之纹理中的意识形态。这种模式比科学更直接,也比日常生活自身中可用的道德模式更一致。从这个意义上来看,文学居于科学知识的疏远的严格性与'鲜活的'生活自身生动却又零散、且充满偶然性之间的中间位置。不同于科学,文学挪用了现实,似乎它是意识形态形式中既定的内容,而它采用了生产一种自发的、无中介的现实的幻象的方

---

① Terry Eagleton, *Criticism and Ideology*: *A Study in Marxist Literary Theory*, London: NLB, 1976, p.77.

② Terry Eagleton, *Criticism and Ideology*: *A Study in Marxist Literary Theory*, London: NLB, 1976, p.79.

式来进行这种挪用。"① 文学把现实历史纳入文本,但是这种进入并不是直接的,而是以意识形态为中介,以不在场的方式出场的。"历史定然'进入'文本,尤其是'历史的'文本;但是历史是作为意识形态、作为一种由历史的明显缺席所决定和变形的在场而进入文本的。这并不是说真正的历史只以伪装的形式出现在文本中,而批评家的任务就是从文本的表面揭开这种历史的面具,而是说历史是以双重缺席的形式出现在文本中的。"② 正因为历史的这种双重缺席使文学不至于成为意识形态的传声筒,也使文学成为一种审美的存在。但是,这并不是真正的缺席,而只是历史和意识形态在文本中的特殊的存在方式,事实上它们已经转化为一种无意识状态,以人们不易察觉的方式存在于文本的语言和结构深处,并不知不觉地影响着人们对文本的阅读,以及对这种历史和意识形态的接受与生产。历史和文本之间是相互依赖的,"可以说,正如历史是文学的最终所指那样,历史也是文学的最终能指"③。历史已经渗透到了文本的各个部分,并转化为文本中的审美意识形态。这种审美意识形态在文本中不是作为概念范畴,而是作为鲜活的审美经验而存在。伊格尔顿认为,大多数的基督教文学、新古典主义和斯大林主义文学允许意识形态以相对"纯粹"的形式进入文本,但是这种进入把文学与鲜活的生活经验分离开来,使文学沦落为一种意识形态说教。在优秀的文学中,"文本通过形式技巧在自身与意识形态之间建立了一种转换关系,这种关系使我们能够感受到文本得以产生的通常被取消的意识形态的轮廓"④。经过形式技巧的转化,现实世界中的各种意识形态进入文本,并转化为审美意识形态,从而消失在文本的字里行间,并且生产出新的意识形态。读者在对文本的阅读中也就自然而然、不知不觉地接受和生产着这些意识形态。因此,伊格尔顿认为,"文学与现实之间的距离比科学更远,然而却又表现得与现实更密切。……就像私有财产一样,文学文本表现为

---

① Terry Eagleton, *Criticism and Ideology: A Study in Marxist Literary Theory*, London: NLB, 1976, p.101.

② Terry Eagleton, *Criticism and Ideology: A Study in Marxist Literary Theory*, London: NLB, 1976, p.72.

③ Terry Eagleton, *Criticism and Ideology: A Study in Marxist Literary Theory*, London: NLB, 1976, p.72.

④ Terry Eagleton, *Criticism and Ideology: A Study in Marxist Literary Theory*, London: NLB, 1976, p.82.

一种'自然的'对象,最典型地否认着文学生产过程中的决定因素。批评的功能就是拒绝作品的自发的表现,即为了使其真正的决定因素显现出来而拒绝这种'自然性'。"①文本中意识形态的这种隐蔽性使读者在不知不觉的审美过程中接受并再生产这种意识形态,阿尔都塞之所以把文学艺术和学校教育也纳入意识形态国家机器之列的原因正在于此。

伊格尔顿早年沿袭了阿尔都塞和马歇雷的观念和方法,阐述了文本如何生产意识形态。近年来,与詹姆逊一道,在完善马克思主义的"形式的意识形态"理论的基础上,伊格尔顿开始思考马克思主义者应该"怎样读诗?"和"怎样读文学?"这样的问题。这不仅是对他早年思想的一个回应,而且是在对马克思主义文学批评现状进行认真分析基础上所探索的一条突破之道。

伊格尔顿看到,在后理论时代,文学研究的教授们不再从事文学批评实践,文学系的学生也不再对文学研究感兴趣,反而转向了大众文化。这种转向是这个时代的文化变迁使然,但是更重要的原因在于他们根本没有受过系统的形式批评教育,从而不具有关注文学形式的意识和进行形式分析的能力。文学专业的学生犯的最普遍的错误就是直接关注于诗歌或小说说了些什么,而置它言说这些内容的方式于不顾。"这样阅读文学作品就是把作品的'文学性'扔到了一边——事实上,这是一首诗、一部戏剧或一篇小说,而不是对发生在内布拉斯加州的水土流失事件的解说词。就像报告一样,文学作品是一系列的修辞。文学阅读需要非常敏锐,对音调、语气、语速、文类、句法、语法、纹理、韵律、叙事结构、标点符号、含混——事实上,对所有被囊括于'形式'头衔下的任何问题——保持警觉。"②当然,我们也可以以"文学的"方式阅读关于内布拉斯加州的水土流失的报告,这就要求我们对其语言的运作方式保持密切关注。基于此,伊格尔顿近年来重新回到文学研究中来,通过对形式主义的分析和借鉴来思考"马克思主义者到底该怎样读文学?"这一重要问题。他近期出版的《怎样读诗》(*How to Read a Poem*, 2007)和《怎样读文学》(*How to Read literature*, 2013)这两部著作就是试图对这一问题提出一种有效的解决方案。

---

① Terry Eagleton, *Criticism and Ideology: A Study in Marxist Literary Theory*, London: NLB, 1976, p.101.

② Terry Eagleton, *How to Read literature*, New Haven and London: Yale University Press, 2013, pp.2-3.

　　关注文学的形式问题必须以对文本的"细读"为基础,而不能像社会历史批评那样进行宏大叙事。伊格尔顿发现,事实上,几乎所有知名的文学理论家都严谨地运用细读法。俄国形式主义者之于果戈理和普希金、巴赫金之于拉伯雷、阿多诺之于布莱希特、本雅明之于波德莱尔、德里达之于卢梭、热奈特和德曼之于普鲁斯特等莫不如此。虽然他们中的很多人从事的都是一种政治批评,但是,"对几乎所有的批评家来说,政治都暗含在他们对文学文本的精心研究之中"①,因为"如果对文学语言缺乏一定程度的敏感的话我们就无法提出有关文学文本的政治或理论问题"②。细读固然重要,但是,"细读并不是问题争论的焦点。问题并不在于你如何顽固地紧紧抓住文本,而是当你这么做的时候你在寻找什么。上述理论家们不仅是细读者,而且对文学形式极其敏感。这也就是他们与当今的许多学生不同的地方。"③ 细读(close reading)是一种"慢读"(slow reading),它与现代性对"速度"的强调背道而驰,因此,"对尼采来说,细读就是对现代性的批判"④。文学阅读是对文本的一种感知性阅读(sensitive reading),它所获得的不是抽象的观念,而是通过对文本的细细品读获得一种审美体验,并从文本的音调、语气、强度、速度、句法、语法、标点、含混、节奏、韵律和想象等形式因素和文本的字里行间发现蕴含于其中的历史、道德、意识形态等"政治无意识"因素。但是这并不是要重新回到20世纪初的形式主义,而是在后理论时代建立一种新的形式诗学。

　　我们在此有必要关注一下托多罗夫对当前法国的文学教育状况的分析和担忧。托多罗夫曾经是结构主义的主要干将,但是晚年却对结构主义提出了批评,并将自己的文学兴趣和研究重心转向了古典主义。在托多罗夫看来,"经典的结构主义者把真理问题与文本脱离开来,后结构主义者倒是愿意考察这个问题,但其千篇一律的评语使这个问题永远得不到答案。"⑤ 法国

---

① Terry Eagleton, *How to Read a Poem*, Malden: Blackwell, 2007, p.9.
② Terry Eagleton, *How to Read literature*, New Haven and London: Yale University Press, 2013, p.ix.
③ Terry Eagleton, *How to Read a Poem*, Malden: Blackwell, 2007, p.2.
④ Terry Eagleton, *How to Read a Poem*, Malden: Blackwell, 2007, p.10.
⑤ [法] 茨维坦·托多罗夫:《濒危的文学》,栾栋译,华东师范大学出版社2016年版,第62页。

的文学形式主义已经陷入了虚无主义和唯我主义这两种"对世界的片面看法"。然而,结构主义批评长期以来在法国文学研究中处于主导地位,它所主张的文学观念及其研究方法已经深入人心。即使到了结构主义高潮已经过去近半个世纪的今天,人们仍然"把文学作品设想为封闭自足而且绝对的语言之物",并将此视为"神圣的公设"①。分析文学作品的语言、结构、叙事技巧等形式因素是目前法国大学文学教育的主要内容,而以形式批评作为其核心能力的文学专业的大学生,在其毕业之后大多成为中学语文教师,从而将其所学的本领再次传递给高中生,这深深地影响了当今法国的高中文学教育。正如托多罗夫所言:"毫不奇怪,今天高中生所学的教条,就是说文学与世界其他事物没有瓜葛,他们只学习作品内在各种成分之间的关系。"② 托多罗夫甚至认为这种僵化而封闭的文学观念和方法是当前法国高中生在升学时对文学的兴趣锐减的主要原因。因此,与伊格尔顿对英国的大学生缺乏形式批评的训练而担忧不同,托多罗夫所担忧的却是法国大学和中学的文学教育过度强调形式批评训练而缺乏更为宏阔的社会视野,从而使文学批评陷入了虚无主义。伊格尔顿和托多罗夫对于未来文学教育所开出的这两个不同的方向,显然是以英国和法国的文学教育的不同现状为基础的。相比而言,中国当前的文学教育更接近于英国的情况,伊格尔顿所倡导的"马克思主义的形式诗学"更适合于当前中国的文学界。

第四节　文本与意识形态阐释

文本中形式技巧的审美转化机制使意识形态变得极为隐蔽,成为文本深层的一种"政治无意识"。普通读者只能同样以无意识的方式来接受和生产这种意识形态,而批评家则需要通过各自特有的批评方式来发现这种"政治无意识"。正是在这个问题上,詹姆逊提出了自己的马克思主义的文本解释学。

---

① [法]茨维坦·托多罗夫:《濒危的文学》,栾栋译,华东师范大学出版社 2016 年版,第 61 页。
② [法]茨维坦·托多罗夫:《濒危的文学》,栾栋译,华东师范大学出版社 2016 年版,第 61 页。

在当代马克思主义者之中,詹姆逊是一个最富有原创性,且思想最为复杂的理论家。新历史主义者海登·怀特对他予以高度评价,认为他"不仅仅是一个对立的,而且是一个真正辩证的批评家。他严肃地接受其他批评家的理论,而且不只是那些基本上与自己具有共同马克思主义观点的人。相反,他对那些非马克思主义或反马克思主义的批评家的著作特别感兴趣。因为他知道,衡量一种理论,依据的不是其推翻对立思想的能力,而是其吸纳最强劲的批评者中有根据的和富有洞见的思想的能力。"① 在他的思想中,除了占主导地位的马克思主义之外,从俄国形式主义、法国结构主义到现象学、存在主义、解释学和文化研究等无所不包;而康德、黑格尔、尼采、弗洛伊德、拉康、巴特、福柯、德里达、德勒兹、加塔利,以及法兰克福学派的诸多理论家都在他的研究范围之内。他把这些异质的理论流派和思潮都吸纳进来,并用马克思主义加以融汇与综合。这使他的学说显得异彩纷呈,同时也错综复杂,晦涩难懂。而在所有这些理论来源中,最重要的还是马克思主义与形式主义,尤其是结构主义(包括后结构主义)。詹姆逊以马克思主义为理论基础,吸收和借鉴结构主义,从而使他的马克思主义表现出明显的结构主义特征,也使他成为在马克思主义与形式主义的对话史上继巴赫金之后最为重要的理论家。

一、"辩证思维"与"元批评"

要理解詹姆逊是如何在二者之间对话的,首先还是要从他的理论渊源和研究方法入手。

从理论渊源的角度来看,对詹姆逊思想的形成影响最大的就是德国理论和法国理论。前者以法兰克福学派为代表,而后者则是萨特的存在主义、巴特和福柯等人的结构主义和后结构主义。詹姆逊从中学时代就精通德语和法语,而后来在德国的留学生涯为其接受德国和法国的理论思潮奠定了基础。人们通常认为这两种思潮就像俄国形式主义与苏联的马克思主义之间那样是相互敌对的,但是詹姆逊则认为以结构主义和后结构主义为代表的法国理论本身就是马克思主义的问题性中的一部分,它们的形成本身就

---

① [美]海登·怀特:《形式的内容:叙事话语与历史再现》,董立河译,北京出版社出版集团2005年版,第196页。

与马克思主义不无关系。① 事实也正是如此。尽管索绪尔对马克思似乎并无深刻了解,俄国形式主义者也只是把马克思主义作为论战的对象。但是法国结构主义者则不仅不能忽视马克思主义,而且本身就"大大得益于马克思主义"②。因此,当后来很多(后)结构主义者对马克思主义避之而唯恐不及的时候,后结构主义大师德里达出版了他的《马克思的幽灵》,而他所要表达的正是对马克思主义的肯定和怀恋。因此,和巴赫金一样,詹姆逊认为,马克思主义要取得发展,就再也不能将结构主义"拒之门外",而是"应该把当代语言学的这项新发现结合到我们的哲学体系中去"。正因为如此,詹姆逊在完成了他的马克思主义重要著作《马克思主义与形式》(1971)之后,紧接着就展开了对法国结构主义的批判,并于一年之后出版了研究著作《语言的牢笼》(1972),试图通过"钻进去对它进行深入透彻的研究,以便从另一头钻出来的时候,得出一种全然不同的、在理论上较为令人满意的哲学观点"③。这简直与巴赫金对俄国形式主义的批判如出一辙。

　　虽然詹姆逊也认识到"在不同的立场之间对话实在是一件很复杂的事情"④,但是和巴赫金一样,他也深刻地意识到,"方法论问题之间的张力与冲突总会打开通向更大的哲学问题的大门"⑤。因此,在马克思主义与结构主义之间对话就不再只是出于学术兴趣,而且成了他有意识的学术选择和探索。不同在于,巴赫金是站在一种中间立场上来审视形式主义和马克思主义,并在辩证综合的基础上试图建立一种不同于苏联庸俗马克思主义的新的马克思主义的社会学批评方法,而詹姆逊则是坚定地站立在马克思主义的立场之上,用马克思主义,尤其是黑格尔式的马克思主义的眼光,来审视俄国形式主义和法国结构主义,把其纳入马克思主义的理论框架,并

---

① [美]詹明信:《晚期资本主义的文化逻辑》,张旭东编译,生活·读书·新知三联书店1997年版,第5页。

② [美]弗雷德里克·詹姆逊:《语言的牢笼》,钱佼汝译,百花洲文艺出版社1997年版,第84页。

③ [美]弗雷德里克·詹姆逊:《语言的牢笼》,钱佼汝译,百花洲文艺出版社1997年版,第3页。

④ [美]詹明信:《晚期资本主义的文化逻辑》,张旭东编译,生活·读书·新知三联书店1997年版,第5页。

⑤ [美]詹明信:《晚期资本主义的文化逻辑》,张旭东编译,生活·读书·新知三联书店1997年版,第11页。

以"符码转换"① 的方式将其转化为马克思主义的理论和方法的一部分,以此来丰富、完善和发展马克思主义。可以说,是萨特向詹姆逊打开了马克思主义的大门,法兰克福学派理论家使他真正成为一个黑格尔式的马克思主义者,而法国结构主义(包括拉康的结构主义的精神分析,尤其是阿尔都塞的结构主义的马克思主义) 则使他的马克思主义具有了结构主义的色彩,体现出与众不同的特点。正是在这个意义上,马克思主义学者凯尔纳(Douglas Kellner) 称詹姆逊的理论是"对黑格尔式的马克思主义和新的法国理论的独一无二的综合"②。

詹姆逊认为其他的批评方法大都是封闭的体系,而以辩证法为理论基础的马克思主义则是多元开放的,具有极强的包容性。"如果说马克思主义是一种与众不同、得天独厚的思维模式,原因不过在此,而非因为你自己一口咬定发现了真理。马克思主义的'特权'就在于它总是介入并斡旋于不同的理论符码之间,其深入全面,远非这些符码本身所能及。"③ 所有的理论都是阐释,而在这些阐释模式中,"马克思主义阐释学比今天其他理论阐释模式更具有语义的优先权。如果我们把'阐释'理解为'重写的运作',那么,我们可以把所有各种批评方法或批评立场置放进最终优越的阐释模式之中。"④ 正因为如此,詹姆逊断言:"从一种比较可靠的辩证传统的精神出发,马克思主义在这里被视为那条'无法逾越的地平线',它容纳这些显然敌对或互不相容的批评操作,在它自身内部为它们规定了部分令人可信的区域合法性,因此既消解它们同时又保存它们。"⑤ 相对于马克思主义的"基

---

① 在理论创新过程中,除了创造新术语和新概念之外,赋予旧的术语和概念以新的意义,也是一个常见的方法,詹姆逊称之为"符码转换(transcoding)",德里达则称之为"旧语移植术(paléonymie)"。([法] 雅克·德里达:《多重立场》,余碧平译,生活·读书·新知三联书店 2006 年版,第 79 页。)

② Douglas Kellner, *Postmodernism/Jameson/Critique*, Washington, DC: Maisonneuve Press, 1989, p.12.

③ [美] 詹明信:《晚期资本主义的文化逻辑》,张旭东编译,生活·读书·新知三联书店 1997 年版,第 22 页。

④ [美] 詹明信:《晚期资本主义的文化逻辑》,张旭东编译,生活·读书·新知三联书店 1997 年版,第 146—147 页。

⑤ [美] 弗雷德里克·詹姆逊:《政治无意识》,王逢振、陈永国译,中国社会科学出版社 2011 年版,第 2 页;又参见 [美] 詹明信:《晚期资本主义的文化逻辑》,张旭东编译,生活·读书·新知三联书店 1997 年版,第 148 页。

础／上层建筑"的阐释模式,所有的其他理论阐释模式,比如结构主义的"语言交流"、弗洛伊德主义的"欲望"或"利比多",荣格或神话批评的"集体无意识",各种伦理学或心理学的"人文主义"等等,都不具有绝对的优越性。而马克思主义则可以把所有这些都纳入其中,为我所用,使其成为马克思主义批评的理论资源。詹姆逊所做的就是要建立这样一种囊括其他多种理论的马克思主义阐释学。

　　詹姆逊把这种思维模式称为"辩证思维"(dialectical thinking)。詹姆逊一直关注辩证思维,并在多处对辩证思维做了界定。最有代表性的有三处。早在《马克思主义与形式》中,他指出辩证思维的特点在于它具有明确的自我意识,即"在研究既定对象的同时,也要考察我们研究的思维过程。或者用更科学的表述来说,就是也要把观察者的立场计算到这种实验本身之中"①。十年后,在《政治无意识》中他提出了类似的说法,认为辩证思维的特点在于"历史的反思性"(historical reflexivity),即"对一个客体进行研究时,它也包括对我们必然带给该客体的概念和范畴的研究"②。把这两种说法综合起来就能得出在辩证思维的指导下文学批评的三个主要研究对象,即对研究对象的研究、对研究者立场的思考和对研究过程中的方法、概念和范畴的反思。而在与张旭东的一次访谈中,他把辩证思维作为一种方法论,提出了辩证批评的三个特点:一是"强调环境本身的逻辑,而不是强调个体意识的逻辑",即把研究对象放入具体的历史语境中来加以研究,或者说将研究对象"历史化";二是"寻求不断地颠覆形形色色的业已在位的历史叙事,不断地将它们非神秘化,包括马克思主义历史叙事本身";三是"坚持以矛盾的方法看问题"。③ 可以把这三个方面看作是他对《马克思主义与形式》的最后一章"走向辩证批评"中提出的方法论的简单概括。建立在这种辩证思维的基础之上的批评方法就是"辩证批评",或"元批评"

---

① Fredric Jameson, *Marxism and Form*, Princeton, New Jersey: Princeton University Press, 1971, p.340;[美]弗雷德里克·詹姆逊:《马克思主义与形式》,李自修译,百花洲文艺出版社 1997 年版,第 288 页。

② [美]弗雷德里克·詹姆逊:《政治无意识》,王逢振、陈永国译,中国社会科学出版社 2011 年版,第 99 页。

③ [美]詹明信:《晚期资本主义的文化逻辑》,张旭东编译,生活·读书·新知三联书店 1997 年版,第 35—36 页。张旭东把此访谈作为詹姆逊的《晚期资本主义的文化逻辑》的汉译本的"代序言"。

(metacommentary)。① 这种批评是一种"批评的批评",它带给我们的不只是"批判的武器",同时也是"武器的批判",而马克思主义正是这样一种"元批评"。因此,在这个意义上,并非只有信仰共产主义才可以成为马克思主义者,"许多事实上在做元批评工作的人没有意识到他们干的正是马克思主义"②。这样,"元批评"就成为马克思主义所独有的一种方法论,也成了马克思主义批评的标志。这就为学术批评提出了更高的要求,即"每一个批评必须同时也是一种元批评。因此,真正的阐释使注意力回到历史本身,既回到作品的历史环境,也回到评论家的历史环境。"③

在此基础上,詹姆逊提出了他那句振聋发聩的口号——"永远历史化(Always historicize)!"这已经不只是一个口号,而且变成了一种方法论。任何批评都不可忽视历史的存在,同时都应该把研究对象纳入历史的语境之中,从历史的角度来加以审视。历史也就成为詹姆逊自始至终的研究视点。可以说,"从六十年代末期到现在,詹姆逊一直把文本的历史维度和历史的阅读置于特权地位,他把自己的批判实践带入了历史的屠宰房,也将批判话语从学术的象牙塔和语言的牢笼中移开,使其经历了学术领域里的荣衰和变动,而'历史'这一术语正是这一过程的标记。"④ 他正是以这种历史化的视角来审视俄国形式主义和法国结构主义的。在他看来,索绪尔语言学,以及以此为基础的俄国形式主义和法国结构主义的致命缺陷就在于抛弃了历史。因此他的《语言的牢笼》的"指导思想和自始至终的任务就是澄清索绪尔的语言学提出的共时方法和时间与历史现实之间可能发生的各种关系。这种关系在任何地方都没有象在文学分析领域中那样不合情理,而形式主义和结构主义正是在这一领域取得了最有实质性和最持久的

① 凯尔纳(Douglas Kellner)认为《元批评》(*Metacommentary*)(1971)一文不但是从《马克思主义与形式》向《语言的牢笼》的过渡,而且也是通过保卫批判的解释学来反对当时甚为流行的桑塔格(Susan Sontag)的"反对阐释"(anti-interpretation)。凯尔纳认为完全可以用"元批评"来概括詹姆逊的文学理论和批评实践的特点。(Douglas Kellner, *Postmodernism/Jameson/Critique*, Washington, DC: Maisonneuve Press, 1989, p.11.)

② [美]詹明信:《晚期资本主义的文化逻辑》,张旭东编译,生活·读书·新知三联书店 1997 年版,第 20 页。

③ Fredric Jameson, "Metacommentary", *The Ideologies of Theory*: *Essays 1971—1986*. (*vol.1*: *The Situation of Theory*), Minneapolis: University of Minnesota Press, 1988, p.5.

④ Douglas Kellner, *Postmodernism/Jameson/Critique*, Washington, DC: Maisonneuve Press, 1989, p.5.

成就。"① 形式主义者提出了一种新的理论范式,即"以语言为模式,按语言学的逻辑把一切从头再思考一遍"②,从而带来了文学理论的范式革命。但是,与此同时,结构主义把语言的共时性和历时性区分开来是不符合辩证法的,它们只看重语言的共时结构而忽视其历时发展和意识形态内涵,这种反历史化倾向把其囚禁于自己建立的"语言的牢笼"之中,从而成为它不可磨灭的缺陷。因此,要超越形式主义,就必须为其增加一种历史的维度,并把它与社会和意识形态联系起来。只有"通过揭示先在代码和先在模式的存在,通过重新强调分析者本人的地位,把文本和分析方法一起让历史来检验,……只有如此,或以相类似的东西为代价,共时分析和历史意识、结构和自我意识、语言和历史这些东西的成对的、显然是无法比较的要求才能得到妥协。"③ 也只有这样,结构主义才能打破这个"语言的牢笼",把文学和语言向历史开放,回归文学和语言的意义层面和意识形态功能。但他并没有抛弃结构主义的合理内核,而是在拒绝了结构主义的非历史化的立场,把结构主义话语向历史开放的同时,并没有否定索绪尔、格雷马斯和其他结构主义者的科学的中立立场和批评方法。④ 相反,他把这些理论和方法通过"符码转换"的方式转变成马克思主义的一部分,并应用于马克思主义的文本阐释学之中。

　　这种"历史化"方法除了要求把文学置于特定的历史语境加以研究之外,还要求关注文学中的历史本身。克罗齐指出"一切历史都是当代史",

---

① ［美］弗雷德里克·詹姆逊:《语言的牢笼》,钱佼汝译,百花洲文艺出版社1997年版,第6—7页。

② ［美］弗雷德里克·詹姆逊:《语言的牢笼》,钱佼汝译,百花洲文艺出版社1997年版,第2页。

③ ［美］弗雷德里克·詹姆逊:《语言的牢笼》,钱佼汝译,百花洲文艺出版社1997年版,182页。在一年前所出版的《马克思主义与形式》中詹姆逊已经明确提出了类似的表述,这已经为《语言的牢笼》奠定了基本主题。他认为辩证思维的基本运动就是要"调和内部的与外部的、内在的与外在的、现存的与历史的,以便使我们能够在单一的确定形式或历史时刻中进行探索,同时在对它做出判断的过程中置身其外,超越形式主义和某种社会学和历史学的文字运用之间的那种无效的、静止的对立,而这种对立是经常要求我们在两者间做出抉择的。"(［美］弗雷德里克·詹姆逊:《马克思主义与形式》,李自修译,百花洲文艺出版社1997年版,第280页。)

④ Philip Goldstein, *The Politics of Literary Theory: An Introduction to Marxist Criticism*, Gainesville, FL: The Florida State University Press, 1990, p.151.

任何历史研究的最终指向都是当下政治,关注历史只是关注政治的一种表征。正是在这个意义上,伊格尔顿认为一切文学理论和批评最终都是政治的。而詹姆逊则更进一步指出:"一切事物都是社会的和历史的,事实上,一切事物'说到底'都是政治的。"[1]巴特为了批判萨特的介入文学,把文本作为一种能指的游戏,并认为对文本的阅读所获得的是类似于性欲满足的身体快感和愉悦,而这种"文本的愉悦"与政治毫无关系。但是詹姆逊则认为这种愉悦和快感本身事实上与政治根本就无法分离,并甚至干脆把那篇评述萨特与巴特之间论争的文章的题目就叫作《快感:一个政治问题》(1983)。[2]他的《政治无意识》的主旨就是要"论证对文学文本进行政治阐释的优越性。它不把政治视角当作某种补充方法,不将其作为当下流行的其他阐释方法——精神分析或神话批评的、文体的、伦理的、结构的方法——的选择性辅助,而是作为一切阅读和一切阐释的绝对视域。"[3]可以看出,在詹姆逊的马克思主义批评理论中,政治和历史是紧密相连、互为表里的。只有具有政治指向的历史研究才是有价值的,同时也只有依据历史的政治批评才是深刻的。

但是文学的本质是审美的,而审美则是形式的。文学艺术的政治和历史内涵都蕴含于艺术形式之中,并通过审美形式而表现出来。它的政治价值的实现也只有通过审美形式的中介才能够完成,而政治性在文学中的直接表现则是意识形态。可以说,在马克思主义的文学批评中,政治(意识形态)、历史和形式是三位一体的。法兰克福学派的理论家们已经提出了形式的意识形态性和革命性,马歇雷和伊格尔顿也已经详细地论述了在文本生产意识形态的过程中审美形式的中介作用。因此,不同于苏联庸俗马克思主义对艺术形式的排斥,詹姆逊认为,科学的马克思主义文学批评必须把形式作为最重要的研究对象,"批评家需要像关注文学内容一样关注文学形式,因为形式不只是艺术作品的'装饰',而且体现着强大的意识形态

---

[1]　[美]弗雷德里克·詹姆逊:《政治无意识》,王逢振、陈永国译,中国社会科学出版社2011年版,第11页。

[2]　Fredric Jameson, "Pleasure: A Political Issue", *The Ideologies of Theory: Essays 1971—1986*, (*vol.2: The Syntax of History*), Minneapolis: University of Minnesota Press, 1988, p.61.

[3]　[美]弗雷德里克·詹姆逊:《政治无意识》,王逢振、陈永国译,中国社会科学出版社2011年版,第7页。

信息"①。这也正是他的成名作《马克思主义与形式》的中心主题。艺术形式
与意识形态的内在关联使批评家需要首先把形式作为研究对象,更重要的
是作为探索意识形态内容的先在条件。但这并不意味着批评家只需停留
在形式层面,形式研究的最终指向则是政治。如其所言:"我历来主张从政
治、社会和历史的角度阅读艺术作品,但我决不认为这是着手点。相反,人
们应从审美开始,关注纯粹美学的、形式的问题,然后在这些分析的终点与
政治相遇。……我更愿意穿越种种形式的、美学的问题而最后达到某种
政治的判断。"②尽管马克思主义文学批评要求"永远历史化",认为政治才
是其"绝对视域",但是和形式主义一样,文学艺术的首要研究对象还是形
式。不同只是在于形式主义仅仅停留在形式层面,而不敢向意义、政治和
意识形态层面迈进一步,而马克思主义则把后者作为其形式研究的最终指
向。也就是说,马克思主义的阐释学不能"绕过形式直奔主题",而是要"通
过形式阐发意义"③。詹姆逊认为这种"把社会历史领域同审美—意识形态
领域熔于一炉应该是更令人兴趣盎然的事情",而他之所以对卢卡奇情有独
钟,原因就在于卢卡奇"从形式入手探讨内容"的方法是文学研究的"理想
的途径"④。

　　由此可见,以辩证思维为指导,把马克思主义和形式主义结合起来进
行综合创新是詹姆逊的文学批评的基本方法论。正因为对形式主义理论
的吸收和借鉴,以及对艺术形式的普遍关注,詹姆逊形成了自己独特的批
评方法,也为他赢得了空前的声誉。2008 年,挪威路德维希·霍尔堡纪念
基金会将被誉为人文社会科学领域内的"诺贝尔奖"的霍尔堡国际纪念奖
授予詹姆逊,认为他创造的"社会形式诗学""对理解社会形成和文化形式
之间的关系做出了突出的贡献"⑤。在最近的一次访谈中,詹姆逊对他的这
种研究方法做出了更清晰、更明确的表述。他指出:"对自己的著述进行总

---

① Adam Roberts, *Fredric Jameson*, London and New York: Routledge, 2000, p.4.
② [美]詹明信:《晚期资本主义的文化逻辑》,张旭东编译,生活·读书·新知三联书店 1997
　　年版,第 7 页。
③ 赵宪章:《形式美学与文学形式研究》,《中南大学学报》2005 年第 2 期。
④ [美]詹明信:《晚期资本主义的文化逻辑》,张旭东编译,生活·读书·新知三联书店 1997
　　年版,第 13 页。
⑤ 王逢振:《詹姆逊荣获霍尔堡大奖》,《外国文学》2008 年第 6 期。

结,总让我感到为难,因为这总不免会有所遗漏或形成某种限制。但如果非得这么做不可,我想,'马克思主义和形式'应该是最好的描述,当然如果用'历史'代替'马克思主义',也许更确切。也就是说,形式和历史间的关系始终是我的兴趣之所在。我现在的著述,和四十五年前的作品有很大差别,但发生变化的不一定是我自身或我看待问题的方式,而是由于形式或历史语境发生了变化。所以以往文学我关注得比较多,因为当时文学是最重要的美学表达方式之一。但在今天,我关注得更多的是大众文化和文化风格,因为文化的性质已经发生了变化。但一方面,我仍关注形式:形式的意义、形式的意识形态、形式(而不是内容)所传达的意义等等。内容固然重要,但我的兴趣点在于形式,并且形式也需要利用各种方式和手段进行阐释;另一方面,我也很关注历史和历史情势的本质,这同样也包括社会和经济层面。如果你愿意的话,形式和历史间的联系还有另外一个名称,那就是'理论'(Theory)。因此,我认为我的作品从头至尾始终是在理论的麾下。"①詹姆逊坦言,作为一个马克思主义者,他之所以对形式问题如此感兴趣,原因在于"传统的马克思主义文学批评大都致力于内容和意识形态分析,总是关注内容因素,即作品的思想是什么? 反映了什么样的意识形态? 等等。很少有人研究叙事的特点、作品所采用的叙述方式以及意识形态得以呈现的形式。"②因此,马克思主义文学批评要取得新的进展就应该将"形式的意义"或"形式的意识形态"作为突破口。

二、形式的意识形态

詹姆逊发现,"在近来的文学批评中,关于'形式的意识形态'的观点,即作品的形式而非内容有可能表达一定的意识形态倾向的观点,已经被人们普遍接受。"③伊格尔顿把马克思主义文学理论和批评划分为四种模式,即人类学的、政治的、意识形态的和经济的模式,在这四大模式中最具特色的当属意识形态批评模式,因为这种模式不是对文学作品的意识形态内容

---

① 何卫华、朱国华:《图绘世界:弗雷德里克·詹姆逊教授访谈录》,《文艺理论研究》2009 年第 6 期。

② 杨建刚、王弦:《马克思主义与形式——弗雷德里克·杰姆逊教授访谈录》,《文艺理论研究》2012 年第 2 期。

③ Fredric Jameson, *The Modernist Papers*, London: Verso, 2007, p.114.

进行简单分析,而是把"形式的意识形态"作为研究对象。这种模式之所以能够获得马克思主义批评家们的普遍接受,原因在于它解决了文学理论研究中长期以来崇尚形式与崇尚内容两种观念之间难以调和的矛盾。正如伊格尔顿所言:"如果马克思主义批评的第三次浪潮最好称为意识形态批评,那是因为它的理论着力点是探索什么可以称为形式的意识形态,这样既避开了关于文学作品的单纯形式主义,又避开了庸俗社会学。"① 可以说,"形式的意识形态"概念的提出,或者把形式的意识形态作为马克思主义文学批评的主要对象,是西方马克思主义批评家对马克思主义与形式主义长期以来持续不断的论争的回应,也是在他们之间进行对话的结果,而这一批评范式的真正成熟完全得益于詹姆逊的批评实践。

马尔赫恩认为"形式与内容的关系"问题是马克思主义的当代发展中遇到的两大难题之一,另一个难题是"文本及其外部领域的关系"问题。② 不只是形式主义者对形式问题情有独钟,事实上,西方马克思主义者也一直非常重视形式问题。正如我们在前面对形式主义者与西方马克思主义者,尤其是法兰克福学派理论家的形式观进行比较时所强调的,在法兰克福学派理论家那里,本来由内容所承载的艺术的意识形态和社会批判性在这里自然而然地转移到了审美形式上。

詹姆逊自始至终都对形式报以极大的兴趣,也可以说他的所有研究几乎都是从形式的角度着眼的。和法兰克福学派一样,他之所以对现代主义情有独钟,根本原因就在于现代主义的审美形式中所蕴含的革命性。他对后现代主义文化的诸如平面化、碎片化和拼贴等特点的概括也都是从形式方面来展开分析的。而他近年来对现实主义的关注和回归所看重的同样不是现实主义作品的内容,而是把现实主义作为一种表现手法来加以研究的。

对形式的突出必然涉及对形式与内容之间关系的重新思考。自黑格尔之后,形式与内容的二元对立一直是所有文学艺术批评和美学所无法回避的棘手问题。无论是马克思本人,以及他的后继者,包括从苏联马克思主

---

① Terry Eagleton and Drew Milne, eds., *Marxist Literary Theory: A Reader*, Oxford UK & USA: Blackwell Publishers Ltd., 1996, p.11.

② [英]弗朗西斯·马尔赫恩:《当代马克思主义文学批评》,刘象愚等译,北京大学出版社2002年版,第21页。

义者、法兰克福学派一直到晚期的马克思主义者,还是俄国形式主义者、新批评家和结构主义者,以及现代派艺术家,都是在对这个问题的重新思考的基础上建立起自己的理论大厦的。詹姆逊也不例外,也正是在这个问题上体现出了他的思想的复杂性。

萨特把詹姆逊引进了马克思主义的大门,而法兰克福学派的理论家则使他成为一个坚定的马克思主义;前者使他具有了公共知识分子的"铁肩担道义"的社会责任感,而后者则使他成为一个思辨的哲学家。法兰克福学派的理论家都是黑格尔式的马克思主义者,但是在美学思想上又同时兼具康德和席勒的影子。可以说,他们的美学思想,尤其是对内容与形式的辩证关系的思考,在很大程度上是对黑格尔和康德(席勒)的综合。和法兰克福学派理论家一样,他一方面背弃了黑格尔的"内容决定形式"的定论,但同时又同意黑格尔的"美是理念的感性显现"的论断,认为理念内容必须通过审美形式显现出来,如果没有了审美形式,任何内容都是无法存在的。马尔库塞和阿多诺都打破了这种内容与形式的二元论,并用形式来统摄内容,认为审美形式自身之中就蕴含着丰富的意识形态内涵,表征着艺术的革命功能。无独有偶,形式主义美学也是试图打破黑格尔的形式与内容的二元对立,认为这种对立只是为了研究之便的一种权宜之计。在实际的艺术作品中,形式与内容是根本无法分开的。形式中包孕着内容,内容中体现着形式,二者融为一体,很难区分一部作品中到底什么是纯粹的形式和内容。因此俄国形式主义者试图用手法(技巧)和材料、新批评试图用构架和肌质来取代形式与内容的对立。尽管这种取代也同样不可避免地陷入一种二元对立的思维模式,但是他们对形式与内容之间的模糊性和互渗性的分析对詹姆逊同样产生了重要的影响。詹姆逊的《马克思主义与形式》就是通过对法兰克福学派的研究来思考法兰克福学派早已提出的"马克思主义与形式"问题,这也成为他一生的学术主题。

詹姆逊认为:"整个这一'形式—内容'的问题既不是纯粹局部的、美学的问题,也不是局部的、技巧的哲学问题,而是在各种当代语境中不断反复出现的问题。……内容和形式的问题大大超越了它们纯粹的美学指涉,从长远看,会不断涉及社会的各个角落。"[1] 因此,解决形式与内容之

---

[1]　Fredric Jameson, *The Modernist Papers*, London: Verso, 2007, p.xvii-xix.

间长期以来悬而未决的问题就成为建立科学的马克思主义文学批评的关键所在,而整个形式主义和西方马克思主义对黑格尔的形式与内容的二元对立关系的反思为詹姆逊重新思考这一问题奠定了基础。詹姆逊认为一切事物都处于二元对立的矛盾之中,我们对世界和事物的解释也是借助于二元对立。比如马克思主义的基础与上层建筑、主体与客体,结构主义的能指与所指等等。"要摆脱二元对立并不是要消除它们,而是常常意味着使它们增多。"① 在文学研究中,最重要的二元对立就是形式与内容。"内容是形式的前提条件,形式也是内容的前提条件。要克服形式与内容的对立(即使它富有成效),必须使它复杂化,而不是消除其中的一个方面。"② 在他对形式与内容的二元对立进行复杂化而建立形式的意识形态批评模式的过程中,席勒和叶尔姆斯列夫为其提供了重要的方法论启示。

　　詹姆逊对席勒的思想极感兴趣,并在《马克思主义与形式》中列专章来讨论席勒及其与法兰克福学派之间的渊源关系。詹姆逊认为"席勒的体系主要不是一种美学体系,而仍然是一个政治体系:美的重要性对他来说,在于审美经验为未来的真正的政治和社会自由提供切合实际的训练的可能性。"③ 而席勒的这种政治体系则是通过对审美和游戏的内在机制,即形式与内容之间的相互转化的分析来实现的。席勒认为形式冲动与理性冲动之间的鸿沟可以通过第三种冲动,即游戏(审美)冲动而加以弥合。在审美过程中对"形式和物质的双重愿望都能够得到满足"。詹姆逊认为,席勒的"这种冲动的对象,即纯粹现象,本身既是形式又是物质(内容),它在你寻觅物质(内容)的地方变成形式,在你寻觅形式的地方又证明是物质(内容)"④。只有在游戏,即审美活动中人的自由本质才能够得到实现,而这种游戏过程本身就是形式与内容的相互融合。因此席勒指出,"就我来说,我深信,美只是一种形式的形式,而且那通常称作它的材料(内容)的东西,势必

① Fredric Jameson, *The Modernist Papers*, London: Verso, 2007, p.xiii.
② Fredric Jameson, *The Modernist Papers*, London: Verso, 2007, p.xiii.
③ [美]弗雷德里克·詹姆逊:《马克思主义与形式》,李自修译,百花洲文艺出版社1997年版,第75页。
④ [美]弗雷德里克·詹姆逊:《马克思主义与形式》,李自修译,百花洲文艺出版社1997年版,第74页。

被视为已经赋予了形式的材料（内容）。"① 詹姆逊把这段话作为《马克思主义与形式》的结尾小节的题记，足以看出它对其思想的重要影响。事实上他对形式与内容的再思考从此时已经开始了。他对"内在形式"的提出就是对法兰克福学派和席勒美学思想的一种拓展。不同在于，詹姆逊把形式与内容的二元对立作为马克思主义阐释学的一部分，形式与内容的相互转化成为文本释义的重要内容。但是在这两个方面，詹姆逊更加看重的是对形式的分析，因为内容本身从本质上来说已经直接具备了意义。内容中的意义是已然存在、显而易见的东西，因此不需要花大气力进行分析。而形式则不同，形式中的内容极为隐蔽，必须通过释义才能够得以发现和理解。

　　如果说是席勒让詹姆逊看到了形式与内容之间的相互依存和相互转化，那么结构语言学家路易斯·叶尔姆斯列夫则让他发现了二者之间更复杂的结构。根据路易斯·叶尔姆斯列夫的看法，一种形式可以拥有自己的内容，这种内容区别于事件、人物和场景等内容，在一个特定作者修改形式以再现一种现实的过程中，事件、人物等内容可能充满形式。② 也就是说，在一部文学或艺术作品中，形式中有内容，内容中有形式。事实上，在一部文学作品中，我们很难说得清楚什么是形式，什么是内容。我们不能简单地说体裁、文体、句法、修辞就是形式，而人物、故事、情节就是内容。可以说，在现代主义作品中，形式就是内容；反过来说也成立，现代主义作品的内容就是形式本身。在形式与内容的二元对立中片面地强调任何一方而忽视另一方都会导致一种歪曲。形式与内容是互为条件的。因此，解决形式与内容的二元对立的唯一办法不是仅仅抓住一方而抛弃另一方，而是将这种对立进一步复杂化，并且分析二者之间的交叉和互渗关系。在叶尔姆斯列夫的两组二元对立，即表达／内容和形式／材料的分析模式的启发下，詹姆逊提出了自己的形式与内容的关系模式。在《政治无意识》中詹姆逊把这种模式用一个图表③ 来表示：

---

① ［美］弗雷德里克·詹姆逊：《马克思主义与形式》，李自修译，百花洲文艺出版社 1997 年版，第 340 页。
② ［美］海登·怀特：《形式的内容：叙事话语与历史再现》，董立河译，北京出版社出版集团 2005 年版，第 207 页。
③ ［美］弗雷德里克·詹姆逊：《政治无意识》，王逢振、陈永国译，中国社会科学出版社 2011 年版，第 139 页。

　　　　　　　　　　　表达（expression）：文类的叙事结构

形式（Form）

　　　　　　　　　　　内容（content）：文类方式的语义的"意义"

_____

　　　　　　　　　　　表达（expression）：意识形态素、叙事范式

材料（Substance）

　　　　　　　　　　　内容（content）：社会的和历史的素材

　　从这个图表中我们可以看出，形式和材料（即内容）各自都有自己的表达（形式）和内容。在新近出版的著作《现代主义论文集》（2007）中詹姆逊把这个图表进一步明晰化，从而将形式与内容的二元对立转变成为由四个术语构成的四项对立[①]：

	形式（form）	内容（content）
内容（CONTENT）	内容的形式（form of content）	内容的内容（content of content）
形式（FORM）	形式的形式（form of form）	形式的内容（content of form）

　　这四种组合已经穷尽了形式与内容之间可能构成的所有情况。詹姆逊认为，"从实践角度来看，其中的每一个组合或观点都反映了一种文学批评类型，它们各自在具有自己的有效性的同时也具有自己的内在局限性；而从某些外在边界的角度来看，在从描述（description）向处方（prescription）的滑动中，每一种组合都将为作家设置一个用以遵循的特殊的美学和程序。"[②] 内容的内容指的是一种尚不具有实际的文学形式的社会和历史现实，或者说内容还处于无法表达（inexpressible）和尚未定型（unfigurable）的阶段。而内容的形式则是作家用以将这种无形的、原生态的现实，也包括抽象的观念，表达出来的具体的文学语言和艺术形式。比如狄更斯以小说

_____

①　Fredric Jameson, *The Modernist Papers*, London：Verso, 2007, p.xiv.

②　Fredric Jameson, *The Modernist Papers*, London：Verso, 2007, p.xiv.

形式反映贵族阶级的生活。即使没有小说，这种生活也存在，但是它却只能是无形式的，而小说则使这种内容的内容具备了审美的形式，从而转化为艺术对象。一旦作家赋予了无形式的内容以形式，那么这种内容的形式就已经包含了我们可以称之为意识形态的任何东西。形式的形式是那种纯粹的无内容的纯形式，是康德所说的作为纯粹美的形式。詹姆逊认为，对内容的内容和形式的形式的过分强调代表了文学批评活动中的两种极端倾向。可以说，将文学艺术与社会现实和经济基础简单等同的庸俗马克思主义和简单的实证主义属于前者，而纯粹的为艺术而艺术的形式主义则是后者的代表。绝对地指向内容会走向自然主义，而绝对的形式主义则使艺术成为唯心主义和虚无飘渺的东西。那么，要超越这两种极端化倾向，就必须走向第四种情况，即关注形式的内容。现代主义表面上强调的是艺术形式的变革，但是它那变异的艺术形式下面隐藏的则是社会批判的意识形态内容。詹姆逊之所以对现代主义艺术情有独钟，其根本原因即在于此。他对现代艺术的形式分析的最终目的就是要揭示出这种形式中的内容。詹姆逊把第四项，即形式的内容作为文学艺术批评中形式与内容的二元对立的最佳解决方案。事实上，在文学艺术中，这种形式中的内容就是意识形态。

与詹姆逊将形式与内容的关系进行复杂化不同，伊格尔顿认为形式与内容事实上是不可分的。人们之所以将二者区分开来，原因仅仅在于学者们从学术的角度对文学艺术进行研究时为了概念的明晰性而做的权宜之计。因此这种区分仅仅是一种分析的而非事实的区分，用马尔赫恩的话来说，是"对单一的指意实践的一种非此即彼的分析式抽象"①。我们从概念上区分形式与内容，就像从概念上区分夜星和晨星一样，尽管从存在的角度来看二者指的是同一种星。人们有时候会说从语言的"背后"挖掘思想，或者说透过形式看内容，但是这种空间性的比喻是一种误导，因为语言并非思想已经包于其中的可以随意处理的包装纸。相反，诗歌语言本身就是它的思想的构成要素，或者说，形式是内容的构成要素而不是它的反映。声调、节奏、韵律、句法、谐音、语法、标点等等实际上都是意义的生产者，而不是意义的容器，修改它们之中的任何一个都会改变意义本身。事实上，在文学研究

---

① [英]弗朗西斯·马尔赫恩：《当代马克思主义文学批评》，刘象愚等译，北京大学出版社2002年版，第21页。

中,我们都是通过非语义的因素(声音、节奏、结构、印刷格式等)来理解语义(意义)的。日常语言也是如此。在日常语言中,内容也是形式的产物,或者更准确地说,所指(意义)是能指(语词)的产物。意义就产生于语词本身及其使用过程之中。我们无法具有"事实胜于雄辩"这一思想,除非具有能够承载它的语词或符号。但是,在日常语言中,语词往往服务于意义的表达需要,只是意义的传递工具,语词本身并不是关注的主要对象,或者说,我们关注的重心是所指而非能指。诗歌则恰恰相反,它把日常语言的内容和形式或能指与所指之间的关系从根本上颠倒过来了。在诗歌中,我们很难漠视语词而获得意义,因为所指是对能指进行复杂运用的结果。正如伊格尔顿所言:"难道可以肯定标点是一回事而政治是另一回事吗?事实上,这种区分是否经得住考验是值得怀疑的。比如,要展示劳伦斯的作品中的标点——创造一种流淌和自发的效果——与他的'有机的'世界观是如何联系在一起的并不是一件困难的事情,他对工业资本主义的批判也是如此。既存在着形式的政治,也存在着内容的政治。形式并不是对历史的偏离,而是一种接近历史的方式。艺术形式的重大危机——比如十九世纪末至二十世纪初由现实主义向现代主义的转变——几乎总是与历史的剧变捆绑在一起。"①在文学作品中,形式本身就是历史、政治、道德和意识形态的发源地。新古典主义诗歌利用了英雄偶句诗的顺序、对偶和均衡,自然主义戏剧用手势传递着它无法可靠呈现的舞台之外的现实,一部小说歪曲了它的时间顺序或者令人晕眩地把一个人物的观点转移到另一个人物身上,所有这些都是自身作为道德或意识形态意义的传递者的艺术形式的例子。甚至诗歌中的一个无意义语,一条俏皮话或非认知的词语游戏,都包含有含蓄的道德观念。基于此,伊格尔顿对纯粹的形式主义进行了批判,认为狭隘的形式主义对诗歌的理解是非常肤浅的,是过分注重诗歌表达的方法而忽略了诗歌表达的内容,是将形式作为历史本身的媒介来把握。事实上,文学的形式(能指)与内容(所指)是无法分离的,历史、政治和意识形态并不是有待于植入形式之中的东西,相反,它们本身就蕴含于形式之中,与形式融为一体,或者说就是形式本身。因此,伊格尔顿认为形式的政治或意识形态应该成为文

---

① Terry Eagleton, *How to Read a Poem*, Malden: Blackwell, 2007, p.8,译文参见陈太胜:《新形式诗学:后理论时代文学研究的一种可能》,《文艺研究》2013 年第 5 期。

学研究的一个重要方面。

　　可见，无论是詹姆逊还是伊格尔顿，都非常重视文学艺术的形式，但与形式主义者不同，作为马克思主义的文艺理论家，他们不是对文学艺术进行纯粹的形式研究，而是关注于形式中所蕴含的意识形态内容。"形式的意识形态"才是马克思主义形式观的最佳表述。因此，马克思主义的文本阐释学也就不再是对文本进行审美性的形式分析，而是借用形式主义的细读和各种文本分析方法去挖掘和阐明蕴含于文本深层的"形式的意识形态"。

三、文本的意识形态阐释模式

　　詹姆逊认为所有的批评都是阐释，而从总体上来看，他所做的所有工作就是要建立一种马克思主义阐释学。在他早期的几部著作中，阐释学都是其中的重要内容。在成名作《马克思主义与形式》中，他把本雅明、马尔库塞和布洛赫等人的思想作为"马克思主义阐释学的变体"而列专章加以讨论。在《语言的牢笼》中，他实际上是把结构主义作为"一种真正的阐释学"而加以分析和接受的。而在《政治无意识》的第一章，他则以"论阐释"为题来专门讨论马克思主义阐释学的理论、方法和实践。

　　詹姆逊认为，马克思主义作为一种元批评，它的阐释学和诸如伦理的、心理分析的、神话批评的、符号学的、结构的和神学的等等阐释方法都有所不同。马克思主义是一种多元开放的理论体系，它可以容纳当今知识市场上所有的理论方法，并将其转化为马克思主义的知识资源。正是这种开放性使马克思主义成为一条"不可逾越的地平线"。詹姆逊的"视域"（horizon）概念明显来自于伽达默尔的解释学，它对各种理论方法的综合吸收、融合转化也正是伽达默尔所说的"视域融合"（fusion of horizons）。但是他并不关注现代解释学所注重的那些问题，比如海德格尔的前理解（pre-understanding）或先在结构（fore-structure）、伽达默尔的偏见（prejudice）和赫施（Hirsch）的假设（hypothesis）等等。詹姆逊的马克思主义阐释学所关注的是艺术形式中的历史和意识形态内容，詹姆逊称其为"形式的意识形态"。在詹姆逊的辩证思维中，历史、政治（意识形态）和形式是三位一体的，因此对"形式的意识形态"的研究实际上就是要关注文学文本，尤其是叙事文本与历史和意识形态的关系问题。

　　如前所述，马克思主义的文本阐释学就是要将文本"永远历史化"。这包括相反相成的两个方面。一方面是要把形式或文本历史化，即把特定文本放入历史语境中来加以理解。在历史的长河中，任何解释都是相对的，都会带上特定时代的意识形态"偏见"，都体现着特定阐释者的"前理解"。但是如果就特定的历史语境而言，这种阐释则是"绝对有效的"。詹姆逊认为伽达默尔的阐释的历史相对主义和赫施的阐释的绝对有效性的对立忽视了特定历史条件下的意识形态限制，如果加入马克思主义的"绝对的历史主义"（absolute historicism）这一视域的话，这种对立就可以迎刃而解。另一方面则是历史的形式化或文本化。不同于马歇雷和伊格尔顿对文本概念的抽象化理解，詹姆逊极为关注叙事作品，他所说的文本就是叙事，而文本化就是叙事化。正如内容的内容不能成为艺术一样，历史本身在文本中也只能成为一种阿尔都塞所说的"缺场的原因"。虽然历史已然存在，但我们无法接触。历史只能以文本的形式接近我们，我们所能看到的也只是文本化或叙事化了的历史。因此，历史要成为艺术对象就必须将其加以文本化，把历史纳入文本和叙事之中，这样历史才能转化为审美对象。从这个意义上来说，新历史主义把历史本身看作一种叙事也不无道理。

　　但是不同于叙事学所说的讲故事意义上的叙事，詹姆逊把这种叙事作为一种"社会象征行为"，一种潜藏着丰富的历史、政治和意识形态的象征性内涵的"寓言"。而文本的审美化效果则使这种内涵处于一种无法察觉的状态，詹姆逊借用弗洛伊德的概念称其为文本中的"政治无意识"。用他的话说就是，"一切文学，不管多么虚弱，都必定渗透着我们称之为一种政治无意识的东西，一切文学都可以解作对群体命运的象征性沉思。"[1] 比如，詹姆逊认为"现代主义本身就是资本主义意识形态的表现，尤其是后者对日常生活物化的表现。……然而，现代主义同时又可以看作是对物化给它带来的一切的乌托邦补偿。"[2] 康拉德的现代主义作品就是高度物化和异化的资本主义现实政治的象征，其中每一个叙事文本都是一种意识形态象征行为，而每一个人物的故事都具有明显的象征意义。比如，在康拉德的《吉姆爷》中，"斯坦的故事就是资本主义扩张的英雄时代正在逝去的故事；它

---

[1] ［美］弗雷德里克·詹姆逊：《政治无意识》，王逢振、陈永国译，中国社会科学出版社2011年版，第60页。

[2] ［美］弗雷德里克·詹姆逊：《政治无意识》，王逢振、陈永国译，中国社会科学出版社2011年版，第230—231页。

标志着一个时代的结束,在这个时代里,个人企业家就是巨人,世界范围内的资本主义业已进入垄断时期"①。斯坦是一个蝴蝶收藏家,而詹姆逊认为他对蝴蝶收藏的热情也可以看作是一种意识形态的寓言和讽喻,体现了康拉德本人对印象主义的热烈追求。而通过吉姆的故事,"康拉德假装讲述个人如何与自身勇气和恐惧斗争的故事,但他非常清楚真正的问题并不在这里,而在于吉姆不得不树立的社会样板,以及吉姆在意识形态神话中发现萨特式的自由而产生的非道德化效果,也正是这些意识形态神话使统治阶级发挥作用并断言它的统一性与合法性的。"② 由此可见,叙事作为一种社会象征行为,其文本深层刻写着时代的意识形态。没有意识形态内涵的文本是根本不存在的,问题仅仅在于这种意识形态的性质和强度不同而已。但是由于文本的意识形态不同于作家的意识形态,它可以独立存在,因此文本的叙事过程中所潜藏的这种意识形态甚至连作家本人也没有意识到。这也就有了作家背弃自己的阶级立场、作品超出作家预期效果的情况。结构主义对作家主体性的否定在这里得到了詹姆逊的共鸣,不同在于他关注的不是语言和结构对主体性的侵蚀,而是文本意识形态相对于主体性所体现出来的独立性。

正是因为历史和意识形态是通过叙事的编码方式而体现出来的,叙事过程中不可避免地带有丰富的意识形态内涵,并且文本的表层语言和结构与深层意蕴之间存在巨大差异,所以对叙事文本进行阐释就是极有必要的。正如詹姆逊的研究者亚当·罗伯茨(Adam Roberts)所言:"历史不是简单地在哪儿,等待着我们来接近。历史仅仅存在于文本形式之中,而这种形式必须被阐释。因此,阐释是建立在历史的基础或'地平线'之上的。但是历史只能通过阐释来接近。换句话说,阐释和历史之间的复杂的相互关系具有微妙的双重后果:这既是一个完全的辩证状况,它的最佳说明又是被辩证批评所完成的。"③ 可以说,叙事和阐释是一对孪生姐妹,有叙事就必须有阐释。只有通过文本和叙事,历史才能够接近我们;同时,也只有通过阐释,我

---

① [美]弗雷德里克·詹姆逊:《政治无意识》,王逢振、陈永国译,中国社会科学出版社 2011 年版,第 232 页。

② [美]弗雷德里克·詹姆逊:《政治无意识》,王逢振、陈永国译,中国社会科学出版社 2011 年版,第 260 页。

③ Adam Roberts, *Fredric Jameson*, London and New York: Routledge, 2000, p.50.

们才能真正理解和把握这种历史和意识形态。因此,"马克思主义的任务不是拒绝阐释,而是在历史的否定和压抑中解救阐释"①。这种阐释不是简单地弄清楚"它的意思是什么?",而是通过"主符码"或"主叙事"对复杂现实的不可避免的重写。可见,詹姆逊的这种解释和形式主义者的"内在解释"是不同的。在 60 年代之前美国学术界居主导地位的阐释模式是新批评,而詹姆逊所提出的阐释模式则完全不同。有人把二者做了一个比较,认为"新批评的巨大成功就是将美国大学中对文学的'政治的'解释锁闭起来,这种成功直接来源于他们所宣称的内在阐释(immanent interpretation)。新批评的基本观点是,只有当所有外在于文本的信仰或教义都被悬置起来,文学作品的阅读唯独能够运用他们自己的标准和价值的时候,文学理解才成为可能。如果对这种内在解释看得过于重要的话,要发现形式主义者在哪里错了就是非常困难的。马克思主义和其他'政治的'文学批评方法认为新批评是错误的,因为它提供的是一种逃避主义的形式,用詹姆逊的话说就是,它否定和压抑了历史。"②在詹姆逊看来,新批评等形式主义者试图摆脱政治和伦理的内在的"超越"解释是不可能的,马克思主义解释学的主符码是意识形态,准确地说是"形式的意识形态"。马歇雷和伊格尔顿已经论证了文本如何生产意识形态,而詹姆逊的阐释目标就是揭示文本深层的这种意识形态,或"政治无意识"。

然而,尽管这种阐释不能停留在形式主义所停留的形式层面,不能仅仅研究文本的叙事技巧和结构,但是它却不能脱离对艺术形式的分析。正如詹姆逊所言:"对形式的意识形态的研究无疑是以狭义的技术和形式主义分析为基础的,即便与大多数传统的形式分析不同,它寻求揭示文本内部一些断续的和异质的形式程序的能动存在。"③"形式的意识形态"批评要求像形式主义那样关注艺术形式,但是它"绝不是从社会和历史问题向更狭隘的形式问题的退却",而是通过对艺术文本的审美形式的分析来揭示其中

---

① William C. Dowling, *Jameson, Althusser, Marx: An Introduction to The Political Unconscious*, Ithaca & New York: Cornell University Press, 1984, pp.99-100.

② William C. Dowling, *Jameson, Althusser, Marx: An Introduction to The Political Unconscious*, Ithaca & New York: Cornell University Press, 1984, p.104.

③ [美] 弗雷德里克·詹姆逊:《政治无意识》,王逢振、陈永国译,中国社会科学出版社 2011 年版,第 89 页。

所蕴含的历史、社会和意识形态内涵。可以说,"詹姆逊对形式的强调已经成为他将以前明显非政治的东西予以政治化的主要工具"①。因此,在具体的阐释模式的建构中詹姆逊对形式主义,尤其是结构主义的阐释方法进行了批判性的吸收和借鉴。

　　而对詹姆逊的文本阐释理论的形成影响最大的还是中世纪的《圣经》阐释学和弗莱的原型批评。事实上,现代阐释学本身就发源于中世纪以来对《圣经》的释义活动。詹姆逊结合弗莱的原型批评,将这种阐释模式划分为四个层面。他把这四个层面用一个图表②来表示:

神秘阐释的	政治的解读(历史的"集体"意义)
道德的	心理的解读(个别主体)
寓言的	寓言手段或阐释符码
直义的	历史或文本指涉

　　这四个层面从下往上是一个由字面意思向深层意蕴的不断深入的阐释过程,也可以说它代表了文本阐释过程中的四个阶段。我们可以把这四个层面具体到对《圣经》的解释中来加以分析。从表层的字面意思来看,《圣经》故事记载的是以色列人,乃至全人类的真实历史,但是当我们进一步阅读就会发现整个《圣经》中讲述的其实都是关于耶稣基督的寓言。此时,对这种寓言的阐释已经超出了文本的直接指涉而进入寓言层面,耶稣基督成了主要的阐释符码。但是对耶稣基督的信仰所指向的并不仅仅是"因信称义",相信圣子的复活和有朝一日的再次降临最终会转化为一种道德诉求,从而把基督信仰融化为个体的无意识,并影响到个体的心理和行为。这时阐释活动已经进入了道德的或个体的心理层面。当基督信仰超出了个体的道德层面,最终会转化成为对人类整体命运和历史的思考,而此时信仰就会变成政治。当然,这不是指狭义的党派政治,而是对有关正义、自由、平等、顺从等的思考的广义政治。这也就是詹姆逊所说的阐释的第四个层面,

---

① Caren Irr and Ian Buchanan, *On Jameson*: *From Postmodernism to Globalization*, Albany: State University of New York, 2006, p.5.

② [美]弗雷德里克·詹姆逊:《政治无意识》,王逢振、陈永国译,中国社会科学出版社 2011 年版,第 21 页。

即神秘解释的,或政治解读的层面。这几个层次与英伽登和韦勒克的文本分层极为接近,不同仅仅在于英伽登和韦勒克是从文本的存在方式角度讨论问题的,而詹姆逊关注的则是文本的阐释过程。

　　通过对中世纪的《圣经》阐释学和弗莱的原型批评的分析,詹姆逊提出了自己的马克思主义的文本阐释模式——"三个同心圆"(three concentric frameworks)。这个同心圆从内到外依次是政治的历史、社会和历史。在这个阐释框架中,每一种视域都体现着对文学的不同理解,有各自的批评对象和阐释方向。作为第一重视域的"政治的历史"实际上指的就是批评中的政治视域,它关注的是"狭义的定期发生的事件和颇似年代顺序的系列事件"①。这是对文本中所叙述的故事的直接解读,把故事看作是对政治和历史事件的影射。此时阐释活动关注的还仅仅是个别的文本和话语。詹姆逊认为这个政治视域是马克思主义文学批评的"绝对视域",而政治也是文本阐释的首要指向。也正是在这个意义上,詹姆逊把文本和叙事看作一种"社会象征行为"。作为第二重视域的社会批评关注的是"社会阶级之间的一种构成性张力和斗争"②。在此,文本已经不再是一个个体存在,而成为集体或阶级话语及意识形态的象征。社会批评的目标就是要通过文本分析,在字里行间和形式结构中解读和发掘文本深层所蕴含的"意识形态素"③。

---

① [美]弗雷德里克·詹姆逊:《政治无意识》,王逢振、陈永国译,中国社会科学出版社 2011 年版,第 65 页。

② [美]弗雷德里克·詹姆逊:《政治无意识》,王逢振、陈永国译,中国社会科学出版社 2011 年版,第 65 页。

③ "意识形态素"(ideologeme)是詹姆逊的文学批评中的一个重要概念。詹姆逊指出:"意识形态素是一种双重结构,它的本质结构特点在于,它既可以表现为一种准思想——一种概念或信仰系统,一个抽象的价值,一个意见或偏见——又可以表现为一种元叙事(protonarrative),一种关于'集体性格'的终极的阶级幻想,这些'集体性格'实际上就是对立的各个阶级。这种双重性意味着,对意识形态素加以全面描述的基本要求已经事先提出来了:作为一种结构,它必须具备同时接受概念描述和叙事表现的能力。意识形态素当然可以在这两个方向上详尽阐述,一方面采取哲学体系的最终表象,另一方面采取文化文本的最终表象。"([美]弗雷德里克·詹姆逊:《政治无意识》,王逢振、陈永国译,中国社会科学出版社 2011 年版,第 77 页。)在对文学的社会分析中,意识形态素是"社会阶级在本质上不相容的集体话语的最小的可读单位"。也可以说,意识形态素就是意识形态在文本中最细微的体现。但是在詹姆逊的文学批评中,他更多地采用了阿尔都塞的意识形态概念,即把意识形态作为一种"想象性"关系,但是在这个阐释模式中,意识形态素作为阶级话语的最小可读单位,则更接近于马克思的"虚假意识"意义上的意识形态。因为马克

由于意识形态素是意识形态最细微的构成部分,它和阶级紧密结合在一起,而在复杂的阶级关系中又往往具有各种表现形式,难以辨认。它既有哲学的形态,又有审美的形态,而文学批评的首要任务就是要通过对文学文本的认真的文本解读来辨别和分析这些意识形态素。詹姆逊认为这种分析工作正是当前的文学批评所缺乏的。最后是历史视域,其主导话语是马克思主义的生产模式理论。在这个视域中,文学被置入人类整体的生产模式的复杂序列之中,通过对文本的分析所看到的则是人类的"最宽泛意义上的一系列生产方式,以及各种不同人类社会构型的接续和命运,从为我们储存的史前生活到不管多么遥远的未来历史"①。此时,"个别文本与其意识形态素都将经历一次最终改造,它必须根据我将称为'形式的意识形态'的东西来解读,即是由不同符号系统的共存而传达给我们的象征性信息,这些符号系统本身就是生产方式的痕迹或预示。"② 所有的这三重视域都没有停留在对文本形式的简单分析上,而是把文本作为一种社会象征行为,并以此为基础对文本进行重写和改造。其中,"每一个层面或视域都控制着对其客体的明显重建,并以一种不同的方式理解现在只能在普遍的意义上称作'文本'的东西的结构。"③ 可以说,这三重视域由内而外依次是由政治向社会和历史文化的逐渐拓展,或者说,是一个由个别文本到集体话语和历史寓意,由特殊走向一般的过程。它们各自代表了马克思主义文本阐释的一个方面。在具体的批评过程中,这几个方面既可以各自为体,也可以相互联合;既可以由内向外,也可以由外向内。在《政治无意识》的后几章,詹姆逊对巴尔扎克、吉辛和康拉德的作品的分析就分别采用了这三种视域,而他对这几章的安排也是按照由政治向社会和历史文化依次展开的。

这种马克思主义文本阐释的"三个同心圆"模式建立在中世纪的《圣

思指出每个阶级都试图把自己的意识形态说成是全人类的意识形态,因此阶级斗争也就成为意识形态的斗争。所以意识形态一旦和阶级联系起来,就已经不可避免地成为一种"虚假意识"。

① [美]弗雷德里克·詹姆逊:《政治无意识》,王逢振、陈永国译,中国社会科学出版社2011年版,第65页。
② [美]弗雷德里克·詹姆逊:《政治无意识》,王逢振、陈永国译,中国社会科学出版社2011年版,第66页。
③ [美]弗雷德里克·詹姆逊:《政治无意识》,王逢振、陈永国译,中国社会科学出版社2011年版,第66页。

经》阐释学的基础之上,但是二者之间又存在着根本的区别。如果说《圣
经》阐释学还是纵向的和历时的,那么这种模式则是横向的和共时的。如
果说前者采用的还是阿尔都塞所说的表现因果律,把文本看成表层语言和
深层意义的二元对立的话,那么这种模式体现的则是阿尔都塞的结构因果
律,把文本看作由多种因素共同构成的多元结构。如果说提出辩证思维和
元批评、讨论形式与内容的辩证关系的詹姆逊还是一个黑格尔式的马克思
主义者,那么提出马克思主义文本阐释模式的詹姆逊则已经转变成为一个
阿尔都塞式的结构主义的马克思主义者。

　　詹姆逊对结构主义的吸收除了这种阐释模式之外,还表现在具体的
批评过程中对结构主义叙事学和符号学方法,尤其是格雷马斯的"符号
矩阵"(semiotic sqaure) 的运用。格雷马斯认为,人类精神从最简单的元
素出发,经过一个极为复杂的过程,最后完成某些文化产品(文学作品、神
话、绘画等) 的制作。这种制作是人类精神从内在(immanence) 走向外显
(manifestation) 的过程,共经历了深层结构、表层结构和外显结构三个阶
段。① 这三个阶段同时也是人类精神在具体的文化产品中的三个表征层次。
结构主义批评的一个重要任务就是对各种文化产品进行结构分析,由表及
里地挖掘文化产品的深层结构,乃至人类精神的各种文化原型。列维—斯
特劳斯对希腊悲剧《俄狄浦斯王》和普罗普对俄国民间故事的分析,都是要
挖掘这种深层结构和文化原型。基于这一目的,格雷马斯借用叶尔姆斯列
夫的符号学分析方法设计了这个由一系列二元对立构成的符号矩阵。

　　詹姆逊虽然也意识到格雷马斯的符号矩阵"能否无限丰富地运用于文
学与叙述性结构的分析也还是一个问题"②,但是这种方法为我们的文化分
析提供了"整个意义产生的可能性",可以为马克思主义文学批评"提供一
条进入文本的路径"。比如,格雷马斯用符号矩阵对列维—斯特劳斯的人类
学研究中所关注的两性关系进行分析,建立了"两性关系的社会模型"、"两
性关系的经济模型"、"个体价值模型",并由此构建起了一个人类的"性关

---

① [法] A.J. 格雷马斯:《论意义——符号学论文集》(上册),百花文艺出版社 2004 年版,第
　　139 页。
② [美] 詹明信:《晚期资本主义的文化逻辑》,张旭东编译,北京:生活·读书·新知三联书
　　店 1997 年版,第 332 页。

系体系"。① 詹姆逊认为如果我们把某一社会的婚姻规则作为起点,"这个语义四边形就能让我们得出这个社会常规的和可能发生的两性关系的全部内容"②。因此,正如把符号学方法作为"分析意识形态封闭的特殊工具"一样,詹姆逊把格雷马斯的符号矩阵也作为"一种探讨意识形态的方法",并从中发现了"政治无意识"的运作方式。

如果说格雷马斯主要用这个符号矩阵来探究文学叙事中的深层结构模式,那么詹姆逊运用这一模式所发现的是这种深层结构模式中所包蕴的文化和意识形态内涵。比如,詹姆逊用这种方法对《聊斋志异》中《鸲鹆》进行分析,剖析了人(human)、非人(non-human)、反人(inhuman)和非反人(non-inhuman)这四项对立所生成的金钱影响下的权利和友谊的逻辑关系。在詹姆逊看来,《鸲鹆》不再只是一个用于娱乐的故事,而是关于文明进程的,"探讨的是究竟怎样才是文明化的人","探讨'人'怎样可以变得'人道','人'又怎样成为'反人',以及'非人'又怎样可以具有人性,等等。"在对《画马》的结构分析中,詹姆逊从中看到的也不只是故事是如何展开的,而是"一种新的再生产关系",是对货币社会中的一个核心问题,即"货币怎样才能增长"或"货币再生产"进行艺术思考。康拉德的《吉姆爷》体现的是行动和价值的对立,"《吉姆爷》中的矩形是 19 世纪维多利亚时代的意识形态,是对资本主义社会的分析诊断"③。由此可见,通过对格雷马斯符号矩阵的运用,詹姆逊已经把文学故事变成了一种意识形态"寓言"。

除了对文学作品的分析之外,詹姆逊还把这一矩阵运用到了对包括马克思·韦伯的社会学理论、拉康的精神分析、乌托邦问题以及后现代主义建筑等文化问题的分析和阐释中去。格雷马斯矩阵在詹姆逊这里已经具有了更广泛的用途和更深刻的文化价值。符号矩阵已经不仅仅是一种用于文化分析的特殊工具,而且成为社会文化存在的一种基本的方式。无论格雷马斯的符号矩阵理论正确与否,詹姆逊将它作为一种意义生产机制来使用的

---

① [法] A.J. 格雷马斯:《论意义——符号学论文集》(上册),百花文艺出版社 2004 年版,第 147—154 页。

② [美] 弗雷德里克·詹姆逊:《批评理论和叙事阐释》(《詹姆逊文集》第 2 卷),王逢振主编,中国人民大学出版社 2004 年版,第 286 页。

③ [美] 弗雷德里克·詹姆逊:《后现代主义与文化理论》,唐小兵译,北京大学出版社 2005 年版,第 110—140 页。

做法则是新颖的,而且对于说明叙事如何发生作用以加强和消解在不同发展时期社会结构的"意识形态"具有启发意义。

　　格雷马斯的符号学分析中运用了大量类似于数学公式的图示,因此有人称符号学为人文社会科学里的数学,具有明显的科学主义倾向。格雷马斯主要运用这个符号矩阵对叙事性作品的叙事结构进行语义分析,进而试图揭示故事背后的文化原型和深层结构。詹姆逊对格雷马斯符号矩阵加以运用并推进一步,用其挖掘文学作品叙事结构背后隐藏的意识形态或政治无意识,体现出较强的人文主义色彩。

　　从以上分析中我们可以明显地看出,形式主义,尤其是结构主义的方法已经渗透到了詹姆逊文学批评的理论建构和批评实践的方方面面。如果说结构主义也是一种阐释学的话,那么詹姆逊已经把它完全纳入了自己的马克思主义的阐释框架之中,从而极大地丰富和发展了马克思主义。站在马克思主义的立场上吸收和借鉴形式主义,进而对二者的方法和理念进行辩证综合,也成为詹姆逊文学批评和学术研究的方法论基础。尽管詹姆逊在马克思主义与形式主义之间的对话也存在诸多问题,对二者的辩证综合也不尽完美,但是这种在不同理论之间进行综合创新的方法却是非常有效的。

第七章　马克思主义与符号学的
相互征用与对话

　　索绪尔认为语言学是符号学的典范形态，他之所以批判历时语言学而建立共时性的结构语言学，目的就是为建立一种更加普遍的符号学奠定基础。而巴特则相反，认为符号学的原理和方法都源自于语言学，因此应该看作语言学的一部分。我们无意于对这个公案做出辨析，但是从中我们也可以清楚地看到语言学和符号学之间的这种难以割离的密切关系。从其发展的历程来看，结构主义符号学的兴盛和繁荣就是以索绪尔语言学为基础的。为了便于展开分析，在此，我们把语言学限定于对语言符号问题的研究，而把对于语言之外的其他符号的研究归入符号学的范围。这一章我们就把研究的触角伸向马克思主义与符号学之间的关系问题，从而探讨马克思主义与形式主义之间的对话在符号学领域的问题性及其呈现方式。

　　如果说语言学是形式主义文论的理论基石的话，符号学则是形式主义文论发展史中的高级形态。因此，讨论马克思主义与形式主义之间的对话就不能对符号学所取得的巨大成就视而不见。事实上，20世纪后半叶，马克思主义和符号学之间就处处显现着相互吸收和借鉴的对话关系。从马克思主义的角度来看，与对语言问题的态度一样，在符号学成为当代人文学科的显学的语境下，马克思主义要取得发展同样不可忽视符号学所取得的理论成就。正如保罗·利科所言："马克思主义哲学家尽管通过捍卫反映论拒绝把认识归结为符号学结构，但还是继续强调记号在认识中所起的巨大作用。在我们的时代，如果不分析认识的符号学来源，如果不了解科学和艺术中所使用的符号学形成的具体特征，如果最终不了解记号作为社会和个人的行为的中介者所起的作用，那么就不可能对哲学问题做严肃、系统的论述。"① 对符号学的发展来说同样如此。马克思主义是20世纪人类思想史上影响最大的理论思潮，符号学要取得发展自然也不能忽视马克思主义的

---

　　① ［法］保罗·利科：《哲学主要趋向》，李幼蒸、徐奕春译，商务印书馆2004年版，第409页。

理论遗产。事实上，在重要的符号学理论家，尤其是结构主义符号学理论家中，无论是列维—斯特劳斯还是罗兰·巴特，都深受马克思主义的影响，其学术生涯的早期都有一个马克思主义阶段。马克思主义的方法论在他们的学术研究中也都或明或显地体现出来，成为一个挥之不去的方法论参照，影响着他们的学术研究和职业生涯。

我们可以断言，正是在这种对话中，马克思主义和符号学都极大地拓展了各自理论的广度和深度，并取得了丰硕的理论成果。而且，更重要的是，通过这种对话，在二者的交叉地带产生了一种新的理论生长点，催生出许多新的理论话题。这些话题带有马克思主义和符号学的双重特征，不能简单地归于某一个学派。我国著名符号学家赵毅衡对这一点有深刻的认识和明确的阐述。他指出："与符号学最顺理成章结合的当代学派是马克思主义。符号学本质上是批判性的，它把符号意指看成文化编织话语权力网的结果，与马克思主义的意识形态批判在精神上至为契合。……'马克思主义符号学'已经成为当代学界的一个重要学派。这个学派的论辩展开的基本动力，是马克思主义的社会批判，但不仅方法是符号学式的分析，其批评对象也从资本主义的经济霸权、文化霸权，转向符号霸权。这个角度切中当代资本主义的命脉，当代符号学的最重要分支就是符号学社会批判。"[1]这段话清楚地表明，马克思主义和符号学之间在精神本质和价值取向上的高度契合使二者之间的对话成为可能。马克思主义通过对符号问题的关注以及对当代符号学方法的引入，催生了"马克思主义符号学"这一重要学术领域的形成。而当代符号学通过对马克思主义的意识形态、文化霸权、阶级分析和社会批判等观念的吸收，则使符号学的当代发展形成了社会文化批判的重要维度。如果说马克思主义与语言学的对话主要停留在哲学领域，那么马克思主义与符号学的对话则要深入得多，涉及了文学理论、美学、文化与传媒，以及政治经济学等诸多方面。

60 年代之后结构主义文论形成了叙事学和符号学两大分支。如果说结构主义叙事学的主要研究对象是叙事性文学内部的文本构成方式的话，那么结构主义符号学则超出了文学研究的范围，走向了对更为广阔的社会文化的符号呈现及其意义生成方式的分析和探索。在 20 世纪对社会文化

---

[1]　赵毅衡:《符号学:原理与推演》,南京大学出版社 2011 年版,第 15—16 页。

的深切关注使文化研究成为一个重要学术领域的首先是法兰克福学派和以威廉斯、霍加特、汤普森等人为代表的英国马克思主义。结构主义符号学的兴起,及其在文化研究中的广泛应用,使符号学成为文化研究领域内极具能产性的研究方法。以列维—斯特劳斯和罗兰·巴特等为代表的结构主义文化研究削弱了法兰克福学派的批判理论和英国马克思主义的文化主义理论范式的影响,开启了文化研究的结构主义符号学范式。20世纪后期发展起来的各种文化研究方法,比如英国的伯明翰学派、女性主义、后现代主义文化研究等,都深受法兰克福学派、英国马克思主义和结构主义符号学等文化理论和研究方法的影响。从宏观角度来看,这些研究都可以或多或少地纳入马克思主义和形式主义(结构主义)的理论阵营,或者其理论的辐射范围之内。而鲍德里亚在吸收了结构主义符号学的理论和方法的基础上,把符号学方法引入马克思主义的政治经济学理论,发展出一种符号的政治经济学批判理论,并以此对很多文学、艺术、传媒和文化问题展开了独到的分析,从而丰富和深化了马克思主义的政治经济学。也有人说他通过符号问题的引入而背叛了马克思主义,走向了"后马克思主义",甚至"反马克思主义"①。我们对马克思主义与符号学之间关系问题的研究也就从这几个方面展开。

第一节　符号学的面相

符号作为意义的载体自古有之,对符号的研究也源远流长。只要有意义的传递就必然有符号的存在,也就必然有对符号意义的解释。但是,把符号作为主要研究对象,从而建立一个独立学科的符号学,仅仅是20世纪初的事情。赵毅衡将20世纪蓬勃发展的符号学划分为四大模式和三个阶段。这四大模式为以索绪尔、列维—斯特劳斯、罗兰·巴特等为代表的结构主义符号学或语言学模式、以美国实证主义哲学家皮尔斯为代表的实证主义符号学或逻辑—修辞学模式、以德国康德主义哲学家卡西尔及其弟子苏珊·朗格为代表的文化符号学模式和以苏俄符号学家巴赫金及其后继者莫

---

① 张一兵:《反鲍德里亚:一个后现代学术神话的祛序》,商务印书馆2009年版,序言,第5页。

斯科—塔尔图学派为代表的文化—生态符号学模式。① 这几个学派之间有所交集,特色各异,与马克思主义之间关系的深入程度也有所不同。结构主义和莫斯科—塔尔图学派的符号学与马克思主义之间的关系较为密切,皮尔斯和卡西尔与马克思主义之间的关联则相对较少。因此,我们对马克思主义与符号学之间关系的研究主要集中于结构主义符号学,同时为了分析的必要而兼顾其他符号学说,进而探讨建立一种新的马克思主义符号学说的可能性。

　　结构主义符号学的建立源自于索绪尔的创见。索绪尔的伟大之处在于他建立了一种共时性的结构语言学,其研究方法迅速得到了学术界的关注并汇聚成为影响深远的结构主义潮流,进而作为语言学转向之一部分而影响了 20 世纪人文学科的进程和形态。但是,索绪尔的目的并不仅仅是创立一种新的语言学说,而是要把这种通过语言学而形成的新的方法论拓展到更为广阔的社会文化领域,从而建立一个新的学科——符号学,语言只是符号系统中的一个部类,语言学也只是其建立符号学的起步性工作,其目标的终点是建立一种普通心理学。如其所言:"语言是一种表达观念的符号系统,因此,可以比之于文字、聋哑人的字母、象征仪式、礼节仪式、军用信号等等。它只是这些系统中最重要的。因此,我们可以设想有一门研究社会生活中符号生命的科学;它将构成社会心理学的一部分,因而也是普通心理学的一部分;我们管它叫符号学。……语言学不过是这门一般科学的一部分,将来符号学发现的规律也可以应用于语言学,所以后者将属于全部人文事实中一个非常确定的领域。确定符号学的恰当地位,这是心理学家的事,语言学家的任务是要确定究竟是什么使得语言在全部符号事实中成为一个特殊的系统。"② 这样,我们可以看到,在索绪尔的学科归属中,语言学归属于符号学,而符号学则归属于心理学,符号学就成为从语言学通达心理学的关节点或枢纽。语言学虽然只是符号学的门类之一,但是却具有典范性的意义,是符号学的典范的模型。约翰·迪利认为索绪尔之所以这么划分,"这是因为,语言符号是所有文化现象中任意性最强的,也就是说,在其成分的整体性方面具有最少内在理据性;而且一个符号的任意性越强,它所附属

① 赵毅衡:《符号学:原理与推演》,南京大学出版社 2011 年版,第 12—13 页。
② [瑞士] 索绪尔:《普通语言学教程》,高名凯译,商务印书馆 2005 年版,第 37—38 页。

的系统就能够越好地表明'符号过程的理想状态'"①。语言学为符号学的其余部分扮演着样板的角色,用符号学家西比奥克(Thomas A.Sebeok)的话说,在索绪尔那里,语言符号就是"作为任何一般性符号研究的'大老板'"②而被予以关注和研究的。遗憾的是,索绪尔的主要精力都集中于符号学的典范部分,即语言学的学科建构,对其所设想要建立的符号学却最终没有展开论述,而这一缺憾就为后来斯特劳斯、巴特等人留下了广阔的学术空间。但是,在学科归属方面,巴特却持相反的意见,认为符号学应归属于语言学,是语言学的一部分。巴特在其《符号学原理》一书的开篇就指出:"符号学还有待于建立,因此我认为还不可能提出任何一部有关符号学分析方法的手册来。此外,由于其普遍性(因为它将是有关一切记号系统的科学),符号学的教学工作也将难以安排,除非这些符号学系统是在经验上构成的。因此,为了使我们的工作一步步进行下去,必须先研究某种知识。我们不得不通过一种尝试性的知识考察来摆脱这一恶性循环,这种知识将既是谦逊的,又是大胆的。谦逊是指,符号学知识实际上只可能是对语言学知识的一种模仿;大胆则是指,这种知识,至少在构想中,已经被应用于非语言的对象了。"③他的这本《符号学原理》就是要"从语言学中引借一些分析性概念",从而为他想要建立的符号学奠定方法论基础。他所说的符号学所应用的"非语言对象"就是广阔的人类文化领域。事实上,巴特后期关于神话和服装等的符号学研究都是以此为基础的。同样,斯特劳斯的结构人类学及其对原始部落的婚配关系、图腾禁忌、风俗礼仪、生活习惯等文化符号的分析都是借用了索绪尔的语言学方法。另外,格雷马斯用符号四边形来分析文化现象也是结构符号学的一个重要创见。

　　与索绪尔几乎同时代,且同样对符号学具有开创性意义的另外一个符号学大师就是美国实用主义哲学家皮尔斯。约翰·迪利认为:"按照通常的识见,如果说笛卡尔是17世纪初的现代哲学之父,那么,索绪尔就是20世纪初的符号学(semiology)之父,而查尔斯·皮尔斯则是与索绪尔同时期的符号学(semiotics)之父。这样的勾勒可谓相当清晰。"④迪利把索绪尔和

---

①　[美]约翰·迪利:《符号学基础》,张祖建译,中国人民大学出版社2012年版,第164页。

②　[美]约翰·迪利:《符号学基础》,张祖建译,中国人民大学出版社2012年版,第162页。

③　[法]罗兰·巴尔特:《符号学原理》,李幼蒸译,中国人民大学出版社2008年版,第1页。

④　[美]约翰·迪利:《符号学对哲学的冲击》,周劲松译,四川教育出版社2011年版,第3页。

皮尔斯都作为符号学的起源性学者,这一评价是名副其实的。这两位符号学的"奠基之父"的符号学思想分别繁衍出了符号学的两种传统:"源于索绪尔的、重视理性和结构的大陆符号学;源于皮尔斯的、更具行为主义和实证主义色彩的美国符号学。"① 作为实用主义哲学的创始人,皮尔斯在他的实用主义学说的建构中涉及了哲学、逻辑学、数学和符号学等领域,这些共同构成了皮尔斯实用主义的理论版图。而皮尔斯的符号学说往前还可以追溯到班索特和洛克。在对自身学说的描述中,索绪尔多用他所创造的术语Semiology,其词源是希腊语 Semion,而皮尔斯则多用 Semiotics 一词,该词也源自于希腊文,但并非皮尔斯首次使用。为了便于区分,学界有人将前者翻译为符号论,将后者翻译为符号学,而在更多的时候都统称为符号学。索绪尔开创的符号学的欧洲传统更多集中于语言问题(当然,在后期斯特劳斯和巴特等人都超越了语言学的藩篱而涉足文化领域,但是语言学还是其核心部分,且为其奠定了方法论基础),与此不同,以班索特——洛克——皮尔斯为线索的符号学的美国传统则并不把人类的语言和话语行为作为主要的和唯一的启示,而是把人类行为中的意指过程作为主要对象,甚至将人类的意指过程仅仅看作整个自然界的意指过程的一部分,因为在他们看来,"全部人类经验无一例外地都是一种以符号为媒介和支撑的诠释性结构"②。正因为皮尔斯的这种宽阔的视野和开创性工作,其后继者们把这一传统的符号学研究深入到了人类社会乃至整个自然界的方方面面。迪利指出:"符号学有助于全面更新我们对于知识和经验的理解的基础,从而有利于改变通过文化传播这种理解的学科上层建筑。"这种理解涉及人类的全部知识,不论是自然的、社会的,还是人文的。因此,从这个意义上来说,"符号学是一种前景,是一切学科之母,因为它恰恰都是从人类指号过程的经验内部结出的果实"③。人类一切经验现实和文化知识都可以纳入符号学的范畴,或者用符号学加以研究和阐释,因为所有这些经验现实和文化知识都必须通过语言符号而加以表达、呈现和解释。基于这一观念,迪利等人把皮尔斯的符号学的应用范围进行了很大的拓展,除了对各种文化现象的研究之外,还拓

---

① [英]罗伯特·霍奇、冈瑟·克雷斯:《社会符号学》,张杰译,四川教育出版社 2012 年版,第 14 页。

② [美]约翰·迪利:《符号学基础》,张祖建译,中国人民大学出版社 2012 年版,第 6 页。

③ [美]约翰·迪利:《符号学基础》,张祖建译,中国人民大学出版社 2012 年版,第 182 页。

展到生物伦理学等领域。

相对于皮尔斯符号学如此广阔的应用范围,索绪尔的符号学(符号论)的应用范围相对较小,主要集中于文学、艺术和文化领域。因此,迪利认为:"符号学是整体,符号论只是它的一部分。"① 如果把以索绪尔为代表的欧洲传统作为符号学的全部,就犯了"以偏概全的谬误",从而封闭了符号学。如其所言:"只关注人工艺术品和人类在这个层次的诠释活动,从符号学整体来说失之偏狭。孤芳自赏的关注会招致自闭症。符号学之所以总是被混同于结构主义(例如在保罗·利科的著作里,以及一般的学院文化当中),各种原因就在于没有看到符号学立场从一开始就蕴含而不是规定了叙事性(可以说是采取这个立场的应有之义),而成熟的符号学观点为后者提供了一个更大的语境。实际上,正如我们已经看到的那样,结构主义绝不是完整的符号学,而只是它的一个侧面。的确,在结构主义被当成符号学整体而得到大力推动的时代,它的实践者便把现代观念论的毫无新意的后果直接移入了符号学的全新前景,因此,心智在任何语境里的唯一的已知物便是它自己所建构起来的东西。"② 正因为如此,迪利要求符号学研究要超越结构主义,超出索绪尔的符号论的范围,而把皮尔斯的符号学传统作为他的《符号学基础》这部著作的研究对象。

除了研究对象和范围有所差别之外,结构主义符号学和皮尔斯符号学之间在方法论上也存在根本区别。结构主义符号学的核心理论是由一系列二元对立构成的,比如语言和言语、能指与所指、横组合与纵聚合等。与索绪尔的能指与所指的二元对立不同,皮尔斯的符号学则提出了三价模式,即符号(再现体)、对象和解释项。迪利认为:"从皮尔斯的观点看,对于发展一门普通符号学的科学来说,索绪尔的概念,以及更一般意义上的符号论的概念,都无可救药地充满缺陷。首先,能指或多或少地与符号载体相对应,而所指仅部分地与诠释项的概念相对应,意指对象的概念则在概念程式中全然不见踪影。"③ 这并不是说三价模式就比二元对立模式更具优越性,迪利站在皮尔斯的立场上,以皮尔斯的符号学为标准来规范和评价索绪尔本

① [美] 约翰·迪利:《符号学基础》,张祖建译,中国人民大学出版社 2012 年版,第 7 页。
② [美] 约翰·迪利:《符号学基础》,张祖建译,中国人民大学出版社 2012 年版,第 20 页。
③ [美] 约翰·迪利:《符号学基础》,张祖建译,中国人民大学出版社 2012 年版,第 167 页。

身就容易出现偏颇,但是从二者在文化研究中的实际应用来看,皮尔斯似乎比索绪尔更受当代学者欢迎。索绪尔语言学的能指是声音造成的心理形象,所指是这个心理形象所对应的概念而不是现实的物质对象,即符号学所说的指称物(Object),因此现实的物质对象在索绪尔的符号系统中是缺席的。正是意指对象的缺席成为索绪尔符号学的一大缺陷,严重影响了它对社会文化的解释力,当代符号学的最新发展对结构符号学的兴趣逐渐下降而对皮尔斯符号学的运用越来越广泛的原因也正在于此。

卡西尔和朗格的文化符号学作为20世纪符号学谱系的重要构成部分,也产生了深远的影响。卡西尔把符号与人的存在和本质紧密地联系起来,认为"人不再生活在一个单纯的物理宇宙之中,而是生活在一个符号宇宙之中。语言、神话、艺术和宗教则是这个符号宇宙的各部分,它们是织成符号之网的不同丝线,是人类经验的交织之网。"[1] 符号构成了人的生存空间,人类的所有文化形式也都是符号形式。可以说,人与动物的最大区别并非"理性",而是"符号"。动物所发出的仅仅是信号(signs),而人则创造出各种符号(symbols)。信号作为"操作者"(operators),是物理的存在世界的构成部分,具有某种物理的或实体性存在,而符号作为"指称者"(designators),则是人类的意义世界的构成部分,仅有功能性的价值。人类创造了一个符号系统,并生活于其中,被无所不在的符号所包围,从而使人类无论是思维还是行为都完全"符号化"了。正是这种符号化的思维和行为使人类克服了自身的自然惰性,并赋予人类一种善于不断更新人类世界、创造文化形式的全新能力。人类正是借助这种新能力,在语言、神话、艺术、宗教和科学等符号形式中,建构了一个"符号的宇宙"。因此,卡西尔断言:"我们应当把人定义为符号的动物来取代把人定义为理性的动物。只有这样,我们才能指明人的独特之处,也才能理解对人开放的新路——通向文化之路。"[2] 正是出于对人类的"符号本质"的这种深刻认识,卡西尔对构成人类意义世界的语言、神话、艺术、宗教和科学等符号形式展开了深入的分析,并以此来建构起了自己独具特色的"符号形式哲学"。进而,在卡西尔和怀特海等人的影响下,卡西尔的弟子苏珊·朗格从符号学的角度展开了

---

① 　[德] 恩斯特·卡西尔:《人论》,甘阳译,上海译文出版社2004年版,第35页。
② 　[德] 恩斯特·卡西尔:《人论》,甘阳译,上海译文出版社2004年版,第37页。

对艺术中情感与形式之间关系的思考。在朗格看来,"艺术是不折不扣的表现——每一根线条,每一个声响,每一个姿势;因此,它是百分之百的符号。"①虽然人们通常将语言看作符号的典型形态,但是朗格认为"艺术比文字更加是符号",因为在艺术中,人们虽然可以不解其意但仍然可以学习和使用它,并从中直观地感受到其形式符号中所包含和表现的情感和生命意蕴。因此,朗格认为:"艺术是人类感受的符号形式的创造。"②她在《感受与形式》这一代表作中想要做的,就是以对艺术的这一定义为基础,来创建自己的"表现性符号美学"。

　　俄苏符号学是 20 世纪符号学的一个重要面相,并与马克思主义之间处于一种非常复杂的纠葛关系之中。早在列宁那里就对符号学有过讨论,"他在批判符号论唯心主义的基础上阐发了唯物主义认识论哲学体系,确立了反映论和实践论文艺思想"③。而真正的苏俄符号学派则是由巴赫金所创建的,并在六七十年代之后在以尤里·洛特曼和雅各布·冯·乌克斯库尔为代表的塔尔图—莫斯科学派(Tartu-Moscow School)那里得到了继承。他们二人分别代表了该学派的两大传统,即始于洛特曼的文化符号学和始于乌克斯库尔的生物符号学,共同构成了塔尔图符号学学派的理论基础。这两个分支在 20 世纪 70 年代之后走向融合,并逐渐走向当代符号学的核心位置。他们二人中,国内学术界对洛特曼的研究已经逐步深入,而对乌克斯库尔则基本没有研究。爱沙尼亚学者卡莱维·库尔指出,洛特曼虽然在其学术生涯的第一阶段就无疑是一个结构主义者,但是与索绪尔符号学却存在很大差异,也不是以索绪尔和雅各布森等人的经典著作为基础的。他是在发展出自己的观念之后才逐渐向索绪尔和雅各布森学习的。④ 在以马克思主义为主导意识形态的苏联社会中生长起来的符号学必然与马克思主义话语产生关系。塔尔图学派学者皮阿提果斯基在一次芬兰符号学讨论中就曾明确提出,"符号学将任何文化现象予以客观化的努力注定失败,如果不了解我们自己的符号学的话。符号学像马克思主义一样也是一种意识形

---

① [美]苏珊·朗格:《感受与形式》,高艳萍译,江苏人民出版社 2013 年版,第 56 页。
② [美]苏珊·朗格:《感受与形式》,高艳萍译,江苏人民出版社 2013 年版,第 38 页。
③ 傅其林:《中国马克思主义文学理论的符号学维度审思》,《南京社会科学》2015 年第 8 期。
④ [爱沙尼亚]卡莱维·库尔、瑞因·马格纳斯:《生命符号学:塔尔图的进路》,彭佳等译,四川大学出版社 2014 年版,第 9—10 页。

态。"① 李幼蒸从发展史的角度对苏俄符号学进行了分析,认为"如果说 30 年代以前的俄国文学形式主义运动基本上是独立于前苏联政治和宣传而形成和发展的,那么 60 年代以来的苏联一般文化符号学则是在苏共政策作用下形成和发展的。前者在与苏共政治不期而遇后,先是相互争辩,不久作为一种学术运动,即被斯大林文化专制主义摧毁。而后者则是斯大林专制主义开始削弱和结束时滋长和成熟的。苏联前后两种文化符号学思潮除了在符号学观念上有共同之处外,也都关心文化和文学中的意识形态分析这一典型的马克思主义研究。"② 巴赫金认为索绪尔语言学对共时性语言系统过分强调而忽视了语言的实际运用即言语或话语,因此他把语言符号研究的中心转向对日常交往中的语言符号的研究,认为语言的本质是对话,而语言符号在对话过程中必然包含着说话者的意识形态,因而断言语言符号是意识形态斗争的场所。这可以看作巴赫金在马克思主义与形式主义之间对话的有效尝试,对此我们在第三章已经有深入论述,在此不予赘述。而关于塔尔图学派与马克思主义之间的关系,我们根据论述的需要在后文中会有所涉及。

在这里有必要提及的还有"马克思主义符号学欧洲学派"。他们以具有马克思主义倾向的五位欧洲符号学家为代表,分别是亚当·沙夫(Adam Schaff)、费鲁齐奥·罗西—兰迪(Ferruccio Rossi-Landi)、杰夫·伯纳德(Jeff Bernard)、奥古斯托—庞其奥(Augusto Ponzio)和苏珊·佩特里奇(Susan Petrilli)。他们要么从马克思主义的角度研究符号学,要么从符号学的角度研究马克思主义,要么在二者的相互阐发中理解对方,从而合力地形成了"马克思主义符号学欧洲学派",并自 20 世纪 60 年代至今活跃于欧洲学术界。③

既然符号学研究的主要对象就是人类的经验知识和文化现象的呈现方式,那么其方法就必然被文化研究所借用,或者直接参与其中而成为文化研究之一部分,甚至成为文化研究最核心的内容。正如赵毅衡所言:"虽然任何意义表达和解释必须使用符号,符号学是人文社会学科的公分母,但是符号学的主要用武之地是文化研究。尤其在今日,在全球文化正经历重大

---

① 转引自李幼蒸:《理论符号学导论》,社会科学文献出版社 1999 年版,第 576 页。

② 李幼蒸:《理论符号学导论》,社会科学文献出版社 1999 年版,第 580—581 页。

③ Susan Petrilli, "A European School of Marxist Semiotics",《符号与传媒》2016 年秋季号,第 13 页。

转型的时刻,符号学为研究人类文化提供了最有力的武器。具体研究文化现象的'门类符号学',为当今符号学理论的发展提供了动力,符号学与马克思主义、心理分析、现象学—存在主义的结合,则使符号学的视野更加宽阔。"①20世纪文化研究领域出现了诸多流派,比如法兰克福学派、英国文化马克思主义、结构主义、伯明翰学派、后现代文化理论等,这些学派要么是马克思主义的,要么就与马克思主义关系密切,或以马克思主义为方法论基础。因此,基于马克思主义与符号学对人类文化现象的共同关注,文化研究也就自然成为切入二者之间的对话关系、探讨二者对话的问题性及其所呈现的理论张力的最佳视点。

尽管是以斯图尔特·霍尔等为代表的英国伯明翰大学文化研究中心的工作使文化研究作为一个学科被命名、确立、蓬勃发展且产生世界性影响的,但是,这并不是说文化研究就是他们的独特创造。霍尔就曾明确指出,伯明翰文化研究的巨大成就基于对之前两大文化研究传统或范式的批判、继承和发展。这两大传统或范式就是文化研究中的文化主义和结构主义。所谓文化主义,是以威廉斯、霍加特等英国马克思主义理论家为代表的文化唯物主义文化研究范式,而结构主义则是以斯特劳斯和巴特等结构主义理论家为代表的结构主义文化研究范式。显然,霍尔对20世纪70年代之前的文化研究范式的概括是不全面的,法兰克福学派的文化批判理论对当代文化研究产生了甚至比文化主义更大的影响,对此霍尔并没有予以足够重视。对法兰克福学派的漠视并不意味着霍尔对其不甚了解,而是因为霍尔及其带领的伯明翰文化研究团队对文化研究所采取的立场更加中立,或者说他们都采用一种"左翼"的批判立场,而不是真正彻底的马克思主义立场,这从霍尔对马克思主义的复杂态度中可见一斑。事实上,法兰克福学派的批判理论对20世纪各种文化研究范式都具有理论和方法的奠基性作用,或者说,后者都或多或少受到法兰克福学派的影响。正如多米尼克·斯特里纳蒂所言:"法兰克福学派与它的后起的理论传承之间的论争,从结构主义和符号学,中经阿尔都塞与葛兰西的马克思主义,直到女性主义与后现代主义,本身就预示着该学派的观念持久的意义。这些观念仍然可以作为一个基准点,其他各种通俗文化理论可以据以衡量自身。此外,法兰克福学派

① 赵毅衡:《符号学文化研究:现状与未来趋势》,《西南民族大学学报》2009年第12期。

的著作与大众文化理论一道,已为后来的通俗文化研究建立了论争和分析的各种词语。"① 因此,对文化研究的探讨就不能抛开法兰克福学派文化批判理论的重要贡献,且必须以其为参照。

第二节　结构主义文化研究的符号学范式

尽管皮尔斯、卡西尔和洛特曼等人的符号学都具有极大的影响力,也都涉足了对社会文化的研究和分析,但是,从学术史的发展历程来看,它们基本都与文化研究的学术谱系关系相对疏远。相反,结构主义符号学则属于当代文化研究学术谱系中公认的一个重要环节。而且,从与马克思主义的关系来看,相比而言,结构主义符号学与马克思主义的关系更为密切,对以马克思主义为基础的当代文化研究的影响也最为巨大。因此,我们以文化研究为视点,探讨马克思主义与符号学的关系,就应该更多关注于结构主义符号学的文化研究范式。

一、列维—斯特劳斯的结构人类学方法

在结构主义符号学的文化研究中发挥奠基作用的是列维—斯特劳斯所创立的符号人类学方法。霍尔对他的贡献做出了中肯的评价:"目前人们所犯的普遍性错误是,把一般的结构主义完全归于阿尔都塞及其介入之后的影响,把'意识形态'的作用看作根源性的,而不是调节性的,并忽略了列维—斯特劳斯的重要性。然而,从严格的历史意义上来说,正是列维—斯特劳斯和早期的符号学,取得了最初的突破。尽管马克思主义结构主义替代了符号学,但是它们继承并将继续继承列维—斯特劳斯丰厚的理论遗产。正是列维—斯特劳斯的结构主义,挪用了索绪尔以后的语言学范式,为'人文文化(科)学(human sciences of culture)'提供了一种科学的、富有活力的全新前景。在阿尔都塞的著作中,更为经典的马克思主义主题被复活,马克思被以语言学范式去'阅读'和重构。"② 按照霍尔的判断,结构主义的马

---

① [英]多米尼克·斯特里纳蒂:《通俗文化理论导论》,阎嘉译,商务印书馆 2001 年版,第61 页。

② [英]斯图亚特·霍尔:《文化研究:两种范式》,孟登迎译,载《文化研究》(第 14 辑),陶东风、周宪主编,社会科学文献出版社 2013 年版,第 314—315 页。

克思主义并非起源于阿尔都塞,而是斯特劳斯的学术成果和研究方法开启了结构主义符号学的文化研究传统,并为之后阿尔都塞的出场奠定了基础。他之所以把斯特劳斯和阿尔都塞并置来讨论马克思主义的理论转向,其重要原因就在于斯特劳斯的学术生涯及其学术研究方法本身就深受马克思主义的影响。

在 20 世纪 50 年代,马克思主义在世界政治和学术领域的影响可谓如日中天、无处不在。它左右着人们的思想和职业,即使对其不感兴趣,甚至反对马克思主义的人,也不得不认真阅读马克思的著作。斯特劳斯就是在这样的学术环境中成长起来的,这就决定了他不可能回避马克思主义的思想和影响。事实上,在斯特劳斯 17 岁的时候,一个比利时社会主义者已经向他介绍了马克思主义的学说和思想。也正是从那时起,斯特劳斯就对马克思主义充满了兴趣,并与地质学、精神分析一起,构成了他早年思想中的"三个情人"[①]。而这种情人关系并不是一时的心血来潮、朝三暮四,而是旷日持久、刻骨铭心。他对马克思主义所抱的这种兴趣一直影响着他的学术研究。如其所言:"马克思是个伟大的思想家,更令我快乐的是,阅读他的作品,使我第一次接触到从康德到黑格尔这条哲学研究路线的发展;我接触到一个全新的世界。从那时候开始,我对马克思的钦佩始终不变,每次我要考虑一个新的社会学问题时,几乎都要先重读几页《路易·波拿巴的雾月十八日》或是《政治经济学批判》。"[②] 他之后的很多学术研究虽然没有直接提到马克思的名字,但是马克思主义的方法论却是显而易见的。斯特劳斯对马克思主义的兴趣并不在于马克思主义所主张的社会理想,他也不关注马克思所预言的某些社会发展阶段能否最终真正实现。用传记作家贝多莱的话来说:"列维—斯特劳斯是个哲学型的马克思主义者,他已经而且将继续把马克思的一些思想运用到自己的方法中;但是他不是政治意义上的马克思主义者。"[③] 他所关注的是马克思思考社会、政治、文化和经济问题时所

---

① [法] 德尼贝·多莱:《列维—斯特劳斯传》,于秀荣译,中国人民大学出版社 2008 年版,第 21 页;[美] 伊·库兹韦尔:《结构主义时代》,尹大贻译,上海译文出版社 1988 年版,第 3 页。

② [法] 列维—斯特劳斯:《忧郁的热带》,王志明译,三联书店 2000 年版,第 58 页。

③ [法] 德尼贝·多莱:《列维—斯特劳斯传》,于秀荣译,中国人民大学出版社 2008 年版,第 262 页。

采用的思维方法。在他看来,"追随卢梭的先例,马克思证明了社会科学的基础并不是建立在各类事件之上,正如物理学的基础并非建立在感官所能觉察到的材料上一样:做研究的目的,是为了建造一个模型,要研究其性质,要研究在实验室的条件下会产生哪些不同的反应,以便在日后能把观察所得的结果用来解释经验世界实际发生的事情,后者可能和预测的情况非常不同。我觉得马克思已经很明确地证明了这一点。"①斯特劳斯认为真正的学术研究不能停留在对感性经验进行描述的基础之上,而是要从这些感性经验中提炼和总结出一个有效的具有解释力的模型。他早年之所以把地质学、精神分析和马克思主义看作自己学术上的三个情人,就在于他从中看到了这种模型的可能性。在地质学方面,斯特劳斯并不被地表或植被的变化所迷惑,而是在这些表征背后寻找土壤和土壤之下万物得以生存的矿物质的真实形态与历史状貌。他之所以对精神分析感兴趣,也源自于精神分析所发现的人类的深层无意识领域。而马克思主义吸引他的原因同样正在于此,马克思同地质学和精神分析一样,都试图在现实层面下寻找一种解释社会现象的结构模式。事实上,马克思用经济基础和上层建筑、生产力和生产关系、交换和生产等一系列结构关系分析社会现象就是在建构一种模型。"马克思只是把弗洛伊德在个人层面上的分析搬到了社会层面上,努力从表面的无序中找到一个'逻辑上缜密一致的基础'。"②而他从三个情人这里所获知的就是"要达到真实,便需首先抛弃已有经验,哪怕以后再将后者并入不诉诸情感的客观综合中去"③。可见,斯特劳斯试图抛弃经验而建构模式,已经初步具有了结构主义的方法。可以说,他是把地质学、精神分析和马克思主义这三大情人以结构主义的方式加以接受的,甚至在他看来马克思本人就是一个结构主义者,尽管此时结构主义还没有进入他的学术视野。

　　虽然斯特劳斯在进入学术生命的开端就对马克思主义深感兴趣,并且贯穿始终,但是马克思主义方法对他来说还过于宏观,在他的人类学研究中马克思主义方法用起来也并非得心应手。1942 年,在人类学泰斗式人物博

---

① [法] 列维—斯特劳斯:《忧郁的热带》,王志明译,三联书店 2000 年版,第 59 页。
② [法] 德尼贝·多莱:《列维—斯特劳斯传》,于秀荣译,中国人民大学出版社 2008 年版,第 21 页。
③ [法] 德尼贝·多莱:《列维—斯特劳斯传》,于秀荣译,中国人民大学出版社 2008 年版,第 21 页。

厄斯的介绍下,斯特劳斯认识了旅居美国的俄裔语言学家雅各布森,并从雅各布森这里接触到了结构语言学。结构语言学为他开启了一个新的世界,一个思考人类学的全新方法,而且这种方法正是他长期以来所需要的,使他早年通过地质学、精神分析和马克思主义这三大情人所朦胧意识到的结构方法在此获得了最终的启示而明朗起来。如其所言:"那时我是个幼稚的结构主义者。我实践着结构主义的方法,却没有意识到。雅各布逊告诉我,有这么一个学说,而且已经在一门学科里形成:语言学。我从未尝试过语言学。这于我如同醍醐灌顶。"①在"结构的启示"之下,三大情人终于统一起来,并且"凝聚为一个理念的连贯整体"。正如传记作家贝多莱所言:"结构主义精心锻造了手段,找到了钥匙,从而使我们能够在历史与事件的泡沫之下,找到可以恢复真实的本来面目的逻辑法则。"②但是,"结构主义不是为懒汉配的一把万能钥匙"③,斯特劳斯也不能完全鹦鹉学舌,而是把它作为一把开启人类学新方法的钥匙或启示。斯特劳斯发现,"结构的辩证法并不与历史决定论相抵牾,它需要后者,并且为它提供一个新的工具"④。如果从辩证法的角度去思考神话和礼仪等之间的结构关系,可能会产生意想不到的结果。这样,他就把从马克思那里学到的辩证法与雅各布森的结构概念嫁接起来,通过"把辩证法的概念加在结构的概念之上,从而架起一座接通马克思的桥梁"⑤。这种方法论的启示对他以后的研究具有决定性的意义。在1939年的时候,斯特劳斯还认为自己缺乏写作能力。但是,这种方法论的启示使他迈出了决定性的一步。自此,斯特劳斯一跃成为人类学领域的青年才俊,并很快登堂入室,成为美国人类学研究领域的核心人物之一。

　　斯特劳斯与雅各布森的学术蜜月发生在美国,而此时的法国学术界对

---

① [法]德尼贝·多莱:《列维—斯特劳斯传》,于秀荣译,中国人民大学出版社2008年版,第173页。

② [法]德尼贝·多莱:《列维—斯特劳斯传》,于秀荣译,中国人民大学出版社2008年版,第174页。

③ [法]德尼贝·多莱:《列维—斯特劳斯传》,于秀荣译,中国人民大学出版社2008年版,第175页。

④ 转引自[法]德尼贝·多莱:《列维—斯特劳斯传》,于秀荣译,中国人民大学出版社2008年版,第267页。

⑤ [法]德尼贝·多莱:《列维—斯特劳斯传》,于秀荣译,中国人民大学出版社2008年版,第267页。

结构主义却还知之甚少。1949 年和 1950 年斯特劳斯两次申请法兰西学院的职位都遭到否决,原因正在于此。"问题出在'结构'上。使用'结构主义'这个字眼在 1949—1950 年为时过早。他的思想尽管有令人信服的一面,但尚未形成一个完整的体系或一门学说。可是,他的同事们显然反应激烈。在结构的概念的背后,他们看到的是雅各布森,是布拉格学派,是当代语言学,一句话:结构主义。他们的回答很干脆:不行。"① 而自 1952 年之后,斯特劳斯在文章中便开始大量使用带有 -isme(主义)的词语。后缀 -isme 可以合理地加在形容词 Structual(结构)之后。自此,他以往的直觉、手段和方法正式发展为一个连贯一致和影响深远的系统,斯特劳斯也完全进入了他的结构主义阶段。

在 20 世纪五六十年代,萨特是法国学术界的风云人物。与巴特把萨特作为精神导师不同,斯特劳斯却是萨特思想的坚定反对者。巴特之所以把萨特作为精神导师,其中一个重要方面在于巴特比萨特年轻十岁,当他还是学生的时候萨特已经如日中天,只有当他逐渐成长起来且具有了独立的思想和自由的精神之后,才有可能打出挑战萨特的大旗。斯特劳斯则不同,他仅仅比萨特小 3 岁,所以对同代人萨特不可能像巴特那样崇拜。斯特劳斯成名于美国,他是以成功人士的身份进入法国学术界的,之前他与萨特并没有太多交集,对萨特的思想也并没有深入了解。更重要的是,斯特劳斯的学术研究思路与萨特完全不同,这使斯特劳斯不会把萨特作为学术生命中的亲密朋友,反而成为萨特思想的坚定反对者。正如贝多莱所言:"阅读萨特的《辩证理性批判》促使他投入思考,也激励和惹恼了他。……斯特劳斯是萨特思想的激烈反对者。他从原则上就无法接受一种将自我与他人、人类与世界对立起来的思想。……斯特劳斯认为,萨特自称建立起一门人类学,这是令人无法接受的。萨特的分析同这一目标相悖,反而倾向于把他对自己的社会的想法用来反对所有其他社会,而且使民族学倒退到列维—布留尔之前的时代。"② 因此,在 20 世纪 60 年代,当青年一代不再相信历史主义和主体哲学,转而寻求一种客观而严谨的科学理论时,斯特劳斯自然而然

---

① [法]德尼贝·多莱:《列维—斯特劳斯传》,于秀荣译,中国人民大学出版社 2008 年版,第 224 页。
② [法]德尼贝·多莱:《列维—斯特劳斯传》,于秀荣译,中国人民大学出版社 2008 年版,第 315—317 页。

地替代萨特而成为他们心中的学术偶像。出于战胜萨特的意愿,学术界的
舆论制造者试图在萨特与斯特劳斯之间掀起一场正面而公开的交锋,但是,
尽管他们二人相互反感,却并不愿意公开论战。这可能也是因为他们二人
并不愿意把个人观点的分歧转变成一场学术流派之间的论战,也不愿意让
自己成为一种舆论的消费品。但是,我们也可以清晰地看到,他们二人之间
的分歧所体现的是萨特的存在主义马克思主义与斯特劳斯的结构主义马
克思主义之间的分歧,马克思主义都是他们坚持自己观点而批判对方的基
石。正如法国哲学家丹尼斯·于斯曼所言,在两个思想巨人之间的论争,或
者说,在野性思维对抗辩证理性的辩论过程中,"若是不援引守护神一般的
马克思作为参照,双方谁都不敢往前迈一步,马克思是这场争论的协调基
础。"① 而斯特劳斯不愿意将萨特作为论战的对象,也就为巴特后来以结构
主义代言人的身份对萨特进行挑战留下了空间。

与当代流行的大众文化研究不同,斯特劳斯的人类学和民族学的研究
对象是原始部落人们的包括图腾信仰、亲属关系、乱伦禁忌、巫术礼仪、风俗
习惯、语言称谓等在内的全方位的"文化与文明"②。如果说当代大众文化研
究主要侧重于现代和后现代的文化景观,那么斯特劳斯的人类学和民族学
所关注的则是少数族裔的前现代文化状况。二者之间虽有区别,但是都属
于人类文化的当然内涵,而且后者对于前者具有重要的参照价值。斯特劳
斯的结构人类学也就成为结构主义文化研究的题中应有之义。

斯特劳斯对语言符号非常重视,认为语言学和人类学应该密切合作,
二者的相互促进可以为当代人文学科和社会科学都打开一扇新的窗户。首
先,语言本身就是一种文化产品,一个社会所使用的语言是这个社会整体文
化的反映。语言作为文化的一部分,也是文化中最为复杂、最能体现文化
特征的构成部分之一。因此,斯特劳斯认为:"我们可以把语言视为一座地
基,专门用来承受那些虽然有时比它更复杂,然而跟它的自身结构同属一个
类型的结构,这些结构正好对应于我们从不同侧面看待的文化。"③ 以语言

---

① [法]丹尼斯·于斯曼:《法国哲学史》,冯俊等译,商务印书馆2015年版,第516页。

② [法]列维—斯特劳斯:《结构人类学(1)》,李幼蒸译,中国人民大学出版社2006年版,第
22页。

③ [法]列维—斯特劳斯:《结构人类学(1)》,李幼蒸译,中国人民大学出版社2006年版,第
74页。

为切入点,通过研究一个民族的语言,必能揭示这个民族文化的核心特征,比如这个民族的亲属关系、社会组织、宗教、风俗和艺术等都会在其语言中得到体现。正因为如此,语言学家和人类学家都试图从对方学说中寻求理论资源以解决自身的困境。"语言学家向社会学家提供的词源学证据导致在某些亲属称谓之间建立一些并非一望可知的联系。反过来,社会学家也能够让语言学家了解一些习俗、实际规则和禁律,从而可以理解某些语言特征何以持久不变,某些词语或者词项组合何以不稳定。……语言学家通过把那些已经消失的关系在语言里的顽强存在揭示出来,为找到问题的解决办法出了力。与此同时,社会学家为语言学家解释了后者的词源学的来由,并且确认了其有效性。"① 正是二者之间的这种促进关系,使作为社会科学的人类学与语言学出现了合流,或者说,斯特劳斯正是看到了二者之间的这种良性互动关系。语言学家通过向人类学家接近,希望使他们的研究更为具体;人类学家向语言学家求助,则是因为语言学家就像向导,能够让我们摆脱看来是由于过于熟悉具体的经验现象而造成的困惑。正是这种相互促进使二者的相互接近、携手合作逐渐成为趋势。斯特劳斯认为,这种合作最主要的受益者将不是语言学,也不是人类学,而是综合了各种方法和各个学科的一门有关人的知识。事实上,人类学家很早就注意到了语言对于人类学的重要性,斯特劳斯也明确指出,早在音位学的奠基人索绪尔的《普通语言学教程》出版前 8 年,美国人类学泰斗博厄斯就已经试图利用语言学来发展人类学,从而使二者都建立在坚实的基础之上并成为无法质疑的理论。

在斯特劳斯看来,现代人类学之所以要赋予语言学在社会科学中如此特殊的地位,因为"语言学大概是唯一的一门能够以科学自称的社会科学;只有语言学做到了两者兼备:既有一套实证的方法,又了解交给它分析的那些现象的性质"②。因此,要使人类学成为科学,获得与自然科学同等重要的地位,就必须向语言学求助,把语言学的原则和方法引入人类学。但这种具有科学性的语言学并不是传统的历史语言学,而是以音位学为代表的结构语言学,因为现代语言学的科学地位是通过"音位学革命"而得以确立的。

---

① [法]列维—斯特劳斯:《结构人类学(1)》,李幼蒸译,中国人民大学出版社 2006 年版,第35 页。

② [法]列维—斯特劳斯:《结构人类学(1)》,李幼蒸译,中国人民大学出版社 2006 年版,第34 页。

斯特劳斯甚至认为，与原子物理学在所有精密科学当中所起到的革新作用相比，音位学在社会科学当中起到的革新作用绝不逊色。正如波兰马克思主义符号学家亚当·沙夫所断言的，布拉格学派所建立的结构主义方法之所以能够在19世纪30年代成为人文科学和社会科学都趋之若鹜的方法论和研究模式，不仅仅是因为这种方法可以使传统的学术研究取得新的有意义的成果，更重要的是它可以赋予人文学科和社会科学一种可以与自然科学相匹敌的科学性。① 当自然科学一统天下的时候，社会科学和人文学科被认为缺乏科学性而受到诟病，但是结构语言学的出现打破了这种状况，为社会科学和人文学科的科学化开启了一扇大门。正因为如此，当今的社会科学和人文学科都对现代结构语言学方法极为重视，试图以此为基础对社会科学和人文学科的科学化奠定方法论基础。

音位学最有代表性的大师莫过于特鲁别茨柯伊。斯特劳斯对特鲁别茨柯伊的音位学的研究方法进行了四个方面的概括，并认为人类学的"亲属关系系统"与语言学的"音位系统"之间具有同样的规则，或者说二者属于"同类现象"。"社会学家在研究跟亲属关系有关的问题时（也许研究别的问题时也是如此），发现自己所处的局面跟音位学家十分相似，因为表达亲属关系的词项跟音位一样，都是意义成分，它们照样必须归入系统才能获得意义。"② 甚至，"当今有关亲属关系问题的研究所面临的局面恰好跟处于音位学革命的前夜的语言学无异，两者遇到的困难看来也是相同的。"③ 更重要的是，斯特劳斯把人类学研究纳入了结构主义的阵营，把亲属关系的共时系统作为研究对象，这完全得益于结构主义音位学的启发。

从共时性的角度来看，原始部落的亲属关系系统与语言系统之间具有同构关系，因此，在研究亲属制度的基本特征时，不妨试着把它们转译成一种连语言学家也看得懂的一般的形式，或者从其语言的谱系入手去研究亲属关系。用霍克斯的话说，就是试图"把现代语言学的方法用来分析非语

---

①　[波] 亚当·沙夫：《结构主义与马克思主义》，袁晖、李绍明译，山东大学出版社2009年版，第18页。

②　[法] 列维—斯特劳斯：《结构人类学 (1)》，李幼蒸译，中国人民大学出版社2006年版，第37页。

③　[法] 列维—斯特劳斯：《结构人类学 (1)》，李幼蒸译，中国人民大学出版社2006年版，第37页。

言学的材料"①。通过这一尝试,他发现,语言结构与亲属制度之间存在着一种形式上的对应关系,因此,通过亲属称谓研究婚姻关系就是一条非常有效的方法。因为在斯特劳斯看来,"人类亲属关系的首要特点便是要求他所称为'基本家庭'的单位之间发生联系,这是它们存在的条件。所以,真正'基本的'东西不是家庭(它们只是独立的词项),而是这些词项之间的关系。"② 亲属关系系统具有类似于语言的音位系统的差异原则,而亲属关系之间的称谓就是依赖于语言系统的差异规则而建立系统的。基于此,斯特劳斯展开了对印欧地区、汉藏地区、非洲地区、大洋洲地区和北美地区的亲属关系的语言学式的分析,以此论证其人类学的语言学方法的合理性和有效性。

斯特劳斯以结构语言学的方法研究原始部落的文化与文明问题,从而使现代人类学成为结构主义符号学的重要方面,其成果的巨大影响力也促使结构主义在欧洲社会的快速普及,并直接影响了巴特的大众文化分析理论和阿尔都塞的结构主义马克思主义思想的形成。虽然斯特劳斯和阿尔都塞都深受马克思主义的影响,但当接受了结构语言学之后,其方法已经发生了很大的变化。正如霍尔所言:"列维—斯特劳斯和阿尔都塞在他们独特的思路中都是反还原主义者、反经济主义者,他们激烈抨击那些长期以来冒充为'经典马克思主义'的转化的因果论。"③斯特劳斯和阿尔都塞都抛弃了经典马克思主义的经济决定论或经济还原论,而代之以结构因果论——结构的逻辑、内部关系的逻辑和在结构之内阐释部分的逻辑。阿尔都塞的多元决定论就是反对经济的一元决定论,而把构成事物的多种因素之间的相互作用作为原因,这些都构成了决定性因素,但并不是某一种因素是唯一的或完全的决定,而是多种因素的相互组合和相互作用。通过他们的努力,西方马克思主义发生了结构主义转向。对这一转向,有人给予很高的评价,认为他们在新的历史和文化语境下发展了马克思主义,但同时也有人认为他们完全背离了经典马克思主义而走向了其反面,成为典型的"反马克思

---

① [英]特伦斯·霍克斯:《结构主义和符号学》,瞿铁鹏译,上海译文出版社 1987 年版,第 25 页。

② [法]列维—斯特劳斯:《结构人类学(1)》,李幼蒸译,中国人民大学出版社 2006 年版,第 55 页。

③ [英]斯图亚特·霍尔:《文化研究:两种范式》,孟登迎译,载《文化研究》(第 14 辑),陶东风、周宪主编,社会科学文献出版社 2013 年版,第 315 页。

主义"①。

二、罗兰·巴特对作为神话的大众文化符号的意识形态批判

　　虽然斯特劳斯很早就把语言学方法应用于对原始部落文化的研究,但是他并不是一个典型的符号学家,他在法兰西学院的头衔和职位也是人类学研究。可以说,巴特才是早期真正倡导并建立法国符号学的最重要的理论家,他在法兰西学院获得头衔时就是以建构符号学为研究目标的。他发现能够通过各种语言术语从新的视角观察文化现象,甚至人类的全部行为都可以看作是一系列语言。以语言为典范,用结构语言学的方法研究超出语言之外的文化部分,正是巴特所构想的符号学的主要任务。如其所言:"符号学就是这样一种研究,它接受了语言的不纯部分、语言学弃而不顾的部分以及信息直接变形的部分:这就是欲望、恐惧、表情、威胁、前进、温情、抗议、借口、侵犯,以及构成现行语言结构的各种谱式。"② 这种超出语言之外的部分正是更为广阔的文化领域,也是当代大众文化的主要研究对象。正因为巴特的这种突出贡献,艾布拉姆斯将他看作是文化研究的先驱。③巴特引导人们重新审视被我们所忽视的习以为常之物,并采用符号意指分析的方式揭示文化符号背后所蕴含的意识形态信息。显然,他对大众文化的这种与众不同的批判立场和分析方法具有马克思主义和结构主义的双重背景。

　　从巴特的学术历程来看,巴特的传记作家们,乃至巴特本人,都把他学术生涯的第一阶段概括为马克思主义阶段。因为在此阶段,他深深地迷恋马克思(他本人就参与过翻译编纂马克思的《德意志意识形态》)④、布莱希

---

① 正因为斯特劳斯所关注的并非马克思思想中的核心问题,比如阶级利益、革命斗争等,而是以结构的方式思考马克思,所以也有人认为斯特劳斯背离了马克思主义,甚至是反马克思主义的。菲利普·史密斯就认为:"尽管列维—斯特劳斯对马克思主义思想的力量和连续性印象颇深,但他从来没有真正接受过马克思主义,或马克思主义的文化分析模式。恰恰相反,他的著作提供了文化研究中最重要的反唯物主义取向之一。"([英]菲利普·史密斯:《文化理论导论》,张鲲译,商务印书馆2008年版,第153页。)
② [法]罗兰·巴尔特:《写作的零度》,李幼蒸译,中国人民大学出版社2008年版,第193页。
③ M.H.Abrams, *A Glossary of Literary Terms*,外语教学与研究出版社2012年版,第65页。
④ 仰海峰:《走向后马克思:从生产之镜到符号之镜:早期鲍德里亚思想的文本学解读》,中央编译出版社2004年版,第8页

特和萨特等人的思想,而他此时的著作也都深深地烙上了马克思主义的印记。同时,从其好友格雷马斯那里接受的索绪尔和叶尔姆斯列夫的结构语言学也为他的学术研究开启了另一扇符号学的窗户。对马克思主义和结构语言学的这种双重迷恋促使他在二者之间寻求沟通与合作的可能性。这种方法论的尝试在他的学术生涯中始终若隐若现,尽管马克思的名字在他的作品中较少出现。以至于晚年在法兰西学院的就职演讲中,他仍然明确指出,在一种能够刺激社会批评的符号科学中,萨特、布莱希特和索绪尔可以携手合作。① 可以说,在巴特的符号学研究中,索绪尔为他提供了分析大众文化的运行规则的方法和技巧,马克思、萨特和布莱希特则为他提供了审视大众文化的批判立场。

在这项具有开创性的尝试中,最有影响、也使他在法国学术界声名鹊起的重要成果之一就是对被其称为"今日神话"的当代大众文化所进行的符号学分析和意识形态批判。正因如此,他本人也被学界称为"神话学家"。显然,巴特的神话研究深受斯特劳斯神话研究的影响,但是,他对斯特劳斯神话学的参照只是隐喻性的,二者具有不同的内涵。斯特劳斯的神话研究关注于原始部落族裔的生活习性、语言、婚配、图腾、禁忌等,而巴特的神话研究则是以当代社会的大众文化所建构的符号体系为对象。巴特试图从这种符号体系中所看到的并不是一种简单的符号结构,而是其运作过程中的权力关系。这样,巴特的符号学研究对象就很自然地从索绪尔的纯粹语言结构转向了话语,即"由权势运作的语言结构"②。由语言向话语的转变是 20 世纪语言学转向发展过程中的一个重要转型,巴赫金、福柯和哈贝马斯等都参与其中。巴特把研究重心由语言向话语转移,也就自然地把符号学研究转移到了政治的领域。他甚至直接断言,符号学研究就是以政治为对象,除此之外别无对象。而符号学研究对象之所以会发生如此重大的转移,其根本原因在于法国知识界的改变,而引起这一改变的重要契机则是1968 年 5 月所发生的那场具有历史性意义的"裂变"。

巴特向来反对把形式批评和历史研究相敌对的批评方法,而是认为二者并不矛盾,并且追求形式与历史的整体统一。如其所言:"一个系统越是

---

① [法]罗兰·巴尔特:《写作的零度》,李幼蒸译,中国人民大学出版社 2008 年版,第 193 页。
② [法]罗兰·巴尔特:《写作的零度》,李幼蒸译,中国人民大学出版社 2008 年版,第 193 页。

特定地在其形式上得到界定,就越适用于历史批评。若是戏拟一个众所周知的说法,我会说少部分形式主义让人脱离历史,但大部分形式主义却把人重新引向了历史。萨特《圣·热内》一书对神圣的描写是形式与历史、符号学与意识形态诸属性兼而有之,还有比这描述更好的整体性批评的例子吗?……神话修辞术既属于作为形式科学的符号学,又属于作为历史科学的意识形态,它研究呈现为形式的观念。"① 神话具有作为形式科学的符号学和作为历史科学的意识形态的双重属性,也就自然成为建构一种将形式研究与历史研究相结合的批评模式的最佳试验场。

这一尝试最成功的例子莫过于他在《神话学》中对当代大众文化的符号系统的运作模式,以及其中所蕴含的意识形态,所进行的深入分析、阐释和批判。巴特在此用所谓的神话学所关注的就是二战之后的法国社会。在巴特看来,这个神话世界为法国人提供了一套浮世绘,或者说一种公共场所,法国人就生活于其中,被其中的各种符号所包围。殊不知,这个符号世界是资产阶级强加给社会的图景,是资产阶级意识形态建构的结果。可以毫不避讳地说,现实社会就是一所"符号监狱"。巴特用他从马克思那里借用而来的批判性眼光审视这个符号世界,并发现了其以自然的方式所呈现出来的隐藏于其中而不为人所察觉的意识形态信息。正如多米尼克·斯特里纳蒂所言:"虽然在巴特对符号学的看法中有很多新奇和有趣之处,但他对意识形态的看法却显得同较原始的马克思主义对该概念的看法更为一致,因为通俗文化的神话被看成是为资产阶级的各种利益服务的。……根据巴特的观点,资产阶级意识形态的特征是要否认资产阶级的存在。"② 正因为神话使资产阶级意识形态自然化,所以神话被看作是资产阶级各种利益的产物。因此,他的《神话学》的任务就是通过符号学的方法来对这个符号体系进行解剖、分析和批判。因此,在巴特这里,"任何一门符号学最终都变成了符号破坏学"③。

巴特借用了叶尔姆斯列夫的语言系统模式,认为一切意指系统都包含

---

① [法]罗兰·巴特:《神话修辞术、批评与真实》,屠友祥等译,上海人民出版社 2009 年版,第 173 页。

② [英]多米尼克·斯特里纳蒂:《通俗文化理论导论》,阎嘉译,商务印书馆 2001 年版,第 131 页。

③ [法]丹尼斯·于斯曼:《法国哲学史》,冯俊等译,商务印书馆 2015 年版,第 540 页。

了一个表达平面(E)和一个内容平面(C),意指作用则相当于两个平面之间的关系(R),这样我们就有表达式:ERC。这个 ERC 系统本身又可以继续延伸,从而衍生出无数个系统层次。也就是说,前一个系统本身都可以成为后一个系统的表达或内容,以此类推,无限延展。如果第一个系统成为第二个系统的表达,即(ERC)RC,叶尔姆斯列夫称这种意指方式为含蓄意指符号。但如果第一个系统成为第二系统的内容,即 ER(ERC),这个第二系统就成了元语言。每一个符号系统都由能指、所指、意指关系三个部分构成。含蓄意指的能指称为含指项,它是由被直指的系统的诸符号(由能指与所指相结合所构成的初级符号)所构成。巴特认为,几种被直指的记号可以结合起来形成一个单一的含指项。换言之,被含指的系统的单元和被直指的系统的单元,并不必然具有同样的幅度。被直指的话语的较大片段可构成被含指的系统的单一单元。比如在文学中,一个文本的语调、长短、分行、字词等都构成文学文本这一更大的指称系统的一个单元,因此不管含指以什么方式强加于直指的信息之上,也不可能将其穷尽。可以说,巴特对含指的分析符合文学的特点,文学的言外之意和韵外之旨,就是源自于其含指与直指系统之间关系的无尽性,及其所造成的阐释的多元性。巴特对含蓄意指系统的分析接近于皮尔斯对解释项的分析,都关注于文本或符号系统中所衍生出的意义的无尽阐释性。巴特认为,对含蓄意指系统的表达层或能指(即第一系统)的研究属于修辞学的领域,而含蓄意指系统的所指或内容层包含着一定的意识形态信息,对它的研究就是一种意识形态研究。也就是说,文学或文化修辞学的研究对象是含蓄意指系统的能指与前一系统之间的关系,而文学或文化的意识形态研究的对象则是含蓄意指系统的所指与前一系统之间的关系,或者说这种意识形态是如何通过含蓄意指过程而被表征的。

通过索绪尔的著作,巴特获得了一个信念,即倘若把"集体意识"看作符号系统,就能深入细致地了解神话的制作过程,"这个过程将小资产阶级文化转变成普遍的自然"①。也就是说,神话的制作过程就是把资产阶级意识形态进行自然化,使神话的接受者将其看作"习以为常",从而在不自觉

---

① [法]罗兰·巴特:《神话修辞术、批评与真实》,屠友祥等译,上海人民出版社 2009 年版,第 27 页。

中接受其中所蕴含的资产阶级意识形态,或者詹姆逊所说的政治无意识。因此,卡勒认为,神话就是资产阶级所制造的"一种有待曝光的欺骗"①。巴特对意识形态以自然的面貌出现的神话叙述方式有清晰的认识,并试图通过写作《神话学》来揭示神话的意识形态运作模式。如其所言:"这一思索的缘起,就是面对'自然'产生难以忍受之感,报刊、艺术、常识不断地拿'自然'来装扮现实,使之呈现'自然'之貌。我们生活于现实这一存在物之中,尽管如此,它仍然完全是历史的现实;总之,在时事的记叙、报道中,我看到'自然'和'历史'每时每刻都混同难辨,我想要在表面看似得体的'不言而喻'的叙述中重新捉住意识形态的幻象,我觉得这幻象就藏匿在叙述之中。"② 神话不是凭借传递其信息的媒介物来界定,而是靠表达信息的方式来界定。叙述中包含着意识形态,或者说叙述就是一种意识形态或神话建构的方式。因此,他的大众文化研究并不是对时装、摔跤、广告、海报等文化现象的直接阐释,而是分析对这些文化现象的文字叙述。可以说,巴特的符号学研究对象本身就是符号或含蓄意指,其神话研究就是试图把符号学分析和意识形态批判结合起来,用符号学对大众文化进行意识形态解读,通过揭示神话生产意识形态的运作机制来消灭神话。

这种尝试在《神话学》一书的小品文中比比皆是。在巴特看来,神话中的意识形态在法国人的日常生活中是以习以为常的自然方式呈现出来的。比如,在《电影里的罗马人》一文中,巴特分析了电影《凯撒大帝》中的几种特有的符号,包括人物前额的刘海、夜间惊醒和人物面部的汗水等等。作为直接意指,人物前额的刘海是罗马人特有的标志,或者说作为符号,其能指是刘海,而其所指则是罗马人的身份。而这种符号,作为含蓄意指的能指,其所指则是"权利、美德和征服的奇异混合"③。摔跤也是如此。摔跤的动作和神情构成直接意指符号,并作为含蓄意指的能指而指向公道、善恶等作为意识形态的所指。再比如,在分析法国儿童玩具时,巴特认为,玩具与其说是儿童的快乐工具,不如说是成人用于教育孩子的工具。玩具是由成人

---

① [美]乔纳森·卡勒:《罗兰·巴特》,陆赟译,译林出版社 2014 年版,第 24 页。
② [法]罗兰·巴特:《神话修辞术、批评与真实》,屠友祥等译,上海人民出版社 2009 年版,第 29 页。
③ [法]罗兰·巴特:《神话修辞术、批评与真实》,屠友祥等译,上海人民出版社 2009 年版,第 46 页。

提供的,儿童只是被动接受,因此玩具世界只是成人世界的一个小小的缩影,是成人社会化的一种表现,体现了成人所期望的孩子的未来角色。通过玩具让孩子更早地接触成人世界,只是成人世界角色的一种提前预演。在《葡萄酒》一文中,巴特认为,葡萄酒作为法国人日常不可或缺的一种饮品,它典型地体现了法国性,但人们在享用这种美味的时候却往往忽略了这种佳酿所具有的资本主义霸权和殖民性。用于产酒的葡萄产自法国殖民地——阿尔及利亚,强迫由生活于这片土地上的被殖民者穆斯林族群所种植,而这些被殖民者所需要的并非葡萄而是面包。因此,巴特认为像葡萄酒这样的很多令人赏心悦目的神话并非是纯洁无暇的,反而包藏着很多不可告人的罪恶。"因为葡萄酒并不是真正令人快乐之物,除非我们存心要遗忘这也是剥夺土地所有权的结果。"①

　　巴特关于神话的最著名的例子莫过于《巴黎竞赛报》封面上那张一位身穿法国军服的黑人青年向法国国旗敬礼的照片。巴特认为,语言是一个单纯的符号系统,其所指完全不能扭曲什么事物,因为能指是空洞而任意的,无法向所指表示任何抵抗。在神话中则不同,神话的能指可以具有两种面貌,一种是充实的,它就是意义(黑人士兵的历史真实),另一种是空洞的,它就是形式(法兰西黑人士兵向三色旗敬礼)。概念所扭曲的显然是那种充实的面貌,也就是意义:黑人丧失了自身的历史真实而变换成了姿势。神话是一个双重系统,在神话中呈现为同时存在的境况:神话的始端由意义的终端构成,即初生符号所扮演的双重角色。作为初生符号,这张照片只是一种现象:这位朴实的黑人就像我们自己国家的青年那样敬礼。但作为神话这一言说方式,黑人的敬礼作为含蓄系统的能指,却被扭曲、变形,从而表征为法国的帝国性。"法国是个伟大的帝国,她的所有儿子,不分肤色,都在其旗帜下尽忠尽责,这位黑人为所谓的压迫者服务的热忱,是对所谓的殖民主义的诽谤者最好的回答。"② 可以说,从表面来看,法国的帝国性在这张照片中是不在场的,但对于一个具有神话解释能力的人来说,却可以从中窥见其深层的意识形态所指。由此可见,神话也具有一种编码和解码的过

---

① [法]罗兰·巴特:《神话修辞术、批评与真实》,屠友祥等译,上海人民出版社 2009 年版,第 88 页。

② [法]罗兰·巴特:《神话修辞术、批评与真实》,屠友祥等译,上海人民出版社 2009 年版,第 176 页。

程。对于一个具有解码能力的人来说,神话就变得具有命令的、强迫使人正视的特性。比如,对于一个了解法国的殖民历史的人来说,黑人的敬礼所表征的法兰西的帝国性就是强制性的。"法兰西帝国性判定敬礼的黑人只不过是工具性能指而已,黑人却突然以法兰西帝国性的名义向我打招呼,硬让我正视他,予以承认;然而黑人的敬礼同时又变得黏稠,变成结晶,固化了,凝结成用于奠定法兰西帝国性的不朽因素。"① 从这个角度来说,巴特认为,不同于符号的能指与所指之间的任意性关系,神话的意指作用却是有理据的,尽管这种理据性是极其破碎的。首先,它不具有"自然性":正是历史给形式提供的类比。其次,意义和概念之间的类比只是局部的:形式抛弃了许多同类之物,只保留了其中若干个而已。再次,当前显示的理据是从各种可能的理据当中选取的。比如,"除了黑人敬礼之外,我还可以给法兰西帝国性其他许多能指:一位法国将军授予独臂塞内加尔人勋章,一名仁慈的修女给卧床的北非阿拉伯病人递药茶,一个白人小学教师为专心听讲的黑人孩子上课……,报刊每天都充斥着这些,向我们显示神话能指的储备是取之不尽的。"② 一个所指可以拥有若干个能指,语言学的所指和精神分析的所指尤为如此,神话也是这样。神话的能指与所指不成比例,所指是有限的,每一个所指可以有无数个能指。很多符号都可以表征法国的帝国性,黑人敬礼只是显示法兰西帝国性的能指之一种,是从诸多理据中选取的,但无论如何选取,其所呈现的意识形态却是显而易见的。同样,在巴特看来,表征中国性的除了铃铛、黄包车和大烟馆之外还有无数其他能指,而这几个能指所表征的也只是古代的中国。

巴特认为,资产阶级创造神话的目的是要保持已有的社会秩序的稳定,掩盖其压迫和意识形态控制的本质。出于这一目的,资产阶级创造出了多种多样的神话来获得意识形态霸权。如其所言:"资产阶级意识形态不断地将历史产物转变成本质类型;就像乌贼喷出墨汁保护自己,资产阶级意识形态对世界永远在进行制造和虚构,它不断地搞混这点,让人们认不清真相,把这世界固定为可以永远拥有的对象,对所有事物进行分类整理,对其

---

① ［法］罗兰·巴特:《神话修辞术、批评与真实》,屠友祥等译,上海人民出版社2009年版,第186页。

② ［法］罗兰·巴特:《神话修辞术、批评与真实》,屠友祥等译,上海人民出版社2009年版,第187页。

作防腐处理,使之永久保存,向现实注入纯化的本质,使其停止转变,阻止它逃向另外的存在形式,只有这样,意识形态才能完好无损。"① 相反,受压迫者则一无所有,他们所能够掌握的言说方式也是单一的,即创造出一种摆脱束缚而解放自身的语言。因此,可以说,压迫者的语言或神话旨在保持已有秩序的永恒不变,而受压迫者的语言或神话则恰恰相反,其目的在于通过揭示资产阶级神话的意识形态性来对已有秩序进行批判和改造。相对于资产阶级神话的无处不在,受压迫者的神话数量却是极其有限的,因为意识形态的话语权,或者说神话的制造和生产的主动权永远掌握在统治者的手中。正是这种力量的极度不对等为知识分子介入社会提供了用武之地。但是,巴特并不赞成萨特式的以实际行动介入社会运动的激进方式,而是采取了相对温和的介入方式,认为分析神话是知识分子采取政治行动的唯一有效途径。巴特的这种介入社会的立场和方式与法兰克福学派通过揭示资本主义大众文化的欺骗性来对资本主义进行批判的立场和方式是非常一致的。因此,用"结构主义者不上街"来嘲讽巴特乃至结构主义者,认为他们都试图逃离政治,是对他们的一种误解。

　　巴特的文化研究系列著作除了早年的《神话学》之外,还有后来的《流行体系》和《符号帝国》。可以说,在后两部符号学著作中,随着向结构主义阶段的迈进,巴特用符号学分析文化现象的方法运用得日益纯熟,而马克思主义的色彩在他的著作中却逐渐减弱。但这并不意味着巴特已经完全抛弃了马克思主义。事实上,马克思主义的立场和方法一直隐含在巴特的研究之中,并时而显露出来。在《流行体系》中,巴特就引用了马克思的《德意志意识形态》中的观点,并为此做了一个详细的注释②,这足以表明马克思主义对巴特所产生的影响。这也就不难理解他晚年在法兰西学院的就职演讲中提出将马克思、布莱希特和索绪尔的方法相结合的原因了。

　　在文化研究的谱系中,结构主义符号学之所以能够占有一席之地,很大程度上得益于巴特的《神话学》所创立的批判立场和分析方法,并对之后的文化研究产生了深远的影响。菲利普·史密斯对此给予了极高的评价,

---

① [法]罗兰·巴特:《神话修辞术、批评与真实》,屠友祥等译,上海人民出版社 2009 年版,第 214 页。

② [法]罗兰·巴特:《流行体系——符号学与服饰符码》,敖军译,上海人民出版社 2000 年版,第 305 页。

认为及至 20 世纪 80 年代,巴特的神话研究已经成为文化研究领域的典范,因为"他的著作帮助建立了一种富于经验研究和符号学特色的批判文化理论"①。虽然在巴特的著作中基本看不到阿多诺、本雅明、马尔库塞这些法兰克福学派批判理论家的名字,但对他们的好友布莱希特的学说的了解,促使巴特的大众文化研究也带有强烈的批判色彩。可以说,巴特对待大众文化的立场与法兰克福学派是一脉相承的。但是,巴特从符号学的角度切入大众文化研究,又使其对大众文化的批判带有了一定的科学化倾向。他把符号学与批判理论相结合,从而为大众文化研究开辟了一条新的途径,也为已经步履蹒跚的西方马克思主义注入了新鲜的血液。

如果说法兰克福学派对大众文化的批判所采用的是宏大叙事般的哲学批判,巴特对大众文化所进行的则是比较微观的符号意指分析。巴特把符号学引入大众文化研究,为我们揭示了大众文化的符号系统生产意识形态的运作机制。但是,巴特的分析忽略了符号意义生产过程中社会关系和文化语境的作用,因为任何符号意义和意识形态都是在社会关系和文化语境中才得以编码和解码的。比如,玫瑰花代表爱情,但是只有在恋人中间,这种内涵才能够被理解,意义才能够得以实现。甚至,在送花人那里代表着爱情,而在接受者这里也许意味着拒绝,甚至侮辱、骚扰。玫瑰花也可以在朋友、亲人之间赠送,这时候它代表的就不是爱情,而是其他的意义。要理解黑人士兵照片中所蕴含的意识形态性,除了要求具有较强的编码和解码能力,还需要对法国的殖民历史有深入的了解。因此,"除非考虑到使用符号的各种语境以及赋予它们以意义的各种社会关系,否则就不可能恰当地解释符号。符号学没有认识到意义不是符号本身的一种特质,而是可以将符号置于其中的各种社会关系的特质。"② 把社会关系引入符号学领域,从而解决巴特符号学中所遗留的这一问题,也就成为之后马克思主义符号学理论所要解决的问题。斯图尔特·霍尔正是沿着这个方向,才把英国文化马克思主义和结构主义符号学结合起来,从而发展出英国伯明翰学派的文化研究理论范式的。

---

① 〔英〕菲利普·史密斯:《文化理论导论》,张鲲译,商务印书馆 2008 年版,第 170 页。
② 〔英〕多米尼克·斯特里纳蒂:《通俗文化理论导论》,阎嘉译,商务印书馆 2001 年版,第 141 页。

第三节　伯明翰学派文化研究的符号学范式

詹姆逊指出,在 70 年代之后,理论家们对知识市场上的各种理论都已经了如指掌,都可以被拿来为自己的研究提供方法和观点的支撑。这一点我们在巴特、福柯、德里达、伊格尔顿、凯尔纳,也包括詹姆逊本人的著作中,都可以得到清晰的证明。霍尔显然也是这样一名综合性的理论家,在他的研究中,无时不冒出马克思、威廉斯、霍加特、葛兰西、阿尔都塞、巴特、福柯和拉克劳等这些重要理论家的名字和观点。如果我们从他的学术生涯的发展历程,以及他的著作和文章的理论与方法两个方面来加以审视,可以发现,这些理论家都对他产生过重要的影响。如果我们再将这些对霍尔产生过重要影响的理论家进行归类,其中最大的两个阵营莫过于马克思主义者和符号学家。霍尔乃至整个伯明翰学派的文化研究正是在对马克思主义和符号学进行征用,或在二者之间的对话中才得以确立、发展和繁荣的。可以说,是威廉斯等人的文化马克思主义为他开启了文化研究的大门,马克思、葛兰西和福柯为他提供了审视大众文化的批判立场,而阿尔都塞的结构主义马克思主义和索绪尔、巴特等人的结构主义符号学则为他提供了分析和批判大众文化的视角和方法。

一、霍尔、伯明翰学派与马克思主义的关联

对霍尔的学术研究影响最大的自然是马克思主义,霍尔也通常被学术界定义为"马克思主义文化理论家"。正如马克·吉布森所言:"他接受了马克思主义的概念和观点,他所造成的影响超过他人,被公认为这方面的权威。如果有某一个时期文化研究的确受到了马克思主义的影响,那么一定是霍尔掌管伯明翰当代文化研究中心期间。"① 但是,尽管深受马克思主义的影响,霍尔本人却仍然明确指出,"文化研究与马克思主义从来就没有在理论上达到契合"②。因为文化研究虽然诞生于马克思主义,依赖马克思

---

① [澳] 马克·吉布森:《文化与权力:文化研究史》,王加为译,北京大学出版社 2012 年版,第 105 页。

② David Morley and Kuan-Hsing Chen, eds., *Stuart Hall, Critical Dialogues in Cultural Studies*, London and New York: Routledge, 2005, p.264.

主义,并伴随着马克思主义自身的理论发展而发展,但是,这种孕育文化研究并促使其成长的马克思主义并非经典马克思主义,它所产生的时刻也并非马克思主义的黄金时期。无论是威廉斯等人的文化马克思主义,还是葛兰西的文化领导权,以及阿尔都塞的结构主义马克思主义等这些对霍尔本人乃至整个伯明翰学派的文化研究产生重要影响的西方马克思主义思潮,都是一种特定时期的"变异"的马克思主义,本身就产生于马克思主义自身的重重危机之中。用霍尔自己的话来说,这是一种"没有保证的马克思主义(Marxism without guarantees)"[①]。从学术发展史来看,英国文化研究与马克思主义的关系经历了从转向马克思主义到远离马克思主义两个重要阶段[②],而霍尔本人在这个过程中则扮演着重要角色。

　　事实上,早在 1951 年之前,当霍尔还在牙买加读书并准备留学英国的考试的时候,就已经受到了马克思主义的影响。此时,他接触到的主要是马克思著作中的《共产党宣言》、《工资劳动》和《资本论》等内容。在留学牛津期间,他深深地被威廉斯、霍加特和汤普森等英国第一代左派理论家[③]的学说所吸引,并与好友合作创办了《大学与左派评论》杂志,后来又接管并全面负责汤普森所创立的《新理性者》。在这两个刊物合并为《新左派评论》之后,霍尔则成为这份影响甚大的左派杂志的重要奠基人。1964 年

① David Morley and Kuan-Hsing Chen, eds., *Stuart Hall*, *Critical Dialogues in Cultural Studies*, London and New York：Routledge, 2005, p.24.

② David Morley and Kuan-Hsing Chen, eds., *Stuart Hall*, *Critical Dialogues in Cultural Studies*, London and New York：Routledge, 2005, p.71.

③ 我们在此沿用英国理论家肯尼在《第一代英国新左派》(江苏人民出版社 2010 年版)中的观点,称威廉斯、霍加特和汤普森为英国第一代左派理论家,而不用马克思主义者,因为他们三人与马克思主义之间的关系是非常复杂的。在他们三人中,霍加特是个例外,他不是,或者说,他从来都不是一个马克思主义者。在他的《识字的用途》中虽也提到"中产阶级马克思主义者"(middle-class Marxist),但他对马克思主义并没有表现出忠诚。相反,威廉斯则是一个忠实的马克思主义者。威廉斯自己也明确指出,当他在剑桥读书的时候,对他的思想产生重大影响的有两个人,一个是利维斯,另一个就是马克思。后来,威廉斯也在一段时期内成为英国共产党的积极成员,马克思主义在他的思想中也一直处于主要位置。英国文化研究的另一个开创者汤普森则是一个态度鲜明的马克思主义者,不仅仅是因为他是英国共产党的长期成员和党的历史小组的积极参与者,而且因为他是《新理性者》的建立者,后来发展为《新左派评论》,试图以此发展出一种马克思主义的新形式。(David Morley and Kuan-Hsing Chen, eds., *Stuart Hall*, *Critical Dialogues in Cultural Studies*, London and New York：Routledge, 2005, p.72-7.)

霍加特创办了伯明翰大学当代文化研究中心,但由于他在联合国教科文组织借调,中心的实际工作由霍尔主持。1968 年,霍加特正式调到教科文组织,霍尔便于此时开始担任中心主任,直到 1979 年离开伯明翰大学赴开放大学任教。霍尔 1997 年退休,之后还担任着《今日马克思主义》(*Marxism Today*) 杂志的编委。由于在文化研究领域的突出贡献,霍尔被评为"全英国百名伟大黑人"之一。

　　在英国左派文化理论的三大领袖中,霍加特和汤普森都与霍尔在工作上有直接的关联,而威廉斯则作为精神导师在学术志向上深深地影响着霍尔。在霍尔的著作中,对威廉斯的引用和评述也明显多于霍加特和汤普森,因为威廉斯是英国文化马克思主义的最初开创者,也是贡献最大的理论家。威廉斯指出,虽然马克思同罗斯金和乔治·艾略特是同一个时代的人,但是马克思对文化的阐释直到 20 世纪 30 年代才在英国产生了广泛影响。马克思自己也曾构想过一个文化理论,遗憾的是,他对这一理论并没有加以完善。威廉斯对此有清晰的认识:"马克思主义文化观承认文化问题的多样性和复杂性,考虑到变革中的延续性,也考虑到或然性和某些有限的自律性因素。但是,尽管有这些保留态度,它还是把经济机构的事实以及由此而来的社会关系看作是一条主线,文化便是沿着这条主线编织起来的,只有理解了这条主线,才能真正理解文化。不过,这仍然只是一种强调而非具体理论,这便是我们这个世纪的马克思主义者们所继承的传统。"① 尽管在马克思的理论框架中,相对于经济的决定作用,文化仅仅居于相对次要的地位,但是,也正是这一次要地位,为之后的马克思主义文化理论留下了广阔的发展空间。威廉斯不仅看到了文化问题的重要性,而且将发展一种马克思主义文化理论作为完善和发展马克思主义的重要任务。如其所言:"我们有必要看到,马克思主义者赋予文化以很高的价值,尽管对于其他思想家来说,文化的重要性是不证自明的。……马克思主义已经变成了诠释文化的主要积极活动,因此,文化理论还是必要的。不仅需要用马克思主义来阐释过去的和现在的文化,而且也要用马克思主义预测未来的文化。"② 正是出于这一目的,他撰写了《文化与社会》、《漫长的革命》等系列著作。与此同

---

① [英]雷蒙·威廉斯:《文化与社会》,吴松江等译,吉林出版集团 2011 年版,第 285 页。
② [英]雷蒙·威廉斯:《文化与社会》,吴松江等译,吉林出版集团 2011 年版,第 290 页。

时,霍加特出版了《识字的用途》,汤普森也出版了《英国工人阶级的形成》。在霍尔看来,这些著作都"与某种技术进化论、经济还原论和组织决定论构成了根本性的决裂"①,从而在其传统思想之间构造了一个间隙,也正是在这个间隙中,文化研究脱颖而出。这些著作把文化问题作为研究的中心,并汇聚成一股文化研究的洪流,最终发展出一种影响深远的英国文化马克思主义理论传统。霍尔也正是在对他们的文化理论的继承和发展中成长为英国文化研究的巨擘的。

威廉斯、霍加特和汤普森本身与马克思主义的关系都比较复杂,他们一边接受马克思主义理论,但又反对马克思的经济还原论,认为文化作为上层建筑的一部分并不由经济所直接决定,而具有独立自主性,并对社会发展具有强大的推动力。而且,由于1956年苏共二十大上赫鲁晓夫对斯大林独裁统治的揭露,以及苏联军队对匈牙利革命的干预,西方马克思主义者受到了深深的伤害和沉重的打击,一度对马克思主义信仰产生怀疑,并出现了退出共产党的高潮。威廉斯此时就犹豫过、彷徨过,这都对霍尔的马克思主义立场产生了影响。在回顾伯明翰学派的发展历程时,霍尔明确表明早期伯明翰学派的文化研究与马克思主义之间还有意识地保持距离。如其所言:"在消除了对文化研究理论的抵制之后很长一段时间,大约有五、六年的时间……我们还是围绕着欧洲思想转圈子,就是为了不轻易向当时的时代精神——即马克思主义进行有条件的投降。"② 及至70年代中期,霍尔才真正转向了马克思主义,并且将马克思主义看作战后英国激进思潮中的一台"动力无限的发动机"③,试图从中寻找推动文化研究深入发展的动力。

正是因为马克思主义给文化研究提供了发展的原动力,因此,霍尔把"闯入复杂的马克思主义"看作是英国文化研究的第二次最重要的决定性的突破,格劳斯伯格在向美国学生介绍英国文化研究的知识框架时则直接将伯明翰研究中心的工作概括为"英国马克思主义文化研究"。作为英美文化研究的领军人物,霍尔和格劳斯伯格的论断是有说服力的,表明在伯

---

① ［英］斯图亚特·霍尔:《文化研究:两种范式》,孟登迎译,载《文化研究》(第14辑),陶东风、周宪主编,社会科学文献出版社2013年版,第305页。

② 转引自［澳］马克·吉布森:《文化与权力:文化研究史》,王加为译,北京大学出版社2012年版,第106页。

③ 转引自武桂杰:《霍尔与文化研究》,中央编译出版社2009年版,第69页。

明翰文化研究中心的工作中,马克思主义扮演着至关重要的角色。但是,此时霍尔及其弟子们的马克思主义已经不再是马克思恩格斯的经典理论,也不同于威廉斯等人的文化马克思主义,而是充分吸收了葛兰西和阿尔都塞等的"变异"的马克思主义,以及巴特、福柯等后结构主义者和拉克劳、德勒兹等激进左翼思想家的思想,从而成为一个"后马克思主义者",其研究方法也染上了明显的结构主义的理论色彩。霍尔本人就坚持认为自己是一个"后马克思主义者、一个后结构主义者,因为这两种话语是我经常涉及的。它们构成了我的理论观点的核心,我并不认为理论的发展是一种时髦理论接着另一种时髦理论的无尽循环,追赶新的理论就好像每天换不同的T恤衫一样。"[①]

　　霍尔的身份定位和研究方法也深深地影响了他的弟子们。托比·米勒(Toby Miller)就认为英国文化研究至少"是通过与马克思主义的意义深远并持续性的关联才成就了自己"[②]。格劳斯伯格在充分肯定米勒这一论断的同时也清楚地指出,这种论断并不能概括伯明翰学派的所有情况,事实并非这么简单和整齐划一。事实上,在伯明翰文化研究中心,不同的人对待马克思主义的态度是不一样的,而且这种态度会随着环境的变化而处于变动之中。而就他本人来说,格劳斯伯格指出:"如果马克思主义被定义为经济决定论与意识形态的绝对主义,那么我坚信文化研究是反对马克思主义的,即便它有时是在马克思及其后继者所提供的基础上运作。"[③] 但是,如果从葛兰西和阿尔都塞的马克思主义的意义上来说,他显然又属于一个马克思主义者。因此,格劳斯伯格认为自己是"一个语境主义者、葛兰西主义者、德勒兹主义者、海德格尔主义者和马克思主义者"[④]。霍尔将这种多重立场和方法之间的"接合"所构成的复杂关系描述为"多重视野的搏斗"[⑤]。

---

① 转引自 [英] 保罗·鲍曼:《后马克思主义与文化研究》,黄晓武译,江苏人民出版社 2011 年版,第 5 页。

② Toby Miller, "Cultural Studies in an Indicative Mode", *Communication and Critical/Cultural Studies 8*, No.3 (2011): 321.

③ [美] 劳伦斯·格劳斯伯格:《为文化研究而工作》,载《文化研究》(第 13 辑),周宪、陶东风主编,社会科学出版社 2013 年版,第 338 页。

④ [美] 劳伦斯·格劳斯伯格:《为文化研究而工作》,载《文化研究》(第 13 辑),周宪、陶东风主编,社会科学出版社 2013 年版,第 332 页。

⑤ [美] 劳伦斯·格劳斯伯格:《为文化研究而工作》,载《文化研究》(第 13 辑),周宪、陶东风主编,社会科学出版社 2013 年版,第 338 页。

　　虽然是威廉斯、霍加特和汤普森把霍尔引进了文化研究的大门,但是,当霍尔于 70 年代真正步入文化研究这一殿堂的时候,结构主义文化研究范式已经兴盛起来,并取得了突出的成绩。因此,霍尔所要做的就是对这两种范式和方法进行比较和辨析,从而使他所掌管的伯明翰研究中心的文化研究能够在这两个学派的基础上有所推进。通过分析,霍尔发现,尽管威廉斯、霍加特和汤普森的文化研究之间存在着重大差别,但是从其核心观点来看,可以用"文化主义"对其范式和方法予以概括。文化主义范式"反对给'文化'指派的那种残余的、纯粹反思性的角色。它从另一种思路来证明文化与所有的社会实践是相互交织的;转而又将那些社会实践概括为人类活动的一种普遍方式:人类感性实践,男男女女通过这些活动来创造历史。它反对在表述理念和物质力量之间关系时常用的那种公式化的经济基础—上层建筑二分方式,尤其反对将'经济基础'过度简单地限定为是受'经济'决定的。这一范式倾向于一种更为宽泛的表述方式——社会存在和社会意识之间的辩证关系:任何一方都不能脱离对方而单独存在(在一些替代性的表述方式当中,是'文化'与'非文化'之间的辩证关系)。它将'文化'定义为两个方面的内容:既是产生于各种独特的社会群体和阶级当中的各种意义和价值,这些意义和价值建立在既定的社会条件或社会关系基础之上,各个群体和阶级通过它们来'把握'和应对各种生存条件;又是人们亲历过的各种传统和实践,通过它们那些'理解'才被表现和显现出来。"①威廉斯把文化界定为"整体性的生活方式",而文化研究就是对人类生活方式的研究,这种研究关注的重点是人们的生活经验和情感结构。但是,在文化主义的研究范式如日中天的时候,欧洲大陆的结构主义文化研究范式异军突起,从而形成了文化研究领域双星并峙、相互补充、此消彼长的局面。虽然结构主义也同样反对"经济基础/上层建筑"这一隐喻,并在很多方面与文化主义有明显的重叠,但从根本上来看,二者却是完全对立的。从研究对象方面来说,结构主义关注的不再是文化主义所关注的经验问题,而是把文化中的意识形态作为文化分析的核心问题,从中我们也可以清晰地看到其与马克思主义之间的密切关联。而从方法论角度

---

①　[英]斯图亚特·霍尔:《文化研究:两种范式》,孟登迎译,载《文化研究》(第 14 辑),陶东风、周宪主编,社会科学文献出版社 2013 年版,第 312 页。

来看,结构主义反对历史主义,强调语言的结构化和"多元决定论",认为是结构和整体决定了文化的特性,从而"让文化进程偏离了它所服从的'人的设想'这个中心。……因此,结构主义也标志着和理论性人文主义的各种主导范式的彻底决裂。"①

霍尔认为,文化主义与结构主义相互对立,各自的优点恰恰都源自于对方的弱点,因此"都不足以将文化研究构造成一个有明确概念和充分理论根据的领域"②。但是,换个角度来看,二者之间却又相互补充,如果能够加以辩证综合,必然产生一种新的文化研究范式。而要做这种辩证综合,首先要克服双方的"在各自理论边界上相对峙的情形"。这就要求,在未来要做的工作以及在未来要获取的知识中,要坚持并使用"一种开放式的马克思主义,而非现成框架的生搬硬套"。对于结构主义来说,"它的形式主义和唯理主义,赋予最高程度的抽象一种特权,使其用霸道的方式操纵着'唯己独尊'的理论,此外还有它对认识论问题的痴迷,这些都构成了对于解决结构主义自身所提出问题的极大阻碍"③,如果能够对这一缺陷加以克服,必将对文化研究产生助益。正是在这个克服双方弱点的同时进行综合运用的新的起点上,霍尔开启了伯明翰学派文化研究的征程。在这个过程中,葛兰西的文化霸权理论、阿尔都塞的结构主义马克思主义和福柯的后结构主义权力理论,陆续进入霍尔的视野,为其提供了方法论的启示和武器。其中,葛兰西的霸权理论对霍尔的影响尤甚,因为在他看来,"葛兰西大大纠正了各种结构主义理论通常据以运作的那种非历史的、高度抽象的、拘泥于形式的以及理论主义的层面"④。也正是对葛兰西的关注和运用,直接促使了英国文化研究的"葛兰西转向"。通过对这些方法的综合运用,霍尔建立了他自己乃至整个伯明翰学派文化研究的风格和特色,也奠定了他在伯明翰学派乃至世界文化研究领域的领袖地位。

---

① [英]斯图亚特·霍尔:《文化研究与伯明翰当代文化研究中心》,载《文化研究》(第13辑),周宪、陶东风主编,社会科学出版社2013年版,第193页。

② [英]斯图亚特·霍尔:《文化研究:两种范式》,孟登迎译,载《文化研究》(第14辑),陶东风、周宪主编,社会科学文献出版社2013年版,第318页。

③ [英]斯图亚特·霍尔:《文化研究与伯明翰当代文化研究中心》,载《文化研究》(第13辑),周宪、陶东风主编,社会科学出版社2013年版,第191页。

④ [英]斯图亚特·霍尔:《文化研究与伯明翰当代文化研究中心》,载《文化研究》(第13辑),周宪、陶东风主编,社会科学出版社2013年版,第200页。

　　在霍尔非常广泛的文化研究领域中,我们主要集中于最能体现他综合马克思主义与结构主义方法的电视文化研究和文化表征理论。

二、电视文化的符号学批判

　　霍尔在20世纪70年代注重电视和媒体研究,主要尝试着运用结构主义符号学、阿尔都塞的意识形态理论和葛兰西的霸权理论研究媒体与国家、政治和权力之间的关系问题。麦克罗比认为这一时期也是"霍尔作为一名清醒的马克思主义者分析最精彩的时期"①。霍尔把电视媒体看作一种意识形态国家机器,是资本主义运用电视节目的符号编码和解码机制生产意识形态,从而实现统治的重要手段。按照霍尔的观点,资本主义社会的媒体表面上与国家政权相互冲突,新闻记者热衷于报道政治家的丑闻,并对各种政策提出批评,让人产生一种错觉,认为新闻媒体站在民众的一边,代表了民众的声音。但是,这些却都是表面的假象,在其深层,是媒体与政权之间的一种共谋。如霍尔所言:"节目制作被描述为公众的声音,事实上却只是占主导地位的政治意识形态。"②

　　霍尔等人的这种极具马克思主义色彩的批判立场是通过对电视文本进行结构主义的分析来确立的,马克思主义立场和结构主义方法的结合正是他们文化研究的方法论。在《编码、解码》一文中,霍尔明显借用了雅各布森的语言交流理论,尽管文中他并没有直接提及雅各布森的名字。雅各布森提出了言语交流活动的六要素,即信息的发送者、信息、符码、语境、接触和信息的接受者。在言语交流活动中,信息的发送者根据语境,通过语言符码来编织信息,形成语言文本,借助一定的接触方式将信息传递给信息的接受者。在这个过程中,就出现了信息发送者的编码和信息接受者的解码两个活动,而对于信息交流能否完成而言,这两个环节是诸多环节中最至关重要的。雅各布森是从语言学的角度讨论信息生成和传递过程的,而霍尔则借用雅各布森的这一观点并将其运用到大众传播研究过程中,把电视、广播、报纸等一系列大众传播行为都看作是类似于语言活动的信息生产和传

---

① [英]安吉拉·麦克罗比:《文化研究的用途》,李庆本译,北京大学出版社2007年版,第15页。

② [英]安吉拉·麦克罗比:《文化研究的用途》,李庆本译,北京大学出版社2007年版,第16页。

递过程,因此可以借用语言学的方法加以分析。

在大众传播研究中首先面临的是信息的编码问题。任何一个尚未经过加工的历史事件都不可能通过电视新闻来进行传播,只有当历史事件在电视话语的视听形式和话语规则范围内经过加工而符号化之后,传播才成为可能。在这个环节中,历史事件必须服从语言的形式规则才能够被符号化或编码,从一个原生态的"历史事件"转变为一个可以讲述的"故事"。这样,通常被看作是信息传播过程中居于次要地位的话语形式就被提高到了"主导地位"。不同的信息传播媒介的话语形式规则不同,也就决定了同一个历史事件因不同媒介所编码而成的"故事"会具有不同的特点,并产生不同的效果。鲍德里亚不无极端地说海湾战争并没有发生,就是因为我们所看到的并不是真实的战争,而是经过电视新闻媒介编码过的"故事"。但是霍尔不同于鲍德里亚,他认为即使话语规则和信息形式僭越为主导性要素,但这并不意味着它所指涉的历史事件、产生这一事件的社会关系,以及事件的社会和政治后果不复存在。话语生产者借用一定的符号编码规则把基于一定社会关系而发生的历史事件编码为"作为意义的话语节目",并试图通过诱导受众按照其设计好的规则和路径对这些话语信息进行解码,从而在传递信息的同时在受众中产生影响和效果,进而完成情感传达、思想建构和意识形态再生产等目的。

但是,在编码和解码的过程中,信息和话语的编码者与解码者并不一定处于对等的对位,解码者也不一定按照编码者的编码规则进行解码,这就造成了信息传递过程中的误读的可能性。同时,信息编码者也会试图采用一定的编码规则和技巧,使具有一定主观意向或意识形态性的信息表征为自然或真实的样貌。因此,霍尔不赞成巴特的观点,认为"语言没有零度。自然主义和'现实主义'——对所再现的事物或者概念的明显忠实的再现——就是语言对'真实'的某种明确表述的结果或效果。这是话语实践的结果。"[1]为了减少这种误解,话语编码者会选择一种社会通用的"主导话语结构"进行编码。这种方案有助于解码者从诸多解码方案中采用这种主导性话语结构进行解码。"在这些解读内镌刻着制度 / 政治 / 意识形态的秩

---

① ［英］斯图亚特·霍尔:《编码,解码》,载《文化研究读本》,罗钢、刘象愚主编,中国社会科学出版社 2000 年版,第 350 页。

序,并使解读自身制度化。"① 这种主导话语结构在话语的编码和解码过程中处于"主导—霸权地位",也是电视、广播等作为意识形态国家机器的大众传播媒介所采用的主要编码和解码方式。除此之外,还有一种"协调的符码"。在协调性解读中,由于解码者与编码者基于不同的社会关系,采用不同的符码规则,甚至对相同符码的理解和掌握程度也有所不同,这就造成了信息解读中必然存在误读和分歧。真实的意义和信息的获得就是在编码者通过符码所编织和传递的意义与解码者的解读意义之间相互协调和博弈的结果。而第三种情况是解码者采用完全相反的方式进行解码,从而得出相反或敌对的信息。霍尔将其称作"对抗的符码",这种对抗性解读是一种"意义的政治策略",其中融入了政治和话语的斗争。由于不同的编码和解码的方式和策略的存在,电视、广播等媒体在编码过程中也就不是仅仅提供一个可供解释的固定意义,而是提供一种意义解读的范围,或者说通过推荐一种或几种意义来引导观众对经过编码的文本进行解读和释义。正是这种推荐的多义性的存在,使电视等媒介成为意识形态国家机器的一部分。我们通过对霍尔的《编码,解码》这一短文的分析,可以清晰地看到其中雅各布森、巴特、阿尔都塞、葛兰西、福柯,乃至法兰克福学派理论家的影子和影响,以及霍尔理论中马克思主义与结构主义相结合的可能性。

三、文化表征的路径与方法论批判

　　霍尔文化理论的系统论述是在 20 世纪 90 年代成型的文化表征理论。霍尔认为文化并不是一系列诸如小说、戏剧、绘画、音乐、建筑等现成的事物的堆积,而是在人们对这些事物的使用、言说、思考和感受并赋予其意义的表意过程和意指实践中所呈现的一种状貌。文化研究的核心不是研究这些具有意义的现成事物,而是研究人们言说这些事物并赋予其意义的方式和过程。霍尔称这种表意过程和意指实践为"表征"(Representation)。在霍尔看来,表征是某一文化的众成员间通过语言符号进行意义生产和信息交换过程中的一个必要组成部分,而根据语言符号如何再现世界并生产意义的方式,形成了三种不同的表征模式:反映论的、意向性的和构成主义的。

---

① [英]斯图亚特·霍尔:《编码,解码》,载《文化研究读本》,罗钢、刘象愚主编,中国社会科学出版社 2000 年版,第 353 页。

反映论的观点认为意义是一种客观存在,语言单纯反映已经存在于那里的关于物、人和事的世界的意义,只是意义得以呈现的载体和工具,并不参与和生产意义。这种接近于摹仿论的观点的缺陷在于不能涵盖如下情况:事实上,很多语词并没有对应的事物,比如虚构的世界、文学作品等,并不是对现实事物的反映。意向性的观点持一种接近于浪漫主义的表现主义方法,认为语言只是个人意向或情感的表达。其缺陷在于把语言看作完全私人的东西,殊不知不论语言对我们自己多么个人化,也都必须进入语言的规则、信码和惯例中,才能得到共享和理解,因为语言本身就是一个社会系统,个人言语必须与语言系统相妥协,其所传达的意义才能够得到理解和实现。构成主义并不反对物质世界的存在,也不反对言说者的意向性,但是它认为意义的产生并不依赖于二者,而在于语言或符号的意指实践。也就是说,意义是实际的行动者运用语言或符号系统而建构起来的,并伴随着言说的展开而一并形成并呈现出来,因此这些语言符号就构成了意义的表征系统。

　　构成主义的表征方法具有两种路径,即索绪尔开创的符号学路径和福柯开创的话语路径。前者侧重于语言和符号生产意义的运作机制,属于"诗学"的范畴,而后者侧重于意义生产过程中的权力关系,即表征的后果和影响,属于广义"政治学"的范畴。

　　霍尔认为:"符号学是对各种符号以及它们作为文化意义运载工具的一般作用的一种研究或'科学'。"[1] 依据表征的符号学路径,意义并不是内在于事物之中,而是通过语言符号等信码被建构和生产的。因此,"思考'文化'的一种方法是以这些共享的概念图、共享的语言系统和驾驭它们之间转化关系的各种信码为依据。信码确定了概念和符号间的关系。它们使意义在不同语言和文化内稳定下来。它们告诉我们哪种语言用于传达哪种概念。反过来也同样正确。信码告诉我们,当我们听到或读到哪些符号时,哪些概念被指及了。"[2] 在霍尔看来,能指与所指之间的任意性关系转化为约定俗成性时,人际交流才成为可能,而这种转变过程依赖于社会惯例,以及对这种惯例的学习、遵守和传递。文化的习得过程正是这种"信码内

---

[1]　[英]斯图尔特·霍尔:《表征:文化表征和意指实践》,徐亮等译,商务印书馆2013年版,第8页。

[2]　[英]斯图尔特·霍尔:《表征:文化表征和意指实践》,徐亮等译,商务印书馆2013年版,第29页。

在化"过程。只有将这种共同的信码内在化,学会了这种知识的惯例,才能逐渐成为"有文化的人"。每一种文化都具有一种共享信码的"文化契约"。"归属于一种文化就是大致上归属于同一个概念和语言的世界,就是去了解各种概念和观点是如何转换成不同的语言的,以及语言何以能被理解为涉及或指称世界的。共享这些事物就是从同一概念图里面看世界,并通过同一系统理解世界。"① 正因为信码或语言是一种文化的标志和存在的根基,因此,在文化研究中,意义、语言和表征就成为核心要素和主要研究对象。

霍尔充分肯定了索绪尔语言学对于表征的符号学路径的开创性意义,但又明确指出了索绪尔语言学理论中的两大缺陷。一是索绪尔只关注能指和所指,很少关心或不关心指称物,即外在于语言而存在于现实世界的物、人和事。这一点正是皮尔斯所要解决的问题,因此,霍尔对皮尔斯的符号学方法也格外关注。二是索绪尔只关注语言系统(深层结构),而不关注日常言语(表层结构),而文化恰恰是在这种个人言语行为或表述的过程中才得以呈现的。索绪尔结构语言学的这两大缺陷在巴特的符号学中有所弥合,因此霍尔把巴特的神话符号学作为表征的符号学路径的代表性方法。巴特对时尚服装、意大利面广告、摔跤比赛和《巴黎竞赛》中黑人向法国国旗敬礼的照片的分析,都已经超越了单纯的语言学的范畴而深入到了文化现象的意识形态层面。但是,总体而言,符号学把语言当作一个封闭的、相对静止的系统,从而将表征局限于语言中,言说主体以及言说过程中的各种权力关系被忽视了。要解决这一问题,就需要"从索绪尔和巴特式的以'意指结构的支配'为基础的方法,转向以他所谓的'诸权力关系、战略发展和策略'的分析为基础的方法"②。这样,霍尔就将表征理论由符号学路径转向了话语路径。

话语本是一个语言学概念,本意是指各种相互联系的书写和演讲的段落,但是福柯赋予了话语以新的含义。作为一个后结构主义者,福柯所感兴趣的并不是纯粹意义上的语言系统,而是各个不同的历史时期中生产意义的陈述和合规范的话语的各种规则和实践。正如霍尔所言:"它(话语——

---

① [英]斯图尔特·霍尔:《表征:文化表征和意指实践》,徐亮等译,商务印书馆 2013 年版,第 30 页。
② [英]斯图尔特·霍尔:《表征:文化表征和意指实践》,徐亮等译,商务印书馆 2013 年版,第 63 页。

引者注)试图克服传统的人所说的(语言)和人所做的(实践)之间的鸿沟。福柯认为,话语构造了话题。它界定和生产了我们知识的各种对象。它控制着一个话题能被有意义地探论和追问的方法。它还影响着各种观念被投入实践和被用来规范他人行为的方式。"① 知识是主体经过话语而被建构的,有了相应的话语,这种知识才得以被创造出来。比如疯癫、惩罚和性,这些知识正是在谈论他们的话语中被生产和制造出来的,没有这些话语,相关知识就不存在。而且,所有的话语、表象、知识和真理都产生于一定的历史语境中,脱离了这个历史语境,这种知识和话语也不可能产生,或者表现出不同的特征。因此,类似于库恩的范式理论,福柯认为同一种话语就构成了一种知识型。

在福柯的话语理论中,权力和主体是其核心问题。正如福柯所言:"话语本身显得无足轻重此点不用过虑,因为围绕它的禁律会很快揭示它与欲望及权力的联系。这一点丝毫不令人感到惊奇,因为心理分析早已表明话语并非仅是显现(或隐藏)欲望——它本身亦是欲望的对象;历史也经常教导我们,话语并非仅是斗争或控制系统的记录,亦存在为了话语及用话语而进行的斗争,因而话语乃是必须控制的力量。"② 可见,所谓话语,就是包含着权力关系的言说。因此,福柯把关注的重心转向知识是如何通过规范他人的行为而设置的特殊制度进行运作的。这些制度的设立本身就蕴含着一定的权力关系。所以,知识、话语、权力和主体之间处于一种密切而依存的关系网络之中。海登·怀特对此有清晰的认识,他指出:"在福柯看来,权力的多种运作方式体现得最明显、但也最难以识别的地方就是话语。"③ 作为一种言说,话语构成了一般的文化实践的基础部分。"在所有话语的背后,都是欺和骗的结构。……话语通过创造一些划分人的类型,以便有所针对地运用这些做法,从而确保了自身的权力。……不论福柯关注什么问题,他所发现的都是话语;而无论这些话语从哪里产生,福柯看到的都是一场争

---

① [英]斯图尔特·霍尔:《表征:文化表征和意指实践》,徐亮等译,商务印书馆2013年版,第65页。

② [法]福柯:《话语的秩序》,载《语言与翻译的政治》,许宝强、袁伟选编,中央编译出版社2001年版,第3页。

③ [美]海登·怀特:《福柯》,载《结构主义以来——从列维—斯特劳斯到德里达》,[英]约翰·斯特罗克编,渠东等译,辽宁教育出版社1998年版,第84页。

斗,一方是那些生成自己对话语拥有'权利'的集团,而另一方则是那些被否认他们自身的话语拥有权利的集团。"① 通过对福柯思想的整体评述,怀特断言:"福柯的真正主题一直就是权力,只不过以前是在词与物的特定相互关系中得以确立的权力。"② 显而易见,福柯的话语理论已经排除了结构主义的非历史化倾向,通过把语言与权力及其产生的历史语境联系起来,突出的是一种比较清晰的历史化方法。

福柯话语理论超越了索绪尔的共时语言学,走向了语用学的领域,从而和巴赫金、哈贝马斯等理论家一道,推动了20世纪西方理论的话语转向。霍尔将表征问题看作是20世纪人文社会科学中的"话语转向"的重要组成部分,因此,表征理论由符号学路径向话语路径的转变也就标志着构成主义表征路径的一个巨大发展。"它将表征从纯形式理论的控制中解救出来,并给它一个历史的、实践的和'俗世的'运作语境。"③ 巴特的含蓄意指分析虽然也运用话语,关注意识形态,并具有马克思主义的色彩,但他侧重于符号学的结构分析,并没有将话语延伸到历史的层面。福柯却不同,他对话语、知识与权力之间关系的关注很大程度上让我们想起马克思的意识形态和阶级社会理论。但霍尔也看到了二者之间的不同。他认为马克思主义的意识形态理论强调经济基础的决定作用,而"福柯反对经典马克思主义意识形态理论的主要依据是,它倾向于把所有知识和权力间的关系简化为一个阶级权力和阶级利益问题。福柯并不否认阶级的存在,但他强烈反对马克思主义意识形态理论中的这一强大的经济因素或阶级简化论。"④ 福柯反对把话语、知识和权力的关系置于经济关系和阶级利益的层面进行讨论,而是认为所有形式的政治和思想都不可避免地卷入知识和权力的相互作用,而不仅仅限于阶级问题。

可见,霍尔并不是从经典马克思主义的意义上接受福柯的,他的表征

---

① [美] 海登·怀特:《福柯》,载《结构主义以来——从列维—斯特劳斯到德里达》,[英] 约翰·斯特罗克编,渠东等译,辽宁教育出版社1998年版,第97页。

② [美] 海登·怀特:《福柯》,载《结构主义以来——从列维—斯特劳斯到德里达》,[英] 约翰·斯特罗克编,渠东等译,辽宁教育出版社1998年版,第126页。

③ [美] 海登·怀特:《福柯》,载《结构主义以来——从列维—斯特劳斯到德里达》,[英] 约翰·斯特罗克编,渠东等译,辽宁教育出版社1998年版,第70页。

④ [英] 斯图尔特·霍尔:《表征:文化表征和意指实践》,徐亮等译,商务印书馆2013年版,第71页。

理论中的福柯明显具有葛兰西的影子。可以说,霍尔的表征理论的"话语转向"是霍尔所领导的伯明翰学派文化研究的"葛兰西转向"的一部分。再加上霍尔自身的人生经历和种族身份,从而决定了其一改文化主义的路径,将种族、差异、身份、认同等作为伯明翰学派文化研究的核心问题。在霍尔看来,这些问题都是通过一定的文化符号和知识话语所生产和建构出来的,因此也就自然成为其表征理论的组成部分,可以通过表征的两种路径加以分析。

　　霍尔通过对《星期日泰晤士杂志》封面上的名为《英雄还是恶棍》的照片的符号学分析,明确提出了黑人运动员所具有的"他者"身份以及在英国社会所遇到的认同困境。从巴特的神话学的意义上来看,这张照片显然是在神话的层次上发挥作用。"有一个字面的、直接意指层次上的意义——那就是一张百米决赛的照片,跑在前面的人物即本·约翰逊。然后,还有一个较含蓄的或主题性的意义——兴奋剂报道。而在此范围内,还有一个次要的'种族'和'差异'的主题。"① 在霍尔看来,同一个文化符号,其直接意指是单一的,但其含蓄意指则是非常丰富和模棱两可的,都包含着多种潜在的意义,有待解读者去发现和挖掘。在这个符号中,意义"漂浮着",无法固定下来。而把这种不确定的意义固定下来,就是一次表征实践的任务。是读者的解读,即表征的意指实践的介入,从多种潜在意义中最终选中其中一种而确定下来。因此,我们可以看到,对符号表证的意义解读必然不可忽略语境的重要性。有人对巴特的批评正是从这一点出发的,认为巴特的含蓄意指分析忽视了历史语境对于符号意义生产和解读的影响,而霍尔也正是从这一点出发借用和丰富巴特的表征的符号学方法的。

　　如果说一张图像和照片作为含蓄意指的意义是多重的和模棱两可的,那么与此图片相互文的文字则使其意义最终确定下来。正如霍尔所言:"正是标题,从形象的众多可能意义中选出一个,并用词语固定它。因而,照片的意义并不孤立地存在于形象中,而是存在于形象与文本的结合中。两种话语——书写语言的话语和相片话语——被要求产生和'固定'意义。"②

---

① [英]斯图尔特·霍尔:《表征:文化表征和意指实践》,徐亮等译,商务印书馆2013年版,第337页。

② [英]斯图尔特·霍尔:《表征:文化表征和意指实践》,徐亮等译,商务印书馆2013年版,第338页。

照片只能呈现运动健将约翰逊奔跑并夺冠的形象,而他服用兴奋剂,以及到底是英雄还是恶棍,照片作为直接意指是无法呈现的,而作为含蓄意指所呈现的意义更是多重的和不确定的。其最终解读是通过文字报道得以确定的。也就是说,在这些图片符号的直接意指中所表征的仅仅是一个事件,而其含蓄意指则表征着有关种族、肤色和他性的信息和意义。而书写语言和照片符号这两种话语之间的互文关系,最终使这条报道中所包含的他性、差异、种族和身份等问题被表征出来。

霍尔指出,所有的他性、种族、身份和认同问题都是通过一系列的差异原则而被固化和自然化的。霍尔区分了四种差异,即索绪尔语言学中的二元对立结构、巴赫金对话理论中对话参与者之间的差异、人类学用于分析文化意义的差异结构,以及精神分析中由差异而构成的主体性关系。无论哪种差异,都强调文化意义是由差异而构成的,意义的生产依赖于差异,而一个稳定的文化也是通过对其符号边界的坚守从而将其他符号排除在外而得以保持的。在霍尔看来,"意义依赖于对立者的差异"、"他者是意义的根本"、"符号边界对于所有文化都是关键性的"、"'他者'是根本性的,无论对自我的构造,对作为主体的我们,对性身份的认同都是如此"①。通过分析,霍尔认为差异的语言学的、社会的、文化的和心理的四个层面,以及由此构成的文化研究范式各有优势和缺陷,因此应该加以综合运用。

西方世界中有色人种的他者地位就是文化的差异原则的一个典型例证。无论是商品、广告、言说等都在从不同的层面不断地强化着白人／黑人、文明／野蛮、先进／落后、文化／自然等差异,从而让人们觉得黑人的他者地位是由于白人与黑人之间的肤色差异而自然而然的。肤色的差异衍生出文化的差异,而当代西方文化则用一系列的符号来强化和表征这一差异系统,从而将其定型化。可以说,这种定型化就是通过确定符号边界,并排斥不属于它的任何东西,来使差异固化和自然化,以此保持其文化和种族的"纯粹性"。霍尔认为,这种符号的定型化实际上是一种文化霸权,它通过对符号权力的掌控来确立文化和社会中的规则和秩序。或者说,这种定型化本质上是一种阶级划分的策略。要改变这种阶级关系,一个重要的途径就

---

① 　[英]斯图尔特·霍尔:《表征:文化表征和意指实践》,徐亮等译,商务印书馆2013年版,第347—351页。

是突破这种定型化的符号边界,揭示其表征系统及其运作方式的虚假性和欺骗性,表明这种差异并非自然而然,而是一种人为的文化建构。

可见,在霍尔对黑人的他者地位的表征系统及其运作方式的分析中,葛兰西的文化领导权理论和福柯的权力学说被融合在一起。如其所言:"对于葛兰西,就像对于福柯一样,权力既卷入了经济压迫和物质限制,又卷入了知识、表征、观念、文化领导和权威。两人都会同意,权力不能仅靠想到武力和强制而引人注目:权力还吸引、拉拢、诱惑、赢得赞同。它不能被设想为一个群体独占权力,用自上而下的单纯控制的方法简单地把权力向下辐射到一个从属的群体。在其循环范围内,它包括了支配者和被支配者。……权力不只强制和阻止:它也是生产性的。它生产新的话语、新的知识类型(即东方主义)、新的知识对象(东方),它构成新的实践(殖民化)和机构(殖民政府)。"① 符号和表征的权力不是一种强制性权力,也不是在宏观的层面运作,而是一种非强制性的,在微观层次上通过诱使和吸引人们以自觉并乐意接受的方式进行运作的权力关系。这种权力关系无处不在,循环往复。葛兰西的文化领导权、福柯的微观权力、阿尔都塞的意识形态国家机器等理论所关注的其实都是这种文化表征中的符号权力关系。

科林·斯巴克斯(Colin Sparks)认为,在经历了与马克思主义持续 20 年的蜜月期之后,从 80 年代末期开始,霍尔乃至伯明翰学派的文化研究已经逐渐远离马克思主义。② 这个论断表面看来似乎如此,因为在霍尔于 90 年代发展成熟的表征理论中几乎没有出现马克思和恩格斯的名字,也极少出现经典马克思主义所强调的阶级概念,而是把重心转向了权力问题。但是,通过上述分析,我们发现,事实并非如此。虽然此时的霍尔较少提及经典马克思主义,但是阶级问题以及马克思主义的批判立场一直贯穿始终。而从其思想中的马克思主义传统来看,他只是把讨论的重心由经典马克思主义和文化马克思主义转向了西方马克思主义者葛兰西和阿尔都塞等人的学说。这些都渗透并贯穿在他分析以索绪尔和巴特为代表的表征的符号学路径和以福柯为代表的表征的话语路径的过程之中。显而易见,在霍尔的

---

① [英]斯图尔特·霍尔:《表征:文化表征和意指实践》,徐亮等译,商务印书馆 2013 年版,第 386—387 页。

② David Morley and Kuan-Hsing Chen, eds., *Stuart Hall, Critical Dialogues in Cultural Studies*, London and New York, Routledge, 2005, p.89.

表征理论中,各种马克思主义学说和符号学理论达到了很好的融合与对话。也正是这种融合与对话,才使霍尔乃至伯明翰学派的文化研究充满了张力与活力。

第四节　批判理论的符号学拓展

除了斯特劳斯、巴特和霍尔之外,对马克思主义与符号学之间对话关系的分析中,鲍德里亚是一个我们无论如何都不可忽视的重要理论家。马克·波斯特认为西方马克思主义用于消除传统马克思主义的局限性的方法有两种:一种是以萨特为代表的现象学存在主义,另一种则是现代语言学理论。如果说列斐伏尔和巴特用语言学方法对资本主义日常生活的批判是马克思主义语言(符号)批判理论的开端的话,那么"将符号学方法阐述为一种完备的批判理论的工作是由让·鲍德里亚完成的"①。鲍德里亚的学术生涯和理论观点都与马克思主义和符号学之间存在着非常复杂的渊源关系,也正是在二者之间的相互征用和对话中,鲍德里亚形成了自己独特的符号社会学和政治经济学理论,并将其运用于对消费社会中的文化、艺术和传媒等问题的分析和批判。波斯特称鲍德里亚的这种学术研究方法为"符号批判理论"或"批判符号学"(Critical Semiolgy),并认为这种方法"为资本主义的激进批判提供了真正的基础"②。

西方学术界将鲍德里亚的学术生涯划分为三个阶段。③ 第一阶段是鲍德里亚的马克思主义时期,主要以西方马克思主义的批判理论为武器展开对资本主义消费社会的分析和批判,代表作有《物体系》(1968 年)、《消费社会》(1970 年)和《符号政治经济学批判》(1972 年)。第二阶段以《生产之镜》(1973 年)和《象征交换与死亡》(1976 年)的出版为标志,鲍德里亚逐渐脱

---

① [美]马克·波斯特:《福柯、马克思主义与历史:生产方式与信息方式》,张金鹏译,南京大学出版社 2015 年版,第 25 页。

② Mark Poster, "Semiology and Critical Theory: From Marx to Baudrillard", *boundary 2*, Vol. 8, No. 1, The Problems of Reading in Contemporary American Criticism: A Symposium (Autumn, 1979), p.284.

③ Douglas Kellner, *Jean Baudrillard: From Marxism to Postermodernism and Beyond*, Cambridge: Polity Press, 1989.

离了马克思主义,成为一个后(现代)马克思主义者,甚至有人称这一阶段的鲍德里亚为反马克思主义者。[①] 第三阶段则是同现有一切思潮的决裂。[②] 但是,无论是在其前期的马克思主义阶段,还是中期的后马克思主义阶段,乃至最后的决裂期,符号学都是其一以贯之的方法论。而且,他的学术研究之所以出现这一重大转折,也是因为符号学方法的运用而导致的。正是通过将符号学引入马克思主义,鲍德里亚发展出一种独特的符号政治经济学批判理论,以此丰富、发展并超越了经典马克思主义以及法兰克福学派的批判理论,从而使其成为20世纪西方马克思主义发展史上的一位重要理论家。同样,也正是将符号学方法推向深入,促使他背离了马克思主义生产理论的基本原则,并在对后工业社会的技术和传媒的批判中发展出了拟像、仿真、内爆和超真实等学说,从而成为一个典型的后现代理论家和后马克思主义者。因此,以符号学为切入点分析鲍德里亚如何从马克思主义者转变为后马克思主义者,无论是对于鲍德里亚自身的学术思想的研究,还是对马克思主义和符号学之间的关系研究,都是非常重要的。

一、消费社会物体系的符号学批判

在鲍德里亚进入学术生涯的道路上,虽然很多学者和学说都对他产生了影响,比如凡勃仑的有闲阶级理论、巴塔耶(Bataille)的过剩和消耗理论、莫斯(Mauss)关于礼物的论述、弗洛伊德的精神分析和拉康的镜像理论等,但是真正帮助其奠定学术立场并形成研究方法的还是以亨利·列斐伏尔为代表的西方马克思主义社会理论和以索绪尔、罗兰·巴特为代表的符号学方法。在1966年进入南特禾大学任助教之前,鲍德里亚一直在一所中学教授德语。在此期间,他已经阅读过尼采、赫尔德林和海德格尔等人的著作,

---

[①] 道格拉斯·凯尔纳认为第二阶段的鲍德里亚是一个后马克思主义者,此时他虽然逐渐脱离马克思主义的基本原则,但是仍是在后现代主义的文化语境中与马克思主义发生着千丝万缕的联系,甚至仍然是马克思主义的余绪。而张一兵则认为此时的鲍德里亚已经完全背弃了马克思主义,站在了马克思主义的对立面,成为一个反马克思主义者。在笔者看来,他们二人都看到了第二阶段的鲍德里亚与马克思主义之间的疏离,但是把第二阶段的鲍德里亚看作一个反马克思主义者显然不当,因为此时的鲍德里亚的思想与自己第一阶段的思想并没有完全决裂,而是一种自然的发展。因此,凯尔纳的观点更为可取。

[②] 仰海峰:《走向后马克思:从生产之镜到符号之镜:早期鲍德里亚思想的文本学解读》,中央编译出版社2004年版,第9页。

并曾将布莱希特等人的德文文章翻译成法文。后来,在 1968 年,他还参与了马克思和恩格斯的《德意志意识形态》的法语翻译工作。① 鲍德里亚进入南特禾大学之后便在列斐伏尔的指导下撰写并完成了社会学博士学位论文,同时还参加了巴特在巴黎高师的研讨课,与巴特建立了亦师亦友的关系。而且,他们二人还相约一起去听过萨特的讨论课。② 可以说,鲍德里亚的学术生涯正是在列斐伏尔和巴特的影响下,在二者所分别代表的西方马克思主义社会理论和结构主义符号学之间的理论张力中开始的。

列斐伏尔从马克思主义的批判立场出发,将对资本主义社会的批判引入了日常生活领域。他的三卷本的《日常生活批判》是日常生活研究领域的代表性著作。列斐伏尔认为,现代世界由工业社会进入后工业社会,日常生活理应获得足够的重视,而西方马克思主义要得以发展就必须展开对日常生活的研究和批判。正是在列斐伏尔及其弟子赫勒等人的努力之下,日常生活成为西方马克思主义哲学和社会学研究的重要领域。列斐伏尔思考并写作《日常生活批判》后两卷之时正是结构主义和符号学如日中天之日,因此他的日常生活批判难以摆脱结构主义和符号学的影响。《日常生活批判》第二卷就开辟专章讨论了语义领域中的诸如语言、符号、象征、声音、图像等符号学的核心问题,而索绪尔和巴特等符号学家的学说正是其展开讨论的理论资源。③ 进而,在其《日常生活批判》第三卷《现代世界的日常生活》中,列斐伏尔也对巴特刚刚出版不久的代表性著作《时尚体系》(又译为《流行体系》) 及其所关注的时尚问题进行了深入的阐释和分析。④ 可见,虽然列斐伏尔年长巴特十多岁,但二者之间的忘年之交对他们各自学说的发展都产生了深深的影响,而这些影响最终都加之于鲍德里亚的学术成长历程之中。

列斐伏尔和巴特对鲍德里亚的影响在其早期的三部学术著作中体现得最为明显。更准确地说,他早期的三部著作的核心问题就是将马克思主

---

① ［法］尚·布希亚:《物体系》,林志明译,上海人民出版社2001年版,译序,第13页;仰海峰:《走向后马克思:从生产之镜到符号之镜:早期鲍德里亚思想的文本学解读》,中央编译出版社 2004 年版,第 7 页。

② ［法］尚·布希亚:《物体系》,林志明译,上海人民出版社 2001 年版,译序,第 3 页。

③ Henri Lefebver, *Critique of Everyday Life*, *Volume* Ⅱ: *Foundations for a Sociology of the Everyday*, Landon: Verso, 2002, pp.276-314.

④ Henri Lefebver, *Everyday Life in the Modern World*, New Brunswick and Landon: Transaction Publishers, 1984, p.163.

义与符号学相结合,用符号学来对马克思主义的社会批判理论和政治经济学进行补充。这一思想的推进和方法论的深化是在《物体系》、《消费社会》和《符号政治经济学批判》的写作中逐步走向深入和完善的。

后工业消费社会的日常生活被充斥着的各种物所包围,与这些物发生关联已经成为人们日常生活的常态,或者说就是日常生活本身。因此,对日常生活中的物进行研究和分析就成为日常生活研究的必然组成部分。鲍德里亚选择这个题目作为其博士论文选题,也正是对列斐伏尔的学术思想的延续和发展。而在具体的研究过程中,巴特的符号学给予了鲍德里亚分析这一物体系的方法论。鲍德里亚的《物体系》中对物所进行的语言意指分析显然参照了巴特分析流行服装的符号学方法,因而时时"回荡着巴特的《时尚体系》的声音"①,并被看作是"后结构主义文化批判的最重要的书之一"②。

在结构主义符号学的理论体系中,系统、结构、对立、差异等是最为核心的术语和范畴,也是结构主义符号学和文化研究的基本理论工具。在索绪尔看来,"语言是一种表达观念的符号系统……语言学家的任务是要确定究竟是什么使得语言在全部符号事实中成为一个特殊的系统。"③语言系统内部的各种符号是按照横组合和纵聚合的方式构成系统的。而构成系统的各个符号以及构成符号的能指之间处于一种差异性关系之中,或者说,差异性是构成符号系统的基本原则。正如索绪尔所言:"语言中只有差异。……就拿所指或能指来说,语言不可能有先于语言系统而存在的观念或声音,而只有由这系统发出的观念差别和声音差别。……语言系统是一系列声音差别和一系列观念差别的结合,……语言制度的特性正是要维持这两类差别的平行。"④索绪尔所确定的共时语言学的这一基本原则为结构主义符号学的发展奠定了基础。皮亚杰对结构主义符号学的这一原则也进行了精准的概括:"事实上,在语言中起作用的基本关系,乃是符号和意义之间的对立关系。种种意义合成的整体,自然地形成一个以区别和对立关系为基础的

---

①　[英] J. 雷契:《让·鲍德里亚的符号价值》,齐鹏译,《世界哲学》2004 年第 4 期。

②　[美] 道格拉斯·凯尔纳编:《波德里亚:批判性的读本》,陈维振等译,江苏人民出版社 2005 年版,第 36 页。

③　[瑞士] 索绪尔:《普通语言学教程》,高名凯译,商务印书馆 2005 年版,第 38—39 页。

④　[瑞士] 索绪尔:《普通语言学教程》,高名凯译,商务印书馆 2005 年版,第 167 页。

系统,因为这些意义相互之间是有联系的;而且还形成一个共时性的系统,因为这些意义之间是相互依存的关系。"①罗兰·巴特继承了索绪尔的这一原则,认为"所有系统对立所依据的原则都来自符号的本质——符号就是一种差异"②。他对流行的时装体系的符号学研究正是以这一原则为出发点的。这一原则为鲍德里亚研究日常生活中的物体系提供了方法论的启示,从而使他在继承了其导师列斐伏尔的马克思主义传统的同时,又从结构主义符号学的角度发展了列斐伏尔的学说。正如雷契所指出的:"与列斐伏尔完全不同,鲍德里亚不反对结构主义,反而还从另一方面对它进行研究。这使得他能够运用'符号'、'系统'、'差异'等概念,去阐释结构主义的局限,尤其是针对其对现实与想象的区分。"③

在鲍德里亚看来,对于日常生活世界中琳琅满目的物进行研究,就必须把这些物看作一个符号系统才有可能。在这个系统中,每一个物都不是一个自在之物,而是具有功能和意义的符号。如其所言:"物是一个显现社会意指的承载者,它是一种社会以及文化等级的承载者——这些都体现在物的诸多细节中:形式、质料、色彩、耐用性、空间的安置——简言之,物构建了符码。"④鲍德里亚创造了一个新的词汇来表示这种具有符号意义的物——物—符号(Object-Sign)。而任何物要成为符号,就必须承载意义,即与人类世界发生关系。因此,对物—符号的研究也就转化为对物与人类世界之间的关系的研究,而研究方法也就自然可以借用符号学的结构语义系统分析。在《物体系》的导言部分,鲍德里亚就对此进行了清晰的表达。鲍德里亚指出,他写作《物体系》的目的就是探讨"人类究竟透过何种程度和物产生关联,以及由此而来的人的行为及人际关系系统"⑤。鲍德里亚称之为"物的结构语义系统"。而在论述和分析物的体系的过程中,鲍德里亚采用了结构语言学的方法,把物体系类比为语言系统,每一种物(为了区别于

① [瑞士] 皮亚杰:《结构主义》,倪连生、王琳译,商务印书馆 2006 年版,第 64 页。
② [法] 罗兰·巴特:《流行体系——符号学与服饰符码》,敖军译,上海人民出版社 2000 年版,第 184 页。
③ [英] J. 雷契:《让·鲍德里亚的符号价值》,齐鹏译,《世界哲学》2004 年第 4 期。
④ [法] 让·鲍德里亚:《符号政治经济学批判》,夏莹译,南京大学出版社 2009 年版,第 12 页。
⑤ [法] 尚·布希亚:《物体系》,林志明译,上海人民出版社 2001 年版,第 2 页。

真正的物,鲍德里亚称之为技术元) 就类似于语言系统中的一个音素。这样,技术元与物体系之间的关系就类似于音素与语言系统之间的关系,"每一系统演变朝向一个更好的整合,每一结构完成的系统,其中位置的变化,及每个功能整合的过程,都会产生新的意义,也就是说,独立于改造系统者的一种客观效力"①。因此,也可以用语言学的类比来表述鲍德里亚的物体系的研究目的,即研究各种物的元素之间相互组合的句法,以及种种物品和组合之间的意义。

　　但是,鲍德里亚也清楚地看到,物的体系与语言体系之间存在着很大的不同。不同于语言系统的独立性,物的科技层次并不具有结构自主性,也并不是一个稳定的系统。这一系统的目的在于宰制世界和满足欲望,因此也就难以脱离实践,并依赖于科学研究的社会条件,以及生产和消费的全面体制。可见,"所有这些因素都导致物的体系与语言结构的体系相反,如果要科学地去描述它,只有,在同一个行动中,把它当作一种由实践体系持续干扰技术体系的结果。唯一能够说明其真相的,并非技术的合理一致的体系,而是实践对技术的影响模式,或者更精确地说,是技术被实践卡住的模式。一言道尽,物的体系的描述,一定要伴随着体系实践的意识形态批评。"② 由此可见,虽然用符号学来研究和分析消费社会的物体系是一种切实可行且具有解释力的有效方法,但是不能忽视物的体系与语言结构之间的差异性,因为前者还具有不含意义的技术层面,而后者则完全是一种意义系统。因此,根据物体系包含意义的不同程度就可以将其划分为功能性系统、非功能性系统、后设及功能失调系统和意识形态系统等不同的层面或部分,而对这些层面或部分的符号语义分析就必须遵循不同的原则。

　　室内家具的摆设结构和构成室内气氛的色彩、材质、形式和空间的结构属于典型的物的功能性系统。前者侧重于室内结构的技术层面,后者侧重于室内环境的文化层面。对功能性系统中的物的研究,并不关注于物的自然性,而在于"它和真实世界及人的需要间的准确 [适应] 关系"③。比如,室内家具不仅仅发挥着它作为家具的自有功能,而且其组合方式还体现了

---

① [法] 尚·布希亚:《物体系》,林志明译,上海人民出版社 2001 年版,第 4 页。
② [法] 尚·布希亚:《物体系》,林志明译,上海人民出版社 2001 年版,第 7—8 页。
③ [法] 尚·布希亚:《物体系》,林志明译,上海人民出版社 2001 年版,第 72 页。

一个家庭的结构关系和情感关系。选择高档家具还是廉价家具体现了主人的经济实力，而选择古典家具还是现代家具，以及家具的摆放位置、房间的装修风格等则体现了主人的审美趣味、家庭中的人际关系，以及家庭成员的情感结构等等。也就是说，物的功能或意义并不是以它的自然性，而是以它被整合进一个体制或一个系统中的能力为依据。纳入系统的能力越强，它对人类需求所发挥的作用也就越大。因此，在一个功能性系统中，物必将不再以自在的方式存在，或者说，物的物质性不再和需要的物质性直接相关，而是以符号的方式存在，发挥着符号所具有的承载并表现物与人类存在之间关系的功能性意义。

如果说物的功能性系统尚且关注于物的功能，那么物的非功能性系统则完全关注于物所具有的文化符号意义。在鲍德里亚看来，古物和收藏品就属于典型的非功能性物品。对于一个古物来说，它原有的功能已经消退，而其作为古物所具有的历史性则被凸显出来。它代表着历史和时间，呈现的则是物所具有的"见证、回忆、怀旧、逃避"等非功能性的文化意义。或者说，古物作为符号，"因为它逃过时间之劫，因此成为前世的记号"[1]，一种"时间的文化标志"[2]。现代人之所以迷恋古物，并对古物进行保护，其中一个重要原因是对起源的怀念。古物具有一种象征价值，体现着一种起源的神话，我们通过古物可以追溯历史和文化的源头，发现人类文化的最初样貌。另一原因则是对本真性的执迷，通过古物我们可以保存文化的真实过去，比如人们对古迹的修复就是典型的例子。古迹修复中强调"做旧"，就是使古迹保持原有的样貌，从而使真实的历史状貌和文化现实得以保存。收藏则是对一种不具有实用功能的文化符号的拥有。鲍德里亚区分了功能和拥有这两个概念，并对应于物品与人类之间关系的两种情况：为人所实际运用和为人所拥有。当我们使用一台冰箱的时候，冰箱所发挥的是它冷藏食物的功能，这时它只是作为一台冰箱而发挥着它的实用功能。此时，我们使用它，但并不拥有它。只有当一个物品从它的实用功能中抽离出来而成为一个纯粹的符号的时候，才能成为被拥有的对象。也就是说，只有当冰箱不是用来冷藏食物，而是放在展览馆或博物馆里被展示，或者被收藏家作为

---

① [法] 尚·布希亚：《物体系》，林志明译，上海人民出版社 2001 年版，第 94 页。
② [法] 尚·布希亚：《物体系》，林志明译，上海人民出版社 2001 年版，第 86 页。

文化符号所收藏的时候，才能被拥有。此时，物所凸显的是其符号功能，而其使用功能不再受到关注。所以，收藏家所迷恋的并不是物本身，而是物所体现的文化符号。

在后设及功能失调体系中，物不再以原有的功能出现，而是从中引申出一种新的文化意义和意识形态内涵。这个体系中的物的产生和特性主要基于现代科学技术的发展。科学技术使劳动工具快速自动化，从而改变了物品原有的特性，并使其具有了拟人化特征，无论是在外形还是在用途上都带有人的存在和人的形象的清晰的印记。"人投射在自动化物品身上的，不再是人的手势、能量、需要和身体形象，而是人意识上的自主性、人的操控力、人的个体性、人的人格意念。"① 这样，通过科技的创新，物与人之间的关系就发生了改变，并产生出了新的意义。在这个物的类型中，鲍德里亚主要分析了那些无意义的小发明、没有明确功能或功能尚未被认识的小玩意儿，以及科幻影视作品中出现的各类机器人。儿童玩具、手串、"文明人"眼中的那些改变或失去原有用途的装置或古物、"未开化的人"眼中被视为神物的钢笔等都属于这种小玩意儿。而人类所发明的超级物品——机器人——则是人的拟像，它具有人的某些功能和品质，是人的能力的延伸，但是它本质上却仍然是物，是人所创造的一个奴隶。尤其是，在科幻小说中，各种纯粹的玩意儿和机器人汇聚在一起，构成了一个符号王国。在物的符号体系中，如果我们把有明确功能的机器看作功能的"语言"（langue），那么诸如小发明、玩意儿和机器人等则属于具有主观性的"言语"（parole）。前者类似于人体的骨架，形成了物体系的基本架构，后者则类似于人体的血肉，使物的体系更加丰满而有趣。

符号学方法最集中地体现在第四类，即消费社会中物的意识形态体系。在鲍德里亚看来，前现代社会中物品具有较高的同质性，其同类物品的功能差异较小，外形的区分幅度也不大，因此其风格具有相对的稳定性。但是，现代物品却处于复杂的差异性结构之中，受到模范和系列这一二元对立的管辖。所谓模范就是物品中的典范之作，而系列则是与模范有差异的同类物品。这种差异可以是功能的、品质的、风格的、材质的、形式的等多方面的。比如一个品牌的皮包，它的经典款是模范，而同一品牌的其他产品与经

_____

① ［法］尚·布希亚:《物体系》，林志明译，上海人民出版社 2001 年版，第 132 页。

典款相比就属于系列。同样,如果把名牌看作模范,那么对同一款产品的模仿性商品则属于系列。模范与系列之间的差异往往不是本质性和功能性的差异,而是个性化方面的差异。这种个性化差异源自于消费者的心理因素。一个人把自己最喜爱的一件特定商品看作模范,那么其他同类商品便成为系列。因此,模范并不具有统一的既定的特征,而是可以随着环境、文化和个人喜好在系列中变化的。或者说,模范是系列被选择的结果,是系列中某一物品被标出。正如鲍德里亚所言:"所有的物品都要通过选择,才能来到我们身边,这个事实有一个相关项,那便是实际上,没有一件物品宣称自己是系列性的产品,所有的物品都把自己当作模范。任何一样东西都可以一个差异来使自己和他者区别开来:颜色、配件、细节。……事实上,这个差异是一个边缘性的差异,或者更佳地说,它是一个无关紧要的差异。事实上,就工业产品和其技术合理的层次而言,个性化的要求只能在非本质必要的部分获得满足。"① 也即是说,模范与系列,以及系列产品之间的差异都并非本质的差异,而是个性化的、边缘性的差异。消费社会的广告中销售的各类产品都是通过制造差异而使某一特定产品在同类产品的系列中具有标出性而成为模范,从而吸引消费者进行购买。模范和系列之间的差异结构,以及模范所具有的强制性要求,促使消费者在消费过程中以模范为目标。模范与系列之间差异的不确定性及其心理化特征又促使模范具有变动性,而且模范的变动要比系列的变动快得多。也就是说,模范都是暂时的,系列永远处于追求成为模范的动态之中。消费社会的广告和流行时尚正是通过制造模范与系列之间的这种差异而运作的。

二、消费社会的符号政治经济学批判

在鲍德里亚看来,消费社会被无处不在的物—符号所充斥,而生活在这个时代就必然"根据它们的节奏和不断替代的现实而生活着"②。物的符号特性导致对物的追求和积累很大程度上是对物所承载的符号意义的追求和积累,对物的消费也很大程度上基于物所包含的差异性关系,而这种差异性关系所表征的则是人的社会、阶层和人际关系的区分。物的这种区分功

---

① [法] 尚·布希亚:《物体系》,林志明译,上海人民出版社 2001 年版,第 163 页。
② [法] 让·波德里亚:《消费社会》,刘成富等译,南京大学出版社 2001 年版,第 2 页。

能使物不再仅仅是一种实用的东西,而且还具有一种符号所特有的社会价值——符号价值。这样,消费社会中对物的消费就演变成了一种符号操作行为。比如炫耀性消费,这种具有前现代色彩的消费行为远远超出了物的使用价值的限度,更重要的是用来展示消费者或其主人的等级差别和社会地位。可以说,消费者或其主人的等级差别和社会地位就是通过对物的挥霍甚至极端浪费得以体现的。正如鲍德里亚所言:"物从来都不存在于它们所发挥的功能之中,而是存在于它们的过剩之中,其中凸显了威望。它们不再'指认'这个世界,而是指认拥有者的存在以及他们的社会地位。"①这样,对物的消费的分析就衍生出对物所体现的符号意义的分析。鲍德里亚称这种符号意义为物的符号价值,这也是鲍德里亚在马克思所提出的商品的使用价值和交换价值之外所发现的第三种价值。

在鲍德里亚看来,当代消费社会已经被符号所统治,消费行为中物的符号价值所占比重也日益扩大,甚至有成为主要因素的趋势。但是,马克思的政治经济学更多关注于物的使用价值和交换价值,对物—商品的这种符号价值并没有给予足够的关注。因此,马克思主义政治经济学要对消费社会具有解释力就必须向前发展,就必须将物的符号价值纳入其中。基于此,鲍德里亚提出了一种适合于消费社会的符号政治经济学的构想,以此来补充、丰富、发展和完善马克思主义的政治经济学。鲍德里亚认为:"只有符号政治经济学批判能够分析当下的统治方式如何能够重新获得、整合、同时利用所有那些生产方式——不仅仅是资本主义的生产方式,还有所有'之前的'、'古代的'生产方式与交换方式,在经济范围内,或者在经济范围之外。只有这种批判能够分析经济的统治模式的核心如何能够再发明(或者再生产)符号、等级、隔离以及区别的逻辑和策略;如何重述那些属人关系构成的封建逻辑,甚至那些礼物交换的逻辑以及交互性逻辑,或者竞争性交换的逻辑——以便能够同时既超越'现代的'阶级的社会经济逻辑,又能够让其成为统治力量。"②

显而易见,鲍德里亚的符号政治经济学是通过将符号学方法引入马克

---

① [法]让·鲍德里亚:《符号政治经济学批判》,夏莹译,南京大学出版社2009年版,第5页。
② [法]让·鲍德里亚:《符号政治经济学批判》,夏莹译,南京大学出版社2009年版,第110—111页。

思的政治经济学而建构起来的。在他看来,"索绪尔是对的:政治经济学是一种语言,那种影响语言符号,使这些符号丧失参照身份的突变,也影响到了政治经济学的各个范畴。"① 但是在经济学中引入符号学方法并不是鲍德里亚的首创。马克思本人就具有符号学思想。在马克思看来,"每个商品都是一个符号,因为它作为价值只是耗费在它上面的人类劳动的物质外壳。"② 货币作为一种"价值符号"③,它与其所代表的价值分离,也与铸造货币的材料无关,无论是金、银、铜还是纸币,其所代表的符号意义是不变的。鲍德里亚把货币看作"第一种获得符号地位并且逃离了使用价值的商品"④。索绪尔在讨论能指与所指的关系时也以货币为例,将能指与所指比做货币的两面。因此,鲍德里亚认为:"语言学与政治经济学的等同关系早在先于马克思的资产阶级古典政治经济学中就已经存在了。如果符号政治经济学(符号学)认同古典政治经济学的批判途径,那么这是因为他们在形式上的相同,而不是内容上的相同:符号的形式与商品的形式是相同的。"⑤ 在马克思的政治经济学中,物的价值主要由使用价值和交换价值构成。鲍德里亚用符号的能指与所指之间的关系对其进行类比,认为交换价值与使用价值之间的关系就类似于符号的能指与所指之间的关系。"那将使用价值从交换价值中区分出来的,并同时将所指从能指中区分出来的东西就是一种形式逻辑。它并没有真正将这些要素分割开来,而是在它们之间建构了一种结构性的关系,就如同在交换价值与能指之间,在使用价值与所指之间所建立的关系一样。"⑥ 正是能指与所指和使用价值与交换价值之间在结构关系和运作逻辑方面存在的这种相似性,使鲍德里亚坚信,将符号学引入政治经济学,从而建构一种符号政治经济学不但可能而且可行。

这种符号政治经济学建构的第一任务自然是对其运作模式的分析。鲍德里亚提出并分析了物的交换过程中所遵循的四种不同的价值逻辑:使

---

① [法]波德里亚:《象征交换与死亡》,车槿山译,译林出版社 2009 年版,第 24 页。

② [德]马克思:《资本论》(第一卷),人民出版社 2004 年版,第 100 页。

③ 《马克思恩格斯选集》(第二卷),人民出版社 2012 年版,第 144 页。

④ [法]波德里亚:《象征交换与死亡》,车槿山译,译林出版社 2009 年版,第 27 页。

⑤ [法]让·鲍德里亚:《符号政治经济学批判》,夏莹译,南京大学出版社 2009 年版,第 119—120 页。

⑥ [法]让·鲍德里亚:《符号政治经济学批判》,夏莹译,南京大学出版社 2009 年版,第 122 页。

用价值的功能逻辑、交换价值的经济逻辑、符号/价值的差异逻辑和象征交换的逻辑。这四种逻辑分别遵循四个不同的原则：有用性、等同性、差异性和不定性。物在这几种逻辑中所对应的分别为器具、商品、符号与象征。根据这几种逻辑之间的相互转换关系，鲍德里亚区分了四类十二种情况，并对每一种情况进行了分析。在这四种价值逻辑中，马克思的政治经济学着重讨论了前两种，而鲍德里亚的符号政治经济学更关注后两种。其中，象征交换也是以物的符号意义为基础的，比如赠品、礼物等，因此也是物的符号价值的一种体现。不同在于象征交换中物的符号意义是象征性和不确定的，并不具有固定的符号价值。或者说，它是以赠送者和接受者之间的特殊关系为依据。鲍德里亚在论述象征性符号的时候举了婚戒的例子。① 婚戒不同于日常的普通戒指的地方就在于它的象征价值，它是婚姻的符号和标志，一旦被赠与便成为一种独一无二的物品，因此具有持久的意义，不能随着戒指的流行样式而改变或替换。但普通戒指则不同，由于不具有象征性，因此只是一种简单的饰品，可以因流行样式的出现而更改，随服装搭配的需要或个人的喜好而随意更换，甚至可以被抛弃。普通戒指仅仅是作为一个戒指，或一件消费品而出现，因此并非独一无二，同时可以拥有数个。婚戒则因为其象征性只能在同一时期拥有一个。在这四种逻辑中，只有符号的差异逻辑界定了消费的领域，在这个逻辑中，符号消费成为身份、权力和地位的象征。而且，任何物都无法摆脱成为符号的可能性。鲍德里亚甚至认为，虽然物在使用价值或功能上也具有很大的差异，比如不同价位或品牌的同类商品其功能也存在一定的差异，但这种差异常常不过是符号的差异性功能的一种借口，或者甚至就是作为一种借口而被生产出来。也就是说，物的功能性差异在消费社会的物体系中已经成为表征着地位、身份等区分的符号差异的一部分。

　　以符号学为方法展开对消费意识形态的批判是其符号政治经济学批判的第二大任务。在索绪尔和巴特等结构主义者看来，在构成符号的能指和所指的二元对立中居于主导地位的是能指而非所指。符号之间的差异是能指的差异。巴特在《神话学》中对大众文化所包含的意识形态的分析也是通过对作为含蓄意指的能指进行语义分析而得出的。同样，在鲍德里

---

① Richard J. Lane, *Jean Baudrillard*, London：Routledge, 2000, p.76.

亚看来,符号的意指关系的逻辑与政治经济学的逻辑之间是一种同构性关系,一个物或商品的符号价值也是以符号的能指为基础的,对符号价值的追求事实上是基于对能指的崇拜。这样,马克思的政治经济学中所分析和批判的商品拜物教在鲍德里亚的符号政治经济学中就演化成了"能指拜物教"。这种"能指拜物教"和商品拜物教一样,也是一种意识形态,并贯穿于符号生产和物质生产的过程之中,但是二者的性质存在很大不同。马克思认为,商品的价值是以生产商品所耗费的社会必要劳动时间为依据,因此"商品世界的这种拜物教性质……是来源于生产商品的劳动所特有的社会性质"①。但在鲍德里亚看来,在符号交换中,商品的符号价值并非以其所包含的必要劳动时间为标准。"符号形式征服了劳动,掏空了劳动的任何历史意义或力比多意义,在自身的再生产中吸收了劳动:这就是符号的操作,它在空洞地影射自己所指称的事物之后,在自身得到重复。"②因此,如果我们称商品拜物教是一种生产型社会的意识形态,那么能指拜物教就是一种消费社会的意识形态。与把商品拜物教作为政治经济学批判的重要内容一样,对这种消费意识形态进行分析和批判也就成为符号政治经济学批判中的一项重要内容。鲍德里亚认为,包括马克思主义在内的意识形态批判理论往往总是陷入意识形态的神秘性思维之中,因为这种批判并不将意识形态看作一种形式,而是看作内容,看作一种给定的、超验的价值。但是,如果采用符号学的结构分析方法,不难发现,"事实上,意识形态的过程是一个将象征性物质载体还原为、抽象为一种形式的过程"③,而能指拜物教"实际上与符号一物关联起来,物被掏空了,失去了它的实体存在和历史,被还原为一种差异的标志,以及整个差异体系的缩影"④。而资产阶级对符号的社会差异功能的强调,所体现的恰恰是当代资产阶级"这个被金钱化的阶级对等级价值的怀旧梦"⑤。因此,结构主义的符号意指分析也就成为"能指拜

---

① 《马克思恩格斯选集》第二卷,人民出版社 2012 年版,第 124 页。

② [法]波德里亚:《象征交换与死亡》,车槿山译,译林出版社 2009 年版,第 10 页。

③ [法]让·鲍德里亚:《符号政治经济学批判》,夏莹译,南京大学出版社 2009 年版,第 140 页。

④ [法]让·鲍德里亚:《符号政治经济学批判》,夏莹译,南京大学出版社 2009 年版,第 80 页。

⑤ [法]让·鲍德里亚:《生产之镜》,仰海峰译,中央编译出版社 2005 年版,第 108 页。

物教"的意识形态批判的一种有效的分析方法。

鲍德里亚对物或商品的符号分析最集中的体现莫过于时尚和艺术品拍卖,因此他对符号政治经济学的运作模式的分析和对能指拜物教的批判也主要从这几个方面展开。

(一) 时尚的符号学分析与批判

波德莱尔指出:"现代性就是过渡、短暂、偶然,就是艺术的一半,另一半是永恒和不变。"也就是说,现代性的重要特征就是稍纵即逝与持久永恒的二律背反。正是在这个意义上,鲍德里亚认为:"现代性的框架内才有时尚"①,"现代性是代码,而时尚则是它的象征标志。……时尚处于全部现代性的中心。"② 时尚是现代性的产物,也是现代性的表征。在时尚领域中充满了决裂、变化与革新。或者说,时尚就是在不断的变化与更替中存在和呈现的,有变化和更替才有时尚。现代性具有两种时间向度,一种是线性的矢量时间,另一种是循环时间。现代性就是这两种时间的辩证法,它既是新生的,也是追溯的,既是现代的,又是过时的。在鲍德里亚看来,技术进步、社会生产和历史的发展属于线性时间,而时尚则属于循环时间。因为在时尚的变化中,既有新潮和创新,又有复古和怀旧。构成时尚的符号元素的有限性致使在时尚的变化和更替中不断从已经过时的时尚元素中寻求启发,从而使流行时尚成为现代性时间辩证法的集中体现。

同时,时尚的变化并不以物的生命长度和耐用性为尺度。从物的自然构成来说,每种物都具有自然的生命长度和淘汰周期。比如冰箱、洗衣机、玩具、服装等物品直至其使用价值被耗尽时才被更新或淘汰,此时的物就不属于时尚的范畴。作为符号,时尚并不反映自然需求的变化,不以物的使用价值为依据,而是以物的符号价值所彰显的差异原则和区分功能为旨归。如果说作为实用对象的物体现了社会的稳定性,而作为符号的时尚则体现了社会的流动性。正如鲍德里亚所言:"时尚的效应只能出现在具有社会性流动的社会之中(并将超越可供支配的金钱的限制)。社会地位的上升与下降都必然体现在区分符号持续的涌现与消退之间。"③ 时尚的更迭速度

---

① [法] 波德里亚:《象征交换与死亡》,车槿山译,译林出版社 2009 年版,第 117 页。
② [法] 波德里亚:《象征交换与死亡》,车槿山译,译林出版社 2009 年版,第 118 页。
③ [法] 让·鲍德里亚:《符号政治经济学批判》,夏莹译,南京大学出版社 2009 年版,第 27 页。

体现的是社会流动性的快慢和阶级固化的程度。

西美尔对时尚的社会心理学进行了深入的分析。在西美尔看来,时尚的这种符号性使其具有双重目标:分化和同化。时尚一方面是既定模式的模仿,满足了社会调适的需要,为个人提供了一种把个人行为变成样板的普遍性法则。但是,与此同时,时尚又满足了对差异性、变化和个性化的要求。符号的差异性致使时尚成为不同阶级和阶层的区分标志。从时尚的生产和操控来看,时尚总是被较高阶层所把持,从而使其与较低阶层区分开来。但是,时尚同时也具有一种补偿功能,较低阶层总是试图通过对较高阶层所掌控的时尚的追逐和模仿而弥合这种阶级或阶层的差别,从而获得一种心理的安慰和补偿。而一种时尚一旦被较低阶层普遍追逐和模仿,较高阶层就会抛弃这种时尚并生产出新的时尚以示区别。正因为时尚的这种双重性,使时尚本身不断地自我革命。每一种时尚的壮大和流行都预示着自己的死亡和毁灭。时尚总是在这种阶级区分和融合之间摇摆。正因为如此,西美尔认为:"时尚是阶级分野的产物,并且像其他一些形式特别是荣誉一样,有着既使既定的社会各界和谐共处,又使他们相互分离的双重作用。"① 鲍德里亚也看到了时尚在区分与弥合不同阶级的过程中所带来的平等幻象。如其所言:"时尚不过是那些试图最大限度地保持文化的平等以及社会区分的有效机制之一,通过在表面上消除这种不平等的方式来建构不平等。"② 时尚的补偿功能使较低阶层在时尚的追逐和模仿中表面上获得了一种阶级的平等,而上层阶级对时尚的不断创新实际上却又不断地强化着阶级的不平等。

鲍德里亚认为:"当时尚成为身体的表演时,当身体成为时尚的中介时,时尚就得到了深化。"③ 虽然对时尚的讨论更多关注于服装,但是,事实上,在消费社会,时尚与身体和性之间具有密切的关联。或者说,时尚是身体和性的隐喻性表征。正因如此,鲍德里亚把时尚研究引向了对身体,尤其是女性身体的符号学分析,从而使身体成为符号政治经济学批判中的重要内容。不同的学科领域关注身体的不同方面,或者说,不同学科的身体具有

---

① [德] 齐奥尔格·西美尔:《时尚的哲学》,费勇译,文化艺术出版社 2001 年版,第 72 页。
② [法] 让·鲍德里亚:《符号政治经济学批判》,夏莹译,南京大学出版社 2009 年版,第 28 页。
③ [法] 波德里亚:《象征交换与死亡》,车槿山译,译林出版社 2009 年版,第 173 页。

不同的理想模型。对于医学而言,参照的身体是尸体。对于宗教而言,身体的理想参照是动物(肉体的本能和欲望)。对于政治经济学而言,身体的理想类型是机器人。机器人把身体从劳动中解放出来,它是绝对的、无性的、理想的生产率的延伸。这种机器人也包括广义的计算机,因为它是劳动力智能的延伸。而对于符号政治经济学系统而言,身体的理想类型则是时装模特及其所有变种。虽然模特与机器人是同时代的,并且都代表了价值规律下完全功能化的身体,但这是作为价值/符号生产场所的身体。这种身体所生产的不再是劳动力,而是符号的意指模式。"时装模特的身体也不是欲望的身体,而是功用性客体,是混杂着时尚符号和色情符号的论坛。"① 在消费社会,时尚、身体和性都成为符号,并在时装模特的身体上得到完美的体现。或者说,时装模特是消费社会的时尚符号和身体符号的理想范型,引领着审美的风尚和消费的潮流。如果说生产型社会更关注男性身体,那么消费社会则是女性身体的天堂。时尚对女性身体的青睐,使整个社会都快速女性化了。或者说,女性身体已经成为消费社会的符号表征,而时尚则不断地强化着整个社会的女性化倾向。

显然,作为马克思主义批判理论家,鲍德里亚对消费社会的时尚符号的分析所采取的是一种批判的立场。鲍德里亚认为,西方的时尚批评已经由 19 世纪的右派思想转向了左派,因为时尚腐蚀了风俗,也消除了阶级斗争。时尚批评的向左转并不一定意味着历史的转折,而可能仅仅意味着"从道德和风俗方面看,左派接替了右派,以革命的名义继承了道德秩序和古典偏见"②。时尚研究的批判立场不仅标志着时尚批评的深化,也意味着左派理论的拓展。

(二) 艺术品拍卖的符号学分析与批判

鲍德里亚认为,除了时尚之外,物—商品中符号价值体现得最为集中的领域莫过于艺术品。艺术品拍卖是符号政治经济学的诞生之地,极大地体现了符号政治经济学的运行规律。因此,鲍德里亚对艺术品拍卖活动非常重视,并将对艺术品拍卖的符号学分析作为符号政治经济学建构的典范

---

① [法]让·波德里亚:《消费社会》,刘成富、全志刚译,南京大学出版社 2001 年版,第145 页。
② [法]波德里亚:《象征交换与死亡》,车槿山译,译林出版社 2009 年版,第 131 页。

例证。

在鲍德里亚看来,拍卖是一种融经济价值、符号价值和象征价值等多种价值于一体的交换方式或游戏规则。在一般的商品消费中,经济的交换价值(货币)转化为符号的交换价值(声望等),但仍以商品的使用价值为基础而获得其交换的合理性。虽然名牌服装、豪华餐厅、高档汽车等也彰显着身份、地位等符号的区分价值,但其精美的设计、周到的服务、良好的性能等使用价值则是其从同类商品中脱颖而出而具有标出性的重要条件和现实基础。但是艺术品并不具有明确的使用价值,艺术消费中也基本不考虑对象的使用价值。购买名画不是为了补壁或装饰,购买稀世陶瓷不是为了作为盛饭的器皿,购买文物也不是为了日常使用。尤其是在艺术品拍卖的竞价活动中,价格的变动和飙升使其交换价值(货币)与符号价值处于一种不确定的特殊关系之中。此时,交换价值与使用价值之间的运作规律已经失效,因为拍卖中出价的多少并不是以使用价值为标准,而是演变为以对商品的符号价值的争夺为目标的一种游戏甚至赌注。对一幅名画、一件稀世陶瓷或者文物来说,其使用价值非常微弱,交换价值却是无穷大的,因为对它所付出的货币并没有确定的数额,不是以生产它所包含的社会必要劳动时间为标准,而是以竞买者的支付能力和心理预期为标准。对它的拥有已经成为一种身份、地位、品位和名望的象征和区隔的标志。因此,对艺术品拍卖的分析就要突破和抛弃资产阶级经济学家乃至马克思主义政治经济学的边界,将符号价值作为分析的核心。也就是说,不能采用以使用价值和交换价值为核心的"一般政治经济学",而是以符号价值为核心的"符号政治经济学"。正因为这样,鲍德里亚认为艺术消费是一种"作为符号/交换价值体系的大写的消费"[①],艺术品拍卖不仅是符号政治经济学的诞生之地,而且是意识形态得以产生的母体。

一般的商品交换产生于平等的两个个体之间,其中每个人都只计算自己的所得。但是拍卖活动却发生在相似的人群或共同体之间。在这个共同体为了获得某件艺术品而展开的竞争游戏中,最终由谁赢得挑战并无关紧要,重要的是他们通过对艺术品这样的有限符号所进行的竞争或投机来界

---

① [法]让·鲍德里亚:《符号政治经济学批判》,夏莹译,南京大学出版社2009年版,第103页。

定和显示他们自身的特有身份和特权地位。也就是说，这个共同体所代表的特权阶层用以区分和标出自身特权地位的方式不再是一般的物质购买力，而是通过对奢侈品、收藏品或艺术品的符号价值的拥有而实现。一件艺术品越是稀有，其符号价值就越高，它的拥有者与大众或共同体其他成员之间的区分度也就自然更加明显。

布尔迪厄将这种社会区分性的研究拓展到了审美和趣味领域。康德认为审美活动具有无功利性，也不包含概念，是一种与审美对象保持距离的直观活动。布尔迪厄反思了康德的这种审美观念，认为审美是一种社会活动，审美趣味的差异与审美主体的阶层、地位、学识等都密切相关。因此，布尔迪厄认为审美趣味具有社会区分功能。正如其所言："审美配置也是社会空间中的一个特权位置的一种区分表现，而社会空间的区分价值客观上是在与从不同条件出发而产生的表现的关系中确定自身。如同任何一种趣味，审美配置起聚集和分隔作用。……趣味（也就是表现出来的偏好）是一种不可避免的差别的实践证明。"①趣味的培养和形成与一个人的生活条件、家庭阶层、学识涵养等密切相关，因此是"一个特定等级相关的影响的产物"，它不但塑造着一个人的自我，而且把具有类似趣味的人聚集在一起形成一个趣味的共同体，从而与其他趣味共同体区分开来。底层民众无法欣赏也没有条件欣赏高雅的交响乐，因为到音乐厅欣赏交响乐需要一定的经济基础和文化水平。同样，上层人士也不屑于欣赏底层乡村的民俗和民谣，认为不登大雅之堂。要让孩子从小学习钢琴需要支付高昂的学费，这是偏远农村的家庭所无法承担的，这也就决定了农村的孩子成年以后也往往缺乏对钢琴曲的演奏和欣赏能力。这些表面看来仅仅是个人趣味的问题，其深层实际上则是一种阶级和地位的区分问题。

物——商品、艺术品乃至趣味的这种区分功能促使人们不断地占有符号，并且努力培养趣味，最终实现社会阶层、地位、文化和身份的区分。正如鲍德里亚所言："统治阶级总是或者将它的统治从一开始（原始社会与传统社会）就建筑在符号/价值之上，或者（在资本主义的资产阶级秩序中）努力试图以符号语言的特权去超越、跨越经济特权，并且将后者神圣化，而符

---

① ［法］皮埃尔·布尔迪厄：《区分：判断力的社会批判》（上册），刘晖译，商务印书馆2015年版，第92—93页。

号语言的特权是最后的统治阶段。"①统治阶级的特权地位除了对生产工具的掌握之外,还有对符号意指过程的掌控。甚至很大程度上,其特权地位最显著的标志就是对特殊符号的拥有和掌控。这种符号特权所体现的不只是一种经济特权,而且还是一种政治特权。布尔迪尔认为经济资本、文化资本和社会资本之间可以相互转化。统治阶级通过将自身所拥有的经济资本的特权转化为对稀有的文化资本的拥有,而这些最终都可以实现其社会地位的区隔。因此,可以说,艺术品拍卖活动本质上就是通过一种经济资本的角逐来实现文化资本和社会资本的区隔。

三、后现代文化景观的符号学批判

在鲍德里亚看来,马克思的政治经济学的一大问题就是"无法破解商品的符号学,因而变成具有'意识形态'的特点"②,因此需要引入符号学来补充、发展乃至修正马克思主义的政治经济学,使其能够适应后工业消费社会的新形势,并对这一社会形态具有解释力,从而保持并激发马克思主义的生命活力。但是,如果我们把坚持唯物主义和社会生产第一性作为马克思主义的标志,那么,鲍德里亚对商品的符号价值的过度强调已经逐渐在淡化商品以生产为基础的使用价值和交换价值,从而在补充、发展和修正马克思主义政治经济学的同时埋下了背离马克思主义的种子。在《生产之镜》之后,鲍德里亚彻底否定了生产的重要性,认为生产只是资本主义社会发展中的一种镜像,社会发展的真正推动力量应该是消费而不是生产。与马克思的政治经济学的基本模式相反,是消费决定了生产,而不是生产决定了消费。商品的价值不是在劳动过程而是在社会流通过程中被创造出来的。这样,鲍德里亚就彻底地偏离了马克思主义的基本理念,甚至走向了马克思主义的反面。在鲍德里亚的这一转变过程中,符号学发挥了重要的作用。如果说鲍德里亚学术生涯的第一阶段是"将马克思主义政治经济学与符号学结合起来"③

---

① [法]让·鲍德里亚:《符号政治经济学批判》,夏莹译,南京大学出版社 2009 年版,第106 页。

② [美]道格拉斯·凯尔纳编:《波德里亚:批判性的读本》,陈维振等译,江苏人民出版社2005 年版,第 109 页。

③ [美]道格拉斯·凯尔纳、斯蒂文·贝斯特:《后现代理论——批判性的质疑》,张志斌译,中央编译出版社 2001 年版,第 144 页。

从而丰富、发展乃至修正了马克思主义,那么第二和第三阶段则是用符号学方法对后现代文化景观进行分析和批判,从而背离了马克思主义,成为一位彻底的"后现代性的超级理论家"①。

詹姆逊认为虽然可以用后工业社会、跨国资本主义社会、消费社会、媒体社会等名称对二战之后的这个历史时期的特点从不同的角度加以概括,但是其文化逻辑却是一致的,即充斥于整个西方社会的后现代主义文化。在詹姆逊看来,后现代主义具有两大特点:一是由于"广告、电视和媒体对社会迄今为止无与伦比的彻底渗透"致使后现代社会中"现实转化为影像";二是由于"时间割裂为一连串永恒的当下"从而使后现代社会中"历史感"已经消失,失去了保存自身过去的能力。②这一论断获得了诸多理论家的支持。费瑟斯通认为后现代主义的基本特点就是"充斥于当代社会日常生活之经纬的迅捷的符号与影像之流"③。马丁·杰伊则将其特点概括为对"视觉"和"图像"的崇拜,认为在此过程中符号放逐了指称物,或者说图像先于其指称物,演变成巴特所说的完全的"能指的编织物"④。居伊·德波也认为这种无处不在的影像和符号构成了一个"景观社会",其中符号和影像并不是简单的聚集,而是构成了人际关系的中介。正是由于符号和影像的这一中介作用,使景观社会成为一个颠倒的世界,其中"真相不过是虚假的一个瞬间"⑤。对后现代文化的特点的上述论断足以使鲍德里亚以他们为同道,但是鲍德里亚比他的这些同道们的分析和论述更加深入、彻底,甚至极端。

哲学体系的创新要么是运用新的方法对原有问题进行全新的阐释,要么是创造新的概念和范畴来形成一种全新的哲学理论。这两个方面鲍德里亚兼而有之。他把符号学方法引入对后现代文化的研究之中,并借用或创

---

① [美]道格拉斯·凯尔纳、斯蒂文·贝斯特:《后现代理论——批判性的质疑》,张志斌译,中央编译出版社2001年版,第143页。

② [美]詹明信:《晚期资本主义的文化逻辑》,张旭东编译,生活·读书·新知三联书店1997年版,第418—419页。

③ [英]迈克·费瑟斯通:《消费文化与后现代主义》,刘精明译,译林出版社2000年版,第98页。

④ Martin Jay, *Downcast Eyes: The Denigration of Vision in Twentieth Century French Thought*, Berkeley: University of California, 1993, p.544.

⑤ [法]居伊·德波:《景观社会》,王昭凤译,南京大学出版社2007年版,第4页。

造了诸如仿真、内爆和超真实等一系列新的概念和范畴来建构自己的哲学体系。凯尔纳认为,在鲍德里亚的体系中,仿真、内爆和超真实是"三位一体"的,是从不同的角度对后现代文化的概括和阐释。正是这几个概念的运用使鲍德里亚的后现代文化研究与众不同,也奠定了他的"知识界的恐怖主义者"和"后现代超级理论家"的重要地位。

在鲍德里亚的概念体系中,作为核心范畴的仿真(simulation)是与拟像(Simulacrum,复数形式为 simulacra)①紧密联系在一起,并作为拟像的一个层级和阶段而展开分析的。拟像并不是鲍德里亚的原创,它在西方哲学和政治学等领域都具有悠久的传统,并在古希腊、古埃及和当代法国哲学、宗教及美学中都扮演着重要角色。柏拉图的摹仿说已经是西方哲学史上拟像论的雏形,但是正是鲍德里亚使拟像在当代哲学和政治学、美学等领域发挥了重要的作用。②鲍德里亚在《象征交换与死亡》、《拟像的进程》、《拟像与仿真》等多部著作和文章中从符号学的角度对拟像和仿真进行了深入的分析和论述。在《象征交换与死亡》中,他把拟像的发展区分为三个阶段以及三个平行等级。拟像的第一个等级是起始于文艺复兴至工业革命的"古典"时期的主要模式——仿造(counterfeit),现代工业时期的主要模式是生产(production),而仿真(simulation)则是目前受代码支配的后现代时期的主要模式,它们分别代表或呈现了封建社会、工业社会和后工业消费社会的文化逻辑。这三种模式也依赖于不同的价值规律:作为拟像第一等级的仿造依赖的是价值的自然规律,第二等级的生产依赖的是价值的商品规律,而第三等级的仿真依赖的则是价值的结构规律。在后期的其他著作中,通过对仿真的深化,他又将虚拟真实作为拟像的第四等级。

仿造(以及时尚)是与文艺复兴的兴起和封建秩序的解构一起出现的,而这个解构过程正是由资产阶级的秩序和差异在符号层面上的公开竞争完成的。也就是说,在文艺复兴之前的封建时期乃至古代社会,符号处于强制

---

①　在鲍德里亚的著作和文章的中译本中,对 Simulacrum(复数形式为 simulacra)和 simulation 的翻译是非常混乱的。Simulacrum 的译法有拟像、拟真、类像、仿像、仿象等,而 simulation 的译法有仿真、仿拟等。甚至有的译本恰恰相反,将 Simulacrum 译为仿真,而将 simulation 译为拟像。根据这两个词汇的基本内涵,本文用拟像(Simulacrum)和仿真(simulation)这一译法。

②　Gary Genosko, *Baudrillard and Signs*, London and New York: Routledge, 2002, p.28.

的受控制状态,是有限且透明的。不同的阶级拥有不同的符号,这些符号与界限分明的阶级区分和等级秩序相关联而不可随意逾越。符号的界限正是阶级和等级的界限,反之亦然,阶级和等级的界限是以符号的界限为标志的。符号界限的打破就意味着阶级区分和等级界限的突破和僭越。文艺复兴以来的现代社会的一个重要标志就是强制符号的终结,是获得解放的符号的统治,任意性成为符号的主要特征,所有的阶级和等级都可以不加区别和限制地使用甚至玩弄符号。鲍德里亚称这种特征为"符号的增生"。仿造是对已有的自然之物的模仿,它无法脱离自然之物而独立存在。因此,鲍德里亚指出:"现代符号是不加区分的(它从此只是竞争的),它摆脱了一切束缚,可以普遍使用,但它仍然在模拟必然性,装出与世界有联系的样子。……现代符号正是在'自然'的仿象(拟像——笔者注)中找到了自己的价值。这是'自然'的问题体系,是实在与表象的形而上学。"① 无论是胸前的假背心、假牙、仿大理石室内装饰,还是巨大的巴洛克式的舞台布景,都是对自然之物的模仿或拟像,它并没有从本质上改变自然之物,也没有从数量上增加自然之物,而仅仅是从材料上延伸了自然之物。此时用于仿造的最佳材料就是仿大理石,它适合于各种形式,可以用来模仿各种材料,因此成为文艺复兴时期拟像和时尚的最具代表性的物质,或者按照鲍德里亚的说法,是所有其他物质的镜子。

进入工业革命之后,拟像进入了生产阶段。在工业生产中,符号是没有种姓传统的,它们没有经历过地位限制,因此不需要仿造,而是被大规模地生产。生产的拟像是由两个或 n 个同一的物体构成,是本雅明所说的机械复制的结果。在这个系列的符号中,没有原型与仿造的关系,也不存在类比和反映,而是同一符号之间的等价的无差异关系。在这个系列之中,物体成为相互之间的无限的拟像。作为符号秩序的一个特殊阶段,生产只是由仿造到仿真之间的一个过渡,或者说,是拟像系列中的一段插曲。这个过渡或插曲是通过现代技术手段来生产无限的具有潜在同一性的存在、物体或符号。第二级拟像的无限复制性对自然秩序形成了挑战,但是相对于第一级拟像的仿造和第三级拟像的仿真,机械复制的生产阶段的规模相对较小。鲍德里亚认为,本雅明的机械复制理论是生产的经典理论。在机械复制产

---

① [法]波德里亚:《象征交换与死亡》,车槿山译,译林出版社2009年版,第63页。

品中,两件技术产品在社会必要劳动时间方面是等价的,不同产品之间并没有符号的区别。"这是起源和目的性的颠覆,因为各种形式全都变了,从此它们不是机械化再生产出来的,而是根据它们的复制性本身设计出来的,是从一个被称为模式的生成核心散射出来的。"① 显然,鲍德里亚深受本雅明的影响,并把本雅明所讨论的机械复制的生产模式看作是由仿造向仿真的过渡形态。

拟像的第三阶段和等级是仿真。如果说生产是工业时代的文化表征,那么仿真则是后工业社会的产物。按照詹姆逊的观点,作为西方后工业时代的文化逻辑的后现代主义是一种平面化的、破碎的、拼贴的、仿真的文化。鲍德里亚则将这种具有仿真性的后现代主义文化概括为超现实主义(hyper-realism),其基本特征则是超真实(hyper-reality)。仿真的这种超真实性是符号操纵的结果,而在构筑世界的各种符号中,影响最大的莫过于由于计算机的出现而形成的数字符号。因此,鲍德里亚认为,"数字性是这一新形态的形而上学原则"②。可以说,仿真是以电子媒介或数字符号为主导的超现实主义的文化和艺术的基本特征。在这种超真实的文化和艺术中,现实被仿真所代替。如果说在拟像的古典阶段的模仿秩序中,由符号所构成的表象再现了现实,在第二阶段的工业化时代表象创造了现实的假象,那么在第三阶段的电子媒介时代的仿真中,符号则创造出一种表象从而虚构了现实。正如埃弗拉特·齐龙从能指与所指之间的意指关系的角度对这三个层面所进行的概括和归纳:"模仿的秩序包含着能指和所指之间的直接联系。生产的秩序包含着能指和所指之间的间接联系。而仿真的秩序则包含着能指之间的联系,也就是那些已经同所指脱离了联系的能指之间的联系。这些联系为了符号运作的目的而颠覆了指意过程。"③ 在仿真中,能指失去了与所指之间的必然联系,其意义不是来源于外部现实或符号的指称物,而是指向其他能指,并由能指自身所创造。比如,"Gucci"的意义来自于它与诸如"Prada"、"Timberland"等其他品牌的能指符号之间的关系,至于生产它的第三世界的血汗工厂这样的"指称物"则被这个能指所呈现的

---

① [法]波德里亚:《象征交换与死亡》,车槿山译,译林出版社 2009 年版,第 71 页。

② [法]波德里亚:《象征交换与死亡》,车槿山译,译林出版社 2009 年版,第 72 页。

③ [美]道格拉斯·凯尔纳编:《波德里亚:批判性的读本》,陈维振等译,江苏人民出版社 2005 年版,第 165 页。

诸如"性感"、"时髦"、"精致"、"物有所值"等符号意义所忽略和抹杀了。

柏拉图构想了一个现实世界之外的理念世界，并认为现实世界只是对理念世界的模仿，从而是虚幻的，而模仿现实世界的艺术世界则是模仿的模仿，因而是更加虚幻的，是影子的影子，与真理隔了三层。但是在其弟子亚里士多德的有力批判之下，人们已经接受了现实世界的真实性，并且认为真实也是一种普遍且必然的存在。但是，在鲍德里亚看来，真实以及真实世界的观念只是一种与科学和技术的诞生密切相关的文化的建构。随着大众媒介和数字技术的出现和快速发展，尤其是资产阶级戏剧和以电视、计算机网络为中介的大众文化景观的诞生，超真实就成为人类文化发展的这个特定阶段的必然产物。这种超真实的高级形态就是由计算机技术所建构的虚拟现实。因此，鲍德里亚在后来关于拟像和仿真的文章中也将这种虚拟真实称为拟像的第四阶段和层级。

从拉丁语词源上来说，拟像（Simulacrum）具有图像（image）、类似（semblance）或表象（appearance）的含义。① 《牛津英语词典》将其解释为与一个事物相似的"像、影、模拟物"，从而强调了拟像的物质性。正因为拟像与图像之间的这种密切关系，鲍德里亚以图像与现实之间的关系为例对拟像的几个阶段的特点进行了概括。在鲍德里亚看来，图像的发展经历了如下几个阶段：

它是对一种根本真实（basic reality）的反映；

它掩盖并歪曲了根本真实；

它掩盖了某个根本真实的缺席；

它与任何真实都毫无关联：它是自身的纯粹拟像。②

这四种形态的递次发展正是图像或符号代替真实的过程。在第一个阶段，图像是对真实的再现和反映，从而与真实具有同一性关系；在第二阶段，图像作为一种能指逐渐开始脱离、掩盖甚至扭曲现实；在第三阶段，作为指涉对象的真实已经退场，而图像成为一种自我指涉的能指，并掩盖了真实的缺席，或者说成为了现实的仿真或超真实；而到了第四阶段，图像就已经

---

① 　William Pawlett, "Simulacra + Simulacrum", *The Baudrillard Dictionary*, Richard G. Smith, ed., Edinburgh: Edinburgh University Press, 2010, p.196.

② 　Jean Baudrillard, *Simulations*, New York: Semiotext (e), Inc.1983, p. 11.

成为与现实毫无关联的纯粹拟像或虚拟真实。鲍德里亚将图像的这四个阶段所表现的现实秩序概括为"神圣的秩序"、"邪恶的秩序"、"巫术的秩序"和"模拟的秩序"。① 可见,从再现到仿真和虚拟真实的这一发展过程中,图像或符号不断地自我增殖,而真实却在不断地退却,最终所形成的则是一种由图像或符号自身所创造的一种超真实或虚拟真实。这种脱离了所指和现实指涉的超真实或虚拟真实不是"真实",但也不是"非真实","而是一种'比真实更真实'(more real than the real)的符号学效果"②。

现代技术推动下的人工智能、全息摄影、实时记录、远程遥控等都在合力创造一个逼真的虚拟世界,包括影像的虚拟、时间的虚拟(实时)、音乐的虚拟(高保真)、性的虚拟(色情图)、思维的虚拟(人工智能)、语言的虚拟(数字语言)、身体的虚拟(遗传基因码或染色体组)等。在鲍德里亚看来,在这一系列的虚拟世界中真实世界变得无关紧要,甚至虚拟变成了真实本身。由这些高清晰度、高保真的虚拟技术产生的信息显得比真实更真实。在这种情况下,"有可能发生的不再是物体投下影子,而是影子投射出它们的物体,这样的物体也只会是一个影子的影子"③。数字技术不断生产着超真实和虚拟真实,并让人误以为这就是真实本身,从而成为柏拉图所说的"影子的影子"。听起来就像尼采所声称的上帝之死一样,在此出现了对"真实"的谋杀。上帝之死仅仅是象征性的,但是对真实所展开的谋杀却不是象征性的谋杀,而是一种灭绝。这种灭绝不是纳粹集中营式的,而更多是文字上和形而上学意义上的灭绝。这并不是说真实就像上帝那样死亡了,而是说现实在图像、幻觉、虚拟的超真实的符号世界中纯粹而简单地消失了。"除了巨大的影像之外,上帝什么也不是:没有非真实,只有影像,根本没有与真实的互换,只有符号与自身的互换,使自身处于没有指涉物或周长的永不中断的回路中。"④ 正如耶稣死而复活一样,"在虚拟物的裹尸布中,实在的尸首是永远找不到的"⑤。人们更多地关注于自身所创造的符号

① [法]让·鲍德里亚:《生产之镜》,仰海峰译,中央编译出版社 2005 年版,第 192 页。
② William Pawlett, *Jean Bqudrillard*: *Against Banality*, London and New York: Routledge, 2007, p.71.
③ [法]让·博德里亚尔:《完美的罪行》,王为民译,商务印书馆 2002 年版,第 35 页。
④ [法]让·鲍德里亚:《生产之镜》,仰海峰译,中央编译出版社 2005 年版,第 191 页。
⑤ [法]让·博德里亚尔:《完美的罪行》,王为民译,商务印书馆 2002 年版,第 48 页。

世界,而不再关注这个符号世界所得以产生和赖以生存的外在现实,甚至将仿真所创造的超真实和虚拟现实当作现实本身。如其所言:"影像不再能让人想象现实,因为它就是现实。影像也不再能让人幻想实在的东西,因为它就是其虚拟的实在。"① 在影像符号所创造的拟像中,现实世界就这样消失了,但是它的消失是如此地自然,只是人们觉得连对真实是否存在这个问题的追问都没有必要,甚至根本就没有意识到这一问题,更谈不上提出和追问这样的问题。鲍德里亚将符号对真实的这种吞噬过程比作一场谋杀的罪行,而人们对这一谋杀过程却顺利接受,毫无反抗,甚至认为理所当然,充满历史的必然性。因此,符号对真实的这一谋杀便成为一场堪称典范的"完美的罪行"。

可见,对真实所发起的这场谋杀是一种符号操纵的结果。鲍德里亚借用麦克卢汉的观点,称这种符号操纵的方式为"内爆"。麦克卢汉提出了外爆(explosion)与内爆(implosion)这对概念。外爆是传统的生产性社会或机械时代的发展模式,指的是社会能量从中心向边缘的缓慢拓展的单向发展,表现为商品生产的扩张、科学技术的发展、资本的积累、殖民地的开拓、社会领域的不断分化和学科界限的壁垒森严等。而内爆则是电力或电子媒介时代的发展模式,指的是社会能量以电的速度瞬间发生的内向爆炸,表现为"空间和各种功能的融合。我们专门化的、分割肢解的中心—边缘结构的文明,突然又将其机械化的碎片重新组合成一个有机的整体。"② 经过内爆,时间差异和空间差异都已不复存在,信息可以在全球范围内快速流通,地球快速缩小而变成一个小小的村落,社会和知识等领域的界限都已经消融,甚至不再有中心和边缘的区分。"世界似乎没有任何界限,一切事物都处在一种令人目眩的流动之中,哲学、社会理论以及政治理论之间的一切旧有界限或区别,甚至资本主义社会本身,都内爆为一种毫无差别的幻象流。"③ 可以说,外爆指向的是"一个轮子的世界"、"一个分割肢解的世界",而内爆指向的则是"一个电路的世界"、"一个整合模式的世界"。④ 前者是

① [法]让·博德里亚尔:《完美的罪行》,王为民译,商务印书馆2002年版,第8页。

② [加]马歇尔·麦克卢汉:《理解媒介——论人的延伸》,译林出版社2011年版,第114页。

③ [美]道格拉斯·凯尔纳、斯蒂文·贝斯特:《后现代理论——批判性的质疑》,张志斌译,中央编译出版社2001年版,第157页。

④ [加]马歇尔·麦克卢汉:《理解媒介——论人的延伸》,译林出版社2011年版,第11页。

前现代和现代的,而后者则是后现代的。

鲍德里亚深受麦克卢汉的影响,并将"内爆"概念用于对后现代社会中的传媒文化的分析和批判。正因为他们二人对"内爆"的深入分析和精彩论述而被学术界称为"内爆的主人"①,鲍德里亚也就成为"法国的麦克卢汉"②。在鲍德里亚看来,电子媒介造成的"内爆"使真实与非真实、媒体与社会等之间的界限变得日益模糊,甚至人们从前对真实的那种独特的感知体验也已经消失了。网络技术、电子媒介、电视电影等都在不断地制造和生产着一个仿真甚至虚拟的世界,并给人一种比真实世界更真实的感觉。因此,大众媒介所生产的这种"在'幻境式的(自我)相似'中被精心雕琢过的真实"③甚至可能成为现实生活的理想化模型。在此,不再是模型模仿生活,而是生活模仿模型。比如,迪尼斯乐园就是美国生活的模型,它比真实的美国还真实,或者说,美国正在越来越像迪斯尼乐园。同样,现实不断地向电视节目所塑造的模型接近,或者说电视节目正在制造现实本身,甚至模拟的仿真成为评判现实的标准。在电视剧中成功扮演维尔比医生的演员罗伯特·扬经常收到患者问诊的信件,扮演律师培里·马森的演员雷蒙·布尔也同样收到很多信件请教法律问题,扮演好人的演员往往会受到大众的喜爱,而扮演坏人的演员在生活中则容易受到周围群众的厌弃、指责和谩骂,扮演黄世仁的演员在舞台上表演时差点被激动的士兵观众开枪打死。之所以会出现这种现象,就是因为这些演员的成功表演比现实医生和律师更加专业,比生活中的好人更让人喜爱,也比生活中的坏人更令人厌恶,因此影视艺术所呈现的这个虚拟世界就显得比现实更真实,从而使观众混淆了符号与真实的界限,把荧屏中或舞台上仿真的故事当成了现实本身。布莱希特之所以提出戏剧表演的间离效果,就是要反对这种亚里士多德式的戏剧模式,让观众意识到这只是戏剧表演而不是现实本身,从而保持对现实的警醒和批判力。

---

① Gary Genosko, *McLuhan and Baudrillard: the masters of implosion*, London and New York: Routledge, 1999.

② Nick Stevenson, *Understanding Media Cultures: Social Theory and Mass Communication*, London: Sage Publications Ltd., 2002, p.162.

③ [美]道格拉斯·凯尔纳、斯蒂文·贝斯特:《后现代理论——批判性的质疑》,张志斌译,中央编译出版社 2001 年版,第 154 页。

如果说现实被图像所代替从而造成了符号再现的危机是鲍德里亚超真实理论的第一主题,现代文化内爆的方式及其所造成的时空边界的消融是其第二主题,那么现代科技、电子媒介和网络技术等所创造的流行文化的出现则是其第三大主题。① 这种流行的后现代文化已经充斥于社会生活的各个角落。在城市建设和规划方面,迪斯尼乐园、魔幻村庄、海底世界、魔山等极具仿真性的游乐场所的建设几乎使整个洛杉矶成为一个仿真的世界;在文学艺术领域,科幻小说和科幻电影空前繁荣;在文化传媒领域,电视、广告、网络直播、电视真人秀等对现实生活深入渗透;而在审美领域则表现为艺术与生活之间界限的消失而导致的日常生活的审美化。

鲍德里亚的理论中关于超真实的这几大主题的集中体现莫过于他对海湾战争的深入分析。在海湾战争发生前后,鲍德里亚先后写了《海湾战争不会发生》、《海湾战争真的发生了吗?》和《海湾战争没有发生》三篇文章对海湾战争这一重大历史事件进行评述。海湾战争对 20 世纪人类历史产生了重大影响,但是鲍德里亚却说"海湾战争没有发生"。难道海湾战争是真的没有发生吗? 还是鲍德里亚以此标题来吸引读者的眼球? 鲍德里亚到底是从什么角度才得出这一结论的? 这就需要我们进入鲍德里亚讨论海湾战争的文本和方法来展开分析。

鲍德里亚之所以得出这样一个让人匪夷所思的论断,是因为他把海湾战争作为一场前所未有的媒介事件加以分析的。鲍德里亚的分析从以下几个方面展开。

首先,海湾战争并非一场"常规"战争,而是一场电子媒介技术充分参与的高仿真的"干净的战争"。海湾战争首次使用了高科技的网络技术,从而使战争的形态与传统的战争具有很大不同。鲍德里亚认为,如果说常规战争是两个敌对阵营或势力之间的近距离的相互对抗的话,那么海湾战争则更像一场电脑屏幕上类似于网络游戏的模拟战争。如果说常规战争的战前模拟是通过沙盘推演,那么海湾战争的战前模拟则采用现代 3D 立体图像技术,对战争场面进行全方位的模拟,使这种模拟完全接近于真实战争,或者比真实战争显得更加真实。虚拟的武力推演形成了庞大的威慑力,而

---

① Mike Gane, "hyper-reality", *The Baudrillard Dictionary*, Richard G. Smith, ed., Edinburgh: Edinburgh University Press, 2010, p.96.

这种威慑力已经很大程度上改变了战争的进程和形态,甚至能阻止战争的真实爆发。冷战就是典型的威慑战争。在冷战期间,苏美之间并没有发生大规模的战争,而是通过军备竞赛来向对方施加压力进行威慑。军备竞赛最终导致了苏联经济的崩溃和政治的解体,美国赢得了冷战的最后胜利。从这个意义上来说,冷战是一场名副其实的战争,不同在于,它是通过经济的、信息的和电子的途径逐步推进和升级,而不是真枪实弹的血与火的战争。或者说冷战是一场模拟的、仿真的战争,核武器就是"拟真的神化"。鲍德里亚认为,海湾战争延续了冷战的这一特点。"正是海湾战争见证了新的军事装备的诞生。这些装备将对图像的生产与流通的控制权力和对身体与机器的指挥权力结合起来。"① 也就是说,在海湾战争中不仅使用最新的武器从而产生威慑力,而且这场战争并不是敌对双方面对面的搏杀,而是通过电子网络技术的远程操控来进行的。战争中的敌人不是面对面的手持武器的军人,而是计算机屏幕上的目标。这样,海湾战争就像网络游戏一样,成为一场仿真的战争,一场威慑性的模拟战争。如果说传统战争是一场血与火相互交融的"肮脏的战争"(dirty war),那么海湾战争则是一场通过卫星信息而生产的类似于"无性的外科手术"的"干净的战争"(clean war)。

其次,海湾战争是一场由符号和图像构成的"银幕上的表演"。用电视来转播和报道战争并不新鲜,但是以直播的方式报道战争则是在海湾战争中开了先河。这种电视直播使全球观众在第一时间在电视屏幕上看到了海湾战争的场面和进程。但是,鲍德里亚认为,这种电视直播的战争是一种地地道道的仿真的战争。在观看电视直播时,观众懒洋洋地蜷缩在沙发上,一边吃着零食聊着天,一边像观看好莱坞的战争大片或越战电影那样观看着屏幕上的战争报道和场面。在观众看来,二者并没有太大的区别,海湾战争中的流血和死亡并不能激发观众对死者的同情和对战争的抵制,甚至反而会产生观看好莱坞大片一样的视觉快感。之所以会产生这样的观看效果,是因为观众混淆了真实战争的电视直播和好莱坞大片之间的文体界限。或者说,民众所看到的"只是电影院里的战争:脚本化的,特殊效果的,当灯光

① Jean Baudrillard, *The Gulf War did not take place*, Bloomingeon and Indianapolis: Indiana University Press, 1995, p.5.

熄灭时,一切都各得其所和处于安全之中"①。

再次,海湾战争的电视直播和媒体报道并不是真实战争的完全再现,而是一种霍尔所说的具有强烈的意识形态性的符号操作和编码的结果。媒体作为一种意识形态国家机器,它可以使居于主导地位的社会群体或统治阶级的行为合法化,并同时排斥其他反对的声音的存在。布尔迪厄就认为电视报道具有选择性原则,通过对现实材料的选择性处理和重新加以组合编排,使电视所报道的事实与现实具有不相符合的意义。如其所言:"所谓的选择的原则,就是对轰动的、耸人听闻的东西的追求。电视求助于双重意义上的戏剧化:它将某一事件搬上荧屏,制成影像,同时夸大其重要性、严重性及戏剧性、悲剧性的特征。"② 西方媒体对海湾战争的报道都基于特定的意识形态需要和舆论宣传目的而进行了严格的选择、剪辑、审查和加工处理。报道的多是联军的高端武器和胜利,而战争中的伤亡、难民的生活,以及所造成的生态灾难等却都被屏蔽掉了。电视屏幕中所展示的高端武器所准确击中的基本都是建筑物而不是阿拉伯士兵,从而突出这场战争是以极少的伤亡取得的胜利。战争的目的只是迫使对方撤兵,而并不是要完全摧毁对方的军事力量,更不会伤及平民。甚至电视报道中的很多目击证人都是经过选择、安排甚至培训的,因此他们的证言也不足为信。基于此,鲍德里亚认为,与其说西方媒体所再现的是真实的海湾战争,不如说它是一场服务于战争各方的多样化的政治和策略性目的的奇观。③ 或者更极端地说,海湾战争甚至就像对登月事件的报道那样成为一种在演播室中生产出来的共谋性事件。

最后,电视媒体是以收视率为生存根基的,而为了保证收视率,媒体会对节目进行不断的强化、快速的更新,从而吸引观众的注意。事实上,关于海湾战争的媒体报道也是如此。鲍德里亚指出:"传媒推动战争,战争也推动传媒。"④ 在战争期间,西方媒体会对海湾战争进行密集的频繁报道,从而

① [美]瑞安·毕晓普:《波德里亚、死亡与冷战理论》,载《波德里亚:追思与展望》,戴阿宝译,河南大学出版社 2008 年版,第 56 页。

② [法]皮埃尔·布尔迪厄:《关于电视》,许钧译,辽宁教育出版社 2000 年版,第 17 页。

③ Jean Baudrillard, *The Gulf War did not take place*, Bloomingeon and Indianapolis: Indiana University Press, 1995, p.10.

④ Jean Baudrillard, *The Gulf War did not take place*, Bloomingeon and Indianapolis: Indiana University Press, 1995, p.31.

影响观众对战争的态度,获得观众的关注、理解和支持,因为观众的态度会影响对战争的性质的定位,甚至会影响战争的进程。而战争一旦结束,战争期间关于海湾战争的集中报道很快就会被其他新闻和娱乐节目所替代,从而淡出人们的视野,就跟从来没有发生一样。正如詹姆逊所断言的后现代主义的一大特点——它无法保存自己的历史,永远处于变动的当下。在鲍德里亚看来,作为一场媒体事件的海湾战争也会伴随着新的媒体热点的出现,与其在电视媒体上的消失相伴随而消失在历史的尘埃之中。正如尼克·斯蒂文森所言:"下一周,或者也许就在明天,我们的注意力就会集中到别处。明显表现于这些事件里的时间与空间的离散,让人难以维系历史感。各种事件接连不断的快速出现意味着,这场海湾战争似乎发生于很早以前。如同鲍德里亚所注意到的那样,使我们能想起这场战争的唯一的东西,就是报刊上偶尔再次出现的关于这场战争的故事、庆祝美国胜利的果实的录像带和诸如本书那样的学术研究。"①

正是基于以上原因,鲍德里亚断言"海湾战争没有发生"。显然,鲍德里亚的这一论断并不是以历史事实为依据,而是从纯粹的符号分析的角度得出的。事实上,他并不是要否定海湾战争的真实存在,也并不是说他没有看到惨烈的战争给人类社会带来的灾难性后果,他的目的在于通过对海湾战争的符号学分析来对西方后现代媒介文化的运作模式及其意识形态性进行批判。因此,当有人建议他去海湾战争的现场去体验真实的战争时,鲍德里亚戏谑地说他更喜欢生活在符号的世界里。阿兰·巴丢认为只有真正被介入讨论的事情才能够成为事件(event),而只有真诚地介入事件才能使一个人成为主体,真理也正是在这种讨论的过程中才得以彰显。② 齐泽克也认同这种观点,认为"在其最基础的意义上,并非任何在这个世界发生的事都能算是事件,相反,事件涉及的是我们藉以看待并介入世界的建构的变化"③。事件并非是定型的,而是处于过程之中。事件的意义就是通过主体积极的介入和真诚的讨论才得以形成并呈现的。从这个意义上来说,海湾

① [英]尼克·斯蒂文森:《认识媒介文化:社会理论与大众传播》,王文斌译,商务印书馆2001年版,第302页。

② A. J. Bartlett and Justin Clemens, eds., *Alain Badiou: key concepts*, Durham: Acumen Publishing Limited, 2010, p.40.

③ [斯洛文尼亚]斯拉沃热·齐泽克:《事件》,王师译,上海文艺出版社2016年版,第13页。

战争显然是一场事件,而且是一场西方媒体有意制造出来的"媒介事件"。正是鲍德里亚从符号学角度对于作为媒介事件的海湾战争的积极介入和深入分析,才使海湾战争呈现出一种不同于西方主流媒体所赋予的意义,从中也体现了鲍德里亚对于后现代媒介文化及其意识形态性的反思和批判。因此,鲍德里亚对于海湾战争的分析虽然难免偏颇和片面,但也非常深刻。他的分析揭示了后现代社会的媒介景观的核心问题,而其"片面的深刻性"则为我们思考后现代媒介文化提供了一种独到的视角和方法,具有重要的启示意义。

　　尽管鲍德里亚的学术研究经历了从马克思主义到后马克思主义(后现代主义)等几个发展阶段,但是结构主义符号学却是贯穿于其学术研究之始终的基本方法。正是这一贯穿始终的方法论线索的存在,使鲍德里亚的学术生涯呈现出断裂与联系的内在张力。学术界对他的这种断裂关注较多,却往往忽视这种贯穿始终的符号学方法,尤其是在后现代主义文化研究阶段的符号学方法的运用。鲍德里亚之所以被称为"知识界的恐怖主义者",是因为他的学术研究无论在理论层面还是方法层面都喜欢剑走偏锋,这使他容易获得学术上的巨大成功,但同时也容易激起争议和批判。虽然鲍德里亚与法兰克福学派理论家并没有紧密的联系,甚至后期还与马克思主义发生断裂,但是他对消费社会和后现代文化的批判仍然持一种鲜明的批判立场,可以看作是马克思主义批判理论的一种延续。正因为如此,他的学说也被学术界概括为"批判符号学",也使他成为马克思主义与形式主义对话史上的一个重要理论家。

　　马克思主义与符号学之间的对话,或者说马克思主义符号学,是一个非常重要而且庞大的学术领域。本章只选取了文化研究这一问题域,以此为例来对其加以分析,试图从中一窥其貌。即使在文化研究中,也仅仅是选取了斯特劳斯、巴特、霍尔和鲍德里亚这几个理论家的思想作为个案,对诸如艾科、沃尔佩、沙夫、费鲁奇奥·罗西—兰迪、杰夫·伯纳德、奥古斯托·庞其奥等很多非常重要的马克思主义符号学家的思想没有涉及。从地域来说,仅仅侧重于欧美,对于东欧和俄罗斯(包括前苏联)的马克思主义符号学没有涉及。好在这一问题已经得到了国内学术界的关注,并呈现出日益深化的发展态势。由四川大学出版社出版,胡易容等主编的《欧洲马克思主义符号学》、张碧等主编的《马克思主义符号学派》、饶广祥等主编的《商品符号学文集》等已经出版,傅其林、张碧等青年学者对欧洲马克思主义符号学的研究已经有诸多有价值的成果发表。目前,马克思主义符号学已经成为国内学术研究的一个热点问题和重要领域。随着这项研究的发展,马克思主义与符号学之间的对话也将进一步推向深入。

第八章　马克思主义的语言哲学问题

德国哲学家阿佩尔认为西方哲学的发展经历了三个大的阶段：古代的本体论阶段，主要探讨世界的本原问题，即世界是由什么构成的；近代以来的认识论阶段，即我们如何认识这个世界；而20世纪则进入了语言论阶段，即我们如何表达我们所认识到的这个世界。这一大的范式转换使20世纪的哲学家大都转向对语言问题的研究，语言变成为哲学探讨的中心，哲学史家们把这一巨大的范式转换称为哲学的"语言学转向"（Linguistic Turn）。这一转向的影响是巨大的，法国哲学家保罗·利科在1970年出版的《哲学的主要趋向》一书中对这种现象进行了概括。利科指出："如果我们企图涉及一切表明过去五、六十年间哲学家对语言发生兴趣的研究，就不得不涉及我们时代的几乎全部哲学成果。因为这种对语言的兴趣，是今日哲学最主要的特征之一。当然，语言在哲学中始终占据着荣耀的地位，因为人对自己及其世界的理解是在语言中形成和表达的。这一点甚至从柏拉图的《克拉底鲁篇》和亚里士多德的《解释篇》的时代以来就为人们所承认了。……认为在事物的理论之前能够并必须先有记号理论的这种思想，是我们时代很多哲学所特有的思想。"[1] 伽达默尔说得更明确："毫无疑问，语言问题已经在本世纪的哲学中获得了一种中心地位。"[2] 伽达默尔进一步认为这种中心位置的获得绝非偶然，对语言问题的普遍关注使20世纪的诸多哲学流派走向了融通与汇流，不同哲学流派，尤其是英美分析哲学和欧陆现象哲学之间的鸿沟得到了弥合。正如其所言："也许我们甚至可以说，今天以盎格鲁撒克逊的唯名论为一方和大陆形而上学传统为另一方，在不同民族之间存在的巨大哲学鸿沟正是在此标志下开始得到沟通。无论如何，在英国和美国从对逻辑人工语言疑难的深刻反思中发展起来的语言分析，以触目的方式接近了胡塞尔现象学派的研究思

---

① [法]保罗·利科：《哲学主要趋向》，李幼蒸、徐奕春译，商务印书馆2004年版，第371页。
② [德]伽达默尔：《科学时代的理性》，薛华译，国际文化出版公司1988年版，第3页。

路。"① 可以毫不夸张地说,20 世纪是一个语言的世纪,20 世纪哲学的核心就是语言问题。哲学研究转向对语言的思考并不是孤立的,在文学研究领域,语言或形式问题也一跃成为文学研究的核心问题。艾布拉姆斯把 20 世纪 50 年代之前的文学理论和批评分为三个大的历史阶段和批评类型,发端于古希腊并一直持续到 19 世纪末的模仿理论主要关注文学和世界的关系;18—19 世纪盛行一时的以浪漫主义为代表的表现说,主要关注作家与文学的关系问题;而 20 世纪初以形式主义为代表的客观论则代表了一次新的批评范式的革命,文学和语言的关系问题,即文学形式问题,成为文学研究的核心问题,语言学方法也成为文学研究的核心方法论。因此,研究形式主义和马克思主义的对话关系,就不但不能忽视和回避语言问题,而且要把语言作为一个重要问题予以分析和阐明。

第一节　马克思主义与语言学转向

哈贝马斯将 20 世纪的学院哲学区分为四大思潮,即分析哲学、现象学(解释学)、马克思主义和结构主义。尽管这四者之间差别很大,但到底还是一条思想大河中的四种各具特色的思想体系。② 哈贝马斯认为这"四种现代思想主题标志着现代与传统的决裂。概括地说,这四种现代主题是:后形而上学思想、语言学转向、理性的定位,以及理论由于实践的关系的颠倒——或者说是对逻各斯中心主义的克服。"③ 尽管它们之间存在着某些差异,但有一个基本的趋势就是通过对语言的关注从而使哲学研究从意识哲学转向语言哲学,不同之处仅仅在于语言在他们的哲学思考中所占的比重以及思考和研究语言的角度不同而已。20 世纪哲学界之所以对语言问题如此关注,原因在于"语言学转向进一步把哲学研究放到了一个更加可靠的方法论基础上,并将它带出了意识理论的困境"④。从意识哲学向语言哲学的范式转换,是哲学界的又一场哥白尼式的革命。正如哈贝马斯所言:

---

① [德] 伽达默尔:《诠释学 Ⅱ:真理与方法——补充与索引》,洪汉鼎译,商务印书馆 2010 年版,第 88 页。

② [德] 哈贝马斯:《后形而上学思想》,曹卫东等译,译林出版社 2001 年版,第 4 页。

③ [德] 哈贝马斯:《后形而上学思想》,曹卫东等译,译林出版社 2001 年版,第 6 页。

④ [德] 哈贝马斯:《后形而上学思想》,曹卫东等译,译林出版社 2001 年版,第 8 页。

"语言符号先前一直被认为是精神表现的工具和附件,然而,符号意义的中间领域现在展现了其特有的尊严。语言与世界以及命题与事态之间的关系取代了主客体关系。建构世界的重任从先验主体性头上转移到语法结构身上。语言学家的重建工作代替了难以检验的反思。由于连接符号、构成命题和做出表达所遵守的规则可以从作为先验之物的语言结构中推导出来,所以,不仅分析哲学和结构主义创立了一种暂新的方法论基础,胡塞尔的意义理论和形式语义学之间也建立起了联系,甚至批判理论最终也未能摆脱语言学转向。"① 可以说,语言学转向给 20 世纪的哲学带来了翻天覆地的变化,它改变了传统意识哲学的研究方向,而把语言及其表达作为哲学研究的中心。在分析哲学、现象学和结构主义等所带来的语言学转向的巨大变革中,马克思主义不可能成为一座孤岛,而是会不可避免地受其影响。更准确地说,马克思主义要取得进一步的发展就不能回避语言问题,不能对分析哲学、现象学和结构主义等语言哲学的巨大成就视而不见,而是要在自己的哲学立场上对语言问题进行思考,从而建立马克思主义的语言哲学。这样,马克思主义哲学才是系统的和全面的。

东欧新马克思主义者马尔库什区分了"当代哲学和社会思想在解释人类个体的状况以及人类活动在社会生活和社会交往的现实世界中的可能性和限度"时所采用的两种基本的、对立的方法,或当代哲学文化的两种解释框架,即语言范式和生产范式。② 前者是语言学转向的结果,以分析哲学、现象学—解释学和结构主义语言学为代表,"试图把人类行为装进这种或那种形式的语言实践的框框之内,甚或把人类的自我建构解读为实质上的语言性的建构",后者则是马克思主义的理论范式,它试图"把人类的自我建构看作是通过劳动(即按照人类的需要和目的来改造自然)实现的对象化的活动"③。这两种范式拥有很多共同的属性,是对同一个由文化现代性所造成的问题情境的两种不同的理论解答。因此,二者之间应该存在着沟通和对话的可能性。但是,长期以来,二者却处于相互对立和争论之中,在概

①　[德]哈贝马斯:《后形而上学思想》,曹卫东等译,译林出版社 2001 年版,第 7 页。

②　[匈]马尔库什:《语言与生产——范式批判》,李大强等译,黑龙江大学出版社 2011 年版,英译版前言,第 1 页。

③　[匈]马尔库什:《语言与生产——范式批判》,李大强等译,黑龙江大学出版社 2011 年版,英文版编者前言,第 1 页。

念上调和这两种范式、创造出一种以协调的方式包容两种范式的完整思想体系的尝试也都失败了,因为他们都试图把自己的观点说成是普遍有效的,从而排斥其他观点的存在。马尔库什认为,"这两种范式的对立不是逻辑上的对立,而是视角的对立。每一种视角就其自身来说都有合理性,但是它们相互之间在原则上是不相容的。"① 因此,如果能够进行视角的互补性考察,改变各自的排他性状态,从而把对方的视角纳入其中,在二者之间就有对话的可能性,也有利于促进各自理论范式的丰富和发展。马尔库什的主要目标就是"澄清这两种范式各自的意义以及它们在各种版本的论述中共通的那些基本前提,研究它们导致的某些结果,并揭示它们遇到的困境"②。

马尔库什认为,20 世纪中叶以来,哲学发生了很大的转变,其中之一是"反主观主义转向"。这种转向导致哲学不再从某种形式的个人意识的确定性出发,而是从主体间性出发进行理论的思考和建构。第二个重要趋势就是所谓的"语言学转向"。"这种转向包括拒斥先前占主流地位(尤其是在经验主义认识论中)的准心理学论争方式和发生心理学的建构方法,代之以从语言出发(或基于语言的类比)的论争。这种方法使得语言本身成为哲学自我理解的方法论的核心。"③ 尽管这两种趋势源自于不同的源头和知识谱系,但是在 20 世纪中叶之后,二者开始交织在一起,形成了一个独特而庞大的思想结构。"在其中,语言和语言沟通被视为一切形式的人类交往和人类客观化的普遍范式。相应地,语言不仅被视为哲学探寻中遗留下来的关键的(甚至是唯一的)题材(如同早期逻辑实证主义和分析哲学的理解),而且被视为出发点和定位模型——通过采用这种模型,传统哲学所关注的许多形而上学、人类学和社会学方面的问题有可能以一种有意义的方式再现和回归。"④ 因此,语言范式成为哲学思考的基本范式和方法论基础,也成为哲学研究中的元问题。

---

① 　[匈]马尔库什:《语言与生产——范式批判》,李大强等译,黑龙江大学出版社 2011 年版,英译版前言,第 3 页。

② 　[匈]马尔库什:《语言与生产——范式批判》,李大强等译,黑龙江大学出版社 2011 年版,英译版前言,第 1 页。

③ 　[匈]马尔库什:《语言与生产——范式批判》,李大强等译,黑龙江大学出版社 2011 年版,第 2 页。

④ 　[匈]马尔库什:《语言与生产——范式批判》,李大强等译,黑龙江大学出版社 2011 年版,第 3 页。

　　在哈贝马斯所区分的 20 世纪哲学的这四大理论思潮中,除了马克思主义之外,语言都是其研究的核心问题。很多西方哲学家直接就把语言哲学等同于分析哲学,结构主义本身就是一个语言学流派,进而扩展到文学和文化研究领域的,而现象学家海德格尔则认为语言就是"存在之家"。马尔库什对此有全面的认识:"语言功能之间的不可还原的差异以及语言使用的不同的实际模型是维特根斯坦的分析核心。而在列维—斯特劳斯看来(在这方面他继承了索绪尔),语言不过是被视为隐藏在使用语言的具体行为——这些行为被理解为个人心理现象——背后的、被认为结构统一的、同质的关系系统。最后,对于伽达默尔而言,语言是对话的持续'发生',即构成我们的此在和历史的传统在个人间理解、在代际间传播。"① 他们三人分别代表了分析哲学、解释学和结构主义的语言哲学思想。尽管维特根斯坦、斯特劳斯和伽达默尔对语言的理解和阐释的角度不同,但是却存在着共同的出发点,即"按照语言模式的类比来理解人与世界、与他人的关系。这个共同的出发点决定了在这些哲学家之间存在着理论方面和意识形态方面的至关重要的通常隐含的一致性。"② 从这些思潮的发展及所研究的对象来看,语言问题都是其题中应有之义,或者在其中占有相当重的分量,甚至是其哲学理论的根基。可以说,这些思潮的出现本身就是西方人文社会科学领域内语言学转向的结果,也是西方哲学和思想轨迹的自然发展。由本体论向认识论再向语言论转向是西方哲学的基本发展趋势。

　　与这种语言范式不同,马克思主义采用了一种生产范式。马克思主义从根本上来说更主要的是一种政治思想和革命理论,其哲学也主要讨论人类的解放和发展问题。这也就决定了在马克思主义哲学中较少对语言问题的系统研究和论述。但这并不等于说马克思主义没有深刻的语言哲学思想。马克思、恩格斯、斯大林、本雅明、阿多诺、马尔库塞、巴赫金、葛兰西、布尔迪厄、福柯、哈贝马斯、詹姆逊、德勒兹、拉克劳和墨菲等马克思主义者都有对语言问题的深刻论述,并从不同的角度建立了马克思主义语言哲学的不同理论视角。更重要的是,除了马克思、恩格斯和斯大林等较少受语言学

---

① ［匈］马尔库什:《语言与生产——范式批判》,李大强等译,黑龙江大学出版社 2011 年版,第 17 页。

② ［匈］马尔库什:《语言与生产——范式批判》,李大强等译,黑龙江大学出版社 2011 年版,第 17 页。

转向的影响之外,法兰克福学派,尤其是晚期的马克思主义者都经受了语言学转向的洗礼,都与这些语言哲学流派有着千丝万缕的联系,甚至其语言哲学思想就是在与这些流派的对话过程中建立起来的。

20 世纪后期以来,西方学术界出现了很多专注于马克思主义语言哲学的研究者,或者也可以称他们为马克思主义语言哲学家。比如 Henri Lefebvre、Alfred Sohn-Rethel、Ferrucio Rossi-Landi、Jean-Joseph Goux、Robert Lafont、Renée Balibar、Michel Pêcheux、Maurice Cornfouth、Gertrude Patsch、Albrecht Neubert、Georg Klaus、Wilhelm Schmidt、Dieter Faulseit、Jean-Jacques Lecercle 和 Max K.Adler 等。[①] 他们更多地集中于对马、恩著作及其语言思想的阐释,也不乏自己的独特见解和理论建构,但是对晚期马克思主义理论家的语言哲学思想的阐释和研究相对较少,他们的很多著作也都出版于 20 世纪 80 年代之前。中国学术界对分析哲学、现象学的语言哲学和结构主义语言学已经非常熟悉,相关研究也已经很多,相对而言,对马克思主义语言哲学思想的深入研究却寥寥无几,[②] 对马克思主义和这几种语言哲学流派之间的对话关系更是缺乏关注和思考,对西方理论家的相关研究也没有予以关注,这不可不看作是马克思主义研究的一大缺憾。因此,把马克思主义置于 20 世纪语言学转向的大背景下,在与其他语言哲学思想的比较与参照中,研究马克思主义的语言哲学思想,就显得尤其有意

[①] 参见 Jean-Jacques Lecercle：*A Marxist Philosophy of Language*, Leiden and Boston：Brill, 2006, p.74. 和 Max k. Adler, *Marxist Linguistic Theory and Communist Practice：A Sociolinguistic Study*, Helmut Buske Verlag Hamburg, 1980.

[②] 20 世纪 50 年代中国学术界出现了一次马克思主义语言哲学研究的高潮,编辑出版了多本马克思主义语言哲学著作,但基本都是对经典马克思主义者有关语言学的论述的资料汇编,缺少真正的研究著作。这些著作包括:北京大学中文系语言学教研室编的《马克思主义与语言》,中华书局 1958 年版;北京大学中文系语言学教研室编的《高举马克思主义语言学的红旗前进》,中华书局 1958 年版;北京外国语学院俄语系语言学教研组编的《马克思主义经典作家论语言》,商务印书馆 1959 年版;翻译出版了苏联语言学家亚历山大罗夫等著的《斯大林语言学著作中的哲学问题》,三联书店 1953 年版;凯德洛夫等著的《斯大林语言学著作中的哲学问题》(续集),三联书店 1955 年版;谢列勃连尼科夫的《有关语言学的几个问题》,科学出版社 1959 年版;50 年代之后几乎没有关于马克思主义语言哲学研究的著作问世。近年来又出现了一个关于马克思主义语言哲学研究的小热潮,其中著作有宋振华的《马克思恩格斯和语言学》,吉林人民出版社 2002 年版;关于马克思主义语言哲学的文章比较多,主要集中在对马克思、恩格斯、巴赫金、哈贝马斯等人的语言哲学思想的研究,但对马克思主义语言哲学问题进行整体论述的文章和著作较少。

义。而且,语言学是形式主义的理论基础和核心问题,因此,对马克思主义与形式主义的关系史的研究就不能忽视马克思主义的语言哲学问题,而且应该成为此项研究中的应有之义。

第二节 20世纪语言哲学的四大传统

一、分析哲学传统

语言哲学存在着广义与狭义两种界定。广义的语言哲学指的就是对语言的哲学思考。正如语言哲学家凯勒(Albert Keller)所言:"语言哲学是研究作为人类的人的语言意义的科学。通过这种科学的标榜,语言哲学与那些不系统的、不可检验的问题区别开来。语言哲学要么系统地从语言出发,通过沿着语言方向而达到澄清语言问题,要么旨在一种语言的哲学理解本身,要么最终探讨哲学和语言的相互关系。因此形成不同方面的语言哲学形式,然而所有这些形式的语言哲学都在语言对人类的重要意义方面考察语言。"[1]从这个角度来看,语言哲学早已有之,保罗·利科就将它追溯到了柏拉图的《克拉底鲁篇》和亚里士多德的《解释篇》,中国老子的《道德经》也可以看作中国先哲对语言问题的哲学思考。20世纪的语言学转向更是将语言推到了哲学研究的核心地位,分析哲学、现象学、存在主义和解释学,以及马克思主义对语言的更加广泛的哲学思考和研究都属于语言哲学的应有范围。

狭义的语言哲学则专指分析哲学,因为从18世纪康德所开启的认识论时代向20世纪弗雷格等人开启的语言论时代的巨大转向就发端于分析哲学。也可以说,分析哲学是语言转向最显著的体现,它的产生是语言转向的标志。语言转向作为哲学中的又一场哥白尼革命,它的根本特征是对语言的关注,而关注语言的具体表现则是对语言进行语义分析。因此,英国哲学家、牛津日常语言哲学的代表人物彼得·斯特劳森明确指出:"语言哲学是分析哲学的中心内容,而分析哲学又是与数学和逻辑相关的。"[2]日常

---

[1] 转引自王路:《走进分析哲学》,中国人民大学出版社2009年版,第8页。

[2] 江怡:《哲学的用处在于使人有自知之明——访斯特劳森教授》,《哲学动态》1996年第10期。

语言哲学的另一位代表人物塞尔也指出:"在 20 世纪分析哲学的传播中,语言哲学在整个哲学领域中占据了一个核心的(有人会说占据了那个核心的)位置。"①从这个意义上说,分析哲学也就成为语言哲学的代名词。因此,罗蒂在《语言学转向》一书中主要关注的就是分析哲学给西方哲学所带来的巨大变革。西方和中国的诸多语言哲学著作也基本上都是对分析哲学的研究。

为了和欧陆的现象学、存在主义和马克思主义等哲学流派区分开来,学术界习惯于把分析哲学称为"英美"分析哲学。达米特认为这种盛行一时的说法存在很大误解,因为它"除了含蓄地撇开现代斯堪的纳维亚哲学家的工作,也不考虑大量其他欧洲国家(包括意大利、德国和西班牙)新近产生出来的兴趣以外,断然曲解了产生分析哲学的历史背景,而从这种历史背景来看,'英奥分析哲学'这种说法会比'英美分析哲学'更为合适。"②分析哲学除了具有如此广阔的地域影响力之外,也具有持续较长的发展历史。陈嘉映认为,分析哲学可以区分为前期、中期和后期三个历史阶段。弗雷格、罗素、摩尔、早期维特根斯坦这一阶段为前期语言哲学,大致止于 1930年;中后期的维特根斯坦、维也纳小组、日常语言学派的全盛时期为中期语言哲学,大致从 30 年代至 60 年代;奎因、达米特、普特南、克里普克、戴维森等人的哲学为后期语言哲学,大致从 50 年代之后至今。③分析哲学具有广阔的地域分布和悠久的历史,诸多分析哲学家的思想之间也存在巨大差异,因此要给分析哲学概括出一个总体特征是非常困难的。利科根据分析哲学家们不同的研究对象和研究方法将分析哲学划分为逻辑经验主义和日常语言哲学两个分支。二者都指向对形而上学的思辨性的语言观的批判,认为这类思辨都是由于不加批评、不加控制地运用语言自由,误用自然语言而产生的。要使意义阐释科学化、准确化,就必须摒弃这种思辨的形而上学的语言观。尽管出于同一目的,但是逻辑经验主义和日常语言哲学之间也存在着很大的差异。"逻辑经验主义通过建立可消除这类误用的人工语言从事一种还原主义的工作,为此目的它制定了句子形成和句子语义解释的约定

---

① J.R.Searle, *Philosophy of Language*, Oxford University Press, 1971, p.1. 转引自王路:《走进分析哲学》,中国人民大学出版社 2009 年版,第 2 页。

② [英]迈克尔·达米特:《分析哲学的起源》,王路译,上海译文出版社 2005 年版,第 2 页。

③ 陈嘉映:《语言哲学》,北京大学出版社 2003 年版,第 28 页。

规则,以便排除形而上学陈述。另一方面,日常语言学派的各种哲学仍然留在天然语言的范围内,以便显示出在正常用法的有限范围内支配语言行为的模式。"① 尽管这两大分支之间存在着如此大的差异,但是,与其他哲学流派相对而言,分析哲学的总体特征还是比较明显的,也有很多哲学家对此进行了概括。

迈克尔·达米特指出:"分析哲学有各种不同的表述,而使它与其他学派相区别的是其相信:第一,通过对语言的一种哲学说明可以获得对思想的一种哲学说明;第二,只有这样才能获得一种综合的说明。"② 逻辑实证主义、维特根斯坦在其学术生涯的各个阶段、牛津日常语言学派,以及美国以奎因和戴维森为代表的后卡尔纳普哲学,尽管他们之间存在很大的差别,但是都坚持这些相互交织的原则。正是因为这一点,他们组成了分析哲学的巨大阵营。分析哲学之所以对句子的语义分析极感兴趣,原因在于他们相信"能够识别构成涵义作为一个思想的部分,依附于对表达思想的句子的结构的理解。……对语言的研究独立于对被看作并非由语言传达的思想的直接研究。句子有语义性质,可由一定的手段被评价为真的或假的,因而表达一种思想。思想是在把握句子的语义性质的过程中被把握的:谈论思想的结构就是谈论句子部分相互的语义关系。"③ 保罗·利科也得出了类似的概括:"这类哲学(分析哲学——引者注)共同具有的假定是,哲学的任务就是阐明在科学、艺术、伦理学、宗教等等领域中形成的概念系统,根据概念只是借以表达的那种语言去阐明这些系统。于是语言的阐明就成为哲学首要的,而且最终是唯一的任务。他们倾向于把一切重要的哲学问题都归结为对天然语言的语法和句法的阐明。"④ 达米特和保罗·利科对分析哲学的这一概括都非常准确,无论是弗雷格、罗素、卡尔纳普,还是维特根斯坦,都试图通过对语言的语法和句法的分析来阐明意义表达的准确性和科学性,从而使哲学走上科学化的道路。正因为如此,分析哲学家都对数理逻辑很感兴趣,分析哲学之父弗雷格及其继承者罗素本身就是著名的数理逻辑学家。分析哲学对康德的认识论哲学形成了冲击,它改变了传统认识论哲学的提

---

① [法]保罗·利科:《哲学主要趋向》,李幼蒸、徐奕春译,商务印书馆2004年版,第391页。
② [英]迈克尔·达米特:《分析哲学的起源》,王路译,上海译文出版社2005年版,第4页。
③ [英]迈克尔·达米特:《分析哲学的起源》,王路译,上海译文出版社2005年版,第7页。
④ [法]保罗·利科:《哲学主要趋向》,李幼蒸、徐奕春译,商务印书馆2004年版,第390页。

问方式。他们不再考虑对世界的理性认识何以可能,而是对世界的认识的科学表述何以可能。他们相信,"一种认识论的研究(在它背后有一种本体论的研究)是能够通过一种语言的研究来回答的"①。因此,对语言的逻辑结构的分析就成为分析哲学建立之初的首要任务。维特根斯坦对此进行了很好的阐明,如其所言:"哲学的目的是对思想进行逻辑解释。哲学不是理论,而是活动。一项哲学工作本质上是由一些解释构成的。哲学的结果不是一些'哲学句子',而是使句子变得清晰。哲学应该使通常似乎是模糊不清的思想变得清晰并得到明确的界定。"②因此,对于分析哲学家来说,他们"不分析现象(例如思想),而分析概念(例如思想的概念),因而就是分析语词的应用"③。这也就决定了分析哲学的语言研究具有极强的思辨性。

二、现象学—解释学传统

除了分析哲学之外,在 20 世纪西方哲学中,现象学和解释学都具有非常重要的语言哲学思想。我们之所以把现象学和解释学放置在一个传统之中,是因为二者之间存在着紧密的联系和归属关系。保罗·利科对此有明确的认识,如其所言:"在现象学和诠释学之间,超越那简单的对立之上,存在一个相互间的归属关系(这个关系任何一方都能认识到),重要的是使其明晰出来。一方面,诠释学建立在现象学基础之上,而且保存了某些它依然与之不同的那个哲学(现象学)的某些东西;现象学依然保持为诠释学不可超越的前提。另一方面,现象学若无一个诠释学前提就无法构成自身,现象学的诠释学条件与完成其哲学计划中的解释的角色相联系。"④这种联系和归属关系也体现在其语言哲学之中,从而形成了语言哲学的现象学—解释学传统。

现象学最重要的理论家胡塞尔非常重视语言哲学研究,且成为分析哲学和现象学之间的桥梁。伽达默尔认为正是在语言问题上分析哲学接近了胡塞尔的现象学的研究思路。彼得·斯特劳森也指出:"在胡塞尔那里,语

---

① [英]迈克尔·达米特:《分析哲学的起源》,王路译,上海译文出版社 2005 年版,第 5 页。

② 转引自王路:《走进分析哲学》,中国人民大学出版社 2009 年版,第 19 页。

③ [英]维特根斯坦:《哲学研究》,陈嘉映译,上海世纪出版集团 2005 年版,第 383 页。

④ [法]保罗·利科:《诠释学与人文科学》,孔明安等译,中国人民大学出版社 2012 年版,第 60—61 页。

言同样是他哲学的关键部分。如果你想了解胡塞尔哲学的结构,你就必须抓住他思想中的语言。"①

　　由于本部分主要探讨马克思主义的语言哲学思想,现象学语言哲学只是一种参照,因而不能花费大量篇幅对胡塞尔的语言哲学思想进行深入研究,因为最能代表现象学语言哲学特点的理论家应该是海德格尔。伽达默尔从哲学解释学的角度明确指出,海德格尔的存在语言学"把几乎同时在盎格鲁—撒克逊逻辑学中实现的'语言转向'在现象学研究思潮中突现出来了"②。和分析哲学侧重于通过对语言的语义分析而把握语言的意义不同,海德格尔认为他对语言的沉思"是在语言与存在之本质的关系中,也即在语言与二重性之运作的关系中,来沉思语言"③。海德格尔把人的存在作为哲学的核心问题,而语言则是"存在的家园",因此可以毫不夸张地说,语言哲学构成了海德格尔哲学之思的理论基石。

　　在早年的成名作《存在与时间》中,海德格尔已经注意到了存在和语言之间的重要关联。如其所言:"对语言和存在的沉思老早就决定了我的思想道路,所以探讨工作是尽可能含而不露的。《存在与时间》这本书的基本缺陷也许就在于,我过早地先行冒险了,而且走得太远了。"④在语言和存在的关系中思考人的存在方式也构成了海德格尔语言哲学的基本特点。

　　海德格尔认为,人存在于语言之中,语言是人之存在的基础和家园。人之所以存在,原因就在于人可以通过语言来言说和思考。因此,海德格尔指出:"存在在思中形成语言。语言是存在的家。人以语言之家为家。思的人们与创作的人们是这个家的看家人。"⑤语言作为人的存在之家园,并不仅仅意味着人借助于语言来言说和思考。"人之为人,只是由于人接受语言之允诺,只是由于人为语言所用而去说语言。"⑥事实上并不是人在说,而是语言在说。人存在于语言之中,离开了语言人根本就无法言说和思考,而

---

① 江怡:《哲学的用处在于使人有自知之明——访斯特劳森教授》,《哲学动态》1996 年第 10 期。

② 转引自孙周兴:《语言存在论——海德格尔后期思想研究》,商务印书馆 2011 年版。

③ [德] 马丁·海德格尔:《海德格尔选集》,孙周兴编,上海三联书店 1996 年版,第 1038 页。

④ [德] 马丁·海德格尔:《海德格尔选集》,孙周兴编,上海三联书店 1996 年版,第 1011 页。

⑤ [德] 马丁·海德格尔:《海德格尔选集》,孙周兴编,上海三联书店 1996 年版,第 358 页。

⑥ [德] 马丁·海德格尔:《海德格尔选集》,孙周兴编,上海三联书店 1996 年版,第 1099 页。

且人的一切言说和思考都受到语言的规约,因而很多语言哲学家认为,不同民族的不同思维方式都基于语言的差异。人是否可以并如何通过语言思考也就成为当代语言哲学中的一桩公案,索绪尔、乔姆斯基等很多语言学家都对此进行了深入的讨论,并形成了诸多不同的理论流派。在这个问题上,海德格尔的思想是极为重要且旗帜鲜明的。如其所言:"语言说。人说,是因为人应合于语言。应合乃是听。人听,因为人归属于寂静之音。问题根本不在于提出一个新的语言观。重要的是学会在语言之说中栖居。"① 语言并不是表达人的思想和意识、传递人所要表达的信息的工具和载体,而是人得以思考和意识的育床。表面看来,思想和意识优先于语言,实际上,语言早在人的思考和言说之前就存在了,并深深地影响着人的思想和意识。正如海德格尔所言:"我们说,并且说语言。我们所说的语言始终已经在我们之先了。我们只是一味地跟随语言而说。从而,我们不断地滞后于那个必定先行超过和占领我们的东西,才能对它有所说。"②

语言是存在之家,而此在在日常生活中的呈现和展开便是话语和闲言。因此,在《存在与时间》中,海德格尔思考的不是抽象的语言,而是人在日常生活中所须臾难离的话语和闲言。海德格尔认为:"语言现在刚刚成为课题,这一点可以表明:语言这一现象在此在的展开状态这一生存论建构中有其根源。语言的生存论存在论基础就是话语。"③ 话语的目标是通过把握此在而向听者传达自身,即传达话语的所指和意义,而闲言则是话语的无根基状态。"闲言就是无须先把事情据为己有就懂得了一切的可能性。闲言已经保护人们不致遭受在据事情为己有的活动中失败的危险。"④ 话语是此在的一种存在状态,本质上属于此在的存在建构,一道造就了此在的展开状态。即是说,此在是通过话语的不断言说和听者的倾听或沉默而得以存在或展开,但是当这种话语失去了确切的所指而变得人云亦云、鹦鹉学舌、道听途说时,话语就转变成了闲言。"闲言这种话语不以分成环节的领会来保持在世的敞开状态,而是锁闭了在世,掩盖了世内存在者。"⑤ 如果说话语

---

① ［德］马丁·海德格尔:《海德格尔选集》,孙周兴编,上海三联书店 1996 年版,第 1003 页。
② ［德］马丁·海德格尔:《海德格尔选集》,孙周兴编,上海三联书店 1996 年版,第 1082 页。
③ ［德］马丁·海德格尔:《存在与时间》,陈嘉映译,三联书店 2006 年版,第 188 页。
④ ［德］马丁·海德格尔:《存在与时间》,陈嘉映译,三联书店 2006 年版,第 196 页。
⑤ ［德］马丁·海德格尔:《存在与时间》,陈嘉映译,三联书店 2006 年版,第 197 页。

使存在得以呈现和澄明,闲言则使存在变得封闭,人变成"常人"。

因此,要使存在得以澄明,使存在之真理得以显现,就需要通过艺术的语言。海德格尔认为真理是存在的无蔽状态,而艺术则是真理的自行显现,因此,他对艺术非常重视。在他的语言哲学理论中,诗的语言是最主要的讨论对象。他的语言哲学观念基本上都是通过对荷尔德林、格奥尔格和特拉克尔等人的诗歌的语言分析而得以阐发的。海德格尔对格奥尔格的《词语》这首诗进行了深入解读,并从中阐发了他的语言哲学思想。在这首诗中,海德格尔对最后一句"词语破碎处,无物存在"极为赞赏,并进一步加以引申,认为在此基础上可以走得更远,进而表达为:"只有在合适的词语从而就在主管的词语命名某物为存在着的某物,并且因而把当下存在者确立为这样一个存在者的地方,某物才存在。……任何存在者的存在居住于词语之中。所以才有下述命题——语言是存在之家。"[1] 语言不仅是存在之家,而且世界也是通过语言之道说而得以呈现。"道说意味:显示、让显现、既澄明着又遮蔽着把世界呈示出来。"[2]

伽达默尔对海德格尔把语言作为存在之家这一观点给予了充分的肯定。早在古希腊,亚里士多德就指出人是具有逻各斯的生物。长期以来,人们把逻各斯解释为理性,因而将人定义为理性的动物。伽达默尔认为,逻各斯不应理解为理性,实际上,逻各斯的主要意思是语言,从这个意义上说,人应该定义为"语言的动物"[3]。法国语言哲学家克洛德·海然热直接把人定义为"语言人"[4]。对于人来说,语言并不是意识借以和世界打交道的工具。语言不是同符号和工具并列的作为人的本质标志的第三种器械,语言根本就不是器械工具。语言是人的本质存在。如伽达默尔所言:"我们永远不可能发现自己是一种与世界相对的意识,并在一种仿佛是没有语言的状况中采用理解的工具。毋宁说,在所有我们关于自我的知识和关于外界的知识中,我们总是早已被我们自己的语言包围。我们通过学着讲话而长大成

---

① [德]马丁·海德格尔:《海德格尔选集》,孙周兴编,上海三联书店 1996 年版,第 1068 页。
② [德]马丁·海德格尔:《海德格尔选集》,孙周兴编,上海三联书店 1996 年版,第 1118 页。
③ [德]汉斯—格奥尔格·伽达默尔:《诠释学Ⅱ:真理与方法》,洪汉鼎译,商务印书馆 2010 年版,第 182 页。
④ [法]克洛德·海然热:《语言人:论语言学对人文科学的贡献》,张祖建译,北京大学出版社 2012 年版。

人、认识世界、认识人类并最终认识我们自己。"① 这段话完全可以看作对海德格尔的"语言是存在之家"的注脚。

人生存于语言之中,人类的一切知识传递和理解活动都依赖于语言。诠释学的鼻祖施莱尔马赫就指出:"诠释学的一切前提不过只是语言。"这对伽达默尔产生了很大的影响,并把这句话作为其《真理与方法》第三章讨论语言对于诠释学的本体论意义部分的题记。伽达默尔认为,语言是诠释学经验之媒介。诠释学的一个重要内容就是理解,而"所谓理解就是在语言上取得相互一致,而不是说使自己置身于他人的思想之中并设身处地地领会他人的体验。……整个理解过程乃是一种语言过程。……语言正是谈话双方进行相互了解并对某事取得一致的意见的核心。"② 正是在这个意义上,伽达默尔断言:"一切理解都是解释,而一切解释都是通过语言的媒介而进行的,这种语言媒介既要把对象表述出来,同时又是解释者自己的语言。"③ 可以说,一切理解和解释都是语言问题,一切理解都是在语言性的媒介中获得成功或失败。一切理解现象,一切构成所谓诠释学对象的理解和误解现象都表现为语言现象。"不仅人与人之间的相互理解过程表现为语言现象,而且当理解过程的对象是语言以外的领域,或者倾听的是无声的书写文字的时候,理解过程本身也表现为一种语言现象,一种被柏拉图描述为思维之本质的灵魂与自身的内心对话的语言现象。"④ 我们完全可以认为,语言是理解的基石,离开了语言我们的理解就无法进行,即使聋哑人采用的是无声的手势语,但是其基本的思维过程依然是通过语言而进行的。

人们的语言交往过程实际上就是一种寻求理解的过程,倒过来说也成立,即寻求理解的过程本身就是一种通过语言进行交往的过程。理解是语言交往的目的,或者说,语言交往是达到理解的途径。但是并不是所有的语言交往都能够达到理解,因此,理想的语言交往就必须满足一定的条件才能

---

① [德] 汉斯—格奥尔格·伽达默尔:《诠释学Ⅱ:真理与方法》,洪汉鼎译,商务印书馆 2010 年版,第 186 页。

② [德] 汉斯—格奥尔格·伽达默尔:《诠释学Ⅱ:真理与方法》,洪汉鼎译,商务印书馆 2010 年版,第 540 页。

③ [德] 汉斯—格奥尔格·伽达默尔:《诠释学Ⅱ:真理与方法》,洪汉鼎译,商务印书馆 2010 年版,第 547 页。

④ [德] 汉斯—格奥尔格·伽达默尔:《诠释学Ⅱ:真理与方法》,洪汉鼎译,商务印书馆 2010 年版,第 230 页。

达致理解。伽达默尔指出:"毋宁说在相互对话中构造了话题的共同视角。人类交往真正的现实性就在于,谈话并不是以自己的意见反对他人的意见,或把自己的意见作为对他人意见的添补。谈话改变着谈话双方。一种成功的谈话就在于,人们不再会重新回到引起谈话的不一致状态,而是达到了共同性,这种共同性是如此的共同,以致它不再是我的意见或你的意见,而是对世界的共同解释。正是这种共同性才使道德的统一性和社会统一性成为可能。"① 在此,伽达默尔已经把语言交往及其理解提升到了道德统一性和社会统一性的程度,这和哈贝马斯所提倡的理想的交往情境极为相似,因为后者的直接来源就是伽达默尔的语言哲学思想。

三、结构主义传统

结构主义语言学是语言学转向的另一个重要的理论资源,如果说分析哲学和现象学—解释学的语言哲学还主要停留在哲学领域,那么结构主义语言学的影响则更为广泛,已经渗透到了哲学、文学、社会学、人类学乃至自然科学等各个领域,这较之于分析哲学的影响更为广泛和深入,从而带来了人文社会科学领域内一场真正的语言学转向。可以说,语言学转向的真正完成和实现很大程度上应该归因于结构主义语言学的伟大功绩。正如本维尼斯特所言:"语言学的新方法对其他学科来说有着范例甚至模式的价值;目前对语言问题感兴趣的学科日益繁多;以语言学家所倡导的那种精神开展人文科学研究渐成潮流。"② 语言学之所以能成为诸多学科的方法论是因为"它能为那些其材料更难以客体化的科学比如文化学——如果这个名称被承认的话——提供一些模式,这些模式不一定需要机械地模仿,但它们会引发出对组合系统的某些表现,使得这些文化的科学能够追随语言学组构起来,形式化起来。在社会领域里所做过的尝试中,语言学的首要地位是得到公开承认的。这丝毫不是因为一种内在的优越性,而仅仅是因为语言是所有社会生活的基础。"③ 因此,对 20 世纪语言哲学的探讨就不可忽视结构主义语言学的巨大贡献。不同之处在于,结构主义语言学不是一个哲学流

---

① [德]汉斯—格奥尔格·伽达默尔:《诠释学Ⅱ:真理与方法》,洪汉鼎译,商务印书馆 2010 年版,第 235 页。

② [法]埃米尔·本维尼斯特:《普通语言学问题》,王东亮译,三联书店 2008 年版,第 4 页。

③ [法]埃米尔·本维尼斯特:《普通语言学问题》,王东亮译,三联书店 2008 年版,第 59 页。

派，而是语言学流派，因此，我们的研究不细究结构主义语言学所关注的具体的语言学问题，而是从哲学的角度考察结构主义语言学的方法论，及其对人文社会科学所带来的影响。

　　长期以来，历史语言学在西方语言学界占据着主导地位，语言的历史发展是语言学研究的核心问题。克罗齐认为，以洪堡的语言哲学为代表的十九世纪的语言哲学取得了很大的成就，但是"语言学的新哲学家们，作为特殊的美学家，却没有任何这样的想法，他们没有把他们的研究同美学问题联系起来，以至于他们的概念局限在语言学狭小的范围内，失去了生命力，逐渐枯萎了"[①]。诗学、美学和语言学之间存在着巨大的差异，但是也存在着融合的可能性。遗憾的是，"被洪堡特开创的语言学概念的根本更新应在更精细的学科即诗学、修辞学和美学那里引起反响，并应在改造他们的过程中统一他们，但斯坦因哈尔从未想到这一点。因此，尽管付出了许多代价，做了许多精细的分析，但语言和诗的统一，语言科学和诗的科学的统一，语言学和美学的等值性仍未取得完整的形式。"[②] 这是 19 世纪语言哲学的一大缺憾。洪堡的语言哲学之所以仅仅局限在语言学领域而无法对整个人文学科，尤其是美学和诗学产生影响，原因在于其所使用的历时研究方法，仅仅关注语言的历史发展和变化，这对文学艺术和美学研究无所助益。以索绪尔为代表的结构主义语言学恰恰弥补了这一缺陷，而且其方法论可以为多个学科所借鉴。尽管索绪尔是纯粹的语言学家，没有论及诗学和美学，但是其继承者结构主义语言学家雅各布森、罗兰·巴特和斯特劳斯等人都试图从语言学的角度研究诗学和美学，从而把语言学和诗学、美学进行了很好的结合。因此，可以说，结构主义语言学的伟大成就源自于索绪尔对语言学的新贡献。

　　索绪尔极力提倡一种共时语言学，但并没有完全否定历时（历史）语言学的贡献，因为共时语言学就建立在对历时（历史）语言学的成就的吸收和对其偏颇的纠正的基础之上。如其所言："在历史语言学产生了业绩，发现了可贵的结果之后，我们必须回到静态的观点，然而是带着更新了的观点回

[①] ［意］贝内戴托·克罗齐：《作为表现的科学和一般语言学的美学的历史》，王天清译，中国社会科学出版社 1984 年版，第 165 页。

[②] ［意］贝内戴托·克罗齐：《作为表现的科学和一般语言学的美学的历史》，王天清译，中国社会科学出版社 1984 年版，第 173 页。

来的。历史研究的一个有效的结果是增进了我们对状态所处情景的了解。因而即便静态语言学也会从历史语言学那里获益。不管怎样,我们都会从历史语言学处获益的。"① 语言学的共时研究必须以历时研究为基础,但是,要使语言学研究更有成效、更加科学,就必须改变历时研究的方法论,对语言进行共时的静态研究,把语言的系统和结构作为研究对象。

索绪尔区分了三种语言,即 language(言语活动)、langue(语言)和 parole(言语)②,language 指的是人类的言语活动(群体语言),langue(语言)指的是语言在使用过程中所形成的稳定的规则系统,而 parole(言语)则指的是个体在日常生活中所使用的实际的交际语言。索绪尔认为语言学的研究对象应该是语言而非言语,即语言的规则系统,而不是具体的语言运用。拿下棋来做比喻,结构主义语言学研究的是象棋的规则,而不是每一步棋的具体下法。对语言的共时结构和系统的强调和研究与在数学和心理学等领域已经开始酝酿的结构主义思潮不谋而合,并且发展成为结构主义思潮中最具影响力的部分。皮亚杰对结构主义思潮的发展脉络和谱系,以及其方法论进行了详尽的分析和概括,并提出了结构主义的三条基本原则,即整体性、转换性和自我调节性。③ 这几个原则概括到一点,用霍克斯的话说,那就是,"事物的真正本质不在于事物本身,而在于我们在各种事物之间的构造,然后又在它们之间感觉到的那种关系。这种新的观念,即世界是由各种关系而不是由事物构成的观念,就成为可以确切地称为'结构主义者'的那种思维方式的第一条原则。"④ 结构主义最集中的两个领域是语言学和人类学,后者恰恰是以前者的方法论为基础的。可以说,结构主义的基本原则来自于索绪尔的结构主义语言学理论。"索绪尔对语言研究的革命性贡献,在于他否定那种关于主体的'实体的'观点,而赞成一种

① [瑞士] 索绪尔:《索绪尔第三次普通语言学教程》,屠友祥译,上海世纪出版集团 2007 年版,第 125 页。
② 高名凯在《普通语言学教程》中将其分别翻译为言语活动、语言和言语,而屠友祥在《索绪尔第三次普通语言学教程》中将其分别翻译为群体语言、整体语言和个体语言。中国学术界目前已经接受了高名凯的译法,因此为了表述的通畅,本文沿袭这种译法,而在部分论述中采用屠友祥的译法。
③ [瑞士] 皮亚杰:《结构主义》,倪连生等译,商务印书馆 1984 年版,第 2 页。
④ [英] 特伦斯·霍克斯:《结构主义和符号学》,瞿铁鹏译,上海译文出版社 1987 年版,第 8 页。

'关系的'观点。"① 任何事物的本质都不是由其自身的属性所决定的,而是决定于它与其他事物之间所构成的差异性结构。因此,结构语言学抛弃了一种观念,即语言材料因其自身而具有价值,可以作为一个客观事实而加以孤立考察。事实上,"语言的实体只有在对其进行组织和统辖的系统内部方可在彼此的关系中被确定下来。他们只有成为一个结构的要素才可体现其价值。"② 一个单独的语言或实体并不具有意义,其意义存在于与其他语言或事物的关系结构中,意义是由语言或事物之间的差异构成的。"是这些区分使语言成为系统,在该系统中,没有什么东西单凭自身以及自然使命表达意义,一切都根据整体来表达意义;结构赋予各部分以'意义'和功能。"③

　　因此,在索绪尔看来,语言是"形式而不是实体"。语言学所关注的既非物体,也非实体,而是形式,这就使它有别于所有的科学门类。"语言的材料仅仅因其差异而存在,仅仅因其对应而有价值。人们可以单独考察一块石头本身,同时将它排放在矿石系列中考察。而一个词,就其本身来说,绝对不表示任何意义,只有通过与另一个词的对应、近似或区分才有意义,同样,一个音也是因为与另一个音相关才有意义。"④ 这种形式结构体现在语言符号的两个轴,即历时轴和共时轴,或称为组合和聚合关系所构成的结构系统。比如,cat、cut、coat 等词之间的区别不在于其发音是否准确,而在于它们之间的差别。尽管各种方言之间发音存在很大的差异,但是只要能够与邻近的词区分开来,听者就可以把它理解为同一个词从而把握其意义。索绪尔把语言学作为符号学的一部分,从而试图把语言学的这种方法扩展到整个符号学领域。符号与符号之间的区别也不在于其实体,而在于其在结构系统中的位置及其与其他符号之间的差异。比如,上午 9:05 从北京开往上海的 G113 次高铁,无论它是否因为故障而更换为另外一辆列车,还是因为晚点而延迟了到站时间,只要它能够与邻近的列车区分开来,人们同样认为它就是 G113 次列车。由此可以看出,这辆列车是否是 G113 并不是

---

① 〔英〕特伦斯·霍克斯:《结构主义和符号学》,瞿铁鹏译,上海译文出版社 1987 年版,第 10 页。
② 〔法〕埃米尔·本维尼斯特:《普通语言学问题》,王东亮译,三联书店 2008 年版,第 8 页。
③ 〔法〕埃米尔·本维尼斯特:《普通语言学问题》,王东亮译,三联书店 2008 年版,第 9 页。
④ 〔法〕埃米尔·本维尼斯特:《普通语言学问题》,王东亮译,三联书店 2008 年版,第 65 页。

由列车自身的属性和特点所决定,而是由它在整个列车时刻表和运输系统中的位置所决定的。

因此,本维尼斯特认为:"严格意义上说,结构主义是一种形式系统。"① 这种原则就奠定了形式主义(结构主义)的基础,也开启了语言学和文学研究向内转的趋势。如霍克斯所言:"通过把注意力这样集中到语言的结构得以成形的所谓著名的'对立'模式,索绪尔最后似乎再次论证了语言结构的'封闭的'自足的和自我界定的性质,并使它们转为内向,考察自身的机制,而不是使他们转向自身以外的'现实的'世界。"② 索绪尔的结构主义语言学所倡导的共时研究方法为文学艺术,乃至整个人文学科的形式主义(结构主义)思潮奠定了方法论基础。因此,安娜·埃诺断言:"人文科学中的形式主义是索绪尔主义的一种产物即一种结果。索绪尔著述中没有'很弱的形式主义',而更可以说是一种前形式主义、一种对于形式主义的期待、一种完全安排好了的思考,为的是真正的语言学计算的形式化有一天成为可能。"③ 正是在索绪尔所奠定的方法论的基础之上,结构主义(形式主义)快速发展成为 20 世纪人文社会科学领域内最具影响力的思潮,对马克思主义者阿尔都塞和鲍德里亚等人也产生了很大的影响,从而带来了马克思主义的结构主义转向。

四、马克思主义传统

戴维·福加克斯区分了马克思主义文学理论的五种理论模式,并对其中的"语言中心模式"进行了深入分析。他指出:"一种模式既要以语言为中心,而同时又要仍然是马克思主义的,那就需要有一种新的概念来说明语言在社会过程中的重要性。"④ 因此,要同其他语言哲学区分开来,马克思主义语言哲学就必须提出新的理论范畴和研究路径。

虽然从马克思、恩格斯一直到后马克思主义都没有系统的语言哲学著

---

① [法]埃米尔·本维尼斯特:《普通语言学问题》,王东亮译,三联书店 2008 年版,第 68 页。
② [英]特伦斯·霍克斯:《结构主义和符号学》,瞿铁鹏译,上海译文出版社 1987 年版,第 19 页。
③ [法]安娜·埃诺:《符号学简史》,怀宇译,百花文艺出版社 2005 年版,第 39 页。
④ [英]安纳·杰弗森、戴维·罗比等:《西方现代文学理论概述与比较》,陈昭全等译,湖南文艺出版社 1986 年版,第 200 页。

作(除巴赫金之外),但这并不是说他们没有深刻的语言哲学思想。诸多马克思主义理论家都对语言有过重要的分析和阐述,与上述其他几种传统不同仅仅在于,语言在他们的哲学中并没有占据核心位置,他们的语言哲学思想也是包含在对诸多社会问题的论述之中的。正如保罗·利科所言:"马克思主义认为,语言哲学不一定要作为一门研究一种实体性的、自成一体的、决定着各类现象的现实的特殊学科而存在。相反,根据马克思主义的观点,语言只有与或多或少决定其基本特性的其它非语言现象结合在一起时,才能够被正确理解。"① 这可能也正是马克思主义缺乏系统的语言哲学思想,以及学界不太重视对马克思主义的语言哲学进行系统研究的重要原因。然而,恰恰是这一点注定了马克思主义语言哲学研究既是困难的,同时也是有意义的。

我们首先对马克思主义语言哲学传统的流变和特点进行总体的概括,然后再按照其不同的问题域进行深入阐述。当然,由于马克思主义语言哲学涉及数十位马克思主义者,其所论述的角度也各有不同,因此这种概括必然是不全面和不准确的。但是,马克思主义与其他传统之间的区分也是非常明显的,诸多马克思主义语言哲学的研究者都对此进行了深入的研究和有力的论证。

保罗·利科认为分析哲学的核心是阐明语言的意义问题,而包括现象学、解释学、马克思主义和结构主义的"所有其他语言哲学都企图以各自不同的方式超出这个阐明的阶段"②。利科进而把这些企图超越阐明阶段的语言哲学分为两组对立的方向。他把现象学和马克思主义组成第一组,这一组"企图把语言放回作为其基础的非语言活动的环境中去"③,从而"质疑语言的优先性,并把记号的功能重新纳入某种范围更广的现实或活动中去,在那里语言问题失去了其特殊性和唯一性"④。二者都认为语言是处于从属地位的,对语言的研究不可能与对其他领域的研究分割开来。但是,我们也不可忽视其差异的存在:现象学把语言与人的存在紧密联系起来,是本体论的,而马克思主义则把语言并入社会结构这一大的框架,语言是思想意识表

① [法]保罗·利科:《哲学主要趋向》,李幼蒸译,商务印书馆 2004 年版,第 403 页。
② [法]保罗·利科:《哲学主要趋向》,李幼蒸译,商务印书馆 2004 年版,第 390 页。
③ [法]保罗·利科:《哲学主要趋向》,李幼蒸译,商务印书馆 2004 年版,第 410 页。
④ [法]保罗·利科:《哲学主要趋向》,李幼蒸译,商务印书馆 2004 年版,第 390 页。

达、社会批判、权力建构和社会交往等的工具。第二组以哲学结构主义和解释学思潮为代表,其主张与第一组正好相反,"哲学家承认语言的特殊地位,并企图根据语言来重新定义现实本身,而且使现实本身也具有语言的性质;这种认为存在就是语言的哲学,变成了地地道道的语言哲学"①,而"其共同的特征是把语言看作是存在的一种量度,因而就是用语言来重新说明现实"②。

　　通过这种比较研究,利科不仅指明了马克思主义语言哲学与其他传统之间的复杂关系,也明确指出了马克思主义语言哲学不同于其他传统的基本特点。与分析哲学把意义问题作为讨论的中心问题不同,"马克思主义认为意义的问题并不是哲学—认识论的范畴,而是一个符号学和语言学的范畴。但是,阐明意义的性质是和解决认识论的问题极其密切地联系在一起的。"③ 马克思主义的语言哲学是对语言的形而上学思考,而不是对具体的语言运用、语法结构的技术分析,这种分析属于语言学和符号学的范畴,而不是哲学研究的对象。"对于马克思主义哲学来说,真正的哲学问题是世界观、物质和意识的关系,以及人在世界中的位置的问题;在这一点上它比较接近现象学,尽管它反对胡塞尔对于意义的唯心主义解释。"④ 同样,"解释学与马克思主义的意识形态与上层建筑理论具有共同的基础;在这方面,A. 沙夫的研究是从语义学通向意识形态批判和解释理论之间诸阶段的很好的例子。于是,'作为方法的'解释学,可以同语言科学、概念分析、结构主义和马克思主义进行对话,而同时又保持着与'本体论的'解释学的接触。"⑤ 沙夫的《语义学引论》一书就对这一问题进行了深入的阐释。

　　詹姆逊认为,结构主义过分强调语言的共时性而忽视历时性,强调语言研究的客观性和科学性而忽视语言的交往性和意识形态性,从而把语言锁闭在了"牢笼"之中,用马歇雷的话来说,这个"牢笼"就是"结构的坟墓"。詹姆逊对结构主义的这种批评也完全可以适用于分析哲学,因为分析哲学也把语言哲学限制在对语言的结构和语义的分析之中,强调语言表达的准确性而忽视语言的发展及其意识形态性。他们带来的语言学转向促使了整

---

① [法] 保罗·利科:《哲学主要趋向》,李幼蒸译,商务印书馆 2004 年版,第 390 页。
② [法] 保罗·利科:《哲学主要趋向》,李幼蒸译,商务印书馆 2004 年版,第 410 页。
③ [法] 保罗·利科:《哲学主要趋向》,李幼蒸译,商务印书馆 2004 年版,第 407 页。
④ [法] 保罗·利科:《哲学主要趋向》,李幼蒸译,商务印书馆 2004 年版,第 410 页。
⑤ [法] 保罗·利科:《哲学主要趋向》,李幼蒸译,商务印书馆 2004 年版,第 424 页。

个人文社会科学的大发展和大繁荣,但当发展到极致而成为唯一的方法论原则的时候,也就变成了发展的桎梏。因此,法国语言哲学家克洛德·海然热指出:"形式主义的诱惑终于把语言学关进了技术话语的樊笼,甚至使人想象不出,研究对象竟是运用语言的人。因为,不仅抽去了历史和社会内容,连人性也最终被省却,词语也不说明任何东西。"① 詹姆逊认为,马克思主义要取得突破就不能落入这种"语言的牢笼",海然热则进一步指出要走出这种牢笼语言学家就要"重新学会辩证思维"。事实上,马克思主义的语言哲学从来就没有陷入这种牢笼之中,因为马克思主义始终是把语言同人类的思想意识、劳动实践、社会权力和对话交往等联系在一起而加以思考和论述的。

尽管马克思主义的语言哲学思想非常分散,涉及的理论家也比较多,每个理论家的语言哲学思想都具有不同的特点,讨论不同的问题,但是正如雅各布森所言,每一个流派之所以能够成立是因为其思想都具有一个"主导"的方面,马克思主义语言哲学也是如此。哈比布(M.A.R.Habib)通过对马克思和恩格斯的著作的阅读,从而将马克思主义文学批评的特点从五个方面进行了总结,其中第五点就是"坚持认为语言不是一种自我封闭的关系系统,而是一种社会实践,和其它实践活动一样,它深深地植根于物质条件之中"②。自称为"老阿尔都塞式的马克思主义者"的法国学者勒克塞尔

---

① [法]克洛德·海然热:《语言人:论语言学对人文科学的贡献》,张祖建译,北京大学出版社 2012 年版,第 317 页。

② 这五点分别是:(1)拒绝"身份"(identity)观念,认为包括文学在内的任何对象都不可能独立地存在。这必然得出,文学只能在与意识形态、阶级和经济结构的关系的整体中才能够得到理解。(2)所谓的"客观"世界实际上是一种在集体的人类主体之外的建构。(3)将艺术理解为一种商品,它和其他商品在物质生产方面是相同的,艺术生产只是社会总体生产的一个分支。(4)集中讨论文学与阶级斗争之间的关联。阶级斗争是历史发展的内在动力,而文学则是这种斗争在意识形态方面的折射。这也就必然得出,文学是实现政治斗争的目标和结构的意识形态上的辅助。(5)坚持认为语言不是一种自我封闭的关系系统,而是一种社会实践,和其他实践活动一样,深深地植根于物质条件之中。(M.A.R.Habib, *Modern Literary Criticism and Theory*: *A History*, Malden: Blackwell Publishing Ltd., 2008, p.39)这几个方面可以压缩为三点,即文学研究是总体性的,把文学置入整体社会生活之中,在与其他部类的关联中来研究文学的性质和功能;文学是社会政治斗争的一部分,也是文学的价值指向;意识形态批评是文学批评中最主要的方法,尽管在马克思主义阵营中,对意识形态的理解千差万别,但是意识形态却从头至尾是马克思主义批评的核心范畴。

(Lecercle) 也对马克思主义的语言学进行了历史的描述和分析,并在此基础上对马克思主义语言哲学的特点和研究领域做了总结。勒克塞尔认为:"尽管马克思主义的语言学有时候仅仅只是一些碎片,但是它也构成了一个传统。为了重读马克思主义思想家的语言学文本,就需要阐明一个框架,从而将马克思主义哲学的轮廓勾勒出来。"[1] 通过对马克思、恩格斯、列宁、斯大林等的语言哲学,以及乔姆斯基、哈贝马斯、梅德韦杰夫(巴赫金)、德勒兹和加塔利的语言学的分析,勒克塞尔用六个论题来对马克思主义语言哲学的特点进行了概括,即一个主命题,四个支撑命题(positive thesis)用来发展主命题,还有一个总结性的命题:

"主命题:语言是一种实践形式。

第一个支撑命题:语言是一种历史现象。

第二个支撑命题:语言是一种社会现象。

第三个支撑命题:语言是一种物质现象。

第四个支撑命题:语言是一种政治现象。

结论:语言是通过询唤实现主体化的场所(language is the site of subjectivation through interpellation)。"[2]

这几个命题显示了马克思主义语言哲学的主要特点,从中也可以明显地看出它与分析哲学传统、现象学—解释学传统,以及结构主义传统之间的显著差异。马克思主义不像分析哲学那样谈论语言的语义结构,又不像现象学和解释学那样讨论语言和存在的关系问题,也不像索绪尔那样试图建立一种纯粹客观化的语言科学,从而将语言和社会实践分离开来,不研究语言在社会历史中的形成过程,也不关注现实中的交际语言,而仅仅将共时性的语言系统作为研究对象。马克思主义语言学则不同,自马克思开始,所有的马克思主义语言学、包括文学和艺术理论都不是独立的研究对象,它都作为一种历史的、社会的和物质的现象,并且与社会政治紧密地联系在一起。如果我们将索绪尔式的侧重于研究语言的内部结构的语言学称为"内部语言学"(internal linguistics),那么,借用布尔迪厄和马塞尔·科恩(Marcel

---

[1] Jean-Jacques Lecercle, *A Marxist Philosophy of Language*, Leiden and Boston: Brill, 2006, p.139.

[2] Jean-Jacques Lecercle, *A Marxist Philosophy of Language*, Leiden and Boston: Brill, 2006, p.139.

Cohen）的观点，我们可以把包括马克思主义语言学在内的将语言看做一种社会现象，侧重于研究语言和社会、历史和文化之间关系的语言学称为"外部语言学"（external linguistics）。[①] 尽管在研究的侧重点上不同的马克思主义者有所不同，但是在总体的方法论和基本观念上却并没有超出马克思所提出的理论框架，那就是历史唯物主义的哲学基础。但是，这些共性并不能掩盖马克思主义不同理论家的语言哲学之间的重大差异。根据他们的语言哲学所关注的不同问题域，我们可以将其划分为若干个理论问题，包括语言的社会本质（从马克思、恩格斯到斯大林）、语言与社会批判（从本雅明、阿多诺到马尔库塞）、语言与权力（从葛兰西、布尔迪厄到福柯）、语言与交往（从巴赫金到哈贝马斯）等等。

第三节　语言的社会本质

马克思和恩格斯都通晓多种语言。马克思精通拉丁文、希腊语、德语和法语等，而恩格斯甚至"能用十二种语言谈话和写文章，能阅读二十种文字"[②]。恩格斯也明确指出自己"懂得二十五种语言"[③]。这种超常的语言才能为他们从哲学的角度思考语言问题奠定了坚实的基础。虽然马克思和恩格斯本人没有系统的语言学著作[④]，但是却有着非常丰富的语言学思想和论述，其所关注的语言学问题及其方法论为后世的马克思主义者思考语言问题奠定了方法论基础。尤其是列宁和斯大林等经典马克思主义者的语言哲学思想与马克思和恩格斯一脉相承，也可以说是马克思和恩格斯语言哲学思想的直接延续。马克思和恩格斯提出了很多有价值的问题，但却都没有进行系统的回答，这就为后世的马克思主义者留下了发挥的空间。十月革命之后马克思主义理论的中心转向了苏联，马克思和恩格斯的语言学理论在苏联语言学界产生了很大的影响，从而使苏联语言学的发展进入马克思

---

① Jean-Jacques Lecercle, *A Marxist Philosophy of Language*, Leiden and Boston：Brill, 2006, p.10.

② [德]海因里希·格姆科夫等：《恩格斯传》，易廷镇、侯焕良译，生活·读书·新知三联书店 1980 年版，第 242 页。

③ 《马克思恩格斯全集》（第 41 卷），人民出版社 1982 年版，第 521 页。

④ 恩格斯晚年有关于法兰西方言的专著，但是还谈不上系统的语言学著作。

主义时代。

谢列勃连尼科夫指出,在十月革命之后,苏联语言学界主要存在三大语言学流派,即传统主义者(哈尔科夫学派、喀山学派、莫斯科学派和彼得堡学派,他们由于不承认马尔的语言学新说而联合在一起)、马尔主义者和语言学实践家。传统主义是前苏联阶段的语言学流派,当无产阶级革命取得胜利,马克思主义逐渐在苏联学术界取得统治地位之后,包括索绪尔语言学在内的传统语言学在苏联语言学界的影响力就逐渐减小,失去了往昔的显赫地位。此时,"马尔主义者认为自己是马克思主义语言学的唯一代表者,把与自己意见不同的人说成是语言科学中的反动派和资产阶级思想的鼓吹者。"① 索绪尔、日尔蒙斯基等人的结构主义语言学被看作是资产阶级语言学而受到马尔主义者的批判。正如马尔主义者墨山宁诺夫所言:"不论是青年语法学派,还是追随他们之后的索绪尔学派和结构派,都是资产阶级学说。……一种科学思想的危机明显地显露出来,这种危机同时反映出资本主义制度本身所经受的危机。"② 这种批判和把俄国形式主义看作资产阶级美学的遗毒而进行批判如出一辙。在马尔主义的冲击下,索绪尔语言学在语言学界已无法取得优势地位,雅各布森迁居布拉格为它在异域的发展创造了条件。伴随着传统语言学的衰落,马尔主义的影响力得到了快速提升,迅速成为革命之后苏联居统治地位的语言学集团。

在前斯大林阶段,马尔是俄国最著名的语言学家。十月革命之后,他努力成为一个马克思主义者,试图建立马克思主义语言学。马尔学说统治了苏联语言学界近三十年之久,并拥有一大批追随者。在 1940 年代末期苏联语言学界掀起了一场批判马尔主义的大讨论,批评者认为,"马尔主义的主要企图是要建立马克思主义的语言科学,以摆脱过去语言学的消极方面的约束和开辟新的发展道路和前途。每一个思想健康的人都未必会反对这个企图。但是马尔主义者却用完全不适当的方法来实现自己的企图。"③ 马

---

① [苏] B. A. 谢列勃连尼科夫:《有关语言学的几个问题》,群力译,科学出版社 1959 年版,第 2 页。
② [苏] B. A. 谢列勃连尼科夫:《有关语言学的几个问题》,群力译,科学出版社 1959 年版,第 1 页。
③ [苏] B. A. 谢列勃连尼科夫:《有关语言学的几个问题》,群力译,科学出版社 1959 年版,第 6 页。

尔主义的伪马克思主义,甚至反马克思主义使苏联语言学停滞不前,因此要推动苏联语言学的发展,就必须对马尔主义予以批判,并提出一种新的语言学理论范式。1950年斯大林借答复"一些年轻同志"的问题之名进行了一个名为"论马克思主义在语言学中的问题"的谈话。斯大林认为:"在苏联语言学中,一些自认为十足正确的领导者组成了一个固步自封的小团体,扫除了任何批评的可能,使自己安稳高坐,专横恣肆,为所欲为。"① 这是一种语言学中的军阀作为,而这个小团体的领袖就是马尔。因此,斯大林认为:"我们的语言学摆脱马尔的错误愈快,就能愈快地摆脱它现在所处的危机。我认为取消语言学中的军阀式的统治制度,抛弃马尔的错误,把马克思主义灌输到语言学中去,这才是苏联语言学健全发展的道路。"② 这位自称不懂语言学的革命领袖的介入使这场批判达到了高潮,也对马尔主义给予了最致命的打击,一举摧毁了当时在语言学界居于统治地位的语言学家马尔的统治地位。正如谢列勃连尼科夫所认为的,虽然斯大林的学说中存在着很多下的过早的结论和不成熟的公式,但它在揭露马尔学说的反马克思主义原理方面的作用是不可低估的。马尔主义者认为自己是在建立马克思主义语言学,但是斯大林却认为马尔主义学说恰恰是反马克思主义的。"这个辩论引起了广大群众对语言学问题的兴趣。苏维埃语言学从束缚其发展的马尔主义道路上解脱出来。各大学修改了所有语言学课程大纲,各个研究所改组了自己的研究工作。举行过很多次会议和辩论;在这些会议上讨论了普通语言学的一些理论性问题。"③ 从此,斯大林的语言学观念成为苏联语言学界的统治思想,苏联语言学进入了斯大林主义时期。第三个学派是由语言学实践家构成的,他们中间的某些人公开宣称属于马尔主义,而另一些人站在马克思主义之外,尽管没有公开反对它,但也是远离马尔学说。所有这些实践家因为为苏联许多民族编写语法教材和规范性词典而被联系在一起。这场辩论之后实践派的语言学家也基本都转入了斯大林

① 北京外国语学院俄语系语言学教研组编:《马克思主义经典作家论语言》,商务印书馆1959年版,第86页。
② 北京外国语学院俄语系语言学教研组编:《马克思主义经典作家论语言》,商务印书馆1959年版,第88页。
③ [苏] B. A.谢列勃连尼科夫:《有关语言学的几个问题》,群力译,科学出版社1959年版,第6页。

主义。① 这场论争以及斯大林的文章也间接影响了 20 世纪 50 年代中国语言学的发展历程。②

　　20 世纪英国、德国（东德和西德）也产生了很多马克思主义语言学家。马克斯·阿德勒（Max k.Adler）在 1980 年的著作中指出："虽然西方国家中的一些语言学家并不承认他的语言学理论符合马克思主义的观点，但是他们已经很大程度上或者全部接受了马克思主义语言学。在东方国家，语言学家们经常称他们自己为马克思主义—列宁主义者；但是列宁对语言学的贡献极其有限，尽管他对属于一种语言少数派的人们的民族问题极为关注。"③ 无论是英国的 Maurice Cornfouth，还是德国的 Gertrude Patsch、Albrecht Neubert、Georg Klaus、Wilhelm Schmidt、Dieter Faulseit 等语言哲学家的语言学理论都没有超出马克思、恩格斯和斯大林所设定的理论范围，也可以说是对他们所提出的问题的补充、发展和延续。

　　虽然马克思和恩格斯及其后继者所讨论的问题较多，但这些问题中贯穿着一条主线，即把语言作为社会的产物，其语言哲学也可概括为对语言的社会本质的研究。正如马克斯·阿德勒所指出的："马克思主义语言学理论的基本思想是：语言是社会的产物，反之亦然，社会是语言的产物。……大多数非马克思主义者已经接受了这一事实，即语言和社会是相互依赖的。这一点表现得不是很明显，因为在社会科学的很多领域科学家们借用了马

---

① 德国语言学家 Girke 和 Jachnow 在 1974 年的著作中把苏联语言学划分为四个阶段：1. 马克思主义社会学阶段（1917 年至 30 年代中期）；2. 马克思主义阶段（30 年代中期至 1950 年）；3. 斯大林主义阶段（1950—1956）；4. 后斯大林主义阶段（1956 年起）。（Max k. Adler, *Marxist Linguistic Theory and Communist Practice：A Sociolinguistic Study*, Helmut Buske Verlag Hamburg, 1980, p.94）这几个阶段的划分与这场论争有着非常重要的关联。

② 在这场辩论之后，马尔主义受到了致命的打击。1950 年缪灵珠把马尔的学说看作"苏联新语言学"的重要理论介绍到中国来（参见缪灵珠：《苏联新语言学》，天下图书公司 1950 年版，"后记"部分），罗常培也认为"语言是社会组织的产物，是跟着社会发展的进程而演变的，所以应该看做社会意识形态的一种。"（罗常培：《语言与文化》，北京大学出版社 1950 年版，第 93 页。）正当马尔学说欲在中国语言学界掀起一场风暴的时候，斯大林的批评马尔学说的文章被翻译过来，从而对中国语言学产生了重大影响。也正是在这个时候，以北大中文系语言学教研室为代表的中国语言学界编辑出版了多本"马克思主义论语言学"的著作，之后这样的著作就很少了。

③ Max k. Adler, *Marxist Linguistic Theory and Communist Practice：A Sociolinguistic Study*, Helmut Buske Verlag Hamburg, 1980, p.77.

克思主义但却并不承认这一理论资源。"①

从语言和社会的关系角度思考语言问题并不是马克思主义所独有的方法论,或者可以说,并不是所有的社会语言学都属于马克思主义。索绪尔就明确承认语言与社会之间的复杂关系,只是他认为语言学要成为一种科学就必须把研究重心转向对语言的结构系统的共时研究,从而把语言学带入了结构主义的广阔领域。有人认为结构主义把语言看作没有内容的纯粹形式或纯粹关系的结合体,语言成为一种脱离社会现实、脱离社会生活的"符号王国",是反历史主义的。这显然是对索绪尔以及结构主义语言学的一种误解。和语言学界形形色色的社会语言学不同,马克思主义的社会语言学所讨论的是语言哲学中一些最根本的问题,其中最重要的问题有语言的起源问题、语言与思维的关系问题、语言的阶级性、民族共同语和方言问题等。

一、语言的起源问题

根据《圣经》的说法,语言是创造万物之基础,上帝用语言创造了万物,并将语言才能传授给了人类。这种语言神授观念统治了西方哲学界两千多年。直到 17、18 世纪,语言神授说仍然主导着很多哲学家的思想。与此同时,也有诸如孔狄亚克(E.B.de Condillac, 1714—1780),卢梭(J.J.Rousseau, 1712—1778)和赫尔德(J.G.Herder, 1744—1803)等人开始以世俗的眼光来看待语言的起源和发展问题。可以说,18 世纪中叶以后,语言起源问题已经成为欧洲学界关注的焦点问题,有很多哲学家都加入了这一讨论的行列。1769 年柏林普鲁士皇家科学院甚至设立专门奖项来征集关于语言起源问题的最佳答案,赫尔德的《论语言的起源》就是其中的论文之一。② 但是和包括人类起源在内的所有起源问题一样,语言的起源问题同样讨论得极其热烈却很难达成一致的结果,甚至会陷入神秘主义的泥沼。正如辉特尼所言:"在语言学中,没有一个论题像语言的起源这样被讨论得费力多而收效少;关于这问题的大多数记述都只是一些不着边际的空话……除作者

---

① Max k. Adler, *Marxist Linguistic Theory and Communist Practice*: *A Sociolinguistic Study*, Helmut Buske Verlag Hamburg, 1980, p.2.

② [德] J. G. 赫尔德:《论语言的起源》,姚小平译,商务印书馆 1998 年版,译序,第 1 页。

本人外几乎没有一个人肯相信。"正因为如此,近代很多语言学家认为"语言的起源问题不属于语言学的范围",甚至巴黎语言学会的会章也从 1866 年起规定了"不接受任何关于语言起源及世界共同语方案的报告"①。语言的起源是一个很难说清楚的问题,因此语言学界对此进行悬置不论也是一种策略。历史语言学家把研究语言的历史发展作为主要任务,但是把发展的起点这个问题也划在研究范围之外,索绪尔则直接反对语言的历时研究而倡导共时研究。

　　恩格斯对语言起源问题的论述并不是直接参与关于这一问题的大讨论的结果,而是他讨论"劳动在从猿到人的过程中的作用"问题的一部分,但是他的论述无疑丰富了这一讨论,甚至可以看作关于语言起源的最合理的解释。恩格斯认为,劳动使猿变成了人,那么,作为区分人与动物的重要标准之一的语言也自然产生于劳动。语言既是劳动的需要,也是劳动的结果。在劳动过程中,"这些正在生成的人,已经达到彼此间不得不说些什么的地步了。需要也就造成了自己的器官:猿类的不发达的喉头,由于音调的抑扬顿挫的不断加多,缓慢地然而肯定无疑地得到改造,而口部的器官也逐渐学会发出一个接一个的清晰的音节。语言是从劳动中并和劳动一起产生出来的。"②劳动是从猿到人的最根本的推动力,它使猿直立行走,使猿的手变成了人的手,从而使猿具有了成为人的基本要素。但是,语言的出现则使人学会了言说与思维,使猿的脑变成人的脑,从而使猿真正转变为人。正如恩格斯所言:"首先是劳动,然后是语言和劳动一起,成了两个最主要的推动力,在它们的影响下,猿脑就逐渐地过渡到人脑;后者和前者虽然十分相似,但是要大得多和完善的多。"③在劳动过程中,人类产生了意识和思想,并有了强烈的表达和交际的需要,于是就产生了语言。马克思和恩格斯从历史唯物主义的立场出发,把语言的起源归因于人类的生产劳动及其过程中所产生的交往需要是极其重要的。保罗·利科对恩格斯的这一开创性观念给予了很高的评价,他认为:"从现代科学可以利用的事实来看,这个问题看来比较复杂,但是,把语言的起源和发展同生产和社会交往形式的发展

---

① 北京大学中文系语言学教研室编:《高举马克思主义语言学的红旗前进》,中华书局 1958 年版,第 20 页。
② 《马克思恩格斯选集》(第 4 卷),人民出版社 1995 年版,第 376 页。
③ 《马克思恩格斯选集》(第 4 卷),人民出版社 1995 年版,第 377 页。

联系起来的这个尝试本身在方法论上具有极其重大的意义。"①

　　人类在劳动中创造了语言,并在语言交流中建立了人类社会。因此,马克思认为语言"是人类社会的产物"。列宁说:"语言是人类最重要的交际工具;语言统一和无阻碍的发展,是实现真正自由广泛的适应现代资本主义的商业周转的最重要的条件之一,是使居民自由广泛地按各个阶级组合的最重要条件之一,最后,是使市场同一切大大小小的业主、卖主和买主密切联系起来的条件。"② 斯大林则进一步说:"语言之替社会服务,乃是作为人们交际的工具,作为社会中交流思想的工具,作为使人们相互了解并使人们在其一切活动范围中调整其共同工作的工具,这一切活动范围,包括生产的领域,也包括经济关系的领域;包括政治的领域,也包括文化的领域;包括社会生活,也包括日常生活。"③ 语言的本质是社会的,只有在社会中,在人类的相互交往过程中,语言的存在才有意义,离开了人和社会,语言也就不复存在。因此,斯大林断言:"语言是随着社会的产生而产生,随着社会的发展而发展的。语言也将随着社会的死亡而死亡。社会以外,无所谓语言。"④ 既然语言是一种社会现象,那么对语言的研究就必须从社会的角度入手。

　　由此可见,马克思、恩格斯,乃至列宁和斯大林对语言的起源及其本质的论述都是从历史唯物主义的立场出发的,认为语言的本质是社会的。对语言的社会本质的深刻认识就决定了他们对语言与思维关系的研究与索绪尔等结构主义者,以及维特根斯坦等分析哲学家有所不同。

二、语言与思维

　　语言和思维的关系问题与语言的起源问题一样古老而复杂,甚至直到现在,它还是西方语言哲学界所讨论的核心问题之一,也可以说是语言哲学中的元问题。语言学家辉特尼在 1872 年的著作中分析了语言和思维之

---

① [法] 保罗·利科:《哲学主要趋向》,李幼蒸译,商务印书馆 2004 年版,第 404 页。
② 《列宁选集》第 2 卷,人民出版社 1995 年版,第 822 页。
③ 北京外国语学院俄语系语言学教研组编:《马克思主义经典作家论语言》,商务印书馆 1959 年版,第 90 页。
④ 北京外国语学院俄语系语言学教研组编:《马克思主义经典作家论语言》,商务印书馆 1959 年版,第 79 页。

间关系的两种代表性观点。"一是认为言语与思维(心智,理性)完全同一,语言不仅是理性的符号,而且就是理性的本质(实质);没有表达(词语),则思维(观念)是不可能的;抽象观念的形成完全依赖于其名称。聋哑人学习了表达的模式,方拥有了理性。一是认为语言只是思维的辅助物,只是思维的工具;理性是人类无法取消的天资,思维是人类心智的运作;它们需要言语那样的辅助物;人类即便丧失了声音,也会利用其他工具表达同样的意图;观念必定在名称形成之前即已形成;制作符号是为了将其运用于观念,心智形成了,便寻求表达。"[1]俄国心理学家列夫·维果茨基说得更加明确:"以往关于思维与语言的研究表明,从古至今提出的所有理论不外乎两个方面:一个方面是思维与语言的同一(identification)或联合(fusion),另一个方面则是同样绝对的、几乎是形而上学的分离(disjunction)和隔断(segregation)。无论是用纯粹的方式表示上述两种极端理论中的任何一种理论,还是把两者结合起来,使之成为一种中间立场,都处在两极之间轴的某一点上,一切有关思维与语言的理论都跳不出这一圈子。"[2]由此可见,语言是思维本体抑或仅仅是思维的工具这两种观念之间长期以来难以取得令人满意的统一,也正是对这一问题的思考推动了语言学的发展。

　　索绪尔明显持第一种观点,即认为语言和思维是同一的。如其所言:"从心理方面看,思想离开了词的表达,只是一团没有定型的、模糊不清的浑然之物。哲学家和语言学家常一致承认,没有符号的帮助,我们就没法清楚地、坚实地区分两个观念。思想本身好像一团星云,其中没有必要划定的界限。预先确定的观念是没有的。在语言出现之前,一切都是模糊不清的。"[3]没有语言人类就无法思维,或者说人类的思维只能是"浑然之物",只有通过语言,思维才可以变得明晰而准确。但是,这并不等于说语言是思想的工具,先有了思想然后用语言来表达。相反,语言和思想是同步产生的。正如赫尔德在研究语言的起源时所发现的:"如果可以肯定,即使是最基本的知性活动也离不开词语符号,那么,第一个有意识的思考行为发生的那一刻,也正是语言内在地生成的最初时刻。"[4]维果茨基则把这种发生学建立

---

①　屠友祥:《索绪尔手稿初检》,上海人民出版社 2011 年版,第 85 页。

②　[俄]列夫·维果茨基:《思维与语言》,李维译,北京大学出版社 2010 年版,第 2 页。

③　[瑞士]索绪尔:《普通语言学教程》,高名凯译,商务印书馆 1999 年版,第 157 页。

④　[德] J. G. 赫尔德:《论语言的起源》,姚小平译,商务印书馆 1998 年版,第 73 页。

在科学实验的基础之上，通过对黑猩猩和儿童语言能力及其发展过程的研究，维果茨基发现：思维与语言在个体发生的过程中发展根源不同；在言语发展中，存在一个前智力阶段，而在思维发展中，存在一个前言语阶段；在某个关键时刻之前，两条发展曲线是不同的，互相之间是独立的；在某个关键时刻，两条曲线开始会合，于是思维变成了言语的东西，而言语变成了智力的东西。① 思维和言语是一个整体，不可分别对待。正如维果茨基所引用的作为题记的曼德尔施塔姆（O. Mandelstam）的诗：我已经忘掉了想要说的话，而我的思维，由于没有具体化，回到了隐蔽的王国。索绪尔说得更加明确："语言还可以比作一张纸：思想是正面，声音是反面。我们不能切开正面而不同时切开反面，同样，在语言里，我们不能使声音离开思想，也不能使思想离开声音。这一点只有经过一种抽象工作才能做到，其结果就成了纯粹心理学或纯粹音位学。"② 语言的能指（声音现象）和所指（概念或思想）之间是不可分割、一体两面的。当人们说出一个词的时候就已经在表达一种思想，反之亦然，当人们思想的时候语言已经介入其中。埃米尔·本维尼斯特指出："就语言学家来说，他（索绪尔——引者注）认为没有语言就不会有思想，并且对世界的认识是由这一认识本身所能接纳的表达方式所决定的。……思想的'形式'被语言的结构赋予了形状，而语言又反过来在它的范畴体系中显示其中介的功能。"③ 事实上，这已经不完全是一个语言学问题，而在更大程度上成为一个心理学问题。维果茨基对这一互动过程进行了更深入的研究，他发现："思维与语言的关系不是一件事情而是一个过程，是从思维到言语和从言语到思维的连续往复运动。在这个过程中，思维与语言的关系经历了变化，这些变化本身在功能意义上可以被视作是一种发展。思维不仅仅用言语来表达；思维是通过言语才开始产生并存在的。每种思维都倾向于将某事与其他事连结起来，并在事物之间建立起一种关系。"④ 乔姆斯基进而认为人在思维的时候实际上所采用的并不是外在的语

① ［俄］列夫·维果茨基：《思维与语言》，李维译，北京大学出版社 2010 年版，中文版译序，第 13 页。

② ［瑞士］索绪尔：《普通语言学教程》，高名凯译，商务印书馆 1999 年版，第 158 页。

③ ［法］埃米尔·本维尼斯特：《普通语言学问题》，王东亮译，三联书店 2008 年版，第 12 页。

④ ［俄］列夫·维果茨基：《思维与语言》，李维译，北京大学出版社 2010 年版，第 146—147 页。

言,而是一种特殊的内在语言,即"思维语",后期维特根斯坦则提出了"私人语言"这一概念,从而将思维和语言的关系问题推向了更深的层面。

我们目前还没有确实的证据证明马克思和恩格斯是否关注到了语言学界关于语言与思维是同一的还是分离的这一难以定论的问题,但是在他们对语言与思维关系的论述中已经包含了对二者关系的基本理解。在1846 年二人合写的《德意志意识形态》中,马克思和恩格斯指出:"人还具有'意识'。但是这种意识并非一开始就是'纯粹的'意识。'精神'从一开始就很倒霉,受到物质的'纠缠',物质在这里表现为振动着的空气层、声音,简言之,即语言。语言和意识具有同样长久的历史;语言是一种实践的、既为别人存在而且也为我自己存在的、现实的意识。语言也和意识一样,只是由于需要,由于和他人交往的迫切需要才产生的。"①这段话非常重要,其中包含了马克思对语言问题的基本看法。一方面,语言是震动着的空气层和声音,具有物质性,人类意识和精神采用物质的形式与语言紧密地纠缠在一起,二者同时产生,互为表里,用马、恩的话来说就是:"语言是思想的直接现实。"②因此可以说二者是同一的。但是,另一方面,他们也认为语言是人们之间为了满足交往的迫切需要才产生的,从这种意义上来看,语言就是传达已经完成的思想的工具,因此二者是分离的。马克思和恩格斯毕竟不是语言学家,语言学问题也并非他们思考的重点,这也就致使他们并没有能够说出比索绪尔等人更多的东西,从而把语言与思维的关系问题向前推进一步,而是笼统地概括为:"无论语言或思维,都不能独自组成特殊的王国,它们只是现实生活的表现。"③

马尔采取了语言与思维的二分法,认为没有语言思维也可以进行,人们不用语言而借助于思维本身也可以交际。这一点遭到了斯大林的极力批判,如其所言:"马尔既把思维同语言分割开来,又把思维从语言的'自然物质'下解放出来,他就陷入了唯心主义的泥坑。"④但是斯大林本人也持语言工具论的观点,其矛盾同样显而易见。

---

① 《马克思恩格斯选集》(第 1 卷),人民出版社 1995 年版,第 81 页。
② 《马克思恩格斯全集》(第 3 卷),人民出版社 1960 年版,第 525 页。
③ 《马克思恩格斯全集》(第 3 卷),人民出版社 1960 年版,第 525 页。
④ 北京外国语学院俄语系语言学教研组编:《马克思主义经典作家论语言》,商务印书馆1959 年版,第 92 页。

三、语言的阶级性

斯大林认为马尔的错误有两条,一是把语言当作上层建筑的一部分,二是认为语言具有阶级性。相反,斯大林认为语言不属于上层建筑,也不具有阶级性,它可以为任何阶级服务。语言只是交际的工具。语言不同于文化,文化具有阶级性,但是语言没有。"其实文化与语言是两个不同的东西,文化可以有资产阶级的和社会主义的,而语言是交际的工具,永远是全民性的,它可以替资产阶级文化服务,也可以替社会主义文化服务。"① 因此,语言是全民的,不具有阶级的语言。"民族语言不是阶级性的,而是全民性的,是对于民族成员共同的、对整个民族统一的语言。语言作为人们在社会中交际的工具,同样地替社会一切阶级服务。"② 在斯大林看来,语言是有惰性的,社会政治和阶级成分的变化对语言的影响并不大,因此不同的阶级均可以使用同一种语言。斯大林的这一判断是不全面的,事实上,"语言并非作为单一的实体对象而服从于历史的变化,而是像阿尔都塞著作中分析的社会结构那样是分层次的,其不同的层级以不同的速度发展。因此,词汇层面上所发生的变化要比句法层面上的变化快得多。"③ 时代的变迁、文化的交融、阶级的更替都会在语言中留下烙印。每一种新的阶级出现之后,语言中会涌入很多新的词汇,而这些词汇往往会带有特定阶级的色彩。正是在这个意义上,巴赫金认为语言是阶级斗争的场所,因而具有阶级性。但是语言的语音和文法结构却具有相对稳定性,不会因为阶级和王朝的变化而变化,斯大林认为语言可为不同阶级服务,主要是从语音和文法结构层面上言说的。在他的这种观点的背后潜藏着他对语言功能的基本理解,即认为语言不是意识形态斗争的工具,而仅仅是交流的工具。从斯大林对语言的论述中可以得出的三个基本的结论:1. 语言作为交际的工具从来就是并且现在还是统一的,是社会的所有成员的共同财富;2. 有习惯语和同行语的存在

---

① 北京外国语学院俄语系语言学教研组编:《马克思主义经典作家论语言》,商务印书馆1959 年版,第 77 页。

② 北京外国语学院俄语系语言学教研组编:《马克思主义经典作家论语言》,商务印书馆1959 年版,第 71 页。

③ Jean-Jacques Lecercle, *A Marxist Philosophy of Language*, Leiden and Boston: Brill, 2006, p.78.

并不是否定,而是肯定有全民语言的存在,因为习惯语和同行语是全民语言的支派,并且服从于全民语言;3.语言的"阶级性"的公式,是错误的、非马克思主义的公式。① 法国学者勒克塞尔说得更加明确:"我们可以看到,甚至一个伟大的马克思主义领导人也不可避免矛盾,这是很正常的现象。另一方面,他似乎毫无疑虑地提出了这种主导性的语言哲学观点,其基本立场就是语言的工具化,即语言是交流的中立工具,而他的影响就是语言的拜物化,就这样,语言就从阶级斗争和历史中脱离出来了。在斯大林的文章中读者能够发现一个'马克思主义者'(即轻微的左翼分子)的几个原则,即内在(immanence)原则(语言是一种独立于斗争中的阶级的对象,它的言说者是天使般(angelic)的纯洁);功能性(语言服务于全社会,起到交流功能);透明性(语言是一种工具,因此没有必要因为它与社会矛盾中的地位而去研究它的不透明性);现实性(语言被看作一种独立于使用它的人类的对象而受到崇拜,马克思主义的语言学家将语言看作理想的抽象系统,他们所作的就是崇拜);系统性(事实上,斯大林的表达中并没有体现这一点,他的语言参照是很简单的);同步性(语言并不受历史发展的影响)。"②

四、民族共同语和方言问题

既然语言并不具有阶级性,是为全民服务的,因而是平等的,那么在一个多民族多语言的国家里,选取哪一种方言作为共同语言就成为领导阶层需要考虑的问题,因为这直接涉及一个国家的语言政策问题。

无论是恩格斯、列宁还是斯大林,他们谈论语言都是和谈论民族问题结合在一起的。斯大林认为:"俄国马克思主义者早已有了自己的民族理

---

① 北京外国语学院俄语系语言学教研组编:《马克思主义经典作家论语言》,商务印书馆1959年版,第79页。

② Jean-Jacques Lecercle, *A Marxist Philosophy of Language*, Leiden and Boston: Brill, 2006, p.82. 类似的概括是很多的,比如德国马克思主义语言学家 Erckenbrecht 认为:"根据马克思的辩证法,马克思主义的语言学观点可以阐释为四个方面:1.语言是一种精神生产力;2.语言属于离基础最近的领域,并和上层建筑相平行;3.语言并非上层建筑的一部分,但是一部分语言属于上层建筑(同时,在基础和上层建筑的相互关系中语言是基础性的。)4.语言并不能完全用基础和上层建筑的关系来解释,它在某种程度上超出了这对范畴。"(Max k. Adler, *Marxist Linguistic Theory and Communist Practice: A Sociolinguistic Study*, Helmut Buske Verlag Hamburg, 1980, p.4.)

论。依据这种理论,民族是人们在历史上形成的有共同语言、共同地域、共同经济生活以及表现于共同的民族文化特点上的共同心理素质这四个基本特征的稳定的共同体。"① 共同语言是民族之间差别的重要标志之一,因此语言研究也就成为民族问题研究的题中应有之义。

恩格斯研究了德国各民族的方言,撰写了《德国古代历史和语言》,这是恩格斯论语言最长的一篇文章。当一个多民族的国家获得统一的时候是否进行语言的统一,消除各种方言而实行统一的国语(列宁称为"义务国语"),是一个值得讨论的问题。"义务国语"即是认为统一的国家应该有统一的语言,而这种语言就是大俄罗斯语言,因此每一个学校都有义务用国语授课,一切官方的业务必须应用国语,而不用当地的语言。在这种观念指导下有两种推广义务国语的策略。"黑帮派"提倡用一种强制的方法推行国语,其他民族必须绝对服从,通过对语言的服从而达到对一切异族的控制。而自由主义者主张在某种限度内(比如初级学校)也允许使用方言,但是他们也强调坚持国语的义务性,因为他们认为"政权的统一乃是国家的基础,国语乃是这一统一的工具"。列宁非常认可这种对国语重要性的强调,不同仅仅在于推行国语的方法。列宁也主张俄国的每一个居民都学会使用俄语的可能,但是他反对采用强制性的方法。列宁认为"伟大而雄壮的俄语是不需要使任何人应在棍棒之下去研究它的。……凡以其生活和工作条件而需要知道俄语的人,正在学会它而不需要棍棒的。强制(棍棒)只会达到一点:它反使伟大而雄壮的俄语难以进入其他各民族集团,尤其重要的是加剧敌视,造成数百万新的摩擦,加强愤怒,相互不了解等等。"② 对语言的选择应该是一个自然的过程,当商业的发展和公共事务中需要使用什么语言的时候,人们自然会学习这种语言。"因为经济流转的需要总是使居住在一个国家内的各民族(只要他们愿意居住在一起)学习多数人使用的语言。俄国的制度愈民主,资本主义的发展愈有力、愈迅速、愈广泛,经济流转的需要就会愈迫切地推动各个民族去学习最便于共同的贸易往来的语言。"③ 因此,民主化与语言的统一是紧密联系在一起的。索绪尔也认为民族共同语

①　斯大林:《斯大林全集》(第 11 卷),上海人民出版社 1955 年版,第 286 页。
②　北京大学中文系语言学教研室编:《马克思主义与语言》,中华书局 1958 年版,第 64 页。
③　《列宁选集》第 2 卷,人民出版社 1995 年版,第 322 页。

的形成不必通过强制手段。如其所言："任由它自由发展,语言只会成为一些互不侵犯的方言,结果导致无限的分裂。但是随着文化的发展,人们的交际日益频繁,他们会通过某种默契选出一种现存的方言使成为与整个民族有关的一切事务的传达工具。选择的动机是各种各样的:有时选中文化最先进的地区的方言,有时选中政治领导权和中央政权所在地的方言,有时是一个宫廷把它的语言强加于整个民族。一旦被提升为正式的和共同的语言,那享有特权的方言就很少保持原来的面貌。在它里面会掺杂一些其他地区的方言成分,使它变得越来越混杂,但不致因此完全失去它原有的特性。"[①]斯大林认为这种统一要到世界已经为无产阶级专政所统一的时候才能实现。如其所言："当世界社会主义经济体系充分巩固起来,而且社会主义深入到各民族人民的日常生活中,各民族在实践中深信共同语言优越于各个民族语言,这时候民族差别和民族语言才开始自行消亡,让位于一切人们共同的世界语言。"[②]在这个问题上马克思主义者和索绪尔取得了一致,这种情况在他们的关系中是极其罕见的。

这种观点有其合理性,对于思考现在英语作为世界通用语言的形成过程和地位,以及我们如何在世界范围内推广汉语仍具有参考价值和借鉴意义。一种语言要获得推广,首先在于使用这种语言的民族或国家变得足够强大,其文化变成一种强势文化而为其他民族和国家所向往的时候,这种语言自然获得了一种推广的内在动力。目前汉语在世界范围内的推广就是如此。

第四节　批判理论的交往转向

一、批判理论的语言维度

无论是马克思和恩格斯,还是列宁和斯大林,都明确指出语言是人类交际的最佳工具,信息传递和思想交流是语言最主要的功能,这一点也是所

[①]　[瑞士]索绪尔:《普通语言学教程》,高名凯译,商务印书馆 1999 年版,第 273 页。
[②]　北京外国语学院俄语系语言学教研组编:《马克思主义经典作家论语言》,商务印书馆 1959 年版,第 116 页。

有语言学家都不得不承认的事实。那么,语言作为交往对话的工具,它具有哪些特点,在以语言为媒介的交往过程中必须遵循哪些规范,以及交往对话的功能、价值和意义等,就成为一个需要进一步加以阐明的理论问题。巴赫金和哈贝马斯的语言哲学就是试图解决这一问题,并将语言的对话性和交往性上升到了世界观乃至社会规范和道德伦理的高度,从而将马克思主义语言哲学推向深入。

符号学家查尔斯·莫里斯(Charles William Morris)把语言研究划分为语形学、语义学和语用学。语形学研究语法,研究什么样的词语串是一个语言的合适语句,以及为什么是这样;语义学研究意义,关注于语言表达式与这个世界所具有的关系的问题,或者说,语言表达式如何表达和传递意义的问题;相对而言,语用学研究语言表达式在各种社会实践中的使用。① 语形学(句法学)、语义学和语用学是语言学(阿佩尔称其为指号学)的三个研究对象,研究重心由语形学向语义学和语用学的依次转移也正是分析哲学的三个发展阶段。② 巴赫金的对话理论和哈贝马斯的言语交往行为理论显然属于语用学的传统。我们在第三章讨论巴赫金时已经对其对话理论进行了分析,因此在此不再展开,而是把讨论的重心放在对哈贝马斯的语言理论的分析上。

哈贝马斯从事理论活动之时语言哲学正在经历语用学转向,语用学代替语形学和语义学成为语言哲学的主流形态。哈贝马斯深受语用学转向的影响,并将其作为自身理论建构的重要资源。通过对奥斯汀、塞尔等人的言语行为理论的吸收、批判和改造,哈贝马斯提出了一种普遍语用学的理论构想,并在此基础上建立了自己的交往行为理论,进而将其拓展到哲学、政治学、社会学和法律等各个方面。正如马丁·莫里斯(Martin Morris)所言:"哈贝马斯在哲学和社会理论的更普遍的语言学转向中进行了一种语用学转向。他通过言语行为的语用学理论走向语言研究,并把社会和政治理论中的许多核心问题转化成语言的使用问题。"③ 作为法兰克福学派的第二代

---

① [美]威廉·G. 莱肯:《当代语言哲学导论》,陈波等译,中国人民大学出版社 2011 年版,第 170 页。

② [德]阿佩尔:《哲学的改造》,孙周兴译,上海译文出版社 1997 年版,第 108 页。

③ Martin Morris, *Rethinking the communicative turn：Adorno, Habermas, and the problem of communicative freedom*, New York：State University of New York Press, 2001, p.95.

领导人,哈贝马斯通过与现代语言哲学的对话为批判理论建立了一种新的理论范式,其弟子霍奈特把这种范式转换称为"批判理论的交往转向"①。

尽管马克思主义的语言哲学具有明确的共性,但这些共性并不能掩盖不同理论家的语言哲学之间的重大差异。马克思、恩格斯和斯大林主要关注于语言的社会本质问题,认为语言作为交往工具是人类社会的产物,因此他们对语言的讨论就自然集中于语言的起源、语言的阶级性、语言和思维的关系等问题。与此不同,在与西方现代语言哲学的交流和碰撞中,西方马克思主义的语言哲学有了新的发展,出现了三个不同的理论维度,即批判维度、权力维度和交往维度。

法兰克福学派的第一代批判理论家在对资本主义社会进行批判的过程中也把语言批判作为一个重要维度。其中最早论及语言问题的应属本雅明。本雅明在写于 1916 年的《论语言本身和人的语言》一文中从神学的角度对语言与人的本质之间的关系进行了分析,并把对语言的讨论与对现代性危机的思考紧密联系在一起。在本雅明看来,上帝用语言创造了人类和万物,并给予人类对万物命名的权力。同时,巴别塔计划直接导致了上帝对人类的惩罚。因此,语言既是人类起源的标志,也是人类堕落的诱因。也就是说,人是由上帝用语言创造的,而人类的堕落首先起源于语言的堕落。这体现了本雅明的现代性批判中的神学色彩,因此欧文·沃尔法思将其概括为"一个马克思主义者的'创世纪'"是非常有见地了。②

在写于 1930 年代初期且直到 70 年代才得以面世的《论哲学家的语言》一文中,阿多诺明确指出:"今天所有的哲学批判都可能成为语言批判"③,因为历史和真理等问题都与语言问题紧密联系在一起,更准确地说,就蕴含在语言之中,所以对哲学问题的研究不可能脱离语言而单独进行。阿多诺

---

① [德] 阿克塞尔·霍耐特:《权力的批判:批判社会理论反思的几个阶段》,童建挺译,上海人民出版社 2012 年版,第 215 页。

② 欧文·沃尔法思:《一个马克思主义者的"创世纪"》,载《论瓦尔特·本雅明:现代性、寓言和语言的种子》,郭军编,吉林人民出版社 2003 年版。尽管这篇文章已经包含了本雅明的历史批判思想,但此时还属于本雅明的前马克思主义阶段,因此对欧文·沃尔法思的"一个马克思主义者的'创世纪'"这一论断还需进一步辨析,具体说明本雅明的语言思想是如何把马克思主义和弥赛亚主义结合起来的。

③ Donald A. Burke etc., eds., *Adorno and the Need in Thinking: New Critical Essays*, Toronto: University of Toronto Press, 2007, p.38.

认为，当今的哲学家面对的是一种破碎的语言，因此，与语言的物质性的灭亡相伴随，蕴含于语言中的历史和真理等也会与语言自身相分离。在这种情况下，"根据语言的意义性，要求哲学语言具有可理解性，也就是社会的可交流性，是唯心主义的。……今天，哲学语言所预想的可交流性在其所有方面都被发现是欺骗性的"①，而"所有欺骗性的本体论都是通过语言批判的方式被揭示出来的"②。虽然这并不是说所有哲学批判都可以还原为语言批判，但是语言批判成为哲学批判的核心问题却是毋庸置疑的。

马尔库塞更是把语言批判作为他的单向度社会批判的一个重要部分。马尔库塞认为："语言的荣枯兴亡在政治行为的荣枯兴亡中有其对应物。"③一个单向度的压抑性社会中的语言是一种"全面管理的语言"，在语言的不同使用中渗透和体现着权力关系，其中句法、语法和词汇都变成了道德的、政治的行为，语言也成为控制和压抑的工具。人们在讲自己的语言的时候，也在讲他们的主人、赞助人和广告商的语言。语言的功能化有助于从言语的结构和活动方面来击败非顺从要素，从而有利于单向度的社会控制。尽管这种语言也存在着对立面，比如大众语言就是带着尖刻而轻慢的幽默来攻击官方和半官方话语的，普通人也在其俚语中表明其反对现存权力的意图，但是这并非语言的主流形态。语言的使用过程中包含着意识形态，因此，除了那些用于指称日常生活中的客体和器具、指称可见的特征、根本的需要和希求之类东西的术语之外，在语言使用的大部分情况下都是为阶级统治和控制服务的。马尔库塞认为，罗兰·巴特所说的极权主义的封闭语言助长了一种看法，即"现存政权的语言是代表真理的语言"④。马克思主义或批判理论的语言观所反对的正是这种极权主义的、仪式化的封闭的语言。这种话语的极权主义的仪式化往往在冒充辩证语言的地方出现，比如斯大林主义的语言。可见，按照马尔库塞的理解，资产阶级的统治语言是一种话语的极权主义，是封闭的、操控性的、单向度的，不允许对立面的存在。基于

---

① Donald A. Burke etc., eds., *Adorno and the Need in Thinking: New Critical Essays*, Toronto: University of Toronto Press, 2007, p.36.

② Donald A. Burke etc., eds., *Adorno and the Need in Thinking: New Critical Essays*, Toronto: University of Toronto Press, 2007, p.39.

③ [美] 赫伯特·马尔库塞：《单向度的人》，刘继译，上海译文出版社 2006 年版，第 96 页。

④ [美] 赫伯特·马尔库塞：《单向度的人》，刘继译，上海译文出版社 2006 年版，第 94 页。

此,马尔库塞对分析哲学进行了批判,认为维特根斯坦并没有关注语言中的权力和政治因素,因此他的话语分析必然沦落为一种语言游戏。

葛兰西把语言作为统治阶级建立文化霸权的重要方面,从而开启了语言的权力维度。葛兰西区分了内在语法(Immanent Grammar)和规范语法(Normative Grammar)。① 所谓内在语法就是内涵于语言结构自身之中人们借以说话但却并没有意识到其存在的语法,而规范语法则是人们总结提炼出来用于指导学习的语法规则。在葛兰西看来,规范语法的形成不是脱离社会生活的逻辑选择,而是内在语法相互竞争的结果,是政治选择的必然。因此,这种规范语法就是强加于人的,语言问题就不是纯粹的文学或修辞学问题,而是一种相当复杂的政治问题,因为在学习语言的过程中,统治者总是通过对语言习得的控制来达到控制被统治者的目的。由此可见,语言背后也存在着阶级统治的意识形态或政治无意识,语言习得也就成为实现霸权的工具。

布尔迪厄发展了葛兰西的霸权理论,认为语言本身就是权力场域的一部分,语言关系本质上是一种符号权力关系。通过这种关系,言说者和他们分别所属的各种群体之间的力量关系以一种变形的形式表现出来。布尔迪厄批判的矛头指向的是结构主义语言学,在他看来,结构主义式的"纯粹"语言学秩序的自主性完全是一个幻觉,这种语言学秩序的确定是通过赋予语言的内在逻辑以特权才得以实现,它以忽视语言的社会使用方面的社会条件和相关因素为代价。正是这种对纯粹性的强调,使所有结构主义都陷入了"有关人类行动的唯智主义哲学"。而他所做的工作就是力图克服语言的经济学分析和纯粹语言学分析的缺陷,抛弃语言学研究中的唯物主义和文化主义之间的对立。从语用学的角度来看,语言并不是一种纯粹的结构和秩序,而是一种表征着权力的特殊符号。如其所言:"语言关系总是符号权力的关系,通过这种关系,言说者和他们分别所属的各种群体之间的力量关系转而以一种变相的形式表现出来。因此,只在语言学分析的范围内兜圈子,是不可能阐明什么沟通行为的。哪怕是最简单的语言交流,也涉及被授予特定社会权威的言说者与在不同程度上认可这一权威的听众(以及

---

① David Forgacs, ed., *The Antonio Grarnsci reader: selected writings*, *1916—1935*, New York: New York University Press, 2000, p.353.

他们分别所属的群体)之间结构复杂、枝节蔓生的历史性权力关系网。"① 每一次语言交流活动实际上都包含着成为权力行为的潜在可能性,尤其是当交流活动中的各方在相关资本分配中处于不对称的位置时,语言的这种权力关系变得尤为明显。正是出于对语言在权力场域中的地位的认识,布尔迪厄认为,只有把言语行为置于符号权力的关系网络中才能够得以更为全面的解释。福柯进而认为包括语言在内的人文学科里所有门类的知识都与权力密不可分。因此,格罗斯认为:"话语模式必然是使用它的人们之间的权力关系的编码。"②

在马克思主义语言哲学的交往维度方面,巴赫金提出了语言的对话性,认为语言的本质是对话,只有通过平等对话才能够达到交流的目的。对巴赫金的对话理论我们在第三章中已经进行了详细的分析和论述,在这里就不再赘述。哈贝马斯则借用日常语言学派的言语行为理论建立了自己的交往行为理论,以此为基础形成了一种交往的话语伦理学,并带来了批判理论的交往转向。这一转向具有自身的演进逻辑,其内因在于批判理论克服自身缺陷的需要,而外因则在于语言学转向的影响。

二、批判理论交往转向的演进逻辑

佩里·安德森认为,西方马克思主义是社会革命在欧洲失败的产物。革命的不可能实现使理论家不再倡导社会领域内的暴力革命,而是退却书斋对资本主义的社会现实进行理论的反思和批判。哈贝马斯认为其"目的是要研究由于西方革命的缺席、斯大林主义在苏联的发展以及法西斯主义在德国的上台而造成的政治沮丧"③。霍克海默明确区分了传统理论和批判理论。他认为,以笛卡尔为代表的传统理论虽然十分严谨,但是却没有实际的效用。康德的批判哲学强调对知识的合法性进行批判和分析,但是却建立在唯心主义的哲学基础之上,严重损害了批判的力度。因此,霍克海默借用了康德的批判方法却摒弃了康德的唯心主义哲学基础,试图建立一

---

① [法]皮埃尔·布迪厄、[美]华康德:《反思社会学导引》,李猛、李康译,商务印书馆2015年版,第175页。

② [美]保罗·R.格罗斯、诺曼·莱维特:《高级迷信——学术左派及其关于科学的争论》,孙雍君等译,北京大学出版社2008年版,第89页。

③ [德]哈贝马斯:《现代性的哲学话语》,曹卫东译,译林出版社2008年版,第121页。

种政治经济学的社会批判理论。"批判理论的每个组成部分都以对现存秩序的批判为前提,都以沿着由理论本身规定的路线与现存秩序做斗争为前提。"① 对批判理论家来说,"他不仅对现存状况的有意识的辩护者进行攻击性批判,而且还要对自己营垒的迷惑人的、相似的或乌托邦的倾向进行攻击性批判"②。霍克海默的论断为批判理论奠定了方法论基础和未来的发展方向,在此基础上,批判理论家们对资本主义的技术(工具)理性、启蒙神话、文化工业等进行了深入的批判。

以霍克海默和阿多诺为代表的批判理论在 20 世纪四五十年代产生了重要的影响,但是它过度强调否定性和批判性而缺乏建设性的特点也为其发展带来了危机。哈贝马斯指出:"霍克海默和阿多诺从相同的经验视野出发来把握文化现代性,同样充满了强烈的善感性,使用的同样也是狭隘的视角——从而使得他们对交往理性的足迹和现存形式视而不见。"③ 正是这种视而不见使他们的批判理论在资本主义的文化现实发生变化之后缺乏积极有效的应对,而对意识形态批判的内在矛盾缺乏清醒的认识和及时调整其方法论的能力,致使批判理论在 70 年代的文化语境中的影响力逐渐削弱。在 70 年代的政治和文化氛围中,"他们当时所依据的理论以及他们的意识形态批判方法都失去了意义,因为生产力再也无法释放出破坏的力量;因为危机和阶级冲突没有导致革命意识,也没有带来统一的意识,带来的反倒是一些零散的意识;最后,也因为资产阶级理想已经萎缩,至少具备了可以躲避内在批判攻击的形式。另一方面,霍克海默和阿多诺在当时也没有努力对社会理论进行修正,因为对资产阶级理想的真实性内涵的怀疑,似乎使意识形态批判自身的标准成了问题。"④ 因此,对批判理论的理论立场和批判方法进行适时调整,从而将其建立在坚实的基础之上就成为批判理论发展中的内在需求,也是其继承者所面临的主要工作,而语言学转向为克服这一问题提供了新的理论工具,并指明了发展的方向。

同样是对霍克海默和阿多诺的批判理论的延续和发展,福柯和哈贝马斯却走向了两种完全不同甚至相反的方向。福柯通过对社会历史的深入剖

---

① [德] 霍克海默:《批判理论》,李小兵等译,重庆出版社 1989 年版,第 217 页。

② [德] 霍克海默:《批判理论》,李小兵等译,重庆出版社 1989 年版,第 205—206 页。

③ [德] 哈贝马斯:《现代性的哲学话语》,曹卫东译,译林出版社 2008 年版,第 133 页。

④ [德] 哈贝马斯:《现代性的哲学话语》,曹卫东译,译林出版社 2008 年版,第 134 页。

析发现了社会文化和历史背后所隐藏的微观权力的运作逻辑和社会斗争的潜在方式,而哈贝马斯却试图通过提倡一种在平等的主体之间通过言语交往而达成共识来消解或缓和社会权力的运作所造成的社会矛盾和冲突,从而建构一种理想化的和平世界。或者说,福柯采用了行动理论的"斗争"范式,而哈贝马斯则采用了行动理论的"相互理解"的交往范式。[①] 哈贝马斯用语言交往取代了劳动在马克思主义理论中的核心地位,并用语用学对社会批判方法进行改造,这必然使批判理论呈现出一种全新的理论形态。

哈贝马斯始终关注语言问题。早在 1965 年法兰克福大学的就职演说中哈贝马斯就指出:"使我们从自然中脱离出来的东西就是我们按其本质能够认识的唯一事实:语言。"[②] 基于此,他对 20 世纪语言哲学的几乎所有方面都抱以极大的兴趣,这些思想对他的哲学道路也产生了深远的影响。

作为法兰克福学派的第二代领袖人物,哈贝马斯继承了法兰克福学派理论家们的批判立场。在他看来,晚期资本主义陷入了一种危机和困境之中,工具理性取代了交往理性成为人的生活中心,人与人之间的主体间性关系降格为主客体关系,从而使人陷入到严重的物化状态。但是,与第一代法兰克福学派理论家对资本主义所进行的意识形态批判和文化批判不同,哈贝马斯在语言学转向的影响下,以语言为切入点,在对资本主义的异化现实进行深刻批判的同时,试图建构一种具有合理性的理想社会,并提出了建构的有效性途径,从而将批判理论从经典的意识形态批判转向对知识和行为合理性的积极重建。这种有效性途径就是提倡建立一种不同于工具理性的交往理性,在交往过程中,人与人的关系不再是主体与客体的关系,而是两个共同主体的间性关系。

哈贝马斯明确指出,自己所提出的交往的主体间性理论源自于洪堡语言学。"交往理论趋向始于洪堡,把语言理解模式当作出发点,并揭示出了自我意识、自我决定、自我实现等的'自我'身上所具有的相互渗透的视角和相互承认的结构,从而克服了主体哲学。认识上的自我关涉和实践上的自我关涉将被彻底解构,于是,传统的反思哲学概念变成了主体间的认识、

---

① [德] 阿克塞尔·霍耐特:《权力的批判:批判社会理论反思的几个阶段》,童建挺译,上海人民出版社 2012 年版,第 2 页。

② [德] 哈贝马斯:《作为"意识形态"的技术与科学》,学林出版社 1999 年版,第 132—133 页。

自由交往以及社会化个体等概念。"① 由此可见,洪堡语言学中所包含的对主体自我关涉的反思,以及对主体间的相互活动的认识,对哈贝马斯的交往行为理论具有一定的启发意义,而哈贝马斯所直接批判的则是索绪尔的结构语言学。不同于洪堡语言学所包含的主体间性的因子,索绪尔的结构语言学则在反思主体性,把主体消解在了语言的语法结构之中。如哈贝马斯所言:"结构主义趋向始于索绪尔,出发点是语言规则系统。它把具有语言和行为能力,并处于语言实践当中的主体活动归结为语法的基本结构和生成法则,以此来克服主体哲学。这样,主体性就失去了其创造世界的原始力量。"② 可见,索绪尔语言学建立在对洪堡的历时语言学的批判之上,他的共时语言学或对语言的语法结构的研究消解了主体性。他关注于语言的静态结构,而不是生活中的活生生的言语,因此从结构语言学中自然不可能发展出交往理论,反而与交往理论格格不入。"由于结构主义把普遍的语言形式提高到先验的地位,因此,它也就把主体及其言语降低为纯粹偶然的东西。主体如何言说及其所作所为,应当由基本的规则系统加以解释。具有语言和行为能力的主体的个体性和创造性,乃至主体性所拥有的一切本质特征,只是一些多余现象,要么被置之不理,要么被贬斥为自恋症状。要想在结构主义的前提下恢复主体的权力,就必须把一切个体性和创造性都转移到只有直觉才能把握的前语言领域中。语用学转向为走出结构主义抽象开辟了道路。"③ 由此可见,哈贝马斯把语用学作为解决结构主义抽象化语言论的有效途径和方法。"是语用学转向促成了主体哲学的决定性变革。语用学转向认为阐释世界的语言优先于生成世界的主体性——阐释世界的语言是一切理解、社会合作以及自我调节的学习过程的媒介。这样就使得长期以来宗教语言一直在言说的那些必须的基本概念第一次得到了解放。"④ 传统的主体性哲学把研究人类主体的精神、情感和意志作为对象,而语用学带来了主体性哲学的巨大变革,因为语用学认为语言是人类用以理解、表达和阐释这个世界,并在这个世界中得以自我学习,乃至形成人际交往的媒介。结构主义语言学忽视了主体性的存在,行为主体的语言能力和交往意愿等被

---

① [德] 哈贝马斯:《后形而上学思想》,曹卫东等译,译林出版社 2001 年版,第 224 页。
② [德] 哈贝马斯:《后形而上学思想》,曹卫东等译,译林出版社 2001 年版,第 224 页。
③ [德] 哈贝马斯:《后形而上学思想》,曹卫东等译,译林出版社 2001 年版,第 46 页。
④ [德] 哈贝马斯:《后形而上学思想》,曹卫东等译,译林出版社 2001 年版,第 174 页。

排除在了语言学研究之外。这是由结构主义语言学将研究重心置于语言的共时结构造成的。因此,要超越结构主义语言学就要改变语言学的研究重点,把现实生活中活生生的语言现象作为研究对象。基于此,哈贝马斯试图建立一种普遍语用学,从而为"重建言语的普遍有效性"提供理论基础。①哈贝马斯把他的普遍语用学构想进一步拓展为交往行为理论,从而丰富和发展了批判理论。德国哲学家韦尔默认为,普遍语用学"是为从'语言学上'重构的历史唯物主义观念提供理论基础的一个有独创性的尝试。……作为一种理论,它是与从所有形式的社会压迫和政治支配中解放出来的实践谋划内在地联系在一起的。或者,用哈贝马斯的话来说,历史唯物主义指向使'无扭曲的交往'成为一种社会组织形式的实践谋划。"②因此,哈贝马斯对奥斯丁和塞尔等人的言语行为理论、伽达默尔的解释和理解理论,以及维特根斯坦的意义理论等极为关注,并将这些理论作为其建立普遍语用学和话语伦理学的理论资源。

三、言语交往行为的运行机制和有效性法则

经典马克思主义者认为语言是人类交往的最佳工具,但是并非所有用语言进行交往的活动都属于交往行为,因为哈贝马斯赋予交往行为以特殊含义。他把人类借助语言进行交流的行为分为目的(策略)行为、规范调节行为、戏剧行为和交往行为四大类。"目的(策略)行为模式把语言仅仅作为众多媒介中的一种。通过语言媒介,各自追求自身目的的言语者相互施加影响,以便促使对手形成或接受符合自身利益的意见或意图。规范行为模式认为语言媒介传承文化价值,树立起了一种共识,而这种共识不过是随着沟通行为的每一次进行而不断反复出现。这样一种文化主义的语言概念在文化人类学和内容比较具体的语言科学中有着广泛影响。戏剧行为模式认为,语言是一种自我表现的媒介,陈述部分的认知意义以及以言行事部分的人际意义,与其表现功能比较起来都大打折扣。语言被等同于有特色的审美表达形式。只有交往行为模式把语言看作是一种达成全面沟通的媒介。

---

① Jürgen Habermas, *On the Pragmatics of Communication*, Maeve Cooke, ed., Massachusetts: the MIT Press, 1998, p.21.

② [德]阿尔布莱希特·韦尔默:《交往与解放:批判理论中的语言学转向之反思》,《马克思主义与现实》2011年第1期,第132页。

在沟通过程中,言语者和听众同时从他们的生活世界出发,与客观世界、社会世界以及主观世界发生关联,以求进入一个共同的语境。这种解释性的语言概念是各种不同的形式语用学研究的基础。"①

哈贝马斯认为,除了交往行为模式的语言概念之外,其他三种语言概念都具有片面性,他们各自代表的交往类型都是交往行为的临界状态。具体而言,目的行为是间接沟通,参与者眼里看到的只是自己的目的;规范行为是共识行为,参与者只是把已有的规范共识付诸实践而已;戏剧行为是与观众相关的自我表现。这三种行为都只是分别揭示了语言的一种功能,即或发挥以言表意效果,或建立人际关系,或表达经验。相反,交往行为模式贯穿于米德的符号互动论、维特根斯坦的语言游戏概念、奥斯汀的言语行为概念,以及伽达默尔的解释学等共同开创的不同的社会科学传统,并且充分注意到了语言的各种不同功能。因此,交往行为模式可以克服其他三种行为理论模式的片面性而具有更大的合理性。正是在这个意义上,哈贝马斯对交往行为极为重视,并且试图建立系统的交往行为理论体系。这种交往行为并非参与者通过实际的行动合作而进行的现实交往,而是把语言设定为沟通过程的媒介,也就是一种通过语言沟通而进行的交往行为。

但是,这种语言沟通不是简单地用语言进行信息交流,而是具有其特指的含义和功能。"'沟通'一词的基本含义在于:(至少) 两个具有言语和行为能力的主体共同理解了一个语言表达。……如果听众接受了言语者所提供的言语行为,那么,在(至少) 两个具有言语和行为能力的主体之间就形成一种共识。"② 以语言为媒介,通过沟通而在主体间寻求共识的行为才可以称为交往行为,否则就是目的(策略) 行为。如其所言:"所谓交往行为,是一些以语言为中介的互动,在这些互动过程中,所有的参与者通过他们的言语行为所追求的都是以言行事的目的,而且只有这一目的。相反,如果互动中至少有一个参与者试图通过他的言语行为,在对方身上唤起以言取效的效果,那么,这种互动就是以语言为中介的策略行为。"③哈贝马斯认

①　[德] 哈贝马斯:《交往行为理论》,曹卫东等译,上海人民出版社 2004 年版,第 95 页。

②　[德] 哈贝马斯:《交往行为理论》,曹卫东等译,上海人民出版社 2004 年版,第 282 页。

③　[德] 哈贝马斯:《交往行为理论》,曹卫东等译,上海人民出版社 2004 年版,第 281 页。

为奥斯汀的言语行为理论的不足就在于没有在交往行为和策略行为之间做出区别。如果说策略行为运用权力机制所追求的是服从,那么交往行为则通过运用语言的沟通机制在主体间达到理解和共识。换句话说,目的(策略)行为是在工具(目的)理性的支配下以目的为取向的具有强制力的行为,而交往行为则是在交往理性支配下的以沟通和共识为目的的非强制行为,二者的合理性前提属于不同的两种类型。如其所言:"我把交往行为和策略行为当作是以语言为中介的互动的两个变形。对于交往行为而言,只有通过从结构上对主体间共同使用的语言加以限制,才能促使行为者从仅仅关注自身效果的目的理性的自我中心论当中走出来,并且成为交往理性的公共范畴。因此,超越主体的语言结构是用来从行为理论的角度解答社会秩序如何成为可能这个经典问题的。"①

　　这并不是说交往行为的双方不包含自己的目的,事实上,任何交往行为都是以达成目的为目标的,但是和目的(策略)行为不同,交往行为的双方要求在实现自己的目的的同时不要强迫压制对方的目的,这就要求交往双方根据在双方之间寻求共识的需要而随时调整自己交往的目的、言说的视角和所持的立场。如哈贝马斯所言:"如同所有行为一样,交往行为也是一种目的行为。但能够协调行为的理解机制打破了个体行为计划和实现这些计划的目的论,通过无条件地完成以言行事行为的交往'路线',把最初是针对具有自我中心主义思想的行为的趋向和行为过程,纳入到主体间共同拥有的语言结构的束缚之下。语言结构内部的理解目的迫使交往行为者改变他们的视角;这点具体表现为,从想对世界中的失误发挥作用的目的行为的客观立场,必然转变为努力与第二人称就某事达成理解的言语者的完成行为式立场。"②任何行为者在参与交往的过程中都是为了达到自己的目的而从事交往,但是交往行为的目的不能与一般以言行事的目的相等同,因为交往行为的实现,也就是共识的达成或相互理解的形成需要交往双发都放弃自我中心的目的论,改变自己的立场和看待问题的视角,把对方的意图充分考虑在内,这样交往共识才可能实现。所以交往行为是一种主体间性行为,或者说是两个主体之间为了达成某项共识而互相协调的互动行为。

---

① [德]哈贝马斯:《后形而上学思想》,曹卫东等译,译林出版社2001年版,第70页。
② [德]哈贝马斯:《后形而上学思想》,曹卫东等译,译林出版社2001年版,第115页。

如其所言："在交往行为中,互动本身从一开始甚至就取决于参与者相互之间能够在主体间性层面上对他们与世界的关联共同做出有效的评价。"① 通过这种交往,言语者与听众之间建立了一种人际关系。"在这个过程中,言语者通过反思来确定听众反驳其表达内容的有效性的可能性。"② 只有充分考虑到对方对自己可能的反驳,才能够真正调节自己的立场、视角、观点、方法和行为,从而为对方所接受。这也正是伽达默尔所提出的理解过程中的视界融合。正如伽达默尔所言："毋宁说在相互对话中构造了话题的共同视角。人类交往真正的现实性就在于,谈话并不是以自己的意见反对他人的意见,或把自己的意见作为对他人意见的添补。谈话改变着谈话双方。一种成功的谈话就在于,人们不再会重新回到引起谈话的不一致状态,而是达到了共同性,这种共同性是如此的共同,以致它不再是我的意见或你的意见,而是对世界的共同解释。正是这种共同性才使道德的统一性和社会统一性成为可能。"③

在交往过程中,交往主体要实现自己的目的一般都会首先采用交往行为,通过语言交往而试图获得对方的理解而达成共识,但是如果这种交往行为不能置于理想的交往情境之中,平等交往就难以实现,这时候行为主体可能就会采用策略行为,通过非语言手段(武力、命令、威胁等)来实现自己的目的。比如双方谈判不成之后采用武力手段解决争端。

因此,要实现这种主体间性的交往并达成共识,就必须把交往双方置于"理想言语情境"(ideal speech situation)之中。理想言语情境是自由的和透明的交往条件,"可以被理解为关于一场完美讨论的条件的规划。这些条件的最重要之处在于,它们要求在交谈的参与者之间没有权力的不均衡。这意味着,没人能把他的观点强加给任何其他人,而且不能把某人排除在讨论之外,或者禁止他们提出问题或质疑。"④ 也就是说,交往双方首先必须是平等的,所有合格的说话者都被允许参与其中,都可以表达自己观点,并具

---

① [德]哈贝马斯:《交往行为理论》,曹卫东等译,上海人民出版社 2004 年版,第 106 页。
② [德]哈贝马斯:《后形而上学思想》,曹卫东等译,译林出版社 2001 年版,第 116 页。
③ [德]伽达默尔:《诠释学 Ⅱ:真理与方法——补充与索引》,洪汉鼎译,商务印书馆 2010 年版,第 235 页。
④ [英]安德鲁·埃德加:《哈贝马斯:关键概念》,杨礼银等译,江苏人民出版社 2009 年版,第 73 页。

有对对方观点提出抗议和质疑的权力,从而排除权力对交往的干预和影响。另外,由于这种交往是通过言语行为来进行的,因此交往行为中的言语行为就与日常语言不同,它必须满足以下条件:"言说者必须选择一个可领会的表达以便说者和听着能够相互理解;言说者必须有提供一个真实陈述(或陈述性内容,该内容的存在性先决条件已经得到满足)的意向,以便听者能分享说者的知识;言说者必须真诚地表达他的意向以便听者能相信说者的话语(能信任他);最后,言说者必须选择一种本身正确的话语,以便听者能够接受之,从而使言说者和听者能在以公认的规范为背景的话语中达到认同。不但如此,一个交往行为要达到不受干扰地继续,只有参与者全部假定他们相互做出的有效性要求已得到验证的情形下,才是可能的。"① 也就是说,言说者只有保证了他的言语表达是可领会的、所做陈述是真实的、主观意愿是真诚的,以及他的言说是符合规范的和正确的,他的言说才是有效的,听者才能够接受他的话语以及话语中所包含的以言行事的内容,真正的沟通和理解才能够完成,双方的共识也才能够达成。在实际的交往行为中,对语言的使用方式和目的不同,对有效性的四项要求也会有不同的侧重。在语言的认知式运用中,陈述内容的真实性居于显著地位;在语言的相互作用式运用中,人际关系的正确性居于显著地位;在语言的表达式运用中,言说者的真诚性居于显著地位。但是,在每一个交往行为的实际场合,尽管所有有效性要求并非同时被强调,但是作为一个有效性要求系统,它们必须并总是同时参与交往的过程之中。

四、交往的话语伦理学及其批判

哈贝马斯试图通过建立在普遍语用学基础上的交往行为理论来建构一种话语伦理学,其目的是提出一项为道德主张提供哲学正当性的纲领,进而重建一种更加合理的理想社会。② 因此,可以说,"交往行为理论中止

---

① [德] 哈贝马斯:《交往与社会进化》,张博树译,重庆出版社 1989 年版,第 3 页。

② 托马斯·默伽塞将哈贝马斯的批判的社会理论"描绘成一个由三个层级或三个子方案组成的研究方案",即:基础层次——关于交往的一般理论(普遍语用学);中间层次——关于一般的社会化理论(交往资质发展理论);最高层级——关于社会进化的理论(历史唯物主义的重建)。([德] 哈贝马斯:《交往与社会进化》,张博树译,重庆出版社 1989 年版,英译本序,第 11 页。)

之处就是话语伦理学探讨的起点"①。话语伦理学的最终企图是建立一种
"非中心的世界观"(decentered understanding of the world),即主体间性的
世界观念,并通过这种世界观对资本主义主体性观念进行批判。正如莱斯
利·A. 豪所言:"以主体为中心的现代理性导致了个体自我意识的孤立,导
致了将世界分裂为可理解领域和不可理解领域,导致了以'合理性'为幌子
的权力压迫体系扩张的可能性。"② 现代性所倡导的主体性把人从上帝的束
缚中解放出来,但是主体性的过度膨胀却使人陷入了孤立和分裂的状况。
因此,按照哈贝马斯的理解,要解决主体性的困境并不是像结构主义和解构
主义那样消解主体性,而是建立一种主体间性,倡导主体之间的平等交流与
对话,通过建立一种交往理性来建构一个具有合理性的世界秩序。

　　哈贝马斯的这种主体间性观念"打破了把世界作为它物,把主体作为
'先验'自我的帝国主义态度。语言媒介的主体间性需要并训练个体采取
说话者(我)、听话者(你)或听众(他/她/他们)等三种身份。自我建构和
世界建构的所有方面都是以主体间的理解和交往作为中介的。这里不存在
单独的享有特权的观点。"③ 这也正是哈贝马斯所坚持的应当用相互理解、
宽容、和解的立场处理不同的价值观和道德观,乃至不同文化传统之间的差
异与冲突。不同信仰、价值观、生活方式和文化传统之间,必须实现符合交
往理性的话语平等和民主,反对任何用军事的、政治的和经济的强制手段干
涉别人,通过武力贯彻自己意志的做法。这正是他的话语伦理学的基本主
张:"话语的共识必须满足以下条件:每一个有语言和行为能力的主体在自
觉放弃权力和暴力使用的前提下,人人都必须怀着追求真理,服从真理的动
机和愿望。不但如此,通过话语的共识建立起来的规则,还必须为所有人所
遵守。每个人都必须对这种规则的实行所带来的后果承担责任。"④ 这里体
现着哈贝马斯对德里达的差异性主张和阿多诺的非同一性理论的批判性继
承以及对福柯的微观权力学说的批判。

　　哈贝马斯认为语言以及对语言的理想化要求,对于社会文化生活形式

---

① [美] 莱斯利·A. 豪:《哈贝马斯》,陈志刚译,中华书局 2002 年版,第 39 页。

② [美] 莱斯利·A. 豪:《哈贝马斯》,陈志刚译,中华书局 2002 年版,第 88 页。

③ [美] 莱斯利·A. 豪:《哈贝马斯》,陈志刚译,中华书局 2002 年版,第 87 页。

④ [德] 哈贝马斯、米夏埃尔·哈勒:《作为未来的过去》,章国锋译,浙江人民出版社 2001 年
　　版,第 126 页。

的维持与整合具有根本意义。因此,他把这种建立在主体间性基础之上的话语伦理学运用于教育、法律、国际关系等社会生活的方方面面,来建构他理想中的生活世界。例如父母教育子女,年轻一代要继承过去的知识,个体和群体要协调他们的行为,即不付出动用武力的沉重代价而和平相处,他们就必须通过交往行为来达到相互理解,社会的许多基本功能也都必须通过交往行为来实现。虽然现代法律是通过强制性的策略性行为来保障社会的有序秩序,但是它的前提条件是要保证这种法律规范首先要得到所有国家公民的预先赞同,这样才能确保法律的有效性。这一点在国际关系中的表现更为突出,如其所言:"在国际关系和不同文化类型的交往中,实现一种无暴力、无强权的平等、公正的状态,是人类唯一的选择,除此之外别无道路可走。"①

　　很多人对哈贝马斯的交往行为理论提出质疑,认为它具有空想性质,福柯称其为"交往的乌托邦",布尔迪厄也将其看作是"乌托邦现实主义"。哈贝马斯认为:"决不能把乌托邦(Utopie)与幻想(Illusion)等同起来。幻想建立在无限的想象之上,是永远无法实现的,而乌托邦则蕴含着希望,体现了对一个与现实完全不同的未来的向往,为开辟未来提供了精神动力。"②乌托邦的核心精神就是批判经验现实中不合理、反理性的东西,并提出一种可供选择的方案。我们也必须坚信一种合理的理论主张要成为现实必然要经过一个长期的,甚至充满痛苦和失败的过程,有时也会令人失望。在此期间,可能还会有许多人为此而牺牲。但是,一旦人们认识到了它的正确性,它就会存在于人们的意识之中,无论遇到多大的障碍,总有一天会变成现实。因此,虽然备受批评,哈贝马斯仍然对自己的交往理论充满信心,认为通过有效的言语交往行为我们的社会必然能够向一个"较为公正的未来"发展。

　　但是哈贝马斯对交往行为理论在文学艺术领域内的应用却信心不足。哈贝马斯对文学作品的文本与作者和读者之间的关系与日常交往实践进行了比较。他认为:"言语行为在文学文本中失去了力量,在日常交往实践中

①　[德]哈贝马斯、米夏埃尔·哈勒:《作为未来的过去》,章国锋译,浙江人民出版社2001年版,第134页。
②　[德]哈贝马斯、米夏埃尔·哈勒:《作为未来的过去》,章国锋译,浙江人民出版社2001年版,第123页。

保持了下来。在日常交往实践中，言语行为的活动领域是行为的具体语境，其中，参与者必须熟悉所处环境，并且——或许有些愚蠢——要处理一些问题；在文学文本中，言语行为的目的是让人接受，接受又使读者从行为中解脱出来：他所遇到的环境以及他所面临的问题，和他都没有切身关系。文学并不要求读者采取日常交往所要求于行为者的那种立场。虽然两者都卷进了历史当中，但方式不同。我们要想阐明这种差异性，只有从意义和有效性的关系入手。"① 也就是说，文学中的交往行为和日常交往行为具有不同的有效性要求和不同的意义生成机制。"日常生活中的应用文所要求的陈述的真实性、规范的正确性、表达的真诚性以及价值的优先性，既针对言语者，也针对接受者；相反，文学文本中所出现的有效性要求尽管具有同样的约束力，但它仅仅适用于文本中的人物形象，而不针对作者和读者。有效性的转换在文本的临界点上中断了，不会通过交往关系一直延续到读者那里。从这个意义上讲，文学言语行为不具备以言表意力量。陈述内容的意义和价值之间的内在联系，只对小说的人物形象、第三人称以及转变成第三人称的第二人称人物形象有效，对于真正的读者则没有什么价值。这种内在联系和读者脱离了关系，使得读者无法向文本提出具体问题。"② 这是哈贝马斯少有的关于文学的论断。在哈贝马斯看来，由于文学言语行为难以形成作者与读者之间的平等交流与对话，文本中断了二者之间的交流，也就是说，作者的意图难以在读者心中产生影响，所以在文学言语行为中不存在以言表意的力量，同理，以言行事也难以形成。按照哈贝马斯的逻辑，这种观点似乎也成立，但是他忽视了一点，那就是文学活动中作者和读者通过文本的中介所进行的交往与日常言语行为中的交往是完全不同的。文学的作者通过文本也是在向读者传达一种信息和意图，并期待着读者的回应。可以说，这也是一种以言表意行为和以言行事行为。与日常交往行为的不同之处在于，这种交往是单向的，作者以言表意、传递信息、表达情感，但是读者是否接受，是否产生共鸣却是未知的。从这个意义上说，文学的交往行为只有在读者对文本进行了阅读并产生共鸣之后，这种交往行为才算完成。虽然也可以通过发表阅读体验和意见反馈来对作者产生一定的影响，但是相对于

---

① [德] 哈贝马斯：《后形而上学思想》，曹卫东等译，译林出版社 2001 年版，第 239 页。

② [德] 哈贝马斯：《后形而上学思想》，曹卫东等译，译林出版社 2001 年版，第 239—240 页。

作者对读者的影响,这种影响力是非常微弱的。所以,可以说,作者与读者之间的交往是不对等的。由此可以把哈贝马斯的文学言语行为论或交往行为在文学中的表现与伽达默尔的文学解释学联系起来。而在文学领域中要形成真正的交往对话,那就要把文学场域作为一个理想的公共领域看待,在其中所有的言说者都可以自由发言。正是基于这一原因,哈贝马斯在他的公共领域理论建构中非常重视文学艺术,并把文学艺术作为公共领域的最佳表征而加以讨论和研究。

　　巴赫金认为只有思想的对话与碰撞才能产生出新的思想。哈贝马斯以普遍语用学为基础所建构的交往行为理论带来了批判理论的交往转向,并使"交往达成的相互理解第一次在马克思主义的历史中成为社会的范式"①。这种新范式的建立很大程度上得益于哈贝马斯对其他知识谱系,尤其是现代语言哲学的关注、吸收和借鉴。正如吉登斯所言:"哈贝马斯的著作涉及相当广泛的主题,而这种多样性很容易导向一种混合的折衷主义。他的确善于把许多全然从相反的路径中得来的观念整合到自己的那些理论中去。无论如何,对哈贝马斯宏大理论工程稍有一点同情心的人,也不得不承认他在用一种高度创新和严格规约的方式把如此众多的理论观念融合起来。"②事实上,除了哈贝马斯之外,巴赫金、詹姆逊等莫不是通过与其他知识谱系的对话与交流才形成了自己独特的思想体系的。哈贝马斯把批判理论建立在语用学的基础之上,赋予批判理论以新的生命力,并推动了马克思主义语言哲学的发展,也为他的弟子霍奈特的承认理论的建立以及批判理论的"政治伦理转向"的最终完成做好了准备。③

---

① [德]阿克塞尔·霍耐特:《权力的批判:批判社会理论反思的几个阶段》,上海人民出版社 2012 年版,第 237 页。

② [英]安东尼·吉登斯:《没有革命的理性?——论哈贝马斯的交往行为理论》,《马克思主义与现实》2002 年第 2 期。

③ 王凤才:《从语言理论到承认理论——霍耐特对哈贝马斯交往理论的反思与重构》,《山东大学学报》2007 年第 3 期。

第九章　对话思维与文学理论的知识形态建构

第一节　未完成的思考

马克思主义与形式主义文论的关系史非常复杂,本研究运用历史与逻辑相结合的方法,仅仅从宏观上对这一过程进行了描述和勾勒,讨论了这一发展的内在逻辑,并着重分析了这种对话在 20 世纪早期的苏联、20 世纪中期的欧洲和 20 世纪后期的英美所关注的主要问题、采用的主要方法,及其所表现出来的主要特征。但是,总体而言,相对于历史的复杂性和本论题内容的丰富性而言,本书中对马克思主义与形式主义关系史的描述和勾勒还是非常粗略的,对史料的把握还有很多欠缺,这可能会影响文中的一些论断。本书对马克思主义与形式主义对话中的重要环节和问题的把握也是不全面的,还有很多问题尚未顾及,只能在未来的研究中加以补充和完善了。

一、20 世纪 20—30 年代俄国文论的整体状貌

周启超根据理论的基本取向将 20 世纪 20—30 年代的俄罗斯文论划分为三大流脉:"推重文学的语言艺术形态维度的'解析',推重文学的文化意识形态维度的'解译',推重在文学的语言艺术形态维度与文学的文化意识形态维度之间穿行的'解读'。这三大取向,以各自姿态体现出近百年来一代又一代俄罗斯文论界学者在文论建设中的不同立场:或是对文论'科学化'的倾心,或是对文论'人文化'的高扬,或是力图以一种张力在'科学化'和'人文化'这两极之间守持住某种平衡而不懈地求索,以进入那理想的'整合'境界。"① 这一理论概括是非常准确的,不仅把这一时期俄罗斯文

---

① 周启超:《现代斯拉夫文论导引》,河南大学出版社 2011 年版,第 75—76 页。

论的整体状貌清晰地呈现了出来,而且预示了20世纪西方文论发展的基本态势。事实上,整个20世纪西方文论的主流形态基本上都是按照这三大取向发展的,不同流派之间的区别很大程度上只在于侧重点和程度的不同而已。从这个角度来看,西方学术界将整个20世纪西方文论的源头定位在20年代的俄罗斯不无道理。

我们在第二章重点讨论了20世纪20—30年代俄国形式主义与苏联马克思主义之间的论争,其中也提及了试图在二者之间取中间道路以弥合俄国形式主义和马克思主义之间鸿沟的"形式社会学派",并在第三章对巴赫金在二者之间的对话进行了重点分析。事实上我们已经宏观地概括出了20世纪20—30年代俄罗斯文学理论界出现的具有代表性的三大理论流脉。但是,对各个流脉内部的复杂情况,以及各个流脉之间更为复杂的深层关系,我们还缺乏更为深入和全面的研究。

以俄国形式主义为代表的"形式论学派"仅仅是"语言艺术形态的解析流脉"中的一种典型形态,而非其全部。根据周启超的研究,在"诗语研究会"和"莫斯科语言学小组"开展学术活动的同时,另有其他两个机构也开始了类似的工作。一个是位于彼得格勒—列宁格勒的国立艺术史研究院语言艺术部,日尔蒙斯基曾出任该院语言艺术系首届系主任。该学部于1920年成立了"艺术言语研究会",展开了对文学艺术的语言形式的研究。正如日尔蒙斯基所言:"艺术史研究院,相应于其自身的独特使命,应当视文学为语言艺术。这里的研究对象,犹如研究院的其他系部,乃是在其历史发展之中的那些艺术(在这个场合便是诗)的手法。"[①]正是因为国立艺术研究院的成员与俄国形式主义者在研究对象和研究方法方面的接近,以及他们与俄国形式主义者之间密切交往,因此学术界也通常将其成员看作形式主义者,其中就包括其三员大将日尔蒙斯基、维诺格拉多夫和托马舍夫斯基在内。另一个是位于莫斯科的国立艺术科学研究院,其代表理论家什佩特和雅尔霍都执着于对科学化的文学理论的追求,这与以雅各布森为代表的莫斯科语言学小组的理念非常接近。这两个机构的成员与俄国形式主义之间的交往与互动,最终汇流而成为"语言艺术形态的解析流脉"。但是,与此同时,也正是因为这种理念和方法的接近性,在马克思主义者对俄国形式

---

① 转引自周启超:《现代斯拉夫文论导引》,河南大学出版社2011年版,第79页。

主义者的批判过程中,这两个机构的理论家们也没能独善其身,同样受到了严厉的批判。1927 年,什佩特被指控为在国立艺术研究院构筑"唯心主义堡垒"而受到批判;1929 年国立艺术史研究院也被奉命"在社会学基础上加以改组",最终被撤销建制;1930 年,什克洛夫斯基发表了那篇著名的公开检讨《学术错误志》……。① 至此,整个形式论思潮走向衰落,转入低谷,直至消亡。

在"文化意识形态的解译流脉"中,我们更多关注于马克思主义理论家托洛茨基和卢那察尔斯基对俄国形式主义的批判。除此之外,萨库林、弗里契和比列维尔泽夫等这些通常被称为"庸俗社会学家"的思想,尤其是他们对俄国形式主义的态度,也应该予以关注。

在周启超看来,试图在上述两个流脉之间进行对话的"解读流脉"取得了更为瞩目的成就,其中就包括维戈茨基、普洛普、维诺库尔、巴赫金、列别茨基和阿斯科尼多夫等人。"这些学者将注意力投入'语言学视界'与'社会学视界'的整合上、理论诗学与历史诗学的整合上、微观解析与宏观解译的整合上、历史考察与共时透视的整合上,进而有可能使自己的文论探索进入一个崭新的境界。"② 对于这个流脉,我们仅仅将巴赫金作为个案,探讨了他在形式主义和马克思主义之间的对话关系,而对其他理论家没有顾及。

总体而言,周启超分析的这三个流脉共同构成了 20 世纪初期俄罗斯文学理论的整体状貌,也都或多或少地参与了马克思主义与形式主义的论争与对话。因此,对这一段历史进行整体研究,才能更全面地把握这种对话及其所产生的理论效应。对此,我们在以后的研究中需要进一步补充和完善。

二、马克思主义与布拉格学派的关系

布拉格学派是形式主义文论发展史中的一个重要环节,也是其家族中的重要成员。雅各布森 1920 年移居布拉格,并于 1926 年与其在布拉格从事语言学的朋友穆卡洛夫斯基等人建立了布拉格语言学小组。他们拒绝全盘接受俄国形式主义的文学观念,认为只有当我们将文学艺术的所有一切

---

① 周启超:《现代斯拉夫文论导引》,河南大学出版社 2011 年版,第 84 页。
② 周启超:《现代斯拉夫文论导引》,河南大学出版社 2011 年版,第 91 页。

全部看作形式的时候才可以称为形式主义。他们更多地接受了索绪尔的结构语言学理论,并于 1934 年之后称自己的理论为"结构主义"。虽然布拉格学派成员没有像俄国形式主义者那样在俄罗斯遭受到马克思主义者的严厉批判,但是相对温和的批评是存在的。韦勒克对这段历史进行了较为细致的描述。1934 年,穆卡洛夫斯基出版了一个重要的小册子《普拉克的〈自然的崇高〉》,并为什克洛夫斯基的《散文理论》捷译本作序。这两篇文章中体现出来的明显的结构主义倾向很快受到了"那些富有战斗精神的马克思主义批评家们"的关注和批评,其中最主要的代表就是库尔特·康拉德和贝德里奇·瓦克拉维克。他们二人都坚持文学的经济决定论,但同时又承认文学中存在着美学的因素。他们曾经从马克思主义的角度批评过形式主义者,但对布拉格学派的理论却报以非常尊敬的态度,因为他们"认识到捍卫先锋派艺术(与捷克斯洛伐克政治上的极左派关系密切)是符合他们的目的的",因此"希望结构主义可以作为一种从属的角色被引入马克思主义"①。面对马克思主义者抛出的橄榄枝,这位早年"一流的理论家和文本分析家"也逐渐意识到通过个人介入来对文学艺术进行价值判断的重要性,认为"解决世界观问题的答案就在马克思主义中",并"希望马克思主义能全面吸收结构主义"②,从而开始调和结构主义和马克思主义。穆卡洛夫斯基的这一转向发生在 1948 年,正是在这一年,共产党开始掌握政权。及至1951 年,他就开始丢弃了自己早期的所有观点,强烈谴责结构主义,并认为自己早年的整个事业"误入歧途",且宣称"真正的科学只有马克思主义"。尤其是当他被任命为布拉格大学校长之后,他完全放弃了文学研究而投入学术行政管理与和平运动,按照共产主义意识形态进行重组活动,以"帮助建设社会主义"。穆卡洛夫斯基的巨大转变也影响了他的学生乃至整个布拉格学派,自此布拉格学派早期的形式论倾向完全沉寂了,代之以马克思主义的正统观念。作为早期布拉格学派的学生,韦勒克对穆卡洛夫斯基乃至整个布拉格学派的这一转变充满了忧伤,认为他们后期编写的《捷克文学

① [美]勒内·韦勒克:《辩异:续〈批评的诸种概念〉》,刘象愚、杨德友译,上海人民出版社2015 年版,第 265 页。
② [美]勒内·韦勒克:《辩异:续〈批评的诸种概念〉》,刘象愚、杨德友译,上海人民出版社2015 年版,第 261 页。

史》"变成了一部僵化、正统的马克思主义著作"①。但是,同时我们也应该看
到,穆卡洛夫斯基的这一转向并非强迫的结果,布拉格学派的理论本身并不
像俄国形式主义者那样决绝地坚持形式的唯一性,其结构思想本身就包含
了社会和文化因素。他们对马克思主义的接受有其理论发展的自然逻辑,
而通过与马克思主义之间的这场论争最终发展了其思想中的"社会化"因
素。② 尽管布拉格学派的代表人物穆卡洛夫斯基的思想发生了马克思主义
转向,但是在布拉格学术界,早期的俄国形式主义和布拉格学派的结构分析
方法仍然后继有人。马克思主义与结构主义在当时的布拉格形成了双峰并
峙的状态。正如韦勒克所言:"当今的捷克斯洛伐克文学研究分成了两派,
一派对形式、韵律、文体作技巧性研究,另一派在马克思主义理论框架内作
意识形态和历史的研讨。"③ 在此,我们对布拉格学派与马克思主义之间的
这段对话进行了粗略的勾勒,而其历史的复杂性和理论对话的张力,仍需付
出更多的努力加以研究。

三、马克思主义与新批评派的关系

20世纪30年代是美国文学理论和批评界"最辉煌的一页",因为这一
时期形成了对美国文学批评影响深远的四大重要学派:马克思主义学派、新
批评学派、芝加哥学派和纽约知识分子学派。在当时的美国,这四大学派都
取得了丰富的成果,产生了重要的影响。尤其是,美国马克思主义与新批评
这两个学派之间也发生了复杂的对抗和对话关系,国内学者赵毅衡和吴琼
对此虽然已经有所注意,④ 但相对于问题的复杂性而言,他们的论述是太过
于粗浅的。这也是我们在马克思主义与形式主义关系史研究中非常重要却
没有深入探讨的重要问题。

虽然欧洲是马克思主义的大本营,但是,早在马克思逝世前后,马克思

---

① [美]勒内·韦勒克:《辩异:续〈批评的诸种概念〉》,刘象愚、杨德友译,上海人民出版社
2015年版,第266页。
② 杨磊:《布拉格学派和马克思主义的论争及其反思》(未刊稿)。
③ [美]勒内·韦勒克:《辩异:续〈批评的诸种概念〉》,刘象愚、杨德友译,上海人民出版社
2015年版,第268页。
④ 赵毅衡:《重访新批评》,百花文艺出版社2009年版,第76—80页;吴琼:《20世纪美国马
克思主义文艺理论研究》,北京大学出版社2012年版,第89—96页。

主义在美国就已经开始传播了。1848 年欧洲革命失败之后,马克思的朋友约瑟夫·魏德迈(Joseph Weydemeyer)移居美国,并与他的几位朋友于 1853 年在纽约成立了一个"美国工人同盟"。之后,更多的具有马克思主义色彩的政治组织建立了起来。①20 世纪初十月革命的影响传导至美国,在美国掀起了一股"红色浪潮"。20 年代末至 30 年代初期的经济大萧条引起了美国民众对资本主义工业社会的不满和批判,马克思主义所具有的批判性使其再次获得了广泛认同,从而使这一时期成为美国社会的"红色十年"②。1939 年,美国共产党员的人数已经达到了 75000 名,及至 1943 年则快速发展至近 10 万名的规模。这一时期的美国知识分子和激进文人大多都成为马克思主义的信仰者或同情者,甚至只要具有一定革命意识的人都以马克思主义者自居,即使他们并没有真正掌握马克思主义学说,而仅仅是笼统地反对资本主义、同情工人阶级、仰慕俄国革命。但是,也应该注意到,20 年代末和 40 年代末发生了两次对马克思主义者造成巨大冲击的"红色恐慌",极大地削弱了共产党的战斗力,而对斯大林主义的怀疑和对越战的不满,则使大萧条至越战时期的那些马克思主义文学知识分子成为美国社会"迷失的一代"③。

马克思主义在美国社会的快速传播在推动社会主义运动蓬勃发展的同时,也深深地影响了美国的文学艺术创作与批评,从而使"社会批评尤其是马克思主义批评在三十年代一统天下"④。但是,此时的美国马克思主义文学批评并不具有统一的形态。由于苏联马克思主义的影响,30 年代美国文学批评界的"庸俗马克思主义"相当普遍;30 年代中期法兰克福学派的

---

① 这些政治组织主要有:社会劳动党(1877 年)、社会民主党(1897 年)、美国社会党(1901 年)、世界产业工人联盟(1905 年)等。1919 年社会党中的左翼脱离出来成立了共产党和共产主义劳动党,二者于 1923 年又合并在一起,并得到了莫斯科的承认。([美]文特森·里奇:《20 世纪 30 年代至 80 年代的美国文学批评》,王顺珠译,北京大学出版社 2013 年版,第 2—3 页;吴琼:《20 世纪美国马克思主义文艺理论研究》,北京大学出版社 2012 年版,第 20—22 页。)

② [美]雷纳·韦勒克:《近代文学批评史》(第六卷),杨自伍译,上海译文出版社 2005 年版,第 154 页。

③ [美]文特森·里奇:《20 世纪 30 年代至 80 年代的美国文学批评》,王顺珠译,北京大学出版社 2013 年版,第 4—5 页。

④ [美]雷纳·韦勒克:《近代文学批评史》(第六卷),杨自伍译,上海译文出版社 2005 年版,第 307 页。

"社会研究所"迁移到纽约的哥伦比亚大学,他们对资本主义社会的学术化批判动摇了斯大林式的教条主义对美国批评界的影响;更重要的是,对美国社会现实问题的关注以及与美国本土的实用主义等思潮的结合,推动了马克思主义文学批评的"美国化"。

报纸、杂志,尤其是学术刊物,是推动思想发展和传播的重要平台。马克思主义文学批评在美国的建立、发展和传播就很大程度上得益于这些传播平台的繁荣发展。20世纪早期的《同志》(创刊于1901)、《大众》(1911)、《新共和》(1914)、《解放者》(1918)、《国家》(1918)和《现代季刊》(1923)等刊物都欢迎社会主义批评。在30年代,美国马克思主义繁荣时期的左派刊物就有"从教条主义的《工人日报》到充满空洞说教的《新群众》、从学术性的《科学与社会》到文学性的《党派评论》"①。在这样的思想氛围中,出现了马克斯·伊斯曼(Max Eastman)、维克多·卡尔文顿(V.F.Calverton)、埃德蒙·威尔逊(Edmund Wilson)、格兰维尔·希克斯(Granville Hicks)、伯纳德·史密斯(Bernard Smith)、菲利普·拉夫(Philip Rahv)、欧文·豪(Irving Howe)等一批具有影响的马克思主义文学批评家,他们的著述成为美国马克思主义文学批评的主要成果。伊斯曼的《文学思想:它在科学时代的地位》、《穿制服的艺术家》和《马克思主义:它是科学吗?》、卡尔文顿的《美国文学之解放》、希克斯的《伟大的传统》、威尔逊的《阿尔瑟尔的城堡》、《文学的历史解读》和《30年代末的马克思主义》等都极大地推动了美国马克思主义文学批评的发展。

与马克思主义的发展相伴随,新批评也逐渐发展起来,并一跃成为美国文学批评界的主流形态。里奇将英美新批评的产生和发展划分为四个大的阶段。20世纪20年代是发端期,英国的艾略特、瑞恰兹、燕卜逊和美国的兰瑟姆、泰特等人开始提出新批评的基本观点;30—40年代是发展期,布鲁克斯、韦勒克、维姆萨特、伯克、利维斯等一大批学者加入新批评的队伍,一批著名的学术刊物也建立起来,在英国有艾略特的《标准》和利维斯的《细察》,在美国有布鲁克斯和沃伦编辑的《南方评论》、兰瑟姆负责的《肯尼恩评论》和泰特负责的《塞万尼评论》;40—50年代是鼎盛期,韦勒克和

---

① [美]文特森·里奇:《20世纪30年代至80年代的美国文学批评》,王顺珠译,北京大学出版社2013年版,第4页。

沃伦的《文学理论》就完成于这一时期,但此时很多新批评者已经开始修正自己的观点,打破"纯批评"而向历史、社会、文化、道德等其他领域延伸;50年代之后,"作为一种具有革新精神和独创性的学派"的新批评派已经走向了自己的终点,但是其"细读法"等方法论却得到了美国文学批评界的继承,用里奇的话说,"新批评之'死'标志着一种标准化了的'永垂不朽'"①。

马克思主义与新批评在20世纪上半叶美国社会的共存,及其政治立场和批评方法的差异,注定在二者之间必然发生一种碰撞与融通、对抗与对话相交织的复杂关系。

与俄国形式主义者通过回避政治来表达一种保守的政治观念一样,在里奇看来,美国新批评名义上是一种致力于探索文学内在特性的非政治的文学运动,但这并不意味着它不具有政治倾向性。与美国马克思主义者在30年代大多持一种坚定的"左派立场"不同,新批评派更多地持一种含蓄隐晦,偶尔也直言不讳的保守的,甚至是反动的"右派文化政治立场"。兰瑟姆和泰特等早期新批评家都属于"南方重农派","他们倡导一种传统的、稳定的、笃信宗教的、农业的社会秩序"②。基于立场的不同,虽然新批评家大都与马克思主义者一样,对大萧条时期美国的工业资本主义持一种强有力的批判态度,对两次大战之间资本主义生活秩序的混乱、民众的流离失所、人性的异化、归属感的消失、劳动与休闲的商品化等都表达了强烈的不满,但是却对马克思主义的左派倾向和哲学观点不甚赞同,甚至持一种批判的态度。

这种政治立场的差异直接影响了二者的文学观的差异。早在1939年,伯纳德·史密斯就在其《美国批评中的势力种种》中对新批评和马克思主义的文学观做了比较,认为"这个学派(新批评)的文学批评往往创造出一种表现少数幸运者的温情与经历的文学。而与之针锋相对的学派的批评所创造的文学所表现的往往是那些期望着战胜贫穷、无知和不平等的人们的理想和感受,是那些期望着人类大众的物质与精神升华的人们的理想和感受。"③

---

① [美]文特森·里奇:《20世纪30年代至80年代的美国文学批评》,王顺珠译,北京大学出版社2013年版,第25—27页。

② [美]文特森·里奇:《20世纪30年代至80年代的美国文学批评》,王顺珠译,北京大学出版社2013年版,第22页。

③ 转引自[美]文特森·里奇:《20世纪30年代至80年代的美国文学批评》,王顺珠译,北京大学出版社2013年版,第24页。

这种方法论的差异反映的实际上是马克思主义与新批评之间世界观的差异。它们二者中究竟谁更具解释力而将成为美国未来的主导性批评方法，史密斯当时似乎也无法给出一个更好的预测，因而提出了"未来究竟属于谁？"的疑问。里奇也注意到了二者方法论的差异问题，如其所言："文学马克思主义者力图使政治有意识地影响诗学，而新批评者却力图在诗学中取缔政治，为文学与批评提供一方美学的净土。……正如新批评学者对马克思主义政治与美学不屑一顾一样，马克思主义批评学者对新批评派的形式主义诗学与非政治性批评也同样敌视。"①史密斯和里奇二人的评述准确地概括了美国马克思主义与新批评派之间价值立场和文学观念的根本差异，这也正是二者之间对抗的根本原因。

美国马克思主义者对新批评派的重农主义极为不满，希克斯就认为戴文森、兰瑟姆和泰特三位新批评派的代表人物的学说是一种"堂吉诃德式的壮举"，因为他们"忽视了正在使工业主义不断发展的那些经济力量；他们忽视了为了实现他们所憧憬的那种农业社会必须与之抗争的那些政治力量"②。威尔逊对艾略特在英国文学史上的地位给予了高度评价，认为他的非个人化的批评方法有效地"遏止了浪漫主义的粗疏和过于澎湃的后遗症"，从而"为重构英国文学价值做出了前所未有的贡献"，但遗憾的是，他的这种反浪漫主义的批评"最终却走向了迂腐和徒劳的美学"，"常常让自己落入那种层层叠叠式的文字游戏"③。希克斯和威尔逊对待新批评的态度代表了美国马克思主义的基本立场。

同时，新批评家们也对马克思主义的左派立场和学术政治化倾向进行了尖锐的批判。泰特反对任何类型的经济决定论，斥责马克思主义批评是一种"道德说教的寓意思想"，具有"一种粗鲁的说教作风"④。布鲁克斯批评马克思主义文艺是一种用来"说教和唆使人们改变信仰"的"宣传性艺术"，

---

① [美]文特森·里奇：《20世纪30年代至80年代的美国文学批评》，王顺珠译，北京大学出版社2013年版，第22—23页。

② 转引自[美]文特森·里奇：《20世纪30年代至80年代的美国文学批评》，王顺珠译，北京大学出版社2013年版，第24页。

③ [美]埃德蒙·威尔逊：《阿尔瑟尔的城堡》，黄念欣译，江苏教育出版社2006年版，第87—92页。

④ [美]雷纳·韦勒克：《近代文学批评史》（第六卷），杨自伍译，上海译文出版社2005年版，第308页。

一种"说教式的异端邪说"①。布莱克姆尔对希克斯的《伟大的传统》进行了批评，认为这部作品的着眼点是文学与经济因素、阶级斗争和马克思主义观点之间的关系，因此"根本不是在写文学批评，他写的是一部狂热者的历史和一个诡辩家的辩论法"②。新批评派对马克思主义的这种尖锐批判在40年代依然没有停止，虽然此时美国马克思主义文学批评的热潮已经逐渐消退，而新批评则正在进入自己的鼎盛时期。到了40年代晚期，艾略特、瑞恰兹、利维斯、布莱克姆尔和肯尼斯·伯克等人都逐渐尝试拓宽自己的研究视野，开始涉猎历史、社会、文化和伦理等方面的命题。这种开放性和包容性就为与马克思主义展开对话，吸收马克思主义的有效成分提供了可能。

其中，伯克走得最远。早在30年代早期，伯克的美学中就已经吸收了马克思主义视角，认为对美学现象的分析可以发展为对总体社会和政治现象的分析，他的基本理念和写作纲领就是"将技巧批评与社会批评（宣传、说教）合二为一"，而他后来发展出的戏剧论则是"将语义学、马克思主义、精神分析综合起来的奇特尝试"③。正因为向马克思主义的靠拢和越界，新批评的辩护者、"最后一位主要的新批评家"默里·克里格（Murray Krieger）"大张旗鼓地把伯克轰出了新批评派"。里奇也认为伯克属于"新批评的圈外人"，虽然"他没有加入共产党，但他却是一位独立的马克思主义者"④。伯克的这种学术定位与巴赫金极为相似，因此很多理论家认为他与巴赫金都是"学派夹缝里漏过的人"⑤，伯克超越新批评就如同巴赫金超越俄国形式主义，因此值得给予充分的关注。

布鲁克斯坚持新批评的基本立场，认为文学作品是由语言符号构成的一个独立自主的存在物。与此同时，尽管他对马克思主义文学理论异常冷

---

① ［美］文特森·里奇：《20世纪30年代至80年代的美国文学批评》，王顺珠译，北京大学出版社2013年版，第22页；［美］雷纳·韦勒克：《近代文学批评史》（第六卷），杨自伍译，上海译文出版社2005年版，第332页。

② ［美］文特森·里奇：《20世纪30年代至80年代的美国文学批评》，王顺珠译，北京大学出版社2013年版，第23页。

③ ［美］雷纳·韦勒克：《近代文学批评史》（第六卷），杨自伍译，上海译文出版社2005年版，第388、404—405页。

④ ［美］文特森·里奇：《20世纪30年代至80年代的美国文学批评》，王顺珠译，北京大学出版社2013年版，第45页。

⑤ 赵毅衡：《重访新批评》，百花文艺出版社2009年版，第13页。

漠,认为它是"说教异端的复兴",但又非常重视历史,强调"诗歌沉浸于历史",反复指责无视历史甚至敌视历史的态度。① 他采用"反映论"或者模仿说的立场,认为诗歌的语言并不是空洞的语音符号,而是社会的产物,拥有一定的意义。正是基于对诗歌的自律性与社会性的二重性及其张力的清晰认识,里奇认为布鲁克斯"代表了'纯粹'形式主义和马克思主义社会诗学理论两个极端之间的一条中间道路"②。

　　除伯克和布鲁克斯之外,在新批评派的阵营中,韦勒克对马克思主义也非常关注。虽然韦勒克在他和沃伦合写的代表新批评基本观点的《文学理论》中强调"内部研究",但他们并没有否定"外部研究"的合法性。在韦勒克看来,马克思主义就是一种典型的外部研究方法,它基于一种"非文学性的政治和道德标准,从事评价性的'判决式'的批评。他们不但告诉我们文学作品所体现的社会关系及其含义过去和现在是怎样的,而且也告诉我们应该或必须是怎样的。他们不仅是文学和社会的研究者,也是未来的预言者、告诫者和宣传者;这两种作用在他们身上是难解难分的。"③ 马克思主义文学批评在文学与社会的关系研究方面比其他文学社会学方法更具有合理性和解释力,因此,韦勒克对马克思主义批评给予了充分的肯定,认为"马克思主义文艺批评在其揭示一个作家的作品中所含蓄或潜在的社会意义时,显示出它最大的优越性"④。同时,他还对一些马克思主义批评家进行了批评,威尔逊就是其中之一。韦勒克一方面充分肯定了威尔逊在批评史上的地位,认为威尔逊是唯一在欧洲最为知名和读者最多的批评家,但是,他也同时指出,威尔逊虽然皈依了马克思主义,但却完全不信服马克思主义的两大关键学说:剩余价值论和辩证法。对辩证法的摒弃使他在探讨文学和文学批评时信奉的是一般的历史方法,或者说,回归到一种基本的实证主义和实用主义。因此,韦勒克认为,不能给威尔逊简单地"贴上马克思主义

---

① [美]雷纳·韦勒克:《近代文学批评史》(第六卷),杨自伍译,上海译文出版社 2005 年版,第 318 页。

② [美]文特森·里奇:《20 世纪 30 年代至 80 年代的美国文学批评》,王顺珠译,北京大学出版社 2013 年版,第 60 页。

③ [美]勒内·韦勒克、奥斯汀·沃伦:《文学理论》,刘象愚等译,江苏教育出版社 2005 年版,第 101 页。

④ [美]勒内·韦勒克、奥斯汀·沃伦:《文学理论》,刘象愚等译,江苏教育出版社 2005 年版,第 118 页。

者的标签"①,因为在威尔逊的思想中"马克思主义变成了与精神分析并行的遗传解释的一个变种"②。

美国马克思主义和新批评之间的关系比较复杂,我们在此仅仅勾勒出了它的基本轮廓,而他们之间发生碰撞与对抗、展开对话与融通的内在肌理及深层问题,则是一个值得并需要继续挖掘的重要问题。

四、尤里·洛特曼及塔尔图学派的文化符号学

结构主义语言学、俄国形式主义、布拉格学派和巴赫金的学术衣钵在60年代的俄罗斯被尤里·洛特曼所继承。在这些学术前辈的影响下,洛特曼建构了一种"文化符号学",吸引了一批志同道合的文化符号学研究者,并产生了国际性的学术影响。在他执教的塔尔图大学,以他为中心,形成了一个具有鲜明特色和重大影响的文化符号学派——塔尔图学派。洛特曼及其学派成员的文化符号学除了上述理论资源之外,马克思主义也是其重要的对话对象。在塔尔图学派的兴盛时期,苏联的主流思想是马克思主义,因此他们的学术活动必然与马克思主义发生关联与碰撞,如何处理其符号学说中的形式论因素和马克思主义因素的关系,便是一个非常重要的学术的和现实的问题。他们将其符号学定位为文化符号学,就是协调两股思潮作用下内部研究和外部研究之间张力的结果。洛特曼与苏联官方的关系若即若离,甚至官方一直对他报以"不接受"的态度,但是,洛特曼却始终以一种十分认真的态度对待马克思主义,尤其是马克思主义的辩证唯物主义和历史唯物主义的研究方法,尽管他并没有声称自己是一个马克思主义者或反马克思主义者。正如国内学者杨明明所言:"作为一名注重实效的学者,洛特曼并不在意自己是一名马克思主义者还是反马克思主义者,他信仰的是'科学方法'。但是,洛特曼的学术实践活动却充分印证了马克思主义方法可以广泛用于社会科学的研究,同时,马克思主义方法对结构主义的巨大影响亦是任何人都无法抹杀的。"③ 因此,对洛特曼和塔尔图学派的文化符号

---

① [美]雷纳·韦勒克:《近代文学批评史》(第六卷),杨自伍译,上海译文出版社2005年版,第154页。

② [美]雷纳·韦勒克:《近代文学批评史》(第六卷),杨自伍译,上海译文出版社2005年版,第206页。

③ 杨明明:《洛特曼符号学理论研究》,黑龙江大学出版社2011年版,第79—80页。

学进行个案研究,也应该成为马克思主义与形式主义文论关系研究中的重要部分。

五、马克思主义与解构主义的关系

1966 年,在霍普金斯大学的一次关于结构主义的学术大会上,德里达宣读了他的论文《人文科学话语中的结构、符号和游戏》。这篇文章所体现出来的对于结构主义的批判和决绝态度,使其一经发表,便产生了非常大的影响。学术史家将这篇文章作为结构主义转向后结构主义或解构主义的标志。这篇极具穿透力的文章吸引了耶鲁大学的保罗·德曼、希利斯·米勒、杰夫里·哈特曼和哈罗德·布鲁姆。他们将德里达的文章中所传递的反思质疑的批判精神和解构的方法论运用于文学批评,从而形成了享誉世界的解构主义文学批评流派,而且迅速拓展到了文学批评之外。罗蒂认为,解构主义具有广义和狭义之分。"在广义上,它指的是一场超越文学批评的运动。现在,'解构'是一个在政治科学、历史、法律和文学研究中流行的术语。在这些学科中,它指的是一个彻底动摇的计划。对于这些学科中的保守主义者来说,这个词暗示了一种对传统价值和制度的虚无主义态度。"① 他又说:"解构主义运动远不止于文学批评。最广义的解构主义可以作为一种表示,它所指的是一阵在知识分子中对现状不满和怀疑的强烈旋风。"② 解构主义能够在美国学术界迅速走红正是出于其所具有的这种批判意识。在 60 年代,美国学生对新批评所造成的僵化而无生气的文学批评心生厌倦,此时大学中的激进主义又迅速膨胀,这种氛围促使学生们开始将目光转向了欧洲左派的思想,马克思、福柯、哈贝马斯等成为他们的时髦话语。"在 70 年代美国大学的英语系里,人们都似乎理所当然地认为,对文学文本的解构是与对不公正的社会制度的破坏携手并进的;解构可以说就是文学学者对走向激烈社会变化的各种努力的特有贡献。"③ 由此可见,解构主义与马克思主义在精神气质和理论立场方面具有相通性。

从这个意义上来说,德里达最终"转向马克思主义"就不是空穴来风,

---

① [美] 理查德·罗蒂:《后哲学文化》,黄勇译,上海译文出版社 2009 年版,第 91 页。
② [美] 理查德·罗蒂:《后哲学文化》,黄勇译,上海译文出版社 2009 年版,第 132 页。
③ [美] 理查德·罗蒂:《后哲学文化》,黄勇译,上海译文出版社 2009 年版,第 106 页。

而是具有其自身学术思想发展和解构主义的价值立场指向的双重原因。1992年德里达参加在加州大学滨河校区举办的"马克思研讨会"并发表《马克思主义向哪里去？（Wither Marxism?）》的文章并不是心血来潮，而是"深思熟虑"的结果。① 而且，在会后的四五周的时间里，他就完成了《马克思的幽灵》的初稿写作。在德里达看来，在他们这一代人中，马克思的影响是自始至终的，马克思在他们的心目中俨然是"慈父般的形象"，马克思"用来和其他的理论分支、其他的阅读文本和阐释世界的方式做斗争的方法"无疑是有价值的，应该作为重要"遗产"而加以继承。如其所言："不去阅读且反复阅读和讨论马克思——可以说也包括其他一些人——而且是超越学者式的'阅读'和'讨论'，将永远都是一个错误，而且越来越成为一个错误，一个理论的、哲学的和政治的责任方面的错误。"② 在德里达看来，并非一定要成为一个马克思主义者或共产主义者，但是阅读马克思的著作，继承其重要的理论遗产，却是必不可少的。

马克思主义与解构主义之间的关联性已经引起了学术界的关注。彼得·齐马（Peter.V.Zima）将"耶鲁四人帮"的作品和思想作为批判理论的一部分而展开分析。③ 迈克尔·瑞恩（Michael Ryan）的著作《马克思主义与解构》则是二者关系研究的一部力作。在书稿的开篇他就指出，解构是对哲学中的一些主要概念和实践的哲学性的审视，相对而言，马克思主义并不是一种哲学，而是建立在对资本主义进行批判性分析基础上的革命性运动。解构主义与马克思主义虽然存在很大的差异，但二者之间具有一种内在的关联性。④ 这种关联性既体现在一致的批判性立场方面，也体现在解构与辩证法这两种方法论的共性方面。在这部著作中，瑞恩就对德里达与马克思、哈贝马斯等之间的关系、解构方法与辩证法之间的关联，以及解构之后的马克思主义的发展，进行了深入研究。伊格尔顿同样注意到了马克思主义与解构主义之间的关系问题。在伊格尔顿看来，解构主义标志着资产阶级自由主义的急剧变化。它不仅是改良主义的，也是左翼激进的。如果说

---

① [法]伯努瓦·皮特斯：《德里达传》，魏柯玲译，中国人民大学出版社2014年版，第418页。

② [法]雅克·德里达：《马克思的幽灵》，何一译，中国人民大学出版社2008年版，第14页。

③ Peter. V. Zima, *Doconstruction and Critical Theory*, Landon & New York：Continuum, 2002.

④ Micheal Ryan, *Marxism and Deconstruction：A Critical Articulation*, Baltimore：The Johns Hopkins University Press, 1982, p.xiii.

资产阶级自由主义是人文主义的,那么解构主义则是反人文主义的。它作为一种特殊的文本程序,消解了主体性和同一性。马歇雷的文学生产理论拆解文本的统一性、辨析文本内部的症候,从而具有解构主义的色彩。它对同一性的拆解,与晚期法兰克福学派非常相似,甚至马克思对资产阶级政治经济文本的操作在某种程度上就是解构主义的。①

由此可见,在对马克思主义与形式主义文论的关系研究中,马克思主义与解构主义的关系问题就是一个非常重要的方面。对它的研究不能只关注学术史意义上的关联,更要研究二者在理论立场和研究方法之间的相通性,并且要不限于德里达,更要观照整个解构主义思潮。这将是一个非常重要且具有理论挑战性的话题,只能留待以后的研究了。

六、马克思主义与形式主义的对话与读者反应批评的形成和发展

俄国形式主义的理论活水从 20 世纪初的俄国发源,以两个不同的方向流出,最终汇聚为结构主义和读者反应批评。霍拉勃在研究接受理论时指出:"思想史上存在两条相互呼应的发展线索:从莫斯科到巴黎的结构主义;从形式主义者到现代德国理论家。"② 戴维斯也认为:"在很多方面,读者反应批评将被看作对于形式主义的一种反应,……它在形式主义和新批评的边界内很好地发现了自己的理论起源。"③ 无论是俄国形式主义的陌生化理论,还是他们的文学史观念,都已经对读者的地位给予了充分的重视,也深深的启发和影响了后期的读者反应批评和接受理论。对于俄国形式主义和结构主义之间的关系学界已经有深入的研究,但对于它与读者反应批评之间的渊源关系却重视不够。

更为重要而恰恰没有得到深入研究的是,姚斯的接受美学正是在形式主义与马克思主义这两个影响最大的理论流派止步的地方起步的,而他所取得的理论成就正是在二者之间进行对话的结果。

---

① Terry Eagleton, "Marxism and Deconstruction", *Contemporary Literature*, Vol. 22, No. 4, *Marxism and the Crisis of the World*（Autumn, 1981）, pp. 477-488.

② [德] H. R. 姚斯、[美] R. C. 霍拉勃:《接受美学与接受理论》,周宁、金元浦译,辽宁人民出版社 1987 年版,第 293 页。

③ Todd F. Davis and Kenneth Womack, *Formalist Criticism and Reader Response Theory*, New York: Palgrave, 1998, p.52.

在《走向接受美学》一书的第一章《文学史作为向文学理论的挑战》中，姚斯清晰地阐明了接受美学的文学史理论，而他提出这一问题的理论基点就是马克思主义与形式主义在文学史问题上的对立及其对话的可能性。在姚斯看来，马克思主义的文学社会学或反映论采用一种纯粹的因果论文学史观念，将文学作品的特点看成能够被任意增加的"各种影响"的汇集；相反，形式主义者持一种与因果论完全相反的观念，试图在非时间性的思想和主题的重现中寻找文学(纯文学)的内聚力。前者是一种文学社会学，而后者则是一种作品内在批评，它们的对立不但割断了自身与实证主义和理想主义学派的联系，也进一步加宽了历史与文学之间已有的裂隙。它们二者的相同点在于都离开了实证主义的盲目经验主义，也摒弃了精神史形而上学的审美。姚斯认为："它们都在对立的方法中寻找解决问题的途径——分离的文学事实，或表面上看来独立存在的文学作品怎样被纳入文学的历史连续性之中，怎样被当作社会进步的证明或作为文学演变的一个瞬间。然而在这两种尝试中仍然产生不出伟大的文学史。在新马克思主义或形式主义的前提下，只能造成旧的民族文学史的翻版，不管是哪一家的新理论都在修订着他们的原则，从文学解放的社会功能或不断生成的功能着眼，把世界文学描述为一种过程。由于它们各自的片面性，马克思主义和形式主义文学理论最终走向自相矛盾，它们的出路就在于重新建立历史与美学之间的联系。"① 作为20世纪影响最大的两个思潮，马克思主义和形式主义的文学史观念虽然都有自身的合理性，但二者在促进文学发展的外在因素与内在因素方面却各执一端。马克思主义文学史研究强调社会历史的重要性，却忽视了"艺术形式的历史性"问题；相反，形式主义者强调文学史演变过程中新旧形式之间的更替，具有将共时性与历时性相结合的努力，但却忽略了文学"与整个历史进程的关系"。这两种文学史观念各有所长，也各有所短。通过对这两种方法论的比较分析，姚斯发现，二者的对立是建立新的文学史理论的最大阻碍，二者的对话则是建立一门互补的文学史理论的重要途径。而要在马克思主义与形式主义之间展开有效对话，引入读者因素是一条行之有效的方法。正是基于这一认识，姚斯提出了自己的接受美学的

---

① [德] H. R. 姚斯、[美] R. C. 霍拉勃：《接受美学与接受理论》，周宁、金元浦译，辽宁人民出版社1987年版，第12页。

理论构想。

　　姚斯对此有清晰的表述,如其所言:"在马克思主义方法与形式主义方法的论争中,文学史问题仍然没有得到解决。我尝试着沟通文学与历史之间、历史方法与美学方法之间的裂隙,从两个学派停止的地方起步,他们的方法,是把文学事实局限在生产美学和再现美学的封闭圈子内,这样做便使文学丧失了一个维面,这个维面同它的美学特征和社会功能同样不可分割,这就是文学的接受和影响之维。读者、听者、观者的接受因素在这两种文学学派的理论中都没有得到很好的重视。正统马克思主义美学对待读者与对待作者毫无区别:它追究读者的社会地位,或力图在一个再现的社会结构中认识它。形式主义学派需要的读者不过是将其作为一个在本文指导下的感觉主体,以区别(文学)形式或发现(文学)过程。它假定读者具有一种语文学家的理论理解,能够思考艺术技巧,并且已掌握艺术技巧。相反,马克思主义学派则不动声色地将读者的自发经验等同于学术上的历史唯物主义兴趣,试图在文学作品中发现基础与上层建筑的关系。……两种方法中都缺少真正意义上的读者——美学和历史知识对于这种读者同样无关紧要,而文学作品从根本上讲注定是为这种接受者而创作的。"① 文学的历史内涵和美学内涵都至关重要,决定着文学的成功与否,但是缺少读者的参与这两种内涵的价值就难以最终实现。文学是为读者而创作的,在读者的阅读过程中为读者所接受,在读者的思想和情感中打下烙印产生影响,才是文学的目的所在,无论这种烙印和影响是历史的还是美学的。一部文学作品并不是一个自身独立、向每一个时代的每一个读者都提供相同的观点的客体。它并不是一座纪念碑,向不同的时代和读者展示相同的超时代的意义和价值。它更像一曲管弦乐,在演奏过程中不断地获得读者的反响和共鸣,在不同时代不同读者的阅读中生产着新的意义。它不仅仅是一个历史的存在,而且是一个当下的存在。只有通过读者的阅读、接受和反应,文学的历史价值和美学价值之间的裂隙才能够得以弥合,文学才能焕发出持久的魅力。

　　可以说,从方法论角度来看,姚斯的接受美学是以考察马克思主义与形式主义之间的方法论对立为逻辑起点,以在二者所代表的历史方法与美

---

　　① [德] H. R. 姚斯、[美] R. C. 霍拉勃:《接受美学与接受理论》,周宁、金元浦译,辽宁人民出版社 1987 年版,第 23 页。

学方法之间寻求对话和融通为途径,以引入读者因素为方法而得以建构起来的。在马克思主义与形式主义的对话中建立的接受美学,"把文学置于较大的时间过程中,以迎合马克思的历史思考,把观察主体置于其研究的核心,以保持形式主义所取得的成就。历史和美学就这样被联系起来。"①

因此,考察姚斯的接受美学,探究它是如何将马克思主义与形式主义结合起来,在对话中弥合二者之间的鸿沟,从而建构出一种新的具有历史影响力的文学接受理论,将是一个非常重要的理论问题。

七、新世纪之交英美文学创作和批评界兴起的"新形式主义"

学术的发展往往采用一种螺旋式前进的方式。在这个前进的过程中,向过去传统的回归或借鉴是一种极为常见的方式。正如所有的"复古"都不是要真的回到过去,而是在向过去传统回归或致敬的基础上发展出一种新的理论和方法,以此来回应新时代的新需求。形式主义文学理论的发展就经历了一个这样的过程。我们前面讨论的形式主义主要集中在俄国形式主义、布拉格学派、法国结构主义和英美新批评这几个注重文学形式的理论流派。这几个流派主要活跃在 20 世纪前半叶,六七十年代之后,整个形式主义批评思潮在西方批评界就已经基本失去了其主导地位。但是,值得我们注意的是,从 20 世纪 80 年代开始,在英美文学界又产生了一种新的注重形式的文学思潮——新形式主义(The New Formalism)。

新形式主义包括文学创作和理论批评两个方面。在文学创作领域,新形式主义兴盛于 80 年代,主要由一批喜欢自由诗体,从事"形式诗"(formal poetry)创作的"雅皮士诗人"(The Yuppie Poet)构成。"新形式主义"这一术语第一次就出现于 1985 年的一篇名为《雅皮士诗人》(*The Yuppie Poet*)的文章。② 在阿兰·夏皮罗(Alan Shapiro)看来,80 年代诗歌创作领域出现的这种向"形式诗"的回归,一方面是对艾略特和庞德等 20 世纪伟大诗人以及"新批评"理论传统的继承,更重要的方面是,这一创作思潮被看作是对 80 年代充斥于美国社会和文化中的保守主义的审美表达。这种保守

---

① ［德］H. R. 姚斯、［美］R. C. 霍拉勃:《接受美学与接受理论》,周宁、金元浦译,辽宁人民出版社 1987 年版,第 339 页。

② https://en.wikipedia.org/wiki/New_Formalism.

主义美学所体现的是里根经济学影响下的审美风尚,或称为"里根经济美学"(aesthetic Reaganomics)。从这个意义上来说,这种以"自由诗"或"形式诗"创作为主体的"新形式主义"并不是一种纯粹的美学运动,其中包含着非常复杂的政治因素。因此,阿兰·夏皮罗认为,这一运动本质上是政治效忠(political allegiance)与审美选择(aesthetic choice)之间的内在张力和相互作用的结果。①

理论和批评领域的新形式主义出现在新世纪之交。美国《现代语言季刊》(*Modern Language Quarterly*)在 2000 年作为专号刊发了一组倡导文学形式研究的文章,标志着作为文学理论和批评思潮的"新形式主义"的诞生。这期专号后来以名为《为形式而阅读》(*Reading for Form*)的著作出版。这组文章一方面试图对诗歌创作领域的"新形式主义"做出理论回应,同时也试图对文学理论和批评领域的俄国形式主义、英美新批评、法国结构主义,尤其是新历史主义思潮予以超越。它所倡导的不再是新批评式的对纯粹形式的强调,也不是新历史主义对历史批评的复归,而是要把形式批评与历史批评相结合,使文学的艺术形式和历史内容获得一种新的统一。用编者苏珊·J.沃尔夫森(Susan J. Wolfson)的话说,"为形式而阅读就是为抵制形式主义而阅读;不是对新批评的拓展,而是对新历史主义的批判。"② 从这个意义上来说,文学的"审美形式"(aesthetic form)本质上就是其"意识形态构型"(ideological formation)的一部分。正是基于这一理念,沃尔夫森在为这部著作所写的导言中大量引述了卢卡奇、阿多诺、阿尔都塞、伊格尔顿、詹姆逊和格林布拉特等人的观点和著述,尤其是对以伊格尔顿为代表的马克思主义者所提出的"文学形式的意识形态"问题颇为赞赏。

新近出版的《新形式主义与文学理论》(*New Formalisms and Literary Theory*)是新形式主义文学理论研究的一部力作。这部著作由 11 篇文章构成,其中仅有一篇文章从理论层面对新形式主义的基本观点进行了清晰的阐述,大部分文章则是关于新形式主义在文学批评和文学教育中的实践。③

---

① Alan Shapiro, "The New Formalism", *Critical Inquiry*, Vol. 14, No. 1 (Autumn, 1987), p.212.

② Susan J. Wolfson and Marshall Brown, eds., *Reading for Form*, Seattle and London: University of Washington Press, 2006, p.7.

③ Verena Theile and Linda Tredennick, eds., *New Formalisms and Literary Theory*, New York: Palgrave Macmillan, 2013.

正因为如此,莱文森(Marjorie Levinson)在对新形式主义的评述文章《什么是新形式主义?》中认为,"新形式主义与其说是一种理论或方法,不如说是一场文学运动"①。在这篇文章中,莱文森对新形式主义的历史发展、理论资源和基本观点进行了详细的分析。在莱文森看来,形式主义具有两种理论形态。第一种称为"激进的形式主义"(activist formalism),其代表理论家强调文学形式与社会历史的关系,试图通过对文学形式的历史化阅读来恢复文本中的历史意识。这种形式主义的源头可追溯到黑格尔、马克思、弗洛伊德、阿多诺、阿尔都塞和詹姆逊等人的批评方法。第二种为"标准的形式主义"(normative formalism),其代表理论家主张历史与艺术、话语与文学之间的严格区分,把形式看做一种无功利的、自足的、游戏的审美经验的表征或存在条件,其源头可追溯到康德,而俄国形式主义和英美新批评则是其典型形态。这两股形式主义思潮都影响了新形式主义,或者说,新形式主义就是对这两种形式主义的超越与综合。因此,我们对马克思主义与形式主义的关系史的研究也就不能忽视形式主义的这一新发展。

第二节　对话在中国

克罗齐认为一切历史都是当代史。我们对马克思主义与形式主义的关系史的研究并不是仅仅为了将二者的对话过程呈现出来,而是要以此为参照来审视和反思中国问题,并讨论这种对话对中国文学理论,尤其是马克思主义文学理论的观念、方法和知识形态建构的启示意义。

从宏观来看,20世纪中国文论的发展是由内外多种因素多元决定、共同推动的结果,包括中国传统文论的继承、中国当代政治文化语境的塑造、文学艺术自身发展的诉求,以及西方文论话语的影响。西方文论虽然是外在因素,但其大量的译介和深入的研究,对中国当代文论的影响不可谓不大。晚清以降,直至"五四",西方文化已经逐渐进入中国,并对中国文化形成了巨大的冲击力。这促使中国知识分子开始反思中国传统文化,并在中国古典文明与西方现代文明之间做出抉择。虽然王国维已经接触到了尼采、叔本华和康德的美学思想,并在融通中国文化与西方思想的基础上创造

---

① 　Marjorie Levinson, "What Is New Formalism? ", *PMLA*, Vol. 122, No. 2 (Mar., 2007), p.558.

出了新的美学,但是这并没有让他对中国文化的未来感到丝毫乐观。王国维看到的是古老的中国文化不可避免的没落,他的自沉意味着现代中国与传统文化的断裂。作为改革先锋的梁启超展望的则是"少年中国"之崛起,并把"小说革命"作为摒弃旧文化、创造新中华的前奏。"五四"知识分子延续了梁启超的主张,首先在文化领域掀起了轰轰烈烈的革命浪潮。陈独秀和胡适等人所倡导的"文学革命"使白话文取代了文言文在文学领域的主导地位,带来了文学艺术形式的彻底变革。显而易见,这种文学的形式革命与西方的先锋派一样都具有反叛传统的革命意味。但是,在理论方面,这种文学革命和俄国形式主义所倡导的回归文学自身,让词语在文学中再次复活不同。如果说俄国形式主义对形式的关注是为了在文学研究领域内发起一场反叛传统的研究方法而建立科学的文学研究范式的革命的话,那么几乎发生在同一时期的中国知识界的文学革命的目的则是政治的,是通过文学革命来催动文化乃至社会的革命。梁启超的《小说与群治之关系》为小说争取到了合法地位,但却同时又赋予了小说形式以某种道义上的使命。①新文化运动虽然提倡文学形式的变革,但却也并没有走出"文以载道"的樊篱,或者说仍然是文以载道思想的变种。可以说,从晚清梁启超倡导"小说革命"到"五四"时期陈独秀和胡适等倡导"文学革命",其内部"文以载道"的血脉不断,并最终转化为一种"革命文学",从而将文学融汇到轰轰烈烈的社会革命大潮之中,成为社会革命的辅助和工具。

"五四"之后,在"启蒙"与"救亡"的历史使命催动之下,马克思主义很快获得了中国知识分子的认可,并一跃成为中国社会的主导意识形态。文学的政治功用性被不断放大,"革命文学"逐渐成为文学艺术的主流形态,注重艺术的形式创新和审美效果则被看作"为艺术而艺术"的资产阶级美学而受到批判。在此阶段,"形式美学"也只能在学者圈子里发展,并不能取得大的社会影响力。就拿新批评在中国的传播来看,艾略特、瑞恰兹和燕卜逊等新批评的代表人物的学说和思想早在 20 年代就被中国学界所接受。瑞恰兹曾 6 次来到中国,并于 1929—1931 年受聘于清华大学,担任客座教授;燕卜逊于 1937—1939 年、1947—1952 年两度来华,曾受聘于燕京大学

---

① 周景雷:《一个文学的"李约瑟"问题——我们为什么缺少或遗忘文学性》,载《文艺研究》2010 年第 4 期。

和西南联大。① 在他们的介绍下，艾略特的诗歌和诗论也备受中国学者和学生的青睐。与此同时，他们几位的著作当时也已经有很多被翻译成中文。然而，遗憾的是，他们在中国学界的影响却主要"局限于以清华、北大和西南联大为代表的学院批评与创作内部。在众声喧哗的现代文学发展大潮中，早期'新批评'影响下的文学理论和批评实践的声音始终是微弱的，未能对主流思潮形成有力的冲击。"② 受新批评的影响，袁可嘉、叶公超、朱光潜和卞之琳等人也都提出了许多新的见解，发表了诸多文章，但是在全国性的社会革命时期，这种思想和观念明显不合时宜，也无法进入主流话语。毛泽东 1942 年发表了著名的《在延安文艺座谈会上的讲话》，对全社会的文艺创作都产生了重大影响，建立了马克思主义在理论和创作领域里的绝对优势地位。袁可嘉在《讲话》发表之后的 1946 年至 1948 年间发表了系列文章，提出了他的"新诗现代化"主张，虽然在文艺圈子里产生了一定的影响，但是这种影响力根本无法与无产阶级艺术相比肩。可以说，自"五四"至新中国成立，"革命文学"是创作领域的主流形态，而倡导文学为革命和工农兵服务的马克思主义文艺理论则是理论界的主流话语。这一时期，中国古代的形式美学思想已经被作为古董而抛弃，西方新批评的观念也仅仅是学者圈子里的自娱自乐。

解放后的十七年，深受苏联的马克思主义庸俗社会学的影响，"苏联模式"成为文学理论的主要形态。十年文革中理论和创作领域更是空前凋敝，只剩下了八个样板戏，文学也完全成为意识形态的传声筒和政治斗争的工具。

新时期以来，伴随着整个中国社会思想文化的大转型，中国文学理论的论域和方法都发生了非常重要的范式转换，也使中国马克思主义与形式文论的对话有了新的可能。马克思主义始终是 20 世纪中国文论的主导思想和主流形态，这一点在新时期的整个发展过程中从未改变。但是，与马克思主义文论的发展相伴随，文学形式本体论也产生了非常重要的学术影响，并在与马克思主义文论的交融与对话中促进了中国文论的发展。从产生的语境来看，形式本体论在新时期的产生和发展是多种因素多元决定的

① 胡燕春：《"英、美新批评派"研究》，中国社会科学出版社 2010 年版，第 267 页。
② 唐晓丹：《早期"新批评"与中国现代文论》，南京大学博士论文，2007 年，第 73 页。

结果。文革结束之后的思想大解放，以及对极左思潮和革命意识形态的反思是形式本体论产生的思想史背景。1978 年开始的"形象思维"大讨论、1979 年由朱光潜讨论文艺与上层建筑的关系引发的文艺与政治之间关系的大讨论，以及同年邓小平在第四次文代会上的讲话，促使中国学术界开始重新认识文学艺术的本质和功能。在这种语境中，反思"苏联模式"影响下在中国文论界居于主导地位的"反映论"和"工具论"的理论认识，倡导回归文学自身，探讨文艺自身的规律成为普遍的呼声。要求从文艺的"政治标准第一"转向"艺术标准第一"，强调文艺的"内部规律"曲折地表达了对"创作自由"的要求。李陀、何新、刘再复、吴调公、吴亮、张隆溪、孙绍振、林兴宅、刘心武等都发表了文章，从不同的角度对反映论提出批评，并形成了回到文学本身、建构文学本体论的理论共识。其次，新时期以来中国文学界出现了以马原、莫言、余华、残雪、格非等为代表的试图以新的艺术形式来表现新时期完全不同的文艺观念和审美经验的先锋创作，这种注重文学形式创新的先锋文艺的繁荣为文学形式本体论的产生提供了现实的基础。再次，新时期以来中国文论界对西方各种文论思潮的快速接受为文学观念的变革提供了外在的理论支持，其中西方形式文论成为备受青睐的理论思潮，对它的吸收和借鉴有效地推动了中国的文学形式批评的发展，也促使了文学形式本体论观念的最终形成。但是，由于对形式概念的不同理解，以及对西方形式文论的不同分支的侧重，使新时期中国文学形式本体论观念出现了语言本体论、叙事本体论、结构本体论等不同的理论分支。新世纪以来，伴随着中国思想文化的再一次变革，文学研究又一次"向外转"，使文学形式研究逐渐退潮，对文学形式本体论观念的反思也进入了一个更深的层次。①

　　在新时期文学形式本体论观念的影响下，文学形式批评取得了空前的繁荣。一方面是俄国形式主义、布拉格学派、法国结构主义和英美新批评等西方形式文论受到了空前重视，其成果被大量翻译成中文，对它的研究也越来越深入。文学语言学、叙事学和符号学等已经成为文学研究领域中的一个重要分支，中国叙事学、语言学和符号学等的学术共同体也相继成立，吸引了老中青几代学人的积极参与。另一方面，更重要的是，随着研究的

---

① 杨建刚：《新时期文学形式本体论观念的演进、论争与反思》，《人文杂志》2016 年第 4 期。

深入,中国学术界已经不再满足于对西方形式文论的介绍和研究,而且主动尝试建立中国的形式美学和形式批评,并取得了突出的成绩。从 20 世纪 80 年代起,童庆炳、王一川、谭学纯等学者就开始重视文学语言和文学修辞研究;王蒙、童庆炳、陶东风等人的文体学研究丛书的出版推进了中国文体学研究;赵毅衡、申丹、谭君强、傅修延等对西方叙事学的翻译和研究使叙事学成为一个热门领域,而且借助于西方叙事学的启发研究中国的叙事传统及其特点都产生了重要的成果,比如陈平原的《中国小说叙事模式的转变》、杨义的《中国叙事学》、赵炎秋研究晚清文学的叙事性的系列文章都在将中国叙事学研究推向深入。而目前赵毅衡提出的广义叙述学、龙迪勇的空间叙事学、傅修延的听觉叙事学都是中国叙事学研究的最新发展。赵宪章在对文艺学美学方法论的深入研究的基础上,于 90 年代初提出了建设形式美学的理论构想,他的《西方形式美学》是第一部从形式的角度重写西方美学史的重要著作。他后来的文体研究和语图关系研究则是形式美学的文学批评实践。汪正龙的《西方形式美学问题研究》是对现代西方形式文论最为深入细致的研究专著。目前,作为当代中国文论和批评领域的重要一极,形式文论和形式批评仍然在产生着持续的影响力。

但是,在以马克思主义为主流形态的中国文学理论和批评语境中,文学形式本体论观念和文学形式批评也受到了学者们的批评,认为它割裂文学与政治、社会的关系而陷入了极端的形式主义。严昭柱就认为陈晓明、刘心武和孙歌等人倡导的形式本体论"无疑是一种形式主义的文论",它割断了文学与社会生活之间丰富多样的联系,以至于意图把文学研究变成一种科学主义的程序化操作。这种理论及其批评"保留其词语,而阉割其灵魂",其实质是"反马克思主义的"。对形式本体论的强调和崇拜不但不是科学的态度,而且不利于社会主义文艺的繁荣。[1] 这种观点代表了部分学者对形式本体论的基本看法。董学文则采用詹姆逊批判结构主义的思路,认为形式本体论最终"使自己深陷于语言结构形式的牢笼而不自知。就像'新批评'最终走向了一个'封闭的瓮'一样,'形式本体论'也终难摆脱自我锁闭的命运;对形式、结构及文本的整体性、中心性的刻意追求,又导致了

---

[1]　严昭柱:《论"文学本体论"》,《文学评论》1992 年第 1 期。

另一种形式的形而上学。"① 相比而言,赖干坚的批评相对客观而温和。在对反映论和本体论进行深度比较的基础上,赖干坚认为二者各有其合理性和片面性。"机械的反映论只关注文艺对生活做实证式的再现,而对文艺自身的特性、形式技巧和艺术真实的关系不大重视。正是在这种文艺观影响下,一些作家虽然也力求反映历史的真实,但往往只强调'反映什么',却忽略了'如何反映'的问题。结果,一些作品总是落入老套,毫无新意,叫人看了倒胃口。而近些年来,一些作者却又走向另一极端,一味强调'如何写',却不问'写什么',写的有无现实意义。于是,一些玩弄写作技巧、内容空虚苍白的作品充斥文化市场。"② 因此,最佳的解决办法便是让二者在碰撞和对话中相互纠正,这样既有利于纠正极左思潮的偏颇和反映论的缺陷,也有利于防止形式本体论落入纯粹的形式主义的泥沼。这种在马克思主义和形式文论的碰撞中形成的折中或对话态度逐渐获得了更多的认同。李长夫和杨朴等在对孙歌把文学批评的立足点定于文学形式的观点进行批评的基础上,认为摆脱非此即彼的二元对立思维模式,把内部研究与外部研究相结合,才是最适合中国文艺现实的发展方向。

　　清楚的认识必然导致繁荣的批评。新时期以来,中国学术界有很多学者将这种愿望付诸实践,产生了很多有价值的成果。陈平原在探讨中国小说叙事模式的转变时就进行了这样的尝试。他不是按照传统的套路从社会文化的变迁中探讨小说叙事模式的转变,而是相反。如其所言:"承认小说叙事模式是一种'有意味的形式',一种'形式化了的内容',那么,小说叙事模式的转变就不但是文学传统嬗变的明证,而且是社会变迁(包括生活形态与意识形态)在文学领域的曲折表现。……在具体研究中,不主张以社会变迁来印证文学变迁,而是从小说叙事模式转变中探求文化背景变迁的某种折射,或者说探求小说叙事模式中某些变化着的'意识形态要素'。"③陈平原的这种"把纯形式的小说叙事学研究与注重文化背景的小说社会学研究结合起来,沟通文学的'内部研究'与'外部研究'"④ 的研究方法是非常具有理论价值的,而他通过对中国小说叙事模式的转变过程的细致分析,

① 董学文、陈诚:《三十年来文学本体论研究的进展与问题》,《西北师大学报》2008年第9期。
② 赖干坚:《文艺的本质特征与文艺的自律、他律关系》《福建论坛》1995年第5期。
③ 陈平原:《中国小说叙事模式的转变》,北京大学出版社2010年版,第2—3页。
④ 陈平原:《中国小说叙事模式的转变》,北京大学出版社2010年版,第14页。

从中发现中国现代文化的变迁,更具有实践的指导意义。赵宪章早年从事马克思主义文论和文艺学美学方法论研究,后来转向形式美学和形式批评的理论建构与批评实践。但是他的形式美学并没有落入纯粹的形式主义,而是反对"绕过形式直奔主题",主张"通过形式阐发意义"①。他通过词频统计研究陆文夫的《美食家》②和高行健的《灵山》③,都从文学的语言形式和叙事方式中发现了新的意义。南帆同样认为文学形式与社会历史和意识形态之间存在着密切的关系。社会历史和意识形态通过语言、情节、结构和叙事方式等形式的编码才能进入文学,而文学对二者的呈现也正是通过其独特的编码形式才得以完成的。相同的社会历史和意识形态内容经过不同的语言和叙事编码,就产生出不同的文学。反过来也成立,即文学的语言、修辞、叙事、结构等形式要素和话语系统也生产着权力关系和意识形态。④南帆对当代文学和文化的研究就是通过这种方法来进行的。这种将形式批评与历史批评、内部研究与外部研究相结合的批评实践,开启了新时期中国形式批评的新局面。

通过对 20 世纪中国文论发展历程的上述回顾,可以发现,在 20 世纪,我们的马克思主义文学理论并不是一种"文学"理论,而更像是一种"政治"理论。要使我们的文学理论既是"马克思主义"的,同时又是"文学"的,既关注文学的政治性和社会价值,又关注文学的文学性和审美价值,唯有通过马克思主义与形式文论的有效对话才能够实现。因此,可以断言,当前中国文学理论建设中的核心问题之一就是马克思主义与形式文论的对话问题,如何在对话中相互吸收和借鉴也是中国文学理论取得进一步发展和突破的关键所在。

有效对话的建立需要对话双方具有平等的地位。在当前的中国文论中,马克思主义的社会学批评对形式批评具有绝对的优势地位,从而对形式

---

① 赵宪章:《形式美学与文学形式研究》,《中南大学学报》2005 年第 2 期。
② 赵宪章:《形式美学之文本调查——以〈美食家〉为例》,《广西师范大学学报》2004 年第 3 期。
③ 赵宪章:《〈灵山〉的文体分析——文学研究之形式美学方法个案示例》,《华文文学》2012 年第 2 期。
④ 南帆:《文学的维度》,上海三联书店 1998 年版,第 93 页;南帆:《文学形式:快感编码与小叙事》,《文艺研究》2011 年第 1 期。

文论的发展产生了巨大的"语境压力"①。因此,在中国,二者要形成有效对话,首先需要促进形式文论的发展,并根据中国的文化传统,建立自己特有的形式批评理论。形式主义文论在西方已经走过了近百年历程,其优点和缺点都已经表露无遗,因此中国要发展自己的形式美学就必须避免重复西方的道路,走出自己的特色。这就需要我们把中国古代的形式批评的理论资源和西方形式美学有机结合起来,根据中国当代文学发展的特点,探索适合于中国语言文学的形式研究方法。这种形式方法不能只是纯粹的形式研究而忽视文学内容和历史文化环境,而是要把马克思主义的社会学批评方法纳入其中,要在对文学的形式研究中同时也能看到丰富的社会历史内容和意义。而马克思主义也要吸收形式主义的方法,尤其是形式主义对文本的"细读"法,提高马克思主义的文本分析能力,从而使其对当下丰富多彩的文学现实具有解释力。即使是对文本思想内容的挖掘和阐发也不能"绕开形式直奔主题",而是要"通过形式阐发意义"。这就需要我们的马克思主义与形式文论在平等的地位上相互吸收和借鉴,从而建立一种全新的文学理论。这种理论称作"马克思主义"也好,"形式主义"也罢,都已经不再重要,因为二者的互融所形成的理论是你中有我、我中有你的。这就要求在具体的文学研究中把内部研究与外部研究、共时方法与历时方法、科学精神与人文关怀、审美价值与政治价值等方面有效地结合起来,在理论的多元共存中进行综合创新。只有这样,中国的文学理论才能走出当前发展的瓶颈,取得新的突破。

第三节　对话思维与理论创新

通过对马克思主义与形式主义文论之间从对抗到对话的百年发展历程的宏观勾勒,对马克思主义的形式观、陌生化的旅行与变异、文本与意识形态、马克思主义与符号学和语言学等关系的深入探讨,以及对巴赫金、阿多诺、马尔库塞、布莱希特、戈德曼、阿尔都塞、本尼特、沙夫、巴特、马歇雷、

---

① 汪正龙认为建立中国本土的形式美学面临着诸多问题,主要表现在四个方面:社会学批评模式以及文化研究的语境压力问题、形式概念的重建问题、中西方形式理论或形式美学的关系问题和西方形式美学的重估问题。(汪正龙:《西方形式美学问题研究》,黑龙江人民出版社 2006 年版,第 214 页。)

伊格尔顿、詹姆逊、斯特劳斯、霍尔、鲍德里亚、哈贝马斯等理论家的个案研究,我们可以清楚地看到,20世纪西方文论正是在马克思主义与形式主义文论的对话与融通中向前推进的,对话思维对于理论创新具有极为重要的理论价值和实践意义。

第一,对话思维是理论创新的重要保障。

巴赫金不仅把对话作为人的一种存在方式、一种世界观,同时也作为思想和理论取得发展与创新的重要途径。巴赫金认为思想的本质是对话性的,因为"思想只有同他人别的思想发生重要的对话关系之后,才能开始自己的生活,亦即才能形成、发展、寻找和更新自己的语言表现形式,衍生新的思想"[1]。哈贝马斯甚至将交往对话看作解决社会普遍问题的有效途径,并提出了交往对话的基本原则。对抗只会使思想变得封闭和僵化,只有通过不同思想之间的对话,各自才能够取得丰富、发展和完善。马克思主义与形式主义之间从对抗到对话的发展历程清楚地证明了对话的重要性。在苏联阶段,马克思主义和俄国形式主义之间缺乏一种对话机制,尖锐的对抗状态使俄国形式主义最终消亡,而马克思主义也蜕化到了庸俗化的程度。相反,巴赫金在二者之间的对话使他取得了丰硕的成果,并成为世界瞩目的理论家。西方马克思主义与形式主义之间的对话也使各自都取得了很好的发展,从而不断地突破自己固有的体系。与不同的理论流派的碰撞和对话促使他们站在不同的立场上认真审视对方的理论,进而采用新的提问方式来研究新的问题。可以说,如果没有这种对话,马克思主义与形式主义在20世纪就不可能取得如此巨大的成就。正如波塞尔所言:"当代的文学理论家已经使马克思主义文学理论同其他文学理论的探讨进行了建设性的对话,这些探讨,他们原先以为是错误的或是徒劳的。我们只要指出马克思主义和结构主义在交叉之处所作的工作,就可以肯定各不相同的文学理论象过去那样摆出一副相互轻视的姿态,是再也不可能了。"[2]事实上,除了我们在本书中所讨论的马克思主义和形式主义之间的对话之外,20世纪后期西方文论中各种思潮的发展也是在与马克思主义的对话中完成的。查尔

---

① 《巴赫金全集》(第五卷),钱中文主编,河北教育出版社1998年版,第114页。

② 罗里·赖安、苏珊·范·齐尔:《当代西方文学理论导引》,李敏儒、伍子恺等译,四川文艺出版社1986年版,第191页。

斯·布莱斯勒对此进行了清晰的论述,如其所言:"结构主义、解构主义、女性主义、新历史主义、文化唯物主义以及后殖民主义等批评运动和理论都检验过马克思主义的基本原理,分享过它的某些社会、政治和革命的本质。像马克思主义一样,这些当代的批评流派也想改变我们思考文学和生活的方式。借鉴了这些当代批评流派之后,当下的马克思主义已进化为一系列面目各异的理论,甚至不再存在单一的马克思主义思想的学派。不过,如果我们能停下来并通过其经济生产的方法之眼去审视我们的文化,就会发现所有这些马克思主义立场都共享着如下假设:无论马克思被如何阐释,他都相信社会的改善是可能的。"①

因此,可以说,在当今时代,对话已经成为理论进一步发展和创新的内在需求和必然途径。作为一种理论创新方法,对话与托马斯·库恩提出的范式革命不同。托马斯·库恩认为科学的进步在于理论范式的革命,每一种新的研究范式的提出都标志着对旧有范式的超越。不同范式之间难以兼容,而范式的变革所带来的是理论的彻底改观。形式主义的出现摆脱了传统的实证主义和传记批评的束缚,从而把文学研究由对文学的外部因素的关注转向关注文本自身。这种以文本为中心的文学观念和内部研究方法取代传统的外部研究方法的变革就类似于库恩所说的范式革命,它使文学研究发生了从文学观念、研究方法到概念术语的整体变化,表现为一种与之前的理论形态完全不同的新形态。但是,与自然科学不同,在文学艺术研究领域,这种范式革命并不是经常发生的。艾布拉姆斯把西方两千多年的文学理论概括为模仿说、实用说、表现说和客观说四种形态或范式,它的每一次变革都不是个人意志的表现,而是时代需要的产物,是学术共同体内所有成员共同践行的结果。20世纪初年,俄国形式主义和新批评派在东欧和英美同时出现并非巧合,而是整个西方文化形态的转变使然。索绪尔语言学所带来的整个人文社会科学领域内的语言学转向为形式主义的产生带来了契机,文学研究领域内仅仅关注作者的生平和情感、突出文学与外部世界的关系,唯独忽视文本自身的普遍状况使回归文本自身的形式批评成为学术进一步发展和创新的需要。因此,虽然范式革命可以带来学术研究的骤变,但

---

① [美]查尔斯·E.布莱斯勒:《文学批评:理论与实践导论》,赵勇等译,中国人民大学出版社 2015 年版,第 216 页。

是人文学科里的范式革命却并不是那么容易发生的，一味地追求建立新的研究范式也是极其危险的，对话才是理论创新的常态。马克思主义与形式主义在苏联、欧洲和英美的不同的时间阶段和政治文化环境中采用了不同的对话方式，这为我们思考理论创新何以可能的问题提供了借鉴。

第二，根据需要采用不同的对话方式。

巴赫金认为，要实现真正的对话，首先要求对话双方都具有开阔的心胸，尊重对方的存在价值，哪怕是负面的价值。其次，真正的学术对话要得以实现就必须完全进入对方的理论视域和话语系统，在对对方的思想和学说进行深入研究的基础上有的放矢地进行，而不是主观臆断，隔靴搔痒。只有这样的批评才是真正的学术批评，才会推动学术的发展。再次，这种对话不是简单地把双方的思想加以折中，而是"辩证的综合"。如果说前两点是对话所要遵守的基本原则的话，那么第三点则是通过对话而寻求理论创新的方法论。哈贝马斯同样认为，只有交往双方都放弃自我中心的目的论，把对方的意图充分考虑在内，这样交往共识才可能实现。交往行为是一种主体间性行为，或者说是两个主体之间为了达成某项共识而互相协调的互动行为。言说者只有保证了他的言语表达是可领会的、所做陈述是真实的、主观意愿是真诚的，以及他的言说是符合规范的和正确的，这样，他的言说才是有效的，听者才能够接受他的话语以及话语中所包含的以言行事的内容，真正的沟通和理解才能够完成，双方的共识也才有可能达成。

法兰克福学派与形式主义之间在没有直接交流的情况下却提出了诸多类似的问题，形成了一种潜对话关系。这种现象的产生不是偶然的，而是现代文学理论在对黑格尔的"内容—形式"二元对立模式进行反思的基础上将研究重心普遍转向艺术形式的结果。我们所关注的是布莱希特和马尔库塞借鉴、吸收和改造什克洛夫斯基的陌生化理论，从而将其纳入自己的理论体系的创新方式。理论之间的相互借鉴不足为奇，这也是学术研究中最常用的方法，但是如何把完全异质的理论中的概念和方法转化并容纳为自己理论体系的一部分，却是不容易的事情。什克洛夫斯基的陌生化理论是以诗歌为对象的，而布莱希特研究的却是戏剧，那么如何把陌生化运用到戏剧中就是一个重要的问题。布莱希特把诗歌语言的陌生化转化为戏剧情节和表演的陌生化或间离，并且赋予了它批判性内涵。马尔库塞把陌生化提升到哲学的高度，将其转化为用于批判资本主义异化本质的新感性。陌生化由一个形式主义术语转化为马克思主义理论中的一部分,不仅仅是通过借鉴和吸收,更重要的是从马克思主义的立场上对其加以改造。这种改造工作既需要对对方的理论熟烂于心,又要对自己的理论症结准确把握,在打通不同理论的情况下才可以完成。

马克思主义文本理论的形成也是在对结构主义文本理论的借鉴、吸收和改造的基础上完成的,但是与布莱希特和马尔库塞对什克洛夫斯基的陌生化理论的改造不同,马歇雷、伊格尔顿和詹姆逊并没有提出新的理论术语,而是赋予原有术语新的内涵,通过"符码转换"的方式实现理论创新。托马斯·库恩认为范式革命的一个重要方面就是提出新的术语,但是詹姆逊认为创造新术语虽然非常重要,但却是一件极为危险的事情,往往会使理论变得艰涩而不易理解。对旧有术语进行"符码转换"同样可以推动理论的发展和创新。巴特把"文本"与"作品"对立起来,从而赋予古已有之的"文本"一词以新的内涵,转化为结构主义术语。马歇雷、伊格尔顿和詹姆逊如法炮制,把文本与意识形态联系起来,从而把这一结构主义符码转化为马克思主义术语。作为一种方法,"符码转换"既排除了创造新术语的危险性,同时又推动了理论的发展和创新,对我们如何吸收和转化中国古代和西方的理论资源具有重要的启示意义。

作为对话方式的方法论借鉴也是理论创新的重要途径。戈德曼借鉴了马克思主义和传统文学社会学的发生学模式和结构主义的共时性方法,从而试图建构一种马克思主义的"发生学结构主义"批评范式。阿尔都塞借鉴了结构主义的共时性方法而建构了结构主义马克思主义,并被其弟子们所发扬光大。巴特借鉴了马克思主义的意识形态批判理论对大众文化进行了符号学分析,从而建构了自己的符号学意识形态批判理论,霍尔将结构符号学引入大众文化研究领域从而丰富了伯明翰学派的文化研究方法,鲍德里亚则将结构符号学方法引入马克思主义而建构了一种符号政治经济学,并对消费社会的物体系和大众传媒进行了深入批判。哈贝马斯借鉴分析哲学、言语行为理论等建构了自己的交往行为理论。

第三,理论的开放性与包容性是平等对话的基础。

从逻辑的角度来看,对话应该是平等的。但是,从实践来看,对话却往往呈现出一种不对等的状态。在对话中哪一方占据主动,这不仅取决于其态度,还取决于其方法。虽然马克思主义与形式主义之间的对话取得了丰硕的成果，上述几种对话方法对理论创新也具有重要的方法论意义，但是，总体而言，这种对话是不平等的，其中马克思主义吸收和借鉴形式主义的较多，而形式主义从马克思主义那里吸收和借鉴的东西相对较少。这种不平衡与这两种理论本身的特点有关。马克思主义采用的是一种辩证思维，反对一切封闭的体系，这种开放的姿态给予了它容纳、吸收、借鉴和改造其他理论的能力和胸怀。这不仅表现在与形式主义的对话中，马克思主义与精神分析和现象学等等之间都存在着对话关系。相反，形式文论的相对封闭性决定了它在与马克思主义的对话中处于劣势。虽然俄国形式主义的旗帜和纺纱比喻、新批评的意图谬误和感受谬误等倡导文学自律性的宣言并不能代表其批评实践，事实上他们中的很多人对社会学批评方法曾给予了充分的肯定，而且对马克思主义也颇具好感，但是从理论的主导倾向而言，文学自律观念和内部研究方法始终是其核心导向。尽管这种倾向在结构主义这里已经有所修正，但是对语言学方法的过度依赖也为它埋下了消解自身的种子。解构主义对结构主义的突破正是从这种语言学模式开始的。更重要的是，形式主义本身是现代知识分化的产物，在这种学科独立意识的影响下，他们中的很多人认为以文学形式为对象的内部研究才是真正的文学研究，也只有这样的研究才有可能成为科学，而其他的外部研究模式都是非科学的，或者说是非诗学的。这样，在知识去分化的大潮中，当各种理论之间出现了大融合的时候，西方形式主义文论也就自然走向了自己的终点。这种相对的封闭性是形式主义的特点，也是它的缺陷。正是这种相对封闭性使形式主义在对话中从马克思主义那里拿来的远远少于马克思主义从它那里拿走的东西。形式主义提出了一系列全新的文学观念、研究方法和理论术语，从而推动了文学理论的范式革命，但是其封闭性也逐渐消解了它的锐气，并且成为理论创新后劲不足的重要原因。因此，形式主义如何打破自己的局限性，并与包括马克思主义在内的其他理论流派进行对话，就成为其进一步发展的必由之路。

作为流派的形式主义已经成为明日黄花，但是其"细读法"却已经成为后世所有理论研究和文学批评的基本原则而被加以继承。近年来，伊格尔顿在新出版的《怎样读诗》和《怎样读文学》两本著作中对形式批评方法的回归，充分地体现了形式论的当代价值，以及形式批评对马克思主义未来发展的重要性。而伊格尔顿之所以倡导向形式批评回归，是因为他清楚地看

到,在当前英国的中学和大学教育中,由于老师一代本身就缺乏形式批评的
训练从而导致了文学教育体系中形式批评教育的匮乏,致使青年一代失去
了文本细读和分析的能力,这很大程度上影响了英国的文学教育质量,对青
年一代的成长也极为不利。值得注意的是,与伊格尔顿对英国状况的把脉
不同,托多罗夫却看到,由于结构主义的长期统治,法国的学生过度沉迷于
对作品的形式结构的分析,却失去了对作品的社会历史内容的把控能力,从
而使法国的文学形式主义陷入了虚无主义和唯我主义这两种"对世界的片
面看法"。显然,中国当前的文学教育状况更接近伊格尔顿所批评的英国,
但我们在倡导发展形式批评的同时也要警惕法国式的另一极端。可以说,
在中国的中学和大学的文学教育中,形式主义与马克思主义、形式(美学)
批评与社会历史批评、内部研究与外部研究不可非此即彼,而是要二者并
重,在两种观念和方法的对话和融通中建构一种新的"马克思主义的社会
形式诗学"。这可能也是中国当前的文学理论、文学批评和文学教育中应该
重视的问题。

　　巴赫金认为任何对话都具有未完成性,本尼特也认为无需创造马克思
主义与形式主义之间的对话,因为这种对话已经在进行中。本书对马克思
主义与形式主义文论的关系史加以研究,并分析二者之间的对话在不同的
历史时期和地域空间所关注的不同问题、采用的不同方法和呈现的不同特
点,希望能够为二者的未来对话提供参照,并对中国文论的未来发展有所
助益。

附录 马克思主义与形式

——弗雷德里克·詹姆逊教授访谈录①

时间:2009 年 12 月 28 日上午
地点:美国杜克大学文学系詹姆逊教授办公室

马克思主义者往往忽视形式研究的重要性,而詹姆逊教授却认为形式问题对于马克思主义尤为重要,并且用"马克思主义与形式"来概括他的学术研究。因此,笔者以此为主题,围绕他学术研究中的一些问题,对詹姆逊教授进行了访谈,以期对中国马克思主义文学理论和美学研究有所借鉴和启发。

杨建刚(下文简称杨):作为当今世界最著名的马克思主义理论家之一,您的思想、学说和方法对理论界产生了重要的影响,这在中国表现得非常突出。越来越多的青年学子喜欢阅读您的著作,我就是其中之一。通读您多年来的著作,发现您非常关注形式问题。从您 70 年代的《马克思主义与形式》到 2007 年出版的《现代主义论文集》,形式一直是一条贯穿始终的主线。在去年与中国访问学者何卫华和朱国华的访谈② 中,您用"马克思主义与形式"来概括自己的学术研究。作为一个马克思主义理论家,您为什么对形式如此感兴趣? 您认为对于马克思主义来说,形式的重要性在哪里?

詹姆逊(下文简称詹):那是因为传统的马克思主义文学批评大都致力于内容和意识形态分析,总是关注内容因素,即作品的思想是什么? 反映了什么样的意识形态? 等等。很少有人研究叙事的特点,作品所采用的叙述

---

① 此访谈英文版见杨建刚、王弦、[美] 弗雷德里克·杰姆逊:《马克思主义与形式——弗雷德里克·杰姆逊教授访谈录》,《文艺理论研究》2012 年第 2 期。

② 何卫华、朱国华:《图绘世界:弗雷德里克·詹姆逊教授访谈录》,《文艺理论研究》2009 年第 6 期。

方式以及意识形态得以呈现的形式。我想卢卡奇在这方面做了一些工作，但他所采用的也是比较简单化的方式。艺术形式问题是现代主义者所提出的独具价值的问题。我个人对形式问题非常感兴趣，而研究叙事问题至少是这种形式分析的一个方面。

杨：众所周知，您在中学时代就精通德语和法语，而您早期最重要的两本著作就是分别研究德国哲学和法国理论的《马克思主义与形式》和《语言的牢笼》，这两部著作对您后期研究的重要性在哪里？是否可以说，您后来对形式的关注是基于早年对俄国形式主义和法国结构主义的研究？或者说是受其影响的结果？

詹：事实并不是这样的，它们其实是同一部手稿的两个部分，但是由于太长，普林斯顿大学出版社建议将形式主义那部分单独成书，所以最终出版成了两部著作。这两本书本来就是合在一起的一个整体，只是把研究法国结构主义和俄国形式主义的部分单独成册了而已。整个结构主义就是研究叙事分析和意识形态的形式等问题的复兴运动，也是同一个研究项目的不同部分，我把对他们的研究放在了《语言的牢笼》中。这并不意味着二者是分离的。在对俄国形式主义的研究中，我对围绕俄国形式主义所进行的那场论争并没有太大的兴趣，但是和很多人一样，我非常喜欢什克洛夫斯基，是他把叙事分析进行了革新，我想人们应该了解他的这一功绩。然而，除了非常少的几个结构主义者之外，美国读者对所有这些人物都一无所知。也是我第一次把布洛赫和本雅明介绍给美国读者。之前没有人对他们写过任何批评文字。人们对卢卡奇有所了解，但并不深入。而法国结主义和俄国形式主义的著作当时也还都没有译本。因此，这项研究的一大部分就是将他们介绍给美国读者。另一方面，在美国学术界，马克思主义研究也是非常落后的。欧洲学者对马克思主义的发展脉络已经耳熟能详，但是美国人对此却一无所知。这些都奠定了我以后学术研究的基础。

杨：我们知道经典马克思主义理论由于采用了黑格尔的理论模式，更多地关注内容而非形式，苏联的庸俗马克思主义更是将这一观念推向极端。他们看重黑格尔而反对康德，俄国形式主义正好是康德的继承人。在苏联马克思主义这里，艺术内容最终成为革命宣传的工具，而形式研究被看作纯粹的为艺术而艺术，作为资产阶级美学的遗留而受到批判。托洛茨基和卢那察尔斯基对俄国形式主义的批判就是这样。可以说苏联马克思主义对俄国形式主义的批判更大程度上是基于政治需要，而不是学理的探讨。您如何看待这场论争？

詹：迄今为止，这种状况促使人们去发明一些新的解决方案。在我看来，巴赫金就发明了许多新方案。马克思主义的很多文本都仅仅是政治性的。托洛茨基的著作就是如此，不过这些著作中的很多内容在文学革命中都是有用的和重要的。马克思主义与形式主义并不是完全敌对的。斯大林之后，这种情况出现了转机。什克洛夫斯基又开始了写作。其他的俄国形式主义者也开始了写作。他们都深受爱森斯坦（Sergey Eisenstein, 1898—1948）的影响。我们认为爱森斯坦对他们影响巨大，是因为当时翻译了很多爱森斯坦的著作。虽然爱森斯坦跟美国和墨西哥也有联系，但是爱森斯坦与俄国形式主义者的相互影响更为明显。电影与现代主义之间也有很多联系，而这些都与俄国形式主义的理论有关。在法国，文学研究中的结构主义者也对电影批评很感兴趣。他们中的很多著作都是研究电影的，而俄国形式主义者则是他们的伟大先驱。

杨：事实上，在这场论争之后，马克思主义与形式主义之间的对话就成为学术发展的必然要求。可以说，马克思主义与形式主义的关系从苏联到西方经历了一个从对抗到对话的过程。巴赫金是这一对话在苏联的代表。而位居欧洲的法兰克福学派，以及英美的晚期马克思主义者，包括阿尔都塞、马歇雷、伊格尔顿和您，都极为关注艺术形式问题，都在从事与形式主义进行对话的工作。您认为这种对话的重要性在哪里？是否可以说，没有对形式主义理论和方法的吸收和借鉴，就不会有西方马克思主义所取得的巨大成就？

詹：从某种程度上说马克思本人就是一个形式主义者，他所做的就是对资本主义进行结构主义的分析。在我看来，《波拿巴的雾月十八日》就是一种非常复杂的形式分析。马克思的意识形态思想并不像我们和后来的传统马克思主义者想象得那么简单。但是我们必须牢记，马克思主义本质上是一种德国传统，毕竟，它是通过法兰克福学派而得以持续的，尽管事实上他们都不得不对马克思主义有所偏离或逃逸。俄国形式主义者提出了很多非常具有革命性的思想，但是在斯大林主义的影响下这些思想在党内是几乎不可能的。因此，我认为，在意识形态分析方面，对阿尔都塞影响最大的并不是结构主义或形式主义，而是精神分析，这一点是你对俄国理论家的研究过程中没有注意到的。俄国理论家很早就翻译了弗洛伊德的著作,就像他们很早就翻译了《资本论》一样。虽然在 20 世纪初年弗洛伊德的全部著作就已经译成了俄文,但是俄国理论界对弗洛伊德的思想并没有很好地应用。弗洛伊德的思想传统也非常复杂,并且几乎从一开始弗洛伊德与马克思之间就关系密切。因此,我认为,马克思主义给予了结构主义者很多东西,列维—斯特劳斯就明确指出,为了研究一种现实主义的历史分析模型,他每隔几年就要重新阅读《雾月十八日》。因此,可以说,没有马克思主义者提出的问题,就不可能有结构主义者的答案。不过二者之间的这种影响也是相互的。

杨:因此,我想,正如罗兰·巴特,他年轻的时候就是一个马克思主义者,并深受萨特的影响。但是后来,他改变了自己的思想,转变为一个结构主义者。

詹:我认为他或多或少是对政治的退却。很多人都受到了学生运动的困扰。1968 年五月风暴之后,很多知识分子认为这是一场失败,并转向了较为私人的领域。福柯也是一个共产主义者,我并没有说马克思主义者,而是说共产主义者,但是在他的后半生却又公开批判共产主义。但是,另一方面,我认为这一变化很大程度上是从政治领域向美学领域的决定性转移。但是这也是个人的情况。

杨:我的博士论文就是研究马克思主义与形式主义之间从对抗到对话的发展过程,尤其是研究二者之间是如何对话的。在我的研究中,您是这场对话中的一个非常重要的理论家。我特别感兴趣的是您所提出的"符码转换"(transcoding)这一术语。托马斯·库恩认为学术研究范式的转换,需要提出新的理论和术语。但是,通过我的阅读,发现您也把符码转换作为一种理论创新的方法。也就是将其他学派的术语,通过改变它的内涵和外延,赋予其新的意义,从而转变成为一个新的术语,并达到理论创新的效果。比如说,结构主义的"文本"和弗洛伊德的"无意识"。您能否对这个术语做进一步的阐释。

詹:我认为,人们之前认为是真理的所有事情其实都只是语言,而今天这种语言已经更加多样化了。与传统马克思主义者通常认为的不同,今天,我认为,如果没有语言我们就不可能产生思想。可以说,维特根斯坦、尼采和其他理论家,甚至马克思本人之后,在某种程度上,在我们看来,我们所拥有的只是语言的符码。因此,我们必须做的,甚至将这一讨论继续向前推进的,就是进行语言间的符码转换。这也是马克思主义者必须吸取的一个教训。马克思主义与其他哲学之间的许多论争之所以缺乏生产性,原因就在于马克思主义者认为他们讨论的是终极真理,然而事实上他们所讨论的仅仅是语言。并且,语言也是意识形态。因此,可以说,这是意识形态的斗争。但是,也必须理解这种斗争都以符码,准确地说是语言符码为基础进行的。所以,这里体现为一种方法论,这种斗争不仅仅是不同哲学之间的斗争,我们必须从符码转换的角度对其进行思考。每一种符码都体现出一定的内容,就如同眼镜的镜片,它将有些事情呈现地非常清楚,而其他事情则相对模糊,因此从一种符码转换到另一种就如同从一副眼镜换到另一副,有时是距离的调整,有时仅仅是对焦问题。语言同样如此。一个符码可以将有些事情呈现地清清楚楚,但却不能呈现其他事情,这需要另一种符码。这就是我在意识形态和哲学论争中所做的全部基本工作。人们往往认为思想观念就像客观事物那样是真实的,但是我认为,从根本上来看,思想观念其实是一种意识形态,不过这种意识形态是无意识的。在此我并不是要和人们争论什么,但是我们必须看到,在文学分析活动中,不同的符码所起到的不同作用。

王弦(下文简称王):您把符码转换看作您的思想中的一个核心概念吗?

詹:是的,我们必须看到存在许多不同的马克思主义,而这些马克思主义都表现为符码,因此他们之间就存在很多差异,也包括语言方面的差异。虽然我尚未写过研究马克思的著作,但是,在我看来,马克思的学说既是科学,也是意识形态。这是一种科学的建构,同时,马克思本人,以及列宁、托洛茨基、毛泽东等人的政治思想也都是一种意识形态建构。因此,任何"主义"都是意识形态。但是,在阿尔都塞看来,马克思最根本的发现的确类似于新大陆的发现。马克思所发现的新大陆就是历史唯物主义,这些之前都没有被真正发现。

杨:因此,有时候我们并不需要去创造新的词汇和术语,只需要改变已有词汇的意义就可以了。

詹:这是一种非常巧妙的做法。比如葛兰西,他不得不改变所有的词汇,并发明新的词语,从而使意大利法西斯主义审查官无法知道他写的是什么。因此他称马克思主义为实践哲学,并称意识形态为霸权,等等。借助这些新词汇,迅速发展出一种新哲学。它和旧哲学完全不同。有人想用葛兰西替代马克思,也有人把葛兰西看作马克思的延续和拓展。这些都无法做出判断,除非你借助于语言。使用新词语常常是非常危险的。我更信任旧词语,不过必须对这些已有的词语进行重新解释。

王:您认为齐泽克运用的是一种新语言吗?

詹:齐泽克有没有运用新语言我不清楚,不过拉康发明了新的词语和概念。拉康是 20 世纪伟大且具有原创性的思想家之一,他为齐泽克提供了可资利用的丰富资源。不过拉康同时也运用了一些旧的词语,他在精神分析、马克思主义和其他哲学传统之间来回自由穿梭。我们现在所能做的就是捡起这些语言,运用它们,而不是替代它们。齐泽克在他自己的作品中运用了符码转换,这能说他为自己发明了一种新语言吗? 我们必须更加了解拉康,不仅仅是拉康,而且还有雅克—阿兰·米勒(Jacques-Alain Miller),他是拉康的继承人,齐泽克就是跟他学习的。我们很难说齐泽克创造了一种新语言,但是可以肯定的是,他的语言带来了一种创造力,这些都是人们之前所不具有的。

王:但是您刚才说创造新语言是极其危险的,对吗?

詹:我并不认为齐泽克创造了一种新语言,我认为他只是在进行符码转换。难道有人告诉我们什么是齐泽克所特有的哲学吗? 他所做的只是不断地符码转换,因此我不能确定人们是否乐意承认齐泽克的哲学。但是人们可以肯定的是,阿兰·巴丢(Alain Badiou)在试图发明一种新的哲学。在此过程中,他保留了一些旧的术语,同时增加了一些新的术语。有些理论家,比如雅克·朗西埃(Jacques Ranciere)则试图避免使用传统语言,这也是极其危险的。

杨:您有一个很有意思的观点。您在多年前与张旭东的一次访谈中提到了这一点,这个访谈也成为您的《晚期资本主义的文化逻辑》的中译本的前言。您认为历史、政治(意识形态)与形式是三位一体的。马克思主义文学批评应该关注历史、政治和意识形态,但是所有政治批评都必须通过形式的中介。中国学者赵宪章教授也致力于形式美学的研究,提出马克思主义批评不能"绕过形式直奔主题",而是要"通过形式阐发意义"。这就涉及您提出的"形式的意识形态",或"形式的内容"的问题。您是如何通过文学形式来发现和阐发文本中的内容、意义或政治无意识的？有哪些方法可资借鉴？

詹：这个问题简直太好了，以至于我都不知道如何开始回答。我所写的关于叙事分析的书是对你所提问题的最好回答。叙事能够使我们把握一个事件，对其进行提炼，并总结出这个事件所体现的主要思想以及所反映的历史现实等等。讲述一个故事就暗含着一定数量的深层意识形态观念，我认为这也是表现或阐发这些观念的最好方式。所以，内容或者说作家的观点，这些我都不感兴趣。作家有意思的生平也不是我研究的主要任务。我们应该关注人们从叙述形式中所发现的真实的意识形态。当然，我并不是说内容分析毫无用处，也许有一天，当我们对艺术形式问题已经了如指掌的时候，我们就需要返回到内容方面，甚至更加关注内容，并再次强调二者的平衡，也就是集中于文本的政治性，更准确地说，集中于文本的审美意识形态，等等。虽然将二者结合起来是非常困难的，但是我们必须做这样的尝试，事实证明难度非常大。但是，无论如何，我们更希望一种对文学文本进行更加复杂的分析，而不是简单的内容分析。如果你拿着一本关于某种特定经验的小说，你就会很容易地被故事内容所左右。可以说，这种经验就是历史。那么这种历史经验又是如何获得的呢？当然是特定社会的可能性及其发展。这样，我们就返回到了历史。因此，我认为，是形式和内容的共同作用使我们重返历史，这也就是我们进行研究的必然方向，不过达到这一目标的途径可以多种多样。我的一个深切体会就是，人们对形式再怎么强调也都不过分，左派批评家更应该重视并坚持形式批评，我对这样的批评家都非常感兴趣。也许，当我们在这方面受到挫折的时候，我们才能够返回到其他方面，或者发明一些新的领域来思考这个问题。

杨：因此，我们需要通过作品的形式去发现作品的内容或意义。正如俄国形式主义和英美新批评派的理论家们所做的那样。他们致力于诗歌的音乐效果或小说的结构。但是马克思主义者却更多致力于作品的内容或意义。

詹：的确是这样，但是也不能如此绝对。我们所讨论的是一种可能的情况。形式依赖于可能的历史情境，内容也是如此。阿多诺认为这些理论家们的观点也是其著作的原材料的一部分，而不是其著作的内容。内容已经融入到了文本之中。因此存在一种包含这些观点的深层形式，也许这些观点是非常必要的。也就是说,为了写作,为了将其从未写过的事情记录下来,人们必须对这些事情保持信念。托尔斯泰就是很好的例子。但是这种信念仅仅是一个先决条件,而不是作品所要表达的意思。尽管他们相信存在这种意思,但是托尔斯泰并不相信历史,并且持一种强烈的反政治观念。为了写作《战争与和平》,他必须如此。这也是某些特定类型的社会中活生生的历史和生活的更大形式中的一部分。因此,从某种意义上说,这也是反资产阶级的,但是,资产阶级可以采用各种不同的形式。我认为分析人们的政治立场和意识形态观念是一种非常合适的事情。不过这种政治立场和意识形态与作品形式之间是间接地联系在一起的,而作品的形式更为重要。劳伦斯从另一个角度对这种观点进行了阐释。正如他所言:"相信故事本身,而不是讲故事的人。"也就是说,人们或艺术家所思考的并不是为了使其要做的事情顺利进行而必须思考的事情,而是他所做的事情如何更加具体地融入他所生活的社会和意识形态的原材料之中。因此,存在一种具体的层面,它比政治观点和政治状况更具有基础性。所以我同意你的观点。

王:那么是不是说生活于这个世界上比思考生活的意义更加重要?

詹:生活于这个世界上,做具体的事情,就是我们的日常生活。这是一种历史的发展。日常生活是最近才出现的一个概念。众所周知,它是上帝死亡之后的一个世俗概念。在此之前,人们以另一个方式思考生活,那就是罪恶与救赎,等等。所以我想人们绝不能将这些事情绝对化,而是需要在他们自己的历史条件下将其置换。换句话说,我们这里强调"具体",你不能一劳永逸地给其下定义,也不能采用非历史的方法,甚至不能采用黑格尔在《辩证法》中所发明的那种"具体"概念,尽管它具有历史内涵。我们总是返回历史,返回符码,历史符码,思考这些问题的历史可能性,除此之外别无他法。或者,用存在主义的话说,我们总是存在于特定条件下,所以我们无法超越我们所赖以存在的这个条件。我们可以把我们所赖以生存的条件看作用于审视某些事情的特有视角,但是这可能也不是我们所唯一看到的事情,其他人的生存条件可以提供另外一种审视的视角。

王:那么您对日常生活怎么界定?

詹:这个问题很有意思。最近我看到一篇关于一些非常有意思的小说的论文,文中描述了一种奇怪的、世俗化的、死亡后的生活(after-life)。在死亡之后的生活中,人们不能做任何事情,但是他们却依然生存于这个空虚的世界(empty world)之中。他说,看,这就是我们日常生活的表征,即就是空虚。非常有意思。像列斐伏尔这些发明日常生活概念的人认为可以通过表现形式对日常生活进行区分。生活在某种类型的城市中,日常生活会过得更加丰富多彩,而乡村里的日常生活却是完全不同的样子。今天,可能也正是这种日常生活分析表明了它的空虚,我们根本没有办法提前对此做出预测和应对。

杨:长期以来,马克思主义文学理论多进行理论探讨,比如经济基础与上层建筑的关系等等,而在具体的文学批评中,这些理论却并没有形式主义那么有解释力,很难像新批评的"细读"那样将马克思主义用来进行具体的文本分析。这可能与马克思主义忽视艺术形式问题有关。这可能也是马克思主义现在逐渐失去其影响力的原因所在。您如何看待马克思主义当前的这种状况?通过与形式主义的对话,能否让马克思主义文学批评再次焕发青春?

詹:但是我并不这么认为。在我看来,马克思主义已经发展出自己的形式方法,并且和其他后形式主义者所做的一样成功。德里达就是如此。除了将文本拆分开来,我们没有处理文本的其他方法。问题在于大多数人将马克思主义与意识形态分析联系起来,而他们往往把意识形态分析看作消极的、揭露性的。我并不这么认为,我会寻找一种我认为属于马克思主义的方法。我从来没有将马克思主义与形式主义分割开来,它们之间有一个自然的吸收和同化过程。我的意思是说,当今的很多批评家,你可以称其为形式主义者,而他们实际上也是后马克思主义者。他们对所有方法都了如指掌,所以不再需要对其多加区分,这是历史条件所致。在这种情况下,像布莱希特这样的理论家似乎放弃了历史分析,这具有历史的和社会的原因。这并不是说他们不再相信历史分析,或者不再实践这种方法。他们对这种方法太熟悉了,并且认为这是学术研究的先决条件。福柯就是个极好的例子。也可能是他们认为这种方法已经过时了,我们不再需要进行严格区分。这些问题都非常有意思,我们以后再继续讨论。

杨:非常感谢您百忙之中抽出时间进行这次访谈,也欢迎您再次访问中国。

引 用 文 献

中文著作

1. [法] A. J. 格雷马斯：《论意义——符号学论文集》（上、下册），吴泓缈、冯学俊译，百花文艺出版社 2004 年版。

2. [苏] 阿·梅特钦科：《继往开来——论苏联文学发展中的若干问题》，石田、白堤译，中国社会科学出版社 1983 年版。

3. [德] 阿多诺：《美学理论》，王柯平译，四川人民出版社 1998 年版。

4. [德] 阿克塞尔·霍耐特：《权力的批判：批判社会理论反思的几个阶段》，童建挺译，上海人民出版社 2012 年版。

5. [德] 阿佩尔：《哲学的改造》，孙周兴译，上海译文出版社 1997 年版。

6. [法] 埃米尔·本维尼斯特：《普通语言学问题》，王东亮译，三联书店 2008 年版。

7. [美] 艾布拉姆斯：《镜与灯》，郦稚牛等译，北京大学出版社 1989 年版。

8. [英] 安德鲁·埃德加：《哈贝马斯：关键概念》，杨礼银等译，江苏人民出版社 2009 年版。

9. [英] 安吉拉·麦克罗比：《文化研究的用途》，李庆本译，北京大学出版社 2007 年版。

10. [英] 安纳·杰弗森、戴维·罗比等：《西方现代文学理论概述与比较》，陈昭全等译，湖南文艺出版社 1986 年版。

11. [法] 安娜·埃诺：《符号学简史》，怀宇译，百花文艺出版社 2005 年版。

12. [法] 安托万·孔帕尼翁：《理论的幽灵——文学与常识》，吴泓缈、汪捷宇译，南京大学出版社 2011 年版。

13. [苏] B. A. 谢列勃连尼科夫：《有关语言学的几个问题》，群力译，科学出版社 1959 年版。

14. 《巴赫金全集》（第 1—6 卷），钱中文主编，河北教育出版社 1998 年版。

15. [美] 保罗·R. 格罗斯、诺曼·莱维特：《高级迷信——学术左派及其关于科学的争论》，孙雍君等译，北京大学出版社 2008 年版。

16. [英] 保罗·鲍曼：《后马克思主义与文化研究》，黄晓武译，江苏人民出版社 2011 年版。

17. [法] 保罗·利科：《诠释学与人文科学》，孔明安等译，中国人民大学出版社

2012 年版。

18. [法] 保罗·利科：《哲学主要趋向》，李幼蒸译，商务印书馆 2004 年版。

19. 北京大学中文系文艺理论教研室编：《马克思、恩格斯、列宁、斯大林论文艺》，人民文学出版社 1999 年版。

20. 北京大学中文系语言学教研室编：《高举马克思主义语言学的红旗前进》，中华书局 1958 年版。

21. 北京大学中文系语言学教研室编：《马克思主义与语言》，中华书局 1958 年版。

22. 北京外国语学院俄语系语言学教研组编：《马克思主义经典作家论语言》，商务印书馆 1959 年版。

23. [意] 贝内代托·克罗齐：《美学或艺术和语言哲学》，黄文捷译，中国社会科学出版社 1992 年版。

24. [意] 贝内戴托·克罗齐：《作为表现的科学和一般语言学的美学的历史》，王天清译，中国社会科学出版社 1984 年版。

25. [德] 彼得·比尔格：《主体的退隐》，陈良梅、夏清译，南京大学出版社 2004 年版。

26. [德] 彼得·比格尔：《先锋派理论》，高建平译，商务印书馆 2002 年版。

27. [美] 毕晓普、道格拉斯·凯尔纳：《波德里亚：追思与展望》，戴阿宝译，河南大学出版社 2008 年版。

28. [法] 伯努瓦·皮特斯：《德里达传》，魏柯玲译，中国人民大学出版社 2014 年版。

29. [德] 布莱希特：《布莱希特论戏剧》，丁扬忠等译，中国戏剧出版社 1990 年版。

30. [比利时] 布洛克曼：《结构主义：莫斯科—布拉格—巴黎》，李幼蒸译，中国人民大学出版社 2003 年版。

31. [美] 查尔斯·E. 布莱斯勒：《文学批评：理论与实践导论》，赵勇等译，中国人民大学出版社 2015 年版。

32. 陈嘉映：《语言哲学》，北京大学出版社 2003 年版。

33. 陈平原：《中国小说叙事模式的转变》，北京大学出版社 2010 年版。

34. 陈永国：《激进哲学：阿兰·巴丢读本》，北京大学出版社 2010 年版。

35. 陈越编：《哲学与政治：阿尔都塞读本》，吉林人民出版社 2003 年版。

36. [法] 茨维坦·托多罗夫：《濒危的文学》，栾栋译，华东师范大学出版社 2016 年版。

37. [法] 茨维坦·托多罗夫编选：《俄苏形式主义文论选》，蔡鸿滨译，中国社会科学出版社 1989 年版。

38. [法] 茨维坦·托多洛夫：《批评的批评——教育小说》，王东亮、王晨阳译，三联书店 2002 年版。

39. [英] 戴维·麦克莱兰：《马克思以后的马克思主义》，林春、徐贤珍译，东方出版社 1986 年版。

40. [法] 丹尼斯·于斯曼:《法国哲学史》,冯俊等译,商务印书馆 2015 年版。

41. [美] 道格拉斯·凯尔纳、斯蒂文·贝斯特:《后现代理论——批判性的质疑》,张志斌译,中央编译出版社 2001 年版。

42. [美] 道格拉斯·凯尔纳编:《波德里亚:批判性的读本》,陈维振、陈明达、王峰译,江苏人民出版社 2005 年版。

43. [英] 多米尼克·斯特里纳蒂:《通俗文化理论导论》,阎嘉译,商务印书馆 2001 年版。

44. 方珊:《形式主义文论》,山东教育出版社 1999 年版。

45. [英] 菲利普·史密斯:《文化理论导论》,张鲲译,商务印书馆 2008 年版。

46. 冯宪光:《"西方马克思主义"美学研究》,重庆出版社 1997 年版。

47. [法] 弗朗索瓦·多斯:《从结构到解构:法国 20 世纪思想主潮》,季广茂译,中央编译出版社 2004 年版。

48. [法] 弗朗索瓦·多斯:《结构主义史》,季广茂译,金城出版社 2012 年版。

49. [法] 弗朗索瓦·多斯:《解构主义史》,季广茂译,金城出版社 2012 年版。

50. [英] 弗朗西斯·马尔赫恩:《当代马克思主义文学批评》,刘象愚等译,北京大学出版社 2002 年版。

51. [美] 弗雷德里克·詹姆逊:《语言的牢笼》,钱佼汝译,百花文艺出版社 1997 年版。

52. [美] 弗雷德里克·詹姆逊:《马克思主义与形式》,李自修译,百花洲文艺出版社 1997 年版。

53. [美] 弗雷德里克·詹姆逊:《政治无意识》,王逢振、陈永国译,中国社会科学出版社 2011 年版。

54. [美] 弗雷德里克·詹姆逊:《批评理论和叙事阐释》(《詹姆逊文集》第 2 卷),陈永国译,中国人民大学出版社 2004 年版。

55. [美] 杰姆逊:《后现代主义与文化理论》,唐小兵译,北京大学出版社 2005 年版。

56. [美] 詹明信:《晚期资本主义的文化逻辑》,张旭东编译,生活·读书·新知三联书店 1997 年版。

57. [波] 符·塔达基维奇:《西方美学概念史》,褚朔维译,学苑出版社 1990 年版。

58. [苏] 高尔基:《论文学(续集)》,冰夷等译,人民文学出版社 1979 年版。

59. 高建为、钱翰等:《20 世纪法国马克思主义文艺理论研究》,北京大学出版社 2012 年版。

60. [德] H. R. 姚斯、R. C. 霍拉勃:《接受美学与接受理论》,周宁、金元浦译,辽宁人民出版社 1987 年版。

61. [德] 哈贝马斯、米夏埃尔·哈勒:《作为未来的过去》,章国锋译,浙江人民出版社 2001 年版。

62. [德] 哈贝马斯:《后形而上学思想》,曹卫东等译,译林出版社 2001 年版。

63. [德] 哈贝马斯:《交往行为理论》,曹卫东等译,上海人民出版社 2004 年版。

64. [德] 哈贝马斯:《交往与社会进化》,张博树译,重庆出版社 1989 年版。

65. [德] 哈贝马斯:《现代性的哲学话语》,曹卫东译,译林出版社 2008 年版。

66. [德] 海因里希·格姆科夫等:《恩格斯传》,易廷镇、侯焕良译,生活·读书·新知三联书店 1980 年版。

67. [美] 赫伯特·马尔库塞:《单向度的人》,刘继译,上海译文出版社 2006 年版。

68. [德] 黑格尔:《精神现象学》(上卷),贺麟、王玖兴译,商务印书馆 1983 年版。

69. [德] 黑格尔:《美学》第 1 卷,朱光潜译,商务印书馆 1979 年版。

70. [德] 黑格尔:《小逻辑》,贺麟译,商务印书馆 1980 年版。

71. 胡燕春:《"英、美新批评派" 研究》,中国社会科学出版社 2010 年版。

72. [德] J.G. 赫尔德:《论语言的起源》,姚小平译,商务印书馆 1999 年版。

73. [德] 伽达默尔:《科学时代的理性》,薛华译,国际文化出版公司 1988 年版。

74. [德] 伽达默尔:《诠释学 II:真理与方法——补充与索引》,洪汉鼎译,商务印书馆 2010 年版。

75. [日] 今村仁司:《阿尔都塞:认识论的断裂》,牛建科译,河北教育出版社 2001 年版。

76. [法] 居伊·德波:《景观社会》,王昭凤译,南京大学出版社 2007 年版。

77. [爱沙尼亚] 卡莱维·库尔、瑞因·马格纳斯:《生命符号学:塔尔图的进路》,彭佳等译,四川大学出版社 2014 年版。

78. [苏] 凯德洛夫等:《斯大林语言学著作中的哲学问题》(续集),王以铸等译,三联书店 1955 年版。

79. [美] 凯特琳娜·克拉克、迈克尔·霍奎斯特,《米哈伊尔·巴赫金》,语冰译,中国人民大学出版社 1992 年版。

80. [法] 克洛德·海然热:《语言人——论语言学对人文科学的贡献》,张祖建译,北京大学出版社 2012 年版。

81. [英] 肯尼:《第一代英国新左派》,李永新等译,江苏人民出版社 2010 年版。

82. [俄] 孔金、孔金娜:《巴赫金传》,张杰、万海松译,东方出版中心 2000 年版。

83. [美] 拉尔夫·科恩主编:《文学理论的未来》,程锡麟等译,中国社会科学出版社 1993 年版。

84. [英] 拉曼·塞尔登、彼得·威德森、彼德·布鲁克:《当代文学理论导读》,刘象愚译,北京大学出版社 2006 年版。

85. [美] 莱斯利·A. 豪:《哈贝马斯》,陈志刚译,中华书局 2002 年版。

86. [美] 勒内·韦勒克、奥斯汀·沃伦:《文学理论》,刘象愚等译,江苏教育出版社

2005 年版。

87. [英] 雷蒙·威廉斯：《文化与社会》，吴松江等译，吉林出版集团 2011 年版。

88. [美] 勒内·韦勒克：《辩异：续＜批评的诸种概念＞》，刘象愚、杨德友译，上海人民出版社 2015 年版。

89. [美] 雷纳·威莱克：《西方四大批评家》，林骧华译，复旦大学出版社 1983 年版。

90. [美] 雷内·韦勒克：《近代文学批评史》，杨自伍译，上海译文出版社 2005 年版

91. [美] 雷内·韦勒克：《批评的概念》，张金言译，中国美术学院出版社 1999 年版。

92. 李春宜：《阿尔都塞与"结构主义马克思主义"》，辽宁人民出版社 1986 年版。

93. 李辉凡：《二十世纪初俄苏文学思潮》，中国科学文献出版社 1993 年版。

94. 李幼蒸：《理论符号学导论》，社会科学文献出版社 1999 年版。

95. 李泽厚：《批判哲学的批判——康德述评》，天津社会科学院出版社 2003 年版。

96. [美] 理查德·罗蒂：《后哲学文化》，黄勇译，上海译文出版社 2009 年版。

97. [俄] 列夫·维果茨基：《思维与语言》，李维译，北京大学出版社 2010 年版。

98.《列宁选集》（第一卷），人民出版社 1972 年版。

99.《列宁选集》（第二卷），人民出版社 1995 年版。

100. [法] 列维－斯特劳斯：《结构人类学（1）》，李幼蒸译，中国人民大学出版社 2006 年版。

101. [法] 列维－斯特劳斯：《忧郁的热带》，王志明译，三联书店 2000 年版。

102. 刘康：《对话的喧声：巴赫金的文化转型理论》，中国人民大学出版社 1995 年版。

103. [匈] 卢卡奇：《历史与阶级意识》，王伟光、张峰译，华夏出版社 1989 年版。

104. [匈] 卢卡奇：《卢卡奇论戏剧》，陈奇佳主编，罗璇等译，北京师范大学出版社 2014 年版。

105. [匈] 卢卡奇：《卢卡奇早期文选》，张亮、吴勇立译，南京大学出版社 2004 年版。

106. [澳] 卢克·费雷特：《导读阿尔都塞》，田延译，重庆大学出版社 2014 年版。

107. [苏] 卢那察尔斯基：《艺术及其最新形式》，郭家中译，百花文艺出版社 1998 年版。

108. [法] 路易·阿尔都塞、艾蒂安·巴里巴尔：《读＜资本论＞》，李其庆、冯文光译，中央编译出版社 2008 年版。

109. [法] 路易·阿尔都塞：《保卫马克思》，顾良译，商务印书馆 2006 年版。

110. [法] 路易·阿尔都塞：《哲学与政治：阿尔都塞读本》，陈越编，吉林人民出版社 2003 年版。

111. [法] 路易－让·卡尔韦：《结构与符号——罗兰·巴尔特传》，车槿山译，北京大学出版社 1997 年版。

112. [英] 罗伯特·霍奇、冈瑟·克雷斯：《社会符号学》，张杰译，四川教育出版社

2012 年版。

113. [美] 罗伯特·休斯:《文学结构主义》,刘豫译,三联书店 1988 年版。

114. 罗常培:《语言与文化》,北京大学出版社 1950 年版。

115. 罗钢、刘象愚主编:《文化研究读本》,中国社会科学出版社 2000 年版。

116. [法] 罗兰·巴尔特:《符号学原理》,李幼蒸译,中国人民大学出版社 2008 年版。

117. [法] 罗兰·巴尔特:《写作的零度》,李幼蒸译,中国人民大学出版社 2008 年版。

118. [法] 罗兰·巴特:《流行体系——符号学与服饰符码》,敖军译,上海人民出版社 2000 年版。

119. [法] 罗兰·巴特:《神话修辞术、批评与真实》,屠友祥译,上海人民出版社 2009 年版。

120. [南非] 罗里·赖安、苏珊·范·齐尔编:《当代西方文学理论导引》,李敏儒、伍子恺等译,四川文艺出版社 1986 年版。

121. [英] 罗曼·雅各布森:《雅各布森文集》,钱军、王力译,湖南教育出版社 2001 年版。

122. [法] 吕西安·戈德曼:《马克思主义与人文科学》,罗国祥译,安徽文艺出版社 1989 年版。

123. [法] 吕西安·戈德曼:《文学社会学方法论》,段毅、牛宏宝译,工人出版社 1989 年版。

124. [法] 吕西安·戈德曼:《隐蔽的上帝》,蔡鸿滨译,百花文艺出版社 1998 年版。

125. [法] 吕西安·戈尔德曼:《论小说的社会学》,吴岳添译,中国社会科学出版社 1988 年版。

126. [德] 马丁·海德格尔:《存在与时间》,陈嘉映译,三联书店 2006 年版。

127. [德] 马丁·海德格尔:《海德格尔选集》,孙周兴编,上海三联书店 1996 年版。

128. [美] 马丁·杰:《阿多诺》,瞿铁鹏、张赛美译,中国社会科学出版社 1992 年版。

129. [美] 马丁·杰伊:《法兰克福学派史》,单世联译,广东人民出版社 1996 年版。

130. [美] 马尔库塞:《审美之维》,李小兵译,广西师范大学出版社 2001 年版。

131. [匈] 马尔库什:《语言与生产——范式批判》,李大强等译,黑龙江大学出版社 2011 年版。

132.《马克思恩格斯全集》(第 3 卷),人民出版社 1960 年版。

133.《马克思恩格斯全集》(第 41 卷),人民出版社 1982 年版。

134.《马克思恩格斯选集》(第 1 卷),人民出版社 1995 年版。

135.《马克思恩格斯选集》(第 4 卷),人民出版社 1995 年版。

136.《马克思恩格斯选集》(第 2 卷),人民出版社 2012 年版。

137.《马克思恩格斯选集》(第 4 卷),人民出版社 2012 年版。

138. [加] 马克·昂热诺:《问题与观点:20 世纪文学理论综述》,史忠义、田庆生译,百花文艺出版社 2000 年版。

139. [美] 马克·波斯特:《福柯、马克思主义与历史:生产方式与信息方式》,张金鹏译,南京大学出版社 2015 年版。

140. [澳] 马克·吉布森:《文化与权力:文化研究史》,王加为译,北京大学出版社 2012 年版。

141. [德] 马克思:《资本论》(第一卷),人民出版社 2004 年版。

142. [加] 马歇尔·麦克卢汉:《理解媒介——论人的延伸》,何道宽译,译林出版社 2011 年版。

143. [英] 玛丽·伊凡丝:《郭德曼的文学社会学》,廖仁义译,桂冠图书股份有限公司 1990 年版。

144. [英] 迈克·费瑟斯通:《消费文化与后现代主义》,刘精明译,译林出版社 2000 年版。

145. [英] 迈克尔·达米特:《分析哲学的起源》,王路译,上海译文出版社 2005 年版。

146.《毛泽东选集》(第一卷),人民出版社 1991 年版。

147. 缪灵珠:《苏联新语言学》,天下图书公司 1950 年版。

148. [法] 莫里斯·梅洛–庞蒂:《知觉现象学》,姜志辉译,商务印书馆 2001 年版。

149. 南帆:《文学的维度》,上海三联书店 1998 年版。

150. [英] 尼克·斯蒂文森:《认识媒介文化:社会理论与大众传播》,王文斌译,商务印书馆 2001 年版。

151. [英] 佩里·安德森:《西方马克思主义探讨》,高铦等译,人民出版社 1981 年版。

152. [法] 皮埃尔·布迪厄:《实践与反思——反思社会学导引》,李猛等译,中央编译出版社 2004 年版。

153. [法] 皮埃尔·布尔迪厄:《关于电视》,许钧译,辽宁教育出版社 2000 年版。

154. [法] 皮埃尔·布尔迪厄:《区分:判断力的社会批判》(上册),刘晖译,商务印书馆 2015 年版。

155. [瑞士] 皮亚杰:《结构主义》,倪连生、王琳译,商务印书馆 2006 年版。

156. [南斯拉夫] 普雷德拉格·弗兰尼茨基:《马克思主义史》(第三卷),胡文建等译,黑龙江大学出版社 2015 年版。

157. [德] 齐奥尔格·西美尔:《时尚的哲学》,费勇译,文化艺术出版社 2001 年版。

158. [美] 乔姆斯基:《语言与心理》,牟小华、侯月英译,华夏出版社 1989 年版。

159. [美] 乔纳森·卡勒:《罗兰·巴特》,陆赟译,译林出版社 2014 年版。

160. [美] 乔纳森·卡勒:《文学理论入门》,李平译,译林出版社 2008 年版。

161. [美] 乔治·桑塔耶纳:《美感》,缪灵珠译,中国社会科学出版社 1982 年版。

162. 邱晓林:《从立场到方法——二十世纪国外马克思主义意识形态文艺理论研究》,巴蜀书社 2006 年版。

163. [法] 尚·布希亚:《物体系》,林志明译,上海人民出版社 2001 年版。

164. [法] 让·波德里亚:《消费社会》,刘成富、全志刚译,南京大学出版社 2001 年版。

165. [法] 让·鲍德里亚:《符号政治经济学批判》,夏莹译,南京大学出版社 2009 年版。

166. [法] 波德里亚:《象征交换与死亡》,车槿山译,译林出版社 2009 年版。

167. [法] 鲍德里亚:《生产之镜》,仰海峰译,中央编译出版社 2005 年版。

168. [法] 让·博德里亚尔:《完美的罪行》,王为民译,商务印书馆 2002 年版。

169. [法] 让-保罗·萨特:《存在主义是一种人道主义》,周煦良译,上海译文出版社 1988 年版。

170. [法] 萨特:《萨特文学论文集》,施康强等译,安徽文艺出版社 1998 年版。

171.《斯大林全集》(第 11 卷),上海人民出版社 1955 年版。

172. [斯洛文尼亚斯] 斯拉沃热·齐泽克:《事件》,王师译,上海文艺出版社 2016 年版。

173. [斯洛文尼亚斯] 斯拉沃热·齐泽克等:《图绘意识形态》,方杰译,南京大学出版社 2002 年版。

174. [英] 斯图尔特·霍尔:《表征:文化表征和意指实践》,徐亮等译,商务印书馆 2013 年版。

175. 宋振华:《马克思恩格斯和语言学》,吉林人民出版社 2002 年版。

176. 孙周兴:《语言存在论——海德格尔后期思想研究》,商务印书馆 2011 年版。

177. [瑞士] 索绪尔:《普通语言学教程》,高名凯译,商务印书馆 2005 年版。

178. [瑞士] 索绪尔:《索绪尔第三次普通语言学教程》,屠友祥译,上海世纪出版集团 2007 年版。

179. [英] 特里·伊格尔顿:《当代西方文学理论》,王逢振译,中国社会科学出版社 1989 年版。

180. [英] 特里·伊格尔顿:《二十世纪西方文学理论》,伍晓明译,北京大学出版社 2007 年版。

181. [英] 特里·伊格尔顿:《历史中的政治、哲学与爱欲》,马海良译,中国社会科学出版社 1999 年版。

182. [英] 特里·伊格尔顿:《马克思主义与文学批评》,文宝译,人民文学出版社 1980 年版。

183. [英] 特伦斯·霍克斯：《结构主义和符号学》，瞿铁鹏译，上海译文出版社 1987 年版。

184. 屠友祥：《索绪尔手稿初检》，上海人民出版社 2011 年版。

185. [英] 托·斯·艾略特：《艾略特文学论文集》，李赋宁译，百花洲文艺出版社 1994 年版。

186. [苏] 托洛茨基：《文学与革命》，刘文飞等译，外国文学出版社 1992 年版。

187. [英] 托尼·本尼特：《形式主义与马克思主义》，曾军等译，河南大学出版社 2011 年版。

188. [英] 托尼·本尼特：《文学之外》，强东红译，人民出版社 2016 年版。

189. 汪正龙：《马克思与 20 世纪美学问题》，高等教育出版社 2014 年版。

190. 汪正龙：《西方形式美学问题研究》，黑龙江人民出版社 2007 年版。

191. 王路：《走进分析哲学》，中国人民大学出版社 2009 年版。

192. [美] 威廉·G. 莱肯：《当代语言哲学导论》，陈波等译，中国人民大学出版社 2011 年版。

193. [俄] 维克多·什克洛夫斯基：《散文理论》，刘宗次译，百花洲文艺出版社 1994 年版。

194. [俄] 什克洛夫斯基：《俄国形式主义文论选》，方珊译，三联书店 1989 年版。

195. [俄] 什克洛夫斯基：《感伤的旅行》，杨玉波译，敦煌文艺出版社 2015 年版。

196. [英] 维特根斯坦：《哲学研究》，陈嘉映译，上海世纪出版集团 2005 年版。

197. [美] 文特森·里奇：《20 世纪 30 年代至 80 年代的美国文学批评》，王顺珠译，北京大学出版社 2013 年版。

198. 吴琼：《20 世纪美国马克思主义文艺理论研究》，北京大学出版社 2012 年版。

199. [美] 希利斯·米勒：《重申结构主义》，郭英剑等译，中国社会科学出版社 1998 年版。

200. [苏] 谢·伊·波波夫：《康德和康德主义——马克思主义对康德主义的认识论和逻辑的批判》，涂纪亮译，人民出版社 1986 年版。

201. 许宝强、袁伟选编：《语言与翻译的政治》，中央编译出版社 2001 年版。

202. [法] 雅克·德里达：《多重立场》，余碧平译，生活·读书·新知三联书店 2006 年版。

203. [法] 雅克·德里达：《马克思的幽灵》，何一译，中国人民大学出版社 2008 年版。

204. [波] 亚当·沙夫：《结构主义与马克思主义》，袁晖、李绍明译，山东大学出版社 2009 年版。

205. [波] 亚当·沙夫：《马克思主义与人类个体》，杜红艳译，黑龙江大学出版社 2015 年版。

206. [波] 亚当·沙夫:《人的哲学》,赵海峰译,黑龙江大学出版社 2014 年版。

207. [波] 亚当·沙夫:《语义学引论》,罗兰、周易译,商务印书馆 1979 年版。

208. [苏] 亚历山大罗夫等:《斯大林语言学著作中的哲学问题》,王以铸等译,三联书店 1953 年版。

209. 杨明明:《洛特曼符号学理论研究》,黑龙江大学出版社 2011 年版。

210. 杨向荣:《诗学话语中的陌生化》,湘潭大学出版社 2009 年版。

211. 杨燕:《什克洛夫斯基诗学研究》,社会科学文献出版社 2016 年版。

212. 仰海峰:《走向后马克思:从生产之镜到符号之镜:早期鲍德里亚思想的文本学解读》,中央编译出版社 2004 年版。

213. [美] 伊·库兹韦尔:《结构主义时代》,尹大贻译,上海译文出版社 1988 年版。

214. [美] 约翰·迪利:《符号学基础》,张祖建译,中国人民大学出版社 2012 年版。

215. [英] 约翰·斯特罗克编:《结构主义以来——从列维 – 斯特劳斯到德里达》,渠东等译,辽宁教育出版社 1998 年版。

216. 翟厚隆编:《十月革命前后苏联的文学流派》,上海译文出版社 1998 年版。

217. 张冰:《陌生化诗学:俄国形式主义研究》,北京师范大学出版社 2000 年版。

218. 张伯霖等编译:《关于卢卡契哲学、美学思想论文选译》,中国社会科学出版社 1985 年版。

219. 张杰:《张杰文学选论》,复旦大学出版社 2007 年版。

220. 张黎:《布莱希特研究》,中国社会科学出版社 1984 年版。

221. 张一兵:《反鲍德里亚:一个后现代学术神话的祛序》,商务印书馆 2009 年版。

222. 张英进、于沛:《现当代西方文艺社会学探索》,海峡文艺出版社 1987 年版。

223. 赵宪章、包兆会:《文学变体与形式》,南京大学出版社 2010 年版。

224. 赵宪章:《文体与形式》,人民文学出版社 2004 年版

225. 赵宪章:《西方形式美学》,南京大学出版社 2008 年版。

226. 赵一凡:《西方文论讲稿:从胡塞尔到德里达》,生活·读书·新知三联书店 2007 年版。.

227. 赵毅衡:《符号学:原理与推演》,南京大学出版社 2011 年版。

228. 赵毅衡:《重访新批评》,四川文艺出版社 2013 年版。

229. 赵毅衡编:《"新批评"文集》,百花文艺出版社 2001 年版。

230. 赵毅衡编:《符号学文学论文集》,百花文艺出版社 2004 年版。

231. 中国艺术研究院外国文艺研究所编:《世界艺术与美学》(第七辑),文化艺术出版社 1986 年版。

232. 周启超、王加兴主编:《欧美学者论巴赫金》,南京大学出版社 2014 年版。

233. 周启超:《现代斯拉夫文论导引》,河南大学出版社 2011 年版。

234. 周宪、陶东风主编:《文化研究》(第 13 辑),社会科学文献出版社 2013 年版。

235. 周宪、陶东风主编：《文化研究》（第 14 辑），社会科学文献出版社 2013 年版。

236. 周宪：《审美现代性批判》，商务印书馆 2005 年版。

237. [法] 朱莉娅·克里斯蒂娃：《符号学：符义分析探索集》，史忠义等译，复旦大学出版社 2015 年版。

中文文章

1. 陈太胜：《新形式诗学：后理论时代文学研究的一种可能》，《文艺研究》2013 年第 5 期。

2. [法] 茨维坦·托多罗夫：《对话与独白：巴赫金与雅各布森》，史忠义译，《"'跨文化世界中的巴赫金' 国际学术研讨会" 论文集》，北京师范大学 2007 年 11 月份主办。

3. 董学文、陈诚：《三十年来文学本体论研究的进展与问题》，《西北师大学报》2008 年第 9 期。

4. 段吉方：《托尼·本尼特对形式主义的马克思主义批评》，《学术研究》2015 年第 3 期。

5. 段吉方：《重建 "对话" 思维——形式主义与马克思主义的理论对话及其意义》，《文学评论》2015 年第 6 期。

6. 傅其林：《中国马克思主义文学理论的符号学维度审思》，《南京社会科学》2015 年第 8 期。

7. 高志明：《形式和形态的碰撞与融合——形式派文论与马克思主义文论在当代的和合之路》，《襄樊学院学报》2010 年第 1 期。

8. 何卫华、朱国华：《图绘世界：弗雷德里克·詹姆逊教授访谈录》，《文艺理论研究》2009 年第 6 期。

9. [英] J. 雷契：《让·鲍德里亚的符号价值》，齐鹏译，《世界哲学》2004 年第 4 期。

10. 江怡：《哲学的用处在于使人有自知之明——访斯特劳森教授》，《哲学动态》1996 年第 10 期。

11. [美] 科恩：《悲剧辩证法家戈德曼》，段丽萍译，《现代外国哲学社会科学文摘》1993 年第 1 期。

12. 赖干坚：《文艺的本质特征与文艺的自律、他律关系》，《福建论坛》1995 年第 5 期。

13. [法] 罗兰·巴特：《从作品到文本》，杨庭曦译，周韵、周宪校，《外国美学》（第 20 辑），江苏教育出版社 2012 年版。

14. 南帆：《文学形式：快感编码与小叙事》，《文艺研究》2011 年第 1 期。

15. [俄] 涅博里辛：《俄形式论学派在西方文论界的 "旅行"》，周启超译，《马克思主义美学研究》2008 年第 2 期。

16. [苏] P. 特罗非莫娃:《今日法国结构主义》,黎汶译,《国外社会科学》1982 年第6 期。

17. 苏宏斌:《形式何以成为本体——西方美学中的形式观念探本》,《学术研究》2010 年第 10 期。

18. 唐晓丹:《早期"新批评"与中国现代文论》,南京大学博士论文,2007 年,第73 页。

19. [英] 托尼·贝内特:《西方马克思主义文学批评与美学遗产》,张来民译,《黄淮学刊》1993 年第 3 期。

20. [英] 托尼·贝内特:《形式主义与马克思主义文学批评》,张来民译,载《黄淮学刊》1992 年第 2 期。

21. 汪正龙:《从学术立场重新认识形式主义》,《文艺理论研究》2006 年第 4 期。

22. 汪正龙:《马克思主义与形式主义对话的可能性》,《文艺理论研究》2008 年第 3期。

23. 王逢振:《詹姆逊荣获霍尔堡大奖》,《外国文学》2008 年第 6 期。

24. 王凤才:《从语言理论到承认理论——霍耐特对哈贝马斯交往理论的反思与重构》,《山东大学学报》2007 年第 3 期。

25. 温儒敏:《思想史能否取替文学史》,《中华读书报》2001 年 10 月 31 日。

26. 严昭柱:《论"文学本体论"》,《文学评论》1992 年第 1 期。

27. 杨建刚、王弦:《马克思主义与形式——弗雷德里克·杰姆逊教授访谈录》,《文艺理论研究》2012 年第 2 期。

28. 杨建刚:《新时期文学形式本体论观念的演进、论争与反思》,《人文杂志》2016 年第 4 期。

29. 杨磊:《布拉格学派和马克思主义的论争及其反思》(未刊稿)。

30. 杨向荣:《俄国形式主义之后:西方马克思主义的反思与批判》,《江苏社会科学》2014 年第 4 期。

31. [英] 伊格尔顿:《马歇雷与马克思主义文学理论》,戴侃译,《国外社会科学》1983 年第 1 期。

32. 张朋:《对话语境的建立——论托尼·本内特在马克思主义文论与形式主义之间的探索》,《现代语文》2013 年第 1 期。

33. 张朋:《托尼·本内特文化理论研究》,博士学位论文,山东大学文艺美学研究中心 2013 年。

34. 章建刚:《马克思的实践观与符号思想》,《哲学研究》1993 年第 3 期。

35. 章建刚:《一种马克思主义的符号理论是如何成为可能的》,《思想战线》1994 年第 4 期。

36. 赵宪章:《形式美学与文学形式研究》,《中南大学学报》2005 年第 2 期。

37. 赵宪章：《也谈思想史与文学史》，《中华读书报》2001 年 11 月 28 日。

38. 赵毅衡：《符号学文化研究：现状与未来趋势》，《西南民族大学学报》2009 年第 12 期。

39. 周景雷：《一个文学的"李约瑟"问题——我们为什么缺少或遗忘文学性》，《文艺研究》2010 年第 4 期。

40. 朱述超：《俄国形式主义文论与马克思主义文论关系初探》，《海南大学学报》2010 年第 4 期。

英文著作

1. Abrams, M. H., *A Glossary of Literary Terms*. 外语教学与研究出版社 2012 年版。

2. Adler, Max k., *Marxist Linguistic Theory and Communist Practice：A Sociolinguistic Study*, Helmut Buske Verlag Hamburg, 1980.

3. Alderson, David, *Terry Eagleton*, Now York：Palgrave Macmillan, 2004.

4. Bann, Stephen and John E. Bowlt, eds., *Russian Formalism：A collection of articles and texts in translation*, Harper & Row Publishers, Inc., 1973.

5. Baudrillard, Jean, *Simulations*, New York：Semiotext（e）, Inc., 1983.

6. ——. *The Gulf War did not take place*, Bloomingeon and Indianapolis：Indiana University Press, 1995.

7. Bennett, Tony, *Formalism and Marxism*, London：Methuem & Co. Ltd., 1979.

8. Benton, Ted., *The Rise and Fall of Structural Marxism：Althusser and his influence*, New York：St. Martin's Press, 1984.

9. Berlina, Alexandra, *Viktor Shklovsky：A Reader*, New York and London：Bloomsbury Academic, 2017.

10. Bradley, Andrew Cecil, *Poetry for poetry's sake：An inaugural lecture delivered on June 5, 1901*, Oxford：Clarendon Press, 1901.

11. Buchanan, Ian, *Fredric Jameson：Live Theory*, London and New York：Continuum International Publishing Group, 2006.

12. Burke, Donald A. etc., eds., *Adorno and the Need in Thinking：New Critical Essays*, Toronto：University of Toronto Press, 2007.

13. Cohen, Mitchell, *The wager of Lucien Goldmann：tragedy, dialectics, and a hidden god*, New Jersey：Princeton University Press, 1994.

14. Culler, Jonathan, *The Literary in Theory*, Stanford：Stanford University Press, 2007.

15. Davis, F. Todd and Kenneth Womack, *Formalist Criticism and Reader Response Theory*, New York: Palgrave, 1998.

16. Dowling, William C., *Jameson, Althusser, Marx: An Introduction to The Political Unconscious*, Ithaca & New York: Cornell University Press, 1984.

17. Eagleton, Terry, *Criticism and Ideology: A Study in Marxist Literary Theory*, London: NLB, 1976.

18. ——. *How to Read a Poem*, Malden: Blackwell, 2007.

19. ——. *How to Read literature*, New Haven and London: Yale University Press, 2013.

20. Eagleton, Terry and Drew Milne, eds., *Marxist Literary Theory: A Reader*, Oxford UK & USA: Blackwell Publishers Ltd., 1996.

21. Erlich, Victor, *Russian Formalism: History and Doctrine*, New York: Mouton Publishers, 1980.

22. Ferretter, Luke, *Louis Althusser*, Landon and New York: Routledge, 2006.

23. Forgacs, David, ed., *The Antonio Grarnsci reader: selected writings, 1916—1935*, New York: New York University Press, 2000.

24. Frow, John, *Marxism and Literary History*, Boston: Harvard University Press, 1986.

25. Genosko, Gary, *Baudrillard and Signs*, London and New York: Routledge, 2002.

26. ——. *McLuhan and Baudrillard: the masters of implosion*, London and New York: Routledge, 1999.

27. Goldstein, Philip, *The Politics of Literary Theory: An Introduction to Marxist Criticism*, Gainesville, FL: The Florida State University Press, 1990.

28. Habermas, Jürgen, *On the Pragmatics of Communication*, Maeve Cooke, ed. Massachusetts: the MIT Press, 1998.

29. Habib, M. A. R., *Modern Literary Criticism and Theory: A History*, Malden: Blackwell Publishing Ltd., 2008.

30. Harari, Josue V., *Textual Strategies: Perspectives in Post-structuralist Criticism*, New York: Cornell University Press, 1979.

31. Irr, Caren and Ian Buchanan, eds., *On Jameson: From Postmodernism to Globalization*, Albany: State University of New York, 2006.

32. Jackson, Leonard, *The Dematerialisation of Karl Marx: Literature and Marxist Theory*, London: Longman Group Limited, 1994.

33. Jameson, Fredric, *Marxism and Form*, Princeton, New Jersey: Princeton University Press, 1971.

34. ——. *The Prison-House of Language*, Princeton: Princeton University Press, 1972.

35. ——. *The Political Unconscious*, Ithaca, New York: Cornell University Press, 1981.

36. ——. *The Modernist Papers*, London: Verso, 2007.

37. Jay, Martin, *Downcast Eyes: The Denigration of Vision in Twentieth-Century French Thought*, Berkeley: University of California, 1993.

38. Jestrovic, Silvija, *Theatre of Estrangement: Theory, Practice, Ideology*, Toronto: University of Toronto Press, 2006.

39. Karcz, Andrzej, *The Polish Formalist and Russian Formalism*, Rochester: University of Rochester Press, 2002.

40. Kellner, Douglas, *Postmodernism/Jameson/Critique*, Washington, DC: Maisonneuve Press, 1989.

41. ——. *Jean Baudrillard: From Marxism to Postermodernism and Beyond*, Cambridge: Polity Press, 1989.

42. Kivy, Peter, *Philosophies of Arts: An Essay in Differences*, Cambridge University Press, 1997.

43. Kristeva, Julia, *Revolution in Poetic Language*, New York: Columbia University Press, 1984.

44. Lane, Richard J., *Jean Baudrillard*, London: Routledge, 2000.

45. Lecercle, Jean-Jacques, *A Marxist Philosophy of Language*, Leiden and Boston: Brill, 2006.

46. Lefebver, Henri, *Everyday Life in the Modern World*, New Brunswick and Landon: Transaction Publishers, 1984.

47. ——. *Critique of Everyday Life. Volume II: Foundations for a Sociology of the Everyday*, Landon: Verso, 2002.

48. Lemon, Lee T. and Marion J. Reis, eds., *Russian Formalist Criticism: Four Essays*, Lincoln: University of Nebraska Press, 1965.

49. Macherry, Pierre, *A Theory of Literary Production*, London: Routledge & Kegan Paul Ltd., 1978.

50. Marcuse, Herbert, *An Essay on Liberation*, Boston: Beacon Press, 1969.

51. Morley, David and Kuan-Hsing Chen, eds., *Stuart Hall, Critical Dialogues in Cultural Studies*, London and New York, Routledge, 2005.

52. Morris, Martin, *Rethinking the communicative turn: Adorno, Habermas, and the problem of communicative freedom*, New York: State University of New York Press, 2001.

53. Mowitt, John, *Text: The Genealogy of An Antidisciplinary Object*, Durham: Duke

University press, 1992.

54. Patterson, David, *Literature and Spirit: Essays on Bakhtin and His Contemporaries*, The University Press of Kentucky, 1988.

55. Pawlett, William, *Jean Bqudrillard: Against Banality*, London and New York: Routledge, 2007.

56. Pike, Christopher, *The Futurists, the Formalists, and the Marxist Critique*, London: Ink Links Ltd., 1979.

57. Roberts, Adam, *Fredric Jameson*, London and New York: Routledge, 2000.

58. Robinson, Douglas, *Estrangement and the Somatics of Literature: Tolstoy, Shklovsky, Brecht*, Baltimore: The Johns Hopkins University Press, 2008.

59. Ryan, Micheal, *Marxism and Deconstruction: A Critical Articulation*, Baltimore: The Johns Hopkins University Press, 1982.

60. Schaff, Adan, *Structuralism and Marxism*, Oxford: Pergamon Press, 1978.

61. Searle, J. R., *Philosophy of Language*, Oxford: Oxford University Press, 1971.

62. Smith, James, *Terry Eagleton: A Critical Introduction*, Cambridge: Polity Press, 2008.

63. Smith, Richard G., *The Baudrillard Dictionary*, Edinburgh: Edinburgh University Press, 2010.

64. Steegmüller, Francis, *The Letters of Gustave Flaubert, 1830—1857*, Cambridge: Harvard University Press, 1980.

65. Steiner, Peter, *Russian Formalism: A Metapoetics*, Ithaca and Landon: Cornell University Press, 1984.

66. Stevenson, Nick, *Understanding Media Cultures: Social Theory and Mass Communication*, London: Sage Publications Ltd., 2002.

67. Theile, Verena and Linda Tredennick, eds., *New Formalisms and Literary Theory*, New York: Palgrave Macmillan, 2013.

68. Thompson, Ewa M., *Russian Formalism and Anglo-American New Criticism: A Comparative Study*, Mouton: The Hague, 1971.

69. Willett, John, *The Theatre of Bretolt Brecht: A Study from Eight Aspects*, London: Methuen & Co Ltd., 1959.

70. Williams, Raymond, *Marxism and Literature*, Oxford: Oxford University Press, 1977.

71. Wolfson, Susan J. and Marshall Brown, eds., *Reading for Form*, Seattle and London: University of Washington Press, 2006.

72. Zima, V. Peter, *The Philosophy of Modern Literary Theory*, London: The Athlone

Press, 1999.

73. ——. *Doconstruction and Critical Theory*, Landon & New York: Continuum, 2002.

英文文章

1. Bergeson, Albert, "The Rise of Semiotic Marxism", *Sociological Perspectives*, Vol. 36, No. 1, (Spring, 1993).

2. Boym, Svetlana, "Poetics and Politics of Estrangement: Victor Shklovsky and Hannah Arendt", *Poetics Today 26*: 4 (Winter 2005).

3. Ginzburg, Carlo, "Making Things Strange: The Prehistory of a Literary Device", *Representations*, No. 56, Special Issue: The New Erudition (Autumn, 1996).

4. Haskins, Casey, "Autonomy: Historical Overview", *Encyclopedia of Aesthetics* (*Vol. 1*), Michael Kelly, ed. Oxford: Oxford University Press, 1998.

5. Holquist and Kliger, "Minding the Gap: Toward a Historical Poetics of Estrangement", *Poetics Today*, 26: 4 (Winter 2005).

6. Jakobson, Roman, "The Dominant", *Readings in Russian Poetics: Formalist and Structuralist Views*, Ladislav Matejka and Krystyna Pomorska, eds. Massachusetts: The MIT Press, 1971.

7. Jameson, Fredric, "Architecture and the Critique of Ideology", *The Ideologies of Theory: Essays 1971—1986*. (*vol.2: The Syntax of History*), Minneapolis: University of Minnesota Press, 1988.

8. Jameson, Fredric, "Metacommentary", *The Ideologies of Theory: Essays 1971—1986*. (*vol.1: The Situation of Theory*), Minneapolis: University of Minnesota Press, 1988.

9. Jameson, Fredric, "Pleasure: A Political Issue", *The Ideologies of Theory: Essays 1971—1986*. (*vol.2: The Syntax of History*), Minneapolis: University of Minnesota Press, 1988.

10. Jestrovic, Silvija, "Theatricality as Estrangement of Art and Life In the Russian Avant-garde", *Substance*, Issue 98/99 (Volume 31, Number 2&3), 2002.

11. Levinson, Marjorie, "What Is New Formalism?", *PMLA*, Vol. 122, No. 2 (Mar., 2007).

12. Miller, Toby, "Cultural Studies in an Indicative Mode", *Communication and Critical/Cultural Studies 8*, No.3 (2011).

13. Mulhern, Francis, "Marxism in Literary Criticism", *New Left Review*, 108 (1978).

14. Naiman, Eric, "Shklovsky's Dog and Mulvey's Pleasure: The Secret Life of

Defamiliarization", *Comparative Literature*, Vol. 50, No. 4 (Autumn, 1998).

15. Pawlett, William, "Simulacra+Simulacrum", *The Baudrillard Dictionary*, Richard G. Smith, ed. Edinburgh: Edinburgh University Press, 2010.

16. Petrilli, Susan, "A European School of Marxist Semiotics",《符号与传媒》, 2016 年秋季号。

17. Ponzio, Augusto, "The Semiotics of Karl Marx", *Chinese Semiotic Studies*, 2014, Vol.10 (2).

18. Poster, Mark, "Semiology and Critical Theory: From Marx to Baudrillard", *boundary 2*, Vol. 8, No. 1, The Problems of Reading in Contemporary American Criticism: A Symposium (autumn, 1979).

19. Riffaterre, Michael, "French Formalism", *The Frontiers of Literary Criticism*, David H. Malone, ed. Los Angeles: Hennessey & Ingalls, Inc., 1974.

20. Shapiro, Alan, "The New Formalism", *Critical Inquiry*, Vol. 14, No. 1 (Autumn, 1987), pp.200-213.

21. Shklovsky, Viktor, "The Resurrection of the Word", *Russian Formalism: A collection of articles and texts in translation*, Stephen Bann and John E. Bowlt, eds. Harper & Row Publishers, Inc., 1973.

22. Tihanov, Galin, "The Politics of Estrangement: The Case of the Early Shklovsky", *Poetics Today 26*: 4 (Winter 2005).

23. Vatulescu, Cristina, "The Politics of Estrangement: Tracking Shklovsky's Device through Literary and Policing Practices", *Poetics Today 27*: 1 (Spring 2006).

人 名 索 引

主题词索引

后　记

　　这是我的第一部学术著作。校对完书稿的清样，我深深地松了一口气。这本书耗费了我十年时光，记录了我学术生涯初期的研究历程。十年来，它似乎就是一块沉重的石头压在我的心头，让我喘不过气来。看到师友们的著作陆续出版，我也希望自己的著作能够尽快面世，但直到今天为了完成考核任务才下定决心向出版社提交这部尚不完美、不甚满意的书稿。人常说，十年磨一剑、慢工出细活，但是，遗憾的是，这部用时十年的书中还存在很多瑕疵，比如史料把握不够全面准确、论述不够深入透彻、原来设定的部分内容也还没有展开等等，这些问题只能留待以后再补充和修订了。

　　这么一本分量不算重的书之所以能耗费我如此久的时光，严重的懈怠和拖延是最主要的原因，不善于利用被教学和杂务切割为碎片的时间也极大地影响了读书和写作的进度。我常常为自己的懈怠和拖延寻找借口，以求得心理的平衡。

　　马克思主义和形式主义是 20 世纪西方文论中影响最大、持续时间最久、关系也最为复杂的两个理论思潮，对他们之间关系史的研究除了要对这两个流派本身的历史和学说有深入、全面、准确的把握之外，更重要的是要寻找二者的历史和学说的交叉点，并阐明二者对话的问题性和方法论。这个论题时间跨度较大，所涉及的问题和理论家较多，非常繁杂，而要做好这个问题，史论结合、论从史出、避免泛论和空谈是最基本的要求，因此也就注定了这是一个费时又费力的工作。我在研究的过程中又有一种完美主义的情结，当我把所能找到的相关资料尤其是核心文献还没有读完的时候，就没有办法说服自己下笔。往往是，写一两万字的一节，我一般都会做三四万字甚至更多的读书笔记。只有当我觉得该读的文献都读了，自己搞明白了，对自己所写的文字才会有信心和底气。乔纳森·卡勒说，如果承认了理论的重要性就等于做出了一个永无止境的承诺，就等于让自己处于要不断地了解和学习新东西的状态之下。在研究过程中，我深深地体会到了卡勒对理论的这一判断。当你深入研究一个问题时，会牵扯出更多的问题；当你要读懂一本理论书的时候，会发现有更多的书等着你阅读；当你要把一个理论家的思想弄明白的时候，会发现他的思想背后有更多的思想家的渊源和头绪需要厘清。也正是这样一种阅读和写作状态，使我的研究迟迟不能完成，直至今天才得以面世，希望它能够让读者满意。

这部著作几乎融入了我学习和从事文艺学研究以来的全部心血，更重要的是，其中也包含着十多年来诸位师友对我的关心和帮助。林霖老师是我在文学理论和美学领域的启蒙老师。记得当年上林老师的课时，对他所讲的诸多概念和理论只有模糊的理解，但是林老师的人格魅力以及他讲授的理论所带给我的乐趣，激发了我探索的欲望。正是在林老师的引导下，我走上了文艺学和美学的学术道路。遗憾的是，林老师已经在十多年前因病离开了这个世界，但他的教诲我时时想起。读研期间，导师李西建先生要求我阅读伊格尔顿的《二十世纪西方文学理论》《马克思主义与文学批评》和巴赫金的《陀思妥耶夫斯基诗学问题》等著作。对这几部著作的阅读使我了解了 20 世纪西方文论的发展脉络，并激发了我对法兰克福学派的批判理论和巴赫金的对话思想的浓厚兴趣。读书过程中的一些疑惑和启发为我以后的研究奠定了基础。在《马克思主义与文学批评》中，伊格尔顿指出，卢卡奇认为文学的意识形态承担者不是文学的内容而是其形式。当时对这个问题非常困惑，这与我以前的理解有很大的出入，但当时并没有找到令我满意的答案，这个问题始终萦绕着我。畅广元先生对我也关照有加，他在讲授文学社会学时对哈贝马斯、吉登斯等理论家的深入分析，使我对西方社会学有了初步的了解，学术视野得以扩展。

2006 年，我硕士毕业，赵宪章先生不嫌我愚钝，给了我在南京大学继续攻读博士学位的机会。赵老师对学生在生活方面非常关照，但在学业方面却非常严厉。入学后，赵老师便送给我们几句鞭策之语："视学问为拐杖者，可以登高望远；视学问为友朋者，可以受益终生；惟视学问为己之宗教者，方达至境。"正是赵老师对学术的那份执着与痴迷深深地影响着我，让我感动，也让我找到了未来的方向。赵老师在《文艺学方法通论》一书的题记中写道："我关心过程甚于关心结论，关心真理的探索甚于关心真理本身。我的目标是在理论背后发现方法，在方法背后发现人的智慧。"赵老师的这种方法论意识无形中促使我在以后的研究中非常注重不同流派和理论家学术研究的方法论问题。在赵老师开设的"形式美学专题研究"的课上，我对西方形式美学的脉络有了较为全面的把握,以前困扰我的西方马克思主义所强调的形式的意识形态性问题也有了答案,于是在课后提交了《形式的革命与革命的形式——西方马克思主义与俄国形式主义的形式观之比较》的课程作业。这是我的第一篇真正意义上的学术文章,不久发表在《文艺理论研究》上,并被人大复印资料《文艺理论》全文转载。在写这篇文章的过程中,我在南大图书馆找到了托尼·本尼特的英文著作《形式主义和马克思主义》,本尼特所提出的马克思主义和形式主义的对话问题引起了我极大的兴趣,于是在文章的开头我也就提及了马克思主义与形式主义的对话关系问题。这篇文章受到了赵老师的肯定,认为马克思主义与形式主义的关系是一个非常重要的问题,并向我谈了自己由马克思主义文论转向形式美学研究的历程和心得,建议我就此问题继续探索,并推荐我阅读詹姆逊的《马克思主义与形式》这部著作。当时,我的视野仅停留在法兰克福学派的形式观方面,对马克思主义与形式主义在 20 世纪的整个历程及对话问题还没有完整的把握,心里一点底都没有。就在我非常困惑的时候,一个傍晚,我敲开了汪正龙老师在南大校园内的宿舍门,把我的这篇文章给汪老师看,并向他请教。幸运的是,汪老师刚刚完成了他的那部《西方形式美学问题研究》,并正在撰写文章《马克思主义与形式主义对话的可能性》。在烟雾缭绕中,我们聊了很久,汪老师的视野和睿智,让我深受启发,并给了我很大的鼓励。几个月后,我列了一个几百字的提纲给赵老师看,没想到的是,赵老师浏览了一下,就非常高兴地说,没问题,就按照这个思路做。于是,"从对抗到对话——马克思主义与形式主义的关系史研究"这个题目和论文的基本框架就确定了下来。与赵老师和汪老师的多次交流使我的研究进行得比较顺利,而他们对学术的高标准和对学生的严要求时刻鞭策着我,让我不敢有丝毫懈怠。同时,周宪老师也给了我不少指点,周老师开设的课程"文学理论:从现代到后现代"在视野和方法方面都对我有很大启发。除了老师们的帮助之外,还有黄光伟、王梦湖、秦剑兰、汪维维、李跃力、庞秀慧等一大帮同学的友谊值得永远铭记。几年时间,我们经常一起在文学院资料室上自习、在操场散步、爬紫金山、逛旧书店等,并经常性地就各自论文中的问题进行深入的交流和激烈的讨论。同学之间的这种亲密交往使我的博士生涯虽然清贫艰苦但非常充实快乐,也使我的思维始终处于活跃的状态,学业上也有了很大进步。

　　就在博士生涯的中途,我有幸获得了国家留学基金委的联合培养博士生计划的资助,投入刘康老师门下,赴美国杜克大学学习。在杜克大学期间,我在刘老师的指导下,翻译了他的著作《马克思主义与美学》一书,这对我的英语水平的提高有很大帮助。我还有幸聆听了弗雷德里克·詹姆逊、迈克尔·哈特等理论家的课程,并有幸与在杜克大学文学系读书的师妹王弦一起就"马克思主义与形式"这一问题对詹姆逊教授做了一次深入的访谈。在杜克大学宽敞舒适的图书馆里,我度过了访学期间的大部分时光,图书馆丰富的资料对我的研究有非常大的帮助。访学期间,我得到了即将回国的师兄朱国华的很多帮助,并有幸结识了在杜克留学的蒋洪生夫妇和中国访问学者周小仪教授夫妇、许庆红、何卫华、史岩林、吕娜等从事英美文学研究的朋友,以及金波、高强、韩瑞霞等其他学科的诸多朋友。与他们的交流不仅使我在杜克的生活变得丰富多彩,而且他们给我提供的大量学术信息和文献资料对我日后的研究也帮助甚大。

　　回国后,我完成了本书稿的第一至四章和第六章的核心内容的写作,并作为博士学位论文申请答辩。定稿过程中,赵老师对我的论文进行了逐字逐句的阅读,并对我的错漏提出了许多修订意见。陈炎、凌继尧、王杰、汪正龙、胡友清五位教授组成了答辩委员会,审阅了我的论文并给予了肯定,而他们所提出的不足也为我后来的补充研究提供了方向。幸运的是,这篇论文后来被评为南京大学和江苏省优秀博士学位论文。

　　2010年8月,我正式成为山东大学文学与新闻传播学院、文艺美学研究中心的一员,并在曾繁仁先生的指导下从事博士后研究工作。博士后研究期间,我对博士论文中的内容进行了修订和增补,并撰写了本书稿的第八章,合并在一起作为博士后出站报告。在站期间,我获得了中国博士后基金第49批面上资助和第5批特别资助。紧接着,以此为基础申请的课题"马克思主义与形式主义的关系史研究"获得了国家社科基金青年项目立项。为了使本研究更加完备,我在原有基础上增加了第五章、第七章和第九章,最终形成了本书稿目前的样子,并以此申请结项。更加幸运的是,该成果在结项中获得了专家们的认可和支持,被鉴定为"优秀"等级。在山大工作这几年,对于我的浅陋和懈怠,曾繁仁、谭好哲、陈炎、王汶成、郑春、黄万华诸位先生,以及文学院和文艺美学研究中心的诸位老师给予了足够的宽容和鼓励,并对我的学术研究和教学工作给予了充分的支持和帮助。2015年,我有幸入选山东大学首批青年学者未来计划,这对我的研究也有很大的推动作用。

在我的学术道路上,除了上述这些老师、同学和朋友的帮助之外,还得到赵毅衡、杨守森、王坤、朱国华、张永清、王德胜、曾军、张碧等学界前辈和青年才俊的帮助和指点。吴子林、陈剑澜、王嘉军、张未民、刘蔚、赵琴、时世平、陆晓芳、魏策策等编辑朋友的支持,使本书稿中的相关内容得以在《文学评论》《文艺研究》《文艺理论研究》《文艺争鸣》《江海学刊》《西北大学学报》《天津社会科学》《山东社会科学》和《人文杂志》等刊物发表,其中多篇被人大复印资料《文艺理论》全文转载。在我的研究过程中,杨磊和韩清玉两位师弟不厌其烦地阅读了我的书稿和文章,并提出了很多宝贵意见。我的研究生刘青、初敏和鲜林帮我校对了多遍稿子。人民出版社王萍老师的细心编辑,使本书稿中的诸多错漏得以纠正。

还要感谢我的人生中至关重要的人,那就是我的父母、岳父母、姐姐和妻子。十几年来,我每年陪伴父母的时间加起来不到一个月,但他们从来没有抱怨过,为了不让我操心,多次生病住院也不愿意告诉我。无法侍奉左右,甚至不能给予他们最基本的关心和照顾,身为人子,愧疚难当,每每想起,心痛不已。好在有姐姐在父母身边照顾,我才有些许安慰,可以在异地安心工作。我的岳父母和妻子李洁对我的关心、宽容和支持使我这个异乡人在济南有了家的温暖,并能够全身心地投入到工作之中。

我始终觉得自己是一个幸运的人,在人生的每一个阶段都有贵人相助。没有这些老师、同学、朋友和学生的无私帮助,没有家人的关心、理解和支持,我很可能就不会走上这条虽然艰辛但充满快乐的学术道路,更不会有这部著作的完成和面世。谢谢你们!

是为记!

2017 年季夏于济南佛山苑寓所

责任编辑:宫　共

封面设计:徐　晖

图书在版编目(CIP)数据

马克思主义与形式主义关系史/杨建刚 著.—北京:人民出版社,2017.11
(2021.4 重印)

ISBN 978-7-01-018418-0

Ⅰ.①马…　Ⅱ.①杨…　Ⅲ.①马克思主义–历史–研究②形式主义–历史–
研究　Ⅳ.①A81②I109.9

中国版本图书馆 CIP 数据核字(2017)第 257990 号

马克思主义与形式主义关系史
MAKESIZHUYI YU XINGSHIZHUYI GUANXISHI

杨建刚　著

人民出版社 出版发行

(100706　北京市东城区隆福寺街 99 号)

北京一鑫印务有限责任公司印刷　新华书店经销

2017 年 11 月第 1 版　2021 年 4 月第 3 次印刷

开本:710 毫米×1000 毫米 1/16　印张:33.75　字数:553 千字

ISBN 978-7-01-018418-0　定价:79.00 元

邮购地址 100706　北京市东城区隆福寺街 99 号

人民东方图书销售中心　电话 (010)65250042　65289539